네안데르탈

KINDRED
ⓒ Rebecca Wragg Sykes, 2020
All rights reserved

Korean translation copyright ⓒ 2022
This translation of KINDRED is published by Sangsang Academy by
arrangement with Bloomsbury Publishing Plc through EYA (Eric Yang Agency).

이 책의 한국어판 저작권은 EYA (Eric Yang Agency)를 통해
Bloomsbury Publishing Plc 사와 독점계약한 ㈜상상아카데미에 있습니다.
저작권법에 의하여 한국 내에서 보호를 받는 저작물이므로
무단전재 및 복제를 금합니다.

KINDRED

네안데르탈
멸종과 영원의 대서사시

리베카 랙 사익스 지음
양병찬 옮김

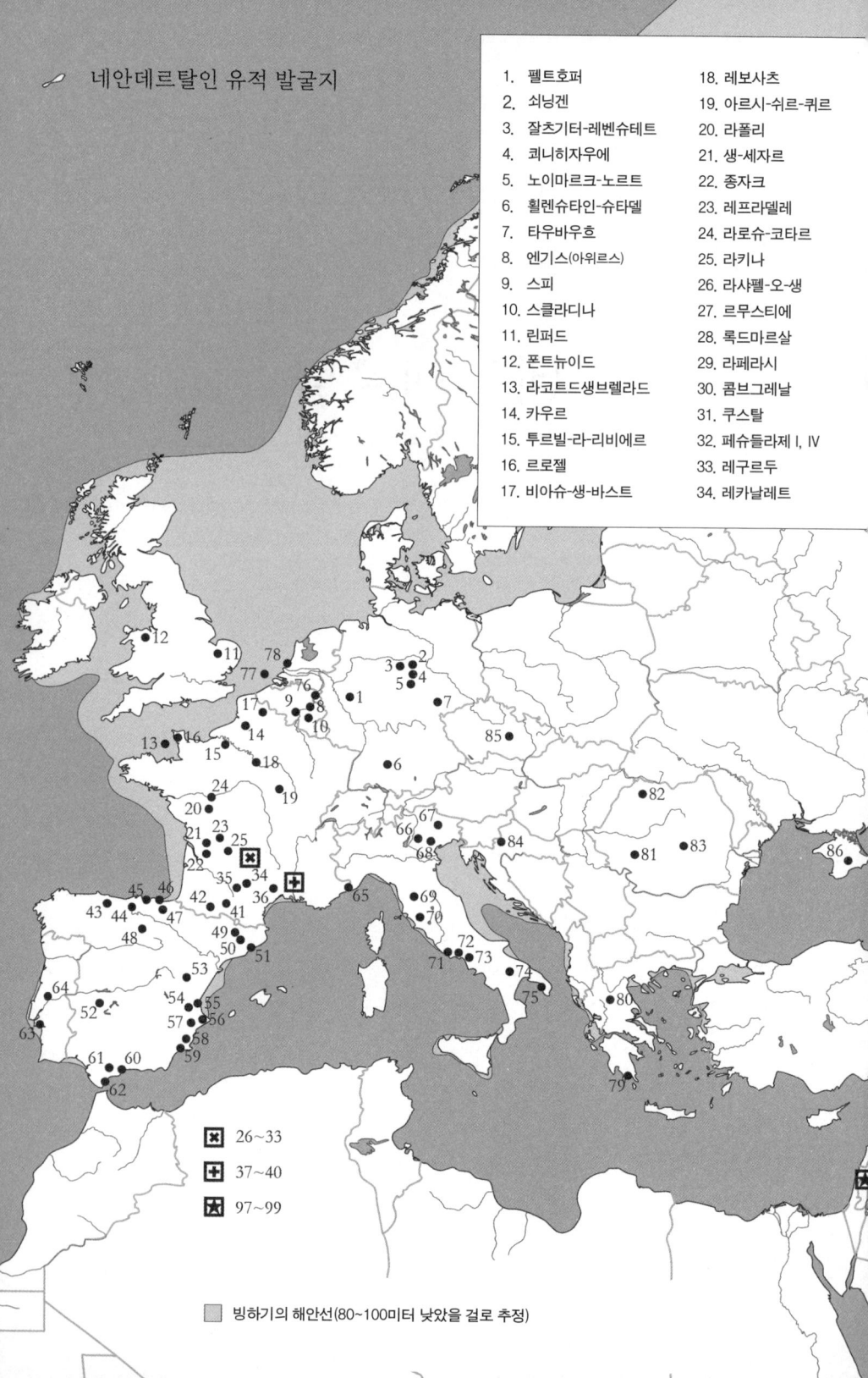

- 35. 브뤼니켈
- 36. 르호르투스
- 37. 물라-게르시
- 38. 페예
- 39. 아브리뒤마라스
- 40. 망드랭
- 41. 모란
- 42. 누아즈티에
- 43. 엘시드론
- 44. 라파시에가
- 45. 엘쿠코
- 46. 아란발트사 III
- 47. 악슬로르
- 48. 아타푸에르카 유적지
- 49. 라로카델스부스
- 50. 테익소네레스
- 51. 아브릭로마니
- 52. 말트라비에소
- 53. 라스카예후엘라스
- 54. 코바네그라
- 55. 볼로모르
- 56. 아브릭델파스토르
- 57. 엘살트
- 58. 시마데라스팔로마스
- 59. 쿠에바데로스아비오네스
- 60. 바혼디요
- 61. 아르달레스
- 62. 지브롤터 유적지
- 63. 피게이라브라바
- 64. 올리베이라
- 65. 바르메그란데
- 66. 푸마네
- 67. 리오세코
- 68. 데나달레
- 69. 캄피텔로
- 70. 포제티베키
- 71. 포셀로네, 산타고스티노
- 72. 모세리니
- 73. 로카몬피나
- 74. 라말룬가(알타무라)
- 75. 카발로
- 76. 마스트리히트-벨베데레
- 77. 제일란트 리지스
- 78. 잔드모토르
- 79. 라코니스
- 80. 테오페트라
- 81. 치오아레이-보로슈테니
- 82. 페슈테라쿠오아세
- 83. 구라 케이-라슈로프
- 84. 크라피나
- 85. 쿨나
- 86. 자스칼나야
- 87. 메즈마이스카야
- 88. 우스트-이심
- 89. 데니소바
- 90. 오클란디노프
- 91. 차기르스카야
- 92. 테시크-타시
- 93. 웨즈메
- 94. 샤니다르
- 95. 움엘틀렐
- 96. 데데리예
- 97. 카바라
- 98. 타분
- 99. 아무드

무명씨들에게 보내는 갈채

19세기의 과학계는 21세기 과학계와 사뭇 달랐다. 분석 방법의 극적인 변화라는 측면에서뿐만 아니라 풍부함이라는 측면에서도 그렇다. 지난 10년간 출판된 과학 논문이 1800년과 1900년 사이에 출판된 논문보다 훨씬 더 많으니 말이다. 네안데르탈인Neanderthals을 규정하는 설명문을 쓸 때 핵심적인 초기 선사학자들을 자세히 언급하는 것은 별로 어려운 일이 아닌데, 그 주된 이유는 몇 안 되기 때문이다. 더욱이 19세기와 20세기 초까지만 해도 그런 학자들은 네안데르탈인과 관련한 최초의 발견들이 과학계와 사회에 광범위한 영향을 미친 과정을 살펴보는 데 단골로 등장했다.

그러나 1930년경 이후 네안데르탈인을 연구하는 사람들이 급증하는 바람에 나는 개인의 이름을 언급하는 대신 '고고학자들'이나 '연구자들'이라고 뭉뚱그려 말하는 쪽을 택했다. 그것은 가독성—내가 알기로 연구자들의 이름과 연구실을 죽 나열하면 독자들이 건너뛰는 경향이 있다—을 높이기 위한 선택이었지만, 간결한 서술을 위한 선택이기도 했다. 뭔가를 말할 때마다 출처를 덧붙여야 하는 과학계에서 훈련을 받은 탓에, 나는 이런 선택을 하기 전에 고민이 깊었다. 그러나 《네안데르탈》이 요구하는 집필 스타일을 감안하여 모든 단어가 '네안데르탈인 자신에 대한 스토리'에 누를 끼치지 말아야 한다고 생각했다. 사실 모든 유적지나 정보와 관련된 연구자의 이름과 소속을 일일이 밝히려면 지면이 턱없이 부족하기도 했다.

그렇다고 해서 그런 무명씨들이 지난 80~90년 동안 네안데르탈인에 대한 지식에 기여한 것이 덜 중요하다는 것은 아니다. 내가 언급하지 않은 사람 중 상당수는 나의 동료였고 지금도 그렇다. 심지어 일부는 나의 절친한 친구다. 그들의 이름과 출판물은 이 책과 관련된 온라인 참고문헌 목록(rebeccawraggsykes.com/biblio)에 수록되어 있다. 이 자리를 빌려 그들에게 갈채를 보낸다. 그들의 헌신, 투지, 영감 그리고 문자 그대로 땀이 없었다면 이 책은 존재하지 않았을 것이다.

차례

무명씨들에게 보내는 갈채 ——6
프롤로그 ——11

1장. 첫 얼굴 ——25
2장. 나무를 넘어뜨린 강 ——51
3장. 성장하는 몸 ——63
4장. 살아가는 몸 ——95
5장. 얼음과 불 ——129
6장. 남아있는 암석 ——155
7장. 물질세계 ——193
8장. 먹고살기 ——223
9장. 네안데르탈인의 집 ——281
10장. 땅으로 ——325
11장. 아름다운 것들 ——395
12장. 속마음 ——441
13장. 죽음에 대하여 ——467
14장. 혈액 속의 시간여행자 ——525
15장. 대단원 ——555
16장. 불멸의 연인 ——591

에필로그 633
감사의 말 641
찾아보기 647

프롤로그

✶

시간의 흐름이 동굴을 집어삼키려는 순간, 고통과 탄식의 공허한 울림이 메아리친다. 얼음장처럼 차가운 옷가지를 두르고 산맥 속에서 추위에 시달리는 동안 바다가 달음박질쳐 사라져 버렸다. 이제는 거친 벽뿐만이 부드럽게 사위어가는 숨결을 에워싼 채 느려지는 맥박을 쫓고 있다. 세상의 끝에서 이베리아 반도의 마지막—문자 그대로 그리고 상징적으로—네안데르탈인은 머나먼 지중해 건너편에서 나지막이 빛나는 태양을 바라본다. 부싯돌처럼 새까맣던 하늘이 점차 옅어질 무렵, 공작비둘기의 부드러운 울음소리가 (배고픈 어린아이처럼 우는) 길 잃은 갈매기의 비통함과 부딪친다. 그러나 동굴에는 더는 아기도 사람도 남아 있지 않으며, 어느 누구도 사라지는 별들을 함께 바라보지 않는다. 마지막 숨결이 공기를 식힐 때까지 아무도 경계의 눈빛을 번뜩이지 않는다. 그로부터 약 4만 년 후, 해수면이 다시 상승하고 공기가 소금기를 띠고, 똑같은 동굴의 벽에 음성과 음악이 진동한다. 그것은 조상들의 꿈을 애도하는 레퀴엠이다.

이곳은 지브롤터에 위치한 고람 동굴Gorham's Cave이다. 고고학자와 인류학자들은 1년에 한 번씩 이 아늑한 유럽의 남단에 모여, 네안데르탈인에 대한 수많은 학술회의 중 하나를 개최한다. 그런데 2014년에 뭔가 특별한 일이 일어났다. 거대한 대성당 같은 이 동굴을 방문한 연구자들 중에 뮤지션인(생물학자 더그 라슨 교수Professor Doug Larson로도 알려진) 키드 코마Kid Coma가 포함되어 있었다. 그는 기타 줄을 튕기며 '라스트 맨 스탠딩last man standing'이라는 노래를 부르기 시작했다. (참고로 이름난 네안데르탈인 유적지 가운데 가장 참신한 몇 가지 아이디어의 발상지는 이베리아 반도와 고람 동굴이다.) 그의 노래가 거대한 석실에 울려 퍼지자 학술 발표(큰 논란을 야기한 이론과 석기의 분류에 대한 복잡한 내용)에 집중하던 동료들은 노래에 귀를 기울였고, 까마득히 먼 과거와 접속하려는 충동을 느꼈다. 이 이상하고 기이한 느낌을 자아내는 순간을 당신도 경험할 수 있다. 누군가가 그 장면을 촬영하여 유튜브[*]에 업로드해 놓았기 때문이다.

 수만 년 된 무덤에 울려 퍼지는 세레나데는 과학의 뒤편에 선 사람들에게 한 줄기 빛을 던진다. 세심하고 객관적인 프레젠테이션이 끝나자, 동료들은 카페나 술집에서 덜 엄밀하고 더 열정적인 추측을 나눈다. 그들의 대화는 꿈의 유적지들 사이를 넘나들다 '아는

---

[*] https://youtu.be/1u1K9f0a4Rs - 옮긴이

것 vs. 모르는 것'으로 이어진다. 모든 대화는 '네안데르탈인의 정체에 대한 미묘한 진실을 일별할 수 있을까'라는 의구심을 둘러싸고 맴돈다.

이 책은 그런 대화들을 들여다보는 창窓이다. 네안데르탈인에 대해 들어본 적 있는 모든 사람, 아마추어 전문가, 고대세계를 연구하는 과학자들을 위한 것이다. 네안데르탈인 연구는 감당하기가 점점 더 어려워지는 과제다. 데이터와 이론 사이를 구불구불 지나가는 경로에는 새로운 발견들이 뒤엉켜 있기 때문에 수시로 방향을 전환해야 하며 때로는 유턴까지도 감수해야 한다. 엄청난 양의 정보를 처리하기가 벅찬 데다, 자신의 전공 분야에서 출판되는 새로운 논문을 모두 읽을 시간이 있는 전문가들은 극소수이므로 네안데르탈인에 대한 모든 학술적 결과에 일일이 신경 쓸 사람은 거의 없다. 노련한 연구자일지라도 새로운 발견들에 입을 떡 벌릴 것이다.

네안데르탈인에 대한 관심과 분석이 이처럼 넘쳐나는 것은 네안데르탈인이 지금껏 늘 중요한 관심사였기 때문이다. 그들은 여느 멸종한 인류종human species에게서 찾아볼 수 없는 대중문화적 특징을 보유하고 있다. 인류의 옛 친척(이를 호미닌hominin이라고 한다)들 중에서 네안데르탈인은 진정한 톱스타다. 굵직굵직한 발견들이 주요 과학저널과 주류 언론의 헤드라인을 장식하지만, 그들의 인기는 좀처럼 수그러들 기미를 보이지 않는다. 심지어 구글 트렌드에서 '네안데르탈인'이라는 검색어가 '인류의 진화'를 추월했다. 그러나 이런 엄청난 유명세는 양날의 검이다. 편집자들은 네안데르탈인이 강력한 클릭미끼click-bait라는 것을 알고, 선정적인 제목으로 독자들을 유혹하려 한다. 'X가 네안데르탈인을 죽였다'는 둥, '네안데르탈인은 우리가 생각하는 것만큼 멍청하지 않다!'는 둥.

자신의 연구를 공유하기를 갈망하는 연구자들은 온탕과 냉탕을 오가고, 종종 이 아이디어와 저 아이디어를 전전하는 과학자라는 오명을 쓰게 된다. 과학은 논쟁을 통해 나아가는 게 분명하다. 그러나 새로운 데이터와 이론은 연구자들의 당혹감이 아닌 엄청난 역동성을 반영한다. 더욱이 점점 진부해지는 '네안데르 뉴스Neander-news'는 사람들이 가장 매혹적인 현대의 발견 중 일부를 전혀 접하지 못한다는 것을 의미한다.

보다 큰 그림을 파악하는 작업도 어렵기는 마찬가지다. 1856년 독일의 한 채석장에서 발견된 이상한 화석*이 '사라진 인류종'으로 잠정적으로 간주되면서 상황이 완전히 바뀌었다. 학자들은 그 '이상한 존재'들을 더 많이 발굴하기 시작했고, 제1차 세계대전이 시작될 때까지 점점 더 많은 네안데르탈인 유골이 발견되어 '지구는 우리의 형제자매들을 많이 탄생시켰다'는 사실이 명확해졌다. 세간의 관심은 수많은 석기들로 확장되었고, 네안데르탈인의 문화에 대해 처음으로 진지한 연구가 시작되었다. 시간 자체가 열쇠였다. 20세기 중반에는 연대측정법과 지질연대학geological chronology이 발달하여, 종전에는 시간적으로 애매하고 공간적으로 널리 분리되어 있던 유적지들이 연결되었다. 그로부터 70년이 지난 오늘날, 우리는 기존의 성과를 바탕으로 수천 킬로미터에 달하는 지역에 35만 년 동안 펼쳐져 있던 네

---

*   뼈는 화석화fossilisation 과정을 통해 광물질로 변한다.

안데르탈인 세계의 장엄한 풍경을 조망할 수 있게 되었다.

21세기의 고고학은 출발점에서 많이 벗어나 빅토리아 시대 미래학자의 판타지에 더욱 가까워졌다. 초기 선사학자들이 확보했던 것은 먼 과거를 재구성할 수 있는 돌과 뼈에 불과했지만, 오늘날의 연구자들은 전임자들이 존재조차 몰랐던 방법으로 일한다. 잉크 스케치 대신 레이저 스캔이 발굴지 전체를 근사하게 그려 내고, 전문가들은 한 세기 전의 전문가들이 발견할 것이라 꿈꾸지 않았던 대상을 연구한다. 물고기의 비늘과 깃털의 미늘feather barb에서 개별 가정의 소사小史에 이르기까지, 우리의 통찰은 모종삽의 귀퉁이를 벗어나 현미경의 렌즈 밑에서 생겨난다.

네안데르탈인의 어깨너머로 과거를 엿보는 것처럼, 우리는 4만 5,000년 전 하나의 자갈이 불과 몇 분 만에 몇 개의 예리한 도구로 효율적으로 전환된 과정을 재구성할 수 있다. 정적인 고고학 기록 자체가 역동적으로 바뀌고, 우리는 도구들이 발굴지 주변을 이동하며 풍경으로 전환되는 것을 지켜본다. 우리는 심지어 그것들을 역추적하여 최초의 노두outcrop*를 밝혀낼 수도 있다. 오늘날에는 네안데르탈인의 몸에 대한 믿을 수 없을 만큼 은밀한 통찰이 가능하다. 치아 하나만 보더라도, 우리는 매일의 생장선growth line을 면밀히 검토하고, 미세한 광택으로부터 식생활을 평가하고, 심지어 그들의 치석에 스며든 난로 연기의 냄새를 화학적으로 맡을 수 있다.

이처럼 풍부한 정보 덕분에 지난 30년 동안 네안데르탈인 연구

---

* 지층, 광맥 등이 토양이나 식생으로 덮이지 않고 지표에 드러나 있는 부분. - 옮긴이

의 르네상스기가 찾아왔다. 놀랄 만한 발견들이 잇따라 신문에 대서특필되어 그들이 '언제 어디서 살았는지', '도구를 어떻게 사용했는지', '뭘 먹었는지'에 대한 우리의 기본적인 이해가 증진되었고, 그들의 세계에 대한 상징적 차원에 혁명이 일어났다. 별 특징 없는 뼛조각에서 한때 3류로 취급받았던 이종 간 사랑inter-species love에 관한 이야기가 등장하고, 한 숟갈의 동굴 먼지에서는 전장유전체entire genome가 추출되었다.

최신 기계들은 상상할 수 있는 모든 물질에서 테라바이트의 정보를 추출해 낸다. 그러나 이 모든 것은 발굴지의 형성 과정이 발굴 내용을 이해하는 데 필수적이라는 고고학자들의 인식에 의해 제한된다. 지난 수천 년 동안의 온갖 예측 불가능한 보존, 침식, 시간의 변화는 모든 것이 우리에게 하나의 단편fragment으로 다가옴을 의미한다. 분석을 진행하기에 앞서 인공물artefact의 위치를 기록하는 것은 각 층層의 총체성을 이해하는 데 필수적이다. 부서지고 오랫동안 분리되었던 부분들은 재결합될 수 있고, 토양의 구조와 부싯돌 조각의 각도, 뼛조각의 풍화는 발굴지의 형성 과정을 해독하는 데 기여한다. 우리가 역사에 관한 정보를 여기저기서 수집해야 하는 것은 이런 너덜너덜하고 때로 뒤죽박죽 뒤섞인 기록 때문이다.

그러므로 고고학자들은 발굴이 진행되는 동안 신중함을 유지하며, 평균적인 발굴 프로젝트에서 수만 개 내지 수십만 개의 유물을 조심스럽게 확보한다. 그것들은 세척된 후 라벨링되어 밀봉된 가방 속에 개별적으로 보관된다. 방대한 데이터베이스로 디지털화된 유물들은 우리로 하여금 지질학, 환경, 호미닌의 행동 간의 교차점을 탐구하게 하는 소중한 자원이 된다. 이러한 신중함은 오래전 축적된 박물관의 소장품을 다루는 방법까지도 바꿔 놓았다. 매년 수천 명의 여행자들이 방문하는 고전적인 발굴지들에서 첨단 재분석 기법을 통해 새롭고, 때로 예기치 않았던 비밀이 밝혀지는 사례가 점점 더 늘어나고 있다. '네안데르탈인이 뭘 먹었을까?'와 같은 기본적인 의문에 과거 어느 때보다도 정확하게 답할 수 있는 것은 이 모든 것의 종합적인 결과다.

그럼에도 불구하고 네안데르탈인의 식생활에 관해 잠깐이라도 탐구할라치면 그게 얼마나 어려운 작업의 연속인지 알게 된다. 가용 물질과 방법의 범위—동물 뼈의 비율 조사, 치아와 석기의 미세한 마모, 보존된 음식물 찌꺼기나 화학물질, 화석의 유전자 분석—는 물론, 발굴지의 형성 과정에 대한 건전한 의심 때문에 법의학적인 식생활 조사로 확장되기 일쑤다. 심지어 석기로 썬 흔적으로 뒤덮인 동물 유골이 가득 찬 장소에서도 상황은 늘 명확한 것은 아니다. 예컨대 고고학자들은 다른 포식자들의 역할을 고려해야 하며, 신체부위들은 각각 다른 속도로 부패한다.

그러나 여러 분야의 발전이 전체적인 그림을 그리는 데 기여했다. 그 결과 네안데르탈인이 덩치 큰 짐승 이상의 존재라는 것이 밝혀지긴 했지만, 모든 네안데르탈인이 모든 시대와 장소에서 똑같은 음식물을 섭취했을까? 네안데르탈인의 삶에 관한 모든 의문들이 연결된 것으로 나타나자, 다른 커다란 의문들이 제기되었다. 그들의 신체는 얼마나 많은 음식물 섭취를 필요로 했을까? 그들은 요리를 했을까? 그들은 어떻게 사냥했을까? 그들의 영토(세력권)는 얼마나 넓었을까? 그들의 사회적 네트워크는 어떤 형태였을까? 각각의 의문은 더욱 세부적인 의문들을 포함했다.

    수많은 인공물과 발굴지의 패턴을 분류한다는 것은 다양한 장소와 시간 사이를 오가며 가교架橋를 놓는 것을 의미한다. 네안데르탈인의 삶은 4차원적이었으므로, 우리는 그들이 한 장소에서 순록을 어떻게 사냥했는지를 현상적으로 디테일하게 재구성한 다음, 다른 장소와 다른 시대에는 어떻게 했을지 추론해야 한다. 동물의 시체 주변에 덧없이 흩어져 있는 돌 부스러기에서부터 거대한 화산재 퇴적층에 묻힌 대량의 뼈(몰사한 수백 마리 짐승의 뼈 더미)에 이르기까지 많은 종류의 발굴지들이 존재한다. 그런 다양한 종류의 기록들을 고려하다 보면, 과거의 변덕스럽고 일시적인 종지부cadence에 직면하게 된다. 층層이 형성된 과정에 따라, 동일한 깊이에 자리 잡은 두 개의 퇴적층이 한나절 또는 1억 년의 기간을 포함할 수 있다. 개별 유물의 연대를 측정하는 것은 강력한 도구이지만, 그들이 층 사이를 이동하지 않았다고 확신할 수 있을 때만 그렇다. 그리고 개별적인 인공물과 퇴적층 또는 발굴지에서 입수한 정보들은 외부로 확장되어 상이한 범위의 행동들을 연결한다.

    이러한 미묘한 문제들은 공개적으로 논의되는 경우가 드물며, 네안데르탈인에 대한 이해에 반영되어 있지 않다. 대부분의 사람들은 네안데르탈인에 대해 막연한 생각을 갖고 있지만 과학적 디테일은 그렇지 않다. 더욱이 네안데르탈인의 배경에는 빙하와 매머드라는 절대강자가 버티고 있었다. 그러나 네안데르 세계Neander-world는 '얼어붙은 쓰레기 속에서 누더기를 걸친 채 덜덜 떠는 몰골'이라는 지속적인 스테레오 타입 너머에 존재했으며, 멸종하기 전 호모 사피엔스가 도착할 때까지 자포자기하지 않았다. 주지하는 바와 같이, 오늘날에는 과거 어느 때보다도 소셜미디어에 능숙한 연구자나 인터넷으로 생중계되는 학술회의 등을 통해 연구에 대한 접근성이 향상되었음에도, 새로운 데이터의 쓰나미와 복잡한 해석 때문에 균형 잡힌 최신 전망을 포착하기는 어렵다. 진정 '대단한' 발견은 24시간 뉴스 사이클의 주목을 받고 심지어 연구자들을 놀라게 하지만 '반짝이는' 이야기가 늘 최고의 매력을 발산하는 것은 아니다. 신중히 논의된 이론과 수십 년 동안 지속된 논쟁은 헤드라인을 차지하지 못하지만, 그런 이야기들은 네안데르탈인의 삶에 대한 가장 놀랄 만한 아이디어 중 일부를 담고 있다.

사실 네안데르탈인을 이해하는 데 있어서 가장 유의미한 방향 전환 중 상당수에는 미묘한 뉘앙스가 담겨 있다. 누적되는 데이터에 발맞추어 전망은 확장되고, '우리'와 '그들' 간의 차이는 지속적으로 줄어든다. 네안데르탈인의 이해력을 넘어선다고 생각됐던 돌 아닌 재료로 만들어진 도구, 광물질 색소 사용, 조개껍데기와 독수리 발톱 같은 물체 수집, … 더 나아가 미적 활동은 오늘날 서서히 쌓여 가는 데이터에 힘입어 널리 받아들여진다. 더욱 다양해진 연구들로 오늘날 네안데르탈인은 몽환적인 호미닌identikit hominin보다 로마제국만큼이나 넓고 풍요로운 세계의 시민에 가까웠던 것으로 여겨진다. 공간과 시간의 거대한 범위는 문화적 다양성, 복잡성, 진화를 의미한다. 다양성이 높고 적응력이 뛰어난 네안데르탈인은 사라진 세계—1킬로미터 높이의 빙하가 툰드라와 마주친 세계—뿐만 아니라 따뜻한 숲, 사막, 해안, 산맥에서도 살아남았다.

1856년에 (재)발견된 이후 160여 년 동안, 네안데르탈인에 대한 우리의 강박관념은 지속되고 있다. 이것은 일생보다 긴 열광이지만, 그들이 지구를 거닐었던 기나긴 시간, 즉 눈을 가늘게 뜬 채 떠오르는 태양을 바라보고, 폐 가득 공기를 들이마시고, 진흙과 모래와 눈 속에 발자국을 남긴 것에 비하면 세월이라는 거대 시계의 초침이 한 번 부르르 떠는 것에 불과하다. 그들에 대한 우리의 생각과 느낌은 '네안데르탈인은 인간인가?'를 구글링하는 보통 사람에서부터 그들의 유골을 매일 분석하는 연구자에 이르기까지 지속적으로 진화하고 있다. 네안데르탈인은 우리의 눈앞에서 새롭게 재해석되고, 각각의 발견은 '이 고인류는 실제로 누구였나'에 대한 우리의 지적 욕구와 두려움을 새로 부추긴다. 가장 이상한 것은 네안데르탈인들은 전혀 생각해 보지 않았을 그들의 사후세계다. 거의 2세기에 걸쳐 과학, 역사, 대중문화와 함께한 것도 모자라 그들의 이야기는 이제 먼 미래를 향해 뻗어나가고 있다.

이 책의 나머지 부분은 네안데르탈인의 21세기 초상화를 그리는 데 할애될 것이다. 그들은 계통수에서 말라비틀어진 멍청이 루저들이 아니라 엄청난 적응력을 지녔고 심지어 성공적이었던 옛 친척들이다. 당신이 이 책을 읽는 것은 그들에게 관심이 있어서가 아니라, 그들이 제기하는 가장 위대하고 장엄한 질문 때문이다. "우리는 누구이고, 어디에서 왔으며, 어디로 갈 것인가?"

그늘 속을 들여다보고, 메아리 너머에 귀를 기울여라. 그들은 할 말이 많다. 인간이 되는 다른 방법뿐만 아니라 우리를 바라보는 새로운 눈에 대해서 말이다. 네안데르탈인에 대한 가장 흥미로운 점은 그들이 막다른 골목에 다다른 과거의 현상이 아닌 우리의 일가친척이라는 것이다. 그들은 지금 이 자리에서, 우리의 손을 통해 타이핑하고 우리의 뇌를 통해 이 책의 내용을 이해하고 있다.

이 책을 계속 읽으며 당신의 일가친척을 만나 보기 바란다.

1장

✳

첫 얼굴

당신은 아찔한 초고층탑 꼭대기에 서 있다. 굵은 모래알 같은 먼지가 당신의 밑에서 서걱대고 있다. 이 탑은 마치 초대형 석순처럼 인류사를 통틀어 매년 1미터씩 자라 모든 상상 속의 바벨탑을 제치고 우주 공간에 진입했다. 높이 300킬로미터의 지붕 위로 우주정거장이 순식간에 지나간다. 탑의 수천 개의 구멍에서 나오는 가느다란 광선들이 모여 커다란 후광을 형성하고 있다. 위쪽에는 LED 조명을 켠 창문들이 있지만, 시간을 거슬러 아래로 내려갈수록 등불의 질이 달라진다. 호박색 형광 전구를 대체한 휘황한 가스등에 당신의 눈이 적응하고 나면 뒤이어 촛불들의 합창이 시작된다.

당신은 눈을 가늘게 뜨고 있지만 까마득히 먼 아래쪽에서 넘실거리는 빛을 감지한다. 먼 옛날 수만 개의 진흙 램프가 뿜어 낸 어슴푸레한 빛이 연기와 뒤섞인 채 탑을 감싸고 있다. 그러나 인류사의 심연에 도달하려면 아직 멀었다. 당신은 조그만 망원경을 꺼내어 고대의 광자를 탐한다. 당신은 30킬로미터쯤 아래에서 깜박이는 난롯불을 본다. 그리고 그보다 열 배쯤 더 깊은 곳까지 내려가 30만 년 전의 세계에 도착한다. 불꽃과 그림자가 비틀리고 동그랗게 구부러지며 돌벽에 끊임없이 반사되는 그곳에는 칠흑같은 어둠과 헤아릴 수 없는 세월만이 존재한다.

시간은 기만적이다. 그것은 소스라치도록 빠르게 날아가기도 하지만, 때로 너무 느리게 흘러 우리를 초조하게 만든다. 비록 우리는 멈추지 않는 현재의 흐름 속에 존재하지만 모든 인간의 삶에는 기억이 아로새겨지고 상상이 스며든다. 우리는 시간에 휩쓸려 떠내려가는 존재임에도 고개를 들어 거친 물결을 바라볼 엄두를 내지 못한다. 뭔가를 헤아리거나 측정하는 것으로 치면, 오늘날의 과학은 우주의 나이가 됐든 플랑크 초Planck second*가 됐든 모든 수치를 뇌를 결딴낼 만한 정확성으로 계산할 수 있다. 그러나 진화와 행성, 우주 수준의 시간 척도를 진정으로 이해하는 것은 최초의 지질학자들이 지구의 진정한 나이를 어림셈하느라 진땀을 흘렸던 상황과 막상막하다. 대부분의 사람이 관리할 수 있는 생활기억의 한계인 3, 4세대 너머의 과거에 접속하기란 여간 어려운 일이 아니며, 그보다 더 오래된 조상들을 소환하는 것은 더욱 어렵다. 오래되어 빛바랜 사진들은 우리의 시야가 어떻게 흐릿해지는지를 잘 보여 준다. 설사 시각적 기록물의 도움을 받더라도 우리의 기억은 고작해야 두 세대쯤 연장될 뿐이다. 그다음으로 우리가 의지하는 영역은 그림인데, 그것은 과거 위에 덧씌워진 또 한 겹의 '비현실적 드레싱'이다. 까무러칠 만큼 어마어마한 고고학적 시간을 이해하는 것은 훨씬, 훨씬 더 어렵다.

---

* 가장 짧은 시간의 측정 단위.

우리의 '하루살이 같은 존재'와 시간의 심연 사이에 가로놓인 갭을 메우는 유용한 지적 트릭은 존재한다. 138억 년이라는 우주의 역사를 1년(12개월)으로 압축하면, 공룡은 놀랍게도 크리스마스 시즌에 등장하고 최초의 호모 사피엔스는 신년 불꽃놀이 행사 몇 분 전에야 도착한다. 그러나 상대적인 규모로 시간을 환산하는 방법은 광대한 시대적 범위와 구간을 제대로 반영하지 못한다. 그런 기발한 병치가 자아내는 야릇한 느낌의 예를 들면, '클레오파트라의 지배와 인류의 달 착륙' 사이의 시간적 거리가 '클레오파트라와 기자 피라미드군Giza pyramids 건축' 사이의 거리보다 짧다는 것이다. 그것은 불과 몇 천 년 전의 이야기이지만, 몇 만 년 전인 구석기시대Paleolithic — 마지막 빙하기 이전의 고고학적 시기 — 로 넘어가면 훨씬 더 혼란스러워진다. 예컨대 라스코Lascaux 동굴에 그려진 황소는, 쇼베Chauve 동굴에 그려진 말과 사자보다 당신 휴대폰에 저장된 사진들과 더 가깝다. 그럼 네안데르탈인이 들어갈 자리는 어디일까? 그들은 쇼베 동굴의 벽에 짐승들을 그린 손가락의 주인보다 한참 뒤에 위치한다. 타임머신을 타고 시간여행을 떠나 보자.

'최초'의 네안데르탈인을 콕 집어 말하기는 어렵지만 그들은 지금으로부터 45만~40만 년 전(450~400ka)[*]에 독특한 집단을 형성했다. 그 당시 우리의 태양계는 끊임없는 은하의 왈츠를 추며 지금의 위치에서 여러 광년 떨어진 곳에 있었으므로, 지구의 많은 호미닌 집단의 머리 위에 드리웠던 밤하늘은 우리에게 생경할 것이다. 120ka쯤에

---

[*] ka는 천 년 전, Ma는 백만 년 전을 의미한다. – 옮긴이

서 잠깐 멈춰 네안데르탈인이 일시적으로 차지했던 영토를 훑어보면 대부분의 땅과 강을 알아볼 수 있음에도 세상은 사뭇 다르게 느껴질 것이다. 기후 온난화로 얼음이 녹아 불어오른 바닷물은 육지에 범람하여 해안선을 몇 미터씩이나 위로 밀어붙였다. 이국적인 열대의 맹수들은 북유럽의 거대한 계곡에까지 올라와 어슬렁거리며 우리를 놀라게 한다. 전체적으로 우리는 무려 35만 년 동안 꿋꿋이 견디는 네안데르탈인을 지켜보지만, 40ka쯤에 와서 그들의 행적 또는 그들의 화석과 인공물을 놓치게 된다.

지금도 매우 혼란스럽겠지만 시작에 불과하다. 네안데르탈인은 공간적으로도 매우 넓은 지역에 분포하기 때문이다. 그들은 유럽인이라기보다는 유라시아인이며, 북웨일즈를 기점으로 하여 동쪽으로는 중국의 국경까지, 남쪽으로는 아라비아 사막의 가장자리까지 진출했다.

네안데르탈인에 대한 정보를 더 많이 수집할수록 우리는 더욱 광범위하고 복잡한 상황을 파악할 수 있다. 그러나 이 모든 것을 추적하다 보면 혼란에 빠지게 된다. 왜냐하면 네안데르탈인의 고고학 유적지가 수천 군데이기 때문이다. 그러므로 우리는 네안데르탈인의 역사에 시금석을 제공하는 핵심 유적지에 닻을 내리고, 그곳에 디딤발을 디딘 채 엄청나게 넓은 현장을 둘러볼 것이다. 스페인의 아브릭로마니Abric Romani가 됐든, 시베리아의 데니소바Denisova 동굴이 됐든, 어떤 장소들은 21세기에 발견된 믿을 수 없는 이야기를 우리에게 들려 준다. 프랑스 남서부 페리고르Périgord의 심장부에 위치한 르무스티에 동굴Le Moustier rockshelter과 같은 곳들은 고고학 자체의 역사가 빚어낸 네안데르탈인 삶의 연대기를 제공한다. 르무스티에는 나중에 만나게 될 지극히 중요한 골격 2점이 발견된 곳이며, 특별한 네안데르탈인 문화를 규정하는 돌 인공물stone artefact(석질lithic*)의 유적지이기도 하다. 르무스티에는 1세기에 걸쳐 연구되며 일련의 학자들을 유치했고, 제1차 세계대전 직전에는 지정학적 우려를 자아내는 화약고로 떠올랐다. 그러나 1914년의 르무스티에는 물론 프랑스도 네안데르탈인의 이야기가 진정으로 시작된 곳은 아니었다. 우리는 50년을 더 후진하여 1850년대로 거슬러 올라가야 한다.

그라운드 제로

모든 사람들은 '어떻게 만났어?'류의 스토리를 좋아한다. 우리와 네안데르탈인의 얽히고설킨 인연에 관한 이야기는 '직관'과 '당혹감'이라는 실로 복잡하게 엮여 있다. 그것은 산업혁명에 의해 태어나 전쟁의 포연에 그을었고, 그러는 동안 사라지고 발견된 보물들로 반짝인다. '수만 년 전 인간 대 인간으로 만났다'는 전설에서부터 '비교적 최근에 까마득한 옛 친척을 재발견했다'는 미담에 이르기까지, 우리를 열광시키는 이야깃거리가 끊이지 않는다. 찬 서리와 매머드의 숨결을 못 견뎌 하면서도, 타임머신에 시동을 걸어 플라이스토세Pleisto-

---

* '석질lithic'이란 돌stone을 의미한다. 연구자들은 '도구'보다 '인공물'이라는 용어를 선호한다. '도구'는 손으로 다루는 인공물을 가리킨다.

cene*로 곧장 날아가는 것은 유혹적이다. 그러나 시작이나 끝을 명확히 하기 전에, 우리는 이런 웅장하고 난해한 역사의 한복판에 일단 뛰어드는 것부터 시작할 필요가 있다.

5~6세대만큼만 과거로 여행하여, 인류의 진화라는 과학이 탄생하는 장면을 지켜보기로 하자. 그것은 기본적으로 자기애narcissism, 요컨대 빅토리아 시대의 세계관을 가진 어린이의 마음의 발로로, 언제나 '우리가 누구인가'와 '왜 그렇게 되었는지'에 관한 질문이었다. 아마도 사상 초유의 사회경제적 격변의 와중에서, 19세기의 학자들이 유럽의 동굴에서 나온 이상한 뼈 이야기로 마음을 달래려 했는지도 모르겠다. 그러나 처음부터 분명한 사실이 하나 있었으니, 네안데르탈인이 때마침 고개를 들고 있던 '인간이란 무엇인가'에 대한 논쟁에 기름을 부었다는 것이다. 그보다 더 큰 의문은 없을 것이며, 그에 대한 대답은 단순한 호기심 해소의 차원을 넘어 커다란 의미가 있다. 초기 선사학자들이 그 헷갈리는 유골을 분류하느라 얼마나 애를 먹었는지 살펴보면, 네안데르탈인에 대한 상반되는 믿음들을 평가하고 오늘날까지도 지속되고 있는 선입견을 설명하는 데 도움이 된다.

사건의 발단은 1856년 늦여름에 시작된다. 호황을 누리던 대리석과 석회석 산업의 수요를 맞추기 위해 채석장은 한때 프로이센의 명승지였던 뒤셀도르프 남서부의 깊은 협곡을 야금야금 갉아먹고 있었다. 절벽 꼭대기에서 클라이네 펠트호퍼Kleine Feldhofer 동굴이 발

---

* 플라이스토세는 지질시대 구분 중 하나로, 약 280만 년 전쯤에 시작하여 우리가 현재 살고 있는 홀로세Holocene가 시작된 11,700년경까지 계속된 제4기Quaternary의 첫 번째 시기다.

견되었는데, 발파를 기다리는 두껍고 끈적끈적한 퇴적층으로 막혀 있었다. 인부들이 동굴의 입구에서 꺼낸 커다란 뼈가 채석장 주인의 시선을 끌었다. 지역 자연사협회의 회원으로 활동하던 그는 그것이 '학자들의 관심을 끌 만한 오래된 동물 뼈'일 거라고 생각하고, 마구 뒤섞인 한 세트—특히 두정부parietal region를 포함하여—를 조심스레 수습했다. 자연사 클럽의 설립자인 요한 카를 풀로트Johann Carl Fuhlrott 가 현장을 방문하여 그게 사람의 뼈임을 알아차렸다. 게다가 그것은 화석이었으므로 굉장히 오래된 게 틀림없었다.*

지역의 기자들이 나타나면서 펠트호퍼의 발견은 지역사회의 상상력을 한껏 자극한 것 같았다. 뒤이어 권위 있는 학자들이 나타나 불가사의한 뼈를 관찰하기 시작했다. 1857년 1월, 두개관skull cap의 석고 주형이 본Bonn의 해부학자 헤르만 샤프하우젠Hermann Schaaffhausen 에게 보내졌다. 다행스럽게도 그는 화석인류fossil human의 가능성을 순순히 받아들였다. 궁극적으로, 진짜 유골이 담긴 나무상자가 풀로트의 호위를 받으며 겨우 10년 된 철로를 타고 본으로 운반되었다. 샤프하우젠의 전문적인 눈은 즉시 뼈—특히 두개골—의 비정상적인 크기를 간파했다. 반면에 다른 특징들, 이를테면 경사진 이마는 영락없는 유인원의 형상이었다. 명백한 고대의 조건과 동굴이라는 출처를 감안하여, 그는 그것이 어떤 원시인류의 유골이라는 주장에 동의할 의향이 있었다. 그해 여름, 그와 풀로트는 자신들의 발견을 프로이센 라인란트/베스트팔렌 자연사협회 연례회의에서 발표했다.

---

* '불과' 몇만 년 된 화석일지라도 웬만한 뼈와 질감이 확연히 다르다.

이처럼 비공식적으로 학계에 데뷔한 지 불과 몇 년 만에, 동굴에서 우연히 구조된 유골은 화석인류로서는 최초로 호모 네안데르탈렌시스Homo neanderthalensis라는 학명을 얻게 된다.

'네안데르탈'이라는 단어는 오늘날 매우 익숙하지만, 그 역사는 이상한 우연의 일치로 가득 차 있다. 유골의 원래 안식처였던 네안데르 '탈thal(계곡)'의 이름은 17세기 말의 교사 겸 시인이자 작곡가인 요아힘 네안데르Joachim Neander에서 유래했다. 칼빈주의자인 그의 믿음은 유명한 뒤셀강Düssel River의 협곡을 포함한 자연으로부터 부분적으로 영감을 얻었다. 그 지질학적 경이로움―절벽, 동굴, 아치―은 수많은 예술가와 낭만주의자들의 사랑을 한 몸에 받아, 여행업 발전의 원동력이 되었다. 요아힘은 1680년에 죽었지만, 그의 유명한 찬송가―3세기 후 엘리자베스 2세의 즉위 60주년 기념식 때 연주되었다―는 영원한 전설로 남았다. 19세기 초 협곡의 지층은 그의 이름을 따서 네안데르횔레Neanderhöhle라고 명명되었지만, 몇 십 년도 채 안 지나 주변의 경관은 (요아힘이 살아 있다면 알아볼 수 없을 정도로) 완전히 변했다. 대규모 채석에 시달린 나머지 협곡은 사라졌고, 새로운 계곡은 '네안데르탈'로 알려지게 되었다. 그런데 '네안데르'에는 약간의 반전이 있다. 요아힘의 성姓은 본래 노이만Neumann이었는데, 그의 할아버지가 더욱 고풍스러운 것을 추구하는 유행을 쫓아 네안데르로 바뀌었다.* 노이만―그리고 네안데르―은 문자 그대로 '새로운 사람New man'을 의미한다. 또 다른 인류가 최초로 발견된 곳의 이름

---

* 노이만Neumann을 그리스어로 표현하면 네안데르Neander다. ― 옮긴이

으로 이보다 더 적당한 것이 있을까?

 그러나 해부학적 증거가 아무리 명확해 보이더라도, 뼈가 정말로 그렇게 오래됐다는 것을 뒷받침할 객관적인 증거가 필요했다. 풀로트와 샤프하우젠은 채석장으로 돌아와 인부들과 면담을 했다. 그들은 아무도 손대지 않은 점토 속 50센티미터 지점에 유골이 묻혀 있었다고 증언했다. 성서와 지질학이 뒤섞인 분석 틀hybrid biblical-geological framework에 기반하여 풀로트는 그것을 노아의 홍수 이전 시기age before the Flood를 가리키는 증거로 받아들였다. 그리하여 두 사람은 '호모 사피엔스 이전에 살다가 사라진 종이 있었다'는 획기적 주장을 출판하게 되었다. 때마침 든든한 지원군이 나타났다. 같은 해인 1859년, 다윈과 월리스의 자연선택이론이 과학계를 뒤흔들었기 때문이다. 그러나 펠트호퍼 유골이 큰 관심을 얻은 것은 그로부터 2년 후, 매력적인 생물학자 조지 버스크George Busk가 독일어 논문을 영어로 번역하고 나서였다.

 오늘날에는 별로 알려지지 않았지만, 버스크는 19세기 최고의 과학 엘리트 중 한 명이었으며 많은 동시대인들과 마찬가지로 지금이라면 불가능할 정도로 다방면에 관심을 갖고 있었다. 지질학회 회원이자 민족지학회Ethnographic Society의 회장이었던 그는 1858년 린네 협회Linnean Society(최고의 학식을 자랑하는 생물학 협회)의 동물학 분과위원장이 되었고, 1861년에 자신이 번역한 풀로트와 샤프하우젠의 논문에 논평을 달았다. 그 논평에서, 다른 곳에서 멸종한 동물과 함께 발견된 인공물들을 감안할 때 네안데르탈인의 유골이 매우 오래된 것임이 분명하다고 말했다. 또한 그는 다른 유골을 추가로 발견하는 것이 급선무라고 지적했다.

사실 그 이전에도 인정받지 못한 발견들이 이미 존재했다. 인류는 '오래전 헤어진 사촌'들을 수천 년 동안 잊고 살았는데 19세기 초에 3명의 사촌이—마치 버스가 차례로 지나가는 것처럼—나타났다. 첫 번째 친척은 1829년 필립-샤를 슈멜링Philippe-Charles Schmerling에 의해 발견되었다. 점점 더 늘어나던 화석수집 애호가 중 한 명으로 의학적 배경까지 갖고 있었던 그는 벨기에 엔기스Engis 근처의 아위르스Awirs 동굴에서 두개골의 파편을 발견했다. 그것은 고대의 동물과 석기와 함께, 유석flowstone*으로 달라붙은 돌무더기* 속 1.5미터 지점에 묻혀 있었다.

이례적으로 기다란 형태에도 불구하고 엔기스의 두개골은 세간의 주목을 받지 못했는데, 그것이 어린이의 것이었기 때문이다. 흔히 쓰는 말로 표현하면, 어린 네안데르탈인은 아직 '더 커야' 했다. 성인인 펠트호퍼의 두개골은 더 중후해 보이는 데다 다른 신체부위까지 갖추고 있었다.** 엔기스의 어린이는 20세기 초까지 분류되지 않은 채 방치되었지만, 다행스럽게도 누군가가 또 하나의 성인 네안데르탈인 화석을 발견했다(버스크는 뛸 듯이 기뻐했다). 새로운 화석이 발견된 곳은 영국령 땅이었다.

1848년 지브롤터에 주둔하는 동안 에드먼드 플린트Edmund Flint

---

* 동굴의 벽면이나 바닥 등에 흐르는 물에 의해 형성된 얇은 석회질 침전물을 말한다. - 옮긴이

* 각력암breccia(암석편이 퇴적될 때 그 모가 닳지 않고 거의 그대로 퇴적된 암석)이라고도 한다.

** 전체적으로 펠트호퍼의 뼈는 양쪽 허벅지, 왼쪽 볼기뼈, 빗장뼈 일부, 어깨뼈, 대부분의 팔과 5개의 갈비뼈로 구성되어 있었다.

라는 절묘한 이름*의 육군 중위가 두개골 하나를 손에 넣었다. 펠트호퍼와 마찬가지로 석회석 채석―이번에는 영국군의 진지를 강화하기 위해―과정에서 발견되었는데, 플린트의 계급과 자연사에 대한 개인적인 관심 때문에 두개골의 멸실을 막을 수 있었다.‡

지브롤터는 이베리아 반도에 마치 하이에나의 커다란 이빨처럼 돌출해 있는데, 식물상과 동물상이 (플린트의 연대에 배속된) 열광적인 자연사가들의 관심을 끌었다. 플린트는 부대의 과학협회에서 총무를 맡고 있었다. 1848년 3월 3일의 회의록을 보면, 그가 (18세기의 포대砲臺 위에 자리 잡은) 포브스 채석장Forbes' Quarry에서 발견한 '인간의 두개골'을 프레젠테이션 한 것으로 되어 있다. 회의에 참석한 장교들이 두개골을 돌려 보며 커다란 눈확eye socket을 들여다보는 광경이 눈에 선하다. 그러나 펠트호퍼와 달리 완벽한 유골이었는데도 불구하고 비범한 것으로 간주되지 않았다. 단단하게 굳은 퇴적층 코팅이 디테일을 모호하게 했겠지만, 이국적인 형태를 '알아보는' 능력이 부족했기 때문이었다.

포브스 두개골은 1863년까지 아무런 언급 없이 과학협회의 컬렉션에 머물러 있었다. 여담이지만, 그해 12월에 민족지학에 관심이 있는 토마스 호지킨Thomas Hodgkin**이라는 내과의사가 부대를 방문했고, 여러 수집품들에 섞여 있는 두개골을 눈여겨보았다. 친구인 버스크가 영역한 펠트호퍼 보고서를 읽은 탓에 기초지식이 있었던지, 그

---

* Flint에는 '부싯돌'이라는 뜻도 있다. ― 옮긴이
‡ 실제로 두개골을 발견한 사람은 중위가 아니라 무명의 채석장 인부였을 가능성이 높다.
** 호지킨림프종Hodgkin's lymphoma이라는 질병을 기술한 것으로 유명하다.

는 두개골에서 뭔가 특이한 점을 발견했다. 그 당시 두개골은 지브롤터의 명망 있는 골동품 수집가이자 군사형무소 소장인 조지프 프레더릭 브롬Joseph Frederick Brome 대령이 보관하고 있었던 것으로 보인다. 지질학과 고생물학에 대한 열정 때문에 브롬은 자신이 발굴한 내용을 수년 동안 버스크에게 보내 온 터였다. 그래서 포브스 두개골은 용케 배를 타고 1864년 7월에 영국에 도착했다.

버스크는 커다란 코와 앞으로 내민 듯한 얼굴이 두개골의 윗부분과 눈확 일부 만으로 구성된 펠트호퍼 두개골에서 받은 인상과 매우 비슷하다고 느꼈음에 틀림없다. 또한 그는 그 '사라진 사람들'이 라인강부터 헤라클레스의 기둥Pillars of Hercules*까지 흩어져 살았다는 점을 이해하고 있었다. 포브스 두개골은 그로부터 불과 두 달 후 과학계에 데뷔했지만, 그에 앞서 누군가를 위한 특별한 시사회가 열렸다. 빅토리아 시대의 신사들은 엄청난 서신 왕래 습관을 가지고 있었기에 포브스 두개골이 버스크의 고생물학 동료인 휴 팔코너Hugh Falconer의 손을 거쳐 찰스 다윈에게 전달됐을 가능성이 매우 높다. 당시에 건강이 좋지 않았던 다윈은 웅장한 과학적 제막식에 참석할 처지가 아니었기 때문이다. 다윈은 그것을 '경이롭다'고 생각했지만 인간의 기원에 대해 입조심을 하느라 네안데르탈인에 대해 아무런 과학적인 의견을 표명하지 않은 것으로 보인다.

버스크와 팔코너는 두개골의 지질학적 맥락을 확립하기 위해 해가 지나기 전에 지브롤터로 급히 돌아갔다. 그리고 이것저것 살펴

---

* 지브롤터 해협 어귀 부분의 낭떠러지에 있는 바위. - 옮긴이

본 끝에, "제2의 까마득히 오래된 '구인pre-human'을 발견했다"라는 내용의 논문을 출판하겠다는 결심을 굳혔다. 그러나 그들이 의도한 종명種名인 호모 칼피쿠스Homo calpicus˚는 실현되지 않았다. 뉴캐슬에 있는 핸콕 박물관Hancock Museum의 전임 큐레이터로, 골웨이Galway의 지질학/광물학회 의장을 맡은 윌리엄 킹은 펠트호퍼 유골의 석고 주형을 연구해 왔는데, 지브롤터 유골이 영국에 도착한 직후 그가 제안한 학명인 호모 네안데르탈렌시스가 담긴 논문이 출판되었기 때문이다. 과학계에서 통용되는 우선권 원칙에 따라, 호모 네안데르탈렌시스라는 학명이 오늘날까지 사용되고 있다.

그러나 그 특이한 화석들의 호칭 자체는 별로 문젯거리가 아니었다. 더 큰 이슈는 그들을 우리가 속한 그룹(사람속Homo genus)의 '멸종한 구성원'으로 인정한다는 것으로, 과학계를 넘어 사회 전반에 파장을 일으킬 정도로 심오한 의미가 있었다. 아니나 다를까. 19세기 서양의 세계관과 정면으로 배치되는 이 생각은 격렬한 사회적 저항에 직면했다.˖ 샤프하우젠의 퇴직한 동료이자 창조론자인 아우구스트 프란츠 요제프 카를 마이어August Franz Josef Karl Mayer는 즉각적으로 통렬한 비판을 쏟아냈다.

마이어는 그 유골은 병들고 다친—그러나 원래는 평범했던—사람의 것이라고 주장했다. 몇 년 후인 1872년쯤, 저명한 생물학자

˚ 칼피쿠스Caplicus는 고대 페니키아인이 지브롤터를 가리키던 말이었다. 만약 벨기에의 선행 발견이 학계의 인정을 받았다면, 우리는 네안데르탈인 대신 '아위르인the Awirians'이라는 명칭을 사용하고 있을지도 모른다.

˖ 펠트호퍼 논문의 편집자들은 이 문제를 예상하여, '모든 사람들이 저자들의 기이한 해석에 동의하는 것은 아니다'라는 정중한 편집자주를 달았다.

루돌프 피르호Rudolf Virchow는 펠트호퍼 뼈를 조사한 후, "해부학적 특이성으로 미루어 볼 때 러시아의 기병으로 활약하다 관절염, 구루병, '골절된 다리', '굽은 사지'를 갖게 된 코사크족 병사가 동굴 속에 숨어 있다가 사망했다면 이런 모습일 것"이라는 주장에 동의했다. 오늘날에는 황당무계한―그러나 아이러니하게도 펠트호퍼의 뼈가 사람의 뼈와 얼마나 비슷한지를 보여 주는―소리로 들리지만, 피르호로 말할 것 같으면 의학계에서 널리 존경받은 세포병리학 분야의 개척자로서, 최초의 체계적인 부검을 설계한 인물이었다. 그런 그가 펠트호퍼의 해부학을 질병과 부상으로 해석하고, 심지어 험상궂은 이마는 만성통증으로 인한 과도한 찌푸림 때문이라고 제안한 것은 전혀 놀라운 일이 아니다.*

사실, 버스크도 남부럽지 않은 의료인이었다. 수십 년 동안 해군 군의관으로 일하며 다양한 부상, 질병, 기생충을 치료해 왔던 터라 병리학적 색안경을 쓰고 네안데르탈인을 바라봤을 가능성이 높다. 그러나 동물학적 배경과 종을 분류해 본 경험*이 의학적 배경을 압도했다. 버스크는 어떤 질병이나 신체적 외상도 자신이 본 해부학을 설명할 수 없다고 확신했으며, "펠트호퍼를 받아들이길 거부하는 사람들일지라도 '병든 코사크 기병이 지브롤터에서 죽었을 가능성은 거

---

* 피르호는 언젠가 비스마르크에게 결투 신청을 받고, 자신의 과학연구를 이용하여 위기를 모면했다. 피르호는 무기를 선택하라는 말을 듣고 두 개의 소시지를 골랐는데, 그중 하나에는 (그가 사람을 감염시킬 수 있다고 증명한) 기생충 애벌레가 들어 있었다. 그러자 혼비백산한 비스마르크는 결투 신청을 즉시 취소했다.
* 버스크는 다윈의 '비글 컬렉션'을 이용하여 종을 동정同定했고, 자신과 월리스의 자연선택에 관한 논문을 편집했다.

의 없다'는 점을 인정할 수밖에 없을 것이다"라고 의기양양하게 지적했다. 이러한 논쟁은 20세기에 들어와서도 좀처럼 수그러들지 않았지만 몇 가지 점에서 네안데르탈인은 어둠 속에서 전혀 예상치 않게 날아든 불화살은 아니었다. 세계가 성서적 설명biblical account을 완벽하게 반영하지 않을 수도 있다는 의구심이 서양의 지식인 사회에서 자라나고 있었던 것이다.

중세 이후 자연에 대한 다양한 발견 — 미지의 대륙에서부터 전에 보지 못했던 천체에 이르기까지 — 이 지식과 철학의 재구성을 줄기차게 요구해 왔다. 그리고 수천 년 동안 화석이 발견되었지만 18세기에 이르러서야 생물학자들은 그것을 '한때 살았던 생물'로 간주하고 연구의 대상으로 취급하기 시작했다. 지구의 깊은 곳들(이를테면 1771년에 발견된 독일의 거대한 가일렌로이트Gailenreuth 동굴)이 하나둘씩 탐사됨에 따라 멸종한 동물들이 살았던 '잊힌 세계'에 대한 이해가 점점 더 증진되었다. 신학에서 유래한 '주기적 재난과 회복'이라는 개념은 여전히 영향을 미쳤지만, 그동안 낯설었던 '노아의 홍수 이전 세계'의 본질은 19세기 초에 이르러 명백해졌다. 순록과 같은 북극의 동물들은 한때 수천 킬로미터 남쪽에서도 살았을 뿐만 아니라 그 반대도 사실이었다. 하마의 뼈가 열대지방과 전혀 무관한 요크셔에서 발견되었기 때문이다. 그러나 모든 사람이 생물이 진짜로 진화했다고 믿은 것은 아니었다. 어떤 사람들 — 예컨대, 종교적인 성향을 가진 피르호 같은 과학자 — 은 그런 이론에서 심지어 도덕적 위험을 감지하고, 사회적 다윈주의social Darwinism로 흐를까 봐 두려워했다.

그럼에도 불구하고 더 많은 화석들이 발견됨에 따라 '또 다른 인류'의 존재가 기정사실화되기 시작했다. 킹이 공식적으로 네안데르탈인이라고 명명한 바로 다음 해에 매머드, 순록, 코뿔소와 함께 벨기에에서 발견된 '무겁고 부실한 아래턱뼈'가 네안데르탈인과 같은 종의 것이라는 주장이 제기되었다. 그러나 대체로 완전한 골격이 발견되는 데에는 20년을 더 기다려야 했다. 1886년, 또다시 벨기에에서 두 명의 성인 유골이 발견되었다. 스피Spy의 베체오로치Betche-aux-Rotches 동굴에서 발견된 유골은 평평하고 긴 두개골, 뒤로 경사진 턱뼈, 튼튼한 사지를 갖고 있었는데, 이는 다른 곳에서 먼저 발견된 동족의 특징과 똑같았다. 이는 '네안데르탈인은 해부학적으로 정의된 멸종된 집단이다'라는 학계의 인정을 공고히 했다. 그러나 화석은 물론 절반의 역사일 뿐이다.

시간과 돌

초기 선사학자들은 바야흐로 하나의 근본적인 문제에 직면했으니, 바로 시간이었다. 뭔가가 얼마나 오래된 것인지를 정확히 알 방법이 없었으므로 그들은 상대연대relative chronology에 의존할 수밖에 없었다. 즉, 멸종한 동물과 함께 발견되는 화석이나 인공물들은 현재 세계보다 명백히 오래된 것이었다. 영국의 지질학자 찰스 라이엘Charles Lyell은 지구의 먼 과거가 성서에 나오는 수천 년보다 훨씬 오래됐다는 사실을 알았다. 그리고 자신의 위대한 저서 《지질학 원리Principles of Geology》에서, 시간이 충분히 주어진다면 간단하고 관찰이 가능한 지질학적 과정만으로도 세상이 창조될 수 있음을 증명했다. 그건 층서학stratigraphy의 원리를 통해 지구의 역사를 완벽하게 해독할 수 있다는 말이었다. 지층들은 시간이 경과함에 따라 차곡차곡 쌓이므로, 깊은 곳에 있는 지층일수록 더 오래된 것일 수밖에 없기 때문이다. 라이엘은 펠트호퍼에 깊은 관심을 보였고, 1860년에—심지어 버스크가 논문을 번역하기도 전에—펠트호퍼를 방문하여 남아 있는 퇴적층들을 조사했다. 풀로트는 라이엘에게 두개골을 보여 준 후 석고 주형을 선물했는데, 그것은 빅토리아 시대에 유행한 데이터 공유 방법이었다. 그즈음 동굴 자체는 파괴되기 일보 직전이었고, 과학계로부터 진정으로 인정을 받으려면 라이엘의 전문가적 견해가 꼭 필요했다.

 그에 더하여, 라이엘의 층서학 개념은 고고학이라는 학문의 기반을 형성했다. 그것은 먼 과거의 과정들에 구조를 제공하고, 풍경들을 꿰뚫는 상대연대를 확립하며, 유적지 내부의 퇴적층들이 형성된 과정을 설명할 수 있었다. 발굴 과정에서 각 층의 내용물—인공물과 동물의 뼈—은 물론 지층의 색깔 및 질감 변화는 시간 경과에 따라 조건이 어떻게 달라졌는지를 알려주는 이정표라고 할 수 있다. 그러나 네안데르탈인의 연대는 수십 년 동안 매우 부적절하게 추정되었다. 그도 그럴 것이 층서학을 이용한 간접적인 추론에 전적으로 의존했기 때문이다. 과학자들이 마침내 사물의 연대를 직접 측정하는 방법을 개발하는 데 걸린 시간은 거의 한 세기였다. 1950년대에 나온 방사성 탄소를 이용한 연대측정radiocarbon dating*을 시발점으로 수많은 접근 방법이 잇따라 등장하여, 지금은 거의 모든 것(뼈, 석순, 심지어 모래알 하나)에 연대측정법을 적용할 수 있게 되었다.

화석뿐만 아니라 심지어 일부 석질 인공물도 직접적인 연대측정이 가능하지만, 초기 네안데르탈인 화석들 중에는 문화적 소품과 함께 발견된 것이 하나도 없다. 사실, 오늘날 우리는 펠트호퍼 동굴 하나에만도 수많은 석질 인공물이 널려 있었다는 사실을 알고 있다. 그러나 그 당시의 발견자들은 석기에 문외한이어서, 자연히 부서진 암석과 의도적으로 떼어낸 암석을 구별할 수 없었다.

화석과 마찬가지로, 사람들은 최초의 네안데르탈인이 발견되기 전부터 오랫동안 선사시대의 인공물에 관심을 갖고 있었다. 금속 중심의 사회에서 커다란 주먹도끼*나 정교한 돌화살이 우연히 발견됐다면 설명이 필요했다. 사람들은 자연적 원인과 초자연적 원인을 모두 염두에 두고 그것들을 뇌석thunderstone**이라고 부르며 번개를 멈추게 할 수 있다고 믿거나 그것들이 엘프숏elfshot('요정Littyle Folk'의 무기)으로 사용되는 이야기를 만들어 냈다. 다른 한편에서 역사가들은 그런 소품들을 입수 가능한 연대기 내에서 이해했다. 선사시대의 석기에 대한 최초의 기록 중 하나는 1673년에 런던의 그레이스인 레인

---

* 방사성 탄소 연대측정은 대부분의 비전문가에게 가장 친숙한 직접적 연대측정법일 것이다. 그것은 14C라는 방사성 동위원소의 예측 가능한 붕괴율에 기반하여 최대 5만 5,000년 된 유기물질의 연대를 측정하는 데 사용할 수 있다.
✦ 주먹에 쥐고 사용하는 도끼 형태의 뗀석기. - 옮긴이
** 이것은 단어에 비해 그리 이상하지는 않다. 왜냐하면 규소가 풍부한 퇴적층에 번개가 칠 경우 풀구라이트fulgurite라는 광물이 생성될 수 있기 때문이다.

Gray's Inn Lane에서 출토된 코끼리 뼈 근처에서 발견된 삼각형 모양의 인공물이다. 그즈음 확고해지기 시작한 지질시대의 이해에도 불구하고, 그 발견은 '켈트족 전사Celtic warrior에게 습격받은 로마의 코끼리'로 해석되었다. 로마가 세워지기 수천 세대 전에 그런 물건이 수작업으로 제작되었을 거라는 개념은 그 누구도 생각하지 못한 범위의 것이었다. 그러나 1세기쯤 후, 깊숙이 매장된 손도끼가 '아주 오래된 시기, 심지어 현세 이전의 시기에서 유래했다'*는 해석이 등장했다. 하지만 고대인을 이해하는 데 석질이 중요한 진짜 이유는 아직 밝혀지지 않았다.

네안데르탈인의 인공물을 의도적으로—비록 영문을 몰랐지만—발굴한 최초의 사람은 프랑스의 프랑수아 드 주안네François René Bénit Vatar de Jouannet였다. 그는 1812년부터 1816년 사이에 프랑스 남서부의 페슈들라제Pech-de-l'Azé와 콤브그레날Combe Grenal을 발굴하여 불에 탄 동물 뼈와 석질 인공물의 잔해를 발견했다. 중요한 것은 석질 인공물이 고대의 유석 속에 분명히 박혀 있었지만 10여 년 동안 엥기스의 두개골조차 발견되지 않았기 때문에 드 주안네가 네안데르탈인은커녕 어떤 멸종한 호미닌도 염두에 두지 않았다는 것이다. 인공물의 연대—'아주 오래된 갈리아 시절'—에 대해 그가 고작 생각해 낸 것은 거의 150년 전 그레이스인의 해석과 놀랍도록 비슷했다.*

---

* 이것은 존 프레어John Frere의 말이다. 그는 1797년 영국의 노픽Norfolk에서 멸종한 동물과 관련된 석질 인공물을 발견했다.

* 그로부터 1년 후인 1817년, 덴마크의 고고학자 크리스티안 위르겐센 톰센Christian Jürgensen Thomsen은 석기시대·청동기시대·철기시대라는 3기 구분법을 제안했다.

드 주안네 이후, 그러한 발견들이 역사와 성서적 연대기 중 어디에도 포함될 수 없다는 증거가 누적되었다. 골동품 수집가인 폴 투르날Paul Tournal은 1827년 프랑스 남동부의 비제Bize 동굴에서 인간이 만든 게 분명한 인공물과 함께 곰과 순록의 뼈를 발견했다. 1833년에 그는 이러한 발견에 기반하여 '선사anté-historique'시대라는 개념을 제안했다. 그와 거의 같은 시기에, 프랑스의 고고학자 자크 부세르 드 페르트Jacques Boucher de Crèvecœur de Perthes는 솜므Somme 계곡의 자갈 하천 깊숙이 묻힌 부싯돌 조각을 발견했다. 그게 최근에 그 지역으로 떠내려왔다고 상상하기는 어려웠지만, 그와 함께 발견된 코끼리와 코뿔소 화석조차 과학적으로 인정을 받지 못했다. 상황이 바뀐 것은 펠트호퍼 발견에 관한 뉴스가 널리 전파되기 시작하면서부터였다.

이 대목에서 우리는 (포브스의 두개골을 다윈에게 전달한) 휴 팔코너를 다시 만나게 된다. 버스크와 마찬가지로 오늘날 거의 알려져 있지 않지만, 팔코너는 인류의 진화가 과학으로 자리 잡는 데 기여한 일등 공신이다. 그는 식민지 인도에서 다년간 고생물학적 관심을 키워 오다 1858년 데본Devon에 있는 브릭섬Brixham 동굴을 발굴하여 석순 밑바닥에 꼭꼭 숨어 있던 석질과 멸종동물들의 화석을 발견했다. 그는 같은 해에 드 페르트의 자갈 채취장을 방문하여 선사시대의 존재를 확신한 후, 지질학자 조지프 프레스트위치Joseph Prestwich에게 일차왕림을 권했다. 그런데 자갈 채취장을 방문한 프레스트위치는 석기 전문가인 존 에번스를—때마침 드 페르트를 찾아온 찰스 라이엘과 함께—우연히 만났고, 1859년 공동으로 출판한 논문에서 "석질과 멸종동물 화석이 매우 오랜 과거에 함께 묻혔다"라는 전문가적 견해를 밝혔다. 이로써 학술적 문제는 일단락되었지만, 회의적인 시각은 여전히 존재했다. 매머드 같은 육중한 동물들이 바싹 마른 뼈가 된 마당에, 도구 제작자들이—아무리 오래전이라도—살아 있었다는 게 가능할까?

이윽고 반박의 여지가 전혀 없는—그리고 완전히 스릴 넘치는—증거가 발견되어 인간이 한때 '털이 무성하고 생생하게 살아 있는 멸종동물'과 함께 살았었다는 사실이 만천하에 밝혀졌다. 솜므의 자갈 채취장에서 남쪽으로 560킬로미터쯤 떨어진 곳에 본Beaune 강과 베제르Vézère강이 만나는 지점에 레제지드타야크Les Eyzies-de-Tayac라는 마을이 자리 잡고 있다. 오늘날 1월에 그곳에 가면 마을 뒤의 높은 낭떠러지에서 우는 송골매 소리를 들을 수 있을 정도로 한적하지만, 여름철에는 햇볕이 쨍쨍 내리쬐는 비좁은 포장도로를 가득 메운 여행객들을 볼 수 있다. 왜냐하면 이 마을은 선사시대 원더랜드의 수도로, 석회암 계곡과 고원에 펼쳐진 수백 개의 동굴과 암석으로 둘러싸여 그야말로 장관을 이루고 있기 때문이다. 카페들라메리Café de La Mairie에서 송로버섯 오믈렛을 시식한 후 방문객들은 석회암 돌출부 아래에 지어진 국립선사시대박물관으로 느긋하게 걸어 올라간다. 폐허가 된 성에 남아 있는 정교한 벽난로는 그 아래에 퇴적된 수 미터 깊이의 선사시대 유골층을 상기시키는 묘한 울림을 준다. 고성의 성곽에 설치된 네안데르탈인의 거대한 아트 데코 조각상이 불가해한 표정으로 방문객들을 응시하고 있다. 조각상의 비밀스런 생각처럼 이 풍경은 많은 비밀을 간직하고 있다.

레제지Les Eyzies의 '상대적인 고립' 시대는 1863년 파리와 마드리드를 연결하는 야심 찬 철도가 페리고르로 가는 지선을 개통하면서 막을 내렸다. 레제지는 아주 작은 조용한 마을에서 서구문명의 기원에 대한 논쟁의 중심지로 탈바꿈하여 궁극적으로 세계문화유산에 등재되었다. 오늘날 오솔길(근처에 정거장이 있고, 철로는 우아한 호弧를 그리며 당신을 프랑스 남부로 데려다준다)의 절경을 감상하고 싶으면 카누를 빌려 베제르강의 구불구불한 경로를 노 저어 가 보라. 몇 킬로미터를 지나면 언덕 꼭대기의 성 맞은편에 라마들렌La Madeleine 동굴이 모습을 드러낸다. 유명한 중세 유적들이 관광객을 맞이하지만, 인근의 선사시대 유적지는 여전히 식생에 가려진 채 1864년의 모습을 거의 그대로 간직하고 있다.

    1863년 여름, 팔코너는 바로 그곳에서 1년 전 반짝이는 기차를 타고 도착한 두 승객의 고고학적 공동 작업 장면을 목도하고 있었다. 영국의 재력가인 헨리 크리스티Henry Christy는 부를 이용하여 '유럽 최고의 개인 고고학 소장품'*을 수집해, 석기에 대한 독보적인 지식을 습득했다. 그의 프랑스 파트너인 에두아르 라르테Édouard Lartet는 1830년대부터 고고학 유적지를 발굴해 온 이미 저명한 선사학자였다.* 지역 유지의 소장품과 파리의 골동품상에서 발견된 것에 대한 소문을 바탕으로 두 사람은 베제르강 계곡에서 협동 작업을 시작했다. 처음에는 르무스티에 동굴의 위쪽을 탐사했는데, 하루는 작업을 마치고 돌아오는 길에 강 건너편에 있는 또 하나의 커다란 동굴에

---

*   팔코너의 회고록에서 인용(p. 631).
*   라르테는 본래 법학 분야에서 훈련받았지만, 한 농부에게서 성공보수 조건으로 매머드 상아를 받은 후 고고학에 대한 열정이 생겨 진로를 바꿨다.

주목했다. 그게 눈에 띈 이유는 어느덧 겨울이 되어 시야를 가리던 나뭇가지가 벌거벗었기 때문이었다.

　라마들렌으로 알려진 그 동굴에는 네안데르탈인 이후 수만 년에 걸쳐 초기 호모 사피엔스가 남긴 고고학 유물이 풍부한 것으로 밝혀졌다. 그러나 더 중요한 것은 따로 있었다. 그곳에는 네안데르탈인으로 하여금 인류의 진화사에서 한자리를 꿰차게 해 준 결정적 유물이 포함되어 있었던 것이다. 그 이전까지만 해도 아주 오래된 인류의 유물에 회의적인 사람들은 프랑스의 다른 곳에서 발견된 '조각된 순록 뿔'을 가리켜 "이미 화석화된 것을 훨씬 나중에 누군가가 발견하여 무늬를 새겨 넣은 것"이라며 무시했었다. 그러나 라르테와 크리스티가 고용한 인부들이 '산산조각 난 매머드의 상아'를 발굴했는데, 그 표면에 어떤 문양이 새겨진 것으로 확인되면서 기존의 편견도 산산조각 났다. 그날은 공교롭게도 세계 최고의 코끼리 화석 전문가인 팔코너가 현장을 방문한 날이었다. 상아에 묻은 흙을 브러시로 제거하자마자 상아 전체에 새겨진 선들이 매머드의 독특한 '반구형 머리'를 형상화한 것임을 알 수 있었다. 심지어 두피에 무성하게 돋아난 털까지 세심하게 묘사되어 있었다.* 이미 산산조각 난 화석에 그렇게 정교한 그림을 그린다는 것은 도저히 불가능했다. 이 단 한 가지 인공물 덕분에 인간과 멸종한 종들이 먼 옛날 함께 살았으며, 유럽 전역의 동굴에서 발견된 그들의 삶의 편린이 '쓰레기 rejectamenta'가 아니라 사실은 엄청나게 오래된 과거의 유물이라는 사

---

* 18세기에 러시아의 영구동토대permafrost에서 발굴된 매머드의 몸에는 온통 털이 북실북실했다.

실이 증명되었다.

라마들렌의 발견은 인간의 기원을 연구하는 학문의 결정적 토대가 되었다. 하지만 선사학자들이 석질을 수집하여 누가 무엇을 어떻게 만들었는지 파악하려면 50년을 더 기다려야 했다. 그러나 그들은 두 가지 우주론 사이에 가로놓인 루비콘강을 이미 건넜다. 오래된 세계에서 우리는 지구를 독차지했지만 새로운 세계에서 우리는 수많은 형제자매들과 함께 지구의 자녀가 되었다. 나는 이 책의 나머지 부분에서 새로운 세계로 가는 길로 인도하려 한다. 우리는 그 길을 걸으며 네안데르탈인이 '과학적으로 괴상한 존재'에서 '이상하게 불멸하고, 이상하게 사랑받는 존재'로 변한 과정을 배우게 될 것이다. 우리는 그들을 발견했지만 왠지 꾸며 냈다는 느낌마저 든다. 그러므로 먼저 가족사진이 필요하다. 그래야만 네안데르탈인이 광대무변한 진화적 맥락에서 자리를 잡도록 도와줄 수 있기 때문이다.

눈을 감고 신발을 벗으라. 빛나는 태양이 눈꺼풀 위에 시뻘건 장막을 드리우고, 발가락에 닿은 잔디가 까끌거리고, 발 아래 토양이 당신을 떠받친다. 하나의 손이 팔을 스치며 온기를 남긴다. 눈을 뜨면 태양이 밝게 빛나는 하늘(별이 드문드문 박힌 새까만 하늘이라도 상관없다) 아래 당신의 어머니가 당신 앞에 서 있다. 이곳은 시간을 초월한 장소로, 모든 사람이 서로를 발견하는 곳이다. 바스락거리는 발걸음이 다가오고 또 다른 여성이 앞으로 나아간다. 당신의 외할머니다. 어쩌면 당신은 지난 주 또는 20년 전에 그녀에게 말을 걸었을지도 모른다. 어쩌면 흐릿한 사진을 통해서만 그녀를 알고 있을 수도 있다. 그녀는 어머니와 손을 잡은 다음 고개를 돌린다. 손에 손을 잡고, 시선으로 연결된 더 많은 여성으로 이어진 인간 띠가 끝없는 평원을 가로지른다.

정확히 헤아릴 수는 없지만 눈짐작으로 그들이 수백 명 또는 수천 명쯤 되어 보인다. 띠는 계속 이어져 지평선에 닿고, 당신은 눈을 들어 까마득히 먼 하늘에서 가물거리는 은하수를 쳐다본다. 그곳은 수만 년 전 과거로, 별자리의 위치도 다르다. 당신은 4만 개의 손을 통과하는 번개 같은 것을 느낀다. 그것은 끊임없이 반복되는 사랑과 상실의 고리를 통해 지난 50만 년 동안 무수한 가슴과 뼈를 타고 당신의 피와 심장에 도달했다. 불현듯 현기증이 찾아와 정신을 혼미하게 하지만 어머니가 잡은 손을 놓치지 않는다. 모계 조상들을 이어 주는 한 가닥 실은 인류의 유구한 전통이며, 시간의 벼랑 끝에 있는 푸르스름한 고원을 향하는 불멸의 뇌문 fretwork*이다. 그들은 모두 여기에 있다. 지금껏 늘 그래 왔던 것처럼.

* 신석기 시대의 토기에서 보이는, 번개를 상징하는 네모꼴이나 마름모꼴을 여러 개 겹쳐 만든 무늬. - 옮긴이

우리는 모든 어머니의 구현된 유산이다. 이 단어들에 집중하고 있는 당신의 두 눈의 선조들은 5억 년 전(500Ma) 지구상에서 처음으로 빛을 보았다. 페이지를 넘기는 5개의 다재다능한 손가락들은 지난 3억 년 동안 뭔가를 움켜잡고 꽉 붙들고 뒤져 왔다. 아마도 당신은 지금 음악이나 오디오북을 듣고 있을 텐데, 3개의 뼈로 이루어진 기발한 귀 구조는 우리가 공룡의 발밑에서 종종걸음을 치는 동안 사랑과 공포의 소리를 듣기 시작했다. 이 문장을 처리하는 뇌는 네안데르탈인과 공유하고 있는 것으로, 50만 년 전(500ka)에 지금과 거의 비슷한 크기로 커졌다.

우리의 위치를 알고 더욱 심오한 생물학적, 진화적 맥락을 파악하면, 우리가 네안데르탈인과 공유하고 있는 것을 납득할 수 있다. 그것은 또한 네안데르탈인을 '우리와 다른 유인원들 간의 누락된 연결고리'로 간주했던 19세기의 생각이 얼마나 빗나간 것이었는지 알게 해 준다. 화석유인원fossil primate은 일찌감치 알려져 있었다. 1836년, 다른 사람도 아닌 에두아르 라르테가 고대의 원숭이 한 마리를 발견했다. 그는 나중에—펠트호퍼 동굴에서 발파 작업을 하던 중 네안데르탈인의 뼈가 발견된 해에—최초의 유럽 유인원인 드리오피테쿠스Dryopithecus를 밝혀냈다. 그럼에도 불구하고 화석인류는 여전히 큰 충격이었다.

오늘날에는 상황이 완전히 바뀌었다. 세부적인 내용은 아직 논란거리이지만, 인류의 계통수는 버스크나 다윈 같은 학자들이 상상했던 것보다 훨씬 더 붐빈다. 350만 년에 걸쳐 20여 종의 호미닌이 확인되었기 때문이다. 뿐만 아니라 계통수의 뿌리는 더욱 깊숙이 들어간다. 종종걸음을 치던 조그만 포유동물들이 호미닌으로 전환되어 궁극적으로 네안데르탈인이 탄생할 때까지 엄청나게 오랜 세월이 흘렀다. 25Ma의 광대한 숲에서는 원숭이들로 북적이는 가운데 유인원으로 이어지는 분기 과정이 이미 진행되고 있었다. 이런 꼬리 없는 영장류의 전령사인 프로콘술Proconsul은 이미 동아프리카의 나무에서 내려와 놀고 있었다. 다음으로 그레이트리프트밸리Great Rift Valley가 쩍 벌어지면서 전지구적 규모의 한랭화가 시작되었고, 유인원들은 대대적인 다양화 및 확산에 착수했다. 그들은 15~10Ma에 최소 100여 종으로 진화했고, 드리오피테쿠스와 다른 종들은 재간둥이 손가락을 이용하여 촉촉한 숲과 탁 트인 육지에서 먹이를 찾았다.

    이 시점에서 우리의 동료 유인원great ape들이 자신만의 길을 걷기 시작한 시기와 장소를 보여 주는 디테일한 화석과 유전적 증거가 점점 증가했다. 아시아의 오랑우탄들은 거대한 기간토피테쿠스Gigantopithecus와 정글을 공유했는데, 안개 낀 새벽에 그들의 으르렁거림과 가슴을 두드리는 소리가 숲이 떠나갈 듯 울려 퍼졌을 게 틀림없다.* 아프리카로 다시 눈을 돌리면, 약 10Ma에 최초의 고릴라들이 분기했고 뒤이어 침팬지가 분기했다. 그리고 그즈음에 두 다리로 걷는 동물들이 나타났는데, 그들이 모두 호미닌—네안데르탈인과 우리의 직

---

* 약 400킬로그램의 체중에도 불구하고, 그들은 고릴라처럼 비교적 평화롭게 살았으며 제법 최근까지 생존했던 것 같다.

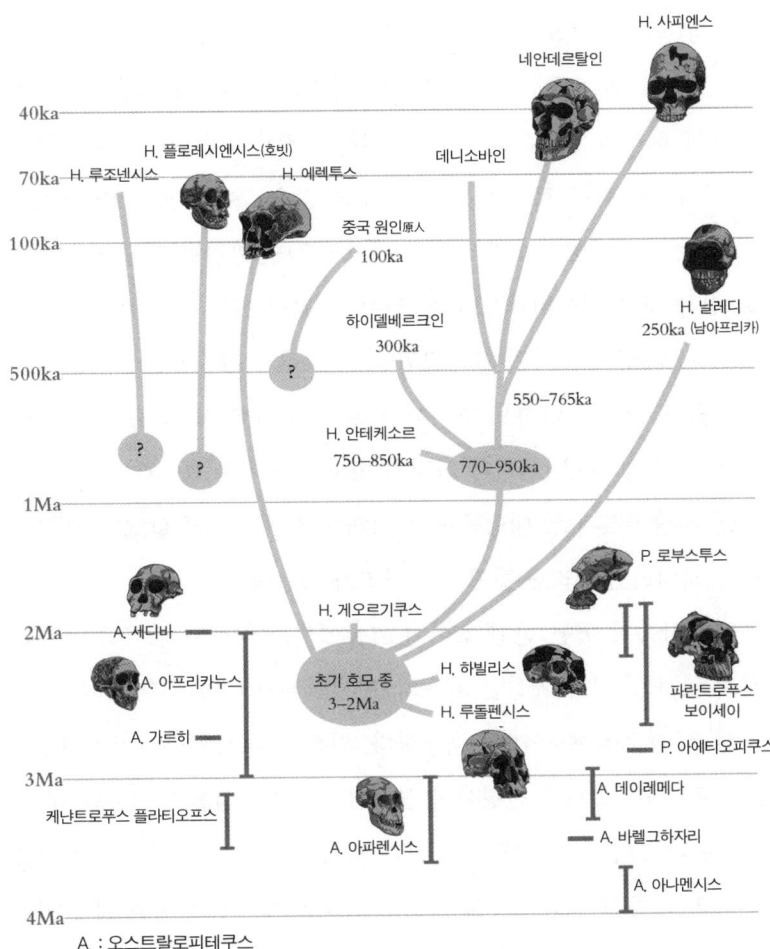

그림 1 호미닌 가문의 구성원으로서 네안데르탈인의 진화적 맥락

계조상—은 아니었지만 하나의 분수령을 이루었다.

7~3Ma의 드문 호미닌 뼈에서 일종의 '모자이크' 진화가 발견되는데, 해부학적으로 볼 때 종종 원시와 진보가 혼란스럽게 결합되어 있다.* 케니안트로푸스Kenyanthropus와 많은 오스트랄로피테쿠스속 Australopithecus 구성원들은 얼굴이 평평했으며, 완전한 직립보행을 했고 점차 확장되는 뇌를 보유한 진정한 '원인proto-human'들이었다. 그리고 3.3Ma쯤 누군가가 로메크위안Lomekwian(가장 단순한 돌 인공물)을 만들었다. 그것은 아마도 고기와 석질 간의 강화되는 피드백 사이클의 시작인 것 같다. 어쩌다 한번씩 별미로 즐기는 육식은 훨씬 오래 전에 시작되었지만, 대형동물의 시체에서 대부분의 살코기와 지방을 도려내려면 예리한 절단용 모서리가 필수적이다.

사람속이 어떤 선행 호미닌 그룹에서 등장했는지는 아직 명확하지 않다. 그러나 확실한 최초의 '현생인류와 네안데르탈인의 공통조상'은 약 2Ma에 무대에 등장한다. 이름하여 호모 에르가스터H. ergaster*‡로, 이미 1Ma에 진정한 수렵채집인으로서 삶을 영위했던 게 확실시된다. 그들은 종전의 종들보다 월등하게 정교한 기술을 지니고 있었으며, 양면석기biface**로 알려진 최초의 세련된 석질을 제작했다. 그들은 양면석기를 광범위한 환경에서 휴대했다.

---

*   전형적인 예는 아르디피테쿠스 라미두스Ardipipithecus ramidus다. 그들은 에티오피아에서 발굴된 두발 보행bipedal 호미닌인데, 쥐는 발뼈grasping foot bone를 여전히 보유하고 있는 것으로 보아 나무 오르기를 계속했던 것으로 보인다.

‡   아프리카에서 호모 에르가스터는 수십 년 동안 호모 에렉투스H. erectus로 알려져 있었다. 그러나 오늘날에는 아시아에서 발견된 호미닌만을 호모 에렉투스라고 부른다.

**   이 도구는 종종 주먹도끼로 불리기도 한다.

호모 에르가스터는 본질적으로 현생인류의 몸을 가지고 있었다. 그들은 키가 컸고, 나무에 매달리지 않고 달릴 수 있었으며, '평평한 얼굴', '위축된 치아', '적절한 팔다리의 비율' 등 어느 모로 보나 네안데르탈인과 현생인류의 직계조상이었다. 가장 놀라운 점은 풍선처럼 부풀어오르는 뇌의 소유자라는 것으로, 유사 이래로 지구를 활보한 영장류 중에서 가장 영리하고 다재다능했다. 그들은 거대한 아프리카 대륙 밖으로 나간 게 틀림없지만, 종전의 '까마득히 오래된' 유라시아 집단에서 나온 화석과 단순한 도구의 연대는 2Ma로 알려져 있다.*

그러나 네안데르탈인은 정확히 어디에서 왔을까? 서유럽에서 가장 오래된 호미닌 유골은 스페인 아타푸에르카Ataperca의 시마델엘레판테Sima del Elefante 유적지에서 나온 것으로, 연대는 1.2Ma쯤 된다. 그러나 그것은 최고령 네안데르탈인 화석보다 훨씬 더 오래됐으므로 후보에서 탈락이다. 유력한 후보는 아타푸에르카에서 젊은 축에 속하는 그란돌리나Gran Dolina에서 발굴된 호미닌의 유골이다. 그 유골의 연대는 850~800ka로 네안데르탈인과 호모 사피엔스의 공통조상이거나 최소한 가까운 자매그룹일 수 있다. 호모 안테케소르H. antecessor*라고 불리는 이 호미닌들은 이베리아 반도에서만 산 게 아니라 그곳보다 덜 온화한 유럽 북서부의 오지에서도 살아남았다. 이

---

* 화석과 석질은 1.8~1Ma 사이에 유라시아 전역에 산재했으며, 도구의 경우 오늘날 중국에서 발견되는데 연대측정 결과 2Ma가 넘는 것으로 추정되었다.

‡ 자세한 내용은 https://ibric.org/myboard/read.php?Board=news&id=315744&-SOURCE=6를 참고하라. – 옮긴이

는 2013년 영국 동부의 북해 연안에 자리 잡은 해피스버그Happisburgh 에서 돌풍과 조수로 90만 년 전의 점토가 드러나는 바람에 발견된 괄목할 만한 사실이다. 천연두 자국처럼 생긴 희한한 자국이 있는 점토의 표면을 면밀히 관찰해 보니 수십 개의 발자국이 보존되어 있었다. 그것은 소규모 호미닌 집단이 널따란 하구(지금은 사라진 북쪽 경로*에서 템스강 물이 바다로 쏟아져 나오던 곳)에서 상류로 거슬러 올라간 흔적이었다. 불과 2주 만에 그 믿기 힘든 유적을 바다가 싹 지워 버렸지만, 3D로 촬영해 놓은 동영상을 사후에 분석해 보니, 한 명 이상의 성인과 (꼬마에서부터 10대 청소년에 이르기까지) 여러 명의 어린이로 이루어진 그룹이 900ka에 그곳을 지나간 것으로 밝혀졌다. 어린이들은 똑바로 서려고 애썼던 게 틀림없다. 그도 그럴 것이 흡착력이 강하고 미끌미끌한 진흙이 그들의 발목을 잡았을 테니 말이다. 그리고 점토에 보존된 꽃가루 알갱이를 분석해 보니, 그 습지는 소나무와 가문비나무 숲으로 둘러싸여 있었다.

    수십만 년 전에 새겨진 연약한 몸짓의 흔적이 지금까지 남아 있는 경우는 믿을 수 없을 정도로 드물며, 그 찰나성은 연구자들이 네안데르탈인의 조상을 규정하기 위해 사용하는 건조하고 단단한 화석과 극적으로 대비된다. 유전학이 우리에게 말해 주는 것은 네안데르탈인은 약 700ka경에 하나의 혈통으로 등장했으며, 그란돌리나 사람들은 그보다 약 10만 년 전에 살았음에도 그들과 생김새가 그리 닮지 않았다는 것이다. 그 시기의 유럽에 한 종 이상의 호미닌이 살았

---

* 그로부터 약 45만 년 후인 450ka에 거대한 빙하가 들이닥쳐 템스강의 경로를 남쪽으로 완전히 바꿔 버렸다.

을 가능성을 배제할 수 없지만, 그 후 수십만 년 동안의 유골 중 상당수는 아프리카에서 발굴된 동시대의 화석들과 약간 비슷하다. 그중에는 1907년 독일에서 발견된 호모 하이델베르겐시스H. heidelbergensis라는 이름의 커다란 아래턱뼈가 포함되어 있다. 이 800~700ka의 호미닌들은 오랫동안 네안데르탈인의 조상이라고 주장되어 왔지만, 보다 최근에 아타푸에르카의 세 번째 현장인 시마데로스우에소스Sima de los Huesos—'해골 구덩이'—에서 발굴된 화석이 이론을 재정립했다. 28명 남짓한 호미닌들—그들 중 상당수는 예외적인 조건에 처해 있었다—이 '해골 구덩이' 속 깊숙한 곳에서 생을 마감했다는 것은 뭔가 불가사의한 측면이 있다. 그러나 그들이 진정한 원조 네안데르탈인proto-Neaderthals의 유력한 용의자로 부상한 것은 450~430ka라는 연대와 해부학적 구조로, 2016년에 실시된 DNA 분석으로 확실해졌다.*

이쯤 되면 이렇게 묻는 독자들이 있을 것이다. "네안데르탈인의 오랜 진화사를 아는 게 얼마나 중요하기에 이렇게 야단 떠는 거죠?" '우리와 네안데르탈인'과 '우리의 가까운 영장류 사촌' 사이에는 수백만 년의 세월이 가로놓여 있음에도 불구하고, 네안데르탈인이 우리와 유인원을 잇는 문자 그대로의 다리라는 오해는 지금까지도 만연해 있다. 순전히 해부학적인 관점에서, 우리는 시마데로스우에오스의 네안데르탈인(450~430ka)이 아프리카의 가장 오래된 호모

---

* 시마데로스우에오스의 화석은 유전물질이 수반된 전 세계 호미닌 중에서 가장 오래된 것으로 알려져 있다. (자세한 내용은 https://ibric.org/myboard/read.php?Board=news&id=270503&-SOURCE=6를 참고하라.- 옮긴이)

사피엔스 유사 화석(300~200ka쯤)보다 약간 먼저 등장했다고 '볼' 수 있다. 고인류학에서 15만 년이라면, 수천 대에 해당하는 일시적인 갭일 뿐이다. 그러나 광범위한 진화적 관점에서 보면, 시마데로스우에 오스의 네안데르탈인은 가장 젊은 호미닌 종 중 하나인 동시에 우리와 가장 근사한 인류다. 이게 무슨 뜻이냐 하면, 인류의 진화가 호미닌 고속도로를 화살처럼 직진하여 우리를 탄생시킨 게 아니라는 것이다. 인류의 진화사에는 수많은 경로들이 동시에 존재했는데, 그중 어떤 것들은 막다른 골목에 다다랐고, 어떤 것들은 네안데르탈인처럼 우리와 필적하는 자신들만의 독특한 신체와 정신을 발달시켰다. 그리고 그들은 혼자가 아니었다. 우리가 지난 10여 년 동안 발견해온 것처럼, 사람속 혈통 자체에는 다른 사연들이 숨어 있다. 일례로, 인도네시아의 플로레스Flores에서 발견된 '호빗hobbit'은 700ka에 등장한 것으로 보이며 50ka까지 살아 있었다. 그리고 2013년에는 더욱 뜻밖의 유골이 지구 반대편의 남아프리카공화국에서 발견되었다. 호모 날레디H. naledi로 명명된 그 호미닌은 매우 원시적인 특징을 일부 보유하고 있었고 수백만 년 전에 지구상에 등장한 것으로 기대되었다. 그러나 정밀분석 결과 그들은 겨우 250ka에 살았던 것으로 밝혀졌다. 그렇다면 그들은 네안데르탈인 및 초기 현생인류와 동시대인이었다는 이야기가 된다.

  그러나 고인류학자들이 최근에 발견한 모든 인류 진화 중에서 네안데르탈인의 이해와 관련하여 가장 놀라운 사실은 그들이 우리

---

* 자세한 내용은 http://www.ibric.org/myboard/read.php?Board=news&id=282924&-SOURCE=6를 참고하라. – 옮긴이

와 성관계를 통해 자녀를 낳을 수 있었고, 실제로 그랬다는 것이다. 오늘날 전부는 아닐지라도 대부분의 지구촌 주민들의 모계혈통—지금까지 이어져 내려오는 신체와 혈액 속의 족보—에 네안데르탈인의 지울 수 없는 흔적이 남아 있다니! 이런 까무러칠 만한 발견으로 인해 한때 '먼 옛날 몰락한 가문'으로 치부되었던 네안데르탈인은 하룻밤 새에 '우리의 유전체에 기여한 진짜 조상'으로 재조명받게 되었다.

이제 우리는 네안데르탈인의 고고학을 새로운 관점에서 재평가해야 한다. 진화론자들과 마찬가지로 네안데르탈인은 (우리가 지금껏 그 꼭대기에 자랑스레 걸터앉아 있었던) 낡은 왕조의 계통수를 뿌리째 뽑아버렸다. 우리의 오랜 역사는 위풍당당한 나무가 아니라, 거대한 강물 위로 우수수 떨어지며 팔랑거리는 낙엽과 같다. 어떤 잎들은 빠른 시냇물에 떨어지고 어떤 잎들은 느린 시냇물에 떨어진다. 그들은 제각기 흐르다 만나 웅덩이를 이루고, 웅덩이 위로 넘쳐흘러 더 깊은 수로에서 다시 만나 궁극적으로 거대한 강을 이룬다.

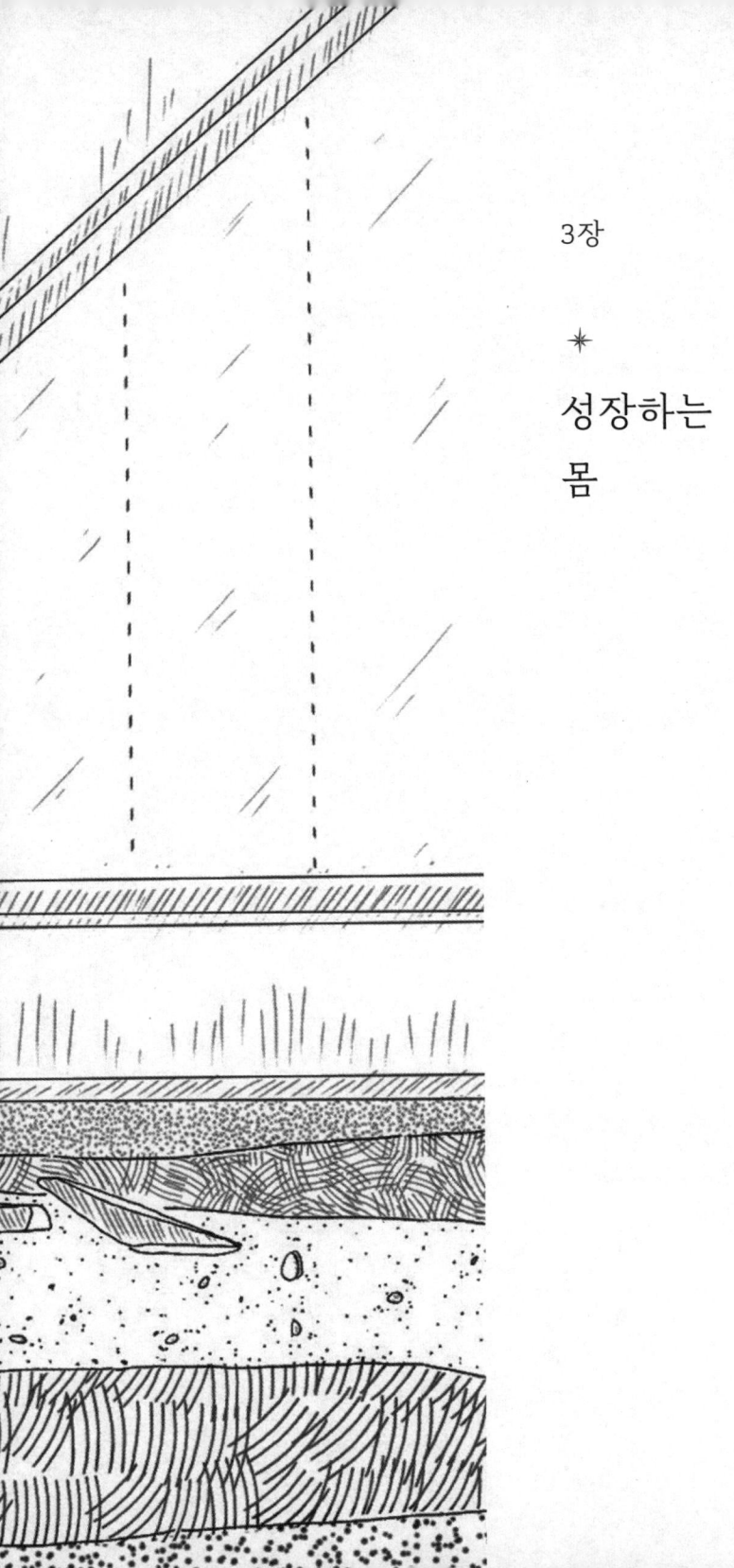

3장

＊

성장하는
몸

절벽 위로 먼동이 트며 녹음이 나뭇가지를 물들이자 사람들이 다시 움직인다. 그녀가 얼마 전 힘들여 밀어낸 아기의 몸은 매우 가냘펐고 미약한 힘으로 간신히 젖을 빨 뿐이었다. 아기의 몸짓이 멈추고 몸 전체가 말라붙은 힘줄처럼 뻣뻣해졌다. 이제 사람들이 길을 떠나려 한다. (자신의 검은 머리칼에 흠뿍 밴) 아기의 냄새를 들이마시며, 그녀는 안식처의 가장자리에 웅크리고 앉아 있다. 꽉 움켜잡았던 꾸러미가 처음으로 그녀와 분리되어 땅에 놓인다. 사람들이 호기심 어린 표정으로 다가와 쿡 찌르고 잡아당기고 두드려 본다. 짐승들이 나중에 찾아올 것이므로 이 '귀중한 것'을 보호해야 한다. 그녀는 아기 위로 덮개를 씌운다. 약간의 돌이 섞인 부드러운 토양 속에 아기의 시신을 묻고, 몸을 일으켜 사람들과 함께 길을 떠난다.

며칠이 지나고 몇 년이 지나고 몇 세기가 흐른다. 토양이 뭉치며 연약한 뼈를 단단히 고정한다. 사람들이 위로 오고 가지만 끝내 발소리의 진동이 멈춘다. 살을 에는 추위의 서릿발도 연약한 뼈대를 관통하지 못한다. 수만 번의 겨울이 더 지나고, 묵직한 쿵쿵 소리가 지반을 진동시킨다. 이윽고 사람들의 목소리가 들린다. 새로운 사람들이 아주 오랫동안 아무도 살지 않던 곳에 집을 짓는다. 조그만 유골을 뒤덮은 나무계단 위로 나막신을 신은 발들이 오르내리며 달가닥 소리를 낸다. 그것은 산 자들이 주검에게 불러 주는 자장가다. 눈 깜박할 사이에 그 집도 사라지고, 강력한 힘이 토양을 잡아당기자 퇴적층이 떨리며 움직인다. 점토 덩어리가 부서지고, 초여름의 햇빛이 달걀 껍질처럼 얇은 두개골 파편을 어루만진다. 한 사람이 외친다. "중단해라! 뼈다!" 아주 오랜 시간이 흐른 후, 서툴지만 부드러운 손들이 (이 작고 외로운 갓난아기를 마지막으로 만졌던 엄마의 손처럼) 조금씩 아래로 내려와 유골을 꺼낸다.

1914년 6월 28일, 사라예보에서는 차량 한 대가 길을 잘못 들어 총탄이 발사되고, 귀족 두 명의 죽음이 눈덩이처럼 불어 2억 명의 죽음이 된다. 그로부터 40일 전인 5월 19일, 유럽 반대편인 프랑스의 페리고르에서는 4만 년 전 목숨을 잃은 아기가 세상에 알려졌다. 르무스티에Le Moustier의 동굴에서 그날의 작업을 기록한 데니스 페이로니Denis Peyrony의 일기에 애처롭도록 조그만 뼈의 발견이 기록되어 있다. 그는 20세기에 가장 존경받은 선사학자 중 하나였지만 그보다 젊고 현란한 프랑수아 보르데François Bordes와 달리* 오늘날에는 별로 유명하지 않다. 페이로니는 (펠트호퍼와 지브롤터에서 발견된 네안데르탈인이 히트를 친) 1860년대에 농사꾼의 아들로 태어나, 선사시대 유적지 근처에서 성장했다. 어른이 되어 레제지Les Eyzies의 시골학교 선생님으로 부임한 후 선사시대에 매혹되었다.

1894년 그는 병리학자에서 선사시대 인류학자로 전향한 루이 카피탕Louis Capitan과 협동 연구를 시작했고, 7년 후에는 퐁드곰Font de Gaume 동굴에서 놀라운 빙하시대 그림을 발견했다. 1914년 봄이 끝나갈 무렵, 페이로니는 네안데르탈인 유적지(라페라시La Ferrassie의 거대한 동굴 포함)의 노련한 발굴자가 되어 있었다. 그해 5월 르무스티에 동굴에서 유골이 발견되자, 그는 그것이 갓난아기의 것임을 단박

---

* 보르데는 과학소설 작가이기도 했다. 심지어 그가 수십 년간 재직한 보르도 대학교 인근에는 그의 이름을 딴 전차 정류장도 있다.

에 알아차렸다. 그 위에서 진행된 공사와 폭파에서 기적적으로 생환한 아기의 유골(지금은 '르무스티에 2Le Moustier 2'로 알려져 있다)은 그 후 80년 동안 한 번 더 사라졌다 발견되는 기구한 운명을 겪고, 매혹적인 발견사를 가진 여러 네안데르탈인 화석 중 하나로 등극한다.

화석화 여부와 무관하게 모든 호미닌의 뼈는 특별하다. 그도 그럴 것이, 수천만~수억 년 전 영위했던 삶을 대변하는 몸으로, 그 실재성이 보는 이의 마음을 사로잡기 때문이다. 하지만 다른 한편으로 그들은 희귀하다. 우리는 그들의 뼈보다 한때 그들의 손을 거친 인공물을 수백만 개나 더 많이 갖고 있다. 그럼에도 불구하고 전체적으로 볼 때 우리는 다른 어떤 가까운 친척보다도 그들을 더 친숙하게 알고 있다. 100년 전만 해도 한 줌의 유골들이 다른 인류에 관한 이야기를 속삭였지만, 오늘날에는 수많은 유적지에서 나온 수천 개의 화석들이 우리의 귀를 간질인다. 그 화석들은 신생아에서부터 노인—오늘날의 기준으로 보면 노인 축에 들지 않지만 그 당시에는 지역사회의 원로였을 것이다—에 이르기까지 다양하다. 이처럼 풍부한 샘플 덕분에 우리는 네안데르탈인의 생물학적 특징과 다양성을 재구성할 수 있다.

이처럼 인상적인 숫자에도 불구하고, 골격의 모든 부위는 아직도 '귀하신 몸' 대접을 받을 만한 가치가 있다. 그것들은 다이아몬드나 신성한 유물처럼 자물쇠가 채워진 케이스에 담긴 채 보관되고 운반된다. 그들의 무한한 가치는 개인의 삶에 대한 데이터의 보고寶庫인 동시에 집단 전체를 들여다보는 창구 역할을 한다는 데 있다. 전문가들은 생화학에서부터 최첨단 시각화에 이르기까지 광범위한 기법을 이용하며, 전신을 검사하는가 하면 치아 내부의 거의 일상적인 층까지 파고든다.

우리는 그들의 메마른 뼈와 이중으로—시간에 의해, 그리고 박물관 진열장의 유리에 의해—격리되어 있지만 여전히 그들을 마주하면 시간적, 물리적 장벽을 넘어 우리의 생기 있는 피부로 전해지는 떨림을 어렵지 않게 느낄 수 있다. 유골이 아주 작을 경우에는 특히 그러할 것이다. 아주 오래전에 일어난 일이지만, 한 어린이의 삶이 그렇게 갑자기 종말을 고했다니…

네안데르탈인의 성장

어떤 뼈라도 그렇게 엄청난 세월을 견뎌냈다는 것은 놀라운 일인데, 아기의 연약한 몸이 그랬다면 더더욱 놀랍다. 두 개의 계곡을 잔교처럼 잇고 있는 석회암 능선에 자리 잡은 르무스티에 동굴의 사례는 특히 그렇다. 이곳의 계곡들은 지난 한 세기 동안 강물이 범람한 횟수만큼 많은 네안데르탈인 이론의 발상지였다. 르무스티에 동굴은 선사학이라는 학문의 성장통을 겪었고, 선사학이 존재하기 전에 발굴된다는 것은 고고학 기록을 드러내는 동시에 파괴하는 과정임을 만천하에 보여 준 대표적 사례였다. 만약 결정적인 차원(유물들이 어디에서 왔고, 어떤 순서로 생겨났는지를 말해 주는 패턴)을 기록하지 않은 채 유물들을 모두 발굴해 버린다면, 제아무리 최첨단 기법을 동원해도 개별적인 인공물을 연구한다는 것은 불가능하다.

고고학은 한 유적지의 다양한 부분이나 특징들을 구별한다. 개별적인 인공물의 한 단계 위에 있는 집합체assemblage는 서로 관련된 것처럼 보이는 유물들로 구성된 식별 가능한 최소한의 그룹이다. 전형적으로 집합체 바로 위에는 층layer이 있는데, 발굴자들이 색깔, 질감, 고고학적 내용물에 따라 식별한 퇴적층을 말하며, 층의 순서를 층위stratigraphy라고 부른다. 사람이 버린 쓰레기가 됐든, 자연히 축적된 낙석이 됐든, 진흙이 됐든, 바람에 날려온 먼지가 됐든, 그 장소에서 일어난 일들의 보관소다. 뭔가를 발굴한다는 것은 층을 제거하는 것을 의미하고, 더 아래로 내려갈수록 더 오래된 것이 나온다.

그런데 종종 복잡한 문제가 발생하는데, 침식erosion, 국지적 전도localised inversion, 또는 심지어 훗날의 선사시대 활동에 의한 교란disturbance이 그것이다. 이때 층 사이의 혼합이나 이동을 확인하는 것은 아주 중요하며, 인공물뿐만 아니라 토양과 사물 간의 공간적 관계까지도 신중히 조사해야 한다. 칼 세이건의 말을 위트 있게 고쳐 말하면, "만약 네안데르탈인이 특정한 유적지에서 뭘 했는지 이해하기 위해서는 당신은 먼저 지층의 역사 전체를 재구성하지 않으면 안 된다."* 이것이 바로 오늘날 고고학에서 가장 중요한 부분으로 인식되는 화석화과정학taphonomy이다.

'라르테와 크리스티의 발굴(1863년)'과 '페이로니의 발굴(1914년)' 사이에 르무스티에가 교란되지 않았을 리 만무하다. 스위스의 고고

---

* 그의 명저《코스모스》에는 이렇게 적혀 있다. "애플파이는 수소, 산소, 탄소 등으로 구성되어 있다. 만일 당신이 아무런 재료가 없는 상태에서 애플파이를 만들려 한다면, 먼저 우주를 발명하지 않으면 안 된다."

학자 오토 하우저Otto Hauser도 1907년부터 줄곧 르무스티에를 포함한 페리고르 일대에서 활동해 왔다.* 기적적으로 '18세기의 건축공사'는 물론 하우저도 지표면에서 25센티미터 아래(이것을 지질학 용어로 간발의 차이a hair's breath라고 한다) 지점에 묻혀 있는 미세한 뼈를 전혀 건드리지 않았다. 하우저 이야기는 나중에 하기로 하고, 그가 르무스티에를 떠난 후 페이로니가 바통을 이어받아 무너진 집 바로 밑에 고이 자리 잡은 퇴적층을 발견했다. 갓난아기가 바로 그곳에 숨어 있었다. 페이로니는 그 이전에도 수많은 네안데르탈인 골격을 발굴했지만, 동굴의 존재를 강력하게 주장한 것을 제외하면 유물에 대한 세부사항을 사실상 전혀 기록하지 않았다.

그러나 이번에는 그 유골을 즉시 네안데르탈인 연구의 권위자인 파리의 해부학자 마르셀 불Marcel Boule에게 보냈다. 그로부터 일주일 후 불이 의견을 보내 왔는데, 그 내용인즉 신생아의 유골이 확실하다는 것이었다. 그런데 그 시점에 갓난아기는 발굴 기록에서 감쪽같이 사라졌다. 페이로니는 학술지에 기고한 논문에서 그 아기를 두 번 다시 언급하지 않았고, 2개월이 채 지나지 않아 제1차 세계대전이 유럽을 휩쓰는 바람에 현장 연구는 더는 진행될 수 없게 되었다. 그리고 수십 년 동안 그 아기는 사람들의 기억에서 잊혀졌다.

사실 일부 유골들은 — 비록 인식되지 않았을지언정 — 현장에서 겨우 몇 킬로미터 떨어진 곳에서 안전하게 보관되어 있었다. 아기의 유골이 발견되기 바로 전 해인 1913년, 페이로니는 레제지에 웅장한

---

* 페이로니와 하우저가 발굴한 곳은 르무스티에의 아랫동굴lower shelter이었다. 라르테와 크리스티는 윗동굴upper shelter에서 작업했는데, 구체적인 정보는 거의 남아 있지 않다.

박물관을 세웠다. 그로부터 약 80년 후 방대한 수집품의 재고를 조사하던 중, 르무스티에에서 발굴된 유물이 보관된 수장고*에서 '골격'이라는 딱지가 붙은 뼈들을 발견했다. 누가 봐도 신생아의 것이 분명했으므로 연구자들은 그것이 파리에서 증발한 '네안데르탈인 아기'이기를 기대했다. 6개월간에 걸친 정밀분석 결과 (일부 뼈들을 아직 간직하고 있으며 가녀린 석질 파편을 포함한) 퇴적물이 르무스티에의 퇴적층과 일치하는 것으로 밝혀졌다.

그렇다면 골격 중 일부가 페리고르에 남아 시간이 지나면서 (영문은 모르겠지만) 서서히 잊혔음에 틀림없다.* 그러나 파리로 보내진 유골에는 무슨 일이 있었던 걸까? 그것들에 얽힌 이야기는 악명 높은 '신원 오인' 사례 중 하나다. 다시 말해 1914년 페이로니의 관심은 3곳의 네안데르탈인 유골 발굴지에 분산되어 있었다. 하나는 르무스티에였고, 다른 두 곳은 페슈들라제Pech de l'Azé와 라페라시La Ferrassie였다. 그는 상당수의 유골을 불에게 보냈고, 일부는 미발굴 상태(퇴적물 덩어리에 박혀 있는 상태)로 연구실에 보관했다. 그렇게 수십 년이 흐른 후, 라페라시의 아기 무덤에서 발굴된 뼈들의 색깔과 상태가 제각기 다른 것으로 의심되었다. 그래서 20세기 최신 기술을 이용해 분석한 결과, 유골에 달라붙은 퇴적물과 그 속에 포함된 가녀린 부싯돌 조각이 라페라시가 아니라 르무스티에의 것과 일치하는 것으로 나타났다. 설상가상으로, 허벅지와 위팔은 르무스티에 아기의 손실된

---

* 전시하지 않는 유물을 보관하는 박물관 안의 공간. – 옮긴이
* 심지어 페이로니조차 르무스티에 관련 논문 중 일부에서 그 내용을 누락했다. 그리고 그가 퇴직한 다음 해인 1937년에 마지막으로 언급했다.

부분과 정확히 일치했다. '딱지가 붙지 않은 네안데르탈인 유골'이 수두룩했고, 전쟁의 먹구름이 몰려오고 있었던 긴박한 상황을 감안할 때, 불의 연구실은 혼동과 오류가 발생할 수 있는 최적의 조건을 갖추고 있었다. 라페라시 아기의 판정 오류는 당연한 귀결이었다.

수천 년의 세월을 사이에 둔 '잃어버린 두 어린 영혼'의 이상한 만남은 오늘날까지 계속되고 있다. 왜냐하면 파리에 있는 르무스티에 아기의 팔다리가 나머지 신체부위와 160킬로미터나 떨어져 있기 때문이다.

오늘날 값을 매길 수 없는 가치를 인정받고 있음을 감안할 때, 네안데르탈인에게 그런 어처구니없는 역사가 있었다니 놀랍기 그지없다. 그러나 이 가녀린 골격의 재발견은 단순한 해프닝으로 끝나지 않았다. 비극적으로 생을 마감한 갓난아기 화석들은 이승에서보다 저승에서 훨씬 더 오래 머무르며 우리에게 모종의 기회를 제공한다. 네안데르탈인 어린이들이 우리의 어린이들만큼 신체적, 인지적으로 빠르게 발육했는지 이해하려면 그들의 출발점이 어땠는지 알 필요가 있다. 그들의 연약한 유골은 우리에게 모든 네안데르탈인의 수명이 제각기 독특했으며, 때로는 탄생부터 노년까지의 먼 여정이 이른 시기에 중단되기도 했다는 사실을 일깨워 준다.

이제 전 세계 박물관에서 휴식을 취하고 있는 네안데르탈인 청소년들을 만나 보기로 하자. 르무스티에 아기는 여느 신생아의 모습과 비슷하지만, 그 밖에도 다양한 연령의 어린이들이 있다. 단체 사진을 상상해 보라. 맨 앞줄에는 일어나 앉지도 못하는 생후 7개월짜리 아기가 엎드려 있고, 그 옆에는 그보다 조금 더 큰 기는 아이들이 있다. 한시도 가만히 있지 못하는 걸음마쟁이가 있는가 하면 세 살배기 무법자 무리도 있다. 아기 티를 갓 벗은 네 살배기부터는 뒷자리에 선다. 그들은 스페인, 프랑스, 이스라엘, 시리아에서 왔다. 심지어 우즈베키스탄에서 온 여덟 살짜리 어린이도 있다.

어린이들의 성별을 확인하는 방법은 DNA 검사밖에 없지만 나이는 치아와 뼈로 알아낼 수 있다. 네안데르탈인이 호모 사피엔스와는 약간 다른 속도로, 그러나 다양한 방식으로 성장했을 거라고 추측하는 것은 바로 이 때문이다.

치아는 대체로 광물질인데, 뼈 대신 화석 대용품의 역할을 할 수 있다. 연구자들은 주파조perikymata 라는 내부 성장선─일종의 나이테─을 헤아리던 중, 네안데르탈인 어린이들의 주파조 형성 속도가 요즘 어린이들보다 평균적으로 하루 빠르다*는 사실을 발견했다. 그와 마찬가지로 일부 네안데르탈인 어린이들은 젖니를 1~3년 더 일찍 잃었다. 그러나 다른 어린이들의 주파조와 치아 발육은 오늘날의 전형적인 속도와 일치한다. 이것은 1961년 (르무스티에에서 하류 쪽으로 몇 시간 걸어가면 나타나는) 록드마르살Roc de Marsal에서 발굴된 가장 완전한 네안데르탈인 어린이 화석에서 증명되었다. 그 어린이의 골격 나이는 2.5~4살이었는데 싱크로트론 방사광 마이크로토모그래피synchrotron radiation microtomography ─고강도 엑스선 검사의 일종─로 분석해 보니 어금니의 발육이 오늘날의 동년배 어린이들보다 빠르지 않은 것으로 나타났다.

---

* 현생인류의 경우, 하나의 주파조가 형성되는 데 6~12일이 소요된다. - 옮긴이

스페인 북서쪽의 엘시드론El Sidrón 동굴에서 발굴된 소년의 몸에서도 이와 비슷하게 서로 상반된 치아들이 발견되었다. 그의 어금니는 주파조가 암시하는 상태보다 덜 발육되어 있었고, 뼈 일부는 두세 살 어린 아이들과 비슷해 보였다. 그가 왜소한 축에 속하는 아이였을 수도 있지만, 이 모든 점들을 감안할 때 네안데르탈인의 발육 과정은 꽤 다양하고 복잡했던 것으로 보인다.

흥미로운 것은 엘시드론 소년의 뇌 발육이 또래들보다 다소 더 뎠다는 것이다. 성장의 이런 측면을 이해하는 것은 특히 중요하다. 사람들의 기억에 잘 남는—아마도 의외이기 때문에—사실 중 하나는, 네안데르탈인의 뇌가 (어디까지나 추정이지만) 우리보다 크다는 것이다. 미라화되거나 냉동된 시신이 없으므로 직접 조사해 볼 수는 없는 노릇이다. 그러나 뇌는 두개골 안쪽에 각인을 남긴다. 한때는 석고 주형을 이용한 연구가 고작이었지만, 현대의 스캐닝 기술은 인버티드 3D 모델을 이용하여 뇌를 재현한다. 그리하여 사라졌던 회색질grey matter, 심지어 (한때 피로 인해 꿈틀거렸던) 뱀처럼 구불구불한 동맥이 복원된다. 복원된 뇌를 분석해 보니, 그들의 뇌가 커 보였던 진짜 이유는 성 편향적 표본들 때문이었던 것으로 밝혀졌다. 남성만 비교하면 네안데르탈인과 현생인류의 차이가 훨씬 줄어드는데, 이는 지금껏 발견된 완벽한 네안데르탈인 골격이 대부분 남자의 것이었다는 가능성을 뒷받침한다.*

처음 태어났을 때 그들의 두개골 크기는 우리와 상당히 비슷

---

* 남성의 뇌는 평균적으로 여성보다 크다.

했다. 그러나 솜털이 보송보송한 르무스티에 아기의 머리를 부드럽게 안아 본다면 그 형태가 약간 뜻밖이라는 느낌이 들 것이다. 그 아기의 두개골과 다른 신생아의 두개골 스캔을 결합하면 얼굴의 한복판이 이미 약간 튀어나오고 요즘 아기와 달리 귀여운 턱이 없다는 것을 알 수 있다. 결정적인 초년기에 네안데르탈인의 뇌가 어떻게 발육했는지에 대해서는 논란이 많고, 어떤 크기 추정치는 (성장 속도가 약간 빠를망정) 우리와 놀랍도록 비슷하다. 그러나 구조 자체가 더 빨리 발달한 것은 아니다. 이는 네안데르탈인 아기가 요즘 아기와 거의 같은 시기에 웃고, 뭔가를 움켜쥐고, 옹알이를 하는 마법 같은 이정표를 따랐음을 시사한다. 그러나 작은 차이들이 누적되면서 결국에는 생리적인 유년기가 일찍 끝나고, 복잡한 사회적, 기술적 노하우를 연마할 기회가 줄어들었을 것이다. 하지만 뇌의 발육은 다른 신체부위의 발육과 균형을 이루며 진행되었다.

뼈에서 몸까지

지구상에 살았던 모든 네안데르탈인들 중 0.01퍼센트도 안 되는 유골이 시간과 화석화 과정의 시련을 견뎌내고 200~300명의 개인들을 대변하고 있다니! 정말 경이로운 일이다. 대다수의 유골은 오래된 뼈나 (용케 치아가 박혀 있는) 턱뼈의 파편으로 구성되어 있지만, 그중 30~40점은 훨씬 더 완전한 골격이며 애초에 전신이 매장된 것이 틀림없어 보인다. 매장에 대한 논란은 13장에서 다루겠지만, 어떤 뒷

이야기가 숨어 있든 간에 각각의 골격은 개인을 속속들이 알 수 있는 기회를 제공한다. 심지어 뼛조각과 파편도 중요하며, 집단의 특성 — 부상 패턴, 사망한 나이, 성별 노동(신체 사용) 방식 차이 — 을 연구하는 데 도움이 된다.

크로아티아의 크라피나Krapina 동굴은 화석이 매우 풍부한 유적지다. 그곳에서는 20~80명분*으로 추정되는 900여 개의 뼈가 발굴되었다. 그러나 아무리 낮게 잡아도 완전체를 구성하는 퍼즐 조각의 4분의 3은 누락되었다고 봐야 한다. 의심할 것도 없이, 19세기 말에 신속히 진행된 발굴 작업이 그 이유 중 하나이지만 벨기에의 스피Spy 동굴은 1880년대 후반에 발견되었음에도 훨씬 더 완전한 유골을 보유하고 있다. 사실 크라피나의 뼈들은 네안데르탈인들 자신에 의해 부서졌고, 아마도 뿔뿔이 흩어진 것 같다. 그와 대조적으로 엘시드론은 크라피나가 발견된 지 거의 한 세기 후인 1994년에 발견되었고, 지금껏 알려진 가장 풍부한 네안데르탈인 화석 매장지다.‡ 신중한 발굴을 통해 2,500점 이상의 유골을 발견했지만, 겨우 13명의 네안데르탈인(4명의 여성, 3명의 남성, 3명의 십대, 2명의 어린이, 1명의 아기)에게서 나온 것으로 판명되었다. 그들의 몸도 훼손되어 있었지만 처음에는 그보다 상태가 완전했던 게 틀림없다.

이상의 사례들은 상태가 똑같은 유적지는 하나도 없으며 모두

---

* 산산조각 난 파편들의 상태 때문에 어떤 계산 방법을 사용하느냐에 따라 결과가 달라진다.

‡ 엘시드론에서 네안데르탈인 뼈를 발견한 탐험가 에코잉 펠트호퍼Echoing Feldhofer에 따르면, 처음에는 스페인 내전 때 그곳에 몸을 숨긴 병사들의 시신인 줄 알았다고 한다.

제각각임을 말해 준다. 따라서 그것들을 해석하려면 신중을 기해야 하며, 사망 패턴을 살펴볼 때는 특히 그렇다. 집단 내 연령 분포—어린이가 많고 성인이 적으며, 성인 중 일부는 노인이다—는 평생 건강 위험lifetime health risk의 변화를 반영한다. 그러나 화석이 반드시 집단의 거울상이라고 할 수는 없다. 특정 계층이 교회 묘지에서 배제되었던 것처럼, 고고학적 기록은 '모든 네안데르탈인의 시신이 동등하게 보존되지 않았다'는 것을 보여 주며, 구체적인 내역은 유적지마다 다르기 때문이다.

이런 점들을 감안할 때 고고학자들이 현재 보유하고 있는 정보는 놀랄 만큼 다양하며, 네안데르탈인이—문자 그대로 그리고 상징적으로—무엇으로 구성되어 있었는가에 대한 우리의 이해는 매우 구체적이라고 할 수 있다. 고고학자들은 과거 어느 때보다도 완벽하게 '그들을 우리와 다르게 만든 요인'과 심지어 '그들이 세상을 경험한 방식'을 재구성할 수 있다.

네안데르탈인과 얼굴을 맞대고 서면 '다른 종'이라고 잘라 말할 수는 없겠지만 왠지 비전형적이라는 인상을 지울 수 없을 것이다. 평균보다 작은 키, 널따란 가슴, 긴 허리 둘레, 약간 다른 사지 비율, … 우람한 근육질의 허벅지 속에는 두껍고 둥근 약간 휜 다리뼈가 들어 있었다. 그럼에도 불구하고 수많은 부정확한 재구성과 달리 그들은 우리와 마찬가지로 거침없이 직립보행을 했다.

그러나 확대경을 들이대고 보면 거의 모든 부분에 해부학적 특이성이 존재하며, 어떤 것은 더 명확하고 어떤 것은 미묘하다. 호모 사피엔스의 일원으로서 당신은 나름대로 쓸 만한 해부학적 모델이다. 당신의 턱을 꼬집어 보라. 바르르 떨리는 살과 근육 아래에 뼈로 된 속심이 버티고 있음을 느낄 수 있을 것이다. 그러나 거의 모든 네안데르탈인은 그렇게 할 수 없었으며, 심지어 아기일 때도 그랬다. 당신의 머리를 만져 보라. 머리는 위아래로 길고 구형globular이며, 얼굴은 짧고 이마 밑으로 쑥 들어갔다. 네안데르탈인은 우리와 마찬가지로 다른 호미닌보다 크게 확장된 뇌를 갖고 있었지만, 그들의 두개골은 매우 다르게 생겼다. 낮은 정수리는 그들에게 더욱 조각된 듯한 용모를 선사했으며, 목 바로 윗부분은 뚜렷한 돌출부bump*로 맺어져 있다. 눈은 크고 퀭하며, 코와 입은 앞으로 튀어나온 것처럼 보이지만 광대뼈가 움푹 들어갔다. 크고 둥그런 눈두덩이 이 모든 것을 에워싸고 있지만, 우리처럼 좌우로 분리되지 않았으며 훨씬 더 인상적이다. 그러나 그 속에 들어 있는 뇌—우리를 강렬하게 쏘아보는 눈을 제어하는 기관—는 우리와 마찬가지로 크고 복잡했다.

차이점은 표면에 그치지 않는다. 당신의 턱과 머리가 만나는 부분에 손을 대고 씹는 시늉을 해 보라. 네안데르탈인의 경우에는 이 이동형 관절의 형태가 매우 달라 얕고 비대칭적인 간격과 특별한 돌출부를 갖고 있다. 혀로 당신의 어금니를 더듬어 보라. 호모 사피엔스의 치아는 대부분 악궁jaw arch과 맞닿아 있지만, 네안데르탈인의 치아는 안으로 들어와 틈이 생겼다. 그들은 아마도 그 공간에 혀를 밀어넣을 수 있었을 것이며, ('부삽'처럼 생긴) 앞니의 약간 뒤로 말린 모서리도 혀로 핥았을 것이다. 턱 안쪽에 있는 그들의 어금니도 매우

---

* 이것을 후두골occipital bone이라고 한다.

달라 종종 뿌리가 합쳐져 있었다. 심지어 신생아의 치배tooth bud도 독특하여, 다른 뼈가 없을 때 그걸로 신생아를 식별할 수 있을 정도다.

손을 내밀어 네안데르탈인과 악수를 하려다 당신은 소스라치게 놀랄 것이다. 당신은 엄지 끝이 검지 뿌리에 닿아 있지만, 네안데르탈인은─심지어 아기도─엄지와 검지의 길이가 거의 같기 때문이다. 그리고 네안데르탈인의 손바닥은 당신의 손바닥보다 넓으며, 손가락 끝이 나팔 주둥이 모양으로 부풀어 있다.

그러나 널리 이해된 관점에서 보면, 몇몇 신체부위가 우리와 다르다고 해서 그들이 더 원시적이라고 말할 수는 없다.* 아주 오랜 옛날 공통조상으로부터 한 세트의 특징들을 함께 물려받은 후, 그들은 우리가 잃은 것을 계속 갖고 있고, 우리도 그들이 잃은 것을 계속 갖고 있으니 피장파장이다. 네안데르탈인과 호모 사피엔스는 나름의 독특한 특징을 가진 두 가지의 서로 다른 길에 선 인간이다. 호미닌의 진화라는 광범위한 맥락에서 보면 '우리의 좁은 가슴, 내이inner ear, 독특한 치아'는 네안데르탈인의 결점만큼 '이상한' 것이다. 그럼에도 불구하고 연구자들은 지금껏 '네안데르탈인들이 왜 이러한 특징들을 보유했고, 그게 그들의 생활방식과 무슨 상관이 있는지'를 설명하는 데 몰두해 왔다.

우리의 탐구심은 매사에 이유를 찾고 싶어 한다. 그러나 사실 자연선택을 통한 진화는 번식의 성패에 관한 것일 뿐, 최고의 적응을 빚어내는 것은 아니다. 네안데르탈인의 생물학에 대한 설명은 종종

---

* 진화적 관점에서, '원시적primitive'이라는 말은 공통조상에서 분기分岐한 종種들이 공유하는 태곳적 뿌리very ancient root를 갖는 특징을 의미할 뿐이다.

이점에 초점을 맞추지만, 다양한 영향력이 작용하는 현실은 그보다 복잡하다. 신체가 구축되는 것은 상호연결된 과정이며, 한 부분이 바뀌면 다른 부분이 변형될 수 있다. 유전적 변이란 무작위적인 복제 오류일 뿐이며, 그 과정에서 생겨난 해부학적 특징들이 간혹—만약 생존에 부정적인 영향을 미치지 않는다면—고립된 소규모 개체군에서 지속된다.

유전적 청사진은 지극히 중요하지만, 호미닌의 생활방식도 신체에 속속들이—뼈에서부터 세포 수준에 이르기까지—영향을 미친다. 주변 환경과 통상적인 활동 모두 신체에 영구적인 흔적을 남길 수 있다. 격렬한 활동이 일상화된 스포츠 선수들의 근육이 시간이 지남에 따라 골격을 변화시키는 과정을 생각해 보라.

얽히고설킨 채 나타나는 유전과 행동의 영향을 분리하는 것은 네안데르탈인의 해부학과 생활방식을 이해하는 데 필수적이다. 예컨대 그들과 우리의 팔다리 길이의 차이는 선천적일까, 아니면 사용 방식 때문일까, 아니면 둘 다일까? 영유아 시절은 물론, 어설픈 사춘기 네안데르탈인의 화석이 그렇게 중요한 것은 바로 이 때문이다. 우리는 네안데르탈인의 2차성징기(사춘기)에 대한 이해를 돕는 주목할 만한 이야기를 알고 있다. 그 주인공은 바로 지금껏 언급하지 않은 '르무스티에 1'(르무스티에에서 발견된 첫 번째 네안데르탈인 골격)이다.

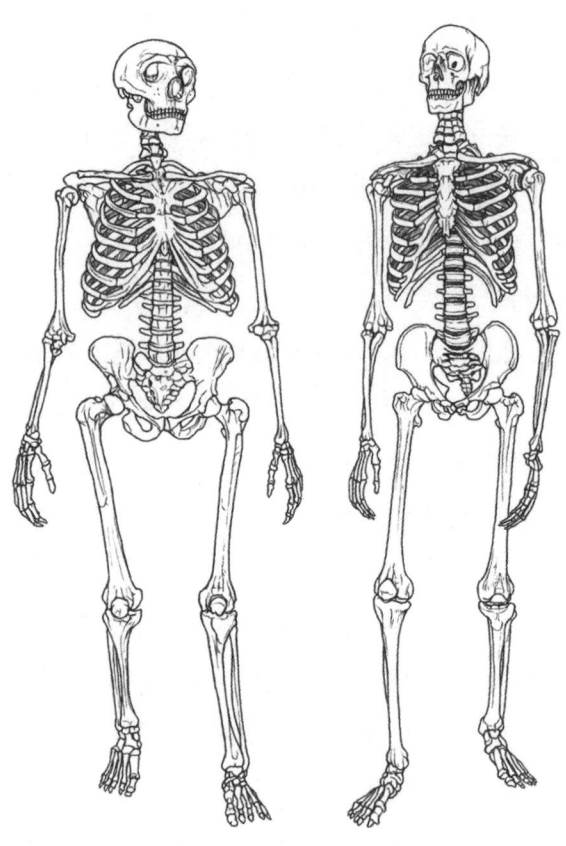

그림 2 평균적인 네안데르탈인(왼쪽)과 평균적인 호모 사피엔스(오른쪽)의 골격

베를린과 모스크바 사이

라르테와 크리스티가 1860년대에 윗동굴을 발굴하고 난 후, 20세기 초 더욱 기이한 2건의 '네안데르탈인의 사후세계 이야기'가 시작될 때까지 절벽은 쥐 죽은 듯 고요했다. 둘 중 하나의 주인공은 앞서 언급한 페이로니가 발견한 아기 유골로 공식적으로는 '르무스티에 2'로 알려져 있다. '르무스티에 1'이 이미 6년 전에 발견되었기 때문이다. '르무스티에 1'의 골격 역시 전쟁의 파도에 휩쓸려 파괴된 것으로 수십 년 동안 믿어졌으나 그것은 원래 페이로니가 아니라 오토 하우저가 발견한 것이었다. 하우저는 1907년에 건물들 사이에 자리 잡은 커다란 아랫동굴을 발굴하기 시작했다. 이듬해 봄, 장 레이살 Jean Leysalle[*]이 무심코 휘두른 삽이 '르무스티에 1'의 굵은 하퇴골 lower leg bone[‡]을 건드렸는데, '르무스티에 2'(그때까지만 해도 땅속에 묻혀 있었다)와 달리 '르무스티에 1'에 대해서는 훨씬 더 디테일한 기록이 남아 있다.

그 후 여러 날 동안 더 많은 뼈들이 발굴되던 중, 어느 비 오는 날 밤 마침내 '르무스티에 1'의 두개골이 발견되었다. 그러나 모든 일을 마무리하는 데 몇 달씩이나 걸렸다. 이와 관련하여 일각에서는 '부유한 방문자들이 도착하는 날에 맞춰 전시회를 여느라 발굴을 고의로 지연했다'는 주장이 제기되었지만, 그의 진짜 의도는 전문가들

---

* 레이살은 (레제지와 강을 사이에 둔) 로즈리 Laugerie 의 동굴 밑에서 카페를 운영하고 있었고, 하우저의 발굴팀은 그 카페에 머물고 있었다.

‡ 정강이뼈 tibia 와 종아리뼈 fibula 를 통틀어 이르는 말. - 옮긴이

의 눈도장을 받을 때까지 무슨 수를 써서라도—심지어 발굴한 유골을 되묻었다가 다시 발굴하는 한이 있더라도—유골을 보호하는 것이었다. 하우저는 1908년 8월 12일을 디데이로 잡고, 이를 위해 인류학 교수 겸 세계적인 네안데르탈인 전문가*인 헤르만 클라치Hermann Klaatsch를 영입한 다음 전 세계 학자들에게 초청장을 보냈다. 그러나 막상 뚜껑을 열고 보니, 행사장에 나타난 전문가들은 독일 학자들이 전부였다. 하우저가 기록 사진을 찍는 동안 뼈를 운반하는 등의 뒤치다꺼리는 대부분 클라치의 몫이었는데 그야말로 가관이었다. 어린이들이 지켜보는 가운데‡ 레이살의 카페에서 두개골의 재구성을 시도한 후, 모든 유골을 상자 속에 넣고 못으로 고정한 채 포장하여 독일로 보냈다. 이로써 거의 1세기에 걸친 범상찮은 여행이 시작되었다.

하우저는 베를린 민족학박물관Ethnologisches Museum Berlin과 수지맞는 거래를 했고, '르무스티에 1'의 골격은 그곳에 전시되어 수십 년 동안 스포트라이트를 받았다. 그러나 사후세계의 안식은 제2차 세계대전 초에 막을 내렸다. '르무스티에 1'은 무엇과도 바꿀 수 없는 보물로 분류되어 '동물원 앞 대공포탑Zoo flak tower' 속의 거대한 벙커에 은닉되었다. 그곳은 본래 대공시스템과 널따란 방공호를 갖춘 여러 개의 요새 중 하나였지만, 귀중한 문화재의 안전한 보관 장소 기능도

---

* 클라치는 펠트호퍼, 스피, 크라피나의 발굴물 컬렉션은 물론, 다른 호미닌의 유골들도 직접 연구했다.

‡ 그 당시 일곱 살 소녀였던 마담 김보Mme Guimbaud는 '울타리 사이로 엿보고 있었는데, 어느 순간 테이블 위에서 두개골이 굴러떨어지는 장면을 목격했다'고 회고했다. 떨어진 두개골은 부서졌고, 재구성 작업은 처음부터 다시 시작되어야 했다고 한다.

수행했다.

전쟁의 막바지에 이르러 나치는 보관 장소를 바꾸려 했다. 일부 문화재는 다른 곳으로 옮겨졌지만 상당수는 제자리에 남았다. 1945년 5월 베를린이 함락될 때 동물원 앞 대공포탑에서는 최후의 항전이 벌어져 문화재들은 동물원에 남아 있는 동물들과 함께 융단폭격을 받았다.*

수천 마리의 동물 중에서 겨우 수백 마리만 살아남았고, 암흑 속에 묻힌 네안데르탈인 곁에는 이상야릇한 플라이스토세의 후위부대 rearguard —사자, 하이에나, 코끼리, 하마—가 남아 적색군Red Army을 기다리고 있었다. 베를린을 유린한 소비에트 점령군은 대공포탑을 비롯하여 독일 전역에서 거의 200만 개의 물품을 약탈했다. 그 와중에 '르무스티에 1'의 두개골은 어떤 열차에 올라 올드마스터Old Masters,* 트로이의 황금빛 보물들과 함께 모스크바로 향했다.

그로부터 10년 후, 두개골은 철의 장막Iron Curtain 뒤에서 베를린으로 돌아왔다. 러시아에 체류한 부분(두개골)은 그동안 안전했지만, 나머지 부분은 운 나쁘게도 그렇지 않았다. 제2차 세계대전이 끝나기 직전에 2,000여 대의 연합군 전투기가 융단폭격을 시작했고, 골격이 여전히 전시되어 있던—도저히 믿을 수 없는 일이다—박물관을 쑥대밭으로 만들었다. 벽이 흔들리며 걷잡을 수 없는 화재에 휩싸일 때 '머리 없는 몸'이 그곳에 있었던 게 분명하다. 그것은 건물의 잔해

---

* 동물원 앞 대공포탑은 구舊소련이 퍼부은 모든 것을 견뎌냈지만 엄청난 다이너마이트만큼은 당해낼 재간이 없었다.
* (특히 13~17세기 유럽의) 거장의 그림. – 옮긴이

와 용해된 인공물 속에 두 번째로 매장되어, 10년 뒤 어렵사리 발굴될 때까지 종적을 감췄다.

그러나 두개골과 '머리 없는 몸'이 재회하기까지는 30여 년이 더 흘렀다. 반환된 전리품이 온통 뒤죽박죽 상태이다 보니 '르무스티에 1'의 두개골을 찾아내기 위해 오래된 사진과 카탈로그를 세심하게 크로스체크 해야 했기 때문이다. 베를린 장벽이 무너져 뿔뿔이 흩어졌던 가족과 친구들이 상봉한 후인 1991년, '르무스티에 1'의 유골들도 마침내 재회했다.

과학자들이 그 유명한 성물聖物을 연구하기 위해 모여들기 시작했고, 처음 발견된 지 99년 만에 '르무스티에 1'을 완벽하게 기술한 최초의 논문이 마침내 출판되었다. 그는 11~15세로 추정되는 소년으로, 지금껏 알려진 네안데르탈인 청소년 중 가장 완벽한 상태로 보존되어 있었다. 두개골은 전형적으로 길고 좁은 형태였고, 측두점 euryon*은 뒤쪽에 치우쳐 있었다. 그러나 그는 급성장기growth spurt의 한복판에 있는 것처럼 보였다. 그의 얼굴은 앞보다는 위를 향해 팽창해 있어 사랑니 뒤로 뚜렷한 공간이 부족했다. 그리고 눈두덩과 코도 성인만큼 인상적이지 않았다. '르무스티에 1' 덕분에 우리는 네안데르탈인 10대들이 그들만의 어정쩡한 사춘기를 겪었음을 알게 되었다. 그에 더하여 (아마도 호르몬 과잉으로 인해) 반점이 자주 생기고 참을성이 부족했을 것으로 보인다.

유럽을 횡단하며 경험한 폭격과 화재만으로는 부족했던 듯, 그

---

* 두개골의 최대 폭을 나타내는 양끝의 점. - 옮긴이

의 두개골은 다섯 번의 물리적인 복구를 통해 다른 유골들보다 약간 더 젠틀한 용모를 지니게 되었다. 그러나 21세기의 첨단기술로 더욱 정확한 가상현실 기법을 허용한 덕분에 거울상을 이용해 퇴적층의 압력으로 일그러진 부분을 복원하는 것이 가능했다. 그 결과 아직 미성숙하지만 이미 두드러진 커다란 눈확eye socket과 지금의 어떤 10대와도 다른 용모가 드러났다. 흥미롭게도 머리가 큰 편이었던 것으로 보아 종국에는 덩치 큰 성인으로 성장했으리라 짐작된다.

마지막으로 남은 미스터리는 전쟁이 끝난 시점과 골격이 합체된 1990년대 사이에 앞니와 약간의 얼굴뼈가 소실되었다는 것이다. 베를린에서 뒤죽박죽된 반환품을 정리하다가 생긴 일일까? 아니면 그 이전에 소련의 어딘가에서 (동물원 앞 대공포탑에서 약탈한 물품들이 담긴) 상자가 개봉될 때 벌어진 일일까? 금괴와 유화를 노리던 병사들이 두개골을 파괴하는 모습을 상상해 볼 수 있다. 믿거나 말거나, 어두컴컴한 러시아의 소금광산에 '잃어버린 네안데르탈인의 치아'가 아직도 숨어 있다는 생각은 자못 매혹적이다.

얼굴과 감각

네안데르탈인의 두개골은 매력적이지만 설사 뒤틀리지 않았더라도 복잡한 구조와 기능을 재구성하기가 여간 어려운 게 아니다. 그들과 우리의 해부학적 차이의 원인을 밝히려고 덤벼들었다간 엄청나게 복잡한 상황에 직면하기 십상이다. 두개골의 기하학은 복잡한 방식으로 교차하며 연구자들은 뼈의 성장 뒤에 도사리고 있는 유전학과 생화학을 겨우 이해하기 시작했을 뿐이다. 아마도 두개골의 전반적인 형태는 수천 세대에 걸친 무작위적인 유전적 부동의 결과물일 것이다. 그러나 지금껏 세간의 주목을 받은 것은 늘 '진화적 이점을 누린—특히 빙하시대에—특징'이었다. 하지만 그즈음에는 빙하라는 조건이 신체의 진화를 추동할 정도로 우세하지 않았다. 그보다는 차라리 독특한 생활방식이 그들의 신체를 빚어냈을 공산이 크다.

신체의 맨 꼭대기에서 시작하여, 우리는 네안데르탈인에 대한 생각이 어떻게 바뀌어 왔는지를 탐구할 수 있다. 네안데르탈인의 거대한 눈두덩을 설명하는 이론은 커다란 얼굴을 구조적으로 뒷받침하기 위한 것이었다는 설에서부터 천연 선바이저$_{sun\ visor}$로 작용했다는 설에 이르기까지 다양하다. 최근 제기된 약간 엽기적인 주장에 따르면 네안데르탈인은 커다란 눈두덩에 의존하여 의사소통을 했다고 한다. 개코원숭이들이 환한 빛깔의 눈썹을 씰룩임으로써 기분 상태에 대한 시그널을 보내는 것처럼 말이다. 그러나 모델링 분석에서 커다란 눈두덩은 의사표현을 실제로 더 어렵게 만드는 것으로 드러났다. 그리고 침팬지의 예를 보면, 얼굴과 몸을 이용해 의미를 전달하는 방법은 무궁무진하다.

이제 눈으로 넘어가자. 네안데르탈인은 세상을 어떻게 바라봤을까? 그들의 눈확은 (과거나 지금의 어떤) 호모 사피엔스보다 컸는데, 커다란 안구는 광자$_{photon}$를 잘 흡수하는 망막과 우수한 광 민감성$_{light\ sensitivity}$을 시사한다. 그들은 왜 그런 눈이 필요했을까? 네안데르탈인의 본거지가 유라시아 서부라고 가정하면 그 지역은 아프리카 대륙의 대부분 지역보다 위도가 훨씬 더 높으므로, 부족한 광량과 특히 어두침침한 겨울을 견뎌내야 했을 것이다. 북쪽에 서식하는 동물들은 커다란 눈을 가진 경향이 있고, 심지어 고위도의 주민들은 적도 근처에 사는 사람들보다 최대 20퍼센트 큰 안구를 보유하고 있다. 확장된 눈은 더 큰 시각계를 요구하는데, 뇌의 시각계는 후두부에 위치한다. 그리고 보니 네안데르탈인의 독특한 특징인 후두부 돌출이 납득이 간다.

저조도 환경에서 시력이 우수했다면, 주간의 생활이 유용하게 확대되었을 것이다. 그러나 약간 더 큰 뇌를 감안하더라도 그로 인해 다른 것에 대한 계산용량이 부족해질 수 있다. 특히 사회적 상호작용을 담당하는 전두피질frontal cortex의 크기는 사회적 네트워크와 관련이 있다. 우리의 뇌는 네안데르탈인에 비해 이 영역이 특히 부풀어 있다. 그러나 다른 한편으로, 뇌는 유연하기로 유명하므로—이를 신경가소성neuroplasticity이라고 한다—심각한 부상을 입은 후 영역 간 과제 전환을 통해 물리적으로 적응한다. 심지어 빈번히 사용되는 영역에서 새로운 조직이 자라나기도 한다.* MRI 검사기 속의 네안데르탈인을 직접 관찰하지 않는 한, 그들의 '커다란 눈'과 '부피가 큰 시각 뉴런'이 다른 인지적, 사회적 능력을 위축시키는 결과를 초래했는지 여부를 확인하기는 어렵다.

올빼미 같은 시각을 보유했든 않았든, 네안데르탈인은 우리처

---

* 런던의 명물인 블랙캡black cab의 운전기사들은 전문 자격증을 따기 위해 2만 개의 거리 이름을 암기해야 한다. 이는 그들의 해마 뒷부분—공간 기억을 담당한다—을 유의미하게 팽창시켰다.

럼 특이한 '하얀 눈알'과 '컬러풀한 홍채'를 보유했을 것이다. 그러나 개인들의 색채―눈이 됐든, 모발이 됐든, 피부가 됐든―를 재구성하는 것은 상상도 못 하게 어렵다. 색채에는 많은 유전자들이 관여하며, 다양한 상호작용을 통해 수많은 조합을 만들어 내기 때문이다. 호모 사피엔스의 진화사와 마찬가지로 매우 짙은 피부를 가진 네안데르탈인이 탄생했을 가능성은 매우 낮다. 왜냐하면 아무리 지속적으로 태양에 노출되더라도 그들이 거주했던 고지대에서 충분한 비타민 D를 얻는 것은 불가능했을 것이기 때문이다.

따라서 네안데르탈인은 옅은 피부색을 가졌을 것이지만, DNA 분석 결과 오늘날 유라시아계 사람들의 체내에서 작동하는 다양한 생물학적 메커니즘과 사뭇 달랐을 것으로 추정되었다. 기본적인 유전자를 비교해 보면 일부 네안데르탈인의 경우 빨강머리와 주근깨의 조합이 가능하지만, 그런 유전자들이 우리와 100퍼센트 똑같이 발현됐을 거라고 장담할 수는 없다. 그러나 분명한 것은 그들의 개체군도 우리와 마찬가지로 다양했다는 것이다. 스페인과 이탈리아에 살았던 네안데르탈인 중 일부에서 빨강머리-주근깨 표지자 marker가 발견되며, 다른 분석에 따르면 크로아티아에 살았던 네안데르탈인은 더 짙은 피부와 눈과 머리칼을 가졌던 것으로 추정된다.

지평선의 동물 떼를 바라보는 그들의 눈의 색깔이 뭐였든 간에, 생존을 위해서는 시각적 세계뿐만 아니라 청각적 세계에도 주의를 기울여야 했을 것이다. 고해상도의 뼈 영상검사에 의하면, 네안데르탈인의 청소골과 그 아래의 연조직 sift tissue은 우리는 물론 공통조상의 형태와도 다르다고 한다. 네안데르탈인은 우리와 다른 방법으로 소리를 들을 수 있었던 걸까? 놀랍게도 기능적 모델링 분석에 따르면 네안데르탈인의 귀도 우리와 똑같이 음파를 전달하고 증폭할 수 있다고 한다.* 그렇다면 진화는 두개골의 변화에 발맞춰 귀의 모양을 조정함과 동시에 우리가 흔히 듣는 소리 ― 여러 가지 증거를 종합하면, 우리가 서로 대화할 때 내는 소리 ― 와 똑같은 종류의 소리에 주파수를 맞춘 것으로 보인다.

네안데르탈인이 잘 발달된 시각과 미풍에 실려 오는 음성에 민감한 청각을 보유했었다면 후각은 어땠을까? 2015년에 '네안데르탈'‡이라는, 석기를 만들 때 발생하는 '뜨거운 부싯돌 향'에서 영감을 얻은 향수가 출시되었다. 주목할 만한 것은 이게 단순한 광고용 멘트가 아니라는 것이다. 부싯돌을 부딪치면 진짜로 독특한 냄새가 난다. 그것은 종종 '발사된 탄약 냄새'에 비유되며, 우주비행사가 기술하는 '달의 먼지 냄새'와 정확히 일치한다. 활석 가루가 덮인 듯한 달 표면의 절반가량은 소행성의 부스러기인 이산화규소로 이루어졌는데, 이는 부싯돌이나 석영같이 흔히 쪼개진 암석의 주요 성분이다. 그러므로 닐 암스트롱보다 네안데르탈인이 달 냄새에 더 익숙하다고 해서 이상할 건 없다.

그러나 네안데르탈인의 뇌에서 시각계가 우리보다 확장된 반면, 후각망울olfactory bulb ― 후각을 담당하는 뇌 영역 ― 은 상대적으로 위축되었다. 그렇다고 해서 그들의 후각이 우리보다 둔감했다고 해

---

* 최소한 재구성이 가능한 저주파는 그렇다.
‡ 양면석기 모양의 수제 병에 담겨 있으며, 90ml 용량에 가격은 30만 원쯤 된다.

석하는 데에는 주의가 필요하며, 여기에 또다시 유전학이 개입한다.

우리와 네안데르탈인의 후각 유전자가 동일한 건 아니지만 어느 정도는 겹치는 부분이 있다. 그중 안드로스테논androstenone이라는 휘발성 스테로이드의 냄새와 관련된 유전자가 매우 흥미롭다. 안드로스테논은 인간의 땀과 소변 냄새에 기여하는데, 현생인류의 약 50퍼센트가 그 냄새를 맡을 수 있는 유전자를 보유하고 있으며* 그 냄새에 대한 정서적 반응 중 하나는 강력한 혐오감이다. 만약 일부 네안데르탈인도 그 냄새를 맡을 수 있었다면 유용했을지도 모른다. 안드로스테논은 인간의 호르몬과 감정에 영향을 미치지만 멧돼지도 그것을 분비하기 때문이다. 만약 안드로스테논의 돼지 버전을 탐지할 수 있는 네안데르탈인이 있었다면 수렵채집사회의 총아로 등장했을 것이다. 언덕 너머의 멧돼지 떼의 냄새를 맡거나, 지나간 멧돼지의 냄새를 맡는 능력이 강력한 이점으로 작용했을 테니 말이다. 그러나 네안데르탈인이 잘 맡을 수 있는 냄새가 뭐였든 간에 냄새—송진, 말의 땀, 오래된 연기—는 그들에게 기억의 강력한 매개체로 작용했을 것이다.

코의 주된 기능이 냄새를 맡는 것이라면 네안데르탈인의 코가 왜 그렇게 컸는지 궁금해진다. 그들의 커다란 콧구멍은, 얼굴 한복판을 점령한 기형적인 코를 가졌던 스페인의 왕 카를로스 2세의 모습을 연상시킨다. 그들의 두개골을 현미경으로 분석한 결과, 얼굴 한복판에 조골세포osteoblast의 수가 비교적 많은 것으로 나타났는데, 이는

---

* 안드로스테논과 매우 비슷한 페로몬인 안드로스테놀androstenol이 특히 그렇다.

그 부분이 전체적으로 돌출된 이유를 설명한다. 그러나 생체공학 모델은 그런 돌출형 얼굴이 씹는 힘(저작력)을 강하게 한다는 이론을 지지하지 않는다(다음 장에서 논의하겠지만 그들은 치아를 씹기 이상의 용도로 사용한 게 분명하다). 그와 대조적으로 우리의 얼굴이 그들보다 작고 평평한 것은 파골세포osteoclast 때문이며, 그로 인해 우리는 뜻하지 않게 비교적 강한 저작력을 보유하게 되었다.

　코 자체는 후각기능뿐만 아니라 호흡기능도 수행한다. 콧구멍의 공기흐름을 모델링하여 프랑스의 라샤펠-오-생La Chapelle-aux-Saints에서 발굴된 골격의 연조직을 재구성한 결과, 네안데르탈인의 코는 현생인류보다 거의 3분의 1 정도 큰 것으로 밝혀졌다. 일반적으로 코는 공기가 '민감한 폐'로 들어가기 전에 온도와 습도를 조절하는 기능을 수행한다. 이런 공기조절 기능은 건조하고 추운 환경에서 특히 중요하다. 어떤 면에서 네안데르탈인의 널따란 콧속 구조는 (넓은 점막을 보유하고 있어서 탈수와 열 손실을 줄일 수 있는) 순록과 사이가 산양saiga antelope을 닮았다. 그러나 네안데르탈인의 공기조절 기능은 매혹적임에도 불구하고 현생인류에 비하면 미흡하다(단, 하이델베르크인보다는 우수하다). 하지만 동굴을 방불케 하는 콧구멍은 공기의 흐름을 조절하는 데 있어서 타의 추종을 불허했고, 네안데르탈인으로 하여금 우리보다 거의 두 배는 빠르게 공기를 들이마실 수 있게 해줬다.

150여 년 동안에 걸쳐 네안데르탈인의 유골을 점점 더 미시적으로 바라봤다는 것은 그들에 대한 정보가 경이로울 만큼 많으며 때로 상상을 초월할 만큼 디테일하다는 것을 의미한다. 그들이 어떻게 성장하고 발달하여 세상을 감지했는지를 추적해 보니 우리와 놀라우리만큼 같았다. 낮게 깔린 겨울의 태양을 바라보며 눈을 연신 껌뻑이고, 아이들이 뛰어노는 소리에 끊임없이 귀를 기울이고, 장작 연기 냄새에 코를 찡그리는 것은 인류가 수천 년 동안 공유한 경험이었다.

그럼에도 불구하고 네안데르탈인은 해부학적 관점에서 볼 때 여러모로 달랐다. 그들의 몸 전체를 샅샅이 뒤져 크고 작은 특징들을 해석한다는 것은 그들이 살았던 매우 특별한 세상에 대한 진화적 적응의 증거를 다시 생각한다는 것을 의미한다. 우리는 아직까지도 불가사의한 신체부위(예: 커다란 눈)의 기능을 연구하고 있지만 다른 부위들—이를테면 코—은 한때 믿었던 것과 달리 북극에 적응하는 것과 무관할 수 있다. 그 대신 그들이 직면한 최대의 생존과제는 큰 영향을 미치는 생활방식으로 인해 연료에 굶주린 몸을 꾸려 나가는 것이었을지도 모른다.

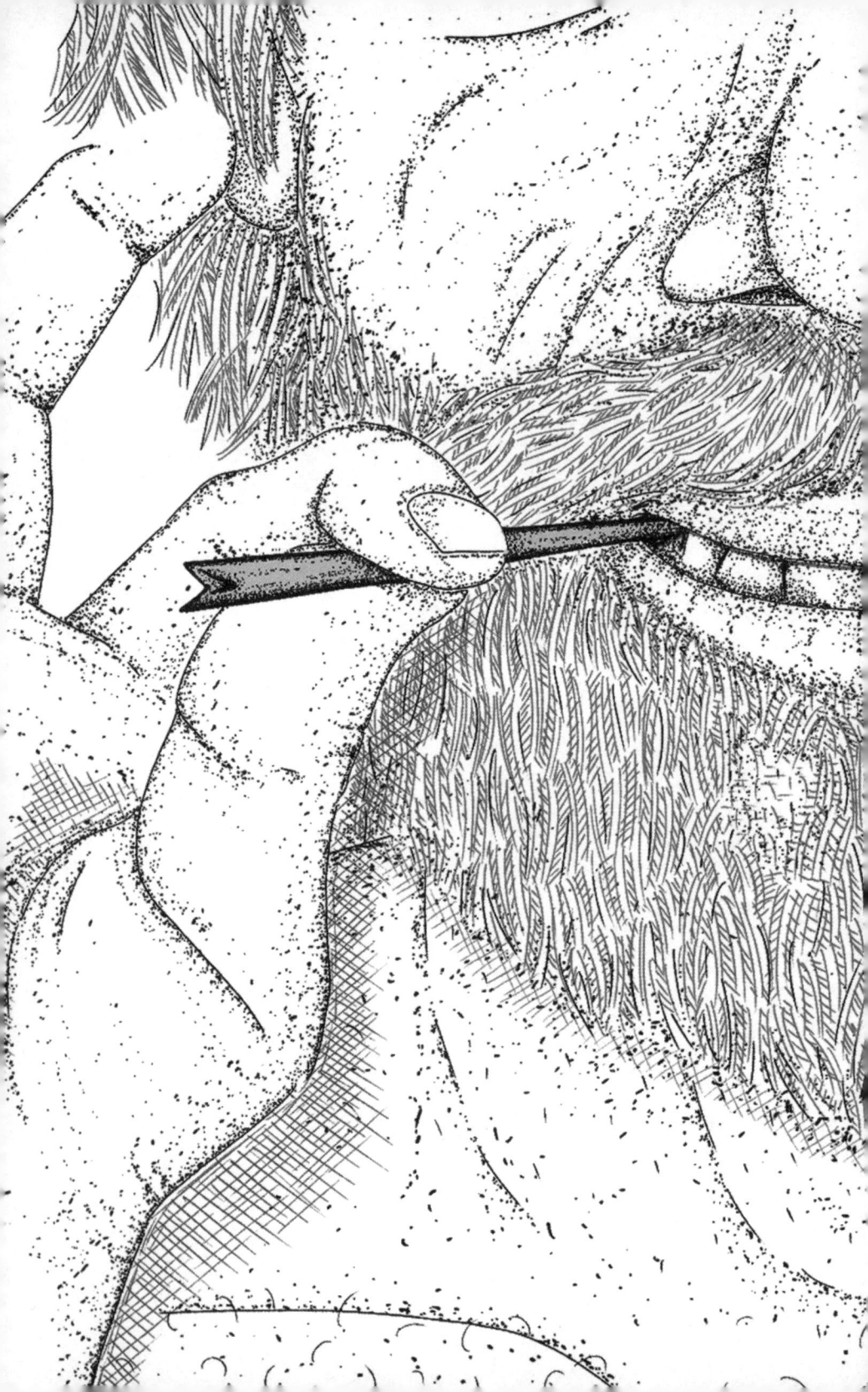

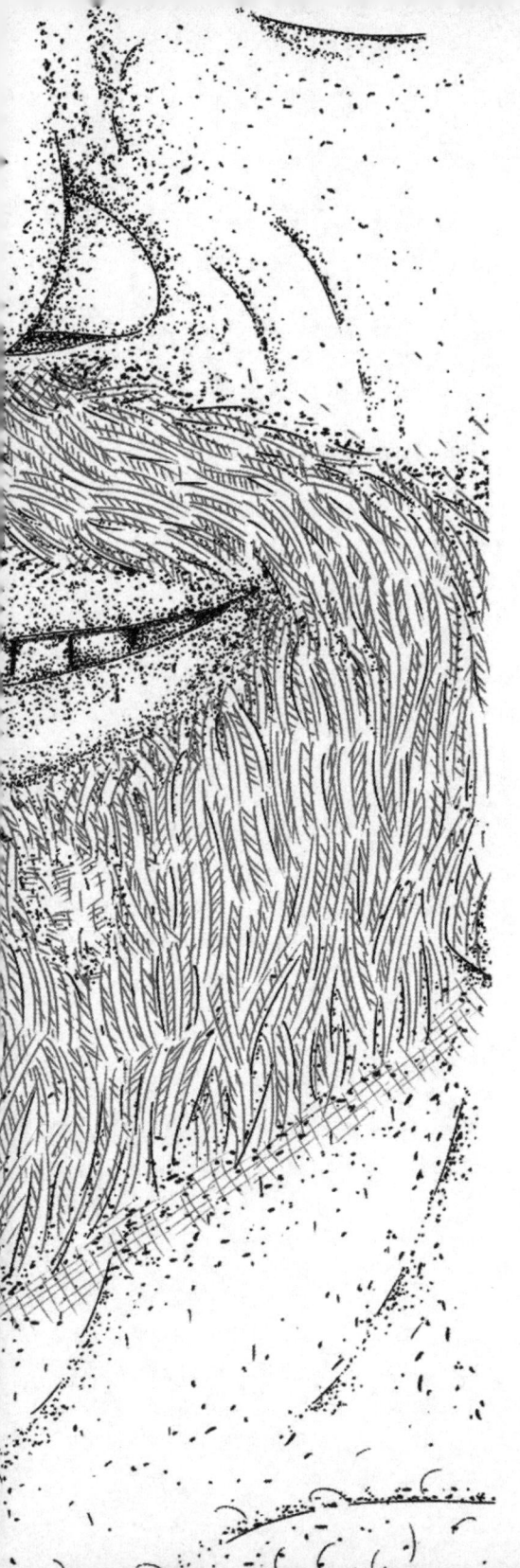

4장

✴

살아가는 몸

여러 개의 발자국 소리가 계속 이어진다.
달리는 발이 성큼성큼 걷는 발과 질질 끄는 발을 앞선다.
달리는 것이 좋다!
바람 속에서 폐가 입김을 내뿜고 뺨은 상기된다.
열매다! 재빠른 손가락이 먼저 딴다.
이제 언덕이다.
짧은 다리들은 뒤처진다.
언덕 위에서, 두개골을 연상시키는 움푹 파인 바위가
사람들을 지켜본다.
지치고 배고픈 사람들에게,
키 큰 사람이 허리를 굽혀 비계를 건넨다.
사람들은 모닥불 주변에 빙 둘러앉아, 너나 할 것 없이 가죽을 부드럽게
만들기 위해 자근자근 씹는다.
어둠을 밝혀라, 먹을 시간이다.
작은 손들은 아직도 자르기-씹기를 배우고,
늘 그렇듯, 피부와 치아와 뼈에 자국을 남긴다.
반짝이는 눈망울들에는 모닥불이 가득하고,
눈꺼풀이 내려앉고, 머리는 한바탕 꿈속으로 빠져든다.

네안데르탈인은 오랫동안 근육이 가장 발달한 호미닌이라는 타이틀을 보유했다. 비록 키는 우리보다 작았지만 체중은 약 15퍼센트 무거웠고 덩치도 컸으며 굵고 무거운 뼈를 가졌다. 하드코어 보디빌더와는 거리가 멀더라도 그들은 엄청난 근육질 몸매를 자랑했다. 전통적으로 이에 대한 설명은 기본적으로 '빙하기였기 때문'이라는 거였다. 19세기 이후 생물학자들은 '추위에 적응한 종—종종 고위도 지역에서—은 몸통이 커지는 반면 사지가 짧아진다'고 알고 있다. 그런 땅딸막한 비율(체형)은 표면적이 상대적으로 작아서 열 보존에 유리하기 때문이다. 그러나 여기에는 계절성도 한몫한다. 체질량은 성장하는 시즌의 길이와 상관관계가 있는데, 그 이유인즉 이것이 식량의 풍부성과 가용성을 좌우하기 때문이다. 그러므로 덩치가 커진다는 것은 식량이 부족할 때를 대비하여 더 많은 지방을 저장한다는 것을 의미한다.

현생인류도 이러한 지리적, 계절적 체형 패턴을 얼추 따르는 것 같다. 예컨대 유럽계 사람들은 아프리카계 사람들보다 땅딸막하고 굵은 뼈 몸통bone shaft을 보유하고 있으니 말이다.* 언뜻 보기에는 네안데르탈인도 그런 추세와 일치한다. 초창기에 그들의 뼈는 명백한

---

* 그러나 대부분의 유럽계 사람들의 경우, 그들의 조상은 수천 년 동안 고위도 지역에 살지 않았다. 유럽에 오랫동안 살아 온 수렵채집인들은 근동에서 온 신석기시대 농부들에 의해 대부분 대체되었다.

빙하기적 맥락에서 주로 발견되었기 때문에, 이런 생각은 큰 영향력을 발휘했다. 추운 환경에서 생활하는 데서 오는 신체적 스트레스가 심각하고, 오래 지속되면 성장호르몬의 생성에 관여하는 생화학적 반응이 초래되기 때문이다. 3장에서 살펴본 코의 경우처럼 네안데르탈인의 해부학적 특이성 중 대다수는 오랫동안 이러한 관점에서 해석되었다.

그러나 다부진 체형은 네안데르탈인의 전유물이 아니며 한랭기 후 고유의 산물도 아니다. 그들보다 오래된 호미닌들은 물론 심지어 초기 호모 사피엔스조차 하나같이 현생인류보다 땅딸막하고 두꺼운 뼈를 가졌었기 때문이다. 더욱이 최근의 연구에 따르면, 네안데르탈인의 콤팩트한 몸집과 체형이 제공한 추가적 내한성은 1°C도 채 안 되며, 그들의 커다란 뇌도 열적 추세thermal trend와 맞지 않는다는 것을 알 수 있다. 공정하게 말하면, 19세기의 학자들 중 일부─특히 생물학자 토머스 헉슬리─는 네안데르탈인의 체력을 잔인성brutality의 반영이 아니라 이동성 높은 생활방식의 결과물로 간주했다. 헉슬리의 선견지명을 뒷받침하듯 네안데르탈인 연구는 지난 수십 년 동안 더욱 함축적인 설명을 제공하는 쪽으로 유의미하게 변화했다. 그것은 종종 해부학 연구와 생체공학모델 덕분이었다.

점점 더 중요해지는 것은 극단적으로 고된 삶이 신체에 미친 영향이다. 네안데르탈인은 상충되는 요구사항들 간의 균형을 유지해야 했는데, 우람한 몸을 가질수록 이런 고강도 생활방식에 더 잘 대처할 수 있었다. 그러나 그러려면 많은 연료가 필요했고, 추가적인 칼로리는 에너지로 전환되기 위해 더 많은 산소를 필요로 했다. 따라서 호흡기의 효율성이 필수적이었는데, 그 대표적인 예는 (다량의 공기를 흡입할 수 있도록) 커다랗고 (큼직한 폐를 수용할 수 있도록) 널따란 가슴이었다. 그 결과 호흡이 더 깊어져 매번 심호흡을 할 수 있었다. 더욱이 동물실험을 통해 알 수 있듯이 운동량이 증가하면 어린 동물의 사지뿐만 아니라 몸 전체가 튼튼해진다. 두개골이 무거워지고 눈두덩이 커지고 근육이 더 발달하면 궁극적으로 신체비율이 변하게 된다(부족한 산소 때문에 대사에 어려움이 있는 고지대 어린이들은 약간 짧은 다리를 갖게 될 수 있다). 이 모든 것은 우리가 익히 아는 네안데르탈인의 모습과 매우 비슷하다.

 손가락부터 발가락에 이르기까지 그들의 골격은 굵은 뼈와 우람한 근육에 대한 명백한 증거를 보여 주며, 심지어 그들과 비슷하게 다부진 호모 사피엔스 개체군보다 10퍼센트 이상 더 우람하다. 이것은 아기 때부터 나타나는 현상이므로 유전임에 틀림없다. 네안데르탈인 청소년들 역시 신체적으로 고달픈 삶을 살았다. '르무스티에 1'의 다리는 엄청난 활동량으로 인해 10대 초반임에도 이미 잘 발달되어 있었다.

 평균적인 네안데르탈인의 사지 힘 비율은 일주일에 160킬로미터를 주파하는 크로스컨트리 선수들보다 훨씬 더 높았다. 그러나 이것은 거리만을 따지는 것은 아니다. 네안데르탈인의 굵은 사지뼈는 극도로 험난한 지역을 일상적으로 이동한 선사시대 및 최근의 호모 사피엔스 개체군과 매우 닮았다. 그리고 그들의 강력한 힘은 다리에만 국한되지 않았으며, 오늘날의 많은 스포츠맨들만큼이나 강력한 팔을 갖고 있었다.

그러므로 그들은 험난한 지형에 대처할 수 있는 몸을 갖게 되었지만, 기후는 여전히 방정식의 변수였을 가능성이 높다. 이와 관련하여 일부 복잡한 피드백 과정이 네안데르탈인의 몸을 형성하는 데 작용했다는 설이 점차 힘을 얻고 있다. 그 내용인즉, 험난한 지형이 고강도 생활방식을 요구하는 동안 한랭국면이 특징을 미세하게 조정했다는 것이다. 빙하기에 적응하도록 발달한 특징들은 온난화 기간 동안에도 지속되어 때로는 도움이 되기도, 때로는 문제가 되었을 수도 있다.

네안데르탈인의 이동량이 엄청나게 많았다는 사실 자체는 지금껏 별로 논란이 되지 않았지만 그들이 이동한 '방식'은 종종 논란거리였다. 1880년대에 스피 동굴에서 발견된 유골이 '네안데르탈인은 우리처럼 직립보행을 했다'는 해부학적 증거를 제시했음에도 불구하고, '개네들은 덩치만 큰 저능아였다'라는 진부한 표현은 처음부터 담론의 언저리에서 기웃거렸다. 1907년 르무스티에에서 다리뼈가 발견되었고, 그로부터 2년 후 서쪽으로 불과 몇 킬로미터 떨어진 곳에서 페이로니와 카피탕이 라페라시 1$_{\text{La Ferrassie}}$(LF1)이라는 성인 남성 골격을 발견했다.

LF1은 가장 완벽한 네안데르탈인 화석 중 하나로서, 하나의 슬개골과 작은 손뼈와 발뼈만 빼고 다 있었다. 160센티미터밖에 안 되는 작은 키였지만 뚱뚱한 몸매에 약 85킬로그램의 체중을 가졌던 것으로 추정되며, 어느모로 보나 완전한 직립보행자임이 분명했다. 그러나 대중에게 커다란 영향력을 발휘한 것은 1908년에 발견된 라샤펠-오-생의 골격이었다. 마르셀 불은 그의 다리와 척추를 '구부정한 자세'로 부정확하게 재구성했고, 그 이미지는 1909년에 삽화를 통해 수백만 명의 사람들에게 공개되었다. 삽화에 등장한 네안데르탈인은 '물건을 잡을 수 있는 발가락'까지 가진 영락없는 유인원의 모습이었다.

　오늘날 네안데르탈인이 완전한 직립보행자였다는 사실에는 의심의 여지가 없다. 그러나 그들과 나란히 걷는다면 당신은 보조를 맞추기가 약간 어려울 것이다. 약간의 해부학적 차이는 그들과 우리의 걸음걸이가 달랐음을 암시하며, 작은 키는 그들이 우리보다 4~7퍼센트 느리게 걸었을 거라고 추론할 수 있게 한다. 그러나 최근의 생체공학 분석에 따르면 그들의 보행은 그다지 비효율적이지 않았으며, 특히 (그들의 동시대인인) 초기 호미닌들에게 결코 뒤지지 않았다고 한다. 이러한 데이터에 기반하여 판단하건대, 네안데르탈인 여성은 걸을 때 겨우 1킬로칼로리의 에너지를 더 소비했을 것이다. 만약 전반적으로 무거운 체중을 감안한다면 그녀의 다리는 더욱 효율적으로 움직였을 것이다. '지칠 줄 모르는 보행자'라는 이미지는 골격과 일치하지만, 달리기는 네안데르탈인의 장기가 아니었을 것으로 보인다. 커다란 몸집을 떠받치기 위해 족궁foot arch이 강화되어 단거리 달리기에 불리했을 것이며, 장거리 달리기에서는 특히 그랬을 것이다. 아마도 5,000미터 트랙에서 (다양한 실력을 가진) 호모 사피엔스들과 경주했다면 네안데르탈인은 꼴등을 면치 못했을 것이다. 그러나 울퉁불퉁한 지형에서는 이야기가 달라진다. 왜냐하면 그들의 아킬레스건은 고르지 않은 지형에 적합하도록 진화했기 때문이다.

생물사회적biosocial 존재

지금까지 논의한 바에 의하면, 네안데르탈인의 보행은 '가파른 언덕 오르기'와 '트랙 질주하기' 사이의 어디쯤 되는 것 같다. 발이 땅을 두드릴 때마다 거대한 폐가 공기를 들이마셨고 우람한 허벅지와 종아리의 근육이 꿈틀거렸을 것이다. 그러나 튼튼한 팔은 어디에 썼을까? 그들은 손목을 비트는 힘이 굉장했고, 지금까지 살고 있다면 팔씨름 챔피언일 것이다. 그러나 그들의 팔힘은 대체로 위팔upper arm에 집중되어 있었는데, 이는 최근의 어떤 호모 사피엔스 집단에서도 볼 수 없는 패턴이다. 그에 더하여, 그들의 팔은 흥미로운 비대칭성을 보인다. 우리는 석질과 치아의 마모 패턴을 근거로 네안데르탈인이 우리처럼 오른손잡이였고, 오른손이 왼손보다 25~60퍼센트 더 발달했다는 사실을 알아냈다. 이는 오늘날 크리켓이나 테니스 선수들에서 볼 수 있는 현상과 유사한데, 창을 사용한 사냥과 관련된 격렬하고 습관적인 활동을 시사한다. 여러 화석(예컨대, 프랑스의 투르빌-라-리비에르Tourville-la-Rivière에서 발굴된 20만 년 전의 '분리된 팔')들은 네안데르탈인이 투구 동작과 비슷한 상향운동 및 회전운동을 했음을 확인해 준다. 그리고 나중에 언급하겠지만, 그들의 동굴에는 투창 경기용 창javelin과 비슷한 도구들이 보존되어 있다. 그러나 전반적으로 볼 때 그들의 어깨는 역학적으로 우리와 달리 오버스로 동작에 적합하지 않으며, 비대칭적인 팔 근육의 발달 패턴 역시 그런 운동과 일치하지 않는다.

또 다른 가능성도 존재한다. 전극을 이용한 모니터링 실험에서 네안데르탈인과 같은 근육이 발달하는 데 어울리는 운동은 '창으로 찌르기'가 아니라 '한 손으로 벗기기one-handed scraping'인 것으로 나타났다. 우리가 알기로 그들은 나무를 비롯하여 수많은 재료의 껍질을 벗겼다. 동물 가죽 벗기기는 오른팔의 비대칭적 발달을 초래한 주요 작업이었을 가능성이 높다. 네안데르탈인의 가죽 손질 방법에 대해서는 10장에서 자세히 다루겠지만, 그것은 기본적으로 매우 강도 높은 작업이다. 동물 가죽 한 장을 벗기는 데에는 10시간 이상 소요되는 여러 단계의 작업이 요구되므로 설사 사냥한 동물의 가죽 중 절반만 처리했다 치더라도 네안데르탈인이 가죽 벗기기에 투자한 시간은 1인당 연간 100시간으로 추정된다.*

그러나 이 실험에서 뭔가 다른 측면이 드러났다. 창으로 찌를 때 스트레스를 받는 부위는 오른손의 팔꿈치 관절이 아니라 정반대 부위인 것으로 나타난 것이다. 왜냐하면 왼손으로 자루를 쥐고 특정한 방향으로 안내해야 하기 때문이다. 이러한 왼쪽 팔꿈치의 비대칭적 패턴은 네안데르탈인의 골격에서 관찰된 것과 정확히 일치한다. 그것은 팔을 곧게 펴는 동안 가해지는 엄청난 스트레스에 의해 초래된 것이다. 요컨대 그들의 몸은 사냥을 기록했지만, 우리의 해석이 핵심을 완전히 벗어난 것이다.

만약 용기를 내어 네안데르탈인에게 악수를 청하면 당신의 손이 으스러질까? 그건 그가 선택하기에 달렸다. 손뼈의 해부학적 구조와 잘 발달한 손 근육이 그들에게 어마무시한 아귀힘을 제공했지

---

* 이것은 북아메리카의 다양한 원주민 문화권을 관찰하여 얻은 추정치다. 예컨대 휴런호의 원주민들은 한 가족당 1년에 약 30장의 모피를 생산한다.

만, 그렇다고 해서 손재주를 희생한 것은 아니기 때문이다. 최근 행해진 분석은 그들이 곰손이었다는 설을 뒷받침하지 않는다. 하지만 그들의 손은 육중한 힘을 다루고 그것을 팔에 전달하는 데 적합하도록 설계된 듯하다. 그들의 손은 물건을 손바닥에 쥘 때 엄청난 힘을 발휘하며, 굵은 수지건(손가락 힘줄)과 결합한 커다란 근육이 강철 같은 악력을 보장한다. 이상하게 보이는 '널찍한 손가락 끝'—청개구리 발가락 끝을 연상시킨다—은 물건을 꽉 쥐도록 적응한 듯하며, 매우 섬세한 과제를 수행할 때 정밀성의 손실을 최소화한다.

생체공학자들은 지금까지 언급한 해부학적 특징 중 몇 가지의 원리를 파악했다. 예컨대 엄지손가락에서 가장 큰 스트레스를 받는 부분은 기저부인데, 이는 해부학적으로 엄지손가락이 강한 힘에 대처하는 데 적합한 부분과 정확히 일치한다. 그리고 석기를 사용할 때 힘을 받는 부분은 엄지손가락과 다른 손가락들의 바깥쪽 가장자리인데, 이 역시 손의 해부학적 구조에 반영되어 있다.

설사 네안데르탈인의 손 끝 조작이 우리보다 약간 미흡했을지라도 고고학자들에 의하면 그들이 작은 인공물을 만들고 사용하는 데에는 전혀 지장이 없었을 거라고 한다. 왜냐하면 손가락이 쥐는 강한 힘과 엄지손가락의 뛰어난 유연성이 작은 물건을 꽉 쥐는 데 도움이 되었을 것이기 때문이다.

그러나 네안데르탈인 개인마다 다양성을 보이는데, 이는 개인의 당면 과제가 생애별로 달라질 수 있기 때문이다. 생물사회학biosociology에 기반하여 연령과 성별을 감안하여 골격을 연구하는 고고학자들은 누가 무엇을 했는지 패턴을 파악하는 것에 초점을 맞춘다.

'라페라시 2(LF2)'는 여성으로 확인된 비교적 완벽한 몇 안 되는 골격 중 하나로 특히 잘 연구되고 있다. 가장 완벽하고 유명한 여성 화석 중 하나는 1932년에 당시 팔레스타인의 영토였던 카르멜Carmel산의 엣타분et-Tabun 동굴에서 발견되었다. 세 명의 여성 고고학자들은 전혀 뜻밖의 행운으로 그 뼈를 발굴했다. '타분 1Tabun 1'의 유골을 처음 발견하고 치아 하나를 높이 치켜들어 햇빛에 비춰 본 사람은 그 지역의 현장연구 전문가 유스라Yusra였다. 그녀의 옆에 있던 자케타 호크스Jacquetta Hawkes는 고고학과를 갓 졸업한 신출내기로, 저명한 선사학자 도로시 개로드Dorothy Garrod*의 주선으로 타분 발굴팀에 합류한 터였다. DNA 검사를 하지 않은 성 감별을 100퍼센트 확신할 수는 없지만(근동에서 발견된 다른 네안데르탈인들은 아직 DNA 검사를 받지 않았다), 무게 측정이 어느 정도 도움이 될 수 있다. LF1에서 불과 50센티미터 떨어진 곳에서 발견된 LF2 역시 성인임이 분명했지만, 성인 남성인 LF1보다 훨씬 가벼웠다. (참고로 현생인류의 평균적인 성차는 네안데르탈인과 매우 비슷하여, 유럽인 남성의 체중은 77~85킬로그램이고 여성은 63~69킬로그램이다.)

우리와 마찬가지로 네안데르탈인 남녀는 몸을 다르게 사용하는 경향이 있었다. 다리의 힘은 전반적으로 비슷하지만 여성은 약간 비대칭적이어서 허벅지가 종아리보다 튼실하다. 활동의 성격(걷기와 달리기 중 어느 쪽이 많은가)이 이 차이를 설명할 수 있는데, 남녀별 활동지역의 지형과 관련되었겠지만 세부적인 모델링을 분석하기는 어

---

* 개로드는 지브롤터에서 이미 다른 네안데르탈인 유골을 발굴했으며, 타분에서 실적을 올린 지 7년 후 옥스브리지 최초의 여성 교수가 되었다.

렵다.

위팔뼈와 아래팔뼈 사이에도 성차가 존재한다. LF2의 두갈래근biceps(시쳇말로 이두박근)은 평균적인 네안데르탈인 남성보다 빈약했던 것은 물론 호모 사피엔스 여성의 두갈래근만도 못했던 것 같다. 그러나 그녀의 아래팔은 어떤 비교군보다도 극단적으로 튼실했다. 이는 반복적이고 특정한 행동을 반영하는데, 흥미롭게도 일반적인 네안데르탈인 여성은 남성과 달리 오른팔과 왼팔의 비대칭 현상을 보이지 않는다. 여성이 아래팔로 무슨 일을 했든 대체로 두 팔을 동시에 사용했던 게 틀림없다. 양손으로 동물 가죽을 다듬었을 가능성이 높은데, 일부 수렵채집사회 여성에 관한 논문을 참고하면 아마도 특정 준비 단계에서 그런 동작이 필요했던 것으로 보인다.

흥미로운 이야깃거리가 있는 또 다른 신체부위는 치아다. 일종의 나이테를 이용해 연령을 추정하는 데 필수적이기도 하지만, 치아는 입을 물어뜯기gnawing나 씹기chewing 말고 다른 용도로 사용한 내역을 기록한다. 칼만을 이용하여 음식을 섭취하는 많은 문화권에서 사람들은 입에 문 음식을 칼로 베어 낸다. 칼날(특히 석기의 날)이 법랑질을 스쳐 지나갈 때 치아에 미세한 스크래치가 남는다. 네안데르탈인에게서도 그런 흔적을 볼 수 있으며, 잘 쓰는 손handedness*뿐만 아니라 사회적 차이에 대한 핵심 증거를 제공한다. 네안데르탈인의 성별 비교에 관한 최신 연구―엘시드론에서 발굴된 유골 중 일부 포함―에서 치아의 스크래치는 남성보다 여성에게 더 많고 긴 경향이 있음

---

* 스크래치는 칼이 지나간 방향으로 생기므로, 그 각도를 분석하면 오른손잡이인지 왼손잡이인지 알 수 있다.

이 밝혀졌다.

치아를 둘러싼 이야깃거리는 또 있다. 당신의 치아가 얼마나 쓸모가 많은지 생각해 보라. 꽉 조인 단단한 매듭을 치아로 풀기도 하고 빈 손이 없을 때 치아로 물건을 운반하지 않는가! 민족지학 자료에 따르면 입은 깨물기를 통해 물건을 집거나 과제를 해결하는 필수 도구일 수 있다. 오랫동안 알려진 바와 같이 네안데르탈인의 앞니는 이런 용도로 인해 심하게 마모되었으며 심지어 상아질을 드러낸다. 특히 그들은 입을 이용해 가죽을 무두질하는 수렵채집사회를 닮았다. 즉, 그들은 치아를 바이스vice*처럼 꽉 다물고, 그 사이로 가죽을 통과시키며 자근자근 씹어 부드럽게 하거나 힘줄을 제거했다. 그런데 여기에도 성차가 존재한다. 어떤 여성은 앞니가 훨씬 더 심하게 마모되었기 때문이다. 네안데르탈인과 막상막하인 상대는 북극의 역사적인 수렵채집사회인 이누이트Inuit, 유피크Yupik, 추크치Chukchi, 이누피아트Iñupiat로, 이들 사회에서는 여성들이 가죽 손질에 상당한 시간을 할애했다. 그러나 그들의 패턴은 동일하지 않다. 네안데르탈인 여성은 위앞니를 훨씬 더 많이 사용해서 그런지 가죽을 씹느라 심하게 마모된 어금니는 가지고 있지 않았다. 어쩌면 무슨 특별한 방법이 있었을 수도 있고, 그들이 수행했던 (아직까지 밝혀지지 않은) 또 다른 미션이 있었을 수도 있다.

성별로 임무가 달랐다는 인상을 주는 경향으로, 네안데르탈인 여성은 아래앞니가 더 빈번히 치핑(까짐)된 데 반해, 남성들은 위앞

---

* 기계공작에서 공작물을 끼워 고정하는 기구. – 옮긴이

니가 그렇다. 왜 이런 불균형이 발생했는지에 대한 민족지학적 단서는 전혀 없지만, 서유럽의 유적지 전역에서 거의 비슷한 패턴이 나타난다는 점을 감안할 때, 어떤 체계적인 행동이 보편화되어 있었으리라 짐작할 수 있다.

그러나 한 가지 주의할 점은 여성 골격의 표본 수가 적은 데다 우리가 사물을 해석하는 방식이 편향에 휩싸여 있을지도 모른다는 것이다. 남성의 팔에 나타난 불균형은 '창으로 사냥감 찌르기'보다 '한 손으로 가죽 벗기기' 때문일 가능성이 높다는 설명보다, 여성이 가죽을 손질했다는 설명에 더 수긍하는 사람이 있을 수 있다. 더욱이 우리는 그들이 젠더라는 범주를 어떻게 정의했는지 거의 모르고 있는데 젠더는 생물학적 성차의 스펙트럼을 벗어난다. 그들의 사회적 독특성은 디지털화할 수도, 해부학과 직접적으로 대응할 수도 없다.

임신과 출산은 네안데르탈인 여성의 삶에 문자 그대로 추가적인 생물학적 부담을 지웠을 것이며, 그중 일부는 유골을 통해 파악할 수 있다. 여성의 독특한 운동 패턴은 자녀를 일상적으로 동반한 데 기인하는 것으로 보이며 팔과 치아에 흔적을 남긴 가죽 손질 작업은 아기를 감쌀 포대기와 자녀에게 입힐 옷을 만드는 과정의 일환이었을 것이다.

그러나 현생인류와 마찬가지로 언뜻언뜻 눈에 띄는 개별성을 무시할 수 없다. 어떤 네안데르탈인은 다른 네안데르탈인보다 특정 과제를 즐기거나 더 능숙하게 수행했다. 그들은 그런 과제들을 더욱 빈번하게 수행함으로써 장인의 원조 격인 전문가가 등장할 조건을 창조했을지도 모른다. 매우 이례적인 치아 손상이 이를 반영한다. 프랑스 로르투스L'Hortus 동굴에서 발굴된 한 남성은 하나의 앞니를 오랫동안 집중적으로 사용한 듯 그 앞니만 치핑되어 있었다. 한편 '엘시드론 1' 남성은 두 개의 앞니가 모두 심각하게 손상되어 있었다. '엘시드론 1'이 그런 부상을 입은 이유는 불분명하지만, 한 가지 가능성은 돌을 치아로 깨물어 마무리*했다는 것이다. 엽기적으로 들릴지 모르겠지만, 그것은 몇몇 수렵채집문화의 관행으로 알려져 있다.

아마도 어느 네안데르탈인 그룹에나 가장 풍부한 사회적 범주는 어린이일 것이다. 우리의 어린이들보다 더 강하게 태어난 후 격렬한 활동이 그들의 작은 뼈를 더욱 강하게 담금질했을 것이다. 열 살도 채 안 된 우즈베키스탄의 테시크-타시Teshik-Tash 어린이의 다리는 이미 엄청나게 많이 걸은 게 분명했으며, 10대인 '르무스티에 1'의 팔은 성인 못지않게 근육이 잘 발달되어 있었다. 또한 청소년들의 치아 상태는 그들이 성인의 과제를 연습하거나 실습하고 있었음을 짐작케 한다. 스페인의 시마데로스우에소스의 어린이와 10대들의 법랑질이 이미 마모되기 시작했기 때문이다. 그러나 가장 어린아이의 치아조차 약간씩 마모되어 있는 것이 모든 네안데르탈인 유적지의 공통적 현상임을 감안할 때, 가죽 손질은 그들이 일찍부터 참가해야 했던 고된 가사노동 중 하나였다고 추정할 수 있다.

전반적으로 볼 때 어린이들의 미세한 치아 마모는 나이가 들어가며 증가하지만, 사실 입을 빈번하게 사용한 결과물이라고 간단히 치부할 수 없는 복잡한 문제다. 엘시드론에서 발굴된 청소년이 보인

---

*　2차적 돌떼기knapping 작업을 말한다.

미세한 스크래치는 적을 뿐 아니라 수직선이 아닌 대각선이었다. 이는 그가 석질을 이용해 성인처럼 먹는 방법을 배웠지만 입으로 다른 과제들을 많이 수행하지는 않았음을 의미한다. 그를 비롯한 어린이들이 배우고 모방한 사회적 맥락을 암시하는 증거가 있는데, 그 내용인즉 전반적인 치아 손상 패턴이 평균적으로 남성보다는 여성을 닮았다는 것이다.

네안데르탈인 어린이들은 실습을 통해 배운 게 분명하며, 태어날 때부터 성인이 익힐 필요가 있는 대부분의 과제들—근육에서 지방을 썰어내는 일이 됐든, 난롯가에 둘러앉아 먹는 일이 됐든, 도보여행이 됐든—을 수행할 때 맨 앞줄에 섰다. 특히 복잡한 일을 가르치는 스승이 있었을 수 있지만, 모든 사회가 '아이들에게 적절한 안전과 감독'에 대한 서양식 표준을 공유한 건 아니다. 많은 수렵채집 문화에서 청소년들은 예리한 도구를 갖고 놀고, 때로는 걸음마를 하기도 전에 그것들을 휘두르며, 자발적으로 무리를 지어 수렵채집에 나선다. 그러나 분주한 유년기는 그들에게 커다란 대가를 요구했고, 가장 어린아이들 중 일부가 그 대가를 치렀다.

뼈가 떠안은 부담

만약 17세기에 철학자 토마스 홉스가 네안데르탈인에 대해 알았다면 장담하건대 그의 유명한 수렵채집인들에 관한 기술인 '지속적인 공포와 변사의 위험에 직면한, 불쌍하고 끔찍하고 야만적이고 짧은 삶'의 대표적 사례에 그들을 포함시켰을 것이다. 이러한 편견은 종종 네안데르탈인과 호미닌에게 적용되었지만, 그러한 편견의 타당성을 전적으로 뒷받침한 것은 아이러니하게도 그들 자신의 몸이었다. 대부분의 완벽한 골격에는—질병이 됐든 부상이 됐든—하나 이상의 고통의 흔적이 남아 있으며, 때로는 부정할 수 없는 '일련의 불행한 사건들'이 그들을 덮쳤다. 그러나 그와 동시에 오늘날의 연구에서는 네안데르탈인의 삶이 힘난했던 것은 사실이지만 그런 도전적인 환경에 처했던 다른 인류들보다 더 열악했다고 할 수는 없다고 여겨지곤 한다.

적절한 사례를 하나 들어 보자. 치아성장중단선teeth grow interruption line은 네안데르탈인에게서 흔히 볼 수 있는 흔적으로, 오랫동안 '배고픈 유년기'를 겪은 증거로 간주되어 왔다. 엘시드론에서 발굴된 유골들은 모두 그것을 갖고 있었는데, 유아부터 약 네 살, 심지어 열두 살 때까지 형성된 것으로 추정된다. 그중 몇 점의 유골과 '르무스티에 1'의 경우에는 여러 개의 중단선을 갖고 있었다. 그러나 이는 특별한 경우로, 다른 동굴에서 발견된 유골들에서는 중단선을 전혀 찾아볼 수 없다. 오늘날에는 생물의학적 이해가 증진되어 치아성장중단선은 영양실조 때문일 수도 있지만 심각한 바이러스성 질환이나 감염 같은 전신 스트레스의 기록일 가능성이 높다고 여겨진다.

더욱이 네안데르탈인이 다른 인류 집단보다 더 많은 고통을 겪은 것도 아니다. 선사시대 이누이트 유적지에서 수집한 표본에서는 영아기에 시작되어 더 오랫동안 지속된 중단선이 발견된 데 반해 네안데르탈인 어린이의 중단선은 유아기부터 시작되는 경향이 있다.

이것은 아마도 세균에 노출되기 쉬운 음식을 섭취하기 시작하는 시기와 관련된 것으로 보인다. 흥미로운 것은 초기 호모 사피엔스의 일부 영유아 표본에게서 네안데르탈인보다 더 많은 중단선이 발견된다는 것이다. 이는 그들이 네안데르탈인 영유아보다 훨씬 큰 건강 스트레스에 직면했음을 시사한다.

치아의 성장은 그렇다 하더라도 네안데르탈인 대부분은 치과 진료가 필요했다고 자신 있게 말할 수 있다. 많은 선사시대 사회와 마찬가지로 네안데르탈인 사회에서도 불량한 구강 건강은 흔했으며 많은 구성원이 극단적인 치아 마모로 인해 다양한 수준의 고통을 겪었던 게 틀림없다. 심각한 치석은 잇몸 후퇴receding gum를 초래하고 음식물을 가둬 일부 사람들은 고름집abscess을 앓았다. 엘시드론에서 발굴된 한 청년의 치아에서 관찰된 미세한 마모와 스크래치는 그가 시간이 지남에 따라—아마도 치근 농양root abscess 때문에—한쪽 치아를 못쓰게 되는 바람에 '먹는 데 사용하는 손'을 교체했음을 시사한다.

다른 네안데르탈인은 치아가 올바로 자라지 않아 고생을 했다. '르무스티에 1'은 송곳니가 돌출됐고, 크라피나에서 발굴된 불행한 네안데르탈인은 두 개의 어금니가 어긋났는데, 그중 하나가 다른 치아에 눌려 통증이 심했을 것으로 짐작된다. 그러나 우리와 마찬가지로 네안데르탈인도 나름대로의 구강 위생을 강구했다. 독특한 홈groove으로 미뤄볼 때, 일부는 이쑤시개를—특히 염증이 생긴 부위에

―습관적으로 사용한 것으로 보인다.* 그러나 유적지마다 발견되는 비율이 다르다는 점을 감안하면 건강 상태가 다양했거나 사회적 전통이 달랐던 것으로 보인다. 고고학자들이 실제로 이쑤시개를 발견할 확률은 미미하겠지만 엘시드론에서 발굴된 네안데르탈인의 경우 홈이 파인 치아 바로 옆의 치석에 침엽수 나무 조각이 박혀 있었다.

21세기의 분석에서는 심지어 눈에 보이지 않는 것이 발견되었다. 엘시드론에서 발굴된 네안데르탈인의 치석에서 고약한 설사를 초래하는 기생충의 DNA가 발견된 것이다.* 전반적으로 볼 때 다른 수렵채집인보다 특별히 병약했던 것 같지는 않지만, 네안데르탈인은 그 밖의 다양한 건강 문제들을 견뎌 내야 했다. 그들이 겪은 문제들 중에는 오늘날 매우 드문 것도 있다. 예컨대 네덜란드 제일란트 리지스Zeeland Ridges에서 발견된 두개골 조각은 지금껏 바다에서 발견된 유일한 네안데르탈인으로, 유전질환의 흔적이 새겨져 있다. 2001년 제일란트주 해변에서 15킬로미터 떨어진 곳의 수심 30미터 지점에서 건져 올린 두개골에는 깊은 물혹으로 인해 초래된 듯한 커다란 궤양 자국이 선명하다. 살아생전에 두드러졌음직한 궤양은 환자에게 별로 불편을 끼치지 않았을 수 있지만 그런 궤양은 균형장애와 두통을 야기할 수 있으며 심한 경우에는 뇌출혈, 경련, 발작으로 이어질 수 있다.

---

* 18세기에 마드리드의 동굴에서 발견된 턱뼈를 이용한 실험에서, 이런 형태의 마모가 발생하려면 수 시간 동안 이를 쑤셔야 하는 것으로 밝혀졌다.

* 기생충의 이름은 돼지에게 흔한 Enterocytozoon bieneusi로, 분변으로 오염된 고기를 먹을 경우 감염될 수 있다.

몇몇 네안데르탈인 유골에서는 오늘날 다양한 증상을 초래하는 다른 질환들의 흔적이 관찰되었다. 세 명의 네안데르탈인—그중 두 명은 동일한 유적지에서 발굴되었다—은 척추와 다른 부위에서 독특한 골증식의 소견이 발견되었다.* 골증식은 요통과 운동장애를 일으킬 수 있으며, 심지어 관절 전체를 멈추게 할 수 있다. 이 질환의 흥미로운 점은 오늘날 남성들에게 가장 흔하며, 르네상스기 피렌체의 메디치가, 이집트의 파라오 람세스 2세, 고칼로리 음식을 즐겼던 중세의 수도사와 상인들을 포함하여 역사적으로 지방질이 풍부한 식사와 관련이 있다는 것이다.

다른 곳에서 발굴된 여러 네안데르탈인의 두개골에서는 다른 골증식의 소견이 발견되었다.* 아마도 호르몬(예를 들어 에스트로겐 과다)에 의해 초래된 것 같으며, 두통, 갑상샘 장애, 과체중으로 이어질 수 있다. 나이 든 여성들은 평생 에스트로겐에 많이 노출되므로 지브롤터의 포브스 채석장에서 발굴된 여성(최소 40세로 추정됨)에게서 골증식이 발견된 이유를 설명할 수 있을지도 모른다. 그러나 테스토스테론이 부족한 남성들도 골증식이 우려되므로 두 명의 네안데르탈인 남성의 소견은 18세기의 카스트라토 가수 파리넬리나 오늘날 전립샘암 환자들의 사례와 무관하지 않은 듯하다.

네안데르탈인은 20대를 넘기는 경우가 드물었다는 통념에도 불구하고 포브스 채석장의 여성은 수많은 중년 또는 노년의 네안테르

---

* 정확한 병명은 미만성특발성골격과골증 diffuse idiopathic skeletal hyperostosis 이다.
* 정확한 병명은 전두골내면과골증 hyperstosis frontalis interna 이다.

탈인 중 한 명이다. 설사 그들이 약간 빠르게 성숙했더라도 그게 수명에 미치는 영향은 미미했을 것이다. 따라서 난롯가에서 옹송거리던 네안데르탈인들 중에 70대 노인은 한 명도 없었다고 말할 생물학적 근거는 없다. 모든 시기의 고고학 기록을 통틀어 50세 이상이 드문 것은 그 이상의 연령을 정확히 확인하기가 매우 어려운 데다* 노인들의 뼈는 취약하므로 보존되기가 상대적으로 어렵기 때문이다.

그렇다면 수십 년 동안 생활고를 겪은 네안데르탈인이 우리에게 남긴 것은 뭘까? 이라크 쿠르디스탄의 쉬카프트 마진 샤니다르 Shkaft Mazin Shanidar(거대한 샤니다르 암굴)에서는 유명한 남성 고령자의 유골이 발굴되었다. 1951년에서 1960년 사이에 처음 발굴되어 최근 다시 조사 중인 이 괄목할 만한 유적지에서 지금까지 대체로 완벽한 골격이 10여 점 발견되었다. 제일 먼저 발견된 '샤니다르 1'은 지긋한 중년으로 추정되며, 놀랍게도 여러 번의 신체적 어려움을 극복한 것으로 밝혀졌다.* 그는 성인이 되기 얼마 전에 오른쪽 위팔에 끔찍한 다발골절 multiple fracture 을 겪었고, 불완전하게 치유된 후에는 오그라들었다. 믿어지지 않지만 손상된 위팔의 아랫부분이 다른 누군가에 의해 절단된 것 같았다. 살아남아 그 부상에 대처하는 동안 그의 오른쪽 어깨뼈가 기형이 되었고, 그 여파로 빗장뼈(아마도 위팔이 골절될 때 손상된 것 같다)가 비정상적으로 작아짐과 동시에 심각한 세균 감

---

* 치아의 마모 상태를 측정하는 것은 하나의 방법이지만, 특정 시점이 지나면 신뢰할 수 없다.
* 이 사람은 진 아우얼 Jean Auel 의 소설 《동굴곰 부족 The Clan of the Cave Bear》에서 남자 마법사 크렙 Creb 이라는 캐릭터로 재탄생하여 불멸의 인물로 그려졌다. 크렙은 나를 비롯한 한 세대의 선사학자들에게 영감을 주었다.

염에 시달렸다.

    그러나 그의 어려움은 거기에서 끝나지 않았다. 그는 고통스러운 골 증식을 경험했고, 청각장애로 인해 동료들과 의사소통이 어려웠을 것으로 추측된다.* 그것도 모자라 여러 개의 두부 손상에서도 살아남았다. 참혹한 부상이 그의 왼쪽 윗얼굴을 쭈그러뜨려 눈과 뺨을 둘러싼 뼈를 뒤틀었다. 이는 그의 팔을 골절시킨 무시무시한 사건에서 비롯된 것 같지만 나중에 여러 번의 강한 타격이 그의 뼈에 영향을 미친 것이 분명해 보인다. 그는 타격을 받을 때마다 연조직에 큰 손상을 입고 한쪽 눈의 시력을 (완전히 상실한 것은 아니겠지만) 부분적으로 잃었을 것이다.

    만성 통증과 수많은 도전을 겪으며 살았음에도 불구하고 '샤니다르 1'은 집단 속에서 일상생활에 적응했다. 그는 손을 잃었음에도 오른팔을 계속 사용했으며 심지어 변형된 기법으로 돌떼기도 가능했던 것으로 보인다. 비록 사망 당시에 그의 사지에는 관절염의 징후가 완연했지만 잘 발달된 다리뼈는 여느 네안데르탈인처럼 기동성이 뛰어났음을 시사한다. 그러나 그런 모진 시련을 견뎌 낸 후 후유증으로 나타난 반응속도 저하가 그의 몰락을 가져온 듯하다. 몇 가지 증거를 종합할 때 그가 절벽에서 굴러떨어진 바위를 피하지 못해 깔려 죽은 것으로 보이기 때문이다.

    '샤니다르 1'은 지금껏 알려진 네안데르탈인 중 가장 만신창이

---

* 그의 부분적 청각장애는 귀 안의 양성 골증식에 의해 초래되었는데, 의학 문헌에 따르면 차가운 물에서 자주 수영하면 발생할 수 있는 서퍼스이어 surfer's ear 라고 하지만, 감염, 부상이나 찬바람에 오랫동안 노출될 경우에도 발생할 수 있다.

가 된 몸을 가지고 있었지만 하나 이상의 신체적 불편을 꿋꿋이 견뎌 낸 사람은 그뿐만이 아니었다. 그가 발견되기 수십 년 전, 한 골격이 '올드맨Old Man'이라는 별명을 얻었다. 1908년 '르무스티에 1'의 두개골이 완전히 발굴되기 불과 4일 전, 선사시대에 대한 열정을 공유한 세 명의 사제들이 라샤펠-오-생 근처의 동굴을 탐사하고 있었다. 낮은 언덕배기에 마치 눈확처럼 움푹 들어간 동굴에서 그들은 모로 누운 채 무릎을 잔뜩 구부린 유골을 발견했다. 그들은 뜻밖의 행운에 겨워 아드레날린을 분비하며 재빨리 유골을 발굴하여 수습하고, 같은 날 밤에 저명한 학자에게 조언을 구하는 편지를 썼다. 편지를 받은 마르셀 불은 즉시 행동을 개시했고, 유골은 부리나케 그의 연구실로 옮겨졌다. 연구실에 도착하자마자 라샤펠-오-생 유골은 사상 최초의 거의 완벽한 네안데르탈인 골격으로 등극했다.

'샤니다르 1'보다 약간 젊었음에도 불구하고 '올드맨'의 뼈에는 완연한 생활고의 흔적이 아로새겨져 있었다. 청각장애 외에도 심각하게 마모된 치아는 몹시 고통스러운 고름집을 초래했고 치아 절반이 상실되어 있었다. 나이 든 수렵채집인임을 감안하더라도 그건 상상을 초월하는 극심한 상태였다. 전신에 걸쳐 골변형bone degeneration의 징후가 뚜렷했는데, 이는 통증을 초래하여 궁극적으로 보행장애로 이어졌을 것이다. 일부 골변형은 부상 때문이었겠지만 상당수는 일상화된 중노동(이를테면 엄청나게 무거운 바위나 육중한 동물의 시체 운반하기)에 기인한 것으로 보인다. 한편, '샤니다르 1'이나 다른 네안데르탈인과 달리 누가 봐도 명확한 그의 부상은 오래전 부러졌다 자연 치유된 갈비뼈였다.

사실, 그 당시 불의 연구실에 누워 있던 또 다른 유골 '라페라시1(LF1)'과 '올드맨'은 명확히 대비되기 때문에 구별하기가 쉬웠을 것이다. LF1의 경우, '올드맨'보다 몇 살 아래인 45~50세로 추정되지만 더 많은('샤니다르 1'보다는 적다) 부상을 안고 있었다. 그다지 심각하지 않은 쇄골 골절(오늘날에 비교적 흔하다)이 눈에 띄었는데, 아마도 어깨가 한쪽으로 약간 치우쳐 팔을 사용하는 데 영향을 미쳤을 터였다. 더욱 심각한 건 엉덩관절의 넙다리뼈 꼭대기가 골절된 것이었다. 그런 부상은 매우 드물며, 통상적으로 다리를 비틀다가 심각한 낙상을 입을 때 생긴다.

아마도 LF1이 사냥을 하던 중 진흙탕에서 미끄러져 위험한 곳에 빠졌거나, 어쩌면 사냥감과 충돌했을 수도 있다. 어떤 경우가 됐든 그 사건은 사망하기 수십 년 전에 일어났으며, 그로 인해 제대로 걷지 못해 척추가 휘었을 것이다. 나중에 관절염이 찾아와 큰 불편을 겪었고, 뒤이어 관절, 손가락 끝, 발가락에 고통스러운 부기swelling를 유발하는 심각한 상태로 이어졌다.* LF1은 일생의 마지막 무렵에 영구적인 통증에 시달렸을 것이다.

일부 나이 든 네안데르탈인이 건강이 악화되어 전전긍긍했더라도 별로 놀랍지 않을 수 있다. 그보다 더 놀라운 것은 매우 심각한 부상을 입은 일부 청소년이다. 대표적인 사례는 '르무스티에 1'로, 그는 불완전하게 치유된 턱뼈 골절 때문에 두고두고 고생했으며, 오랫동안 씹는 데 어려움을 겪는 바람에 치아가 비대칭적으로 마모된 것으

---

* 정확한 병명은 비대성폐성골관절증hypertrophic pulmonary osteoarthropathy으로 오늘날 폐암 환자에서 볼 수 있다.

로 보인다. 이는 그가 사망하기 훨씬 전인 11~15세 사이에 발생한 것으로 보이며, 의사소통에도 악영향을 미쳤을 것이다.

훨씬 더 어린아이들도 부상에서 자유롭지 않았다. 포브스 채석장에서 1킬로미터도 채 안 떨어진 곳에 악마의 탑Devil's Tower이라는 열하fissure 지역*이 있는데, 이곳은 1925년 도로시 개로드에 의해 탐사되었다. '타분 1'을 발굴하기 거의 10년 전에 그녀가 발견한 것은 다섯 살쯤 된 어린이의 유골로, 놀랍게도 골절된 턱을 갖고 있었다. 그보다 훨씬 더 충격적인 것은, 사망하기 최소 2년 전에 골절상을 입은 것으로 추정되며, 나중에 치명적일 수 있는 두개 골절까지 경험했다는 것이었다. 그런 어린아이들이 사냥과 같은 위험한 활동에 종사한 걸까? 아니면 어른의 감독 없이 사냥을 하다가 사고를 당한 걸까? 어떤 경우가 됐든 어린 나이에 두 번의 심각한 부상을 입은 것은 억세게 운이 나쁜 케이스였을 것이다. 물론 또 다른 가능성은 누군가에게 구타를 당했다는 것이다.

만약 위험이 집단 내부에서 비롯된다면 부상과 사망의 위험은 증폭될 것이다. 이와 관련하여 네안데르탈인이 폭력을 일삼았다는 악의적 믿음이 오랫동안 지속되어 왔다. 그러나 명백한 공격의 증거는 매우 드물다. 두부 손상의 비율이 매우 높지만, 거의 모든 경우 자초지종은 불분명하다. 의학적 연구에 의하면 싸우다가 날린 주먹은 상대방의 안면이나 귀 윗부분에 꽂히는 경향이 있다. 그리고 네안데르탈인의 경우 가해자의 90퍼센트가 오른손잡이였을 것이므로 거의

---

* 암석이나 지면의 길게 갈라진 틈. - 옮긴이

항상 피해자의 왼쪽 얼굴을 가격했을 것이다. 시마데로스우에소스에서 발견된 다양한 두부 손상 사례 중 동일한 물체에 두 번에 걸쳐 상이한 각도에서 상해를 입은 것으로 보이는 사례가 눈에 띈다. 그걸 사고라고 설명하기는 어렵지만, 사용된 무기는 주먹도끼가 아니라 동물의 발굽이었을 가능성이 높다. '샤니다르 1'의 경우, 부상의 크기로 볼 때 엄청나게 큰 물체에 일격을 당했거나 다른 물체에 동일한 부위를 무수히 연타 당한 것으로 추정된다.

그와 마찬가지로, 크라피나에서 발굴된 두개골 조각의 경우에는 오른쪽 귀 바로 뒤에서 거대한 함몰 골절sunken fracture 흔적이 발견되었다. 이는 모든 호미닌 화석에서 발견된 가장 심각한 두개 외상cranial trauma이지만 폭행치상이라고 보기에는 범위가 너무 넓으며, 웬만한 휴대용 무기로는 그렇게 큰 부상을 입히기 어렵다. 괄목할 만한 것은 그런 중증 부상이 치유되긴 했지만 안타깝게도 뇌가 손상되어 장기적인 후유증을 초래했으리라는 것이다. 전반적으로 볼 때 크라피나의 네안데르탈인 중에는 두개골이 으스러지는 중상—일부는 광범위한 염증이 수반된 징후가 보인다—을 입은 사람들이 많았지만, 그 부위가 '폭행 존assault zone'에 해당되는 경우는 극소수였다. 대부분의 부상은 사고에 의한 것으로 보이며 다른 수렵채집인 집단에서 관찰된 내용과 일치하는데, 그런 집단에서 낙상은 중상의 흔한 원인으로 작용한다.

수천 점의 화석 중에서 네안데르탈인 간의 폭행이 강력하게 의심되는 사례는 두 건뿐이다. 하나는 또 한 명의 샤니다르 성인과 관련된 것인데, 흉부 깊은 곳에 칼침을 맞아 두 개의 갈비뼈 사이에 상처를 입었다. 그러나 갈비뼈는 자연 치유되어 놀랍게도 내부에 남아 있던 무기의 일부를 감쌌다. 흉터의 형태로 미뤄 볼 때 사용된 무기는 석질의 박편flake 또는 촉point인 것으로 보인다. 그럼에도 불구하고 그건 의도적이라기보다는 끔찍한 사고였을 가능성이 높다. 아마도 동물을 사냥하던 중 결정적인 순간에 창이 사냥감이 아닌 동료의 가슴을 파고들었을 것이다.

그러나 마지막 사례는 '합리적 의심'을 벗어날 수 없다. 1960년대 후반, 프랑스 남서부 생-세자르Saint-Césaire 근처의 라로슈-아-피에로La Roche-à-Pierrot에서 (15장에서 자세히 말할) 한 네안데르탈인의 유골 일부가 발굴되었다. 아마도 여성인 듯한데, 그녀의 두개골을 3D로 재구성해 보니 처음엔 '뒤틀린 뼛조각'인 줄 알았던 것이 사실은 길이 7센티미터가 넘는 끔찍한 흉기의 일부인 것으로 드러났다. 그것은 정확히 두정부에 위치해 있었는데, 법의학적 관점에서 보면 곧고 예리한 날을 가진 물체와 매우 비슷했다. 이 불가사의한 물체는 생-세자르 여성의 머리를—정면에서 또는 뒤에서—매우 난폭하게 찔러, 그녀의 두피를 파열시키고 그 아래의 뼈를 산산조각 냈다. 그러나 치유의 흔적을 유심히 살펴보니, 그녀는 그런 참혹한 외상에서도 꿋꿋이 살아남은 것으로 추정되었다.

이처럼 몇 건의 폭행은 실제로 일어났을 것이다. 그런데 그것을 빌미로 '네안데르탈인은 살인을 일삼았다'고 말할 수 있을까? 아마 그렇지 않을 것이다. 병에 걸렸든 부상을 입었든 그들은 동굴과 암굴에서 죽어 시신이 보존될 확률이 높았지만, 그런 곳에 산다는 것 자체가 위험이었다. 예컨대 광부들의 경우, 안전 조치의 일환으로 보호용 헬멧이 도입되기 전까지는 머리를 다칠 확률이 매우 높았다.* 네안데르탈인은 폭발물을 이용해 터널을 뚫지 않았지만 돌로 된 천장 밑에서 불을 댕겼기 때문에 급격한 열 변화로 인한 낙석이라는 현실적인 위험에 직면했을 것이다.

한편, 대규모 샘플을 분석해 보면 심각한 부상은 보편적이지 않았음을 알 수 있다. 크라피나에서 발굴된 총 279점의 팔 부위 유골 중 겨우 3개의 팔뼈와 1개의 빗장뼈가 손상된 것으로 나타났기 때문이다. 그리고 170점 이상의 발뼈 중에서 손상된 것은 하나도 없었다. 물론 나이 든 네안데르탈인은 어디서나 건강이 악화된 것으로 밝혀졌지만, 그건 고단한 삶을 사는 모든 인류에게 보편적인 현상이다.

초기 호모 사피엔스 유적지와 비교해 보면 더욱 유용한 정보를 얻을 수 있다. 체코 공화국의 플라데치Mladeč 유적지에서는 약 36ka—마지막 네안데르탈인이 사라진 지 불과 수천 년 후—의 최소 9명의 유골이 발굴되었다. 거의 모든 사람의 건강상태 지표(치아성장중단선, 청각손실/상실, 감염, 양성종양, 골변형, 잇몸병, 괴혈병, 수막염)가 불량했다. 한 건의 팔 골절 외에, '플라데치 1'이라는 남성의 두개골에서 발견된 3건의 손상은 폭행치상일 가능성이 매우 높다. 그로부터 수천 년 후 훨씬 더 동쪽에 있는 러시아의 순기리Sunghir에서는 명명백백한 호모 사피엔스 살인 사건이 발생했다. 후히 매장된 성인의 골격에서 목의 심한 자상이 사망의 직접적 사인이었던 것으로 추정되었다.

---

* 일부 역사적 데이터는 콘월Cornwall의 광부들에게서 나왔는데, 콘월은 두개골 부상 치료를 위해 천두술trepanation이 일상적으로 사용된 영국의 마지막 지역 중 하나다.

초기 호모 사피엔스 어린이들의 삶은 네안데르탈인 어린이들보다 결코 녹록치 않았다. 순기리의 또 다른 유적지에서는 두 명의 어린이가 머리를 맞대고 매장되었다. 둘 다 하나 이상의 치아성장중단선을 갖고 있었으며 한 명의 넙다리뼈는 극단적으로 짧고 휘어져 있었는데 아마도 유전병 때문인 것 같았다. 다른 한 명의 얼굴뼈 역시 비정상적이었는데 그로 인해 음식물을 씹기가 어려웠을 것이다. 둘 다 마모된 치아가 없다는 것은 특별히 부드러운 음식물을 제공받았음을 시사했다. 우리는 포르투갈 라가르벨류Lagar Velho에서 발굴된 4~5세짜리 초기 호모 사피엔스 골격에서 만신창이가 된 왜소한 '악마의 탑' 소년의 닮은꼴을 볼 수 있다. 그는 얼굴을 심하게 얻어맞은 적이 있는 것 같았고, 팔을 크게 다친 후 치유된 흔적이 있었다.*

모든 점을 감안할 때, 호모 사피엔스가 네안데르탈인보다 더 모진 삶을 경험했을 수도 있다. 왜냐하면 네안데르탈인이 어린이들을 살해했다는 증거는 어디에도 없기 때문이다. 그러나 이탈리아 북서부의 발치 로시Balzi Rossi에 있는 초기 호모 사피엔스 유적지에서는 그렇지 않았다. 그곳에서 발굴된 어린이 중 하나는 뒤에서 누군가가 찌르거나 던진 물체에 맞아 사망한 것으로 추정되었다. 한 척추뼈에는 석기의 파편이 아직 남아 있었고, 일종의 끔찍한 사고일 수도 있지만 무게중심은 사회적 갈등 쪽으로 기운다. 호모 사피엔스에서—심지어 수렵채집인 사이에서—나타나는 그런 공격성은 잘 연구되어 있고, 지난 4만 년 동안 명백히 가속화되어 왔다. 그와 대조적으로, 수

---

* 죽기 얼마 전, 그의 치아에는 몇 달 간격으로 여러 개의 성장중단선이 기록되어 있었다. 이는 심각한 질병을 앓았음을 시사한다.

십만 년에 걸친 네안데르탈인의 역사에서는 그런 현상을 전혀 찾아볼 수 없다.

땅도 삶도 각양각색이었다

모든 네안데르탈인의 뼈는 제각기 독특한 이야기를 갖고 있다. 광범위한 지역이나 지질시대를 통틀어 네안데르탈인의 뼈에는 미세한 해부학적 차이가 있다. 시간적으로 3만 년, 공간적으로 수천 킬로미터를 사이에 둔 두 명의 네안데르탈인 영유아—프랑스의 '르무스티에 2'와 러시아의 '메즈마이스카야 1 mezmaiskaya 1'—는 독특한 굵은 뼈를 공유하지만 팔의 비율과 같은 다른 부분은 약간씩 다르다. 거의 비슷한 시기에 동일한 지역에 살았던 두 명의 네안데르탈인일지라도 클론과는 거리가 멀다.

특정 시기와 장소에 더 흔하게 나타나는 체형의 변화는 성인에게서도 눈에 띈다. 예컨대 북유럽의 네안데르탈인은 얼굴이 앞으로 좀 더 튀어나왔는데, 이로 인해 어금니 뒤의 공간이 더 넓어졌다. 그리고 공간적으로 수십만 킬로미터, 시간적으로 8~9만 년 떨어진 곳에 살았던 '르무스티에 1'과 크라피나 네안데르탈인의 치아에는 작지만 주목할 만한 차이가 존재한다.

어떤 장소에서 우리는 매우 국지적인 해부학적 결함을 볼 수 있다. 프랑스 남서부의 라키나 La Quina 에서 발견된 3명의 성인과 1명의 10대는 다른 지역에서는 거의 찾아볼 수 없는 특별한 두개골 특징을 공유한다. 이는 어떤 하위개체군이 유전적으로 충분히 고립되는 동안 무작위적인 변이가 제거되는 장기적인 과정을 시사한다. (다양한 이유 때문에 현생인류에게도 나타나는 현상이다.) 라키나의 네안데르탈인은 극심한 빙하기의 끝물에 살았는데, 이로 인해 개체군이 위축되어 고립과 높은 비율의 근교배가 초래되었다.

때때로 지역의 기후가 해부학적 구조에 직접적으로 영향을 미쳤을 수도 있다. 남부 유럽의 네안데르탈인은 추위에서 어느 정도 벗어나 있었는데(그러나 건조함에서 늘 벗어난 것은 아니었다) 근동의 네안데르탈인보다 눈에 띄게 육중하고 뚱뚱한 몸매를 갖고 있었다. 그러나 만약 신체활동이 네안데르탈인의 체격에 영향을 미쳤다면 이 차이는 '지역의 생태가 운동성에 미친 영향'이 반영된 거라고 볼 수도 있다.

최근 발표된 사지에 관한 연구가 이러한 가설을 뒷받침한다. 유럽의 남성들은 종아리가 더 발달한 데 비해 근동의 남성들은 허벅지가 더 발달했는데, 이는 그들의 활동량이나 지형이 다르다는 것을 시사한다. 여성들의 경우에는—비록 표본 수가 매우 적지만—그 차이가 훨씬 더 크게 나타난다. 그러나 근동의 네안데르탈인은 남녀를 불문하고 더 튼실한 팔을 갖고 있었다.

치아의 해부학 자체는 지역적 추세를 명확히 보이지 않지만 마모 패턴은 확실히 보인다. 웨일즈의 폰트뉴이드Pontnewydd에서부터 이라크의 샤니다르에 이르기까지 20여 개 유적지에서 발굴된 40여 명의 네안데르탈인을 분석해 보면, 환경이 '무엇을 먹는가'뿐만 아니라 '입을 도구로 사용하는지 여부'에도 영향을 미쳤다는 것을 분명히 알 수 있다. 스텝steppe 같은 개방된 식생을 가진 지역이나 시기에 살았던 사람들은 치아를 죔쇠clamp로 사용하는 빈도가 높았다. 가장 분명한 이유는 추운 지역에 살았던 네안데르탈인은 더 많은 의복이 필요했을 것이므로 동물 가죽을 다듬는 데 더 많은 시간을 할애했으리라는 것이다.

그러나 알아채기 어려울 정도로 규모가 작은 패턴도 있는데 이는 기술이나 과제의 지역적 전통을 반영한 것일 수 있다. 특히 이탈리아의 네안데르탈인은 서유럽 사람보다 치아가 더 많이 마모되었다. 주목할 만한 점은 근동의 네안데르탈인은 60ka 이후 그런 유형의 마모가 전혀 나타나지 않았다는 것이다. 이를 사지에 관한 증거와 결합하면 (따뜻하고 건조하지만 식물이 풍부한) 근동에 사는 네안데르탈인은 독특한 방법으로 사냥하고 채집하고 재료를 가공했다고 추론할 수 있다.

그러나 늘 예외가 있는 법이다. 따뜻하고 식생이 풍부한 지역에 사는 네안데르탈인 중에도 스텝-툰드라steppe-tundra 환경에 사는 사람과 똑같은 방법으로 입을 사용하는 사람들이 있었다. 왜 그랬을까? 아마도 (생존해야 한다는 압박감이 덜한) 온화한 기후에서 생활하는 사람은 기술을 다양화할 여력이 생겨 다양한 전문적 기술을 구사하는 습관이 몸에 배게 되는 것 같다.

네안데르탈인의 유골은 그들의 삶에 대한 비범하면서도 친숙한 디테일을 우리에게 제공해 왔다. 먼동이 틀 때마다 고단한 하루가 새로 시작되었지만 전반적으로 볼 때 그들의 생계가 전형적인 수렵채집인의 수준을 뛰어넘는 도전을 제기한 것은 아니었다. 크든 작든 그들의 삶에는 고통과 즐거움이 교차했다. 짧은 다리를 가지고도 거친 지형에 굴하지 않고 장거리를 완주했고, 엄청나게 강한 팔과 손을 보유했지만 세련된 손재주도 곧잘 부렸다. 그리고 우리와 마찬가지로 네안데르탈인 중에는 여러 가지 부류가 있었다. 그들이 살던 세계를 걸어서 여행한다는 것은 다른 생김새와 목소리를 가진 집단을 만난다는 걸 의미했을 것이다. 그들에게 '평범한 삶'은 우리에게 만큼이나 낯설었을지도 모른다. 더욱이 모든 개체들은 생물학적 다양성의 범위 내에서 각자 자신만의 길을 선택했다.

고유전학ancient genetics이 발달함에 따라 네안데르탈인의 독특한 생물학 뒤에 도사리고 있는 메커니즘과 적응이 더욱 명확해질 것이다. 아마도 이 분야에서 일어난 가장 큰 혁명은 '빙하기'를 내세워 네안데르탈인의 생김새와 생활방식을 설명해 온 학파가 몰락한 것일 터다. 굳이 강력한 한파가 아니더라도, 그들의 몸은 극단적으로 고되고 힘든 삶을 감당하느라 끊임없이 갈고 닦인 결과물이다. 혹독한 냉대기후는 이미 잘 길들여진 엔진의 성능을 약간 향상시켰을 뿐이다. 네안데르탈인이 겪은 기후와 환경을 광범위하게 분석하면 그들의 이야기는 훨씬 더 예기치 않은 방향으로 전개될 것이다.

5장

얼음과
불

저 아래의 엷은 안개 낀 계곡에서 우당탕탕 소리가 들려온다. 연이어 들리는 웅장하고 깊은 굉음은 코끼리 떼가 강으로 이동하는 소리다. 하늘 높은 곳에서 원을 그리며 나는 두루미 떼가 희미한 울음소리를 낸다. 두루미의 머리 위—산맥보다 높은 곳—에서는 한 무리의 개똥지빠귀가 서쪽으로 비행하며 열매가 주렁주렁 달린 숲을 찾는다. 그들은 수 시간 동안 날아 한 섬에 도착한다. 그 섬은 언젠가 골백색의 남쪽 절벽으로 유명해질 것이다. 그러나 지금 그곳은 동물들의 영토다.

개똥지빠귀들은 섬을 흐르는 거대한 강을 따라 늘어선 나무들 위로 내려앉는다. 호시탐탐 망보는 잠망경 같은 눈들 주변으로, 햇살에 반짝이는 물결이 느리게 흐른다. 잠수함처럼 솟구쳐 오른 육중한 회색 몸통에서 물방울이 폭포수처럼 떨어진다. 하마다! 그는 뭔가를 씹으며 물속을 들여다보는 동안 연신 귀를 턴다. 물소는 진흙 속에서 어정거리고, 초승달 모양의 뿔에 매달린 수초를 왜가리들이 유심히 바라보고 있다. 왜가리들은 떠오르는 태양이 안개를 거둬 가기를 기다린다. 다마사슴들이 마수걸이 기회를 노린다. 그러나 강의 어디에서도 새벽 공기에 동그라미를 그리는 장작불 연기는 찾아볼 수 없다.

상상할 수 없이 먼 미래에 개똥지빠귀가 다시 찾아오고, 황금빛 아침햇살이 다시 한번 거대한 강물 위를 미끄러져 지나간다. 그러나 햇살이 비치는 곳에서 이제는 거대한 도시와 교량이 강줄기를 (마치 코르셋처럼) 가로지르고 있다. 사자들은 움직이지 않는 조형물이 되어 거대한 받침대 위에서 숨을 죽이고 있다. 그들 앞에는 동물 떼가 아니라 울긋불긋한 차량이 교통체증에 발목을 잡힌 채 굼벵이걸음을 하고 있다. 그 아래로 강물은 미로처럼 얽히고설킨 도시의 전선구, 배수구, 터널에 휘말려 길을 잃었다. 광대한 사력층 위에 비스듬히 누운 채 단단히 굳어 암갈색 부식토로 채워진 도시를 보라! 이곳은 '사라진 세계' 전체가 안장된 돌무덤이다.

21세기 유럽에서 거대동물의 강렬한 시선은 대부분 진열장의 유리를 통해 걸러진다. 템스 강변의 '워터링 홀watering hole'*은 웨스트민스터의 정치인들로 북적인다. 그곳은 한때 제멋대로 뻗어나가던 강둑이 있던 자리로, 지금으로부터 2,000여 년 전에는 거대동물상megafauna이 마지막으로 우글거렸다. 런던의 사자들은 오늘날 청동상이 되어 선조들에게 없던 풍성한 갈기를 자랑한다. 런던의 하마들은 콘크리트 탱크 속에서 헤엄을 치고, 사슴 떼는 왕실의 즐거움을 위해 사육된다. 그러나 영국해협 건너편에서 동물들이 귀환하고 있다. 불곰은 피레네 산맥에서 어슬렁거리고, 멧돼지는 베를린 교외를 한가로이 거닐고, 늑대의 발자국이 조만간 북해 해변에 나타날 것이다.

안전거리를 유지한 채 야생동물들을 보며 경이로움을 느끼는 우리가 그렇잖아도 붐비는 유럽 대륙이 한때 훨씬 더 큰 동물들로 가득했다고 상상하기는 어렵다. 하물며 사라진 환경 전체를 떠올리기는 더더욱 어렵다. 네안데르탈인에 대한 책들은 대부분 얼음빛을 띠고, 그들의 '털북숭이 동포'들을 대체로 '북극에 적응한 동물'로 그린다. 동굴이나 자갈 구덩이에서 처음 발견된 것들은 주로 순록이나 매머드나 코뿔소 같은 다른 짐승들의 털북숭이 버전이었다. 그러는 사이에 '꽁꽁 얼어붙은 네안데르-세계'라는 개념이 확고히 자리 잡

---

*   열대지방에서 야생동물들이 물을 마시러 가는 웅덩이. – 옮긴이

왔다. 그러나 단순한 빙하기를 해체하고 (그들이 살았고, 각자 나름의 동물원을 가졌던) 수많은 상이한 세계들을 탐험하는 것이야말로 그들의 진짜 경험을 이해하는 것이다.

19세기의 비교적 드문 다른 유적지에서는 '이상한 동물들의 조합'이 발견되었다. 요크셔의 빅토리아Victoria 동굴이* 그런 곳인데, 하마와 '이상하게 생긴 상아'를 가진 코끼리가 하이에나와 나란히 발견된 것이다. 북극의 종種이 한때 그보다 더 남쪽에서 살았던 적이 있었던 것은 물론, 열대 동물들이 북유럽에서 어슬렁거린 적도 있었다. 비록 지질학자들은 '지금은 사라진 환경이 먼 과거에 존재했다'는 점을 알고 있지만 지구의 엄청난 나이에 대한 진정한 이해는 구름 낀 겨울 새벽처럼 슬그머니 다가왔다. 1880년대에 들어와 '광범위하게 확장된 극빙polar ice이 북유럽의 상당 부분을 뒤덮었다고 간주되던 시기가 알고 보니 오늘날처럼 따뜻한 간빙기였다'는 명백한 증거가 발견되었다.

고기후paleoclimate의 진정한 복잡성이 드러난 것은 그로부터 한 세기가 지난 후였다. 영원히 태양의 주위를 돌며 왈츠를 추는 지구에 의해 약 3Ma부터 전 지구적인 한랭화와 온난화의 사이클이 가동되기 시작했음을 알게된 것이다. 행성의 타원 궤도elliptical orbit, 기울기tilt, 흔들림wobble이 우리의 기후에 미치는 영향은 복잡하지만 예측 가능하다. 대기와 바다의 온도는 일사량에 의해 대부분 결정되며, 극지와 산지에 포진한 빙하의 확장 및 용융을 추동하는 엔진으로서 궁극

---

* 라스코 동굴과 비슷하게, 빅토리아 동굴은 개 한 마리가 길을 잃고 구덩이 속에 빠졌을 때 발견되었다.

적으로 기후변화를 초래한다.

    그 증거는 해저의 퇴적층과 그린란드 및 남극의 빙하 속에 숨어 있다. 드릴을 이용해 심층부의 코어를 채취하면 고기후에 대한 비범한 기록을 얻을 수 있는데, 이는 지난 10여 만 년 동안의 지구의 기후변화를 1,000년 규모의 해상도로 보여 준다. 연대측정 및 다른 단기 기록들—호수 바닥에 가라앉은 꽃가루, 고대 툰드라에서 불어와 쌓인 먼지, 동굴의 유석, 열대 산호초—과의 비교를 통해, 고기후의 변화를 장구한 세월에 걸쳐 미세하게 분석하는 것이 가능해졌다.

    고기후의 변화 패턴은 놀라울 만큼 일관적이다. 한랭화와 온난화의 오르내리는 주기는 강도가 다양하고, 어떤 주기는 다른 주기에 비해 더 오래 지속되지만, 지구의 심장은 우리가 어떤 기록을 보든 똑같은 템포로 고동치고 있다. 연구자들은 해양동위원소단계 Marine Isotope Stages(MIS)라는 시스템을 이용하여 장기적인 기후변화 주기에 이름을 붙였다. 그들에 의하면 우리는 2단계 Stage 2 다음의 1단계 Stage 1(온난기 또는 간빙기)에 살고 있는데, 2단계는 마지막 한랭기로서 약 11.7ka에 종료되었다.

    1단계는 홀로세 Holocene 라는 지질시대의 경계를 표시한다. 그 이전의 모든 시기(거의 2Ma까지, 100번에 달하는 주기)는 플라이스토세 Pleistocene 에 해당한다. 그림 3의 아래 그래프에서 시간을 거슬러 올라가면, 온난기인 마루 peak 가 홀수(MIS 3, 5, 7…)이고 한랭기인 골 trough 은 짝수(MIS 2, 4, 6…)라는 것을 알 수 있다. 설사 몇 가지 요소가 먼저 나타났다 할지라도 네안데르탈인 특유의 몸과 문화가 뚜렷하게 나타난 때는 빙하기가 아니라 350ka 이후의 (온화한) 간빙기인 MIS 9이

134

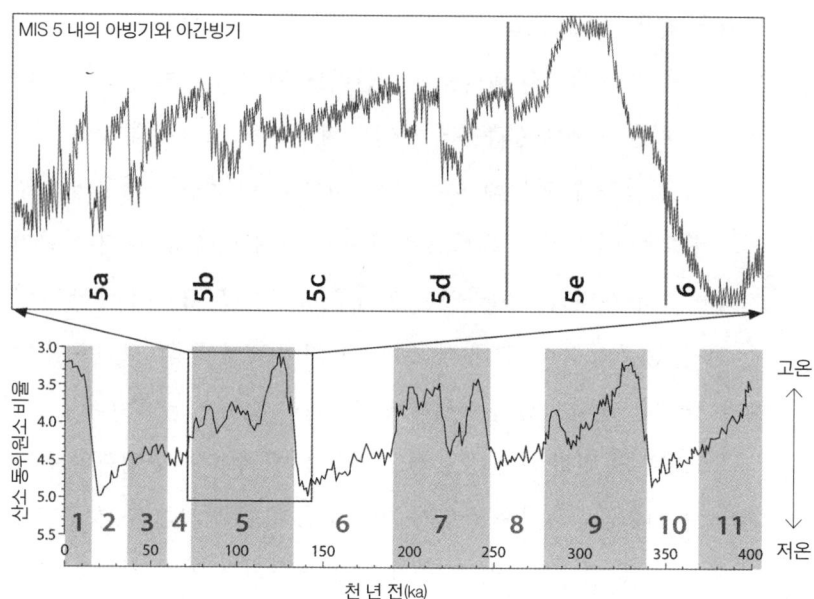

해양 동위원소 단계(11~1): 심해와 빙하의 코어에서 수집된 데이터에 기반한 산소 동위원소(^{18}O과 ^{16}O)의 농도 변화. 홀수는 간빙기, 짝수는 빙하기를 나타낸다.

그림 3 네안데르탈인이 살았던 기간의 고기후

었다. 더욱이 400~45ka의 기간을 전체적으로 보면 네안데르탈인은 틀에 박힌 말('꽁꽁 얼어붙은 네안데르-세계')과 달리 빙하기보다는 간빙기에 더 오래 살았다.

네안데르탈인을 이해하는 데 있어서 또 한 가지 중요한 진보는 모든 기후단계가 독특한 것으로 밝혀졌다는 것이다. 각각의 빙하기나 간빙기에는 '더 작고' '더 짧은' 기후의 요동wiggle —즉, 조금 더 추운 '아빙기stadial'와 조금 더 따뜻한 '아간빙기interstadial—'이 포함되어 있었다. 이런 하위단계는 영어 소문자로 표시되는데, 우리가 다음에서 살펴볼 것은 MIS 5 동안의 첫 번째 아간빙기(따뜻한 파동warm pulse)로, 간단히 5e로 불린다(그림 3 윗그림).* 5e는 수천 년 동안 지속되었을 수도 있고 겨우 몇 세기 동안 지속되었을 수도 있으며, 변화는 극단적으로 갑작스러웠을 수 있다. 때로는 한 사람의 생애 동안 극단적인 기후, 환경, 심지어 해수면의 변화가 일어났을 수도 있다.

이 모든 것은 지질시대의 특정 시점에 살았던 네안데르탈인의 조건을 매우 세세하게 재구성하고, 나아가 '그들이 사라졌을 때 세상이 어떻게 돌아가고 있었는지'도 알아낼 수 있다는 것을 의미한다. 그들이 사라진 시기는 40ka경인 MIS 3인데, 과학자들은 그때의 기온과 환경을 특별히 정밀조사하고 있다. MIS 3는 표면상 간빙기로 분류되지만 거시적으로 보면 MIS 4에 시작되어 MIS 2 말까지 계속된 '전반적으로 비교적 한랭한 조건의 시기'에 속한 65~30ka의 확장된 온난기에 가깝다.

---

* 알파벳 소문자의 순서는 시대순과 정반대다. 즉, 'e'는 MIS 5를 구성하는 다섯 번의 아간빙기와 아빙기 중 첫 번째 기간을 의미한다.

그 이전의 진정한 간빙기에 비해 MIS 3는 대부분의 네안데르탈인에게 진짜로 훈훈하지는 않았다. 알프스 산맥 북쪽의 여름은 오늘날의 스코틀랜드 고지대의 여름과 거의 비슷했고, 뒤이어 완전히 질척거리는 가을이 들이닥쳤다. 우리는 종종 심한 폭설 속에서 움츠리고 있는 네안데르탈인을 상상하지만 억수 같이 내리는 빗속에 서 있는 모습도 충분히 가능하다. 그러나 겨울은 진짜로 추웠고 땅에는 몇 달 동안 눈이 쌓여 있었을 것이다. 그러나 유라시아의 MIS 3 환경은 빙하기의 불모지와 거리가 멀어도 한참 멀었다. 그 대신 이러한 기후 순환을 독특하게 만든 것은 불안정성으로, 기온이 마치 널뛰기를 하듯 급격하게 오르내렸다.

빙하를 넘어서

만약 네안데르탈인이 눈을 헤치고 나아갔을 뿐만 아니라 진흙탕에 빠지기도 했다는 게 뜻밖이라면 그보다 훨씬 더 놀라운 게 있다. 그 내용인즉 가장 최근의 제대로 된 간빙기인 MIS 5가 오늘날보다 훨씬 더 따뜻했다는 것이다. 직전 빙하기인 MIS 6가 끝났을 때 기온이 빠르게 상승했고 123ka경 최고치에 도달하여 MIS 5e라는 하위단계가 탄생했는데, 이를 엠Eemian 간빙기라고 한다.* 엠 간빙기는 유라시아 전역의 호미닌이 경험한 제일 따뜻한 기간으로 알려져 있다(지금까지

---

* 엠 간빙기는 고대 꽃가루 유적지에 기반한 서유럽의 고기후학 용어로, 다른 지역에서는 다르게 불린다. 예컨대 영국에서는 입스위치Ipswichian 간빙기라고 불린다.

는 그렇다). 이 기간은 약 1만 년 동안 지속되었는데* 지질학적으로는 짧지만 생활사적으로는 약 500세대에 해당한다.

그렇다면 그토록 온화한 세계의 풍경은 어땠을까? 적어도 초창기에는 오늘날보다 더 따뜻했을 것이다. 태양에 대한 지구의 상대적 위치가 약간 달라 여름철의 지구는 더 많은 태양복사solar radiation에 의해 가열되었을 것이다. 이로써 지구의 기온이 평균 2~4℃ 상승했는데, 이는 충분히 체감할 수 있는 차이였다. 오늘날의 설선snowline*에 있는 알프스의 동굴들은 석순이 자라는 것을 볼 수 있을 정도로 따뜻하고 촉촉했으며, 유럽 대륙 전체에 광대한 숲이 펼쳐졌다. 가장 극적인 것은 극관polar cap**과 극빙이 녹으면서 해수면을 약 8미터 상승시켰다는 것이다.

기온이 점점 더 상승하며 해변은 살금살금 기어 올라갔고 수종樹種의 만화경이 잇따라 대체되었다. 꽃가루 분석에 의하면 자작나무와 소나무는 참나무가 풍부한 삼림지대에 자리를 내줬고 느릅나무, 개암나무, 주목, 보리수로 무성하던 삼림은 궁극적으로 빽빽한 서어나무hornbeam 숲으로 성숙했다. 이러한 풍경은 (MIS 5d라는 한랭한 아빙기가 바통을 이어받았음을 알리는) 가문비나무, 전나무, 소나무가 도착할 때까지 지속되었다. 1만 년에 걸쳐 변모한 삼림 전역에서 제각기 다른 시점에 살았던 네안데르탈인들이 새벽녘에 감상한 새들이 지

---

* 유럽 남서부에서는 식생이 더욱 빠르게 반응했으므로, 엠 간빙기가 북유럽보다 수천 년 더 오랫동안 지속되었다.
* 만년설의 하한선을 말한다. ─ 옮긴이
** 극지방에서 산의 정상 부분을 뒤덮고 있는 빙하. ─ 옮긴이

저귀는 합창 소리는 사뭇 달랐다. 옥신각신하는 솔잣새와 뿔박새는 무신경한 어치와 감미로운 나이팅게일에게 자리를 양보했고, 마침내 추워진 아침에는 달그락거리는 큰뇌조들이 살을 에는 찬 공기 속으로 숨결을 내뿜었다.

또한 엠 간빙기의 다른 동물상은 네안데르탈인에 대한 통념을 뒤엎었다. 오로크auroch와 말—그들은 풀에서 나뭇잎으로 식단을 확장했다—곁에 야생 멧돼지와 노루, 그리고 노루의 황갈색 점박이* 친척들이 등장한 것이다. 비버들은 묘목을 포식하여 계곡을 범람하게 만들어 거북이 헤엄칠 수 있는 새롭고 풍성한 서식지를 창조했다. 이처럼 기이한 생태적 이동ecological shift 과정에서 오소리가 나타나 파충류(거북)를 사냥했다.

기온이 상승하며 다른 대형동물들—물소, 곧은상아코끼리straight-tusked elephant, 하마—도 속속 가세했다. 그러나 남쪽에서 이주해 온 동물들은 특히 흥미로운데, 특히 바바리마카크Barbary macaque 원숭이들이 그렇다.

바바리마카크 원숭이는 오늘날 북아프리카의 고립된 지역, 특히 산림에만 서식한다. 그러나 플라이스토세 동안 그들은 훨씬 더 광범위한 지역에 서식했으며, 때때로 초기와 후기의 네안데르탈인 유적지에서 발견된다. 독일 후나스Hunas에서 발견된 얕은 동굴은 엠 간빙기의 네안데르탈인 거주지였던 것으로 보인다. 왜냐하면 네안데르탈인의 치아와 석질 인공물이 발견된 퇴적층에서 마카크 원숭이

---

* 노루의 '황갈색 점박이' 친척이란 다마사슴(등에 하얀 점들이 있는 유럽산 작은 사슴)을 말한다. 오늘날 유럽에 서식하는 모든 야생 다마사슴은 이러한 역사적 도입의 결과물이다.

의 유골이 발견되었기 때문이다. 장담하건대 이 영장류 동료들(사람과 마카크 원숭이)은 종종 서로 마주쳤을 것이다. 바바리마카크는 대체로 채식동물이지만 먹이가 부족할 때는 곤충은 물론 고기(새나 토끼의 새끼)까지도 잡아먹는다. 그들은 오늘날 사람의 쓰레기통을 뒤지기를 좋아하므로 그 당시 네안데르탈인의 잔반을 챙겼을 가능성도 배제할 수 없다.

엠 간빙기라고 하면 왠지 풍요로운 낙원이었던 것처럼 들린다. 그러나 동상을 걱정할 필요가 없었을지언정 트로피카나 클럽Club Tropicana까지는 아니었을 것이다. 매년 잎을 떨구는 숲은 수렵채집인들에게 적당한 장소가 아니었을 테니 말이다. 왜냐고? 그런 곳에서 발견되는 식물성 먹거리 중 상당수는 수확하는 데 시간과 에너지가 많이 들기 때문이다. 견과류와 장과류처럼 쉽게 구할 수 있는 것은 대체로 계절성 열매였고, 대형 사냥감이 주변에 어슬렁거렸겠지만 숲속에서 사냥감을 발견하기는 쉽지 않았을 것이다.

오랫동안 유적지가 부족하다 보니 '네안데르탈인이 엠 간빙기에 정말로 적응했을까?'라는 회의론이 등장했다. 그러나 사실은 나중에 일어난 침식이 대부분의 퇴적층을 휩쓸어버렸을 가능성이 크다. 오늘날 알려진 유적지는 약 30군데이지만 동굴이나 암굴은 극소수에 불과하다. 대부분의 유골은 매몰된 호수 바닥이나 탄산염이 풍부한 표층 샘surface spring에 보존되어 있다. 그런 세계에서 물과 가까운 곳을 고수한다는 것은 납득할 만한 생존 전략이다. 그도 그럴 것이 물은 모든 사냥감들이 필요로 하는 자원이기 때문이다.

보다 최근의 연구에 따르면 엠 간빙기의 자연림은 거대하고 온전한 임관canopy으로 덮여 있지 않았다고 한다. 독일 동부에 있는 노이마르크-노르트Neumark-Nord의 깊은 호수 바닥은 놀랍도록 잘 보존되어 있다. 발굴팀은 작은 식물, 곤충, 연체동물의 단편을 5센티미터 간격으로 샘플링한 결과 그 호숫가가 혼재된 식생mixed vegetation으로 둘러싸여 있었다는 사실을 발견했다. 옅은 삼림지대 옆에는 개암나무 덤불이 무성했고 (발 아래 양지꽃, 머그워트, 데이지꽃이 깔린) 건조한 초지가 펼쳐져 있었다. 이런 다채로운 환경은 다양한 동물들(야생돼지, 곧은상아코끼리 같은 숲속 동물과 들소, 오로크 같은 풀 뜯는 동물)을 끌어들였다. 말과 같은 일부 초식동물도 가세하여 생태적 틈새 사이를 오갔지만, 유골과 발자국을 분석해 보면 모든 종들이 호수에 모여들었음을 짐작할 수 있다.

네안데르탈인은 잎이 무성한 세계에 어떻게 적응했을까? 노이마르크의 퇴적층을 분석해 보니 대체로 엠 간빙기의 (숲이 아직 울창하지 않았던) 뜨겁고 건조한 시기에 해당하는 것으로 나타났다. 이 시기에는 동물과 식물의 종류가 더 다양했고, 대부분의 고고학 유물이 이 시기에 발견된다. 나중에 삼림의 면적이 증가하고 호수가 위축되면서 사냥감이 줄어들자 네안데르탈인은 차츰 자취를 감추기 시작했다. 그러나 그들이 완전히 사라진 것은 아니었다. 삼림이 울창했던 시기에 형성된 상위층에는 12만 개 이상의 동물 뼛조각이 포함되어 있다. 이는 엠 간빙기의 활발한 도축 실태를 보여 주는 독특한 기록으로 무성한 잎이 햇빛을 가리고 아름드리 나무들이 사냥감을 숨겨 줄 때도 네안데르탈인이 삶의 터전을 옮기지 않았음을 증명한다.

네안데르탈인이 노이마르크-노르트에서 사슴을 쫓는 동안

영국해협 서쪽에는 동물을 괴롭히는 사람이 단 한 명도 없었던 것 같다. MIS 7 말에서 MIS 3 초까지 15만 년 동안 영국에는 호미닌이 사실상 존재하지 않은 것으로 추정된다. 호미닌의 재정착이 가능했던 시기는 MIS 6의 강추위가 물러간 직후였지만 거대한 자연재해*가 문자 그대로 그들의 앞길을 가로막았던 것 같다. 먼 옛날 연결됐던 영국과 프랑스를 갈라놓은 자연재해의 전모는 이랬다. 간빙기를 맞아 모든 극관에서 녹아내린 물과 유럽의 많은 지역에서 발원한 강물의 유입으로 불어난 호수가 영국 동부와 프랑스를 가로지르는 백악질 능선의 배후를 점령했다. 능선을 이루는 부드러운 암석이 수압을 견디지 못해 붕괴하자 무지막지한 홍수가 일어나 영국해협의 바닥을 유린했다. 탄성파 탐사seismic survey 결과, (지금은 바다의 퇴적층에 묻힌) 거대한 계곡을 불도저처럼 밀어버린 어마무시한 폭포—길이 32킬로미터, 높이 100미터—의 낙하지점이 드러났다. 네안데르탈인은 아마도 수 킬로미터 떨어진 곳에서 딴 세상 소리 같은 굉음을 들었을 것이다. 그러는 동안 훨씬 더 먼 곳에 있었던 매머드 떼는 우르릉 소리를 내며 땅 속으로 퍼져나간 불가청음파infrasound wave를 감지했을 것이다.

도거랜드Doggerland—지금은 영국과 유럽 대륙 사이의 물에 잠긴 지역—는 열매가 열리지 않는 완전히 헐벗은 땅, 한마디로 불모지인 채 방치되어 있었다. 네안데르탈인과 영국의 고지대 사이에는 깊은 협곡, 위험한 산사태, 암석과 자갈투성이 땅이 가로놓여 있

---

* https://blog.naver.com/earthngaia/222122561125 - 옮긴이

었다. 이 정도만 해도 네안데르탈인을 제지하기에 충분했겠지만 MIS 5가 시작되면서 해수면마저 급격히 상승한 것 같다. 그리하여 영국은 호미닌 집단이 발을 내딛기도 전에 차단되어 버렸다. 오늘날 영국에서 발견되는 코끼리나 하마 같은 열대 동물들의 화석은 그 무렵 습지, 불어난 강물, 심지어 좁은 해협을 거뜬히 건넌 용사들의 유골일 것이다. 기후가 한랭해지고 해수면이 하강하여 MIS 4 말에 도거랜드가 다시 부상하기까지 6만 년의 세월이 더 흘렀다. 매머드-스텝mammoth-steppe 환경이 다시 대서양부터 태평양까지 세력을 넓혀 가는 동안 네안데르탈인과 말들은 북서쪽 끝의 영토로 돌아갔다. MIS 5 말의 한랭기에 호미닌 개척자들이 도거랜드를 건넜을 거라는 단서는 영국 남동부에서 발굴된 두 개의 '석질로 추정되는 물체'뿐이다. 하지만 설사 그게 진짜였더라도 걸어서 건널 수 있을 만큼 해수면이 낮아지지 않았을 테니 네안데르탈인이 어떻게 도착했는지는 불분명하다.

기후 위기

고대의 기후와 환경에 대한 연구가 활기를 띰에 따라 엠 간빙기 내에도 '짧지만 극적인' 기후변화가 존재했던 것으로 밝혀졌다. 126~122ka에 불과 4,000년 동안 가장 따뜻한 기온과 높은 해수면이 지속되며 한랭화가 서서히 시작되었지만, 이것은 한마디로 폭풍전야였다. 그다음에 찾아온 것은 엠 간빙기 후기의 짧은 건조기

Late Eemian Aridity Pulse(LEAP)라고 불리는, 그야말로 위기의 시간이었다. LEAP의 증거는 고대에 범람한 화산 분화구 내의 호수 퇴적층에서 발견된다. 두께가 1밀리미터에 불과한 극도로 미세한 호상점토층이 시간이 흐르며 축적되었는데, 약 118.6ka 부분의 점토 기록물muddy archive에서 뭔가 이상한 징후가 포착된다. 그 내용인즉 정확히 468년 동안 흙먼지가 비처럼 쏟아내렸다는 것이다. 연구자들은 50여 개의 두꺼운 흙먼지 펄스를 헤아렸는데, 모든 펄스 하나하나가 세상 풍경이 갑작스러운 추위와 가뭄의 나락으로 떨어졌다고 말해 주고 있다. 식생의 급격한 상실은 엄청난 토양 침식으로 이어졌고, 그로 인해 대규모 흙먼지 폭풍이 대기를 뒤흔들었다. 다른 원천에도 그 어마어마한 기후 쇼크가—갑자기 성장을 멈춘 유석에서부터 따뜻한 숲이 사라진 지 채 1세기도 지나지 않아 나타난 툰드라를 보여 주는 꽃가루 코어에 이르기까지—기록되어 있다. 반복된 숯층이 눈에 띄는데, 이는 대기가 워낙 건조해 자연발화로 인한 산불이 일어났음을 의미한다.

우리가 상상할 수 있는 것은 네안데르탈인이 불과 몇 세대 동안 익숙한 숲의 황폐화나 어마무시하고 예측 불가능한 기후에 직면했으리라는 것밖에 없다. LEAP는 시작하자마자 빠르게 끝났다. 그러나 기후와 습도가 원기를 되찾아 약간의 열대 식물들이 다시 자라날 기회를 줬음에도 불구하고, 다른 지역들은 전혀 복구되지 않았다. 대신 침엽수림이 형성되어 플라이스토세 말까지 계속될 기온 강하의 시작을 알렸다. 약 115ka에 진정한 툰드라가 북유럽을 접수했고, 부풀어오른 극빙모polar ice cap가 보낸 대규모 빙산 함대가 멀리 이베리아 반도까지 남하했다. 기진맥진한 MIS 5 간빙기는 점점 더 빨라지는 온난화와 한랭화의 불규칙한 바통터치에 갈짓자 걸음을 걸었다. 아무리 그렇더라도 네안데르탈인은 가던 길을 멈추지 않았다. 간빙기의 마지막 순간까지 네안데르탈인 유적지의 수는 계속 늘어났다. 그리고 창의적인 기술도 계속 발전했다.

빙하기

숲도, 더위와 추위도, 먼지도 네안데르탈인의 앞길을 막을 수는 없었다. 그러나 '간빙기 동안의 아빙기' 말고 '빙하기 동안의 진짜 빙하기'는 어땠을까? 그들이 경험한 가장 혹독한 빙하기의 평균 기온은 오늘날보다 약 5℃ 낮았다. 그 정도면 두께 수백 미터의 어마어마한 빙하 말단ice front이 극지에서 기어 내려오기에 충분하다. 빙모의 크기는 빙하기에 따라 달랐지만 MIS 6의 절정기에는 빙하 말단이 영국의 미들랜드까지 내려온 후 독일 뒤셀도르프까지 건너갔다.* MIS 2의 마지막 '진짜 빙하기'에, 심지어 프랑스 남서부—오늘날 여름 기온이 40℃까지 올라간다—는 영구동토대permafrost와 극지사막polar desert의 땅이었다. 기온만 낮았던 게 아니라 빙하는 지구의 모든 해수면을 곤두박질치게—때로는 100미터까지—함으로써 바다를 고립

---

* 모든 빙하기의 끝판왕은 네안데르탈인이 등장하기 전인 MIS 12였다. 그때 빙하 말단은 영국의 북쪽까지 내려와 템스강을 힘껏 떠밀어 오늘날의 경로로 옮겼고, 미들랜드의 상당 부분을 흐르던 옛강(바이덤Bytham강이라고 부른다)을 지워 버렸다.

시켰다. 이는 몇 안 되는 빙하기 생활의 이점 중 하나를 제공했으니, 바로 풍요로운 강어귀로 둘러싸인 광활한 새로운 땅이었다.

그러나 설사 빙모가 주춤했더라도 혹독한 역경은 상상을 초월했다. 기후의 패턴이 매우 특이했으며 눈보라와 얼음 폭풍의 규모는 역대급이었다. 빙하기는 냉기뿐만 아니라 건조함을 동반했다. 살을 에는 듯한 건조한 공기는 영구동토대의 꽁꽁 얼어붙은 지표수와 결합하여 탈수의 위험을 현실화했다.

이 모든 것은 환경에 막대한 영향을 미쳤다. 유라시아 북부의 상당 부분에서 소나무 숲이 증발해 버렸다. 빙하 주변의 툰드라는 빙모 남쪽까지 뻗어나가 (내한성 이끼, 지의류, 난쟁이 나무로 이루어진) 알록달록한 카페트를 형성했으며, 때로는 카페트가 발목을 덮는 경우도 있었다. 남쪽으로 내려가며 풍경은 (오늘날의 시베리아 일부와 비슷하지만 멸종된 종들로 구성된) 스텝-툰드라로 부드럽게 바뀌었고, 방향芳香을 풍기는 허브와 풀, 덤불의 모자이크를 바람이 휩쓸고 지나갔다. 봄이 되면 파릇파릇한 신록으로 물들었고, 가을이 되면 새빨간 핏빛으로 활활 타올랐다.

미소서식지microhabitat는 무성한 식생과 공존했으며, 퇴적층 속의 꽃가루와 숯은 일부 나무들이 끈질기게 버티고 있었음을 말해 준다. 강가에는 채찍 같은 자작나무가 우거졌고, 바람이 들이치지 않는 아늑한 협곡에는 심지어 간빙기의 낙오자들—참나무와 라임—이 숨어들었다. 스텝은 아시아를 향해 동쪽으로 나아가며 타이가taiga — 엘크*가

---

* 유럽의 엘크는 미국에서 무스moose로 알려져 있다. 그러나 네안데르탈인이 그들을 사냥했다는 증거는 거의 없다.

좋아하는 침엽수림이지만 너무 질퍽질퍽해서 여행자의 발목을 잡는다―와 어우러졌다. 더욱 격리된 지중해 주변의 남쪽에서도 식물 군락지는 건조한 조건에 반응하여 변화했다.

네안데르탈인은 대체로 추위가 극심한 환경을 회피했다. 예컨대 프랑스 북부에서 MIS 5 후기에 풍부하던 고고학 기록은 MIS 4에 들어와 가혹하고 지속적인 추위가 시작되자마자 곧바로 감소했다. 일부는 남쪽으로 이동하고 나머지는 사라졌지만 드물게 발견되는 MIS 4 유적지는 아마도 기온의 일시적인 급상승warm spike과 관련이 있을 것이다. 털북숭이 코뿔소와 매머드 역시 가장 혹독한 툰드라를 순록이나 북극여우 같은 북극 전문가들에게 인계했다. 북극의 절대강자인 사향소는 극심한 추위와 심설deep snow에 적응했으며, 극단적인 빙하기 동안 남쪽으로 끊임없이 이동했다. 매력적인 것은 사향소와 석질이 함께 발견되는 유적지가 간혹 존재한다는 것이다. 그것은 네안데르탈인의 적응력이 제법 뛰어났으며 궁극적인 빙하기 환경에 (최소한 일시적으로) 대처할 수 있었다는 것을 의미한다. 그러나 네안데르탈인은 MIS 3의 모범 사례인 스텝-툰드라에서 훨씬 더 행복했다. 그곳에는 오늘날의 아프리카 대평원에 비견되는 풍부한 동물 떼가 서식하고 있었다. 오늘날 힘을 얻고 있는 플라이스토세의 기후와 환경에 대한 보다 함축적인 이해를 통해 네안데르탈인의 해부학에 대한 '북극편향적 설명hyper-arctic explanation'은 점차 자리를 잃고 있다.

해안에서 산봉우리까지

네안데르탈인은 수십만 년 동안 글로벌 기후변화의 롤러코스터에 올라타 그에 수반되는 악천후에 어렵사리 대처해 왔다. 최근 들어 그들의 세계에 대한 학자들의 관심은 기온을 넘어 광범위한 환경에 쏠리고 있다. 그들은 (처음 발견되었으며 오랫동안 그들의 심장부로 믿어진) 유럽 지역을 훨씬 벗어난 곳까지 진출했던 것으로 밝혀졌다. 네안데르탈인은 스텝-툰드라에 행복하게 적응했음에도 불구하고, 생태적 관점에서 볼 때 지중해 삼림의 피조물로 간주되어도 손색이 없었다. 이탈리아 남부 같은 반도는 심지어 MIS 5가 끝난 후에도 하마가 살아남을 정도로 따뜻했는데, 그런 풍경은 우리가 아는 범위에서 네안데르탈인의 영원한—세상이 끝나는 날까지—근거지였다.

 유럽의 남동쪽 끝에 있는 지브롤터 해안에서 출발하여 조금씩 고지대로 올라가 보자. 지브롤터는 지중해 쪽으로 돌출한 거대한 바위로, 야생 마카크 원숭이들이 바위 위로 기어오르는 곳은 유럽을 통틀어 여기밖에 없다. DNA 분석 결과, 그들은 태곳적부터 여기 살았던 것이 아니라 언젠가 알제리와 모로코에서 이주한 것으로 밝혀졌다. 지브롤터에서 남쪽을 바라보면 실안개 사이로 북아프리카가 보인다.* 그러나 '네안데르탈인의 형상을 한 플라이스토세의 영장류'는 지브롤터 토박이였다. 지브롤터는 비록 작지만—길이 6킬로미

---

 * 전하는 말로는 다음과 같은 미신이 있었다고 한다. 만약 마카크 원숭이가 사라지면 영국이 지브롤터를 잃을 거라고 생각한 처칠이 제2차 세계대전이 끝날 때까지 그들의 개체군을 어떻게든 유지하라는 명령을 내렸다는 것이다.

터―다양한 서식처가 어우러진 생태계의 소우주microsom로, 최악의 기후변화가 일어나는 동안에도 독특하게 안정된 조건이 뒷받쳐 주었다. 올리브숲, 게코도마뱀, 심지어 청개구리들도 수만 년 동안 (훨씬 더 북쪽의 이베리아 반도를 괴롭힌) 혹독하고 건조한 조건에 아랑곳없이 살아남았다. 풍부하고 다양한 자원, 쏟아지는 아침햇살로 씻겨 내리는 동굴! 네안데르탈인에게 이곳은 더할 나위 없는 주거지였다.

인류는 까마득한 옛날부터 거대한 바위로 이루어진 지브롤터에 이끌려 왔다. 무려 200여 개의 동굴에서 신석기시대와 로마시대의 인공물이 발견되었고, 18세기 이후 지브롤터의 토지를 집약적으로 이용하려는 노력이 가속화되었다. 그리하여 오늘날 지상에서는 방어시설과 케이블카, (마카크 원숭이들이 여행객들에게 간식을 달라고 조르는) 자연보호구역이 공간을 차지하려고 다투고 있다. 그러나 이 모든 것의 지하에서는 갑빠 전체 길이의 10배가 넘는 터널이 석회암 속을 벌집처럼 빼곡히 채우고 있다. 1700년대에 시작된 군사용 땅굴파기는 궁극적으로 포브스 두개골의 발견으로 이어졌다. 그리고 한참 후인 제1차 세계대전 때 도로시 개로드의 멘토인 선사학자 앙리 브뢰이유Henri Breuil가 이곳에 주둔하면서 '악마의 탑' 어린이 발견에 시동이 걸렸다.* 그러나 절벽에 즐비한 커다란 동굴들이 발굴되어 '코스타 델 네안데르탈Costa Del Neanderthal'의 생활상이 만천하에 드러난 것은 1980년대의 일이었다.

지중해에 반사된 새벽 햇살이 고지대의 방과르드Vanguard와 고

---

* 브뢰이유는 산책을 하던 중 비탈길에서 미심쩍은 석질을 발견하고, 개로드에게 발굴을 지시했다.

람 동굴에 쏟아져 들어온 것은 오늘날과 비슷한 높이의 해수면이 유지된 기간 동안뿐이었다. 그러나 그곳에 사는 네안데르탈인에게 바다는 늘 중요한 삶의 터전이었다. 해안이 가까이 다가왔을 때 그들은 해산물을 채취했고, 물고기나 해양 포유동물 같은 희귀하고 커다란 발견물들을 최대한 활용했다. 빙하기 동안 해변이 5킬로미터 후퇴하여 메마른 모래사장이 동굴 앞에 펼쳐졌을 때도 네안데르탈인은 꽤 먼 동쪽의 강어귀까지 진출하여 바위틈에서 대형 홍합 등의 패각류를 채취해 왔다.

8장에서 살펴보겠지만, 오늘날 대서양과 지중해의 해안에서 발견되는 몇 안 되는 동굴에 살았던 네안데르탈인은 아마도 기후변화의 마지노선에 서 있었던 것 같다. 상승한 해수면이 수백 개 이상의 동굴들을 집어삼켰을 테니 바닷속에는 수몰된 동굴들이 널려 있을 것이며, 그 바다에는 거주민인 게와 곰치와 사뭇 다른 해산물들의 시체가 묻혀 있을 것이다. 최근 해양고고학자들이 유럽의 돌투성이 연안을 조사하기 시작했지만 우리는 네안데르탈인의 발이 스텝을 터덕터덕 가로지르는 장면이 아니라 바닷가 모래사장에 발자국을 남기는 장면을 상상해야 한다.

현재 지브롤터 동굴 앞에 펼쳐진 해변에는 제2차 세계대전 때 주둔군을 위해 건설한 대규모 물탱크를 포함하여 군사용 땅굴을 팔 때 나온 미세한 폭발 잔해가 뒤섞여 있다. 마을에 물자를 공급하는 것이 어려워 1980년대에 높이 250미터의 절벽에 인프라 공사를 하던 중 작은 동굴 하나가 발견되었다. 그것은 자그마한 산악지대에서 사냥하던 네안데르탈인의 쉼터였는데, 그들의 주요 사냥감은 염소의 친척이지만 덩치가 약간 더 큰 아이벡스였다. 동굴은 사냥감의 이름을 따서 아이벡스Ibex 동굴로 명명되었지만 네안데르탈인이 그 동굴에 들른 것은 거주하거나 동물을 도축하기 위해서가 아니었던 것으로 보인다. 왜냐하면 주변에서 석질이 거의 발견되지 않았기 때문이다. 대신 백사장이 한눈에 내려다보인다는 것이 그 동굴의 매력이었을 것이다. 그들은 사냥한 아이벡스를 고람과 방과르드 동굴로 가져갔을 텐데 아마도 절벽을 두툼하게 덮은 모래 위로 미끄러져 내려갔을 것이다. 요컨대 그것은 무거운 고깃덩어리를 운반하는 최고의 지름길이었다.*

아이벡스는 험준한 바위투성이 환경에 있는 수십 군데의 네안데르탈인 유적지에서 발견된다. 아이벡스는 날렵하고 강인하고 자신감이 넘치는 동물이므로 특별한 사냥 기술을 필요로 했을 게 틀림없다. 게다가 커다란 곡선형 뿔을 피하려면 특히 주의가 요구되었을 것이다. 아마 그보다 훨씬 더 어려운 상대였을 알프스산양chamois 은 스페인 중서부의 라스 카예후엘라스Las Callejuelas의 해발 1,400미터 지점에서 발견된다. 오늘날에도 춥고 매우 건조한데, 네안데르탈인들은 그렇게 높은 고지대에서 어떻게 버텼을까? 물론 전혀 문제 없었을 것이다. 알프스와 카르파티아 등의 산간지대에 살던 네안데르탈인들은 해발 2,000미터까지 거뜬히 올라갔기 때문이다. 완전한 간빙기가 아닌 이상 그런 고지대에서는 거의 1년 내내 커다란 빙하와 눈 덮인 경사면을 볼 수 있다.

---

* 19세기에 지브롤터에 주둔한 장교들에게 사구dune 는 훌륭한 식물 채집 장소일 뿐 아니라 탈영 코스이기도 했다.

그들은 왜 그런 극단적인 장소를 선택했을까? 계절에 따라 산꼭대기의 목초지로 올라가는 붉은사슴 같은 종을 노렸을 수도 있다. 그러나 산 자체가 매력적인 데다 풍부한 고품질 돌을 제공했기 때문일 것이다. 돌은 네안데르탈인이 항상 눈독 들이는 자원이었다. 훗날 선사시대인이 그랬던 것처럼 그들은 강자갈의 원천을 찾아 강의 상류로 올라가는 것을 마다하지 않았던 것 같다.

다른 산짐승들, 이를테면 동면하는 곰을 염두에 뒀을 수도 있겠지만 그냥 거기에 있는 게 편안해서 고산지대를 찾았을 것이라고 말할 수밖에 없는 장소도 있다. 프랑스 피레네 산맥의 고도 800미터 지점에 있는 누아즈티에Noisetier 동굴이 그런 케이스다. 100~60ka에 네안데르탈인을 그런 곳으로 이끈 자원이 뭐였을까? 그들이 사냥하는 붉은사슴과 산양은 저고도 지역에도 흔했으며, 그 근처에 특별히 좋은 돌이 있었을 리도 만무하다. 그보다는 차라리 전 세계의 다른 많은 동굴과 동일한 범주로 보는 편이 납득이 간다. 비록 잠깐이지만 정기적으로 머무는 장소로 사용되었다는 것이다. 그곳의 네안데르탈인은 영원히 산악지대에 거주하였을 수도 있고, 그곳을 다른 지역으로 이동하기 위한 경유지로 사용했을 수도 있다. 만약 그게 사실이라면, 우리는 피레네 산맥을 횡단하는 네안데르탈인의 모습을 상상할 수 있다. 이는 네안데르탈인이 피레네 산맥, 마시프상트랄Massif Central*, 기타 산악지대의 고갯길에서 그런 여행을 감행했다는 석질 채굴 연구에 의해 뒷받침된다.

---

*   프랑스 중남부의 고원상高原狀 산지. - 옮긴이

눈보라를 헤치고 눈 덮인 산봉우리를 올랐든 해초 사이를 뒤졌든 그곳에는 네안데르탈인이 굳이 마다하지 않을 풍경이 있었을 것이다. 그들의 영역이 그려진 커다란 지도 위에는 심지어 사막도 표시되어 있다. 그것은 북극 전문가에게서 전혀 기대할 수 없는 정반대의 풍경이다. 지브롤터와 터키 사이에 펼쳐진 따뜻한 지중해의 험난한 생태계는 궁극적으로 중앙아시아로 향하는 훨씬 더 건조한 환경으로 변모하게 된다. 그들은 생태학적으로 기어를 변속하며, 주어지는 모든 것 ― 대추야자에서 올리브까지, 거북에서 가젤, 심지어 아라비아 사막 가장자리의 거대한 낙타까지 ― 에 적응할 수 있었다.

유라시아 서부에서 지금까지 네안데르탈인의 흔적이 발견되지 않은 곳은 진정한 습지밖에 없다. 그런 곳을 잠시 방문하는 것 이상으로 사용하려면 수상 기술이나 철도나 플랫폼 같이 지상 구조물에 대한 신중한 투자가 필요하다. 그러나 사람 일은 모르는 것이다. 어쩌면 어딘가에서 뭔가 놀라운 것이 기다리고 있을지도 모른다. 예컨대 북쪽에 있는 토탄지대의 지하 깊은 곳에는 철기시대의 보그바디 bog body*가 이끼에 뒤덮인 채 잠들어 있을 수 있다.

맨 처음 발견된 이후, 깊은 눈 속에서 발버둥치고 얼어붙은 공기 속에서 가쁜 숨을 몰아쉬는 네안데르탈인의 모습은 믿을 수 없을 만큼

---

* 토탄늪peat bog 주변 지역의 특이한 환경으로 인해 피부와 내장이 손상되지 않은 채 보존된 시체를 말한다. ― 옮긴이

오래 지속되는 고정관념으로 자리 잡았다. 그러나 우리의 '빙하기 지표ice age blinker'들은 그들의 타고난 적응력을 은폐해 왔다. 극지의 사막은 그들의 진정한 보금자리가 아니었지만 그들은 극한적 상황에서도 잠시 동안 버틸 수 있었을 것이다. 그들은 극심한 추위를 대체로 피했고, 좀 더 온화한 기후—초원이 됐든 숲이 됐든—에서 가장 잘 살았던 것처럼 보인다.

심지어 추위에 적응한 동물들(이를테면 매머드)도 생태적 탄력성이 높아 본래 MIS 6 빙하기에 등장했음에도 불구하고 나중에 열대 동물인 곧은상아코끼리와 나란히 발견되었다.* 사실은 훨씬 더 다양한 네안데르탈인을 빙하기 세계에 한정하는 것은 우리의 끼워맞추기pigeon-holing 경향일 뿐이다. 그러나 그들은 다른 동물들에게 없는 뭔가를 갖고 있어서 플라이스토세에 직면할 수 있는 최악의 상황에 대처할 수 있었다. 바로 복잡한 기술문화technological culture였다.

---

* 그와 대조적으로 곧은상아코끼리는 따뜻한 MIS 5 간빙기 말에 멸종했다.

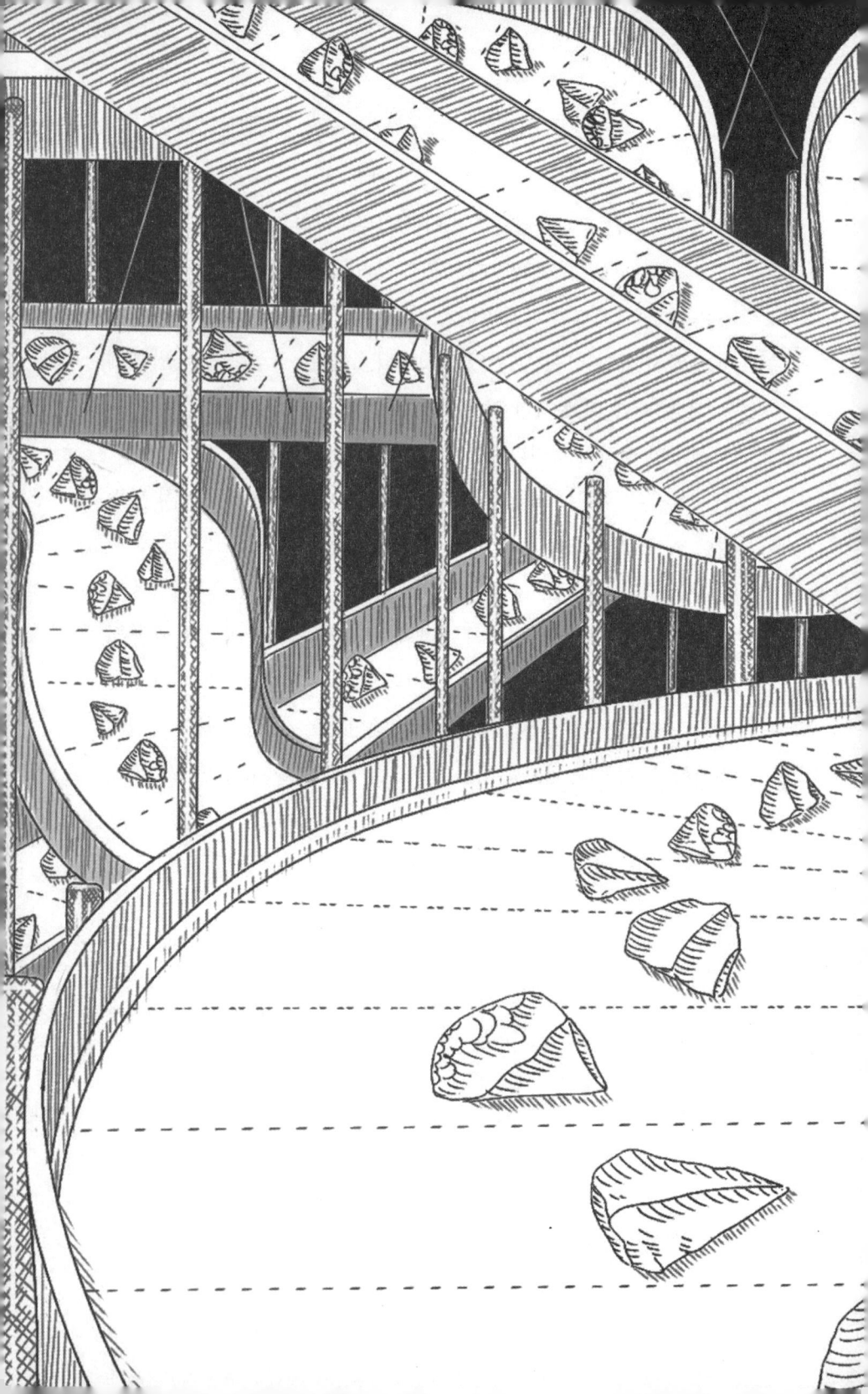

지금으로부터 10만 년 전 어느 폭풍우 치는 날, 회녹색 천둥을 동반한 돌풍이 협곡 하나에 들이닥친다. 비에 흠뻑 젖은 바위가 떨어져 나오더니 스르르 미끄러져 내려와 구름처럼 새까만 돌무더기 속에서 돌진주stony pearl 하나를 토해 낸다. 부싯돌이다. 부싯돌은 협곡을 흐르는 강물에 첨벙 빠져 서서히 구르는 자갈층에 합류한다. 그것은 5만 년 동안 홍수에 시달리고 얼음 속에 처박히기를 반복하다 수 세기 동안 자갈투성이 모래톱 위에서 숨을 고른다. 어느 봄날, 이제는 둥글어진 부싯돌이 작은 강둑 위에서 한바탕 소나기를 맞은 후 영롱한 빛을 발한다. 파란 하늘에는 널찍한 석회암 동굴에서 피어오른 연기가 아른거린다. 사람들이 달그락거리며 강으로 내려와 늘 그렇듯 돌을 유심히 살펴본다. 때마침 반짝이는 자갈이 한 사람의 시선을 끈다. 그는 무게를 가늠하기 위해 자갈을 몇 번 들었다 놓은 후, 다른 돌과 부딪쳐 청아한 소리가 나는지 확인한다. 그 자갈은 몇 번의 돌떼기와 잔손질과 재연마를 거쳐 석기로 거듭나 곧 밝은 피와 함께 무뎌질 것이다.

석기stone tool는 네안데르탈인의 삶을 구성하는 원자atom였다. 석기는 그들 세계의 모든 측면을 연결했으므로, 고고학자들은 그것을 네안데르탈인의 문화를 재구성하는 기본 단위로 사용한다. 석기는 연구자들에게 '석질lithics'로 불리며, 각각의 석기는 암석의 형성 과정에서부터 네안데르탈인이 발견하여 선택한 날까지, 더 나아가 연구자가 모종삽으로 긁어 재발견한 날까지 자신만의 이야기를 갖고 있다. 석기의 지질학적 원천은—해저가 됐든, 산기슭이 됐든, 흐르는 용암이 됐든—그 성격을 규정한다. 석기는 수만 년 전 호미닌의 시선을 사로잡은 대상이지만, 오늘날 박물관 관람객들의 눈은 그 대상을 어물쩍 넘어가곤 한다.

유리 진열장 속에 고이 모셔져 있다 보니 관람객들은 '극소수의 사람들이 석기를 보유했고, 하루하루 살아남기 위해 석기를 만들고 그것에 의존한 때가 있었다'고 생각할 겨를이 없을 것이다. 석기의 순수한 아름다움은 높이 평가되고 심지어 갤러리에 예술품으로 전시되지만, 대부분 그것에서 아무것도 읽어 내지 못한다. 사실 개별적인 대상에서부터 전체적인 집합체에 이르기까지 석질은 네안데르탈인의 삶에 대한 통찰을 제공하는 매우 풍부한 원천이다.

초기 선사학자들의 가장 큰 관심사는 다름아닌 분류classification였다. 석질을 직접 만들거나 사용해 본 경험이 거의 없었으므로 그들은 겉모양에 초점을 맞췄다. '유사한 형태'와 '매우 기본적인 기술적 특징'에 따라 대상을 배열하는 방법은 그들로 하여금 유형론typology을 창조하게 만들었다. 드 주안네는 그 선구자 중 한 명으로, 일찌감치 석질을 발굴했을 뿐만 아니라 그것들을 이해하려고 노력했다. 그는 석질이 시간 경과에 따라 세련화되었다고 가정했고 급기야 1834년에는 연대기적 유형론chronological typology을 제시했는데, 그 핵심은 '뗀knapped(chipped)* 석질'을 '연마ground하거나 광낸polished 도구'보다 시간적으로 더 먼 곳에 배치하는 것이었다.

그 후 수십 년 동안 사람들은 오늘날 사용되는 것과 본질적으로 동일한 문화적 분류 체계를 개괄적으로 제시했다. 1865년 골동품 수집가 존 러복John Lubbock은 가장 오래된 선사시대를 의미하는 '구석기시대Palaeolithic'라는 용어를 만들었고, 나중에 라르테와 크리스티는 세 가지 하위 분류subdivision를 제안했다.‡ 그들은 일부 유적지(예컨대 르무스티에)에서 발견된 석질이 연대기적으로 볼 때 솜므Somme의 자갈 채취장에서 나온 석질과 라마들렌La Madeleine에서 나온 날석기blade-based tool 사이에 있음을 인식하고, 솜므의 지층을 전기 구석기시대Lower Palaeolithic, 라마들렌의 지층을 후기 구석기시대Upper Palaeolithic라고 불렀다. 그와 동시에 프랑스의 선사학자 가브리엘 드 모르티에Gabriel de Mortillet는 르무스티에에서 나온 석기를 '표준 유적type site'으로 사용했고, 르무스티에의 이름을 따서 네안데르탈인의 중기 구석기시대Nean-

---

* '떼다'를 의미하는 'knap'은 영어에서 작은 언덕을 의미하기도 하지만 'knopp'은 일부 북유럽 언어에서 때리다, 자르다, 또는 먹다를 의미한다. 그 밖에 아일랜드어와 스코틀랜드의 게일어Gaelic에도 이와 비슷한 단어들이 존재한다.

‡ 크리스티는 막강한 재력을 이용하여 럭셔리한 삽화가 수록된 17권짜리 전집을 발간했다.

derthal Middle Palaeolithic를 무스테리안기Mousterian라고 불렀다.*

그러나 최초로 발견된 네안데르탈인 화석에 수반된 인공물은 없었던 것 같다(펠트호퍼에 있었던 석질은 주목을 받지 못하다가 1990년대에 채석장의 쓰레기 하치장에서 가까스로 다시 발견됐다). 무스테리안이라는 이름을 만든 사람은 약 30년 동안 베일에 가려졌고, 네안데르탈인이 물질 문화를 보유하고 있었는지 여부를 아는 사람도 전혀 없었다. 골격과 중기 구석기시대 인공물 간의 관련성이 최초로 관찰된 것은 스피 동굴에서였고, 선사학자들이 '네안데르탈인이 놀랄 만큼 정교한 방법으로 돌을 가공했다'는 사실을 아는 데는 훨씬 더 오랜 시간이 걸렸다.

21세기의 석질 전문가들이 유형론자들과 천양지차라는 것은 놀라운 일이 아니다. 요즘에는 대충 넘어가는 것이 ─ 심지어 미세한 부스러기와 뼛조각까지 ─ 하나도 없으며, 하나의 집합체를 샅샅이 조사하느라 수백 시간이 걸리는 것은 기본이다. 만약 1만 번째 인공물을 반복적으로 기록하는 것이 지루하다면 그런 소중한 연구 대상을 확보했다는 것 자체가 파격적인 특권이라는 점을 상기해야 한다. 발굴과 기록은 갈수록 디지털화되고 자동화되고 있지만, 분석을 위해서는 여전히 주의를 집중해야 한다. 분석자는 각 대상의 표면에서 기술적 징표technological stigma를 읽어 낸 후 그 창조물을 머릿속으로 재구성함으로써 기억에 각인해야 한다.

돌떼기knapping의 메커니즘은 다음과 같다. 작업 대상(이를테면 자

---

* Mousterian은 영어 표기이고, 프랑스어 표기는 Moustérien이다. 드 모르티에가 원래 사용한 간단 버전은 다소 투박한 Moustierien이었다.

갈)은 '몸돌core'이라 부르며, 작업자는 몸돌을 '뭔가 더 단단한 것'으로 때리는데 이때 떨어져 나온 부분을 격지flake라고 부른다. 실제로 이러한 과정은 기술, 지질학, 물리학의 결합으로 요약되며 얼마나 세게, 어디를 치느냐가 격지의 모양을 좌우한다. 몸돌에서 타격점point of percussion으로부터 운동에너지가 원뿔 모양으로 퍼져나가고, 그것의 모서리edge가 격지의 한쪽 면을 형성한다. 이 과정은 종종 몸돌에서 격지를 떼낸 흔적negative scar과 격지 내표면inner surface의 거울상mirror image 모두에 가시적인 잔물결을 남긴다. 연구자들은 몸돌과 격지에서 이런저런 독특한 뗌질 특징들을 찾아냄으로써 떼기의 방법과 대략적인 순서를 재구성할 수 있는데, 때로는 달랑 하나뿐인 인공물로도 가능하다.

구석기시대에 동굴에서 살던 네안데르탈인이 돌을 아무렇게나 후려쳤을 거라고 생각하면 큰 오산이다. 암석이 돌떼기에 반응하는 방식은 암석의 구조를 반영하는데, 암석의 입자가 균일하고 미세할수록 예측 가능하게 파쇄되며 격지의 모서리는 더욱 날카로워진다.* 네안데르탈인은 이런 특징들을 시각, 촉각, 심지어 청각으로 측정했다. 예컨대 부싯돌 같은 고품질의 암석은 두드릴 때 맑고 크게 울리는 소리가 난다. 그들은 다양한 떼기 방법과 테크닉을 이용하여 주어진 모든 몸돌—심지어 가장 저품질 암석인 규암quartzite까지—로부터 원하는 크기와 형태의 제품을 만들어 냈다.

---

* 가장 미세하고 예리한 자연석은 흑요석obsidian이다. 이것은 일종의 화산유리volcanic glass로, 매우 빨리 냉각되므로 어떤 결정구조도 형성할 수 없다. 비록 잘 부러지지만 분자 사이를 쌜 수 있다.

네안데르탈인은 얼뜨기가 아닌 숙련된 장인으로서, 작업에 안성맞춤인 연장을 평가했다. 제대로 된 해머―몸돌을 때리는 물체―를 고르는 것은 매우 중요했다. 조약돌(작은 자갈)은 커다란 격지를 얻기 위해 세게 때리는 데 필요한 질량을 갖고 있었지만 더욱 세밀한 작업을 위해서는 자갈이 바람직했다. 그리고 단단하기보다 '부드러운' 해머를 이용하면 상이한 효과를 거둘 수 있었다. 사슴뿔이나 뼈 같은 탄력 있는 유기물질, 또는 석회암처럼 훨씬 덜 치밀한 암석을 사용하면 운동에너지가 더 널리 확산되므로 더 얇고 기다란 격지를 만들 수 있다. 이것은 성형shaping에도 중요하지만, 2차적 돌떼기(잔손질retouching)에도 필수적이었다. 각종 도구들―다양한 일을 하는 데 사용하는 석질 인공물―은 종종 잔손질되었는데, 때로 특별한 모서리를 만드는 게 목적이었지만 그보다는 재연마resharpening가 주목적이었다. 왜냐하면 격지는 고기를 썰면서 빠르게 무뎌지기 때문이었다.

네안데르탈인은 돌떼기의 기본기를 확실히 마스터했겠지만, 석질 기술의 더욱 광범위한 진화 과정에서 어디쯤에 있었을까? 3.5Ma에 가장 오래된 인공물―돌덩어리를 후려쳐 떼어낸 조악한 격지―을 만든 오스트랄로피테쿠스가 네안데르탈인의 석기를 봤다면 초기 호모 사피엔스와 대등한 수준의 돌떼기 기술에 탄복했을 것이다. 호미닌이 기하학적 개념을 터득하여 돌떼기를 진정으로 제어하기 시작한 것은 약 2.5Ma였다. 그즈음 최초의 구심성 몸돌centripetal core이 등장했고, 몸돌 가장자리에서 격지들이 신중하고 순차적으로 떨어져 나가며 바퀴-살wheel-spoke 패턴이 형성되었다.

1.8Ma경, 모든 구석기시대 인공물을 대표하는 시각적 아이콘

인 양면석기biface가 등장했는데, 이는 두루뭉술한 돌덩어리stone block 를 지능적으로 분할하는 능력이 발달했음을 의미한다. 호미닌이 주먹도끼라고 불리는 양면석기를 제작할 수 있게 된 것은 부드러운 해머의 사용이 증가하면서 얕게 떼내기shallow flaking를 통한 표면 성형이 가능해졌기 때문이었다.

암석 길들이기

네안데르탈인은 기존의 오래된 석기 제작 방법을 계승하고 양면석기를 만들기도 했지만, 물질 덩어리를 다루는 수준에서는 진일보했다. 그들은 몸돌에서 커다란 격지를 훨씬 더 체계적이고 정확하게 떼어내는 다각적 시스템을 확립했는데, 중기 구석기시대를 진정으로 규정하는 것은 바로 이 시스템이다. 이는 아프리카에서는 호모 사피엔스의 조상들에 의해 500ka경에 처음 선보였지만, 유럽에서는 (앞에서 살펴봤던 것처럼) 네안데르탈인의 해부학적 구조가 완전히 자리 잡은 400~350ka에 폭증했다. 중기 구석기시대의 격지를 돋보이게 만든 것은 돌덩어리의 개념적 분할을 더욱 발전시켜 몸돌을 '두 개의 반쪽'으로 취급했다는 점이었다. 즉, 기저부를 성형하고 특정 측면부에 타격을 가함으로써, 위 표면에서 격지가 박리되는 형태와 크기를 제어할 수 있었다.

네안데르탈인을 대표하는 이러한 기술을 처음 확인한 사람은 20세기에 활발히 활동한 아마추어 선사학자인 빅토르 코몽Victor

6장. 남아있는 암석 **163**

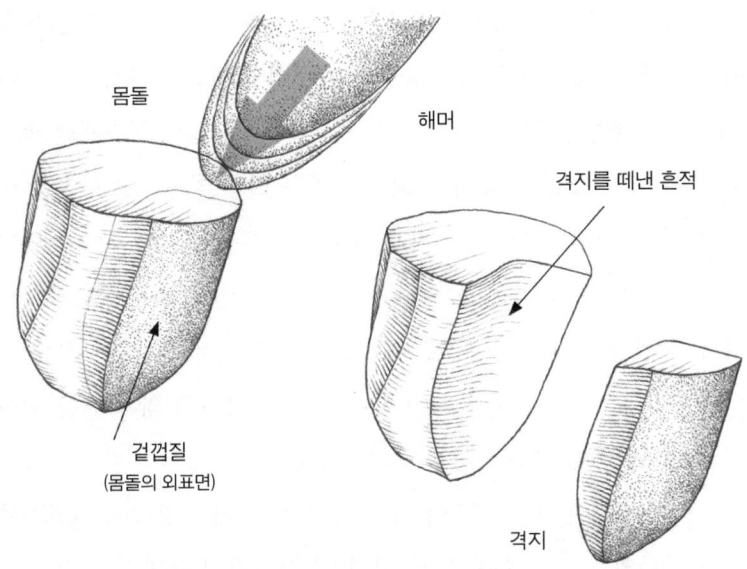

잔손질은 격지의 모서리를 성형하기 위한 것일 수도 있지만,
종종 단순한 재연마를 위한 것이다.

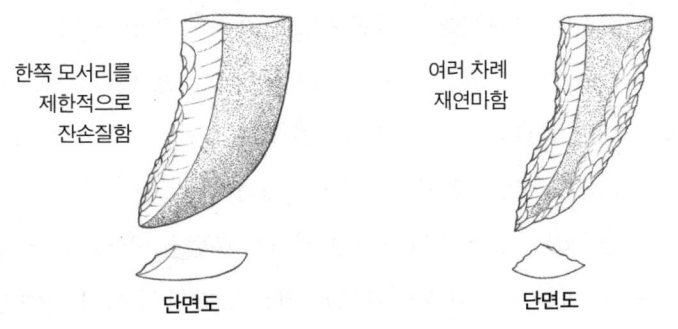

그림 4 돌떼기의 메커니즘과 소형 인공물의 부분별 명칭

Commont이었다. 그는 채석장에서 발견된 독특한 대형 격지와 몸돌들에 주목했다. 그 기술은 그가 활동하던 무대의 이름을 따서 르발루아Levallois로 알려져 있다. 르발루아는 주요 기업의 본사가 소재한 파리의 교외 지역으로,* 현재 유럽 최고의 인구 밀집 지역으로 명성을 날리고 있다. 페이로니와 보르데가 활동하던 시기에 르발루아 기술의 존재는 무스테리안기는 물론 다른 네안데르탈인 문화에서도 감지되었다. 작업 중이던 돌덩이들은 때때로 거대했다. 처음에 대부분의 선사학자들은 '메인' 격지를 떼어낸 후 위 표면과 몸돌의 측면을 재성형하는 르발루아 유형에 관심을 기울였다.

이에 르발루아는 한동안 다소 '낭비적인 기술'로 간주되었지만 수십 년간의 면밀한 연구 결과 훨씬 더 정교하고 유연한 기술인 것으로 밝혀졌다. 즉, 네안데르탈인은 위 표면 전체에서 상이한 패턴의 작고 예비적인 격지들을 떼어냄으로써 (잇따라 일어나는 박리의 결과물인) 윤곽을 창조한 것이었다. 그들은 준비 단계를 변화시켜 거대한 격지, 기다란 돌날blade, 심지어 삼각형 돌촉point을 만들 수 있었으며 때로는 표면을 재성형하기 전에 여러 개의 격지, 돌날, 돌촉을 연속적으로 만들었다. 또한 동일한 몸돌 위에서 패턴을 바꾸기도 했다.

르발루아를 비롯한 네안데르탈 기술에 대한 우리의 이해가 완전히 바뀐 것은 고고학자들이 떼어진 인공물들을 다시 짜 맞추기 시작했을 때였다. 실로 '느린 과학'인 이 작업은 꼼꼼하고 시간이 많이 걸리는 데다—한마디로 4D 직소퍼즐이었다—잘 보존된 유적지를

---

* 르발루아-페레Levallois-Perret에는 에펠Eiffel의 본사가 있다. 에펠은 파리의 유명한 에펠탑과 미국의 자유의 여신상을 건설한 회사다.

필요로 했다. 그러나 그것은 가치가 있는 일로, 네안데르탈인의 어깨 너머를 실제로 바라보는 것에 버금가는 일이었다. 사상 최초로 네안데르탈인 개개인의 사고 과정과 선택을 재구성할 수 있었고, 각각의 돌덩어리에 대한 역동적인 대응을 드러내는 일이었다.

르발루아를 비롯한 다른 '준비된 몸돌prepared core' 방법의 기술적 장점은, 네안데르탈인이 특정한 제품—특히 크고 얇은 격지—을 얻는 신뢰할 만한 방법을 보유하게 되었다는 것이다. 양면석기와 달리 무거운 물건에는 그다지 튼튼하지는 않았지만 르발루아 격지는 동일한 무게의 돌과 비교할 때 휴대성이 뛰어나고 훨씬 더 많은 절단용 모서리cutting edge를 제공했다. 네안데르탈인은 준비된 몸돌 기술을 모든 종류의 암석—매우 단단한 화산암에서부터 미세한 조약돌에 이르기까지—에 사용할 정도로 능수능란했다. 영국이나 북프랑스같이 훌륭한 부싯돌이 있는 곳에서 그들은 가끔 엄청나게 커다란 격지와 길이 10~15센티미터의 돌촉을 만드는 기염을 토했다.

다양한 종류의 격지들이 양면석기보다 유리한 점은 또 있다. 첫째로 잔손질하기가 훨씬 더 쉽다.* 비록 하나의 기술로서 훨씬 더 오랜 역사를 지니고 있지만 잔손질은 중기 구석기시대를 대표하는 기술이라고 할 수 있다. 네안데르탈인은 때때로 긁기 작업을 위해 무디게 하거나, 깎아내기나 톱질을 하기 위해 홈을 파거나, 톱니를 만드는 등의 특별한 과제에 알맞도록 격지의 모서리를 잔손질했다. 오늘

---

* 양면석기의 경우, 모서리를 반복적으로 변형하려면 돌덩어리의 부피를 줄여야 할 수도 있고, 모서리의 경사가 너무 급해져서 폐기가 어려울 수 있다. 그에 반해 격지는 이미 얇으므로 그럴 염려가 없다.

날 학자들 사이에서는 빈번한—또는 매우 빈번한—잔손질은 모서리의 재연마와 관련이 있다는 인식이 퍼지고 있다. 즉, 갓 만든 격지는 면도날 같은 예리함을 빠르게 상실하지만 부드러운 해머를 이용하여 모서리를 얕고 얇게 제거하면 예리함을 유지할 수 있다. 그러나 체계적인 재연마의 긍정적 영향은 개별적인 인공물에 국한되지 않고 네안데르탈인의 활동 범위도 확장했다. 운반하기 쉽고 오래 지속되는 격지 덕분에 그들은 더 먼 거리를 이동할 수 있었다. 그러한 상황을 입증하는 증거로는, 복원된 르발루아 돌떼기 연속체Levallois knapping sequence의 누락된 격지가 다른 곳에서 발견된다는 점과 지질학적 대외구매geological sourcing가 있다. 보편적으로 네안데르탈인이 가장 먼 곳까지 휴대한 물건은 르발루아 도구와 잔손질된 도구였다. 돌과 관련된 이런 신기술들은 네안데르탈인의 활동 범위가 과거의 어느 호미닌보다도 넓었다는 것을 의미한다.

르발루아는 종종 표준 기술로 소개되지만 네안데르탈인의 유일한 자랑거리는 절대 아니었다. 그들이 발명한 돌떼기 방법 전체—기술복합체techno-complexes로 알려져 있다—를 기술하려면 책 한 권이 필요하지만, 서유럽의 두 가지 사례만 살펴보아도 그들의 석질 세계가 얼마나 다양했는지 알 수 있다. 디스코이드Discoid(일부 몸돌이 원반형disc-shaped이라고 해서 이런 이름이 붙었다)와 키나Quina(유적지의 이름에서 따왔다)로 알려진 기술들은 르발루아만큼이나 체계적이지만, 뭉툭한 모서리(소위 '가장자리margin') 반대쪽에 날카로운 모서리를 가진 격지를 만듦으로써 인체공학ergonomics적 요소를 내장하였다. 모든 점들을 종합적으로 고려할 때 그들은 구석기시대 석기 제작 기술의 독보적인 경지를 개척했다.

　두 가지 기술은 오랫동안 주로 '나쁜 돌'에 대한 적응으로 간주되었지만 1990년대 이후 관점이 완전히 바뀌어 오늘날에는 어엿한 기술복합체로 이해되고 있다. 디스코이드를 처음 본 사람은 경제학의 마스터클래스를 떠올리게 될 것이다. 적절한 돌떼기 각도를 만들기 위해 몸돌은 일차적으로 몇 개의 예비 격지만을 필요로 한다. 그 이후의 모든 격지는 '상등품'으로, 예리하지만 다루기 쉽고 수시로 사용할 수 있다. 더욱이 표면에서 격지를 하나씩 떼낼 때마다 다음 표적이 생기므로 하던 일을 멈추고 표면을 개조할 필요가 없다. 단순하거나 세련되지 못하기는커녕 디스코이드 기술은 네안데르탈인에게 컨베이어 시스템이나 다름없는 찌꺼기 제로zero-waste 시스템을 제공했다.* 게다가 그것은 르발루아만큼이나 융통성이 높았다. 왜냐하면 길쭉한 조각에서부터 뾰족한 것에 이르기까지 다양한 형태의 제품들이 만들어졌고, 각 제품의 뒷면은 적당히 뭉툭한 것이 마치 소형 스위스 군용칼 같았다.

　3D 복원 방법 덕분에, 연구자들은 약 4만 6,000년 전 이탈리아 남부의 알프스 어딘가에서 네안데르탈인 한 명이 디스코이드를 이용하여 돌떼기 작업을 하던 과정을 추적할 수 있었다. 좁고 구불구불한 길을 따라 과거의 절벽을 올라가면, 보안용 펜스 뒤에 푸마네Fu-mane 동굴이 다소곳이 놓여 있다. 푸마네 동굴의 중요한 고고학적 의의 중에서 다른 측면은 나중에 이야기하기로 하고, 그곳의 Level A9

---

*　르발루아 몸돌을 성형하는 동안 나온 예비 격지는 사용이 가능하지만, 그게 핵심 목표는 아니었다.

지층의 디스코이드 석질 집합체에는 특별한 유물이 포함되어 있다. 그 지층의 발굴자들은 겨우 몇 센티미터의 공간을 차지한 인공물 더미를 발견했는데, 모두 독특한 회색돌로 만들어져 있었다. 고고학자들은 수작업과 디지털 복원 방법을 결합하여 완전한 디스코이드 몸돌의 연속체를 재구성했다.

한 네안데르탈인은 인근의 하천에서 부싯돌 자갈을 얻어 자리에 앉아 조그만 덩어리 하나가 남을 때까지 10단계 과정을 거쳐 60여 개의 격지를 떼어냈다. 재조립된 직소퍼즐에서 누락된 14개의 조각은 거의 모두 최상품으로, 뭉툭한 뒷면 반대편에는 길고 미세한 모서리가 있었다. 같은 지층에서 발견된 8,000개 이상의 석질 중에서 아귀가 맞는 것이 하나도 없는 걸로 보아 누락된 조각은 외부로 반출된 게 틀림없었다.

회색의 부싯돌 몸돌과 격지는 색깔 때문에 돋보였지만 기술적 관점에서 볼 때 Level A9에서 발견된 다른 것들은 한 목소리로 이렇게 말하는 듯했다. "이곳에 사는 네안데르탈인은 오로지 디스코이드 기술에 집중했지만, 그렇다고 해서 창의력이 부족한 건 아니었다." 돌떼기가 진행되며 몸돌이 작아지자 그들은 자신들의 기법을 변형하여 다양한 형태의 격지를 만들어 냈다.

디스코이드의 특별한 용도를 밝혀내는 것은 그리 간단한 일이 아니다. 사용흔use-wear*을 감안할 때 강하고 짧고 두꺼운 격지는 종종 뼈와 나무 등의 단단한 재료를 처리하는 데 사용된 것 같지만 도축용

---

* 치아의 경우와 마찬가지로, 석질을 사용하면 물체의 표면에 흔적이 남는다. 인공물을 실험용 표본 컬렉션과 비교함으로써 그 물체를 확인하는 것이 가능하다.

6장. 남아있는 암석 169

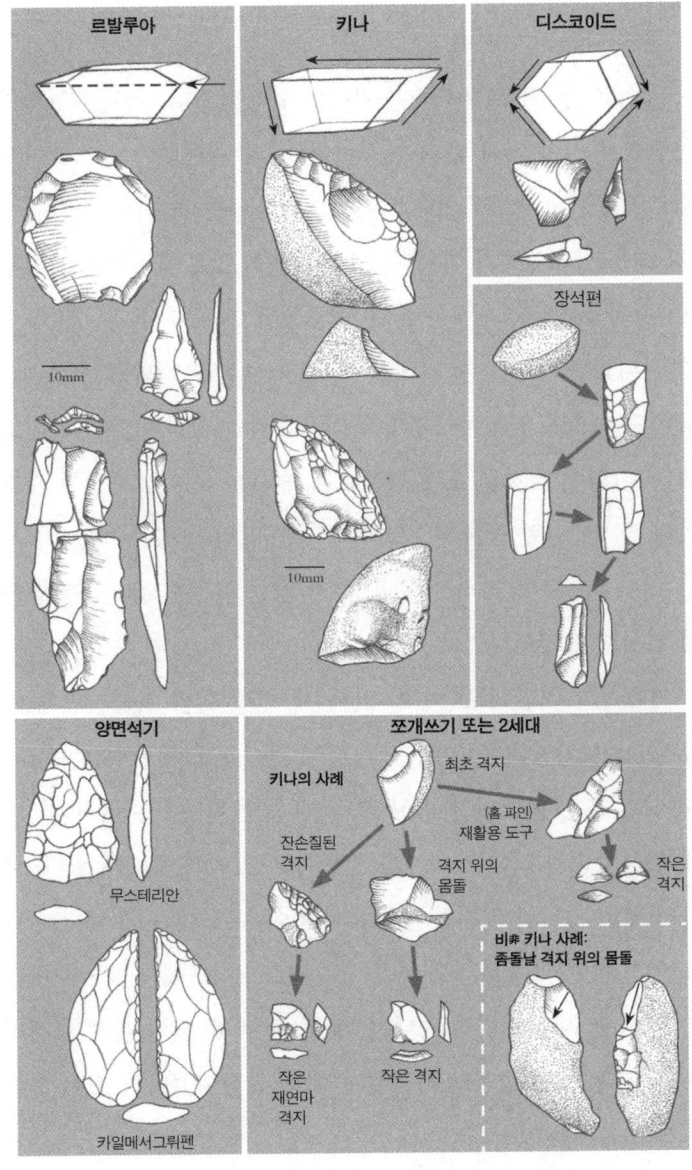

그림 5 네안데르탈인이 구사한 석질 기술 중 일부로,
다양한 돌떼기 개념과 2세대 생산 과정을 보여 준다.

으로 즐겨 사용되기도 했다.

　디스코이드가 르발루아나 키나와 결정적으로 다른 점은 격지를 잔손질한 흔적이 거의 없다는 것이다. 이와 관련하여 디스코이드가 대체로 인근(15킬로미터 이내)의 돌로 제작되는 경향이 있었다는 점은 결코 우연의 일치가 아니다. 이와 대조적으로 평균적인 르발루아와 키나 집합체의 경우에는 많은 인공물이 먼 곳에서 채취된 암석으로 제작되었다. 이것은 우리에게 두 가지 사실을 말해 준다. 첫째, 디스코이드 기술은 전문적이지만 일회용품적인 성격이 약간 가미되어 있었다. 따라서 격지를 오래 사용하거나 다른 곳으로 운반할 의도가 없었다. 둘째, 이런 종류의 기술복합체는 암석이 있는 곳을 아주 잘 알고 정기적으로 장거리 이동을 하지 않는 특정한 네안데르탈인에게만 적당했을 것이다.

　서유럽의 네안데르탈인이 만든 세 번째 핵심 기술복합체는 키나*였다. 선사학자들은 본래 가파르게 잔손질된 독특한 긁개scraping tool에 초점을 맞췄었지만 최근 수십 년 동안에는 방향을 바꿔 재연마에 안성맞춤인 커다란 격지를 만드는 시스템에 주목해 왔다. 르발루아와 달리 키나의 격지는 몸돌에서 깎아shaving 내는 게 아니라 뜯어biting 낸다. 이런 의미에서 개념적으로 디스코이드에 더 가깝지만, 모양은 '두툼한 지방 덩어리'보다는 '잘못 썬 빵'을 닮아 한쪽 모서리가 다른 쪽보다 두껍다. 만약 사용된 돌이 원통형이었다면 소시지 슬라이스가 떠올랐을 것이다.

---

*　키나 타입의 유적지는 수백 미터에 달하는 강둑을 따라 늘어선 수많은 장소들을 총칭하며, 르무스티에의 북서쪽에 자리 잡은 두 개의 계곡에 위치한다.

이런 방식은 키나의 효율성을 디스코이드와 비슷하게 만들어 처음에 성형을 할 필요가 별로 없었고, 몸돌을 지속적으로 관리할 필요도 없었다. 키나를 만든 네안데르탈인에게 중요한 것은 격지의 전반적인 형태가 아니라 특징이었다. 키나의 요체는 '가능한 한 길고 얇은 모서리'와 '두껍고 뭉툭한 가장자리'를 만드는 것이었으므로 특별하고 매우 센 타격 방식을 필요로 했다.*

요컨대 키나의 목표는 격렬하고 반복적인 재연마를 견뎌 내는 완벽한 격지를 만드는 것이었다. 심지어 잔손질—거의 항상 톱니보다는 긁개 모양의 모서리를 형성한다—도 매우 특이해서 본질적으로 돌을 뜯어내는 독특한 동작을 이용했다. 일부 유적지에서는 뼈로 만든 잔손질 도구bone retoucher뿐만 아니라 석회암 해머가 선호되었지만 모든 곳에서 재연마가 격렬하게 행해졌음이 분명하다. 간혹 네 차례 이상 잔손질한 흔적이 관찰되는데, 잔손질 도구가 두꺼운 가장자리 쪽으로 물러설 때마다 모서리가 가팔라졌을 것이다.

키나는 네안데르탈인에게 '적은 찌꺼기'와 '풍부하고, 수시로 사용할 수 있으며 과도한 사용과 재연마를 견뎌 내는 격지'를 결합해 줬다. 그것은 기본적으로 향후의 장소 이동—유적지 내부의 이동이 됐든 지역 간의 장거리 이동이 됐든—에 대비하여 유지보수를 원활하게 하기 위한 것이었다.

그런데 이상한 점이 하나 있다. 격지 떼기flaking 솜씨가 그렇게 기발한 데도 지난 수십 년 동안의 연구 결과를 살펴보면 네안데르탈

---

* 매우 세게 때린다는 것은 돌떼기 오류가 흔하다는 것을 의미하므로, 키나의 몸돌이 간혹 부서지는 결과를 초래했다.

인은 석질날lithic blade—호모 사피엔스가 뒤이어 건설한 후기구석기 문화의 아이콘—을 만들지 못한 것처럼 보이니 말이다. 그러나 현실은 다소 복잡미묘했다. 네안데르탈인은 300ka경에 이미 돌날을 발명하여 르발루아 시스템의 일부로서 크고 널찍한 돌날을 보유하고 있었다. 또한 그들은 나중에 진정한 돌날인 장석편laminar—길이가 너비의 두 배인 돌날—기술을 실험하기 시작했다. 그들은 미리 형성된 선형 능선linear ridge—몸돌의 한쪽(또는 양쪽) 끝에서 시작된다—을 이용하여 운동에너지를 원하는 방향으로 몰아줌으로써 모든 돌날이 길쭉한 형태를 띠도록 만들었다. 이것은 체계적이고 연속적인 공정으로, 각각의 돌날이 다음 타격이 가해질 지점을 지정해 주는 방식이었다.

이런 기술에는 네안데르탈인의 독특한 '취향'이 여전히 스며들어 있었다. 후기 구석기시대의 석공들과 달리 그들은 뼈 대신 돌망치를 이용했고, 몸돌에 대한 준비가 전반적으로 많이 부족했다. 그렇다고 해서 그들의 제품이 기준 미달은 아니었으며 크기가 매우 인상적이었다. 예컨대 투르빌-라-리비에르Tourville-la-Rivière의 초기 유적지에서 복원된 돌날의 길이는 10센티미터가 넘었다.

가장 두드러진 네안데르탈인의 '돌날 문화'는 유럽 북서부에서 엠 간빙기 이후의 MIS 5에 발생했다. 그곳의 일부 유적지에서는 약 2만 년 동안—종종 르발루아의 격지 떼기와 함께—돌날이 매우 흔했다. 그러나 그 현상은 오래 지속되지 않았다. 돌날은 다른 곳에서 다시 나타나기도 했지만 지배적인 건 아니었으며—이베리아 반도의 일부 지역에는 거의 발견되지 않는다—매우 가변적이었다. 푸마네 동굴의 네안데르탈인은 르발루아 기반 떼기Levallois-based knapping의 범위 내에서 돌날을 만들었지만 시간이 경과함에 따라 기술을 바꾸었다. 그리고 돌날은 때때로 미세해지는 경향을 보였다. 80~70ka에 프랑스 남서부 콤브그레날Combe Grenal의 깊은 퇴적층에서 발견된 인공물 중 5분의 1이 장석편 떼기laminar knapping와 관련이 있었다. 어떤 것은 길이가 3센티미터도 안 되게 정말 미세했는데, 고고학자들 사이에서는 좀돌날bladelet로 알려져 있다.

무사안일한 사후적 추론에 의해 고고학자들은 '호모 사피엔스가 나중에 더 많은 장석편을 만들게 되면서부터 장석편 기술이 크게 향상되었다'고 가정해 왔다. 그렇다면 장석편 기술이 네안데르탈인에게 실제로 무엇을 제공했을까? 실험 결과에 따르면 돌날은 격지보다 경제적이지 않으며 썰기에 더 적합한 것도 아니다. 그에 더하여 돌날은 재연마가 거의 불가능하며, 그 자체로서는 오래 사용하기에 적절하지 않다.

부족한 내구성은 표준화된 직사각형 형태로 보완되었다. 적어도 몇 가지 돌날—특히 좀돌날의 경우—은 복합도구composite tool에 사용되었는데, 다음 장에서 자세히 설명하겠지만 복합도구야말로 네안데르탈인의 능력이 유감없이 발휘된 분야였다. 그것들은 쉽게 끼워넣거나 빼낼 수 있었으므로—다용도칼을 생각해 보라—다양한 종류의 예리한 모서리를 제공했다. 콤브그레날과 다른 많은 유적지의 장석편 기술 사이에는 수천 년의 세월이 가로놓여 있으므로 네안데르탈인은 그 사이에 돌날의 사용 방법을 여러 차례 발명했을 것이다.

다양한 격지 떼기 방법이—그리고 그보다는 덜하지만 돌날 기술도—네안데르탈인의 기술을 여러 가지 방법으로 지배했지만 그럼에도 불구하고 더 오랜 역사를 지닌 양면석기의 유산은 사라지지 않았다. 중기 구석기시대 초기에는 드물었지만 150ka경부터 기술이 다양해지면서 양면석기가 다시 등장했다. 다만 모든 지역에서 재등장한 건 아니었고, 중기 구석기시대의 양면석기가 전기 구석기시대의 양면석기와 기술적으로 동일하지도 않았다. 조상들의 개척정신을 이어받아 중기 구석기시대의 네안데르탈인은 양면석기를 다용도 도구로 사용했는데, 각 모서리별로 재료를 효율적으로 찌르고 썰고 긁을 수 있었다. 사용흔에 따르면 양면석기가 고기에서부터 나무에 이르기까지 다양한 재료에 사용된 것으로 보이지만, 좀 더 심층적으로 분석한 결과 동일한 작업의 여러 국면에서 사용되었고 때로는 동일한 양면석기가 하나 이상의 재료에 사용된 것으로 나타났다.

양면석기에서 그런 흔적이 발견된 것은 네안데르탈인이—몇 가지 종류의 격지에서와 마찬가지로—엄청난 양의 격지를 재연마했기 때문이다. 그러나 그들은 주로 사용하는 모서리를 상하좌우로 움직이며 매우 얇은 격지를 떼내는 기술도 사용했다. 그렇게 할 경우 가장자리를 여러 차례 원상 복구함과 동시에 각도를 비교적 예리하게 유지할 수 있었다. 이는 양면석기가 르발루아의 격지나 키나의 긁개에 가까운 내구성을 보유했고 장거리 이동 시에 휴대할 수 있었음을 의미한다.

고품질의 부싯돌이 풍부한 채굴지 근처에서 발견된 몇몇 양면석기 '작업장'에서 이러한 추론을 뒷받침하는 증거들이 발견된다. 페슈들라제 IPech-de-l'Azé I 암굴의 한 퇴적층에서는 거의 2만 5,000개의 독특한 '격지 모양의 양면석기'가 발견되었다. 평균적인 석공이 1차 공정에서 생산한 양은 50개 미만으로 추정되므로, 그곳에서 생산된 양면석기 완제품은 500개 이상이라는 계산이 나온다. 그러나 실제로 발견된 것은 극소수였는데, 이는 생산된 제품이 어디론가 운반되었음을 의미한다.

다른 유적지에서는 운반된 양면석기의 운명을 확인할 수 있었다. 2002년 영국 동부에 있는 린퍼드 채석장 Lynford Quarry에서 두께 수 미터의 자갈 더미 밑에 퇴적된 새까만 유기물 진흙 더미에 묻힌 중기 구석기시대 인공물들이 발견되었다. 그 퇴적물은 6만 년 전에는 대평원의 언저리를 흘렀지만 지금은 영국해협 아래에 잠긴 작은 강에서 나온 것이었다. 거기서 발견된 수천 점의 석질 중에는 약 50점의 양면석기가 포함되어 있다. 일부는 인근의 강에서 채집한 자갈을 이용해 갓 만든 것이었지만, 대부분은 다른 곳에서 아름다운 흑색 부싯돌을 이용해 만든 후 린퍼드로 운반하여 사용하다가 버린 것이었다.

네안데르탈인은 왜 그렇게 많은—대부분은 아직 사용하지도 않은—양면석기들을 남겼을까? 사실 노련한 석공들의 입장에서 보면 양면석기는 르발루아 몸돌보다 훨씬 더 빠르고 쉽게 만들 수 있는 것이었다. 소싯적에 돌떼기 방법을 마스터했고, 좋은 돌이 있는 곳을 훤히 알고 있던 네안데르탈인에게 양면석기를 휴대하는 것이 늘 현명한 선택은 아니었을 것이다. 그런 저품질 석기를 나르느니 더 많은 고기나 지방, 또는 다른 물건을 나르는 게 훨씬 더 나았을 것이다.

그럼에도 불구하고 쓸 만한 돌이 드문 곳에서는 아쉬운 대로 양면석기를 비축해 놓고 수명이 다할 때까지 재연마를 거듭하며 사용하다가 결국에는 내버린 것으로 보인다. 심지어 양면석기의 중간 경유지도 존재할 것이다. 그곳에는 재연마 중이던 격지가 남아 있을 텐데 그건 아마도 하룻밤 동안 머물며 도구를 재연마하고 다음날 아침 길을 떠난 네안데르탈인의 행적을 증언하는 목격자라고 할 수 있다.

다세대 암석

양면석기를 만들었든 돌날을 만들었든 격지를 만들었든, 많은 네안데르탈인의 공통점은 재활용을 무척 좋아한다는 것이었다. 재활용이라고 하면 대수롭지 않게 생각할 수 있지만, 30년 전 수행된 선구적인 복원 연구에서 매우 정교한 재활용 사례를 찾아냈다. 푸마네 동굴에서 발견된 독특한 디스코이드 몸돌과 마찬가지로, 프랑스 중남부에 있는 쿠스탈Coustal 동굴을 발굴하던 연구자는 한 무더기의 벽옥碧玉 인공물을 발견했다. 벽옥은 그 지역에서 구할 수 없는 특이한 돌이었다. 거의 모든 인공물은 1제곱미터 범위 안에 있었는데, 모든 조각을 재조립한 결과 전혀 뜻밖의 사건이 벌어졌다. 한 네안데르탈인이 다른 곳에서 만든 긴 톱니 모양의 격지 도구를 반입하여 사용하다가, 그것을 몸돌로 전환한 후 8단계를 거쳐 하나의 도구를 만들었던 것이다. 그 도구는 '네안데르탈인이 마음만 먹으면 인공물의 용도나 돌떼기 방법을 얼마든지 바꿀 수 있다'는 사실을 증명한 모범사례다. 그런데 그것은 이례적인 사건이 아니었다. 콤브그레날에서 수행된 복원 연구에서는 네안데르탈인이 망가진 돌날의 모서리를 톱니 모양으로 가공하여 어떻게 실수를 유용한 도구로 바꾸었는지 보여 준다.

쿠스탈에서 일어난 도구의 재활용은 아마도 원작자의 솜씨였겠지만, 다른 맥락에서는 재활용이 일어나기까지 상당한 시간이 흘렀음을 알 수 있다. 르무스티에에서는 이런 용도 전환repurposing이 이미 까마득히 오래된 풍습이었다는 주목할 만한 증거가 발견되었다. 한 퇴적층의 밑바닥에서 나온 양면석기를 최근에 재평가한 결과 색깔 차이가 뚜렷하게 발견되었는데, 이는 실패작이 아니라 기저 수준 underlying level에서 청소되어 몸돌로 재활용된 것으로 밝혀졌다. 디스코이드 기술에 전적으로 초점을 맞췄음에도 불구하고 이 나중의 네안데르탈인들이 (쉽게 채굴할 수 있는 고품질 부싯돌에 정신이 팔려 있었을 망정) 양면석기의 유용성을 인식하지 않았다는 것은 상상할 수 없다.

인공물 재활용은 실제로 많은 유적지에서 매우 흔한 일이었으며, 고고학자들의 눈이 (마치 까치처럼) 반짝이는 석질에 이끌리는 것처럼 네안데르탈인은 동굴이나 야외에 노출된 인공물을 보는 즉시 서슴없이 집어 들었을 것이다.* 그런 마주침은 오래된 물체를 '돌'이 아니라 시간과 역사, 심지어 '과거의 존재'의 징표로 평가하는 태도의 기원이라고 해도 무방할 것이다.

네안데르탈인이 석질을 재활용한 습관은 오랫동안 알려져 있

---

* 하이에나 같은 동물들이 뚫은 굴에는 아마도 더 오래된 인공물들이 들어 있었을 것이다.

었지만 훨씬 더 비범한 뭔가는 최근에야 비로소 평가되었다. 그것은 '쪼개쓰기ramification'로, 복원 연구 덕분에 돌떼기에 숨겨진 하위시스템의 존재가 밝혀졌다. 마치 대혈관이 모세혈관으로 갈라지는 것처럼 네안데르탈인은 일차적 방법으로 만든 격지(1세대 격지)를 더욱 가공하여 미세한 2세대 격지를 빚어냈다.

쪼개쓰기의 가장 쉬운 대상은 두꺼운 인공물이었고, 이상적인 대상은 (커다란 르발루아나 키나의 격지처럼) 두툼한 기저부나 모서리가 있는 도구였다. 어떤 맥락에서 쪼개쓰기는 너무도 체계적이어서 네안데르탈인은 그 기술을 단순한 돌떼기 수단이 아니라 (다음에 작은 몸돌로 취급할 수 있는) 휴대용 예비 암석portable reserve of rock을 생산하는 수단으로 간주했던 게 틀림없다.

2세대 격지를 만드는 방법은 다양했으며, 그중 일부는 오리지널 격지의 축소 버전을 만드는 게 목적이었다. 네안데르탈인은 키나의 격지나 도구에서 홈을 제거함으로써 조그만 2세대 격지를 얻었다. 그것은 몸돌에서 직접 떼낸 1세대 제품과 100퍼센트 동일한 속성(날카로운 모서리와 반대편의 자연스럽게 뭉툭한 모서리)을 가지고 있었다.

생-세자르Saint-Césaire에서 멀지 않은 곳에 있는 종자크Jonzac의 유적지에서, 연구자들은 복원과 사용흔을 결합한 괄목할 만한 연구를 통해 몇몇 2세대 시스템들의 놀라운 일관성을 발견했다. 그 발단은 19세기에 석회암 절벽에 맞닿은 채석장에서 돌을 캐내던 중 고고학적 가치가 있는 깊은 퇴적층들이 노출된 사건이었다. 그 퇴적층들 중 하나에는 동물 뼈(대부분 순록 뼈) 더미가 포함되어 있었는데, 면밀히 살펴보니 철두철미하게 도축된 것이었다. 종자크의 네안데르탈인은 키나의 석질을 이용하여 동물의 사체를 조각조각 자르고 피부에서 살을 긁어냈는데, 적어도 한 번은 뼈를 도려내는 고강도 작업에 사용했다. 뼈를 자르고 난 후 절단용 모서리에 파인 일부 석질의 홈을 제거하여 도축용으로 재사용하고, 나머지 석질은 망치나 모루로 전용轉用했다.

그러나 그것은 주요 순서일 뿐이었고, 도구를 성형하고 재연마하는 과정에서 나오는 온갖 작은 격지들을 사용하는 2세대 사이클이 존재했다. 네안데르탈인은 그중에서 절반가량을 선별하여 사용했고 그중 일부는 잔손질했다. 그러나 가장 매혹적인 것은 그렇게 선별된 2세대 격지들을 어디에 쓸지 다시 한번 선택했다는 것이었다. 도구를 성형하는 과정에서 나온 격지들은 도축용이나 (오리지널 키나 긁개처럼) 신선한 가죽 손질용으로 선택되었다. 그와 대조적으로, 재연마 과정에서 나온 격지들은 고기를 자르는 데만 사용되었고 간혹 재연마되었다. 심지어 심하게 두드린 키나에 홈이 파일 때 떨어져 나온 조각들도 선별되었지만 고기를 자르는 용도로만 재사용되었다.

이상과 같은 특이한 패턴들은 종자크를 방문한 네안데르탈인 고유의 것이었을 수도 있지만, 모든 장소와 시기에 살았던 네안데르탈인들이 자신들이 제작한 모든 결과물의 물질적 잠재력material potential을 첨예하게 인식하고 있었음을 방증한다고 볼 수 있다. 이러한 '낭비하지 않으면 아쉬울 일이 없다'는 식의 태도는 사실상 모든 기술복합체에서 발견되어 왔다. 푸마네 동굴을 돌이켜보면 한 퇴적층에서 근검절약하는 네안데르탈인들이 격지의 모서리에서 좀돌날을 떼어낸 흔적이 발견되었고, 때로는 심지어 3세대도 발견되었다. 콤브그레날에서는 조그만 돌촉을 만들기 위해 디스코이드를 미세몸돌 micro-core로 전환한 후 거기에서 미세한 돌날과 좀돌날을 떼냈다.

어떤 맥락에서 네안데르탈인은 쪼개쓰기를 이용하여 희귀한 고품질 돌을 관리한 것처럼 보이지만 그것은 시간을 절약하는 방법이기도 했다. 풍부하지만 품질이 나쁜 돌 중에서 골라낸 번듯한 돌을 최대한 활용했기 때문이다. 그러나 돌의 가용성이 유일한 동기부여 요인은 아니었다. 종자크의 경우처럼 활동의 전문화는 네안데르탈인이 매우 작은 인공물을 만든 배경이었다. 일부는 직접 사용할 수 있었지만 페슈들라제 IV의 길이가 겨우 2센티미터인 작은 르발루아 격지 같은 경우에는 분명 손잡이가 있었을 것이다. 네안데르탈인이 만든 좀돌날들이 모두 2세대 시스템 안에서 만들어졌다는 점은 눈여겨볼 만한 가치가 있다. 이는 좀돌날들이 돌떼기의 우발적인 부산물이 아니라 하나의 커다란 기술 시스템에 통합되어 있었음을 강력히 시사한다. 그들은 처음부터 다양한 범위의 인공물들로 구성된 시스템을 염두에 두고 있었던 것이다.

당황스러운 풍부함

지난 수십 년 동안 고고학자들은 지금껏 우리가 생각했던 것과 달리 네안데르탈인이 돌을 더욱 체계적이고 복잡하고 함축적인 방법으로 사용했다는 사실을 깨닫기 시작했다. 그러나 그들이 왜 그렇게 많은 방법을 고안해 냈는지는 수수께끼였다. 초기 선사학자들의 강박적 유형론은 1950~1960년대에 프랑수아 보르데가 '네안데르탈 도구 목록Neanderthal tool catalogue'을 규정하면서 절정을 이루었다. 그것은 60여 개의 범주로 이루어져 있었는데, 구체적으로 모서리의 수와 위치, 도구의 형태 등에 따라 석기를 분류했다. 보르데는 자신이 발굴한 콤브그레날—50개의 층으로 구성된 깊이 13미터의 퇴적층—과 르무스티에를 비교하여, 도구 유형의 상대량에서 반복적인 패턴을 찾아냈다. 그리고는 이에 기반하여 "네안데르탈인은 5개의 주요 무스테리안 하위문화Mousterian sub-culture를 가지고 있었으며, 키나는 그중 하나였다"라고 주장했다.*

보르데의 분류는 비록 집합체를 규정하는 편의적 도구heuristic tool로서 막강한 영향력을 행사했지만, 기술을 하나의 역동적 과정으로 설명하지 않았다. 최신식 컴퓨터 분석과 결합한 민족지학ethnography은 '네안데르탈인은 다양한 장소에서 다양한 작업을 했다'—즉, 도구의 풍부한 다양성은 단지 기능적 요구사항을 반영했을 뿐이다—는 깨달음으로 이어졌다. 수렵채집사회 내부를 관찰한 연구에서 격지의 잔손질은 종종 '특별한 모서리를 창조하기 위한 출발점'이 아니라 재연마일 뿐이었다는 결론이 나왔다.‡

요컨대 보르데가 제안한 석기의 범주는 네안데르탈인이 도구의

---

* 다른 하위문화로는 페라시Ferrassie(커다란 긁개와 르발루아), 톱날석기Denticulate(톱니 모양 도구과 홈 파인 도구), 양면석기, 그리고 '잡동사니catch-all' 범주라고 할 수 있는 '전형적인 석기'가 있었다.

‡ 1970년대에 발표된 한 연구에서는 이렇게 보고했다. "오스트레일리아 원주민이 긁개의 전반적인 모양에 많은 신경을 쓴 것은 오늘날 사람들이 연필깎이의 전반적인 형태를 중시하는 것과 일맥상통한다."

모서리에 다시 활기를 불어넣은 스펙트럼의 '전체'라기보다는 '몇 개의 점'에 더 가까웠다. 설상가상으로 잔손질된 도구의 형태가 아니라 몸돌에서 격지를 떼내는 방법을 고려할 때 문제는 더욱 뒤죽박죽이 되었다. 예컨대 MIS 5 말에서 MIS 4 초에 해당하는 콤브그레날의 연속된 10개 층의 경우에는 '보르데의 석기 범주'에 기반하면 전혀 달라 보이지만 '격지가 맨 처음 어떻게 만들어졌나'라는 관점에서 보면 사실상 모두 르발루아에 해당한다.

비교적 최근에 인식된 유형론의 또 다른 문제점은 다음과 같다. 우선, 보르데가 분석한 집합체 중 상당수는 매우 두꺼운 지층에서 나왔다. 최근의 지질학적 분석에 따르면 그러한 거의 모든 지층들은 수많은 별개의 국면들을 포함하고 있다. 르무스티에가 좋은 예다. 원래 4개 층으로 규정되었던 르무스티에는 최소 20개의 퇴적층을 포함하는 것으로 밝혀졌으며, 석질 집합체를 더욱 세밀하게 분석한 결과 각각의 퇴적층 사이에는 뚜렷한 기술적 차이가 존재하는 것으로 나타났다. 보르데가 '양면석기가 지배하는 단일 국면'으로 간주했던 것이 사실은 르발루아에서부터 시작되고 있는 것이다. 이것은 학술적으로 불가사의한 이슈처럼 들릴 수 있지만 매우 중요한 문제다. 왜냐하면 선사학자들은 다년간 특별한 무스테리안 유형을 기후 또는 '사냥한 동물'과 관련짓는 방법에 기반하여 광범위한 행동모델을 구축했기 때문이다.

설사 '유적지와 시기별로 기술과 잔손질 양이 다르다'는 것이 사실이라 할지라도 오늘날 그런 모델들은 정밀분석을 견뎌 내지 못하고 있고, 최근 이 부분에 대한 이해 또한 달라지고 있다. 초기 발굴자들은 매우 빈번히 잔손질된 도구 외에 챙긴 것이 별로 없었다. 그들은 많은 몸돌들과 사실상 모든 '조그만 격지'들을 내팽개쳤다. 그러나 기술에 더 많은 관심을 쏟고, 직접 돌떼기 실험을 해 보고, 복원을 시도함에 따라 연구자들은 고고학적 집합체 중에서 '쓰레기' 인공물로 생각되는 것들을 폐기했던 관행이 '네안데르탈인이 물건을 어떻게 만들었는지'에 대한 방대한 양의 정보를 상실한 것이었음을 깨닫게 되었다.* 르무스티에는 이 부분에서 다시 한번 전형적인 사례다. 미발굴 구역의 지층들은 매우 풍부해서 때로 먼지보다 고고학 유물이 더 많이 발견되기도 한다. 그렇다면 하우저와 페이로니가 제거한 엄청난 양의 퇴적물을 감안할 때 오래된 컬렉션 속의 석질 양은 빙산의 일각에 불과했던 것으로 추정된다.*

그러나 한 세기가 더 지난 지금, 오늘날의 연구자들은 모든 것들을 평가절하하기보다는 '이미 발굴된 것을 다시 발굴하러' 동굴로 들어간다. 그들의 현장 작업 스케줄은 21세기 방법론의 홍보대사라고 할 수 있다. 여러 주 동안 발굴해도 한 뼘 이상 파 내려가기 힘들 것이다. 왜냐하면 이제 모든 것을 다 챙기기 때문이다. 길이 2센티미터 이상의 조각은 레이저를 이용해 정확한 3D 스캔을 하고, 그보다 작은 것은 50센티미터의 격자 사각형grid square을 이용한다. 진짜로 작은 부스러기는 습식 여과wet sieving를 통해 걸러 낸다.

---

* 모든 몸돌에서 나오는 돌조각의 대다수는 길이 2센티미터 미만이지만 기술적 관점에서 볼 때 여전히 독특할 수 있다.

* 실제로 1980년대에 더욱 신중히 발굴한 결과, 인공물의 밀도가 20세기 초에 비해 약 30배 높아졌다.

이러한 현대식 '총체적 수집' 전략은 기술적 디테일을 겸비한 꼼꼼한 검사와 결합하여 네안데르탈인과 돌 사이의 복잡한 상호작용을—개별적 수준과 집합체 수준 모두에서—새롭게 평가할 수 있다. 그것은 '기술경제학techno-economics' 이론으로 공식화되어 네안데르탈인이 특별한 방법으로 돌떼기를 하고 잔손질 강도를 변화시킨 이유를 자세히 설명한다. 사실상 모든 유적지에 걸쳐 일관적인 패턴이 존재하는데, 그들이 장기적인 사용으로 재연마가 필요해졌을 때 고품질의 돌을 선호했을 뿐만 아니라, 동일한 이유로 가장 커다란 격지를 잔손질하는 경향이 있었다. 그리고 최고의 암석으로 만든 것을 가장 멀리 운반했으며, 저품질의 돌을 굳이 부광대rich area*로 가져가지 않았다. 이는 그들이 지속적으로 저울질하며 결정했을 뿐만 아니라, 광범위한 지역에 걸쳐 비범한 지질학 지식을 가지고 있었음을 시사한다.

변화와 시간

그러나 이야기는 아직 끝나지 않았다. 원칙적으로 사용 가능한 돌 광산은 시간이 지나도 대체로 변화하지 않았지만 기술복합체는 변화했다. 보르데의 유형론에서 만고불변의 진리 중 하나는 '수많은 유적지들을 층서학적으로 비교할 때 다양한 집합체 유형이 연대기적 패

---

*　광맥이 풍부한 지대. – 옮긴이

턴을 보인다'는 것이다. 프랑스 남서부를 전체적으로 살펴보면 네안데르탈인은 MIS 5 동안 풍부한 르발루아 집합체를 많이 만들었지만 시간이 경과함에 따라 상황이 바뀌었다. 즉, MIS 4에는 키나 기술복합체가 나타났고, 뒤이어 점점 더 늘어나는 디스코이드와 수많은 양면석기를 가진 일부 집합체들에게 자리를 내줬다. 괄목할 만한 것은 지난 30년간의 연구에서 이러한 추세가 확인되었음에도 불구하고 약간의 뉘앙스가 첨가된 것이다. 그 뉘앙스란 일부 지역에 명확히 오버랩 되는 부분이 존재한다는 것이다. 예컨대 키나는 MIS 3에도 지속되었는데 그때는 수많은 디스코이드가 이미 사라진 뒤였다. 그리고 가장 새로운 층에서—일부 유적지에만 해당되는 사항이지만 유독 디스코이드가 사라진 직후—커다란 긁개를 앞세운 르발루아가 다시 등장했다.

150ka 이후 줄곧 꽃피운 기술적 다양성이 모든 곳에서 동일한 방식으로 전개된 것은 아니었다. 즉, 다른 지역의 네안데르탈인들은 다른 시기에 다른 기술을 발달시켰다. 프랑스 남서부의 동굴들은 역사적으로 연구의 알짜배기인 반면 프랑스 북부의 평원에 널리 퍼진 석질은 이해하기가 좀 어려웠다. 학자들은 지난 수십 년 동안 갈팡질팡했는데, 그 이유는 정확한 연대측정법으로 확인해 보니 북부의 기술 발달 순서가 남서부와 달랐기 때문이다. 정확한 이유는 아직 논란거리지만 남부에 비해 극심한 기후와 환경의 변동성이 한몫했을 가능성이 높아 보인다.

123ka경 엠 간빙기가 고점을 찍은 이후 기후 한랭화가 시작되자 프랑스 북부의 네안데르탈인은 전형적인 르발루아보다 단순한 격

지 떼기 방법을 선호했다. 뒤이어 기온이 급강하한 110~109ka에는 앞에서 언급한 돌날의 전성기였다. 환경 조건이 향후 2만 년 동안 시소를 타는 동안 아한대 숲은 성장과 쇠퇴를 반복했지만, 전반적으로 기후는 꾸준히 한랭화의 엑셀레이터를 밟았다. 돌날이 지속되면서 형태가 더욱 다양해졌으며, 네안데르탈인은 능률적인 돌촉 제조 방법을 발명했을 뿐만 아니라 새로운 르발루아 방법을 탐구했다.

MIS 5 말에는 온난기에서 한랭기로의 주기가 신속하고 극적이고 반복적으로 일어났다. 네안데르탈인은 숲이 되살아날 때 가장 돋보였고, 다시 한번 다양한 석질을 만들었다. 그러나 기후가 점차 한랭 건조해지고 광활한 스텝이 등장하자 수십만 년 만에 처음으로 양면석기가 중요한 위치를 차지하게 되었다. MIS 4가 시작되며 10세대에 걸쳐 극단적인 빙하기 환경이 들이닥쳤고, 짧은 해빙기 동안 커다란 르발루아 격지를 만드는 네안데르탈인이 반짝 등장했지만 궁극적으로 프랑스 북부는 구제불능인 듯했다.

북부의 네안데르탈인은 MIS 4와 MIS 3 사이에 기온이 상승함과 거의 동시에 재기再起했는데, 그즈음 그들의 문화는 남서부와 거의 비슷해 보였다. 르발루아 돌촉과 진정한 돌날들은 영원히 사라졌는데 그 이유는 수수께끼로 남아 있다. 그 이전의 숲-스텝 환경에서 개발된 것이라 더는 쓸모가 없었기 때문일까, 아니면 MIS 4 동안에 멸종한 독특한 네안데르탈인 문화의 유산이었기 때문일까? MIS 5 동안 프랑스 북부 네안데르탈인의 기술적 배타성이 두드러지며, 이것이 문화적 해석을 뒷받침한다는 것은 매우 흥미롭다. 돌날과 양면석기, 돌촉은 모두 디스코이드와 르발루아와 함께 생겨났지만 어깨를 나란히 하지는 않았다. 이는 세 가지 석기가 특정 장소에서 매우 특정한 기능을 수행했거나 상이한 문화적 전통을 반영한다는 것을 시사한다.

진정한 네안데르탈인 석질문화의 가장 강력한 사례 중 하나가 프랑스 북부 너머에 매우 광범위하게 존재하고 있다. 독특한 '양면석기 분수계biface divide'가 유럽의 한가운데를 종주하는 가운데, 서쪽에 자리 잡은 무스테리안 세계에는 고대의 전통을 계승한 양면석기가 버티고 있다. 양면석기는 대체로 대칭적이며, 가장자리의 전부―또는 대부분―가 예리하게 저며져 있다. 그와 대조적으로 중부와 동부 유럽의 네안데르탈인들은 매우 다른 양면석기 제조법을 발달시켰다. 이름하여 카일메서그뤼펜Keilmessergrüppen(쐐기로 돌날 떼기)으로 총칭되는 방법인데, 비대칭성이 전형적인 특징으로 한쪽에는 예리한 양면석기 모서리가 있고 반대쪽에는 (자연스러울 수도 있고 인위적일 수도 있는) 뭉툭한 가장자리가 있다.

무스테리안과 카일메서를 만든 네안데르탈인 뗀장이knapper들은 동시대인으로, 르발루아와 디스코이드를 모두 사용하여 격지를 만들었을 뿐만 아니라 비슷한 동물들을 사냥했다. 그럼에도 불구하고 그들은 양면석기에 대해―만드는 방법에서부터 재연마하는 방법에 이르기까지―전혀 다른 생각을 갖고 있었다. 필시 일종의 문화적 장벽이 존재했겠지만, 그게 좀처럼 교류하지 않는 집단과 관련된 것이었는지 아니면 그보다 더 미묘한 문제와 관련된 것이었는지는 의미심장한 숙제로 남아 있다.

주요 기술복합체를 둘러싼 수수께끼도 존재한다. 디스코이드와 르발루아는 분명 널리 알려진 기술이었음에도 불구하고 우리가 발견한 디스코이드는 언제나 단독으로 사용되고 있었다.* 그렇다면 네안데르탈인 중 일부는 전통에 따라 오로지 한 가지 방법만 배웠을까, 아니면 장소가 바뀌면 다른 기술을 익혔을까? 한 그룹의 이동 경로를 이리저리 추적할 수도 없는 노릇이므로 뭔가 다른 단서가 필요하다. 특별한 기술복합체가 특정한 환경에 적응했을 가능성은 매력적이지만, 르발루아도 디스코이드도 그럴 가능성을 뒷받침하지 않는다. 더욱이 사용흔에 기반하여 판단할 때 르발루아와 디스코이드의 용도가 달랐다는 증거는 거의 찾아볼 수 없다.

지역적으로 매우 국한된 기술복합체가 하나 있는데, 바로 키나다. 국지성locality은 기후와의 상관관계를 강력히 시사하며 다른 핵심 기술에서는 이런 사례가 전혀 발견되지 않는다. 따라서 이것은 네안데르탈인의 특별한 생활방식을 대변한다고 볼 수 있으며 이 점에 대해서는 10장에서 자세히 다룰 예정이다. 그러나 기술적 다양성과 '대륙 전체에 걸친 다양한 문화'와의 관련성을 검토한다는 차원에서 주목할 만한 것은 키나가 프랑스 남부에 나타난 시기와 돌날 기술이 프랑스 북부에서 사라진 시기가 얼추 비슷하며, 나중에 양면석기의 중요성이 증가함에 따라 시들해졌다는 것이다. 지구상에 마지막으로 존재한 4만 년 동안 네안데르탈인은 엄청난 기후 격변과 그로 인한 인구 감소를 경험했다. 그러나 그들에 관한 고고학 기록은 적응에 실패하기는커녕 혁신과 문화 진화cultural evolution 의 증거로 가

---

* '뒤섞이지 않았음'을 신뢰할 만한 집합체를 고려할 때 그렇다.

득하다.

종합적 판단

네안데르탈인의 석질은 1세기에 걸쳐 수집되었지만 체계적으로 분석되기까지는 수십 년이 걸렸다. 사고 및 분석 방법의 진보 덕분에 오늘날 우리는 '그들이 돌을 갖고서 무슨 일을 했고, 그 이유는 무엇인지'에 대해 유례없는 통찰을 얻었다. 연구자들이 대륙을 바라보는 시야를 좁혔다 넓혔다 하며 그들의 행적을 복원하는 가운데, 현대의 가장 위대한 통찰은 '가장 미천한 대상'에서 나왔다. 가장 미천한 대상이란 아이러니하게도 선배들이 톤 단위로 내버렸던 돌 찌꺼기다. 우리가 얻은 결정적인 교훈은 '네안데르탈인은 의심할 여지없이 문화적 규범cultural norm을 보유하고 있었지만, 그중에는 더러 혁신적인 개인들도 있었다'는 것이다. 낯선 유형의 암석에 적응한 일이든, 많은 시대와 장소에서 돌날을 발명한 일이든, 때마다 누군가가 나타나 다양한 기술을 고안해 내고 세련되게 다듬었다.

네안데르탈인의 기술은 일종의 인지적 수렁에 빠져 있었고 혁과는 거리가 멀었다는 해묵은 신화는 잘못되었다. 그들은 천진난만하지도 않았고 고정관념에 사로잡히거나 격식에 얽매이지도 않았다. 그들은 돌과 함께 역동적인 춤을 추었고 다양한 리듬에 맞춰 외적 요인들과 자신들의 아이디어·선택·기벽을 통합했다. 물론 기본적인 경계들—지질학적으로 가능했거나 억제된 것들—이 제약

조건으로 작용했겠지만 요망사항에 대한 고도의 집중력과 숙련된 기술 덕분에 창조적인 대응이 가능했다. 네안데르탈인은 마치 숨쉬는 것처럼 일상적으로 암석에 주의를 기울였다. 양질의 돌감을 골라 새로운 방법으로 돌떼기를 하고 필요에 따라 개념과 기술을 바꿨다.

또한 그들의 기술은 품질과 효율성에 집중되었다. 설사 르발루아가 네안데르탈인의 중기 구석기시대 혁명을 시작했더라도 일련의 다른 기술복합체와 특별한 방법들이 꽃을 피웠다. (장거리를 이동할 때 휴대하거나 여러 번 재연마될 수 있는) 지속 가능한 기술이나 (즉석에서 만든) 일회용 격지 등을 통해 돌뿐만 아니라 시간도 관리되었다. 그에 더하여 그들은 원하는 것을 얻기 위해 더욱 복잡한 방법을 개발했다. 금상첨화인 것은 쪼개쓰기로, 과거 어느 때보다 더욱 복잡하고 전문화된 재료 분할 방식을 통해 2세대 석질이 탄생했다. 철두철미한 계산이 몸에 밴 그들에게 무심함은 딴 세상 이야기였고, 구조를 따르는 과정에서 범주 간의 이동(격지 → 몸돌 또는 쓰레기 → 도구)이 자유로웠다.

이 모든 특징은 네안데르탈인의 세계가 계속 성장하고 있었다는 가설을 뒷받침한다. 그들은 지질학적 질곡에서 벗어나 탐사의 영역을 확대하고 있었다. 인공물을 만들고 사용하고 재연마하는 장소와 시간을 점점 더 분리함으로써 그들의 활동과 정신은 시공간적으로 확장되었다. 활동과 이동 시간이 늘어난다는 것은 기억력과 계획이 확장됨을 시사한다. 우리는 중기 구석기시대에 들어와 미래를 지향하는 능력과 며칠 또는 심지어 몇 계절 후를 내다보는 상상력을 지닌 정신이 성숙—탄생까지는 아니더라도—하고 있었음을 목도하고 있다.

지금까지의 내용을 종합하면, 당신은 네안데르탈인을 최고의 기량을 지닌 호미닌으로 인식할 것이다. 찬란한 석질 기술은 그들을 혹독한 기후와 환경의 도전으로부터 보호해 줬으며, 심지어 새로운 발명을 자극할 잠재력을 지녔던 것처럼 보인다. 그들은 태곳적부터 지리적 범위가 지속적으로 확장됨에 따라 더욱 창조적인 솔루션을 진화시켰다는 인상을 준다.

네안데르탈인을 '경계를 허무는 실험가'로 여기는 것은 영 낯설지만, 이것은 고고학에 기반한 새로운 견해다. 흥미롭게도 이런 생각은 돌보다 훨씬 더 희귀한 물질에도 적용된다. 거의 사라진 유기적 기술 세계의 진정한 스케일은 이제 막 진가를 인정받기 시작했다.

몸속에는 뼈가 있고
피부 밑에는 피가 있고
피부 위에는 털가죽이 있고
털가죽 끝에는 손이 있다.
손에서 불이 나오고
불 앞에 나무가 있고
나무에서 타르가 나오고
타르로 돌을 붙인다.
돌에 긁히면 빨간 게 나오고
빨간 것 밑에는 조개껍데기가 있고
껍데기 속에는 비밀이 있다.

중기 구석기시대 지층에서 발굴되는 인공물의 99퍼센트 이상은 돌이다. 돌은 유기물과 달리 썩지 않는다. 유기물은 생물—동물이든 식물이든—에서 비롯된 물질로 극히 드문 편이다(유기물 중에서 치아와 뼈는 나무보다 잘 보존되지만 늘 그런 건 아니다). 그러나 수렵채집 사회에서는 많은 유기물 도구가 사용되었을 것이므로 '사라진 네안데르탈인의 인공물'의 영계 ghost realm가 존재할지 모른다. 우리는 때로 그 유령의 그림자를 본다. 많은 유적지에서 나온 석질의 사용흔이 나무나 식물과 아귀가 들어맞기 때문이다. 그리고 아주 가끔씩 귀중한 물체가 수십만 년 동안 보존되어 행방불명된 다수의 존재를 증명하기도 한다.

비교적 최근까지 단서가 빈약했지만 지난 30년간 많은 새로운 유물이 발굴되었다. 오늘날 나무, 뼈, 조개껍데기는 네안데르탈인을 (단지 돌뿐만이 아니라) 다양한 소재를 능숙하게 다루는 장인으로 간주하게 만들었다. 유물들을 통해 밝혀진 그들의 행동은 여러 면에서 계시적이다.

먼저 나무부터 시작하자. 얼음이 사라진 후 황무지에서 사는 네안데르탈인은 거의 없었고, 나무는—늘 풍부한 건 아니었지만—일상생활의 일부였다. 간빙기의 네안데르탈인들은 너도밤나무 가지 아래를 걸었고, 가을 낙엽송의 황금빛 단풍을 감상하는가 하면, (돌에 관한 지식만큼이나) 나무에 관한 풍부한 구전 지식을 습득했을 것이다.

일찍이 1911년 영국 클랙턴온시Clacton-on-Sea의 북적이는 해변 리조트 옆 절벽에서 창촉spear tip 한 점이 발견되었을 때, 선사학자들은 그저 '호모 사피엔스 이전의 호미닌이 만든 목제품이려니' 하고 생각했다. 500~450ka라는 놀라운 나이는 나중에야 비로소 밝혀졌고, 그로부터 얼마 안 지나 독일 레링겐Lehringen에서 '창 한 자루'가 통째로 발견되었다. 그것은 매우 크고―길이 2.5미터―두꺼웠으며, 아마도 찌르기용인 것 같았다. 더욱 중요한 점은 엠 간빙기에 만들어진 네안데르탈인의 작품이라는 것이었다. 마치 사냥꾼의 명함처럼―누가 사냥 도구 아니랄까 봐―그것은 거대한 코끼리의 골격에 깔려 으스러져 있었다. 그러나 이 목제 창은 주목을 받지 못했고, 네안데르탈인의 세련된 목공 기술을 뒷받침하는 진짜로 센세이셔널한 증거가 나타난 것은 1995년이었다.

그해 11월의 어느 눅눅한 날에 유럽 전역의 연구자들이 독일 쇠닝겐Schöningen의 거대한 갈탄 광산을 방문했다. 그들은 '꿈의 네안데르탈인 유적지(난로, 도축된 동물의 시신 더미, 나무로 만든 무기가 가득한 유적지)'라는 선정적인 주장에 이끌려 그곳에 모였다. 3년 전, 고대 호수의 퇴적층에서 나온 석질과 아름답게 보존된 동식물의 유해가 발견되었는데, 그로 인해 광산의 갈탄층 중에서 4,000제곱미터(1,200평)에 달하는 공간이 보존구역으로 지정되었다. 어마어마한 기계장치가 (주변의 구덩이 때문에 가뜩이나 왜소해진) 고고학자들을 위협하는 듯했지만 눈앞에 드러난 고대 세계는 그런 종말론적인 살풍경과 거리가 멀었다. 깊이 40미터의 지층을 구성하는 미세한 퇴적층들은 불가사의한 소형 목제품들을 포함하고 있었다. 그중 하나는 길이가 거의

1미터였고, 뾰족한 말단에는 무슨 장식이 새겨져 있었다. 사실 당시로서도 매우 특이했던 그 유물은 엄청난 발견의 조짐이었다.

그로부터 2년 후, 그 자리에 다시 모인 고고학자들은 경이감으로 충만해 있었다. 쇠닝겐은 20세기를 통틀어 가장 중요한 고고학적 발견 중 하나를 포함하고 있었기 때문이다. 'Locality 13 II-4'이라는 구역의 흑색과 회색 토사$_{silt}$*에서, 네안데르탈인의 무기에 대한 '누가 들어도 엽기적인 주장'을 뒷받침하는 증거가 나왔다. 수십 마리의 도축된 말들 바로 옆에 그들을 그 지경으로 만든 도구들―우아하고 끝으로 갈수록 조금씩 가늘어지는 목창木槍―이 흩어져 있었던 것이다.

이름하여 '창의 지평$_{Spear\ Horizon}$' 구역의 연대는 337~300ka로 추정되며, 한 고대 호수의 호반을 대각선으로 길게 뒤덮으며―50제곱미터(15평) 남짓―펼쳐져 있다. 쇠닝겐을 구성하는 많은 퇴적층 중 하나일 뿐인데, 그곳 한 군데에만 무려 1만 5,000개 이상의 유물이 포함되어 있다. 대부분은 뼈이지만, 수많은 나무 조각(비교적 좁은 지역에서 발견된 8개의 조각난 창 포함)이 섞여 있다. 가장 완전한 창은 겨우 두 군데가 부러졌고, 그곳에서 도축된 50마리 말 중 하나의 유골 사이에 얌전히 놓여 있었다.

그 창들은 원시 네안데르탈인의 목공 능력에 대한 고정관념('그들은 끝이 뾰족한 막대기와는 거리가 멀다')을 송두리째 날려 버렸다. 창들은 가느다란 가문비나무와 한 그루의 스코틀랜드 소나무로 정교

---

* 모래보다는 미세하고 점토보다는 거친 퇴적토. ― 옮긴이

하게 제작되었으며, 모든 촉의 재료는 나무 밑동—가장 단단한 부분—이었다.* 자루 부분은 강도를 높이기 위해 체계적으로 편심 off-centre 가공이 되었는데, 이는 약 20만 년 후 레링겐에서도 사용된 방법이다. 창의 무게중심은 끄트머리에 쏠렸는데, 어쩌면 투창 경기용 창처럼 날아가도록 가공됐는지도 모른다. 유난히 긴 2.5미터짜리 창은 다중무기 시스템 multiple-weapon system 을 시사한다. 모의실험 결과, 투척용 단창 spear 은 30미터 이내의 사냥감을 쉽게 처치할 수 있고, 기다란 장창 lance 은 미쳐 날뛰는 사냥감과의 접촉을 피하면서 정밀하게 죽일 수 있었다.

입이 떡 벌어지게 한 쇠닝겐 지층 발굴은 1995년 이후 계속되고 있고, '창의 지평'은 현재 20여 개의 연구 대상 구역 중 하나다. 호반을 따라 펼쳐진 공간과 시간을 더듬으면 네안데르탈인의 행적을 추적할 수 있다. 고고학 유물은 퇴적층 사방에서 모두 발견되므로, 궁극적으로 창의 개수는 더욱 증가할 것으로 예상된다. 실제로 거대한 나무 조각 무더기에서 다른 목공품들이 잇따라 발견되고 있다.

그러나 오늘날 네안데르탈인이 만든 것으로 알려진 목제품 목록에 무기만 있는 건 아니다. 2018년 남유럽에서 새로 발견된 목공품들은 그들의 기술이 얼마나 광범위했는지를 여실히 증명했다. 두 곳의 야외 유적지에서 하나의 촉을 가진 다중가공 막대기 multiple worked stick 들이 발견되었는데, 한 곳은 스페인 북부에 자리 잡은 아란발트

---

* 알래스카의 유피크족 Yupik 과 캐나다 애서배스카 Athabaska 의 원주민은 가문비나무를 유목 driftwood 에서 조달하며, 강도와 내구성 때문에 나무의 밑동을 핵심적인 목공재료로 간주한다.

사Aranbaltza로 연대는 90ka쯤 되고, 다른 한 곳은 이탈리아의 포제티베키Pogetti Vecchi로 연대는 약 200ka다. 쇠닝겐의 창보다 훨씬 짧지만 두 곳에서 발굴된 막대기의 길이와 손상 패턴, 사용흔은 '땅파기 도구이지만 누르기나 찌르기나 땅 짚기에도 유용했을 것'임을 강력히 시사한다. 창보다는 다소 시시하지만 그런 인공물을 만들려면 창에 못지않은 상당한 주의력이 필요했을 것이다.

이는 원재료로까지 확장되었다. 아란발트사에서 발견된 두 가지 막대기 중 하나는 주목yew으로 만들어졌는데, 주목은 매우 질기면서도 탄력성이 강한 목재다. 중세에 영국에서 소름 끼치는 큰 활long-bow을 만드는 데 사용된 것으로 유명한 주목은 클랙턴온시와 레링겐의 창 제조자들에게도 인기를 끌었다. 한편 포제티베키에서는 총 40개의 가공된 나무 조각―손잡이의 개수에 기반할 때 최소한 6가지 도구로 대별된다―의 원료는 모두 회양목이었다. 회양목은 주목보다 훨씬 더 질기고 치밀하며 매우 길고 곧은 가지를 뻗는다. 그런 질긴 목재들을 가공하려면 수많은 시간이 필요했겠지만 그 목재를 의도적으로 선택한 것으로 보인다. 많은 전통사회에서 가장 단단한 종은 뒤지개digging stick*용으로 선택되는데, 그 이유는 두말할 것도 없이 내구성이 우수하기 때문이다. 그와 대조적으로 쇠닝겐에서는 연목재softwood가 창을 만드는 데 사용되었다. 아마도 부근에 적당한 견목재hardwood가 없었기 때문인 것으로 보인다.

기술적 노하우는 종 선택에 국한되지 않는다. 창의 경우와 마찬

---

* 식량을 채집할 때 땅속을 뒤져 식물 뿌리나 열매를 캐는 데 쓰는 도구. - 옮긴이

가지로, CT 스캐닝 결과 아란발트사의 주목 도구yew tool는 편심 가공된 심재heartwood로 만들어졌다. 포제티베키와 아란발트사 모두에서 뒤지개의 끄트머리가 부드럽게 연마되었지만, 새까맣게 탄 미세 흔적을 보면 불을 이용해 껍질과 주변재outer wood를 제거했음을 알 수 있다. 심지어 재활용의 증거도 있는데, 아란발트사의 막대기를 보면 더 기다란 목제품—아마도 창—에서 잘라 낸 것처럼 보인다. 그에 반해 포제티베키의 막대기 중 일부는 마모되어 폐기된 도구인 것 같다.

후자의 경우 수영장을 건설하다가 우연히 발견되었는데, 사실은 동물(대체로 곧은상아코끼리)의 뼈 더미 속에 뒤섞여 있었다. 도축의 흔적이 없다면 막대기들의 용도를 증명하는 것이 불가능하지만—주목할 만한 것은 하나는 끄트머리가 날카로웠고 다른 두 개는 불가사의한 홈이 파여 있었다—그것들의 존재 이유를 달리 설명하기는 어렵다.

지금까지 언급한 목공품들은 폐기된 도구였는데, 원래는 간혹 사냥에 쓰인 게 분명해 보였다. 그런 것 말고 네안데르탈인이 보유했던 다른 종류의 목제 도구에는 뭐가 있을까? 스페인 북동부에는 아브릭로마니Abric Romaní라는 어마어마한 동굴이 있는데, 거기서 지난 30년 동안 네안데르탈인에 대한 특급 정보들이 쏟아져 나왔다. 1909년에 발굴이 시작되었을 때 그 '매력적이지만 특별할 것 없는'

트래버틴travertine*의 돌출부overhang* 아래에 놀라운 기록물이 숨겨져 있다는 징후는 거의 감지되지 않았다. 사실 그 장소를 특별하게 만든 것은 돌출부를 형성한 탄산칼슘 용액이었다. 탄산칼슘이 섞인 물은 동굴 바닥 전체에 유석flowstone을 퇴적시켜 여러 층을 형성했고, 각각의 층이 네안데르탈인의 주거지에 잔류하는 찌꺼기들을 뒤덮어 감탄할 만큼 원형 그대로 보존하고 있었던 것이다.

그것은 4만 년 동안 12개 퇴적층에 걸쳐 최소한 27번 벌어진 사건들의 결과물이었다.** 수백 개의 난로, 수만 개의 석질과 뼈는 잘 썩는 재료들(나뭇잎, 침엽수, 탄화목carbonised wood***)과 나란히 보존되어 있었다. 다른 목공품들은 썩었지만 유석의 주형 뒤에 각인을 남겨 영락없는 중기 구석기시대판 폼페이 시신들Pompeii bodies이 되었다.

아브릭로마니 동굴은 네안데르탈인의 일거수일투족이 담긴 유일무이한 기록물을 소장하고 있는데, 그중에는 여러 층에 흩어져 있는 100여 개의 목공품이 포함되어 있다. 대부분은 연료이고 어떤 것들은 가공된 인공물인데, 하나 정도는 아란발트사의 막대기를 닮았지만 다른 것들은 매우 다르다. 50~45ka로 추정되는 퇴적층에서 나온 약간 휜 탄화물 2개는 나무접시와 매우 비슷하게 생겼고 크기는 사이드 접시와 정찬용 접시 사이의 어디쯤이다. 다른 하나는 평평하지만 한쪽 끝이 길게 돌출되어 있는 것으로 보아 손잡이가 달려 있었

---

* 물에 녹아 있는 탄산칼슘이 가라앉아 생긴 석회암. – 옮긴이
* 암벽의 일부가 튀어나와 머리 위를 덮고 있는 듯한 바위 형태. – 옮긴이
** 한 시추공에서 20미터보다 더 아래에 있는 퇴적층들은 무려 100ka로 거슬러 올라간다.
** 숯처럼 공기가 차단된 상태에서 연소된 나무.

던 것으로 추측된다.
　가장 주목할 만한 유물은 2011년에 약 56ka로 추정되는 퇴적층에서 나왔다. 연구 결과는 아직 출판되지 않았지만 보도자료에 따르면 커다란 식칼 모양의 목제 도구로, 평평한 날과 손잡이가 구비되어 있어 오늘날 열정적인 셰프의 주방에서 볼 수 있는 것과 정확히 일치한다. 아마도 뭔가 부드러운 것을 써는 데 사용됐을 텐데, 놀랍게도 네안데르탈인의 일상적인 가정생활에서 목공 기술이 담당한 역할을 짐작하고도 남는다.

부착

네안데르탈인은 논란의 여지없는 목수였지만 복합도구composite tool의 선구자이기도 했다. 여러 부품을 하나로 조립하는 것으로 대표되는 기술력은 모듈별 수리modular repair를 가능케 함으로써 제어력을 향상시키고 보다 많은 충격을 흡수하며, 시간과 에너지를 절약해 줬다. 대부분의 복합도구는 주된 기능을 수행하는 돌 부분과 손잡이로 구성되어 있다. 일부 네안데르탈인은 단순한 쐐기형 손잡이를 사용했지만 어떤 경우에는 사용 및 마모를 감안한 요소—동물의 힘줄 또는 심지어 식물의 섬유—로 칭칭 감기도 했다. 그리고 경이롭게도 고대의 접착제 중 몇 가지가 오늘날까지 보존되어 있다. 시리아의 유적지에서 출토된 중기 구석기시대 인공물에 달라붙은 새까만 잔류물의 경우, 5만 년 된 역청*—뭐든 붙일 수 있는 천연 아스팔트—인 것으로 밝혀졌다. 2012년 루마니아의 구라 케이-라슈노브Gura Cheii-Raşnov 동굴에서 발견된 잔류물에서 알 수 있는 바와 같이, 다른 곳의 네안데르탈인도 역청의 유용함을 간파하고 있었다. 이러한 발견은 엘시드론의 치석dental calculus을 대상으로 수행된 역청/오일 셰일의 화학적 동정chemical identification of bitumen/oil shale을 특히 흥미롭게 만들었다.✝ 더욱이 역청이 많이 검출된 개인이 심각한 치아 치평을 겪은 것으로 미뤄볼 때, 그가 치아를 이용하여 손잡이 달린 도구를 만들거나 수리한 것으로 추정된다.

네안데르탈인의 손잡이 부착 기술hafting technology에 대해서는 훨씬 더 복잡한 증거가 존재한다. 1970년대에 독일의 쾨니히자우에Königsaue에서 또 다른 갈탄 광산을 발굴하던 고고학자들이 호반의 거주지에서 조그만 흑색 덩어리 두 개를 발견했는데, 연대측정 결과 85~74ka로 밝혀졌다. 둘 중 하나는 어떤 복합도구의 일부인 게 분명했다. 표면에 석질 도구와 목공품의 각인, 그리고 가장 확실한 각인인 네안데르탈인의 지문이 새겨져 있었기 때문이다. 화학적 분석을 통해 자작나무 특유의 생물표지자biomarker—특히 저산소 조건에서 껍질을 태움으로써 생성된 타르tar—가 동정된 것은 2001년이었다.

오늘날 네안데르탈인이 만든 것으로 알려진 자작나무 타르의

---

* 천연 고체상·반고체상·액체상·기체상 탄화수소 화합물을 총칭하며, 넓게는 석유·천연가스·석탄이나 그것들의 가공물을 말한다. – 옮긴이

✝ 유럽에는 천연 역청의 원천이 그리 흔하지 않지만 엘시드론에는 반경 20킬로미터 이내에 오일 셰일 매장층이 존재한다.

다른 두 가지 사례는 시공간적으로 광범위하게 분포한다. 하나는 북해 해저에 묻혀 있다가 네덜란드의 한 인공 해변artificial beach에서 발견되었다. 부싯돌 격지를 아직도 반쯤 덮고 있는 커다란 자작나무 타르 덩어리는 약 50ka에 만들어졌으며, 놀랍게도 네안데르탈인 두개골 파편이 발견된 제일란트 리지스Zeeland Ridges*의 해저지대에서 발견되었다. 그보다 10여 년 전 이탈리아 캄피텔로Campitello의 강자갈에서 그와 거의 비슷한 물질이 발견되었다. 그것은 앞의 것보다 훨씬 더 오래되었고, 타르 생산 기술의 기원을 중기 구석기시대 초기인 300~200ka로 앞당겼다.

수많은 유적지에 미확인 덩어리와 잠재적인 접착제(손잡이 부착 물질)가 존재하지만, 그중에서 가장 장관인—그리고 놀라운—사례는 2019년에 출판되었다. 이탈리아 라티움Latium의 포셀로네Fossellone 동굴과 산타고스티노Sant'Agostino 동굴에서 발견된 매우 작은 격지에서는 소나무나 침엽수 송진resin의 잔류물이 발견되었다. 둘 다 거의 같은 55~45ka의 역사를 갖고 있지만 기술적 관점에서 볼 때 하나가 훨씬 더 복잡한데, 그 이유는 밀랍이 섞여 있기 때문이다. 송진은 자작나무 타르보다 충격에 약하지만, 실험 결과 밀랍을 첨가하면 내충격성이 거의 비슷해지는 것으로 나타났다.

송진은 나무껍질에서 뚝뚝 떨어지는 데다 온화한 지역의 숲속에서 향기를 풍기므로 쉽게 눈에 띈다. 균형을 잡기 위해 나무 몸통에 기대기만 해도 당신의 몸은 끈적끈적한 물질로 뒤덮일 것이다. 그

---

* 4장 참조. ─ 옮긴이

러나 밀랍은 어떨까? 8장에서 논의하겠지만 벌꿀에 대한 식욕이 네안데르탈인으로 하여금 밀랍을 하나의 물질로서 탐구하게 만든 것 같다. 밀랍이 목공용 접착제의 레시피에 첨가된 것은 그들이 밀랍의 물성에 관심을 가졌을 뿐만 아니라 실험 능력과 창의력을 보유하고 있었다는 증거다.

그러나 손잡이 부착이 네안데르탈인의 삶에서 차지하는 비중은 얼마나 됐을까? 무기용 촉weapon point이 아닌 인공물―잔손질된 도구에서부터 통상적인 격지에 이르기까지―중 상당수가 손잡이 부착으로 마감되었다. 인상적인 것은 프랑스 북부 비아슈-생-바스트Biache-Saint-Vaast의 야외 유적지에서 수집된 인공물 중 거의 절반이 미세하게 마감된 손잡이가 있는 데 반해, 시리아 역청 유적지의 몇 가지 사례를 분석한 연구에서는 약 3분의 1이 잔류물을 포함한 것으로 나타났다는 것이다. 소형 격지와 돌날에서는 손잡이 부착의 타당성이 인정되며, 엘시드론에서 발견된 한 명 이상의 치석에서는 침엽수 수지―아마도 가열된―가 발견되었다. 요컨대 적어도 일부 네안데르탈인에게 복합도구는 우리가 (희귀한 고고학적 사례에 기반하여) 상상할 수 있는 것보다 훨씬 더 일상적이었다고 볼 수 있다.

보존된 식물이 워낙 희귀하다 보니 네안데르탈인의 식물 사용에 대한 올바른 이해는 오랫동안 방해되어 왔다. 그러나 최근 들어 그보다 내구성이 높은 유기물의 역할이 재평가받고 있다. 대표적인 사례는 조개껍데기로, 어떤 의미에서 돌과 비슷한 생광물성 속성bio-mineral property을 지니고 있다. 전기 구석기시대의 조개껍데기 인공물이 전혀 없는 것은 아니지만 네안데르탈인은 120ka 이후 진정한 '조개껍데기 기반 기술shell-based technology'을 지속적으로 발달시켜 왔다. 지금까지 13개 유적지들—모두 그리스와 이탈리아에 있다—에서 조개껍데기로 만든 수백 개에 달하는 도구가 발견되었다. 이탈리아 남부에 있는 카발로Cavallo 동굴의 경우 약 1만 년에 걸친 퇴적층들에서 다양한 단편들이 발견되었는데, 그중에서 엠 간빙기에 해당하는 가장 풍부한 퇴적층은 120여 개의 잔손질된 조개껍데기 부분품을 포함하고 있다. 그리고 동일한 지역과 지질시대에 모세리니Moscerini 동굴의 네안데르탈인도 조개껍질 도구를 만들었다. 매우 좁은 발굴 구역에서 잔손질되지 않은 단편들과 함께 170개의 특정한 도구들이 발견되었다.*

조개껍데기 도구는 네안데르탈인이 재료 선택에 있어서 얼마나 까다로웠는지를 다시 한번 보여 준다. 그들은 백합조개Callista chione의 껍데기를 특히 선호했는데, 그것은 손바닥만 한 크기의 번듯한 재료로 윤기가 흐르는 표면이 장점이다. 그러나 비슷한 종들은 거의 사용되지 않았는데, 일례로 모세리니의 네안데르탈인들은 홍합을 식용으로만 사용하고 가공하지는 않았다. 심지어 백합조개는 먹을 수 있었음에도 불구하고, 백합조개의 껍데기가 음식물 쓰레기였음을 뒷받침하는 증거는 많지 않다. 일부 유적지의 해변에서 수집된 조개껍데기는 파손된 상태였지만 모세리니에서 수집된 것들 중 거의 4분의 1은—마치 모래사장에서 방금 주운 것처럼—상태가 양호했다.

그들은 왜 조개껍데기를 사용했을까? 그것은 자연스럽게 인체

---

* 이 유적지는 1949년에 발굴되었지만, 현재 로마와 나폴리를 잇는 해안고속도로 공사장에서 나온 건설 폐자재에 매몰되어 있다.

공학적인 여백ergonomic blank을 제공하기 때문일 것이다. 그러나 둥글 둥글하기 때문에 날을 세우려면 잔손질이 필요하며 돌보다 빨리 무 뎌진다는 단점이 있다. 하지만 조개껍데기로 만든 도구는 단단한 물체에 대고 잠깐 문질러 날을 다시 세울 수 있었다. 어떤 종은 놀랍도록 튼튼해서 사용흔 분석을 통해 나무를 긁는 것은 물론 고기와 피부를 절단할 수도 있었던 것으로 밝혀졌다.

대부분의 조개껍데기는 ○○와 유사한 집합체에서 나오는데 거기에는 그럴 만한 이유가 있다. 네안데르탈인은 '키나의 격지'와 '조개껍데기의 (길고 구부러진) 모서리와 (비교적 짧은) 바깥쪽'의 유사성에 주목했던 것으로 보인다. 그렇다면 그들이 키나와 조개껍데기에 동일한 기술적 노하우를 적용한 것이 확실시된다. 즉, 키나는 잔손질 할 때 이례적으로 강한 힘이 요구되는데, 조개껍데기를 깰 때도 그런 기술이 필요하며 심지어 제스처까지도 비슷하다. 조개껍데기 유적지들은 고품질 암석이 부족하여 네안데르탈인이 비교적 저품질의 암석(바닷가의 매우 작은 자갈 포함)을 사용할 수밖에 없었다는 공통점이 있다. 그들은 절약 정신을 발휘하여 깨자마자 즉시 사용할 수 있고 재연마도 가능한 조개껍데기에 눈을 돌렸을 것이다. 그러나 어떤 경우에는 조개껍데기가 해안에서 15킬로미터나 떨어진 곳에서 발견되는데, 이는 조개껍데기에 대한 선호도가 높았음을 시사한다.

그러나 한 가지 수수께끼가 아직 남아 있다. 조개껍데기 유적지가 지중해 중부에서만 발견되는 이유가 뭘까? 오늘날에는 백합조개가 먼 서쪽지방과 대서양 해안 주변에도 풍부하지만 빙하기에는 그렇지 않았을 것이다. 그럼에도 불구하고 (다음 장에서 보겠지만) 네안데르탈인이 해안에서 채집생활을 했다는 점을 감안할 때 이베리아 반도에서 조개껍데기 도구가 발견되지 않는다는 것은 이상하다. 어쩌면 일부 조개껍데기 집합체들이 발견된 곳은 수몰지역이었기 때문에 절망한 해식동 sea cave 거주자들이 고심 끝에 친척들이 살았던 고대 뗀석기 유적지로 이동했을지도 모른다.

돌에서 뼈로

물론 네안데르탈인은 나무와 조개껍데기 말고도 제3의 유기물 자원에 접근할 수 있었다. 그것은 나무나 조개껍데기보다 훨씬 더 풍부한 도구 제작 재료로, 다름 아닌 동물의 뼈였다. 살아 있는 동물은 사냥감이고 죽은 동물은 원재료이므로 동물의 몸은 그들의 삶을 지탱하는 양대 기둥인 기술과 생계를 연결하는 가교였다. 지난 수십 년 동안의 통설은 '중기 구석기시대에는 사슴뿔, 상아, 또는 뼈로 만든 도구가 사실상 존재하지 않았다'는 것이었고, 그래서 동물 뼈는 현생인류인 호모 사피엔스의 등장을 알리는 표지자 marker로 간주되어 왔다. 그러나 분석 기술이 발달하고 기대치가 변화하면서 오늘날의 선사학자들은 전혀 다른 풍경을 마주하게 되었다. 네안데르탈인이 등장한 전기 구석기시대에는 동물의 유골과 석질 생산이 이미 떼려야 뗄수 없는 관계였지만, 그들은 이러한 초기 전통을 더욱 강화하고 개혁했던 것이다.

그들의 선조는 뼈나 사슴뿔로 만든 망치가 양면석기를 만드는

데 필요한 얕게 떼내기 shallow flaking 기술에 안성맞춤임을 잘 이해하고 있었다. 그러나 중기 구석기시대가 열리며 커다란 통뼈는(특히 사지뼈의 몸통에서) 작은 뼛조각으로 대체되는 변화를 겪었다. 대부분의 뼈는 석기를 마지막으로 성형·잔손질·재연마하는 데 사용되었지만 아직 초기라서 그런지 어떤 유적지에서는 엄청나게 많은 뼈가 발견되지만 어떤 유적지에는 하나도 발견되지 않았다. 이러한 골각기 bone tool — 일반적으로는 잔손질용 도구였지만 재연마용일 수도 있었다 — 에 대한 연구가 늘어나면서 네안데르탈인의 기술과 전통에 대한 매혹적인 디테일이 드러났다.

골각기의 증가세에 대한 두드러진 증거는 쇠닝겐의 '창의 지평'에서 나왔다. 겨우 50제곱미터(15평)의 공간에서 15개의 커다란 뼈망치가 발견되었는데, 그중 일부는 손상된 것으로 보아 골수를 얻기 위해 다른 뼈를 박살내는 데도 사용되었음을 시사한다(그중 상당수는 이미 석질을 잔손질하는 데 사용되었다). 망치질과 잔손질은 특별한 수준의 힘과 '어떻게 들어올리고 어디를 겨냥할 것인가'에 관한 지식을 필요로 한다. 그러므로 쇠닝겐의 초기 네안데르탈인은 다른 과제를 수행하기 위해 대형 뼈망치를 사용한 게 확실하지만 아직 특정 활동에 필요한 뼛조각을 고르지는 않았다.

그럼에도 불구하고 그들은 뼈의 종류를 선택하는 경향을 보였다. 쇠닝겐에는 말의 시체가 풍부했는데 말의 종아리뼈 — 중수족골 metapodial 이라고 한다 — 가 도구용, 특히 다목적 도구용으로 선호되었던 것으로 보인다. 중수족골에는 살이 별로 없지만, 두껍고 강하고 평평한 몸통은 타격 에너지를 확산하는 데 안성맞춤이다.

초기 네안데르탈 세계 전역에서 뼈 기술이 더욱 세련화되는 데 걸린 기간은 10만 년 미만이었다. 중수족골은 여전히 선호되었지만 통뼈보다는 거의 항상 파편이 사용되었다. 프랑스 레프라델레Les Pradelles에서 동굴이 붕괴되며 형성된 싱크홀을 발굴한 결과, 네안데르탈인이 얼마나 체계적이었는지 밝혀졌다. 80~50ka의 무궁무진한 키나 퇴적층을 최근 다시 조사해 보니 지금까지 약 700개의 잔손질용 뼈가 발견되었고, 그중 3분의 2는 단 하나의 집합체에서 나왔는데 석질보다 두 배나 흔했다.

네안데르탈인은 사냥꾼이었으므로 뼈의 물리적 속성과 종별 차이를 속속들이 알고 있었다. 레프라델레에서 도축된 동물들은 대부분 순록이었지만 잔손질용 도구를 마련할 때는 더욱 커다란 동물의 뼈를 선호했던 듯, 말과 들소의 뼈로 만든 도구들이 두 배는 더 많았다. 다른 많은 유적지에서도 이와 비슷한 정도의 대형동물의 뼈가 관찰된다. 예컨대 노루가 많이 사냥된 지역에서도 도구용으로는 그보다 개체수가 적은 무스나 오로크의 뼈를 더 선호한 것으로 보인다.

종 말고도 네안데르탈인이 고려한 또 다른 사항은 신체부위였다. 그들에게 뒷다리는 석질 인공물의 부싯돌과 같았다. 그들은 전형적으로 뒷다리를 선호했지만 필요하다면 바꾸기도 하는 융통성을 발휘했다. 레프라델레를 다시 살펴보면 '중수족골은 재손질용'이라는 법칙에 예외가 있었으며, 간혹 턱뼈나 어깨뼈, 볼기뼈, 갈비뼈, 심지어 발가락뼈가 사용되었다. 다른 맥락에서는 중기 구석기시대 초기를 연상시키는 큰 사지뼈의 몸통 대신 말단이 사용되었다. 그러나 다른 곳에서는 완전히 다른 신체부위(이를테면 뿔심horn core, 말의 이빨)가 사용되었고, 심지어 체코공화국의 쿨나Kůlna 동굴에서는 매머드의 상아가 사용되었다. 그들은 육식동물의 뼈도 개의치 않았는데 쇠닝겐의 '창의 지평'에서 산발적으로 발견된 검치호의 유골 중에서 앞발 윗부분은 망치질과 잔손질용으로 모두 사용되었다.*

네안데르탈인은 뼛조각을 선택할 때 크기는 기본이고 뼛조각 자체의 품질도 꼼꼼히 챙겼다. '손목 털기flick-of-the-wrist'라는 잔손질 제스처를 제대로 하려면 적당한 길이가 필요하므로, 네안데르탈인은 5센티미터 남짓한 길이의 뼈를 일관되게 선택했다. 레프라델레에서 발굴된 잔손질용 뼈의 평균 길이는 사용하지 않은 뼛조각의 거의 두 배에 해당한다. 네안데르탈인은 원하는 사양을 정확히 염두에 뒀으며, 눈 딱 감고 오래된 뼛조각과 타협하는 법이 없었다. 적어도 어떤 유적지에서는 쓰레기 더미에서 눈에 띄는 것을 고르기보다는 도축하는 도중에 쓸 만한 뼈를 챙긴 것으로 나타났다. 그들의 태도에 수긍이 간다. 신선한 뼈는 강도와 탄력성이 뛰어나기 때문이다. 새로운 복원 연구를 통해 네안데르탈인의 신중한 태도가 미시적 규모에서 확인된다. 벨기에의 스클란디나Sclandina에서 한 네안데르탈인은 (골수를 꺼내기 위해) 도축된 곰의 넙다리뼈를 박살내는 동안, 그중에서 가장 긴 조각 4개만을 잔손질용 도구로 선택한 것으로 나타났다.

그러나 탁월한 품질 감정사였음에도 불구하고 그들은 가끔 예기치 않은 잔손질용 도구를 선택하기도 했다. 많은 유적지들과 마찬

---

*   이미 풍화된 이것은 '사냥된 동물'이라기보다는 '습득한 시체'일 가능성이 높다.

가지로 쇠닝겐의 '창의 지평'은 복기지palimpsest*를 연상케 하는 다층적인 주거지였다. 그러므로 모든 뼈 도구의 약 75퍼센트가 말의 왼쪽에서 나왔다는 사실은 특기할 만하다. 그것은 왼쪽 뼈는 오른손잡이 사용자에게 적합하다는 사실과 관련될 수 있지만 어쨌든 중요한 것은 그게 의도적이었다는 것이다.

심지어 일부 잔손질용 골각기는 네안데르탈인이 특정한 용도를 염두에 두고 있었다는 인상을 준다. 손상의 위치, 형태, 성질을 디테일하게 연구한 결과, 크고 두꺼운 골각기일수록 더욱 적극적으로 사용되었음을 알 수 있었다. 뼈의 평평한 표면을 오목하게 만들기 위해 뗀장이들은 뼈를 요리조리 돌려가며 두드렸던 것으로 보이는데, 그 빈도가 평상시의 다섯 배가 되는 경우도 있었다. 잔손질용 골각기의 표면은 사용 전과 도중에 긁히는 경우가 많았는데, 프랑스 북부의 르로젤Le Rozel에서는 잔손질용 골각기의 긁힘이 여러 배 더 흔했다. 이는 네안데르탈인이 오래 사용할 골각기를 준비할 땐 사용 전에 더 많은 주의를 기울였다는 것을 시사한다.

많은 연구에도 불구하고 여전히 한 가지 의문이 남는다. 특정한 잔손질용 골각기로 일부 기술복합체(특히 키나)를 더욱 강도 높게 처리할 수 있지만, 일부 유적지에서는 잔손질용 골각기가 많이 발견되는 데 반해 다른 유적지에서는 거의 발견되지 않는 이유가 뭘까? 돌의 품질이나 가용성의 지역적 차이와 관련된 것 같지는 않고 잔손질된 석질의 개수, 유적지의 연대, 기능, 사냥된 동물도 무관한 것 같다.

---

*   썼던 글자를 지우고 그 위에 다시 글을 쓸 수 있도록 만든 양피지. – 옮긴이

가능한 답변은 잔손질용 골각기들이 고고학적으로 이해할 수 없는 맥락이나 동역학과 관련되어 있다는 것이다. 이를테면 유적지의 위치가 더욱 광범위한 점유 주기의 범위 내에 있다거나, 그룹 멤버의 사회적 구성이 독특하다거나, ….

잔손질용 골각기는 훨씬 흔하게 발견되는 유기물 도구이지만 네안데르탈인은 뼈를 다른 방식으로도 사용했다. 일부 사지뼈 몸통의 끝부분에 일관되게 가해진 치명적인 손상은 그것들이 간접적인 석질 떼기 도구로 사용되었다는 것을 시사한다. 가령 뼛조각이 몸돌과 망치 사이에서 '중개인'으로 작용하여 힘을 집중시켰을 수 있다. 표면이 평평해졌거나 반질반질해진 뼈들은 물체를 다른 방식으로 문지르기 위해 사용되었음을 강력히 시사한다. 이것은 때때로 잔손질용 골각기에서 볼 수 있지만, 대체로 평범한 뼈의 몸통 조각에서 두드러진다. 쇠닝겐의 네안데르탈인은 예리한 골각기의 촉을 중간 강도의 재료에 집중적으로 사용했는데, 어쩌면 '칼' 대용품 삼아 질긴 근섬유를 절단했을 수도 있다. 다른 뼛조각들(상아 조각 포함)은 서서히 마모되어 평평해졌고, 심지어 더 부드러운 물체(아마도 동물의 가죽)와 마찰되어 비스듬해져 있었다.

다른 곳에서 출토된 더욱 커다란 집합체들을 세밀하게 분석한 결과, 다른 골각기들을 손상의 형태와 방향에 따라 어렵사리 분류할 수 있었다. 콤브그레날의 경우, 일부 골각기는 '긴 축'과 '넓고 반질반질한 말단'에 몇 개의 평행한 스크래치가 새겨져 있었고, 뾰족한 말단을 가진 짧은 뼛조각들은 매우 다르고 한쪽으로 치우친 마모 패턴을 보였다. 정확히 어떤 용도로 사용되었는지는 모르겠지만 네안데르탈인은 필시 골각기를 과업별로 선택한 것 같다.

조개껍데기와 마찬가지로 뼈도 간혹 떼기와 성형의 대상이 되었다. 이러한 관행은 전기 구석기시대에서 기원하지만 얼마나 빈번했는지는 알기 어렵다. 왜냐하면 육식동물이나 다른 자연적 과정으로 인해 뼈가 손상되는 경우가 비일비재하기 때문이다. 그러나 깨진 매머드 상아는 경우가 다르다. 19세기에 발굴된 바르메그란데Barme Grande—이탈리아와 프랑스 국경에 위치한 유물이 풍부한 해안동굴 중 하나—에서 도축된 어린 매머드의 '아직 연결된 유골'이 발견되었는데, 상아가 쪼개져 떨어져 나간 흔적이 있었다. 스페인 북부 악슬로르Axlor에서 발굴된 뼛조각들은 잔손질을 통해 긁개와 끌용 모서리를 갖고 있었는데, 사용흔을 분석해 보니 가죽 손질에 사용된 것으로 밝혀졌다. 다른 맥락에서 네안데르탈인은 잔손질용 골각기와 다른 골각기들을 깨뜨려 윤곽을 바꾸었는데, 이는 그들이 속성뿐만 아니라 형태도 중시했음을 강력히 시사하는 증거다.

네안데르탈인은 뼈로 무기도 만들었을까? 아마도 그럴 것이다. 가장 가능성 높은 후보는 최소 55~45ka로 추정되는 탁 트인 순록 사냥터였던 독일 잘츠기터-레벤슈테트Salzgitter-Lebenstedt*에서 나왔다. 이곳에서 20개 이상의 성형된 뼈 인공물이 발견되었는데, 그중에는 길이 50센티미터의 매머드의 갈비뼈도 포함되어 있었다. 가장 놀랍고 독특한 유물은 순록 뼈로 만든 쐐기 모양의 촉이다. 원뿔 모양의 끄트머리와 모따기chamfering된 밑동으로 보건대 손잡이가 부착된 무

---

* 잘츠기터의 발굴지 근처에는 마무트링Mammutring이라는 주택가가 자리 잡고 있는데, '매머드 상아 모양의 거리Mammoth Crescent'라는 뜻이다.

기의 작동부임이 분명해 보였다. 길이는 겨우 6센티미터로, 가벼운 창촉이었을 수도 있고 어쩌면 화살촉으로 쓰였을 수 있다. 화살촉은 보편적으로 초기 호모 사피엔스의 발명품으로 가정되어 왔지만 네안데르탈인 유적지에서 발견된 석질들은 그것이 네안데르탈인의 발명품임을 암시하고 있다(자세한 내용은 15장에서 살펴볼 예정이다). 잘츠기터는 중기 구석기시대에 뼈무기가 사용되었음을 시사하는 유일한 후보지로 알려져 있다.

도구에서 정신으로

네안데르탈인의 유기물 및 석질 기술의 범위는 크게 확장되었다. 그 사실은 우리에게 무엇을 말해 주는가? 그들의 전문적 기술은 가장 복잡한 영장류, 조류 또는 다른 도구 제작 동물을 넘어선 수준으로, 앞선 호미닌 조상들과 비교하더라도 두드러진다. 르발루아는 오랫동안 네안테르탈인의 인지기능의 최고봉으로 간주되어 왔지만 다른 석질 기술복합체에서도 비록 다르게 기능했을망정 그와 비슷한 수준의 정교함이 엿보인다. 모든 기술복합체들은 하나같이 돌떼기 메커니즘의 탁월한 제어를 요구했다.

지난 30년 동안 네안데르탈인과 초기 호모 사피엔스를 구분하는 기술적 경계는 점점 더 모호해졌다. 비록 늘 풍부했던 건 아니었지만 현대적인 것으로 여겨지는 골각기의 존재는 기정사실화되었다. '동시대의 아프리카 중기 구석기시대만 있었고 네안데르탈인 중기 구석기시대에는 없었던 기술'은 두 가지라고 볼 수 있다. 하나는 돌의 속성을 향상시키기 위한 가열 제어controlled heating 기술이고, 다른 하나는 톱니 모양의 무기 촉을 만들기 위한 가압 홈파기pressure notching 기술이다.* 이 기술들은 널리 전파되지 않은 게 사실이지만 인지적 관점에서 볼 때 네안데르탈인이 구사했던 다른 기술들과 근본적으로 다르지 않다.

쇠닝겐의 창과 기타 목공품에서 드러난 명백한 기술을 감안할 때 우리는 '목수로서의 네안데르탈인'을 분명히 고려해야 한다. 그들은 목공품에 다른 어떤 양면석기, 심지어 르발루아 몸돌보다도 많은 시간과 에너지를 소모했을 것이다. 그리고 골각기는 일반적으로 고강도 작업을 수반하지 않지만 네안데르탈인이 모든 원재료의 선택 및 품질에 관심을 보였음을 방증한다. 그들은 동물의 몸이 식량보다 더 많은 것을 제공한다고 인식한 선각자였다. 동물의 시체를 '자원'으로 취급하는 경향이 점점 더 증가했고, 잔손질용 도구는 전문화된 석질 도구를 더 많이 만들어 냈을 뿐만 아니라 재연마를 대폭 증가시킴으로써 인공물의 사용 가능한 수명을 늘렸다.

손잡이 부착 물질의 생산은 기술 수준을 한 단계 끌어올렸다. 자작나무 타르는 모닥불 속의 나무껍질에서 우연히 형성될 수 있지만, 사용 가능한 양을 확보하기 위해서는 불의 온도를 장기간 신중하게 조절해야 했다. 더욱이 북해산 타르의 화학적 순수성은 네안데르탈인이 50ka경 자신들의 기술을 유의미하게 개선했다는 설을 뒷받침

---

* 가압떼기pressure flaking 기술은 일종의 잔손질 기술을 수반하는데, 이때 작업자는 타격보다는 집중적인 압력을 가함으로써 격지를 효과적으로 떼낸다.

한다. 그에 더하여 네안데르탈인은 밀랍을 첨가하여 송진의 품질을 향상시켰으므로, 남아프리카의 초기 호모 사피엔스 유적지에서 발견된 식물성 고무와 광물성 접착제에 상응하는 인지적 복잡성을 인정받을 수 있다.

또한 복합도구는 그 자체로서 계획·설계·예측에 요구되는 인상적인 지능을 암시한다. 그들은 재료 조달원을 몇 군데에 확보했고, 심지어 각각의 부분품을 미리 제조한 후 나중에 조립하는 공정을 확립했다. 그리고 복합도구 자체로 수리가 가능하여 마모된 돌의 모서리는 대체가 가능했지만, 손잡이는 그보다 수명이 훨씬 길고 더 먼 곳까지 운반할 수 있었다. 접착제는 당연히 휴대가 가능했을 것이고 쾨니히자우에서 발견된 것은 조심스레 둘둘 말리고 접혀 있었던 것으로 보아 아마도 다른 곳에서 생산된 것 같다.

자세히 들여다볼수록 네안데르탈인은 만든 물건을 상당히 먼 곳까지 운반한 것을 알 수 있다. 나무의 나이테에 따르면 쇠닝겐의 가문비나무로 만들어진 창은 호숫가에서 가공된 게 아니라 여름철에 (인근에 있는 하르츠Harz 산맥의) 고지대에서 벌목된 것으로 보인다. 심지어 어떤 창촉에는 다른 곳에서의 사냥으로 망가진 창을 수리한 듯한 흔적이 있다. 골각기가 운반되었다는 확고한 증거는 아직 없지만 이동 중에 석질을 재연마할 필요가 있었다는 점을 감안하면 네안데르탈인은 아마도 골각기를 휴대했을 것이다. 스페인의 엘살트 El Salt 동굴에서 흥미로운 증거가 발견되었는데, 그 내용인즉 뼈로 만든 잔손질용 도구가 사용될 때 이미 낡은 상태였다는 것이다. 그리고 이례적인 동물이 이를 반영하는데, 프랑스 남동부의 물라-게르시

Moula-Guercy에서 발굴된 거대한 사슴 뼈로 만든 잔손질용 도구가 '도축된 후 박살난 동물 뼈'임이 분명했다. 그 사슴의 뼈는 해당 퇴적층에서 딱 하나만 발견되었다.

만약 네안데르탈인이 많은 도구를 휴대했다면 그들의 사회에서 사유재산이 인정되었다고 가정할 수 있을까? 제작 시간이 많이 걸리는 뒤지개나 개인의 체형에 적합하게 제작된 창 등은 제작자 개인의 소유물로 인정되었을 가능성이 높다. 이게 사실이라면 대부분의 네안데르탈인이 (다양한 도구를 만드는 기술을 보유한) 팔방미인이었을 수도 있다. 하지만 다양한 수준의 노하우가 구현된 정교한 인공물들은 공동 프로젝트의 산물일지도 모른다. 그렇다면 최소한 몇 가지 기술 영역(돌떼기, 나무 깎기, 접착제 만들기, 사냥이나 가죽 손질 등의 활동)에서 전문 기술자가 각광받는 장면이 충분히 예상 가능하다.

어쩌면 우리는 한 명의 기능 보유자를 이미 찾았는지도 모른다. 남성 성인 유골 '엘시드론 1'을 화학적으로 분석한 결과, 그의 치아에서 미량의 역청이 검출되었다. 납득할 만한 설명은 단 하나, 그가 입을 이용해 복합도구를 만들거나 수리했다는 것이다. 치아에 심하게 까진 흔적이 있고 치아 사이에 식물의 잔류물이 끼어 있다는 점이 이러한 추론을 뒷받침한다. 다른 한편으로 이것은 고고학 기록의 공백을 떠올리게 한다. 화학적 분석이 없는 상태에서 우리는 이베리아 반도에서부터 동유럽, 심지어 근동에 이르기까지 역청이 얼마나 널리 사용되었는지 짐작조차 할 수 없다.

사회적 학습과 나름대로의 정교한 의사소통이라는 맥락 없이 네안데르탈인 개개인이 정교한 기술을 익혔다고 상상하기는 어렵다. 현대의 석공들도 때때로 독학을 할 수도 있겠지만 그러려면 비디오 튜토리얼까지는 아닐지라도 일종의 교재가 필요한 것이 상례다. 도구를 사용하는 영장류는 대체로 관찰과 모방을 통해 학습하는데, 네안데르탈인의 유물에서 엿볼 수 있는 재료와 기술의 광범위함은 일종의 교육을 강력히 암시하며, 총괄적 교육directed instruction은 모든 인류의 공통적 특징이라는 사실과 일치한다. 가장 효율적인 교육은 견학과 실습으로, 젊은 네안데르탈인은 공식적인 방법이라기보다는 문화와 체험을 통해 배웠을 것이다. 그들은 '알찬 자갈이 부딪칠 때 나는 소리'를 귀로 판단하고 '정확한 각도와 힘으로 몸돌을 때리는 방법'을 몸으로 느꼈을 것이다.

자신만만한 연장자들의 타격음 사이로 젊은이들의 머뭇거리는 타격음이 비집고 들어가 현장 주변으로 메아리치는 합창을 만들어 냈을 것이다. 이러한 세대 간 학습은 문화적 전통을 유지하는 데 필수적이며, 네안데르탈인의 석질 기술복합체를 뒷받침한 토대였다. 지중해 중부의 조개껍데기 도구 전통과 수만 년 동안 유럽의 3개 지역에 확산된 자작나무 타르 기술도 이러한 학습의 뒷받침 없이는 불가능했을 것이다. 미시적 관점에서 보면 쇠닝겐에서도 사회적 학습이 수반된 문화적 전통이 감지된다. 사냥꾼들은 몇 번이고 호숫가의 '동일한 장소'로 돌아와 '동일한 수종'을 선택하여 '거의 동일한 방식'으로 창을 만들었고, 자신들이 사냥한 말의 '동일한 부위'를 도구로 사용했으니 말이다.

정신이 사물을 만들지만, 사물 역시 대대손손 이어지는 방식으로 정신을 창조하며 심지어 종 전체를 변화시킬 수 있다. 새로운 경험이나 만남은 네안데르탈인에게 세상에 대한 새로운 사고방식의 문을 열어 주었을 것이다. 그들의 기술 혁신이 삶의 다른 측면에 영향을 미쳤으리라는 생각은 비약이 아니다. 이와 관련하여 복합도구는 적절한 사례다. 조립의 고유한 과정은 유대감과 협업이라는 개념을 강화하고, 이는 사냥과 사회적 네트워크에 필수적이다. 또한 다양한 장소와 시기를 연결하는 재료들로 구성되는 복합도구는 강력한 연상의 매개체가 되어 기억과 상상의 지평을 확장해 주었을 것이다.

 자작나무 타르는 색다른 아이디어를 제시한다. 딱딱한 나무껍질이 끈끈하고 자극적인 새까만 액체로 바뀐다는 사실을 아는 것은 본질적으로 물질이 변화할 수 있음을 이해한다는 것을 의미한다. '연금술'은 부담스러운 용어이지만 네안데르탈인은 분명 거기서 크게 벗어나지 않는 개념을 가지고 있었다. 타르가 생성되어 냉각되고 응고된 후 다시 가열되어 부드러워지는 동안 네안데르탈인은 변화의 주기를 목격하고 이해했을 것이다. 우리는 오늘날 그와 비슷한 물리적 변화 과정을 볼 수 있는데, 광물이 액체를 거쳐 마침내 금속이라는 고체가 되는 과정이 바로 그것이다. 그러나 금속이 발명된 것은 그로부터 수만 년 후의 일이다.

네안데르탈인의 진가를 알고 나면 우리는 그들이 기본적으로 실험가일 뿐만 아니라 전문가임을 인정하게 된다. 안목을 가지고 재료를 선택하고 목표를 계획하는 것의 밑바탕에 심오한 지식이 깔려 있다.

네안데르탈인은 자신이 매일 몰입하는 기술에 대한 전문가로서 전통과 적응력을 결합했다. 그리고 사물을 분해하고 조립하는 새로운 방법을 개발했다. 이러한 활동의 영향은 외곽으로 확대되어 점점 더 복잡해지는 삶을 영위하고 활동 범위를 넓히는 방법을 제공했다.

이러한 정신적 유연성은 모든 상황 변화에 적응하고 새로운 형태를 생산하고 사용하며 회복을 창조하는 한편, 세상과 그 안에 있는 모든 것을 과거 어느 때보다도 풍요롭게 탐험할 수 있도록 해 주었다. 그러나 이 모든 것을 위해 그들은 먼저 먹는 문제를 해결해야 했다.

8장

먹고
살기

사람들은 호숫가에 숨어 큼직한 비계 덩어리와 굵직한 뼈대를 기다리고 있다. 싯누런 가을 갈대 사이로 먼동이 트기도 전에 우렁차게 울어대는 개구리 때문에 처음에는 말馬 소리를 들을 수 없다. 대신 발밑의 땅바닥이 가까워지는 말굽 소리를 전해 준다. 호숫가에 도착한 거대한 말들은 속도를 줄여 귀를 쫑긋 세우고 눈을 크게 뜬다. 신경질적인 콧소리와 특유의 냄새가 이미 도착을 알리지만 그들의 커다란 콧구멍은 위험을 전혀 탐지하지 못한 듯하다. 고개를 숙인 말들의 입이 수면을 가른다. 말들은 죽 들이킨 한 모금 물에 마음이 놓여 목구멍의 긴장을 풀고… 갈대가 마구 짓밟혀 쓰러지고… 짐승과 사람의 비명 소리가 뒤섞이고… 많은 사람들이 뒤에서 몰려나와… 물속으로 뛰어들고… 손이 아프도록 창을 움켜쥐고… 말의 목을 찌르고 또 찌른다…

구름과 나무가 반사되는 호수에서 새까맣고 그윽한 눈망울이 허공을 응시한다. 넘어진 말의 몸에 부러진 창이 꽂혀 있다. 사람들은 호수에서 일차적인 해체 작업을 시작하는데 신속함이 생명이다. 조만간 해가 머리 위에 떠오를 것이고, 고기 냄새가 깊은 숲속에서 벌름거리는 털북숭이들의 코로 들어갈 것이기 때문이다. 사람들은 호숫가에서 적당한 장소를 발견하여 말의 다리를 잘라 낸 뒤 엉덩이·머리·목을 자르고, 마지막으로 갈비뼈를 발라 낸다. 쨍하고 깨지는 부싯돌의 굉음과 깨끗이 다듬어진 뼈망치와 재연마용 도구의 스타카토가 어우러져 묘한 앙상블을 이룬다. 곧 말의 뼈로 만든 골각기가 말을 파괴한다.

35만 년 전과 마찬가지로, 오늘 밤 어떤 배들은 달콤한 포만감을 느끼고 어떤 배들은 쓰라린 공복감을 느낀다. 생계는 생존과 직결되며 네안데르탈인을 연구하는 데 있어서 그것은 늘 커다란 문제였다. 그러나 모든 인류학자—그리고 레스토랑 비평가—들이 말하는 것처럼 음식은 단지 영양분만 공급하지 않는다. '무엇을(그리고 어떻게) 먹을 것인지'는 기술에서부터 문화에 이르기까지 삶의 여러 기본적 측면들과 얼기설기 엮여 있다. 그러므로 네안데르탈인의 메뉴를 알아내면 그들의 생활을 연구하는 길이 활짝 열린다. 그들처럼 광범위한 환경과 기후에 직면했던 종이 여러 가지 음식물을 섭취했다는 것은 전혀 놀라운 일이 아니지만, 더욱 강력한 연구 방법 덕분에 '네안데르탈인의 요리법'에 대한 그림은 갈수록 점점 더 다채로워진다. '네안데르탈인은 X를 먹을 수 없었기 때문에 멸종했다'는 단순 무식한 주장은 오늘날 '우리와 그들 간의 훨씬 더 섬세한 비교분석'으로 대체되었다.

설사 음식물이 연료 이상의 의미를 갖는다 할지라도, 생물학자들은 여전히 '식생활에 대한 생각'을 위한 기준선을 제시한다. 고강도 생활방식이 빚어낸 육중한 몸과 뼈를 감안할 때 네안데르탈인은 얼마나 많은 에너지가 필요했을까? 우람한 근육과 짧은 다리를 움직이는 것도 고역이지만, 커다란 심장을 뛰게 하는 것과 같은 무의식적인 필수 기능도 힘들기는 마찬가지다. 그리고 뇌는 탐욕스러운 기관이기 때문에, 아주 약간만 더 크다 하더라도 더 많은 칼로리를 소모한다.

모든 점을 감안하면 네안데르탈인은 하루에 무려 3,500kcal에서 5,000kcal의 열량을 소모했던 것으로 추정된다. 이 정도면 오늘날 전형적인 성인 가이드라인의 두 배 이상이며, 심지어 월드 클래스 스포츠맨의 한계치를 초과한다. 그러나 극한 상황에서는 열량 소비가 훨씬 더 늘어난다. 예컨대 네안데르탈인 여성은 더 크고 무거운 아기를 길렀으니 더 많은 모유를 먹여야 했을 것이다. 젖을 뗀 아기는 더 많은 음식을 먹었을 뿐 아니라 데리고 다녀야 했는데, 그 부담은 오롯이 부모―그리고 어쩌면 다른 사람들―의 몫이었다.

혹독하고 추운 환경에서 사는 것도 에너지 필요량을 더욱 끌어올렸다. 심설深雪로 뒤덮인 아한대 숲을 통과하는 것은 특히 진 빠지는 일인데, 실제로 오늘날 그런 지역에 거주하는 수렵채집인들은 하루 3kg 이상의 엄청난 양의 고기를 먹는다. 이를 열량으로 환산하면 약 5,500kcal이다. 네안데르탈인은 현생인류보다 평균 5~10퍼센트의 열량이 더 필요했으므로 제대로 된 방한복 없이 혹독한 환경에 살았던 그들은 하루 최대 7,000kcal의 에너지가 필요했을 것이다.

그게 뭘 의미할까? 7,000kcal라면 요즘으로 치면 크리스마스 시즌의 폭식―아침에는 푸짐한 프라이업fry-up을 먹고, 저녁에는 로스트디너roast dinner와 샴페인, 치즈플래터cheese platter도 모자라 트라이플trifle 디저트까지 챙겨 먹는다―의 칼로리와 맞먹는다. 그걸 크리스마스 때만 먹는 게 아니라 하루도 빠짐없이 먹었다니! 네안데르탈인 10명이 일주일 동안 먹고살려면 30만 kcal가 필요했다. 그건 순록 3마리가 일주일 동안 먹는 양이며, 전형적인 늑대 무리가 먹는 양보다 50퍼센트는 더 많다. 게다가 사람에게 필요한 영양소는 늑대나 하이에나와 다르므로, 살코기만 먹었다가는 금세 영양실조로 죽었을 것이다. 필수 미량 영양소micronutrient—지방, 비타민, 미네랄—를 충분히 섭취하려면 동물의 지방, 뇌, 혀, 눈, 골수가 필요했을 텐데 이는 칼로리 제공량보다 두 배 많은 동물을 사냥했어야 한다는 것을 의미한다. 따라서 설사 거대한 코뿔소 한 마리가 100만 kcal의 열량을 제공했더라도 건강을 유지하는 데에는 여전히 불충분했을 수 있다.

뼈의 직소퍼즐

네안데르탈인이 엄청난 대식가였음은 분명하다. 그러나 그들이 정확히 얼마나 먹었는지를 알아내는 것은 여간 복잡한 일이 아니다. 연구자들은 오랫동안 동물—또는 동물상fauna—의 뼈를 집중적으로 연구해 왔지만 단순히 발견 빈도만 헤아리는 것은 오해의 소지가 있었다. 여기서 또다시 문제가 되는 것은 화석화과정학taphonomy이다. 동물의 유골은 호미닌과 무관한 과정—무작위적인 사망, 홍수, 또는 육식동물의 공격—을 통해 고고학적 지층에 자리를 잡는다. 초기 선사학자들은 이점을 깨닫지 못하거나 간과했는데, 사정이 바뀐 것은 20세기 후반에 '네안데르탈인은 체계적인 청소부였다'는 주장이 등장하면서부터였다. 이 주장은 '진정한 사냥은 나중에 호모 사피엔스가 나타나면서 흔해졌다'는 주장과 일맥상통하며, 아마도 '네안데르탈인은 너무 멍청해서 대형동물을 사냥할 수 없었다'는 고정관념으로 이어진 것으로 보인다.

그러나 네안데르탈인이 고기 도적단이라는 아이디어는 근거가 빈약하다. 오늘날 일부 수렵채집인들은 정말로 '강력한 청소'라는 방식을 채택하고 있지만 오로지 그런 방식으로만 살아가는 것은 어마어마하게 어렵다. 왜냐하면 살점이 많이 붙어 있는 시체는 드문 데다 수요가 폭주하는 자원이기 때문이다. 하이에나는 최고의 청소부로, 밤낮을 가리지 않고 30분 안에 신선한 시체에 도착한다. 그리고 가장 탄력 있는 뼈를 거의 모두 깨부순 다음 골수를 모조리 빨아먹는다. 따라서 살점이 조금이라도 붙어 있는 시체를 차지하려면 네안데르탈인은 일찌감치 현장에 도착하여 하이에나들을 계속 쫓아내야 했을 것이다. 그게 과연 가능했을까?

'네안데르탈인은 연골질 나부랭이*에 의존하여 근근이 생계를 이어나갔다'는 생각에 정면으로 배치하는 근거는 고고학에서 나왔다. 1980년대 후반부터 네안데르탈인의 사냥에 대한 엄청난 근거에 비해 청소부였다는 가설을 뒷받침할 만한 직접적인 근거는 매우 빈약했던 것이다. 포식동물이 사냥감의 뼈를 물어뜯은 흔적은 늘 사냥으로 인한 절단흔 위에 새겨져 있었다. 늑대와 검치호는 쇠닝겐의 터줏대감이었지만 뼈를 물어뜯으려면 시체를 선점한 네안데르탈인이 용무를 마칠 때까지 기다려야 했다. 사냥에 성공한 후 시체를 선점한 것은 네안데르탈인이었지, 육식동물이 아니었다. 육식동물은

---

* 질기고 힘줄 많은 허드렛고기. – 옮긴이

접근하지 못하게 하는 네안데르탈인을 향해 으르렁거릴 뿐이었다.

오늘날의 연구자들은 모든 뼈를 대상으로 숨길 수 없는 표면 변화를 조사한다. 균열, 찰과상, 얼룩을 살펴보면 '그들이 지표면에 놓여 있었는지 아니면 신속히 매장되었는지'를 알 수 있으며, 어떤 동물들은 명함(치아와 부리의 흔적, 심지어 위액에 의한 부식)을 남기기도 한다. 종종 뼈에 흔적을 남긴 종—이를테면 하이에나인지 매hawk인지—을 확인할 수도 있다. 일단 자연적으로 누적된 유골들을 배제하고 나면 연구자들은 오해의 여지없는 호미닌의 서명(불탄 흔적, 석질이나 독특한 타격에 의한 절단흔, 신선한 뼈의 골절)을 찾는다. 오늘날 일상적으로 사용되는 강력한 실험 키트를 본다면 19세기의 선사학자들은 입을 쩍 벌릴 것이다. 고성능 광학현미경은 도구로 썰거나 찍은 흔적을 찾아내며, 전자빔은 스크래치의 단면을 나노 해상도로 추적한다.* ZooMS* 같은 떠오르는 생화학 기법은 심지어 정체불명의(다른 방법으로는 신원 확인이 불가능한) 종을 알아낼 수 있다.

개별적인 뼈도 중요하지만, '청소부' 가설을 기각하려면 집합체 수준의 손상이 발견되는 빈도를 따져 봐야 한다. 만약 동물의 유골 중에서 '육식동물이 먼저 물어뜯은 것'의 비율이 10퍼센트 미만이라면 한 유적지에서 나온 뼈 대부분은 네안데르탈인의 음식물 쓰레기라고 말할 수 있다. 이러한 방법을 이용해 꼼꼼히 연구하면 그들의

---

* U자형 스크래치는 자연적인 것인 데 반해, V자형 스크래치는 석질도구에 의한 것이다.
* ZooMS란 질량분석법에 의한 동물고고학Zooarchaeology by Mass Spectrometry을 말하며, 아무리 미세한 뼛조각이라도 그 속에 함유된 콜라겐을 신속히 검사함으로써 동물의 신원을 확인할 수 있다.

생계에 대해 과거 어느 때보다도 디테일한 통찰을 얻을 수 있다.

일례로 이탈리아 북서부에 있는 푸마네 동굴의 사례를 살펴보자. 1880년대 이후 명성을 날린 푸마네 동굴의 풍부한 고고학이 드러난 것은 1960년대에 (인근의 편도 오솔길을 뒤덮은) 산사태로 흙더미 사이에 길이 난 후였다. 푸마네의 퇴적층은 수많은 네안데르탈층으로 구성되어 있는데 그중 하나인 Level A9은 47.5~45ka에 1,000년에 걸쳐 형성되었다. 그것은 학교 교실만 한 면적을 차지하고 있는데 두께는 겨우 15~20센티미터에 불과하다. A9층에서 여기저기 흩어진 약 50개의 난로와 석질이 발견된 것은 물론이고, 10만 점 이상의 뼛조각이 발견되었다. 유물에 얽힌 스토리를 신중히 분석한 결과 겨우 0.1퍼센트의 뼈*만이 육식동물이나 설치류에 의해 손상된 반면 네안데르탈인에 의해 도축된 뼈는 최소 15퍼센트인 것으로 나타났다. 총 18종의 동물—동굴사자에서부터 마멋에 이르기까지—중에서 가장 흔한 것은 초식동물이었고, 가장 많이 도축된 것은 붉은사슴이나 들소 같은 대형동물이었다.

대형동물을 사냥한 것을 확인한 것은 큰 성과이지만 모든 뼈와 치아를 체계적으로 분석하지 않으면 많은 부분을 놓칠 수 있다. 석질 제조 폐기물처럼 한때 많은 뼛조각이 발굴 도중에 마구 버려진 탓에 (도구의 유형과 특별한 사냥 방법을 연결 짓는) 정확한 행동모델을 수립하는 데 애로사항이 많았다. 최근 콤브그레날을 다시 발굴한 결과,

---

* 네안데르탈인의 주거지였던 많은 유적지와 마찬가지로, 대부분의 뼈는 미세했고(92퍼센트가 2센티미터 미만), 10만여 점 중에서 하나의 종과 대응될 수 있는 것은 1,200여 점뿐이었다.

수십 년 전 보르데가 엄청난 양의 소형동물 유골을 폐기한 바람에 종과 신체부위의 비율이 크게 왜곡된 것으로 드러났다.* 그리하여 콤브그레날의 재발굴은 청소부 가설의 관에 마지막 못을 박았다. 종전에 80퍼센트로 추정됐던 치아―동물의 시체에서 신선한 부위가 아니라 오직 머리만 취했다는 증거―의 비율이 2퍼센트로 폭락했기 때문이다. 오래전 발굴된 유적지들에서 수집된 데이터의 무비판적 해석은 지양되고 있으며, 지난 30년간의 재분석과 추가적인 발견은 네안데르탈인의 식생활에 대한 우리의 이해를 송두리째 바꿨다. 그렇다면 그들의 요리법은 무엇이었으며 그게 그들의 광범위한 행동에 대해 시사하는 것은 무엇일까?

진실 사냥

고기에 얽힌 사연을 단도직입적으로 파헤쳐 보자. 네안데르탈인은 푸마네를 비롯한 수백 군데 유적지에서 발견된 모든 동물을 정확히 어떻게 죽였을까? 1순위 무기는 당연히 창이다. 쇠닝겐과 레링겐에서 발견된 증거 외에도 2018년 '노이마르크-노르트 2'의 엠 간빙기 유적지에서 설득력 있는 증거가 발견되었다. 100마리 이상의 우람한 다마사슴―대체로 장년기 수사슴―중에서 2마리의 거의 완벽한 뼈대가 그것이다. 한 마리의 볼기뼈와 다른 한 마리의 목뼈에서 창이

---

* 새로운 현장연구에서 종전보다 23배나 많은 뼈와 치아가 발견되었는데, 이는 극도로 촘촘한 체를 사용하여 1.6밀리미터짜리 뼛조각까지 걸러 냈기 때문이다.

아니고서는 불가능한 '깊고, 들어갈수록 좁아지는 자창puncture*'이 발견된 것이다. 실험을 통해 상처를 비교해 보니 '찌르기'에 의한 상처와 일치하는 것으로 나타났다. 12만 년 전 어느 가을날, 노이마르크의 네안데르탈인은 사냥감을 뒤쫓아 울창한 서어나무✝ 숲을 통과하여 호숫가에 도착했을 것이다. 임관이 하늘 끝까지 뻥 뚫린 곳에서 사슴은 더는 도망치거나 숨을 곳이 없었을 것이다.

그보다 20만 년쯤 더 오래된 쇠닝겐의 사례는 주목할 만하다. 그곳에서 발견된 창들은 네안데르탈인의 어깨 관절이 해부학적으로 효율적인 투척에 부적절하다는 주장과 늘 배치되는 것처럼 보였다. 그것들은 (근접전에서 사용하는) 단창은 물론 (중세 기사들이 사용하던) 장창보다도 길고, 더욱이 투창 경기용 창만큼이나 무겁다. 그러므로 투척용으로 만들어졌다고 생각해야만 이치에 맞는다. 하지만 굳이 이분법적으로 생각할 필요는 없으며, 이중적인 무기였을 가능성도 배제할 수 없다.

지금까지 발견된 창들은 모두 목창이지만, 실험 결과에 따르면 '돌촉을 가진 무기'를 쓰는 것도 많은 이점이 있었다. 그런 무기로 인한 상처는 신속한 출혈을 초래하여 사냥감의 힘을 약화시키고 무력하게 만들 수 있다. 실제로 네안데르탈인이 그런 무기를 사용했다는 걸 납득할 만한 증거도 있다. 많은 유적지에서 발견된 '르발루아 촉'에는 충격으로 손상된 흔적이 남아 있으며, 시리아의 움엘틀렐Umm el

---

* 찔린 상처. – 옮긴이
✝ 자작나뭇과의 낙엽 활엽 교목. – 옮긴이

Tiel에서 발견된 야생 당나귀의 척추에는 지금까지도 석질 촉의 끄트머리가 박혀 있다.

과거에 어떤 방식으로 사용되었든 간에 창은 청소부 가설을 기각하기에 충분하다. 더욱이 네안데르탈인은 대형동물을 사냥하는 데 일가견이 있었다. 쇠닝겐에서 발견된 멸종한 말은 체중이 500킬로그램을 훌쩍 넘는데, 이는 후기 구석기시대 동굴벽화에 나오는 '불멸의 종'의 거의 두 배다. 그러나 진정한 거대동물―코끼리와 매머드―은 어땠을까? 그들의 덩치와 스피드는 가공할 만하지만 오늘날의 수렵채집인들은 총 없이도 코끼리를 성공적으로 사냥할 수 있다. 네안데르탈인들이 이런 거대한 괴수를 거뜬히 때려잡았다는 물증을 제시할 수는 없지만 정황 증거는 강력하다. 도축장을 갖춘 유적지가 발견된 적이 있으며, 레링겐에서는 심지어 무기까지 발견되었기 때문이다. 하지만 희귀한 도축장은 논외로 하고, 주목할 만한 것은 '매머드와 코끼리는 일반적으로 네안데르탈인 유적지에 서식하지 않았다'는 점이다. 엄청난 덩치를 감안할 때 네안데르탈인은 거대동물의 전신이나 커다란 사지를 운반하기보다는 대체로 부드러운 부위만을 떼내어 운반했을 것이다. 그리고 전체적인 소비량이 과소평가되었을 수 있는데, 코끼리의 살이 워낙 두꺼워 뼈에 절단흔이 남지 않을 수 있기 때문이다.

영국 린퍼드 채석장에서 발견된 11마리 이상의 매머드에서 아무런 흔적이 발견되지 않은 것은 바로 이 때문일 수도 있다. 다른 종―말, 순록, 코뿔소―의 몇몇 부위에만 도축 흔적이 있을 뿐임에도 약 50개의 양면석기와 수천 개의 뗀돌 부스러기가 존재한다는 것은 그보다 훨씬 더 강도 높은 활동(이를테면 매머드 사냥과 도축)이 이루어졌음을 시사한다.

다른 유적지의 경우에는 모호성이 덜하다. 린퍼드의 해협평원 Channel Plain 모퉁이에서 매머드가 죽어 도축되기 약 10만 년 전, 네안데르탈인은 그보다 훨씬 남쪽에 있는 오늘날의 저지Jersey섬에 살고 있었다. 오늘날 해변에 자리 잡은 라코트드생브렐라드La Cotte de St Brelade 협곡동굴의 깊은 퇴적층에서 가장 돋보이는 것은 두 개의 '매머드 매장층'이다. 다른 층에 매장된 '잘게 부서진 동물상 유골'과 달리 그 풍성한 뼈 더미에는 털코뿔소 몇 마리의 뼈와 함께 거의 완벽한 매머드 18마리의 뼈가 들어 있다. 완연한 절단흔을 감안하여 지난 수십 년 동안 대규모 도축장으로 해석되어 왔지만, 최근에는 절벽의 지형이 매머드 떼를 몰아 추락시키기에 적절했는지 여부를 재조사하고 있다.

대신 이 뼈는 네안데르탈인이 MIS 6의 한랭기가 시작되어 주거지를 떠나면서 이례적으로 보존되며 초래된 화석화과정학적 현상일 수 있다. 즉, 그들이 남긴 도축 부위는 짓눌려 산산조각 나는 대신 활석처럼 고운 황토loess — 수백 킬로미터 떨어진 곳에서 전진하던 빙하에서 날아온 돌가루 먼지 — 에 파묻혔다는 것이다.*

최근 몇 년 동안 라코트 앞바다의 해저지도를 작성한 결과, 몇 개의 나란한 협곡들이 발견되었다. 이에 네안데르탈인은 매머드를 절벽이 아니라 협곡의 막다른 골목으로 몰아넣었다는 설이 힘을 얻

---

* 다양한 빙하기에 황토는 유럽의 상당 부분을 여러 차례 뒤덮었다. 그리하여 초기 벽돌제조업체들에 의해 종종 사용되었다.

었다. 볼기뼈나 어깨뼈는 살이 많은 부위가 아니므로 멀리서 끌고 왔을 가능성이 낮다. 따라서 도축은 인근이나 협곡 내부에서 이루어졌을 것이다. 설마 매머드 떼를 학살했을 리는 없고, 한 마리일지라도 매우 위험하므로 팀워크가 필요했으리라는 것이 전문가들의 중론이다. 그런데 라코트 유적지에는 한 가지 이상한 점이 있다. 두개골 중 일부가 암벽에 기댄 채 포개져 있고, 갈비뼈는 수직으로 놓여 있으며, 특히 어떤 갈비뼈는 두개골을 대각선 방향으로 찌르고 있다는 것이다. 그렇다면 네안데르탈인은 동물의 시체를 식용뿐 아니라 공간을 구조화하는 데 사용했을 가능성을 배제할 수 없다.

전문화된 매머드 사냥에 대한 최선의 증거는 벨기에의 스피 동굴에서 나왔다. 19세기의 컬렉션에 상당한 양의 매머드 뼈가 존재하지만 가장 이례적인 것은 그중 4분의 3이 사람으로 치면 '청소년'에 해당했고, 심지어 갓 태어난 새끼도 있다는 점이다. 그게 다른 포식자의 소행일 가능성은 낮은데, 하이에나는 가끔 어린 코끼리를 겨냥하고 동굴을 사용하지만 물어뜯은 흔적이 별로 없기 때문이다. 하이에나뿐만 아니라 다른 육식동물들도 코끼리 두개골 같은 거대한 뼈를 일상적으로 운반하지는 않는다. 스피 동굴에서 발견된 어린 매머드의 치아는 '두개골이 통째로 존재했었다'는 것을 강력히 시사하며, 네안데르탈인의 소행일 가능성을 더욱 높인다. 그러나 우리는 매머드 떼가—코끼리와 마찬가지로—새끼를 보호했을 거라고 예상할 수 있다. 포식자들이 코끼리 새끼를 사냥하기가 매우 어려운 이유는 근처에 코끼리 떼가 버티고 있기 때문이다. 그러므로 스피의 네안데르탈인이 매머드 새끼를 집중적으로 공략했다는 것은 우리의 간담을 서늘케 한다. 큰 위험을 감수하면서까지 매머드 새끼를 노린 동기가 뭐였을까? 간단히 말해서 매머드 새끼는 풍부한 영양공급원이었다. 그들의 뇌에는 약 1킬로그램의 농축된 지방산이 함유되어 있었으므로 영양만점일 뿐만 아니라 맛도 일품이었다.*

네안데르탈인의 유골을 생물지구화학biogeochemistry적으로 분석한 결과는 이들의 식생활을 원소적 차원에서 알려 준다. 유골에서 검출된 탄소와 질소의 동위원소는 이들이 지역 생태계의 먹이사슬에서 차지하는 위치를 알려 주는데, 전반적으로 볼 때 네안데르탈인의 위치는 (질소가 많이 축적된) 늑대나 하이에나 등의 육식동물*과 비슷했다. 또한 동위원소는 포식자의 먹이지위diet niche — 누가 누구를 먹는가 — 를 알려 주는데, 놀랍게도 일부 네안데르탈인(스피 거주자 포함)은 20~50퍼센트의 단백질을 매머드에게서 섭취한 것으로 보인다. 이는 우리가 동굴에서 발견한 매머드의 유골이 빙산의 일각이라는 설을 뒷받침한다. 네안데르탈인은 사냥한 동물의 시체에서 고기, 지방, 골수를 골라내 운반하는 데 많은 시간을 보낸 것 같다. 한 가지 짚고 넘어갈 점은 우리가 지난 수십 년 동안 매머드에 정신이 팔린 나머지 '네안데르탈인이 다른 거대하고 위험한 짐승들 — 거대한 말, 다양한 코뿔소, 오로크(대부분의 소의 조상으로 어깨 높이가 1.8미터인 무시무시한 동물), 물소, 거대낙타** — 을 사냥했다는 사실을 외

---

*   인간은 지방산이 함유된 식품을 좋아한다. 냉동된 시베리아매머드 새끼를 분석한 결과, 그들의 살은 모유에 함유된 지방산을 흡수한 것으로 나타났다.
*   육식동물은 먹이사슬에서 높은 위치에 자리 잡고 있으므로 질소 동위원소가 많이 축적되어 있다.
** 시리아의 후말Hummal에서 발견된 Camelus moreli로 어깨 높이가 3미터에 달한다.

면했다는 것이다. 다만 네안데르탈인이 하마를 사냥했다는 명확한 증거는 지금껏 발견되지 않았다. 아는지 모르겠지만 하마는 코끼리보다 훨씬 더 치명적인 짐승이다.*

그러나 네안데르탈인 사냥꾼을 규정하는 것은 큰 사냥감에 집중했다는 사실이 아니라, 100여만 년 전으로 거슬러 올라가는 세련된 생활방식이다. 그들은 활동지역에 서식하는 웬만한 동물들을 거의 모두 사냥했으며, 대형동물과 중간 크기의 동물에 적응했다. 아이벡스, 가젤, 야생당나귀, 야생돼지, 샤모아chamois⁑ 같은 동물들이 대변하는 서식지와 행동의 다양성은 네안데르탈인이 수많은 전문화된 사냥 전략을 마스터했다는 것을 의미한다. 하지만 그렇다고 해서 그들이 무차별적인 도륙을 일삼았다고 말할 수는 없다. 여느 털북숭이 포식자들과 마찬가지로 그들은 제너럴리스트와 스페셜리스트 사이의 경계를 수시로 넘나들었지만, 거의 항상 살집이 많거나 토실토실한 동물을 골랐다.

쇠닝겐 호숫가에서 수백 년에서 수십 년 동안 여러 단계에 걸쳐 사냥된 50마리 남짓한 말과 같은 상황의 밑바탕에는 지형적 특징을 약삭빠르게 이용하고 동물 행동에 대한 지식이 빠삭했던 네안데르탈인이 있었다. 그들은 반복하여 호숫가로 돌아왔을 텐데 아마 소규모 동물 떼를 물가로 유인하는 것이 (그러지 않았다면 빠르고 위험했을) 사냥감을 느긋하게 추격하는 최선의 방법이기 때문이다. 다른 곳의

---

* 하마는 매우 공격적인 동물로, 코끼리보다 더 많은 사람을 죽인다. 그들의 유골은 간빙기의 일부 네안데르탈인 유적지에서 발견되지만, 사냥 여부는 불명확한 경우가 많다.
⁑ 유럽과 아시아 산간지방의 영양류. – 옮긴이

경우, 사냥꾼들은 계절에 따라 이주하거나 번식하는 동물 떼가 제공하는 기회를 이용했다. 특별히 극적인 유적지는 프랑스 피레네 산맥의 능선에 자리 잡은 모란Mauran인데, 그곳에서는 (아마도) 수천 마리의 사냥된 들소 유골이 발견된다.* 대부분 암컷과 어린 새끼들로, 이는 네안데르탈인이 (들소들이 들판에서 고지대로 이동하는) 여름철에 그들을 집중 겨냥했음을 시사한다. 비록 동물의 집단적 행동이 밑바탕에 깔려 있지만 모란의 도축에서 가장 흥미로운 점은 확실히 네안데르탈인이 시기와 장소를 선택했다는 것이었다.

다른 장소들에서는 단독생활을 하는 종들이 사냥의 표적이 되었다. 코뿔소는 군거생활을 하지 않으므로 그들을 잡을 때는 신중하게 추격하거나 예측되는 장소에서 매복할 필요가 없다. 간빙기의 숲에서 가장 좋은 사냥 장소는 바위가 많은 곳이나 무기염류가 풍부한 물가였다. 엠 간빙기 후기의 튜퍼tufa‡ 지형인 독일의 타우바흐Taubach에서 도축된 코뿔소가 많이 발견되었는데, 이는 네안데르탈인이 일부 호수와 트래버틴 지형을 그런 용도로 사용했음을 시사한다.

이러한 선택 패턴은 그들이 사냥감을 사용하는 방법에까지 확장되어 다양한 신체부위들을 각각 달리 이해하고 평가하였다. '거대한 동물 뒷다리를 굽는 혈거민'이라는 네안데르탈인의 이미지는 번짓수가 한참 틀렸다. 고단백질 섭취의 균형을 맞추고 더 풍부한 에너

---

*   모란에서 완전히 발굴된 지역의 면역은 25제곱미터(7~8평)인데, 그 좁은 곳에서 거의 140마리에 해당하는 유골이 발견되었다. 유적지 전체—1헥타르(3,000평) 이상—로 외삽하면 들소의 총 수는 훨씬 더 많을 것이다.

‡   석회석 기반암 위를 흐르는 탄산칼슘이 포화된 지하수에서 형성되는 석회암을 말한다. 트래버틴으로도 알려져 있지만 후자는 종종 온천과 관련이 있다.

지원으로 적합하다고 각광받은 것은 지방이 거의 없는 살코기가 아니라 기름기와 골수가 가장 풍부한 부위였기 때문이다. 이는 동물의 뇌와 내장이 인기 품목이었음을 시사한다. 그도 그럴 것이 뇌는 약 60퍼센트가 지방이며, 회색질grey matter 역시 건강과 태아 발육에 필수적인 특별한 지방질—장쇄다가불포화지방산long-chain polyunsaturated fatty acid—이 가득하기 때문이다. 골격 전체에서 절단흔의 패턴을 읽어 냄으로써, 우리는 때때로 뇌는 물론 다른 군침 도는 부위들(눈알, 혓바닥, 내장)이 네안데르탈인이 가장 좋아한 메뉴였음을 알 수 있다.*

쇠닝겐 유적지는 그 실상을 보여 준다. 말 한 마리는 20만 kcal를 훨씬 초과하는 열량을 함유하지만 기름기가 거의 없다. 그래서 네안데르탈인은 말을 통째로 운반하지 않고 껍질을 능숙하게 벗겨 해체한 후 (고기가 많은) 엉덩이와 기갑withers*에서 살점을 도려냈다. 그들은 혀와 내장은 물론 하지lower limb에서 골수를 얻는 데 더 많은 관심을 기울였다. 그러나 이런 관행은 종마다 달랐으며, 소형 사냥감은 더욱 강도 높은 처리 과정을 거쳤다. 도축의 흔적은 사냥터에서 시작되어 사냥물의 운반 경로를 따라 도축사슬butchery chain을 형성했다. 푸마네 같은 장소의 경우 다른 곳에서 잡은 동물의 시체에서 골수가 풍부한 관절이 주로 반입되었으며, 거의 모든 사지뼈의 몸통 부분은 산산조각 나 있었다.

---

* 내장의 참맛을 즐긴 최초의 인류는 네안데르탈인이 아니었다. 영국의 복스그로브Boxgrove를 발굴한 결과, 500ka경의 호미닌은 동물의 머리 껍질을 벗기고 부드러운 부분을 꺼냈던 것으로 밝혀졌다.

* 말의 양 어깨 사이에 도드라진 부분. – 옮긴이

소형동물들은?

네안데르탈인이 대형동물의 고기를 많이 섭취한 것은 사실이지만 소형동물*이나 깃털 달린 동물의 섭취량 역시 지금껏 상상했던 수준을 훨씬 뛰어넘는다. 지난 수십 년 동안 호모 사피엔스는 매우 효율적이고 창의적인 사냥꾼이었지만 네안데르탈인은 사냥 실력이 영 서툴렀다는 통념이 지배적이었다. 그 이유인즉 소형동물을 잡으려면 상이한 전략이 요구되고 덫이나 그물 같은 도구가 필요한데, 아둔한 머리로는 어림없었다는 것이었다. 이런 관념은 멸종이론으로 귀결되었다. 만약 네안데르탈인이 대형동물 사냥에만 치중했다면 주어진 환경에서 다양한 단백질을 섭취하지 못했을 것이며, 심지어 대형동물이 부족할 경우에는 대안이 없었을 테니 말이다. 그러나 일부 헤드라인에서처럼, "네안데르탈인은 토끼를 못 잡아서 죽었다"라든지 심지어 "토끼가 그들을 죽였다"라는 말이 사실일까?

고고학 기록을 좀 더 신중히 살펴보면 유적지의 풍경이 사뭇 다르게 보일 것이다. 쇠닝겐의 말들이 죽어갈 때와 거의 같은 시기에, 초기 네안데르탈인은 프랑스 남부의 테라아마타Terra Amata에서 토끼를 잡아먹었다. 이곳은 오늘날 유럽과 서아시아 전역에서 소형동물을 사냥한 흔적이 발견된 약 50개 유적지 중 하나일 뿐이다. 소형동물의 유골이 발견된 곳 중 약 절반에서 (잡기 어려웠을 것으로 여겨지는) 산토끼와 토끼의 뼈가 확인되고, 거의 같은 수의 새의 뼈도 확인

---

* 10킬로그램 미만의 체중을 가진 동물을 의미한다.

된다. 프랑스 남동부 코스뒤라르작Causse du Larzac 평원의 고지대에 있는 레카날레트Les Canalettes 암굴은 흥미로운 사례다. 절단흔이 있는 뼈가 거의 발견되지 않은 70~80ka의 Layer 4에서, 확인된 뼈 중 거의 70퍼센트가 도축된 토끼인 것으로 밝혀졌기 때문이다. 그게 발견된 것은 독특한 파손 패턴 덕분이었다. 네안데르탈인은 두 번 절개한 후에 토끼의 피부를 잡아당겼으며, 특히 요리를 한 후에는 시체를 잡아뜯었다. 믿기 어려울 만큼 드물고 직접적인 증거는 그보다 동쪽에 있는 아르데슈Ardèche 협곡의 아브리뒤마라스Abri du Maras 동굴에서 나왔다. 일부 유물에서 석질을 뒤덮은 퇴적물에 몇 개의 도축된 뼈와 함께 토끼나 산토끼의 털가죽 몇 가닥이 보존되어 있었다.

다른 곳에서 발견된 토끼들도—때로는 심지어 마멋까지도—이와 비슷한 방식으로 도축되어 소비되었을 것이다. 그러나 (더 많은 도축을 요하는) 대형 설치류도 식량으로 사용되었던 게 틀림없다. 비버의 오동통한 꼬리는 육즙이 많은 특식이었으며, 그들의 창조적인 건축물은 네안데르탈인의 풍경 중 일부였다. 프랑스 북부 와지에Waziers의 엠 간빙기 유적지에서는 도축된 비버의 뼈는 물론 건축물의 잔해도 발견되었다.

다각적인 분석 덕분에 네안데르탈인이 소형동물을 사냥했다는 증거가 갈수록 불어나고 있다. 론Rhône강 서안의 페예Payre 동굴의 네안데르탈인은 MIS 6 이후 줄곧 새와 물고기를 요리해 왔다. 새를 절단한 도구 위에 미세한 깃털 조각이 달라붙어 있었고, 물고기를 썬 도구에서는 물고기 근육의 잔류물과 비늘이 발견되었으며 (반복된 사용을 증명하는 듯) 윤이 났다. 부스러지기 쉬운 물고기 뼈는 고고학 유적지에서 좀처럼 발견되지 않는데, 폐예 동굴에 물고기 뼈가 하나도 없는 것은 바로 이 때문일 것이다. 그러나 그 지역에서 네안데르탈인의 민물낚시는 전혀 이례적인 일이 아니었다. 아브리뒤마라스의 석질에서 물고기 비늘이 확인되었는데, 그것의 유의미성은─폐예와 달리─약 150개의 큼직한 농어와 잉어의 뼈를 통해 뒷받침된다. 육식동물들이 물고기 뼈를 건드린 흔적이 없는 걸 보니 네안데르탈인 어부들이 물고기를 낚은 게 분명해 보인다.

다른 유적지들에서도 아브리뒤마라스 뺨치는 예외적 사례들이 물고기 뼈 연구에 힘을 보탰다. 벨기에의 왈루Walou 동굴에서 발굴 작업이 진행되는 동안, 아주 미세한 체를 이용하여 300마리 이상의 민물고기 뼈와 비늘을 발견했다. 물고기 뼈는 포식자들에게 훼손된 흔적을 전혀 갖고 있지 않은 데다 고고학적으로 유물이 풍부한 지층에서 가장 많이 발견되었다. 동굴이 강에 접해 있었으므로 네안데르탈인은 강 바로 옆에서 물고기를 잡았는지도 모른다. 그런데 어떻게? 낚싯바늘과 작살이 없더라도 창으로 찌르거나 돌팔매질은 가능하다. 곰은 길목을 지키다가 물고기를 때려잡지만 그보다 약간 더 교묘한 방법이 있으니, 바로 물고기 간질이기fish tickling 또는 맨손으로 잡기다. 그늘진 강둑에 사는 물고기들은 이 방법으로도 제법 잘 잡힌다.

육상동물과 수생동물은 이 정도면 됐고, 새들은 어땠을까? 호미닌이 100여만 년 전에 새를 잡아먹었다는 증거가 있고, 네안데르탈인이 살던 시기의 많은 유적지에서 발견되는 새의 유골은 사냥과 관련된 것이었을 가능성이 높다. 어떤 유적지에는 새가 드물고 때로 단한 마리의 도축된 비둘기나 백조, 오리가 발견되는 경우도 있다. 앞에서 말한 아브리뒤마라스의 경우 퇴적물 아래에 (오리의 것으로 추정되는) 몇 개의 깃털 조각이 발견되었다. 다른 곳에 살던 네안데르탈인은 오랜 기간에 걸쳐 규칙적으로 새 고기를 먹었다. 지브롤터의 유적지 세 군데에서는 다양한 퇴적층에서 몇 마리의 도축된 공작비둘기가 발견되었고, 푸마네 동굴에서는 검은뇌조―고전적인 사냥감―가 흔히 발견되었다. 더욱 놀라운 것은 처프chough―까마귀과의 작은 새로 절벽에 서식한다―가 많이 발견된다는 것이다. 사실 처프는 많은 유적지의 네안데르탈인이 선호했던 것으로 보인다. 스페인의 코바네그라Cova Negra도 그런 유적지 중 하나인데, 네안데르탈인은 120ka 이전의 한랭기에 거기서 잠깐 살았다. 그들은 대체로 사슴, 야생염소, 타르tahr(산양의 일종)를 사냥했지만 그 외에 다양한 종류의 새도 잡았다. 다섯 개 퇴적층에서 토끼와 함께 도축된 새들이 발견되지만 가장 풍부한 퇴적층은 Layer 3b로, 12종에 걸쳐 100여 점의 뼈가 발견된다. 그러나 푸마네와 달리 잡힌 새들의 크기가 모두 중간이하다. 자고새와 공작비둘기는 물론 황조롱이, 올빼미, 처프, 어치, 까치, 화려한 롤러카나리아roller가 그렇다. 비교적 뼈만 앙상해 별로 먹을 게 없었을 텐데 그들은 새들을 철저히 토막 낸 후 조금씩 먹은 듯하다. 그런데 까마귀과에 속하는 종들은―특이하게도―날개만 남아 있다.

새잡이는 오랫동안 진보된 사냥 기술로 간주되었다. 그런데 네안데르탈인이 무슨 수로 새를 잡았을까? 많은 종들이 그들 곁에 머물며 동굴 밖의 절벽 위로 솟구쳐 오르기 일쑤였겠지만 코바네그라의 멧도요, 어치, 롤러카나리아는 인근의 삼림지대에서 날아왔을 것이다. 습지 환경에서는 특별한 투척용 막대기—쇠닝겐에서는 제법 그럴듯한 후보들이 발견된다—가 위력을 발휘했을 테고, 네안데르탈인이 수집한 동물의 힘줄과 식물의 덩굴은 발견되긴 하지만 그걸로 그물을 만들었다는 증거는 없다. 마찬가지로 다트나 활은 발견되지 않았지만 (잘츠기터에서 발견된) 작은 뼈촉과 (다른 많은 유적지에서 발견된) 미세한 르발루아 돌촉 및 좀돌날들에 손잡이를 달아 소형 발사체를 만들었을 가능성도 있다.* 그러나 새가 꼭 하늘을 날다가 잡히라는 법은 없다. 물고기 간질이기의 경우와 마찬가지로 동물적 본능이 새의 발목을 잡을 수 있다. 즉, 어떤 새들은 둥지에 진을 치고 있고, 오늘날 알프스의 스키장에 사는 처프들은 인간이 버린 쓰레기에 큰 관심을 보이므로 매복 공격의 기회를 제공한다. 자작나무 타르나 역청 같은 끈끈한 물질을 횃대에 발라 놓는 것도 좋은 방법이다. 새들은 고기 말고 알도 제공하는데, 알은 즉석에서 먹을 수 있는 단백질·지방·비타민이 풍부한 간식이다. 쇠닝겐에서는 알껍질이 많이 발견되는데, 그곳에 살던 네안데르탈인들은 때때로 알을 탐욕스럽게 후루룩 마신 게 틀림없다.

네안데르탈인들이 파충류의 알을 먹었는지 여부는 알 수 없지만 거북을 잡아먹은 것은 확실하다. 코바네그라에서 발견된 뼈 중에는 도축된 거북의 유골이 포함되어 있으며, 그곳에서 걸어서 불과 일곱 시간 거리에 있는(그러나 연대는 350~120ka로, 제법 오래된 편이다) 볼

---

* 후기 구석기시대의 지층에서도 뚜렷한 새 사냥용 무기는 발견되지 않는다.

그림 6 네안데르탈인들의 식량은 그들이 살았던 풍경만큼이나 다양했다.

로모르Bolomor 동굴은 '소형동물 백화점'으로 유명하다. 거기서는 토끼와 다양한 새 ― 백조에서부터 뇌조와 까마귀과에 이르기까지 ― 와 20마리 이상의 거북 유골이 발견되었다. 볼로모르의 네안데르탈인들은 심지어 제일 좋아하는 조리법까지 보유하고 있었다. 그들은 먼저 거북을 뒤집은 채 구워 껍데기를 약하게 만들고 고기를 말랑말랑하게 만든 후, 망치로 두들겨 뚜껑을 깨고 사지를 떼어내 내용물을 썰어 냈다. 사실 거북은 네안데르탈인의 지역 특산물 중 하나로 (본고장인 따뜻한 지중해 연안에서부터 근동 지역에 이르기까지) 수많은 유적지에서 제각기 다양한 방식으로 거북을 소비했다. 어떤 지역에서는 거북이 거의 주식이어서 포르투갈의 올리베이라Oliveira 동굴의 경우에는 여러 퇴적층에서 80여 마리에 달하는 거북 유골 5,700여 점이 발견되었고, 확인 가능한 뼈 중 절반 이상이 거북이었다. 흥미로운 점은 종종 볼로모르에서처럼 뒤집은 채 구웠지만 뚜껑을 망치로 깨는 방법은 시간이 흐르며 달라졌다는 것이다.

 소형동물 사냥은 선택적이었던 것으로 보인다. 아브릭로마니는 볼로모르나 코바네그라와 비슷하게 풍요로운 장소였지만 다양한 퇴적층에서 발굴된 토끼와 새의 유골 중에서 호미닌이 도축한 흔적이 있는 것은 하나도 없었다. 그리고 비교적 가까운 테익소네레스Teixoneres 동굴의 네안데르탈인은 간혹 토끼를 사냥했지만 새는 거들떠보지도 않았다. 비교적 한랭한 기간 동안의 네안데르탈인이 ― 일부 후기 구석기시대 문화와 달리 ― 북극토끼를 사냥하지 않은 점도 주목할 만하다. 대형 포유동물 떼는 먹고 남을 정도의 식량을 제공했겠지만, 허허벌판에 사는 북극토끼를 잡아 봤자 노력에 비하면 남는

게 별로 없었는지도 모른다.

'최소의 노력으로 최대의 효과를 얻는다'는 경제 원리를 생각하면 또 한 가지 생계수단이 떠오른다. 그것은 해산물로, 채집이 비교적 쉽지만 최근까지는 가능성이 낮은 것으로 간주되었다. 네안데르탈인이 해변에 쭈그리고 앉아 홍합을 따는 장면은 왠지 강가에 앉아 물고기를 잡는 것보다 훨씬 안 어울리는 것 같다. 그러나 비치코밍beach combing,* 바위 들추기rock-pooling, 심지어 수중낚시는 별로 힘들이지 않고도 큰 보상을 챙길 수 있는 방법이다. 더디고 손이 많이 가지만 영양으로 따지면 연체동물과 그 밖의 해산물은 황금이나 다름없다. 그도 그럴 것이, 건강에 이로운 장쇄오메가-3 지방산long-chain omega-3 fatty acid이 넘쳐나기 때문이다. 곰(발톱으로 조개껍데기를 비집어 연다)에서부터 아시아마카크(조개나 게*를 단단한 물체에 세게 부딪친다)에 이르기까지 수많은 비해양동물들이 해산물을 잡아 왔는데, 최근 연구에서 네안데르탈인도 현생인류와 비슷한 시기에 해산물을 잡기 시작한 것으로 밝혀졌다.

5장에서 언급했듯 네안데르탈인이 한때 걸었던 해변의 모래사장 중 대부분은 마지막 빙하기가 끝나고 해수면이 상승하면서 지금은 물속에 잠겨 있다. 그럼에도 불구하고 오늘날 해변에 자리 잡은 일부 유적지는 간빙기의 해변과 가까운 곳에 있었으며, 심지어 해

---

* 바닷가에 밀려온 것을 주워 생활하는 것. – 옮긴이
* '마카크가 게를 먹는다'는 내용의 19세기 문헌이 존재하지만 2004년 쓰나미가 일어나기 전까지 그 사실은 확인되지 않았다. 뒤이어 시작된 발굴 작업에서 그것은 상당한 역사를 지닌 행동임이 확인되었다.

수면이 하강했을 때도 (해저지형에 따라) 해변에서 몇 킬로미터 이내에 있었다. 스페인 남부의 토레몰리노스Torremolinos에 있는 바혼디요 Bajondillo 암굴 유적지가 그런 곳이다. 170~140ka 연대의 연체동물 껍데기가 1,000점 이상 발견되었는데, 거의 모두 홍합이었다. 홍합은 직접적으로 가열하면 스스로 껍데기를 여는데, 상당수의 홍합이 겉만 새까맣게 탄 것으로 보아 네안데르탈인도 이 트릭을 알고 있었던 같다. 가장 흥미로운 점은 지난 수천 년 동안—심지어 기후가 한랭할 때도—홍합을 계속 섭취해 왔다는 점이다. 껍데기가 사라진 것은 해안선이 8킬로미터쯤 후퇴했을 때뿐이었는데, 이는 (심지어 다른 사냥감들이 바뀌더라도) 해산물이 여전히 중요했음을 암시한다.

사실 해산물을 섭취한 증거가 발견되는 네안데르탈인 유적지는 꽤 많아 이베리아 반도와 지중해 연안의 다른 곳들을 모두 합하면 15군데가 넘는다. 스페인 북부의 대서양 해안과 가까운 엘쿠소 El Cuso의 경우, 가장 풍부한 퇴적층에서 거의 800마리의 삿갓조개와 특이한 해산물—오늘날 많은 문화권에서 별미로 여겨지는 성게—이 발견되었다. 그리고 포르투갈 피구에이라브라바Figueira Brava의 대서양 해안의 네안데르탈인은 놀랍도록 다양한 해산물을 섭취했던 것 같다. 이곳에서 발견되는 조개껍데기의 수는 전반적으로 적은데, 아마 집중적으로 가공되었기 때문인 것으로 보인다. 조개껍데기와 부스러기를 포함한 독특한 하위층은 다른 퇴적물보다 풍부하게 보인다. 맨 꼭대기에는 40마리가 족히 넘는 게와 (바위 사이의 작은 웅덩이나 얕은 물에서 잡히는) 다양한 물고기들이 포진하고 있다.

더 북쪽에 위치한 대서양 해안의 유적지에서는 해산물이 발견되지 않는다. 해수면이 하강하는 동안 저지섬의 라코트드생브렐라드는 바다와 웬만큼 가까웠을 것이다. 그러나 그건 잠시뿐이었고 네안데르탈인은 대형 사냥감에 집중한 듯하다. 프랑스 북부에 있는 MIS 5 중후기 유적지인 르로젤Le Rozel에서는 양놀래기, 홍합, 가시굴thorny oyster이 발견되지만 네안데르탈인은 이들을 먹지 않았다. 르로젤에서는 드물게 바다코끼리의 유골이 발견되는데, 이는 네안데르탈인이 영국해협에서 볼 수 있었을 더 큰 해양동물을 떠올리게 한다. 그러나 그 유골에는 도축한 흔적이 없다.

네안데르탈인은 다른 곳에서 간혹 대형 해양동물을 먹었다. 이베리아 반도의 몇몇 유적지에서 절단흔이 있는 돌고래, 바다표범, 대형 어류의 뼈가 발견되는데, 이는 바닷가에 밀려온 시체이거나 얕은 물에 고립되었다가 창에 찔린 개체인 것으로 보인다. 문득 궁금해진다. 네안데르탈인은 그런—자신들이 익히 아는 육상동물과 비슷하게 생겼으면서도 사뭇 다른—동물들을 어떻게 처리했을까?

네안데르탈인의 식생활에 기여했음에도 가장 많이 간과되는 그룹은 아마 곤충일 것이다. 곤충은 다른 문화권에서 상식적인 영양식으로 간주되지만 서양 문화권에서는 전통적으로 부시터커bush tucker* 나 도시의 길거리 음식쯤으로 여겨져 왔다. 유라시아에는 크고 통통한 곤충의 유충이 별로 없지만 네안데르탈인의 여름날은—오늘날과 마찬가지로—꿀벌의 윙윙거리는 소리로 제법 들썩였을 것이다. 수렵채집인은—침팬지와 마찬가지로—벌에 쏘일 위험을 감수하며

---

*　'미개한 원주민의 음식'이라는 뜻으로, 약초·과일·씨앗·고기 등을 재료로 하는 오스트레일리아 원주민의 전통음식을 말한다. – 옮긴이

엄청난 칼로리의 벌꿀을 탐하는 것으로 유명한데, 만약 네안데르탈인이 벌꿀을 먹어 볼 기회가 있었다면 단맛에 환장했을 것이다. 7장에서 살펴본 (밀랍과 송진을 섞어 만든) 손잡이 부착용 접착제는 적어도 이탈리아의 네안데르탈인만큼은 벌집에서 발견되는 또 다른 자원을 잘 알고 있었음을 시사한다.

그러나 현실적인 관점에서 우리는 가장 가까운 곤충인 기생충을 배제할 수 없다. 네안데르탈인은 머리를 손질할 때마다 손에 묻은 진드기와 이louse를 조금씩 먹었을 것이다. 그리고 그들의 사냥감에 편승한 승객들도 무시할 수 없다. 네안데르탈인이 사냥한 대형 포유동물 중 상당수는 생가죽 아래에 쇠파리의 유충을 품고 있었을 것이다. 이런 굶주린 유충들—'늑대들'로 알려져 있다—은 길이가 2센티미터 이상인데, 숙주의 다리에 산란되어 부화한 후 피부를 뚫고 기어올라가 심지어 기관windpipe에까지 도착한다. 이러한 굴파기는 고기 속에 젤리 비슷한 물질을 만들고 유충은 피부 밑에 혹을 형성하며 최종적으로 구멍을 남긴다. 그러나 긍정적으로 생각해 보면 굶주린 유충들은 식용이다. 순록을 사냥하는 북아메리카 원주민 문화권(도그리브Dogrib, 치페와이언Chipewyan, 이누이트)에서는 그것들을 장과류에 버금가는 특식으로 간주해 왔다. 그리고 후기 구석기시대의 조각품에 새겨진 조그만 유충의 몸체를 감안하면, 그것들은 플라이스토세에 틀림없이 존재했을 것이다. 만약 네안데르탈인이 (바위에 단단히 달라붙은) 삿갓조개 같은 것들을 수집할 정도로 적응했다면 그런 알짜배기 간식을 게걸스럽게 먹어 치우지 않을 이유가 없다.

송곳니 달린 동물들

네안데르탈인은 크고 작은 동물들의 모든 부위를 먹었으며, 그들의 폭넓은 입맛은 점차 육식동물로 범위를 넓혀 갔다. 때로 뜻밖의 선택인 경우도 있지만 요리법은 기본적으로 관점에 달린 문제다. 오팔offal*은 한때 대부분의 서양문화에서 일상적인 식품이었지만 오늘날에는 대체로 정체불명의 잡육이나 가축 사료로 전락했다.‡ 그리고 '육식동물은 입맛에 안 맞는다'는 관념은 보편적이지 않다. 어떤 문화권에서는 개와 고양이를 먹고, 곰—엄밀히 말해서 잡식동물이지만 포식자일 수도 있다—이 별미로 간주되기도 한다. 수백 개에 달하는 북아메리카 원주민 사회 중 상당수는 전통적으로 퓨마, 늑대, 흑곰, 불곰, 북극곰 같은 포식자들을 먹어 왔다. 육식동물은 간혹 구황식품이기도 했지만 어떤 곳에서는 일상적인 식단의 일부다. 곰은 일부 문화권에서 계절에 따라 고기와 지방의 주요 공급원이었다.

많은 네안데르탈인 유적지에서 이상한 절단흔이 있는 육식동물들, 이를테면 늑대, 여우, 승냥이(아시아 들개)의 뼈가 발견된다. 심지어 더 크고 위험한 포식자들—350~250ka의 그란돌리나Gran Dolina에서 발견된 사자, 120ka의 말트라비에소Maltravieso에서 발견된 하이에나, 100ka 이후의 토레호네스Torrejones 동굴에서 발견된 표범—

---

* 요리에 사용되는 동물의 내장과 사지 부분 등을 가리키는 영국 용어로, 뇌, 발과 발목, 심장, 간, 콩팥, 흉선, 혀, 위 등이 포함된다. – 옮긴이

‡ 그러나 예외도 있다. 교외의 한 보르도 피자 전문점에 가면 메뉴판에서 '파머Farmer 피자'를 볼 수 있는데, 조류의 모래주머니gozzard와 간양tripe(소의 첫 번째 위와 두 번째 위)을 고명으로 얹은 피자를 말한다.

도 그들에게 고기와 모피를 제공한 '뜻밖의 길손'이었다. 그러나 곰의 경우에는 뭔가 달랐던 것 같다. 네안데르탈인은 다른 어떤 포식자보다도 곰을 더 많이 사냥했는데, 그들과 마주친 곰의 종류는 세 가지였다. 우리에게 익숙한 유라시아불곰, 데닌저곰Deninger's bear, 동굴곰이 그들인데, 데닌저곰은 아마도 139ka 이후에 동굴곰으로 진화한 듯하다. 심지어 불곰도 지금보다 더 컸지만 동굴곰은 거대할 뿐만 아니라 ─체중이 약 600킬로그램이었다─뒷발로 일어서면 네안데르탈인보다 키가 훨씬 더 컸을 것이다. 또한 이름이 암시하는 것처럼 동굴곰은 스스로 굴을 파기보다 자연적으로 형성된 지하동굴을 선호했다.*

    토굴이 됐든 지하동굴이 됐든 동면은 비교적 안전하게 곰을 사냥할 기회를 제공했다. 사자와 표범도 이 사실을 잘 알고 있었던 것 같다. 왜냐하면 그들의 유골이 때로 지하에서 곰의 유골과 함께 발견되기 때문이다. 그러나 네안데르탈인도 사자와 표범에게 결코 뒤지지 않는 어둠 속의 은밀한 사냥꾼이었다. 도축된 곰이 발견된 20여 개의 유럽 유적지들은 이탈리아 알프스 산맥 기슭에 자리 잡은 동굴들이다. 그중 하나인 리오세코Rio Secco는 2002년부터 지금까지 연구되고 있는데, 48~43ka에 해당하는 2개 퇴적층에서 최소한 30마리의 곰들이 겨울잠을 자다가 봉변을 당한 것으로 추정된다. 네안데르탈인은 곰의 전신을 해체했지만 특히 지방질이 풍부한 가슴과 사지는

---

*   일부 동굴에서 발견되는 퇴적층을 '곰의 땅Bear earth'이라고 하는데, 여기에는 겨울잠을 자다 죽은 곰의 모습이 놀라울 정도로 잘 보존되어 있다. 어떤 경우에는 곰의 골격이 고스란히 남아 있을 뿐 아니라, 부패한 시체에서 인phosphorus이 풍부한 토양이 발견된다.

물론 골수와 혀에 집중했다. 곰의 갈비뼈는 써는 도구를 재연마하는 데 사용되었고, 불을 피운 흔적이 있는 걸로 보아 동굴에서 바로 요리됐던 것 같다.

다른 유적지의 네안데르탈인은 곰의 습성을 잘 아는 듯, 고지대의 동굴—예컨대 알프스 산맥 기슭의 해발 1,500미터 지점에 있는 게네로사Generosa 동굴—까지 추격해 갔다. 동면에서 깨어난 직후 몸을 가누지 못하는 곰을 기습하기 위해 그들은 그곳에서 봄까지 기다렸던 것으로 보인다. 봄철에 동굴 속 곰을 사냥했다는 증거로 새끼가 딸려 있었다는 점을 들 수 있는데* 리오세코 동굴이 그런 예다. 리오세코에서 알프스 산맥을 따라 서쪽으로 가면 푸마네 동굴이 나오는데, 우리는 거기서 사냥의 대척점에 있는 소비 행태를 엿볼 수 있다. 43.6~43.2ka에 해당하는 최상층에서 네안데르탈인이 다른 곳에서 사냥해 가져온 알짜배기 부위들이 발견된다. 일부는 불에 그을었고 얼마나 야무지게 먹었던지 발가락뼈에도 이빨 자국이 나 있을 뿐만 아니라 골수를 빼먹기 위해 깨부순 흔적이 있다.

타우바흐에서도 체계적인 사냥의 전모가 드러나는데, 이곳의 네안데르탈인은 코뿔소를 기습했을 뿐만 아니라 최소 50마리의 곰을 사냥한 것으로 보인다.‡ 육식동물과 곰은 초식동물만큼이나 함염

---

*   참고로 곰은 동면 중에 새끼를 낳는다. – 옮긴이
‡   타우바흐는 19세기에 트래버틴에서 돌을 캐던 중 발견되었다. 여기서 소개하는 사례는 맛보기일 뿐이고, 오리지널 컬렉션의 규모는 그야말로 방대하다.

지mineral lick*를 좋아하므로, (일름Ilm강으로 흘러내리는) 탄산칼슘이 풍부한 샘물과 연못 주변은 온갖 야생동물들로 북적였을 것이며, 매복했다 곰을 습격하기에도 안성맞춤이었을 것이다. 그들은 (족발의 껍질을 벗기고 혀를 잘라낼 정도로) 적극적으로 도축했으며, 불을 피운 흔적이 있는 것으로 보아 리오세코와 마찬가지로 전리품 중 일부를 인근에서 요리한 게 틀림없다.

종을 불문하고 육식동물과 곰을 사냥한 네안데르탈인에게서 얻는 교훈은 한결같다. 최소한 일부—특히 곰—는 '비명횡사한 것'을 주운 게 아니라 '의도적으로 겨냥한 것'을 (심지어 전문적인 사냥 방법으로) 획득한 것이었다. 사냥꾼의 입장에서 볼 때 이것은 엄청난 직감과 협업과 어쩌면 계획을 필요로 하는 작업이다. 사냥 장소가 동굴인 것은 맞지만 우리는 그에 더하여 다양한 함정—올가미가 됐든 구덩이가 됐든—의 가능성을 열어 놓아야 한다. 처음에는 막연해 보였지만 연구자들은 '네안데르탈인이 (나무를 이용한) 다단계 프로젝트를 구상했다'는 풍부한 증거를 수집했다. 그리고—이후의 장章들에서 알게 되겠지만—그들은 복잡한 구조물을 창조하기도 했다.

---

* 노천에 칼슘·나트륨·칼륨·염화나트륨 등의 무기염류가 풍부한 지역으로 자연적·인위적으로 만들어질 수 있다. 많은 동물이 함염지 표면을 핥아 생존과 물질대사에 필요한 무기염류를 얻는다. – 옮긴이

싹에서 뿌리까지

네안데르탈인이 대형 사냥감 마니아라는 평판이 설사 부적절해 보이더라도, 그들이 비건vegan(엄격한 채식주의자)의 마스코트로 등장하는 일은 절대 없을 것이다. 그럼에도 불구하고 식물은 그들의 식생활에 대한 우리의 생각을 급반전시킨다. 플라이스토세의 식생 중에서 보존된 것이 매우 드물다 보니 황량한 북극 툰드라에 대한 선입견과 오버랩되어 네안데르탈인이 식물을 전혀 먹지 않았다거나 식물을 너무나 조금 섭취했기 때문에 발견되지 않는다는 가정으로 이어졌다. 처음에는 안정동위원소 분석이 그러한 가정을 뒷받침하는 것처럼 보였다. 맨 처음 분석된 네안데르탈인의 샘플은 프랑스 남서부의 레프라델레Les Pradelles에서 수집되었는데, 늑대나 하이에나와 사실상 구별할 수 없었다. 활발한 사냥에 대한 증거와 함께 더 많은 샘플이 누적됨에 따라 네안데르탈인의 이미지는 (동물의 시체를 찾아 헤매는) 청소부에서 (식물에 대한 여지가 거의 없는) '마초 킬러'로 바뀌었다.*

하지만 연구자들도 이게 사실이 아님을 알고 있었다. 고기는 경이로운 단백질 공급원으로, 지방산은 물론 흡수가 잘 되는 미량영양소를 겸비하고 있다. 그러나 100퍼센트 고기로 구성된 식단을 날마다 삼시 세끼 섭취한다면 네안데르탈인은 물론 우리도 오래 살 수 없다. 엄격한 육식은 영양 불균형과 단백질 독성을 초래하며, 임신부나 수유부—불시에 조사하더라도 대다수의 네안데르탈인 여성들이

---

* 그동안의 연구는 채집보다 사냥에 편향되는 경향이 있었다. 부분적인 이유는 전자는 후자보다 가정적인(그리고 아마도 여성스럽게) 것으로 여겨져 흥미가 반감되기 때문이었다.

해당되었을 것이다—에게 치명적이다. 고기와 지방뿐만 아니라 식물도 생존에 중요했으므로 동위원소 데이터만 갖고서는 사태의 전말을 파악할 수 없다.* 샘플에도 문제가 있었다. 분석된 샘플의 수가 25건 미만이었는데 보존과 관련된 이슈 때문에 '100ka 이상의 연대'와 '비교적 한랭한 기후'에 해당하는 지층에서 수집되었다. 따라서 기후가 온난하고 식물이 풍부했던 시대 및 장소에 살았던 네안데르탈인은 분석에서 누락되었다. 하지만 설사 제대로 된 데이터를 수집했더라도 탄소와 질소의 안정동위원소는 단백질만 반영하므로 탄수화물은 해당되지 않았다. 이 방법에서는 고기가 모든 식물성 단백질을 효과적으로 뒤덮게 되는데, 이게 무슨 뜻이냐 하면 '설령 네안데르탈인의 단백질 중 절반이 식물에서 기원하더라도 동위원소상으로는 여전히 말馬보다 하이에나에 더 가까울 수 있다'라는 것이다.

만약 식물의 뿌리와 싹을 질근질근 씹는 네안데르탈인의 모습이 어색하게 느껴진다면 다른 고고학적 증거들이 그들이 허브 감정가임을 암시한다는 점을 상기하라. 그들이 식물의 쓰임새—도구가 됐든 손잡이 부착용 접착제가 됐든 그 밖의 다른 어떤 것이 됐든—를 훤히 알고 있었다면, 그 지식에 영양학적 지식을 얹는다고 해도 전혀 이상하지 않다. 게다가 뒤지개*의 존재를 감안하면 그런 심증이 더욱 굳어진다. 그렇다면 그들은 정확히 어떤 식물을 먹었을까? 선택의 폭은 무궁무진했을 것이다. 오늘날 유럽에는 1,000여 종의 식

---

* 일례로 식물은 엽산과 비타민 C의 가장 좋은 공급원이다.
* 7장 참조. - 옮긴이

용식물이 있지만 우리의 문화적 레이더로는 그들의 메뉴를 짐작하기 어렵다. 고위도 지방에는 먹을 만한 게 별로 없지만 툰드라에 거주하는 원주민 사회에는 오랫동안 20~40종 이상의 식용식물이 알려져 왔다. 그중 상당수— 분홍바늘꽃, 수영sorrel, 장과류, 균류, 뿌리와 덩이줄기, 해초, 심지어 일부 지의류*— 의 생육한계선은 한랭기 동안 훨씬 더 남쪽으로 내려왔을 것이다. 설사 빙하기에 네안데르탈인의 식단에서 식물이 차지하는 비중이 1퍼센트밖에 안 되었더라도, 기후가 온난해지면 불과 1년 만이라도 급증할 수 있었다.

 무성한 숲속과 목초지, 습지를 거닐던 간빙기의 네안데르탈인은 선택의 폭이 더 넓었다. 지난 25년 동안 근동의 유적지에서 이런 사실이 밝혀졌는데, 이스라엘의 케바라Kebara 동굴에서 발굴한 재灰를 여과한 물 덕분이었다. 여과된 수천 개의 탄화물에서 거의 50종의 식물이 동정同定되었는데, 그중 대다수가 식용이었다. 다른 온난기 유적지(아무드Amud와 지브롤터 같은)에서 발견된 것들까지 종합적으로 고려하면, 네안데르탈인의 난로 속에 있었던 식물 찌꺼기의 범위는 인상적이다. 견과류(도토리, 피스타치오, 호두, 헤이즐넛, 잣), 과일(야자, 무화과, 대추야자, 야생 올리브, 포도), 덩이줄기(무아재비, 야생 보리, 방동사니), 씨앗(풀, 완두콩, 렌즈콩)까지. 심지어 북유럽의 엠 간빙기 지층도 식물로 가득 차 있었는데, 독일의 노이마르크-노르트와 라부츠Rabutz에서는 탄화된 헤이즐넛, 도토리, 보리수 씨가 발견되었다. 그리고 야생 자두와 산딸나무 열매의 씨도 발견되었는데, 이는 그 열매

---

* 대부분의 이끼류, 우산이끼류, 점균류를 제외하면 본질적으로 모든 식물 그룹에는 식용식물이 포함되어 있다.

들이 식용이었음을 시사한다.*

지난 30년 동안 네안데르탈인의 많은 신체부위에서 채식의 직접적인 증거가 쏟아져 나옴에 따라 '최초의 앳킨스 다이어트Atkins Diet* 추종자'라는 그들의 이미지가 차츰 무너졌다. 연구자들이 맨 처음 유심히 들여다본 것은 그들의 치아였다. 음식물은 치아 표면에 (굳기와 관련된) 마모 패턴을 남기는데, 장기적인 마멸abrasion과 미세마모micro-wear(최근 며칠에서 몇 주 동안 생긴 얕은 스크래치와 홈)를 구분하는 것이 가능하다. 3D 스캐닝, 모델링, 통계분석을 통해 실험용 샘플들의 스크래치와 홈의 다양성과 방향성을 비교할 수 있는데, 이 샘플들에는—동위원소 분석과 달리—혼재된 환경에서 살았던 네안데르탈인의 치아가 포함될 수 있다. 그리고 일반적으로—독자들도 예상하겠지만—비교적 추운(아무래도 채식을 덜 하는) 환경에서 사는 사람의 치아에서는 고기를 많이 먹은 듯한 마모 패턴이 나타난다. 예컨대 벨기에의 스피 동굴에서 살았던 네안데르탈인들은 최근 티에라델푸에고Tierra del Fuego에 살았던 수렵채집인들(이들은 고기가 매우 많이 포함된 식사를 하는 것으로 알려져 있다)과 비슷한 마모 패턴을 보인다. 그러나 빙하기에 살았던 사람들에 대한 고정관념과 달리, 심지어 한랭한 기후에 살았던 네안데르탈인조차 최근 북극에 살았던 사람들(사들러미우트 이누이트족Sadlermiut Inuit 포함)—이들은 건조하고 냉동된 고기

---

* 산딸나무는 오늘날 남유럽에 자생하고 그 열매는 포도만 한 크기다. 흥미로운 점은 목질이 매우 치밀하지만 탄력이 있어 창을 만드는 데 적합했고, 초기 그리스의 시에서는 이 나무의 이름이 '창'을 의미했다.

* 탄수화물을 전혀 먹지 않고 고기(단백질과 지방)를 마음껏 먹으며 체중을 감량하는 식이요법으로 일명 '황제 다이어트'라고 한다. – 옮긴이

를 먹으며 치아로 뼈를 깨부순다―만큼 극단적인 마모 패턴을 보이지는 않는다.

그와 대조적으로 비교적 따뜻하고 숲이 우거진 환경에서 살았던 네안데르탈인 여성 '타분 1'은 식물임이 확실한 질기고 거친 음식을 씹은 듯한 마모 패턴을 보인다. 특히 흥미로운 곳은 엠 간빙기의 급격한 온난화가 시작되기 직전의 거주지로, 울창한 숲이 아직 발달하지 않았던 것으로 추정되는 크라피나다. 놀랍게도 그곳에 살았던 네안데르탈인의 미세마모 패턴은 이후 선사시대 농사꾼들―이들은 섬유질 식물을 많이 섭취했다―과 매우 비슷하다. 게다가 개인마다 명확한 다양성을 보인다. 이는 기후와 관련된 거시적 패턴을 가로지르는 것으로 동일한 유적지, 심지어 동일한 퇴적층에서 발견된 네안데르탈인일지라도 치아의 마모 패턴이 천차만별일 수 있음을 보여준다. 이는 모든 사람이 똑같은 음식을 먹은 게 아니라는 것을 의미한다.

한걸음 더 나아가 우리는 다른 종류의 구강 증거를 들여다볼 수 있는데, 그중에는 현생인류뿐만 아니라 수많은 네안데르탈인이 앓았던 구강질환이 포함된다. 그건 바로 치석dental calculus이다. 치석은 광화된 타액mineralized spit과 으깨진 음식물 찌꺼기와 그것을 포식한 세균의 유해로 구성된 바이오필름으로, 본질적으로 누군가가 먹은 것에 대한 미세한 고고학적 퇴적층이라고 할 수 있다. 엄격한 분석으로 오염―고대의 퇴적물 때문이든 연구자가 먹던 샌드위치에서 나온 전분 때문이든―을 배제하는 것이 가능하다. 고고학자들이 치석 분석 결과와 석질 표면의 잔류물을 종합하여 그려 낸 네안데르탈인의 식탁은 경탄할 만하다.

지금껏 샘플링된 약 40명의 네안데르탈인 중에서 '치아 속 쓰레기 다양성' 분야의 우수상 수상자는 '샤니다르 3'으로, 앞에서 만난 적이 있는 '흉부에 자상을 입은 네안데르탈인'이다. 그는 죽기 전에 대추야자, 완두콩/렌즈콩/살갈퀴과 식물, 정체불명의 뿌리/덩이줄기를 먹은 것으로 밝혀졌다. 뿌리/덩이줄기는 같은 퇴적층에서 나온 석질의 잔류물 샘플에서도 발견된다. 다른 많은 지역에서 발견된 인공물들은 탄화된 유물에서 나온 증거와 거의 일치하는데, 그중에는 씨앗, 견과류, 잎식물/과일, 완두콩과 식물, 정체불명의 뿌리/덩이줄기, 균류, 풀이 포함되어 있다. 풀은 특히 흥미로운데, 씨앗을 수집하여 처리하는 데 매우 많은 시간이 소요되기 때문이다. 한두 가지 사례는 다른 일(이를테면 잠자리에 짚 깔기)의 부산물로 간주하고 무시할 수 있지만 대부분의 사례는 식량 수집을 염두에 뒀다고 보는 게 타당하다.* 이러한 추론은 보리나 밀과 유사한 야생풀에서 나온 종자전분seed starch이 '샤니다르 3'을 포함한 다른 사람들의 치석에서도 발견된다는 사실에 의해 뒷받침된다.

으레 그렇듯 치석 속에 포함된 다양한 식물의 증거는 근동에서만 발견되지 않는다. 유럽 북서부에 자리 잡은 스피 동굴은 100ka경 분명히 한랭한 기후대에 속했다. 그러나 두 명의 네안데르탈인 성인

---

* 네안데르탈인이 '미즙chyme'를 먹은 것 같다고 제안한 학자들이 있었다. 미즙이란 채식동물의 위장 속에 있는 반쯤 소화된 식물의 곤죽으로, 크리Cree, 이누이트, 치페와이언, 커친Kutchin 같은 일부 수렵채집문화에서 소비되었다. 그러나 미즙의 상당 부분은 풀이며, 치석 속의 식물 잔류물과 별로 일치하지 않는다.

의 치석에서 풀과 (놀랍게도) 수련waterlily의 뿌리 전분이 발견되었다. 이는 네안데르탈인이 적극적으로 식량을 수집했으며 물과 진흙 속을 헤치고 들어가는 것을 마다하지 않았음을 암시한다. 21세기 치석 분석의 진정한 발전은 'DNA를 이용한 음식물 동정'이지만 기술적으로 볼 때 아직 걸음마 수준이다. 수십 가지 세균이나 바이러스 중 몇 가지 흥미로운 것이 있지만 정작 특기할 만한 사항은 포유동물에 관한 것이다. 예컨대 스피 동굴에서 발견된 (치아에 고기를 많이 먹은 듯한 마모 패턴이 존재하는) 네안데르탈인의 치석에서 코뿔소와 야생 양의 DNA가 발견되었다. 그런데 그 양은 그 지역의 동물상 집합체에 존재하지 않는다. 그렇다면 그 네안데르탈인은 스피에 도착하기 전에 양고기를 먹은 것일까?

아마도 가장 놀라운 것은 엘시드론 동굴의 분석 결과일 것이다. 문제의 샘플의 치아 마모 패턴 분석에서 종잡을 수 없는 결과가 나왔다. 치석에서 검출된 DNA 중에서 대형 포유동물과 일치하는 것은 하나도 없었고* 소나무, 버섯, 이끼의 DNA가 전부였다. "채식주의자 네안데르탈인 발견!"이라는 기사가 언론의 헤드라인을 장식했지만 실상은 좀 복잡하다. 버섯은 유럽과 북아메리카 이외의 지역에서 널리 소비되고 있지만 소나무는 굉장히 애매하다. 오늘날 북반구의 어떤 수렵채집문화에서는 소나무의 속 껍질을 초봄의 식품으로 섭취하지만 DNA 검사에서 확인된 소나무 종은 동아시아산이므로 이베리아 반도의 네안데르탈인에게는 해당사항이 없다. 마지막으로

---

* 심지어 퇴적층에서 발견된 DNA는 동물상의 유전물질과 전혀 일치하지 않고 호미닌과만 일치하는 것으로 나타났다.

이끼는 너무 작은 데다 세상 어디에서도 식품으로 사용된 역사가 없으며 생명공학 분야에서 사용되고 있을 뿐이다. 따라서 한때 오염의 가능성이 조심스레 제기되었지만* 최근에는 복합탄수화물을 함유한 것으로 밝혀져 약간의 영양학적 가치를 인정받았다. 그렇다면 우리도 모르는 뭔가를 네안데르탈인이 알고 있었을 가능성을 배제할 수 없다.

스페인의 엘살트El Salt 암굴에 살았던 누군가가 식물을 먹었던 건 분명하다. 난로가 있는 퇴적층에서 세계 최초로 네안데르탈인 대변이 발견되었는데, 웃기는 헤드라인("이게 웬 똥이야?", "네안데르탈인 화장실" 등)은 제쳐 두고, "동물 기반 화합물animal-based compound 속에서 논란의 여지가 없는 식물성 물질이 발견되었다. 아마도 뿌리나 덩이줄기에서 유래한 듯하다"라는 생화학 연구 결과가 발표되었기 때문이다.

지금까지 언급한 식물 탐지 기법 중 상당수는 아직 개발 중이므로 세부적인 내용은 불확실하다. 그러나 한 가지 분명한 사실은 '네안데르탈인이 진짜로 먹었던 것' 중에서 지금껏 발견된 것은 극히 일부에 불과하다는 것이다. 요리된 식품인 경우에 더욱 그런데, 요리된 식품일수록 빨리 분해되기 때문이다. 그리고 동위원소 문제로 다시 돌아가면 여기서도 경계선이 무너지고 있다. 아미노산에 초점을 맞춘 최신 연구는 여전히 동물성 단백질의 손을 들어 주고 있지만, 최

---

* 예컨대 확산성 땅이끼spreading Earth-moss 라고 불리는 이끼(학명: Physcomitrella patens)는 유전학적 연구가 필요한 속성을 지니고 있어, 유전공학 항암제 개발 등의 의학적 용도로 사용된다.

근에는 식물에 대한 증거도 차츰 늘어나고 있다. 예컨대 스피 동굴의 경우 단백질의 약 5분의 1이 비동물성 원천에서 유래한 것으로 추정된다. 그 당시의 지역환경에 식물이 별로 풍부하지 않았다는 걸 감안하면 일부 네안데르탈인은 식물채집에 정말로 집중했으며, 아마도 상당 부분을 요리한 후 섭취한 것으로 보인다.

호모 가스트로노무스 Homo gastronomus*

네안데르탈인의 식생활에 대한 공평한 기술은 '최소한 어떤 시기와 장소에서 고기와 채소를 모두 섭취했다'가 될 것이다. 그러나 문제는 여전히 남는데, 그것은 '어떻게'다. 그들의 주방 풍경은 어땠을까? '기름이 뚝뚝 떨어지는 구운 고기'와 '부글부글 끓는 스튜'가 나란히 놓여 있었을까? 아니면 날음식이 수두룩했을까?

  일부 식재료의 경우에는 생식이 가능하지만, 요리는 식재료를—고기와 채소를 불문하고—먹을 수 있도록 해 줄 뿐 아니라 영양학적 가치를 향상시키고 소화를 돕는다. 네안데르탈인이 불을 제어했는지에 대한 논란은 나중에 다루기로 하고, '일정 수준 이상으로 요리된 고기'를 뒷받침하는 상당한 증거가 존재한다. 동굴에서 발견되는 다양한 온도의 불에 손상된 동물의 유골은 그것들이 의도적으로 불에 구워졌음을 시사한다. 왜냐하면 살집이 얇은 부위의 뼈가

---

* 미식가. - 옮긴이

더 많이 그을었기 때문이다.* 그러나 일부 요리는 대체로 눈에 띌 수 없다. 예컨대 (뼈에 붙어 있는 살점이 아니라) 저민 살코기나 내장을 불에 구웠다면 흔적이 남아 있을 리 만무하다.

거대동물상을 구웠다는 것은 선사시대 혈거인들에게 따라붙는 고정관념이지만, 그건 사실 비효율적이며 엄청난 연료 낭비다. 스튜가 더 바람직한 방법인데, 그 이유는 고기를 익히는 동시에 골수가 풍부한 국물을 우려낼 수 있기 때문이다. 골수 말고 동물성 지방도 있다. 연구가 거듭됨에 따라 네안데르탈인이 '골수와 지방을 중심으로 한 사냥의 조직화'—표적 동물 선정, 적절한 도축, 동굴 내 반입—를 일관되게 추진해 왔다는 설이 힘을 얻고 있다. 더욱이 긴 뼈의 말단에는 지방이 풍부한 갯솜질이 자리 잡고 있는데, 유골의 경우에는 이 부분이 거의 항상 비어 있어 눈길을 끈다. 육식동물도 골수와 지방을 좋아하지만, 동굴 속 집합체에는 육식동물의 존재를 암시하는 징후가 없다. 따라서 고고학자들은 네안데르탈인이 골수와 지방을 체계적으로 처리한 방법에 초점을 맞추고 있다. 그것은 '펄펄 끓여 지방질 녹여내기'*나 '분쇄하여 지방질이 풍부한 뼈 반죽bone paste 만들기'였을 것이다. 이 모든 것은 종종 육즙이 풍부한 지방을 추출하는 데 집중하는 한랭한 기후대에 거주하는 수렵채집인들의 요리법과 일치한다.

---

* 요리를 위해서가 아니라 못 먹는 관절을 처치할 요량으로 불구덩이에 내던지는 경우에도 이런 현상이 발생할 수 있다. 그러나 네안데르탈인이 무거운 관절을—그것도 살점이 붙어 있는 채—단지 폐기할 목적으로 동굴 안으로 힘들여 끌고 들어왔을 개연성은 매우 낮아 보인다.

* 심지어 골수를 추출하고 남은 '박살 난 뼈몸통 조각'을 끓여 수프를 만들 수도 있다.

식물은 어땠을까? 풀씨grass seed는 물에 푹 담그거나 새까맣게 태운 후 빻아야 했으며, 도토리는 영양분이 풍부하지만 떫은 탄닌 성분을 제거하기 위해선 물에 담가야 했다.* 치석 연구가 이를 뒷받침한다. 엘시드론의 어떤 유골에서 채취된 치석에는 '가열-균열된heat-cracked 전분'이 포함되어 있었고, '샤니다르 3'의 치석에서 발견된 전분의 경우에는 40퍼센트가 끓여진 것으로 나타났다. 종이 확인된 식물들을 살펴보면 단단한 씨앗을 가진 식물이 종종 요리의 이점을 누렸다는 것을 알 수 있다. 이런 복잡한 관행들 덕분에 네안데르탈인은 현대 농업의 원조들(야생식물에서 식량을 일궈 낸 수렵채집인들)이 개발한 조리법에 맞먹는 노하우를 터득했을 것이다. 그러나 세라믹이나 금속제 용기도 없는 문화에서 그런 일이 어떻게 가능했을까? 아무 그릇에나 '시뻘겋게 달궈진 자갈'을 던져 넣으면 액체를 끓일 수 있지만 네안데르탈인 유적지에서는 가열-균열된 돌을 찾아보기 힘들다. 그러나 매머드 스튜를 만드는 방법은 하나만 있는 게 아니다. 예컨대 액체가 담긴 그릇을 장작불 위에 올려 놓고, 온도가 더는 올라가지 않을 때까지 기다릴 수 있다. 그릇은 커다란 두개골일 수도 있고, 속이 텅 빈 자연석일 수도 있고, 심지어 나무껍질로 만든 상자일 수도 있다. 그러나 가장 가능성 높은 '천연 냄비'는 아마도 방금 도축한 동물의 위나 피부일 것이다.

네안데르탈인의 요리를 생각하다 보면, 문득 '주방'이 어디에 있었을까 하는 의문이 떠오른다. 어떤 음식을 먹는 장면은 사냥 직후,

---

* 강가의 모래밭에 파인 구멍도 도토리를 가공하기 위한 방법 중 하나다.

특히 피나 내장처럼 운반하기 어려운 식재료를 대상으로 연출되었을 것이다. 그리고 모란 같은 대형 도축지에서 발견된 '불탄 뼈'를 관찰해 보면 여러 마리의 들소들이 도축되는 동안 고기의 상태가 어땠는지 짐작할 수 있다. 그러나 10장에서 살펴보겠지만, 네안데르탈인이 사냥물 중 상당한 양을 다른 곳으로 운반하여 추가적으로 도축하고 소비했다는 증거가 풍부하다. 설사 사냥물이 운반된 곳에서 기다리던 네안데르탈인들과 고기를 공유했다고 가정하더라도 쇠닝겐 같은 대규모 주거지의 경우 수백에서 수천 킬로그램의 고기를 소비할 때까지 안전하게 보관하기는 어려웠을 것이다. 대형동물을 다루고 무거운 관절을 운반하는 데 수반되는 위험과 소비되는 에너지를 감안할 때, 네안데르탈인이 잉여물을 보관하거나 보존하는 방법을 강구했을 거라는 추론은 충분히 납득할 만하다.

그렇게 하려면—어떤 방법을 사용했든—특별한 기술과 지식, 사전계획이 필요했을 텐데 이 문제가 지금까지 별로 논의되지 않은 것은 부분적으로 고려할 요인이 한두 가지가 아니라 너무 복잡하기 때문이다. 직접적인 고고학적 증거가 부족하다는 점도 어려움을 가중시켰다. 즉, 나중의 선사시대 유적지들과 달리 커다란 구덩이를 찾을 수가 없다 보니 네안데르탈인의 보존 방법을 추적할 여지가 거의 없다. 한 가지 가능성은 냉동으로, 이누이트 같은 일부 북극 문화에서는 물고기를 얼려 얼음과자처럼 먹었다. 빙하기 동안 냉동은 기본값이었으며, 실제로 비타민 C를 보존하는 데 기여했을 것이다. 그러나 네안데르탈인은 상당한 기간 동안 덜 혹독한 기후조건에서 살았으므로 저장된 식량은 상이한 형태를 띠었을 것이다.

두 번째 가능성은 훈연smoking이다. 엘시드론에서 발굴된 두 명의 네안데르탈인 치석에서 목재 연기의 화학적 표지자가 검출되었다. 이는 일부 네안데르탈인이 훈제용 불 곁에서 생활했음을 시사하지만 다른 해석도 가능하다. 이런 방식의 보존은 동굴 밖에서나 가능했을 것으로 보이며, 모란의 경우 고기와 골수를 보존하기 위해 불로 그을렸다는 견해가 제시된다. 그러나 고기를 보관하는 가장 간단한(그리고 고고학적 탐지가 가장 어려운) 방법은 육포를 만드는 것이다. 육포를 만들려면 고기를 말리기만 하면 되며 그대로 보관하거나 추가 가공하여—이를테면 지방 및 골수와 혼합하여—페미컨pemmican* 같은 것으로 만들 수도 있다. 9장에서 살펴보겠지만 몇몇 예외적인 보존 장소에서는 난로 주변에서 미량의 '분쇄된 뼛조각'과 '조리된 지방'이 발견되었는데, 이는 가공식품이 실제로 존재했음을 시사한다.

식물 기반 식품을 저장하려면 동물 기반 식품과 비슷한 가공 과정이 필요하다. 가을철 장과류는 페미컨 스타일의 레시피가 적합하며, 잎, 곡물, 뿌리는 건조하거나 분쇄될 수 있다. 이런 식의 보관은 야외의 채집 장소보다는 주거지에서 이루어졌을 가능성이 높다. 몇몇 유적지에서 표면이 마멸된 불가사의한 돌덩이가 발견되었고, 라키나에서 발견된 일부 석질에서는 으깨진 풀 전분이 검출되었는데, 이는 모두 분쇄나 건조와 관련된 것으로 간주된다.

세 번째 가능성은 발효인데, 발효의 영역에는 전혀 새로운 범위

---

* 고기에 녹인 지방과 다른 재료를 섞어 페이스트로 만든 다음 압착하여 작은 케이크 모양으로 만들어 햇볕에 말린 제품. – 옮긴이

의 옵션들이 존재한다. 고기, 지방, 물고기 또는 식물은 저산소 조건에서 저장되어 모종의 경로를 거쳐 부패해도 여전히 먹을 수 있다. 발효식품은 어떤 의미에서 미리 소화된 식품이라고 할 수 있으며 부패하기 쉬운 뇌 같은 부위에 유용하다. 발효는 요리와 달리 일부 핵심적인 영양소, 특히 비타민 C를 보존해 주기도 한다.*

오늘날에는 많은 발효 레시피가 존재하는데 어떤 것은 간단하고 어떤 것은 복잡하다. 초기 단계에는 사냥물을 방치해 두는 게 전부이지만 때로는 곰팡이가 슬 수도 있다. 키비크Kiviq는 좀 복잡하다. 기름으로 얼룩진 바다표범의 피부 속에 수백 마리의 작은 바다쇠오리auk들을 넣고 꿰맨 다음, 부드러운 녹색을 띨 때까지 수개월 동안 보관하는 그린란드식 방법이다. 식물성 발효도 흔한데, 구체적으로 사우어크라우트, 김치, 발효두부 등 다양하다.

많은 민족지학 문헌에서 발효식품은 비상식품이나 특별식이 아니라 정상식으로 분류된다. 발효라는 관행은 9,000년 전 스칸디나비아의 빙하기가 지난 후 수렵어로채집인들 사이에서 이미 확립되었다. 방법은 각양각색인데, 그중에는 매우 까다로운 것도 있어서 자칫 잘못 발효한 경우에는 치명적일 수 있다. 키비크의 경우에도 바다표범을 잘못 보관하거나 다른 바닷새를 사용하여 보툴리눔독소증botulism에 걸려 사망하는 사례가 왕왕 발생한다. 혹시 네안데르탈인도 발효식품을 취급했을까?

네안데르탈인은 이미 동물의 시체를 처리하는 다단계 시스템

---

* 발효는 단백질을 아미노산과 지방산으로 분해함으로써 인체가 더 쉽게 흡수하도록 해준다.

을 보유하고 있었으므로 또 다른 지연 단계를 추가하는 것이 어렵지 않았을 것이다. 그중 간단한 것은 음식을 물속에 보관하는 것인데, 우리가 동물의 시체—예컨대 쇠닝겐에서는 말, 린퍼드에서는 매머드—가 물에 잠겨 있는 곳으로 알고 있는 장소들에서 흥미로운 가능성이 제기된다. 어떤 방법을 사용했든 간에 발효에는 시간이 많이 소요되므로 만약 네안데르탈인이 발효를 시도했다면 방치해 놓고 여행을 떠났다가 나중에 돌아왔을 것이다. 이는 미래의 동위원소 연구에서 발생하는 성가신 문제의 발단이 되기도 했는데, 그 이유는 발효식품에 질소가 풍부해지는 경향이 있기 때문이다.

발효식품의 또 다른 측면은 맛이다. 강렬한 풍미와 향을 가진 전통적인 발효식품은 때로는 썩은 생선 같다는 소리를 듣지만, 그럼에도 종종 뭔가 멋진 게 나올 거라는 기대를 품게 한다. 설사 해양 포유동물의 몸속에서 수 주 동안 숙성시키지 않더라도 바닷새들은 새로운 맛을 얻지만 개념적으로 로크포르Roquefort* 나 스틸턴Stilton* 같은 치즈에서 크게 벗어나지 않으며, 역시나 한 번 맛을 들이면 도저히 빠져나올 수 없는 중독성이 있다. 땅바닥에 쭈그리고 앉아 들소 떼를 유심히 바라볼 때 네안데르탈인은 '골수 치즈'를 생각하며 침을 질질 흘렸는지도 모른다. 아니면 살짝 썩은 순록 고기를 게걸스레 먹는 장면을 상상하며 입맛을 쩝쩝 다셨는지도 모른다. 현생인류는 적어도 다섯 가지 맛(단맛, 신맛, 쓴맛, 짠맛, 우마미うま味)을 경험하는데, 그들이

---

* 푸른곰팡이가 있고 냄새가 강한 프랑스산 치즈. – 옮긴이
* 소젖으로 만든 영국의 푸른곰팡이 치즈. – 옮긴이

경험한 흥미로운 맛은 칼슘과 지방을 탐지하는 특별한 미각에서 비롯되었는지도 모른다.

그러나 미각이 '좋은 것'에 대한 신호만 보내는 건 아니다. 특히 쓴맛은 위험을 경고하며, 유전학 연구에 의하면 네안데르탈인은 그런 화합물 중 하나를 탐지할 수 있었다. PTC*라고 알려진 화합물은 일부 식물에서 발견되는데, 과량을 섭취하면 위험하다. 흥미로운 점은 네안데르탈인은 특이한 유전자 변이를 보유하고 있었기 때문에 오늘날의 많은 사람과 달리 PTC 신호가 부분적으로 차단되었다는 것이다. 따라서 네안데르탈인은 쓴맛에 대한 내성이 높았을 것이며, 광범위한 미각(쓴맛과 신맛)에 대한 유전적 증거를 종합적으로 고려할 때 익숙하지 않은 식물이나 발효된 고기를 시식하더라도 비교적 안전했을지도 모른다. 인간이 경험하는 향미는 미각과 후각의 조합이므로, 네안데르탈인이 우리보다 더욱 풍요로운 식생활을 영위했을지도 모르는 일이다.

먹기 위해 살고, 살기 위해 먹기

'무엇'을 '어떻게' 먹을 것인지는 문화와 밀접하게 관련이 있다. 심지어 유인원도 주변에 있는 것을 채집하는 데 그치지 않고 성장하는 동안 보고 배운 것을 따른다. 우리는 석질을 이용하여 네안데르탈인의

---

* 페닐티오카바마이드 phenylthiocarbamide.

문화를 분류하지만 식량 기반 전통도 다양성의 일부였을 것이다. 네안데르탈인은 대형동물 사냥꾼으로서 협업이 필수적이었지만 함께 사냥한 후에는 늑대나 하이에나와 달리 전리품을 공유했다. 침팬지의 경우 새끼에 대한 모성애를 논외로 하면 이타성은 수준 이하이며, 기껏해야 사회적 호의(섹스 포함)에 대한 대가로 자투리 고기를 제공할 뿐이다. 네안데르탈인의 협동은 그런 마지못해 하는 협동과 질적으로 다르다. 그들은 체계적 도축을 통한 해체에서부터 가장 푸짐한 부위를 챙기는 것에 이르기까지 철두철미한 협동 작업을 수행했으며, 때때로 3단계 이상의 처리 과정으로 인해 잔치가 지연되기도 했다.

잘츠기터-레벤슈테트는 실제 사례를 보여 준다. 그곳에서는 어느 가을날 최소 44마리(어쩌면 그 두 배)의 순록들이 죽임을 당했는데, 아마도 여름철 하르츠 산맥에서 풀을 뜯은 후 하산하던 순록 떼가 수차례에 걸친 사냥으로 몰살당한 것으로 보인다. 모든 연령대의 순록들이 피부가 벗겨지고 뼈가 발라졌지만, 그중에서도 고강도 도축이 이루어진 것은 가장 살찐 개체들—번식할 준비를 마친 장년의 수컷들—뿐이었다. 네안데르탈인은 선별된 개체에서도 가장 푸짐한 부위(골수, 지방, 내장)를 챙겼지만 지방이 거의 없는 살코기 부위는 외면했다. 이처럼 명백한 선택 패턴은 이기적인 무한경쟁 상태에서는 불가능하며, 오로지 공동의 목표를 지닌 집단에서만 나타날 수 있다. 다른 네안데르탈인 유적지에서도 이와 동일한 현상이 수백 번 관찰되었다.

도축 패턴 자체를 집중적으로 분석하면 '무질서한 스크럼'과

거리가 먼 체계적인 접근 방법이 드러난다. 동물의 시체 한 구당 몇 명—또는 단 한 명—의 숙련된 절단공이 배치되어, '어디를 썰어서 관절을 노출시키고, 어디를 때려서 뼈를 부술 것인지'를 결정했던 것으로 보인다. 오늘날의 도축업자들과 마찬가지로 경험이 풍부한 네안데르탈인은 더욱 적고 얕고 질서정연한 흔적을 냈으므로 흔적의 개수와 무질서도를 평가하면 도축 기술의 수준을 능히 짐작할 수 있다. 순록의 사지에 나타난 절단흔은 종자크의 사냥터에서보다 '페슈들라제 IV' 암굴에서 훨씬 더 많이 발견되었다. 두 유적지 모두 키나 기술을 사용했고 연대가 비슷하므로 '종자크에는 노련한 사냥꾼과 그 밖의 숙련된 성인이 많았다'는 결론을 내릴 수 있다. '페슈들라제 IV'의 난삽한 도축 패턴은 숙련도 낮은 성인들(기술을 배우는 청소년들 포함)의 덜 세련된 썰기 솜씨를 여실히 드러내고 있었다.

네안데르탈인은 생계를 꾸려나가는 데 있어서 전문적인 역할을 수행했을까? 설사 대부분의 개인이 다재다능하지 않더라도, 자원을 공유하면 분업을 통해 생산성을 향상시킬 수 있다. 이는 공간적 패턴에서 잘 드러나는데, 예컨대 쇠닝겐에서는 골수 추출이 도축된 말과 일정한 거리를 유지하며 질서정연하게 진행되었음을 알 수 있다.

작업 영역에 대해서는 10장에서 자세히 언급하겠지만, 누가 실제로 사냥을 담당했는지도 중요한 문제다. 평균적인 여성은 임신 및 자녀 양육 기간 동안 사냥에 취약할 수 있다. 만에 하나 사고가 난다면 소중한 자손이 위태로워지므로 여성이 사냥에 참가하는 것은 진화적 관점에서 볼 때 바람직한 전략이 아니다. 당연한 이야기이지만 많은 수렵채집사회에서 대부분 남성 사냥꾼들이 대형 사냥감을 담당하며 때로는 며칠 동안 주거지를 비운다.

그러나 그게 보편적인 전략은 아니다. 암사자 같은 여성이 1진 사냥꾼primary hunter인 사회는 갈수록 줄어들고 있지만 그녀들이 사냥에 가담하고 1차 도축을 주도하는 사례는 드물지 않다. 그리고 그러한 지역에서 여성과 어린이가 팀을 이루어 소규모 사냥감을 사냥하는 사례를 종종 볼 수 있다.* 가장 놀라운 것은 일부 수렵채집문화에서 (여성과 아기를 포함한) 소규모 가족집단이 철따라 들판에 나가 몇 주 동안 독립생활을 한다는 사실일 것이다.

어떤 종류의 동물을 사냥하거나 식량을 수집했든 간에 그것은 기본적으로 사회적 맥락 안에서 일어났다. 네안데르탈인은 발견한 식량으로 함께 요기를 했을 것이며, 어린이들은 전리품이 분배되어 다른 곳으로 운반되는 방법을 관찰하며 배웠을 것이다. 치아의 스크래치를 분석하면 어린이들이 먹는 도구를 이용하여 점차 성숙한 제스처를 취했고, 그 과정에서 고사리만 한 손이 자라나 더 많은 일을 하게 되었으리라 짐작할 수 있다. 사실 어린이들은 채집인의 일원으로서 적잖은 양의 식량 채집에 기여했고, 소형동물을 사냥함으로써 도축을 실습할 기회를 얻었을 것이다.

토끼 같은 조그만 동물들—이런 동물들은 (특히 요리가 끝난 후) 뼈를 산산조각 낼 수 있으므로 어린이들의 실습용으로 안성맞춤이다—의 뼈에 절단흔이 있는 것은 바로 이 때문이며, 가장 두드러진 사례는 코바네그라에서 발견된 조그만 새들이다. 명금류 자체는

---

* 사냥감을 추적하는 기술로 명성을 날리는 사람은 때때로 여성이다.

특이한 요리감은 아니며 오늘날 전통식품이나 미식에 널리 사용되는데, 가장 유명한 것은 프랑스의 오르톨랑ortolan*이다. 일부 수렵채집문화에서 명금류는 예비식품이지만, 다른 사회에서는 일상식품이며 종종 어린이들의 사냥감이다. 코바네그라에서 제비나 찌르레기 같은 새들은 조심스레 저며지고 요리되어 섭취된 다음 대형 조류와 동일한 방법으로 도축되었다. 어린이들은 조그만 다리를 떼어내 번드르르한 뼈를 자근자근 씹어 으깬 다음 골수를 빨아먹었을 것이다. 다른 유적지에서라면 굶주림의 증거였겠지만 코바네그라처럼 사냥감이 넘쳐나는 곳에 기근이 들이닥쳤을 리 만무하다. 호기심 많은 꼬맹이들이 작고 가느다란 손가락으로 고기와 근막과 힘줄을 잘라 내는 방법을 배우는 데 이보다 더 적당한 방법은 없었을 것이다.

　　네안데르탈인 사회 내부에는 생계와 관련된 특별한 소그룹들이 존재했을 것이다. 그러나 좀 더 일반적으로 사냥의 전문화가 이루어졌다고 말할 수 있을까? 코바네그라처럼 크고 작은 조류의 도축량이 많고, 나중에 등장한 몇몇 호모 사피엔스 유적지의 전문화된 조류 사냥을 연상케 하는 곳의 경우 그랬을 가능성이 있다. 종자크나 모란 같은 곳의 경우에는 아주 오랫동안 하나의 종에만 집중한 게 분명하지만, 뛰어난 적응력('네안데르탈인은 어떤 지역 생태계에 처하더라도 주어진 조건을 최대한 활용했다')의 사례라는 인상을 강하게 준다. 즉, 종자크와 모란에서 발굴된 단일종 집합체는 스윗스폿sweet spot — 기후,

---

* 오르톨랑은 1990년대에 금지되었는데, 일부 셰프들의 주장에 따르면 "멧새를 아르마냑(브랜디의 일종) 속에 담가 익사시킨 다음 오븐에 구워 통째로 먹는 것은—감촉이 꺼끌꺼끌하지만—황홀한 경험"이라고 한다.

지형, 동물 행동의 절묘한 조합으로 특정한 종 사냥의 가능성이 극대화된 장소—을 반영한다. 100년(또는 심지어 1,000년)이라는 기간 개념을 고려할 때 지속적인 전통이 존재했는지 여부를 판단하기는 어렵지만, 최소한 수십 세대 동안 특정한 지식이 유지되어 왔다고 볼 수 있다.

전문화는 행동의 한 측면으로, 시간이 경과함에 따라 네안데르탈인에게 '초기 호모 사피엔스보다 생산성이 낮고 능력이 떨어지는 인류'라는 딱지를 붙이는 데 사용되었다. 그러나 이러한 고정관념은 지난 20년 동안 무너져 왔다. 예컨대 남아프리카공화국에서 발견된 초기 호모 사피엔스 집단 중 일부는 해양 연체동물 채집에 지나치게 열중함으로써 수백만 마리로 이루어진 거대한 언덕을 쌓았는데, 시간이 흐르며 조개류의 개체군이 축소된 것으로 보아 오랜 기간 서식하며 천연자원을 과도하게 포획했음을 시사한다. 그와 대조적으로, 네안데르탈인은 조개를 '대충 훑어본' 것처럼 보인다. 심지어 (해산물이 중요한 자원이었던) 포르투갈의 바존딜루Bajondillo, 일쿠쿠El Cuco, 피게이라브라바Figueira Brava 같은 곳조차 여러 환경에 걸쳐 형성된 광범위한 네트워크의 결절점이었을 뿐 장기적인 점유나 천연자원 남획과는 거리가 멀었다.

이러한 다방면적 적응은 '네안데르탈인은 가용자원을 완전히 채굴하지 않았으므로 비효율적이었다'라는 주장으로 이어졌다. 그러나 최근의 연구는 네안데르탈인이 (연체동물처럼 쉽게 잡을 수 있는) 동물을 남획했음을 보여 준다. 거북의 개체군은 올리베이라 동굴의 여러 퇴적층에서 유의미하게 축소되며 남획*된 조짐을 보였고, 급기야 이베리아 반도에서 멸종하기에 이르렀다. 초기 호모 사피엔스의 경우 이런 천연자원 남획은 인구 폭발의 증거로 받아들여지므로 동일한 시대와 장소에 살았던 네안데르탈인도 그와 같은 상황에 직면했던 것으로 간주된다. 아기가 많아졌다는 것은 풀칠할 입이 많아졌음을 의미하기 때문이다.

초기 호모 사피엔스에 대한 이해가 깊어지면서, 현생인류의 성공에 대한 지배적 이론은 타당하지 않다는 인식이 대두되었다. 2019년에 발표된 동위원소 분석에서, 벨기에의 여러 유적지에서 발견된 네안데르탈인과 후기 구석기시대 초기 지역사회는 매머드와 순록 같은 고기에 크게 의존한 것으로 밝혀졌다. 기술적 차이가 존재했음에도 네안데르탈인 사냥꾼들은 초기 호모 사피엔스보다 결코 비효율적인 것처럼 보이지 않았다.

쇠닝겐의 창이 청소부 이론의 심장을 꿰뚫은 이후 20년 동안 네안데르탈인의 사냥에 대한 인식이 근본적으로 바뀌었다. 보기 드문 연구가 주는 신선한 충격을 넘어 증거의 무게—수만 개 유적지에서 발굴된 수백만 개의 동물 뼈—자체가 가장 거대한 짐승조차도 거뜬히 때려잡은 사냥꾼들의 솜씨를 증명했다. 연구자들의 분석 기술이 상상력을 압도할 정도로 발달하면서 소형동물과 심지어 식물까지도 '수천 년의 역사를 지닌 메뉴'의 일부로 논란의 여지없이 자리 잡았다.

---

* 암컷 거북이 성적으로 성숙하려면 10년의 기간이 필요한데, 21세기의 남획 사례와 마찬가지로 성체들은 번식하기도 전에 목숨을 잃은 것으로 보인다.

이 모든 것은 네안데르탈인의 신체, 인지 능력과 사회생활에 대한 광범위한 이론에 피드백을 제공했다. 미시적 수준(동물의 털가죽과 살을 꿰뚫는 도구)에서 거시적 수준(운반과 섭취에 적합한 신체부위를 선택하는 안목)까지, 석질과 동물의 몸의 교차점에 대한 그들의 자신감이 느껴진다. 그들은 눈가리개를 하고서도 주어진 임무를 완수했을 것 같은 느낌이 든다.

그럼에도 불구하고 네안데르탈인의 식단은 여전히 '호모 사피엔스의 식단과 대척점에 있다'는 비호의적 프레임에 갇히곤 한다. 우리의 뇌리에 박힌 가정은 '설사 고고학적 증거가 우리의 우월성에 의문을 제기하더라도 그들은 뭔가 근본적으로 잘못된 일을 저질렀기 때문에 지구상에서 사라졌다'는 것이다. 모든 유적지의 네안데르탈인이 다 그랬던 건 아닐지라도 그들은 하나의 종으로서 초기 호모 사피엔스를 성공으로 이끌었다고 여겨지는 '식생활의 광범위한 스펙트럼'에 매우—우리가 지금껏 믿어 왔던 것보다 훨씬 더—근접해 있었는데도 말이다. 네안데르탈인의 식생활에 사사건건 시비를 거는 대신 우리는 초기 호모 사피엔스가 위험을 무릅쓰고 더욱 전문화한 이유를 곰곰이 생각해 볼 수 있다. 어쩌면 조개류나 소형 사냥감에 크게 의존한 것은 자발적 선택이 아니었을 수 있다. 최고급 식품인 대형 포유동물 사냥에 비교우위를 가진 네안데르탈인에게 압도당한 상황에서 그것 말고는 달리 대안이 없었을지도 모른다.

네안데르탈인이 '먹은 것'뿐만 아니라 '먹지 않은 것'도 다른 의미에서 많은 시사점을 던진다. 일부 수렵채집사회에서 즐겨 먹는 식물이나 동물은 다른 사회에서 무시되거나 심지어 기피된다. 냄새와 마찬가지로 맛은 호미닌의 뇌에 기억과 정체성의 오랜 핵심으로서 깊이 각인되기 때문이다. 특정한 냄새는 네안데르탈인에게 계절의 개념이나 특별한 장소를 떠오르게 했을 수 있다. 만약 웨일즈에 살던 네안데르탈인이 팔레스타인 출신의 친척들이 즐겨 먹는 음식을 봤다면, 깜짝 놀랐을―또는 심지어 거부했을―지 모른다.

가장 큰 문제는 이 모든 것이 어떻게 어우러졌는가다. 식생활의 관점에서 보면 네안데르탈인은 진화적 틀에 얽매이지 않았다. 그들의 석질 기술과 마찬가지로 우리는 시간이 지남에 따라 점차 확산proliferation되고 세분화fragmentation되는 경향을 보게 된다. 그들의 식단은 갈수록 확장되었고, 동물의 몸은 더욱더 신중하고 철저하게 해체되었다. 앞으로 두 장에 걸쳐 이러한 패턴이―하나의 난로에서부터 전체 풍경에 이르기까지―어떻게 그들이 사물들을 과거 어느 때보다도 넓은 범위로 운반하고, 자신과 세상 사이의 새로운 연관성을 구축하는 호미닌임을 드러내는지 살펴볼 것이다.

9장

네안데르탈인의 집

"이제 떠날 시간이다"라고 바람이 속삭인다. 사슴이 울부짖으며 찬 공기 속에서 숨을 내뿜는다. 새벽 서리가 풀밭에 "지금 출발하라"라는 메시지를 새긴다. 사람들은 귀를 기울인다. 동굴 속의 그늘이 더욱 차가워지며 물웅덩이 위에 단단한 얼음이 형성된다. 곧 떠나게 될 것임을 안 사람들의 사냥은 가까이에 있는 짐승들만 잡는 것으로 움츠러들었다. 자포자기한 사슴이 동굴 안으로 끌려들어와 모닥불 바로 옆에서 해체된다. 하늘 높은 곳의 두루미들은 (태양을 쫓는 여름의 편린처럼) 날개를 펄럭이고, 사슴은 이미 절반이 먹혔다. 지붕에서 떨어지던 물방울들이 얼어 고드름이 된다. 싱숭생숭한 아침이다. 솜털로 뒤덮인 채 바둥거리는 마지막 먹잇감의 꼬리에는 (물을 가로지르는 돌수제비의 경로처럼) 동그라미가 잇따라 그려져 있다. 그들은 발톱 달린 발바닥을 만져 보고, 엄지손가락으로 송곳니의 끄트머리를 건드리고, 기다란 콧수염을 잡아당긴다. 꿈속에 더 자주 나타나는 그 동물—들고양이—은 마지막 메시지이자 마지막 식량이다. 그들은 마지막 불에 고양이를 구워 양쪽 볼이 불룩해지도록 흡입한 후 털북숭이 생가죽을 돌돌 말아 챙긴다. 사람들은 몸을 간신히 일으켜 걷기 시작한다. 멀어져 가는 그들의 숨소리는 점점 더 작아지다 조용해지고, 동굴은 한숨을 내쉰다.

시간의 흐름에 가속이 붙으며 초점이 흐려지기 시작한다. 마지막 해의 잎들에 덮인 채, 여름 내내 마른 뼈를 건드리는 것은 설치류뿐이다. 나무들이 녹색에서 노란색을 거쳐 오렌지색으로 바뀌고 사람들이 돌아온다. 그러나 옛사람들이 예언했던 것처럼 땅바닥이 너무 축축해 불이 붙지 않는 동굴은 더는 거주자들을 환영하지 않을 것이다. 그들은 다시 떠나고 세월이 흐른다. 사슴과 목재와 재와 돌도 물에 잠긴다. 잠드는 시간이 온 것이다.

유적지의 땅바닥은 단단하지만 고고학자들이 손에 든 시간의 실타래는 우리가 이해하려고 애쓰는 동안 점차 가닥이 잡혀 간다. 지금까지 누적된 네안데르탈인에 대한 놀라운 디테일은 선사학의 개척자들이 꿈꿨던 수준을 훨씬 뛰어넘어 과학소설에 가깝다. 그러나 그들의 삶의 풍부한 태피스트리를—가닥뿐만 아니라 짜임새까지도—완벽하게 재구성하는 것은 여전히 어렵다. 석질 기술복합체 같은 현상들은 지질학의 시간 척도로 가시화되지만, 인류사의 수레바퀴에 걸맞은 설명을 요구한다. 연구자들은 오랫동안 시간의 깊은 모래 수렁에 빠진 채, 손에 닿지 않는 사물들 간의 관계를 (정확한 연대도 모르면서) 파악하려고 허우적거렸다. 직접적인 연대측정 방법의 등장은 가히 혁명적이지만, 연대측정만큼이나 중요한 것은 시간이 유적지를 창조한 과정을 이해하는 것이다.

특정한 유적지가 네안데르탈인에게 뭘 의미했는지를 이해하는 데 있어서 가장 중요한 기준은 두 가지다. 하나는 그들이 '무엇을 했는가'이고, 다른 하나는 '얼마나 오래 머물렀는가'이다. 그러나 미세한 샘플에 적용할 수 있는 초정밀 연대측정 방법을 보유하고 있다 하더라도 방대한 유적지에서 1,000년 미만의 점유기간을 구별한다는 것은 불가능하며, 한 세기는 두말할 나위도 없다. 그 이유는 하나의 고고학적 지층이 놀랄 만큼 엄청난 시간을 집어삼켰을 수 있기 때문이다. 상이한 인공물의 무더기를 구분하는 퇴적층들이 침식되거나 흐지부지 사라져 뒤섞인 물체들의 덩어리를 남기기 십상이다. 사정이 이러하다 보니 한 뼘만 한 두께의 퇴적층이 1,000번의 여름을 겹쳐 쓴 복기지일 수 있다.

주목할 만한 것은 오늘날 일부 환경에서 '특정한 퇴적층이 점유된 횟수'를 정확히 측정할 수 있게 되었다는 것이다. 그것을 가능케 한 것은 (프랑스 남동부의 망드랭Mandrin 동굴에서 처음 시도된) 숯검정 연대기fuliginochronology*라는 절묘한 방법으로, 일부 네안데르탈인 유적지를 시대별로 세밀하게 분석하는 길을 열었다.

탄산염 덩어리—동굴의 벽과 천장에 형성되는 광상—속의 이상한 '까만 얼룩'을 면밀히 조사하면 나노 수준의 띠가 드러난다. 그것은 본질적으로 '숯으로 기록된 미세한 층서학'으로, 네안데르탈인이 주거지에서 불을 피워 지붕과 벽을 그을릴 때 형성되어 얇은 '숯 그을음 막'으로 남은 것이다. 만약 그들이 떠난 직후 아무도 살지 않았다면 '순수한 탄산염'이 막 위를 뒤덮었을 것이며, 전입과 전출이 주기적으로 반복되었다면 여러 개의 층이 형성되었을 것이다. 그것은 마치 바코드처럼 독특하므로 '동일한 층 내 덩어리'와 '상이한 층 간 덩어리'에 대응하는 패턴을 분간할 수 있다.

이 검게 그을린 아카이브는 웬만큼 두꺼운 고고학적 지층이 형성되는 동안 네안데르탈인이 머문 횟수를 측정하는 유일한 방법이며, 그 결과는 놀랍기 그지없다. 망드랭 동굴의 50센티미터 두께의 퇴적층은 최소 8번의 점유기간을 포함하는데, 이것만으로도 이미

---

*   '숯검정fuligino'과 '연대기chronology'라는 뜻의 라틴어 단어를 합성하여 만든 용어다.

꽤 큰 숫자다. 그러나 바로 그 아래의 비슷한 두께의 퇴적층은 무려 80번의 점유를 대변한다. 이는 퇴적층의 겉모습이 기만적일 수 있다는 엄연한 경고이며, 고고학자들이 연구하는 모든 집합체의 99퍼센트 이상이 단 한 번의 점유를 대변하는 게 아니라 여러 차례에 걸친 행동패턴을 대변할 수 있다는 사실을 일깨워 준다. 집합체의 시간평균time average[*]이 무용지물이라고는 단정할 수 없지만, 우리는 네안데르탈인을 좀 더 잘 이해하기 위해 삶의 사소한 부분들을 분석할 필요가 있다.

이상적인 고고학적 유적지가 탄생하려면 상이한 점유자들의 석질과 뼈가 서로 뒤섞이는 것을 방지하는 '고해상도high-definition' 조건이 필요하다. 미세한 퇴적물이 신속하지만 부드럽게 축적되어야 하고 유골이 침식되지 않는다면 더할 나위 없이 완벽하다고 할 수 있다. 그런 유적지가 소중한 것은 단기적인 국면을 대변할 뿐만 아니라, 만약 교란되지 않았다면 네안데르탈인이 유적지의 서로 다른 부분에서 수행한 일들을 드러내는 공간적 패턴을 보존하고 있기 때문이기도 하다.

네안데르탈인의 고고학적 기록을 해독하는 데 있어서 '로제타석'은 늘 단 며칠, 심지어 몇 분 동안만 활동하거나 존재했던 것을 발견해 냈다. 물론 '재구성된 석질 한 세트'는 매우 단기적인 시간대를 대변하지만 동일한 시간대의 '지층 전체'를 발견했다는 이야기는 거의 금시초문이다. 그러나 21세기의 최신 발굴 방법 덕분에 우리는 그

---

*   시간적, 공간적으로 변동하는 과정에서 그 변량을 일정 시간에 걸쳐 평균한 값.

런 지층이 실제로 존재한다는 사실을 알고 있다.

그런 장소를 연구하기 위해서는 현대적인 기술은 물론이고 무한한 인내심이 필수적이다. 레이저는 피사체의 위치를 3D로 기록하여 인공물의 수직적, 수평적 범위를 재구성하는 데 필요한 디지털 데이터를 제공한다. 이를 통해 발굴 도중에 감지되지 않은 난로나 미세층micro-layer 주변에 집중된 석질들이 영상화된다. 핵심적인 접근 방법은 '특별한 것', 즉 마치 다른 단편들의 덩어리를 배경으로 자체발광하는 형광체처럼 두드러지는 돌이나 희귀동물 샘플을 찾아내는 것이다. 오늘날에는 재구성과 미세한 퇴적층 분석을 통해 네안데르탈인이 일상생활을 영위한 장면을 실감나게 재현할 수 있다.

7장에서 아브릭로마니의 목재 인공물을 살펴보았지만, 관점을 바꿔 말하면 그곳의 예외적인 보존 조건은 동굴이 너무 축축해서 살 수 없었던 기간 사이사이에 네안데르탈인이 공간을 사용한 방법을 디테일하게 보여 준다. 그들이 동굴을 떠난 후 트래버틴의 흐름이 '버려진 삶의 지표면'을 통째로 수장하는 바람에, 그 위에 존재하던 모든 것들이 제자리에 보존되었다. 각각의 고고학적 지층은 짧게는 며칠, 길게는 몇십 년을 대변하며, 아무리 길게 잡아도 1세기를 넘지 않는 초단기 지층에 해당한다. 현재 발굴 작업은 약 60ka에 해당하는 Level R에 이르렀으며, 지금껏 발굴된 유물뿐만 아니라 앞으로 발굴될 유물까지 모두 연구하려면 수많은 세월이 필요할 것이다.* 그러나

---

* 발굴되지 않은 부분의 깊이를 감안할 때 기존에 발굴된 퇴적층 아래에는 4만 년에 달하는 네안데르탈인의 고고학이 숨어 있을 것으로 추정된다. 이것은 앞으로 1세기 동안 수 세대의 연구자들에게 주어진 과제다.

(10년 전 발굴된) 그보다 젊은 Level M~P의 분석에서 이미 경이로운 결과들이 나왔다.

55~54ka에 해당하는 Level O의 경우, 세계 최고의 해상도를 자랑하는 네안데르탈인의 삶의 기록 중 하나다. 그것은 270제곱미터(80평)의 동굴 바닥을 뒤덮은 두께 1미터의 퇴적층으로, 약 4만 점의 유물이 발굴되었다. 유물들의 3D 위치를 디지털화하여 분석한 결과 3개 이상의 주요 국면으로 구성된 것으로 나타났지만, 각 국면은 한 번 이상 점유된 흔적이 있는 것으로 추정되었다. 난로가 있던 퇴적층에서 수집된 자기 데이터magnetic data를 분석해 보니 모든 것들이 몇 세기 이내에 형성된 것으로 나타났다. 그렇다면 각각의 국면에는 몇 세대에 걸쳐 오고 간 네안데르탈인의 내역이 담겨 있다는 이야기가 된다.

중간 국면인 Ob는 유물이 가장 풍부한 곳으로, 매우 독특한 유물을 포함하고 있다. 그것은 다름 아닌 도축된 들고양이의 전신이다. 아브릭로마니의 모든 퇴적층에서 발굴된 동물의 뼈는 너무 체계적으로 부서져 있어 개체의 신원을 밝히는 것이 거의 불가능하다. 그러므로 대체로 완벽한 골격을 발견하여 스냅샷(또 하나의 트래버틴 퇴적층이 형성되기 직전에 황급히 떠난 네안데르탈인의 행적)을 포착했다는 것은 극히 이례적이다. 그곳에서 수 세기 동안 살았던 네안데르탈인은 떠나기 전에 마지막으로 들고양이를 잡아 가죽을 벗긴 후 모닥불에 구웠을 것이다. 그들은 배를 채우며 앞날을 대비한 듯하다. 들고양이의 발가락 끄트머리와 꼬리뼈가 없는 걸로 보아 두꺼운 줄무늬 털가죽을 챙기기 위해 발과 꼬리를 절단한 것 같다.

난로가 있는 곳

들고양이는 놀라운 유물로 5여만 년 전의 어느 날 아침 또는 오후 한 나절이라는 짧은 순간을 대변한다. 아브릭로마니 같은 고해상도 유적지에서도 전형적인 퇴적층들은 여전히 연구자들을 괴롭힌다. 인공물과 뼛조각이 밀집한 지역에서 중첩된 '행동의 흔적들'을 구분하는 것은 여간 어려운 게 아니다. 그 해결책은 심장부(난로)에서 시작하여 나선형으로 확장해 나가는 것이다. 블랙카본 black carbon* 분자, 눈부시게 밝은 잉걸불, 창백한 후광, 격자 모양으로 놓인 나뭇가지들, … 난로와 그 주변에 동그랗게 모인 눈망울들이 어둠 속에서 반짝이는 듯하다. 난로는 고고학의 시금석이다. 그것은 동굴의 한복판에 자리 잡은 시간의 날실과 공간의 씨실이 교차하는 곳이다. 겹겹이 에워싼 수천 년의 세월과 혼란스러운 데이터의 안개를 뚫고 나오는 불빛처럼 난로는 정확한 참조점 anchor point 을 제공한다. 그도 그럴 것이 난로는 네안데르탈인의 삶의 중심이었다.

불은 인류의 진화라는 대하드라마에서 가장 강력한 상징물 중 하나다. 그것은 인류에게 빛과 열을 제공했을 뿐만 아니라, 포식자로부터 보호하고 음식을 요리했으며 다른 물질들을 변화시켰다. 또한 어둠을 몰아내어 사회생활까지도 연장했다. 역사를 통틀어 인류의 집이 불 주변에 건설된 것처럼, 난로는 네안데르탈인의 존재를 구조화했다. 다시 말해 누가 보더라도 단박에 알아챌 수 있는 공간의 중

---

* 식물, 나무 등의 바이오매스와 화석연료 같은 유기물질이 불완전 연소를 통해 발생하는 탄소 생성물의 총칭. - 옮긴이

심부다. 우리는 그들이 얼굴을 마주보고 있는 장면을 굳이 '상상할' 필요도 없다. 왜냐하면 재와 숯을 둘러싸고 있는 인공물들을 바라보기만 해도 그 장면을 문자 그대로 '들여다볼' 수 있기 때문이다.

수백 군데 유적지에서 숯조각, 불탄 인공물, 가열된 퇴적물이 발견되지만 그것들이 의미하는 바를 탐구하는 것은 매우 까다롭다. 난로는 추적의 단서가 되는 인공물로, 그 구조는 내부의 재만큼이나 취약하다. 그것은 더럽혀질 수도 있고, 뒤덮은 퇴적층에 의해 침식되거나 눌리거나 왜곡됨으로써 사라질 수도 있다. 실험적인 연구에서는 딱히 불탄 증거가 없는 곳에도 간혹 가열된 퇴적물이 잔존하는 경우가 있으며, 다양한 연소 단계를 나타내는 미세층은 호미닌의 행동을 암시하는 강력한 증거임을 보여 준다.

네안데르탈인의 불 기술pyro-technology에 대한 우리의 지식을 발전시킨 핵심 지역은 스페인 알리칸테Alicante 지방에 자리 잡은 엘살트다. 엘살트는 아브릭로마니에서 남쪽으로 350킬로미터 떨어진 곳에 있는데, 동시대의 유적지들이 광범위하게 분포되어 있으며 수십 년에 걸친 장기 프로젝트가 여러 건 진행되고 있다. 발굴 작업이 진행되던 중 난로와 유사한 '까만 동그라미'들이 발견되기 시작하자 연구자들은 이 특징들이 무엇인지 더 잘 이해하고 싶어졌다. 그래서 석회암 절벽 바로 옆에 난로를 만들어 엘살트 동굴의 네안데르탈인이 경험했던 것과 매우 흡사한 조건을 조성했다.

그들은 실험을 통해 신선한 난로는 전형적으로 3층 구조를 이룬다는 사실을 발견했다. 맨 아래층은 불에 달궈진 토양층soli layer이었고, 중간층은 흑색층black layer이었으며, 맨 위층은 연소된 연료에서 나온 회층ash layer이었다. 많은 유적지에서 회층은 자연적으로 사라졌는데, 엘살트의 경우에도 사정은 마찬가지였다. 그러므로 연구자들이 발굴한 흑색층은 불과 땅바닥 사이에 있던 잔류물들이 타고 남은 숯덩이였다. 현미경 분석에서 그것은 잡초와 낙엽 더미인 것으로 밝혀졌다. 따라서 흑색층에서 발견된 인공물들은 더 오래된 거주자들이 남긴 유물일 가능성이 높다.

난로 연구의 발전에도 불구하고 네안데르탈인의 불 기술에 대한 논란은 여전히 뜨겁다. 그들이 불을 사용했으며, 중기 구석기시대에 난로가 더욱 흔해졌다는 사실을 부인하는 사람은 아무도 없다. 120ka경부터 불은 일상생활의 일부였던 것이 분명하다. 그러나 네안데르탈인이 우연히 얻은 불씨를 사용했을 뿐인지 아니면 불을 피웠는지는 여전히 논쟁거리다.

문제는 일부 유적지들에 고고학적 유물이 풍부함에도 불구하고 불의 존재가 거의 탐지되지 않는다는 것이다. 설상가상으로 가장 많이 언급되는 유적지인 프랑스 남서부의 록드마르살Roc de Marsal과 페슈들라제 IV의 키나 지층에는 초기 시대에도 존재했던 난로는커녕 숯도 거의 찾아볼 수 없다. 그 지층의 연대가 MIS 4 빙하기라는 점을 감안할 때 가장 추운 시기에 불이 없었다는 것은 납득하기 어렵다.

어쩌다 만든 불씨를 사용하다가 만드는 방법을 잊어버렸거나 아예 만드는 방법을 몰랐던 것은 아닐까? "유난히 두꺼운 옷을 입었다는 점과 생식生食을 했다는 점을 감안할 때 불을 사용하지 않았을 것"이라는 설은 근거가 희박할 뿐 아니라, 숯과 '불에 그은 석질과 뼈'가 간혹 발견된다는 반증에 의해 기각된다. 그렇다면 네안데르탈인은 자연발화로 인한 화재에서 주운 불씨를 그냥 사용했을 뿐일까? 그러나 페슈들라제 IV와 록드마르살에 '난로 없는 퇴적층'이 형성되던 시기에 고위도 툰드라 환경에서 낙뢰는 매우 드물었다. 만약 들불이 극히 드물었다면 네안데르탈인은 불씨를 보존하는 천부적인 재능을 보유할 필요가 있었다. 게다가 그들은 하나의 난로에서 다른 난로로 불꽃을—데이지체인daisy chain 방식으로—쉽게 옮길 수 있었어야 한다.

지금까지 언급한 것 말고 또 하나의 가능한 설명이 있다. 네안데르탈인은 마음대로 불을 지필 수 있었지만 상이한 생활방식에 따라 불을 사용하는 방법과 장소를 바꿨을 뿐이라는 것이다. 만약 키나 시기Quina phase 동안 동굴 바로 밖에서 불을 피우는 경향이 있었다면 동굴 안에는 약간의 숯 조각과 불탄 찌꺼기밖에 남아 있지 않을 것이다. 이것은 오늘날 유적지의 상황과 정확히 일치한다.

고대의 불 기술

원하는 대로 사용할 수 있는 불fire-on-demand이 모든 네안데르탈인에게 보편적이었는지 여부와 무관하게, 자작나무 타르 기술은 최소한 300ka부터 많은 네안데르탈인이 불을 사용했다는 사실을 강력히 뒷받침한다. 점화 기술의 정확한 구성 요소는 알 수 없지만 호기심이 많고 창의적이며 돌떼기에 둘러싸인 몇몇 네안데르탈인은 '부싯돌을 어떻게 때리면 뜨거워지고 불꽃이 튀는지'를 훤히 알고 있었을 것이다. 고고학자들은 오랫동안 이렇다 할 점화 도구를 발견하지 못했지만 오늘날에는 '그것이 뭐였든 간에 효율적이었을 것'이라는 데 의견이 모아진다. 어떤 유적지의 경우 75퍼센트의 양면석기들이 한쪽 또는 양쪽 중심에 타격된 흔적을 갖고 있다. 현미경 관찰과 실험을 통해 다른 부싯돌이나 황철석iron pyrite—이 두 광물은 모두 스파크를 일으킨다—으로 비스듬히 때린 다음 양면석기의 장축long axis을 따라 문지를 때 그런 흔적이 생기는 것으로 확인되었다.

어쩌면 그보다 더 복잡한 방법이 사용되었을지도 모른다. 우리가 화학적 불쏘시개를 첨가하여 바비큐 속도를 높이는 것처럼, 새로운 연구는 네안데르탈인도 그와 비슷한 뭔가를 사용한 것 같다고 한다. 이산화망간MnO2은 많은 지역에서 소량으로 발견되는 새까만 빛깔의 광물질이다. 그러나 일부 지역에서는 예외적으로 많은 양이 발견되는데, 예컨대 페슈들라제 I의 경우 여러 퇴적층에서 최대 1킬로그램씩이나 발견되었다.

면밀히 분석한 결과, 그곳과 다른 곳에서 발견된 수백 개의 작은 이산화망간 조각 중 상당수가 맞문질러진 것으로 밝혀졌다. 그에 더하여 새까만 분말의 잔류물 속에서 어쩌다 한 번씩 발견된 석회석 덩어리는 네안데르탈인이 간혹 망간을 빻았음을 시사한다. 이 광물질이 색소의 속성을 띤다는 사실에서 파생되는 내용은 나중에 자세히 다룰 것이다. 그러나 그것은 굉장한 연소 촉진제이기도 하며, 특히 가루로 만들면 나무에 불이 더 빨리 붙고 효율적으로 연소한다. 네안데르탈인이 망간을 그런 식으로 사용했다는 직접적 증거는 아직 발견되지 않았지만, 하나의 흥미로운 가능성이다.

일단 불이 붙으면 네안데르탈인은 불씨를 신중하게 관리하는 데도 관심을 보였다. 대부분의 경우 탄화된 물질과 재가—단순한 모닥불과 비슷하게—평평하고 동그랗게 축적되어 있는데, 주변을 에워싼 돌 없이도 웬만한 기능을 발휘했던 것으로 보인다. 그러나 네안데르탈인은 때때로 난로의 특징을 구성하는 데 공들인 것으로 보인다. 아브릭로마니와 (그로부터 멀지 않은 곳에 있는) 로카델스부스Roca dels Bous 동굴에서, 그들은 움푹한 곳에서 불을 붙여서 열을 더 오래 보존했다. 어떤 경우에는 이 방법을 더욱 심화했는데, 가장 인상적인 사례는 아브릭로마니의 Level O로, 좁은 고랑을 파서 구덩이로 들어가는 공기의 흐름을 제어했다. 아브릭로마니처럼 잘 보존된 유적지에서 불씨 옆에 돌덩어리나 자갈이 놓여 있다는 것은 우연의 일치가 아니다. 그건 아마도 외풍이나 직접적인 열을 피하기 위한 수단이었을 것이다.

네안데르탈인이 인공물을 만들기 위해 적절한 재료를 선택했다는 점을 고려하면 그들이 불을 피우기 위한 연료에도 신경을 썼다는 것은 전혀 놀라운 일이 아니다. 목재는 가장 흔한 연료였으며 사냥할 때와 비슷한 방식으로 대체로 주변에서 조달한 것으로 보인다. 가장 흔히 사용된 연료는 풍부한 소나무였지만, 간혹 다른 나무가 있는데도 일부러 소나무를 선택했던 것 같다. 예컨대 아브릭로마니 Level J에서 확인된 1,000여 개의 숯 덩어리는 거의 소나무였고 자작나무만이 유일한 예외였다.

엘살트는 아브릭로마니보다 다양한 패턴을 보이는데, 이는 더욱 온화하고 다양했던 지역환경과 관련된 것으로 보인다. 그곳에는 소나무와 향나무 외에 단풍나무, 가시나무, 심지어 주목까지도 발견된다. 그러나 흥미로운 사실은 난로에 따라 수종이 다르다는 것이다. 특히 두드러진 퇴적층은 Unit 10인데, 이곳에서는 소나무, 단풍나무, 가시나무, 회양목 순으로 빈번하게 연료로 사용되었다. 이러한 수종 분포는 아마도 네안데르탈인이 머문 기간을 반영하는 듯하지만 수종의 선택이 의도적이었는지 여부는 알 수 없다.

어떤 장소든 네안데르탈인이 머문 기간이 연료를 사용하는 방식에 영향을 미친 것으로 보인다. 이베리아 반도 남동쪽의 아브릭델파스토르Abric del Pastor 동굴의 경우 해발 800미터의 산맥에 위치하고 한랭 건조한 기후여서 소나무가 풍부하지 않았다. 난로의 잔류물 중 대부분은 향나무와 테레빈 나무(또는 유향수mastic wood)*이지만 이상적인 연료는 아니다. 서서히 자라는 향나무는 자디잘고 질긴 가지를 갖고 있으며, 죽은 나뭇가지가 거의 없어서 연료를 수집하기가 어렵다. 테레빈 나무도 소나무보다 부적절하며, 태우면 자극적인 연기를 내뿜는다. 네안데르탈인은 한정된 소나무가 모두 소진된 후에만 향나무와 테레빈 나무를 사용했을 가능성이 높은데, 이는 그들이 적어도 아브릭델파스토르에 이틀 밤 이상 머물렀음을 시사한다.

네안데르탈인은 땔감의 종류를 가린 것으로 보인다. 가지와 잔가지의 크기 및 특징을 현미경으로 분석해 본 결과, 새로 벤 생목보다는 자연히 쓰러지거나 죽은 목재*를 선호한 것으로 밝혀졌다. 쓰

---

* 테레빈 나무는 흥미롭게도 식용이며, 끈끈한 고무를 분비한다.
* 아브릭로마니 Level M의 경우 장작의 굵기는 평균 1~3센티미터, 길이는 대체로 25센티미터 미만이다.

러지거나 죽은 목재—특히 송진이 풍부한 소나무의 경우—는 수집하기가 쉽고 잘 연소되며 특히 요리에 적합하다. 자연 상태의 숲에는 일반적으로 죽은 목재가 풍부하며, 네안데르탈인은 최대 6개월은 여러 개의 작은 난로에 불을 피울 수 있는 연료를 수집할 수 있었던 것으로 보인다.

그렇다면 오래 머물지 않는 한 생목을 베는 것은 별로 타당하지 않으며 매일 목재를 수집하는 것만으로도 충분하다는 이야기가 되는데, 이는 연료를 비축하지 않는 수렵채집인에게서 볼 수 있는 전형적인 풍경이다. 그와 대조적으로 일부 고위도 원주민 사회, 예컨대 알래스카의 아타바스칸족Athabaskan과 유피크족, 러시아 캄차카 반도의 이텔멘족Itelmen의 경우에는 여기저기 돌아다니다 죽은 나무나 쓰러진 지 얼마 되지 않은 나무를 발견할 때마다 통째로 끌고 간다.* 아브릭로마니의 네안데르탈인도 약간 커다란 나뭇가지들을 난롯가로 가져왔으며, 심지어 Level M의 동굴 앞에 장작더미가 쌓여 있었다는 증거가 포착된다. 다음 장에서 살펴보겠지만, Level N과 Oa 퇴적층에는 커다란 나무둥치가 포함되어 있는데 그게 연료로 사용하려던 것인지 여부는 분명치 않다.

네안데르탈인이 난로에 사용했던 연료 중에서 가장 의외인 것은 석탄이다. 8장에서 이미 토끼 사냥의 탁월한 증거로 언급된 레카날레트 암굴이 이례적인 것은 네안데르탈인이 갈탄을 사용한 곳이기 때문이기도 하다. 그것을 빙하기에 목재가 부족했던 사례로 치부

---

* 어떤 알래스카 원주민 사회에서는 살아 있는 나무의 껍질을 벗기고 몇 년 후 나무가 죽어 바싹 말랐을 때 돌아와 목재를 수확한다.

할 수는 없는데, 그 이유는 난롯가에 석탄이 가장 풍부한 시기와 느릅나무, 단풍나무, 호두나무 같은 온대식물이 지역적으로 번성한 시기가 겹치기 때문이다. 또 한 가지 가능한 시나리오는 네안데르탈인이 의도적으로 화석연료를 실험했다는 것이다. 갈탄에 불을 붙이는 게 쉽지는 않지만, 일단 불이 붙으면 서서히 타면서 높고 균일한 열을 내므로 500그램만 첨가해도 불씨의 생명을 극적으로 연장한다.

그런데 그들은 석탄을 맨 처음 어떻게 발견했을까? 아마도 강가의 돌 무더기에서 돌감을 찾던 중 삐죽 튀어나온 시커먼 물체를 눈여겨봤을 것이다. 가장 가까운 갈탄 광상은 레카날레트에서 북쪽으로 10~15킬로미터 떨어진 곳에 있다. 그곳은 두 개의 깊은 강협곡이 합류하는 곳으로, 네안데르탈인이 이곳을 지나다 침식된 단괴nodule*를 우연히 발견했을 가능성이 높다. 궁극적으로 나무에서 기원했기 때문에 익숙하지만 이상한 속성들을 겸비한 갈탄은 호기심 많은 탐구자들을 유혹하여 유용함을 깨닫게 만들었을 것이다. 가장 매혹적인 것은 레카날레트의 거주자들이 최소한 수 세기—그렇다고 수천 년은 아니지만—동안 여러 번 바뀌었다는 것이다. 네안데르탈인에 의해 노천 광산이 반복적으로 발견됐든 오랜 전통이 확립됐든 간에* 갈탄 연기의 토탄질 향이 그들의 거주 사실을 확인해 준다.

석탄과 질적으로 다르지만 비슷한 효과를 지닌 풍부한 재료는 뼈다. 불을 붙이기 힘들고 일단 불이 붙으면 확 타 버리기는 해도 뼈

---

* 퇴적암 속에서 특정 성분이 농축·응집되어 주위보다 단단해진 덩어리. – 옮긴이
* 이곳의 광상은 중세시대 이후 채굴되어 왔다.

를 첨가하면 장작불의 수명이 두 배로 증가하므로 황량한 툰드라에서 커다란 이점을 제공한다. 물론 수많은 유적지와 난로에서 연소된 뼈가 발견되지만, 네안데르탈인이 그것을 연료로 사용했는지 여부를 확인하기는 매우 어렵다. 언뜻 보기에 뼛가루처럼 보이는 것도 면밀히 분석해 보면 다량의 목분이 검출되어, 뼈는 미세한 잔류물이나 화학적 미량에 불과한 경우가 많다.

한편, 네안데르탈인은 불에 늘 주의를 기울이며 살았는데 나중에 살펴보겠지만 이따금씩 도축 폐기물을 불에 던지곤 했다. 그러므로 그들은 뼈가 불꽃을 더 오래 지속시킨다는 사실을 알고 있었을 것이다.

불을 붙이는 기술도 필요했지만 불꽃을 관리하는 기술도 필요했다. 특히 한 가지 이상의 불이 존재한다는 점을 감안하면 더욱 그러했다. 많은 수렵채집사회를 통틀어 불을 사용하는 방법은 광범위하다. 보호를 위한 커다란 야외의 불big open-air blaze, 굽기를 위한 구덩이 불pit fire, 요리를 위한 작은 불small fire, 보온을 위한 잠자리 난로sleeping heart, 가죽 손질용 불hide-smoking fire, 심지어 곤충을 쫓는 모깃불smudge fire도 있다. 네안데르탈인 유적지는 민족지학 데이터만큼이나 다양한 정보를 제공한다. 가장 작은 불은 폭이 20~30센티미터에 불과하며 종종 일시적이었던 것으로 보이는데, 이는 하루 또는 한 가지 과제를 수행하는 동안 피웠던 것으로 여겨진다. 아브릭로마니 같은 곳에는 개별적인 숯이나 재의 동그라미가 남아 있지만, 고해상도의 보존물이 없는 곳에서는 개별적인 동그라미들이 두꺼운 숯과 재의 층에 파묻혀 있고 미세한 뼈와 석질 조각들이 점점이 박혀 있어 시간을 가늠할 수 없다.

네안데르탈인은 더욱 크고 영구적인 난로를 만들기도 했다. 아브릭로마니에서는 직경 1미터 이상의 커다란 연소 구역combustion zone이 발견되었는데, 석질과 동물 뼈 덩어리로 둘러싸여 있는 것으로 보아 며칠(또는 심지어 몇 주) 동안 계속된 활동의 중심지였던 게 분명하다.

문제되는 것은 크기뿐만이 아니다. 난로 내부에서 발견된 미세한 뼛조각의 색깔과 상태가 다양한 것은 불의 온도가 달랐음을 반영한다. 어떤 난로는 300℃ 미만에서 서서히 가열되었을 뿐인 데 반해, 어떤 난로는 750℃ 이상에서 활활 타올랐다. 저온 가열 사례의 일부는 민족지학 문헌에 나오는 잠자리 난로와 매우 흡사하다. 크기가 작고 뒷벽과 가까운 곳에 자리 잡고 있어 가열된 돌에서 방출된 열이 잠든 네안데르탈인들을 아늑하게 해 줬을 것이다.

개별적인 불들이 어떻게 다양한 방법으로 사용됐었는지 추론할 수도 있다. 현미경 분석을 통해 아브릭로마니의 한 얕은 구덩이에서는 때로는 완전연소가 이루어졌지만 어떤 때는 깊이가 깊어지면서 저산소 조건하에서 불완전연소가 이루어졌던 것으로 나타났다.*

간혹 특정한 난로의 용도에 대한 힌트가 제공되는 경우도 있다. 엘살트의 Unit 10으로 다시 돌아가면, 상당량의 썩은 단풍나무가 불에 탄 것을 볼 수 있다. 완전히 썩은 목재—죽은 나무의 차원을 넘은—의 경우 사용자가 자욱한 연기를 원하는 게 아닌 한 훌륭한 연료

---

* 난로의 이례적 특징을 더하는 것은, 지역의 암석과 일치하지 않는 퇴적물 알갱이가 존재한다는 것이다.

가 아니다. 그렇다면 단풍나무는 원래 신선한 것이었지만 세월이 흐르며 썩은 것이다. 주변에 200여 개의 종자 가루가 흩어져 있는 것으로 보아 네안데르탈인이 진짜로 원한 것은 씨앗이었다고 볼 수 있는데, 씨앗은 신선한 가지에서 나오므로 앞뒤가 맞는다. 덤으로, 잎이 무성한 나뭇가지는—이론적으로는 먹을 수도 있지만—태울 경우 난로에서 연기가 제법 많이 나는데, 그것은 가죽을 손질하는 데 완벽하다.

우리는 지금까지 네안데르탈인이 특정 장소에서 불을 사용하는 것에 대해서만 생각해 왔지만 다른 가능성도 있다. 많은 수렵채집인은 야외에서 불을 다른 도구로도 사용하는데, 때로는 의사소통을 위해, 때로는 더욱 광범위한 용도로 사용한다. 그들은 들불을 모방하여 동물들을 몰기도 하고 심지어 환경을 관리하기도 한다. 왜냐하면 들불은 식생의 숨통을 틔우는데, 그로 인해 새로운 식물들이 돋아나 초식동물들을 유인할 수 있기 때문이다.

엠 간빙기의 숲은 바로 이런 행동을 기대할 수 있는 곳이었는데, 그 시기에 숲에 살던 네안데르탈인에게서 그런 힌트를 얻을 수 있다. 네안데르탈인의 석질이 나타나기 시작한 노이마르크-노르트의 퇴적층에서 숯 입자들이 주변에 비해 무려 10배나 높은 수준으로 증가했다. 꽃가루는 야생 자두나무나 개암나무 같은 양지식물이 늘어났음을 의미하는데, 이것은 어떤 사건으로 숲이 활짝 열렸다는 것을 시사한다. 자연발화가 네안데르탈인을 끌어들인 것인지, 아니면 그들이 고의로 불을 냈는지는 분명하지 않다. 그러나 네안데르탈인과 들불 사이에 모종의 관계가 있는 것은 분명하다. 왜냐하면 활짝 열린 숲이 2,000~3,000만 년 동안 지속적으로 확장된 후 고고학 데이터가 사라질 무렵 숲이 다시 한번 문을 닫기 때문이다.

연소 시간

난로에 담긴 정보는 무궁무진하다. 가능한 한 고해상도의 집합체를 얻으려는 선사학자들의 욕망은 늘 수많은 난로가 포함된 퇴적층에 얽힌 의문에 직면한다. 예컨대 아브릭로마니의 Level O에는 총 60개의 난로가 있다. 네안데르탈인은 여러 개의 불을 동시에 밝혔던 것일까, 아니면 여러 시기의 불들이 중첩되어 나타난 것일까? 이것은 추상적인 탁상공론이 아니다. 왜냐하면 네안데르탈인에 대한 지식 중에서 가장 불확실한 것 중 하나는 '그들이 이룬 무리의 규모'인데, 동시다발적인 난로는 더 큰 무리를 의미하기 때문이다.

층서학은 발견의 열쇠다. 만약 여러 개의 난로가 수직으로 배열되어 있다면 상이한 시기에 사용된 게 분명하다. 그러나 수평으로 배열되어 있다면 문제가 복잡해진다. 해결책은 주변의 다양한 물체들을 분석하는 것으로, 물체의 흐름—특히 양방향—을 재구성하거나 상이한 난로들 간의 다른 연관성을 찾아내는 것이다. 만약 두 개의 불 사이에서 많은 물체들이 오갔다면 두 불이 동시에 밝혀졌다는 증거다.

지난 10년 동안 연구자들은 모든 유적지를 대상으로 이런 꼼꼼한 연구를 수행하여 난삽하게 얽히고설킨 복기지를 한 땀 한 땀 해독해 냈다. 엘살트의 Unit 10 퇴적층은 넓이 35제곱미터(10평)에 깊이 50센티미터에 불과하지만 80개 이상*의 난로를 포함하고 있다. 중첩된 난로들을 비교하고 재구성함으로써 연구자들은 깊이가 각각 1.5센티미터쯤 되는 8개의 개별적 시기들을 분리하는 데 성공했다. 퇴적층의 형성 속도까지 감안하여 연구자들은 하나의 지층에서 주기적으로 전개된 역사를 놀랄 만큼 세밀하게 재구성했다. 네안데르탈인은 고작 몇 세대 동안 엘살트에 머무르다가 수 세기 동안 완전히 떠났다가 다시 귀환하는 패턴을 보였다. 타임머신을 타고 엘살트 상공을 선회하며 동굴을 투시하면 1,000여 년 동안 네안데르탈인이 주기적으로 머무르고 떠남을 반복하는 동안 시뻘건 불덩어리들이 심장처럼 고동치며 페이드인/페이드아웃 하는 장면이 반복될 것이다.

만약 난로들 사이의 간격이 넓어서 순서를 확인하기가 어렵다면 인공물들을 개별적인 돌덩어리—이것을 원재료 단위raw material units(RMUs)라고 부른다—로 재구성(환원)하여 각 인공물의 개별적인 박리 단계를 확인할 수 있다. 이런 RMU들을 순서대로 지도에 표시하면 특정한 난로 주위에 한 무리cluster의 RMUs가 형성되는 것을 확인할 수 있다. 이런 난로들은 서로 관련성이 없으므로 제각기 다른 거주자들에 의해 만들어진 것이라고 결론지을 수 있다.

연구자들의 정밀분석은 여기서 멈추지 않는다. 모든 RMUs와 다른 고립된 인공물들(다른 곳에서 만들어져 해당 유적지에 남겨진 도구들, 하나의 인공물이 도입·재연마·제거되었음을 보여 주는 작은 격지들)을

---

* 퇴적층 전체에서 발굴된 부분은 15퍼센트 미만이므로, 이 수치는 최소값일 가능성이 높다.

취합하면 각 난로에서 가능한 많은 '사건'이 발생한다. 연구자들은 신중을 기해 각각의 돌떼기 연속체knapping sequence와 단일도구를 별개의 사건으로 간주하지만 그러다 보면 불가피하게 과대평가가 수반된다. 사실 네안데르탈인은 동굴 바닥에 앉아 하나 이상의 돌덩어리를 가공—그리하여 여러 개의 RUMs를 창조—했을 수도 있으며, 한두 개의 무뎌진 도구를 남겼을 수도 있다. 더욱이 그들은 혼자서 이동하지도 않았다. 이 모든 점을 감안하면 설사 한 난로당 사건 수가 100건을 넘는다 하더라도 여전히 소수의 네안데르탈인에 의한 단 며칠간의 활동에 불과할 수 있다.

엘살트의 Unit 10의 난로 중 일부에서는 극단적으로 적은 수의 사건이 탐지되었는데, 이는 단 한 번의 방문과 관련된 유물을 분석한 결과인 듯하다. 예컨대 한 난로의 주변에서는 33개의 동물 뼈와 함께 8 RMUs의 박리 세트로 구성된 43개의 인공물, 2개의 도입된 도구, (몸돌에서 떨어져 나온 후 계속 운반된 것으로 보이는) 11개의 격지가 발견되었다. 그러나 모든 네안데르탈인 유적지 중에서 해상도가 가장 높은 결과는 엘살트에서 남서쪽으로 5킬로미터도 안 떨어진 곳에 있는 암굴에서 나왔다. 아브릭델파스토르는 2005년 이후 60제곱미터(18평)의 표면이 샅샅이 탐지되었으므로, 장담하건대 설명되지 않은 난로는 하나도 없을 것이다. Level IV의 경우 두께가 겨우 70센티미터이며, 4개 이상의 하위수준에 각각 하나 이상의 점유기간이 포함되어 있다. 결정적으로 어떤 기간의 경우에는 하나의 불 주위에 작디작은 집합체들이 무리를 이루고 있다. 심지어 IVc-1에는 겨우 6 RMUs를 형성한 석질(22개)보다 더 많은 동물 뼛조각(95개)이 포함

9장. 네안데르탈인의 집 *303*

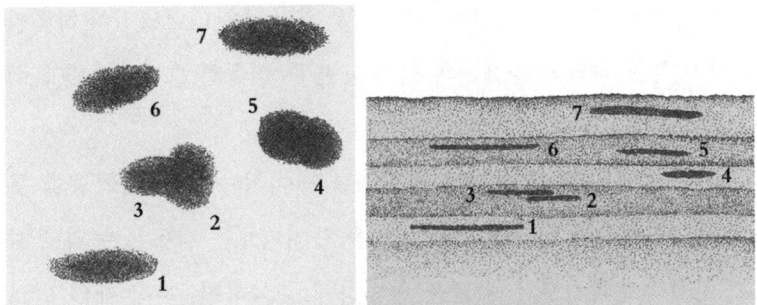

외견상 수평으로 배열되어 있는 난로일지라도, 층서학적으로 보면 상이한 시기에 속한다.

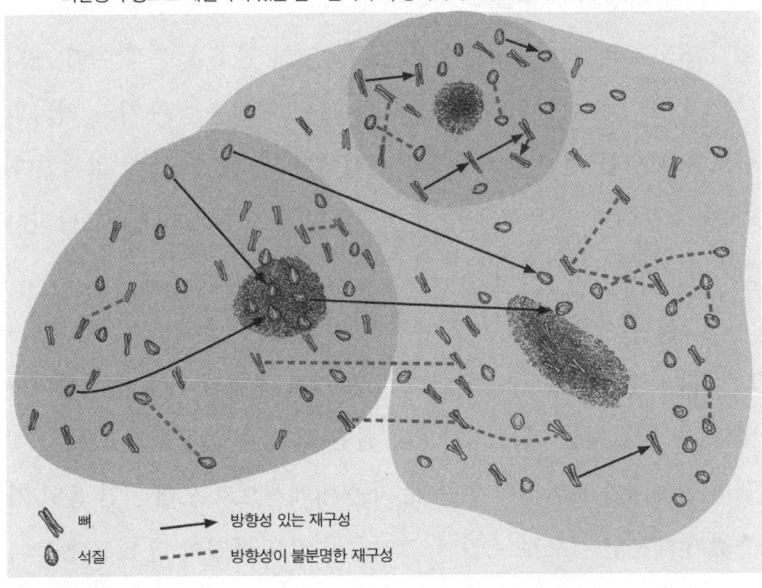

- 뼈
- 석질
- → 방향성 있는 재구성
- ---- 방향성이 불분명한 재구성

물체(석질, 뼈)의 이동 상황을 재구성하면, 어떤 난로들이 동시대에 사용되었는지 알 수 있다.

그림 7 공간적 관계를 이용한 유적지의 얽히고설킨 연대기 해독

되어 있다. 이 특별한 기간은 아마도 몇 명의 네안데르탈인이 하룻밤 동안 머물며 약간의 돌떼기와 식사를 한 후 이동한 초단기적인 흔적을 대변한다.

이 정도 수준의 시간적 해상도를 넘어서는 것은 불가능할 듯싶다. 그러나 9만 년 전의 하룻저녁을 들여다보는 감동은 논외로 하고, 아브릭델파스토르 동굴을 완벽하게 분석하면 '여러 개의 난로가 한 번 이상의 방문을 의미하는지 여부에 대한 수수께끼를 풀 수 있다. RMUs와 3D 지도를 이용한 디테일한 연구를 통해 여러 개의 난로가 포함된 아브릭델파스토르의 모든 퇴적층들은 각각 하나의 난로를 포함한 개별적 기간들로 구성되어 있다는 사실이 밝혀졌다. 이는 그 동굴을 방문한 사람이 어김없이 극소수의 네안데르탈인이었음을 강력히 시사한다.

그러나 예외가 있다. 지금까지 발굴된 것 중 가장 깊은 IVd-1은 4개의 기간으로 구성되어 있으며 각각 하나의 난로가 포함되어 있다. 한 기간에는 다른 기간보다 훨씬 더 많은 인공물과 RMUs, 재구성 연속체가 포함되어 있는데, 이는 이례적으로 오랜 기간 동안 거주했기 때문인 것으로 보인다. 그러나 수많은 석질이 더 많은 동물뼈나 도축과 일치하는 것은 아니다. 이는 최소 하룻밤 또는 이틀 밤 정도였을지라도 더 많은 네안데르탈인이 난로 주변에 앉아 머물렀을지도 모른다는 가능성을 더욱 높여 준다.

홈 디자인

난로는 우리가 네안데르탈인이 유적지를 사용한 방법을 이해하는 데 있어 연대기적, 공간적 참조점이다. 난로는 그들의 삶의 핵이었으며, 일상적 과제는 핵 주변을 둘러싼 전자광륜electron halo처럼 원을 그리며 인공물로서 명백하게 나타난다. 진화적 관점에서 보면 난로는 중요한 문턱값threshold으로서 공간 자체를 관리하는 일관된 패턴이 등장했음을 드러낸다.

두말할 나위 없이 공간 관리는 부분적으로 현실적인 고려에 기반한다. 작거나 불편한 공간은 꺼려졌으며, 엘시드론의 치석에서 검출된 목재 연기는 매연 흡입이 다반사였음을 상기시킨다. 설사 호흡기 질환에 대한 지식이 없다 하더라도 모닥불 주위에서 눈물을 흘려본 사람이라면 누구나 연기를 피하는 게 몸에 이롭다는 것을 이해할 것이다. 다른 유적지에서 실시된 기류모형airflow model 실험은 좀 더 넓은 주거공간이 어떻게 사용되었는지에 대한 힌트를 제공한다. 그런 방법으로 아브릭로마니의 Level N을 분석한 결과, 어떤 난로들은 네안데르탈인의 취침 장소의 후방에서 연기를 내뿜었는데, 이는 그 난로들이 주간에만 사용되었음을 시사한다.

그러나 일반적인 고려사항을 넘어 네안데르탈인은 난로를 우리와 같은 방식으로 이해하고 문화적 전통에 따라 동일한 지점에 배치했을까? 이건 자신 있게 말하기 어렵다. 망드랭 동굴의 경우 벽에 축적된 숯검정 기록 중 일부는 동일한 곳—동굴의 전방과 한복판—에 설치된 일련의 난로에서 나왔다. 그러나 이 위치는 전통보다는 필요(환기)에 따라 선택된 것으로 보인다. 아브릭로마니를 비롯한 다른 유적지들의 경우—비록 한 번 점유한 동안이기는 하지만—난로를 사용하는 사이사이에 재를 긁어 낸 흔적이 있다. 그와 마찬가지로 난롯돌hearth stone의 달궈진 온도—색깔의 차이로 알 수 있다—의 변화는 역시 그들이 동굴을 한 번 방문한 동안 다양한 목적으로 난로를 사용했음을 시사한다.

다중기간 난로multi-phased hearth에 대한 제대로 된 증거는 얇은 중간층에서 나오는데, 이것은 자연적인 퇴적물이 묵은 재들을 뒤덮을 만큼 오랫동안 사용이 중단되었다는 표시다. 네안데르탈인은 상당한 시간—아마도 한 계절 이상—이 지난 후 아브릭로마니로 돌아와 여러 개의 난로 중 익숙한 난로를 선택해 다시 불을 피운 것으로 보인다. 아브릭델파스토르의 사례를 다시 생각해 보면 난로가 재사용된 간격은 훨씬 더 길어질 수 있다. Level IVb에 있는 3개의 난로 중 하나는 직전 기간—아마도 수십 년 전—에 달궈졌던 자갈들을 뒤덮고 있다. 네안데르탈인(또는 그들의 조상)이 이전에 동굴을 방문한 적이 있는지 여부와 무관하게 그 난로에는 묵은 재와 숯이 여러 기간에 걸쳐 누적되어 있었던 게 분명하다. 가장 명백한 증거는 자갈이다.

네안데르탈인이 대대로 이어져 내려온 난롯가에 둘러앉아 있었다는 것은 매우 인상적인 장면으로, 관습이 장소에 확고히 자리 잡는 과정을 상기시킨다. 그뿐만이 아니다. 잘 보존된 유적지에서는 네안데르탈인이 공간 자체를 어떻게 나누었는지 보여 주는 섬세한 흔적도 발견된다. 이는 개인과 집단 수준에서* '특별한 행동에 걸맞은 영역이 필요하다'는 기존 관념이 존재했음을 암시한다. 이론적으로 커다란 유적지는 '더 큰 집단'과 '더욱 장기적인 점유'를 수용할 수 있으므로 공간이 분할되었을 가능성이 가장 높다. 그러나 공간 분할을 탐구하려면 하나의 유적지에서 서로 다른 구역들이 동시에 사용되었음을 증명해야 한다는 해묵은 문제에 직면하게 된다.

가장 가능성 높은 후보 중 하나는 아브릭로마니이지만, 심지어 RMU 방법을 동원하더라도 기간을 더욱 세밀하게 규정할망정 동일한 기간 내의 난로들을 신뢰성 있게 분리할 수는 없다. 설상가상으로, 재구성된 '상이한 난로와 행동들 간의 관계'는 모두 단방향이며, 종종 최상위 퇴적층에 집중된다. 이는 나중의 네안데르탈인이 묵은 인공물들을 재활용하다가 물건을 옮겼음을 의미하며, 석질 하나만 분석할 경우 내릴 수 있는 결론은 'Level J 전체에서 발견된 60개의 난로들은 60번의 상이한 방문의 결과물이 아니다'밖에 없다. 그러나 묵은 동물 뼛조각이 재활용되었을 가능성을 따지는 것은 무의미하며, 다른 인공물들과 달리 뼛조각의 위치 변화는 독특한 특징을 보인다. 그림 7에서 살펴봤던 것처럼 석질은 뒷벽 근처의 난로를 향해 안쪽으로 이동하는 경향이 있는 데 반해, 동물 뼛조각들은 거의 모두 주변을 맴돌거나 바깥쪽으로 운반된다. 분명한 것은 네안데르탈인은 재료에 따라 특정한 과제를 수행하기 위해 다른 영역을 사용했다.

Level J보다 더 오래된 Level Ob의 모든 영역을 재구성—무미

---

*   선택은 개인의 몫이지만 광범위한 공간 패턴이 등장하려면 많은 사람이 필요하다.

건조한 과학적 기술을 이해하기 쉽게 풀어쓴 것이다—한 결과, 55ka 의 어느 날 새벽, 점유자들이 떠난 직후의 네안데르탈인 주거지를 상 상케 하는 지도가 그려졌다. 뒷벽에 기대고 선 채 아래를 내려다보면 당신의 발은 동물의 부서진 이빨, 턱뼈, 두개골로 둘러싸여 있고, 고 개를 들어 좌우를 둘러보면 사슴과 말과 오로크를 처리하는 데 쓰인 돌망치와 모루가 제자리에 놓여 있다. 정면에는 원시적 형태의 커다 란 모닥불에서 몇 줄기의 연기가 피어오르고 (종종 땔감으로 사용되는 듯한) 도축 폐기물이 맹렬한 불길에 휩싸여 있다.

오른쪽에서 태양이 떠오르자 산더미 같은 석질과 뼛조각 더미 가 모습을 드러낸다. 마지막 도축 단계에서 배출된 수천 개의 단편과 망치다. 기름기 밴 냄새가 진동하는 것으로 보아 이곳에서 요리도 한 것 같다. 땅바닥이 다져진 것을 보니 많은 발걸음들이 바삐 지나다녔 거나 다리를 접어 앉은 듯하다. 그리고 어린이들이 땅바닥을 꼬챙이 로 찌른 듯한 곳에는 작고 뾰족한 뼛조각들이 퇴적층에 박혀 있다. 동굴의 언저리를 살펴보니 땅바닥은 비교적 깨끗한 편이지만 무슨 일이 벌어지고 있었던 것 같다. 서쪽 구석에는 고양이의 피 묻은 골 격이 놓여 있는데, 지난밤 밝은 달빛 아래 나무에 앉아 있다가 잡혀 와 아침밥이 된 모양이다.

네안데르탈인의 공간 분할 패턴을 이처럼 디테일하게 살펴볼 수 있는 것은 정말 대단한 일이다. 그러나 이건 시작일 뿐이다. Level Ob를 재구성하여 상이한 영역들 간의 복잡한 연결고리가 드러났지 만 그 의미는 아직 감질나는 수준이다. 재구성한 결과, 신선한 뼈와 석질 폐기가 동굴의 뒤쪽에서 인접한 구역으로 옮겨졌는데, 이는 동굴의 건너편에서 누군가가 바로 그 자리로 새로 부순 오로크의 이빨을 갖고 왔기 때문으로 보인다. 아무리 보수적으로 해석해도 누적된 이동 패턴들은 이 부근에서 최소한 두 개의 구역이 동시에 불을 밝히고 있었다는 것을 시사한다.

동물 종을 이용한 추적은 특히 흥미로운 통찰을 제공한다. 오로크와 말의 유골은 내부 영역(세부적인 구역은 약간 다르다)에 한정된 것처럼 보이지만, 네안데르탈인의 치아에 나타난 미세마모를 분석해 보면 1년 중 동일한 기간에 사냥되지 않았음을 알 수 있다. 오로크는 몇 주 또는 몇 개월에 걸쳐 사냥된 데 반해, 말은 매우 짧은 기간(아마도 일주일 정도) 동안 집중적으로 사냥된 것으로 보인다. 네안데르탈인은 Level Ob에 두 기간 이상 머무른 것으로 보이므로 두 가지 사냥 패턴이 병행되었는지, 만약 병행되었다면 방법은 무엇인지는 분명하지 않다. 그러나 말과 오로크의 뼈가 균일하게 혼합되지 않은 것으로 보아 사냥꾼들이 여러 마리 말들을 빠른 속도로—어쩌면 모두 한꺼번에—반입한 것으로 추정된다.

오로크와 말을 사냥하는 데는 상이한 전략이 요구됐을 가능성이 높다. 오로크는 소규모 무리를 지어 살고 이주를 하지 않는 데 반해, 말은 대규모 무리를 지어 계절별로 나타났을 것이기 때문이다. 그렇다면 두 가지 동물을 모두 사냥한 네안데르탈인과 계절에 따라 아브릭로마니를 방문한 네안데르탈인이 같은 집단일 수 있을까? 한 가지 힌트는 동굴 후방에서 두개골을 파쇄하는 구역과 뼈 소각용 난로를 자주 이용한 사례가 발견된다는 것이다. 설사 유골들이 시간이 지나면서 누적되었다 하더라도 모든 종이 이곳에서 함께 도축되였다는 사실은 괄목할 만하다. 더욱이 오로크의 두개골 파편은 말의 부서진 머리 부위와 동일한 지점이 아닌 붉은사슴의 머리와 함께 발견된다. 이 대목에서 우리가 추론할 수 있는 것은 동굴 내부에 도축의 특정한 단계가 행해지는 구역이 확립되어 있었으며, 심지어 그 임무를 전담하는 사람도 정해져 있었을 가능성이 있다는 것이다.

아브릭로마니에서 가장 많이 사냥된 동물은 말이나 오로크가 아니라 사슴이며, 사슴은 또 다른 이야기를 품고 있다. 사슴의 유골은 동굴 전역에서 발견되고, 때로는 심지어 다른 뼈가 하나도 없는 좁은 구역에서도 발견되며, 계절을 가리지 않는다는 특징이 있다. 네안데르탈인은 골수를 얻기 위해 거의 모든 동물상의 유골을 분쇄했는데, 연구자들은 어떤 부위가 어떤 동물의 것인지를 정확히 알아낼 수 있다. 예컨대 동굴의 동쪽 외곽에 나뒹구는 뼛조각들이 수사슴 한 마리의 것임을 단박에 알 수 있다. 그러나 쌍벽을 이루는 들고양이와 달리 그 사슴은 이상하게 치우쳐 있다. 약간의 뿔과 두개골 조각을 제외하면 유독 우반신 뼈만 발견된 것이다.

도대체 무슨 일이 일어났던 걸까? 일반적으로 아브릭로마니에서 사냥된 동물들은 네안데르탈인의 전형적인 반입 패턴을 반영한다. 즉, 그들은 가장 풍성한 부위인 대부분의 사지와 머리의 일부만을 동굴 안으로 들여왔다. 그러므로 사슴의 우반신이 (근접한 것과는 무관하게) 통째로 발견되었다는 것은 빈약한 부위도 포함되어 있다는 점에서 매우 이례적이다. 한 가지 가능성은 사냥꾼들이 우연히 동굴 근처에서 운 좋게 사슴을 잡아서 반쪽은 동굴로 반입하고 다른 반쪽은 다른 곳으로 보냈다는 것이다. 또는 온전하게 동굴로 들여와 도축하고, 외부에서 요리를 마친 후 사라진 좌반신을 고고학적으로 보이지 않게 된 내부 난로의 '뼈 해체 공장'으로 옮겨왔을 수도 있다. 그런데 왜 사슴의 우반신을 남겨 놓았을까? 그건 아마도 들고양이의 경우와 마찬가지로 동굴을 떠나기 직전의 마지막 사냥이라서 고기가 필요하지 않았기 때문일 것이다.

진짜 이유가 뭐였든 간에 그 사슴은 이곳에 살았던 네안데르탈인이 다른 장소들뿐만 아니라 장소 내의 다른 영역들과도 연결되는 다단계 도축 시스템을 보유하고 있었다는 사실을 뒷받침하는 이례적인 증거다. 이런 복잡한 관행은 과제와 식량의 공유를 수반한다. 그리고 놀라운 것은 오로크의 경우에도 관행적으로 사체를 쪼갰다는 단서가 포착되었다는 것이다. 연구자들은 가장 풍부한 내부 영역을 샅샅이 조사한 결과, 많은 뼈들이 오로크 4마리의 우반신에서 나온 것임을 확인했다. 반대로 다른 영역에서 발견된 오로크의 뼛조각 중 식별이 가능한 것들은 모두 좌반신에서 나온 것이었다. 사슴과 오로크는 개별적으로 잡혀 도축될 가능성이 높으므로* 도축할 때마다 그룹들—아마도 관련된 하위단위들, 이를테면 가족들—끼리 시체를 고르게 나누는 것이 이치에 맞는다.

신기하게도 말의 유골은 그런 패턴을 전혀 보이지 않았고, 후방구역 전체로 넓게 퍼져 있다. 만약 말 떼가 특정 계절(모두 같은 해일 필요는 없다)에 사실상 동시에 사냥되었다면 시체가 넘쳐났을 테니 여러 가족이 시체를 쪼개는 대신 통째로(마리 단위로) 나눈 다음 도축

---

* 오로크는 삼림지대에 서식하므로 대규모 무리보다는 소규모 무리를 지어 사는 것으로 여겨진다.

했을 것이다.

 지금까지 언급한 건 어디까지나 추측이지만, 네안데르탈인의 다른 모든 행동에 기반한 납득할 만한 시나리오다. 그리고 패턴이 동일하지는 않지만 다른 장소에서도 '시체 처리를 위한 공간 분할'이 아브릭로마니나 대형 포유동물에 국한된 것은 아닌 것으로 확인되었다. 푸마네 동굴에서 조류의 뼈를 꼼꼼히 매핑mapping한 결과, 네안데르탈인은 도구와 손으로 뇌조와 처프를 도축하여 요리한 다음 신체부위의 상당 부분을 중앙 쓰레기장에 버린 것으로 추정되었다. 그런데 날개에는 뭔가 다른 일이 일어났다. 어떤 날개들은 통째로 제거되고, 어떤 날개들은 떼어내고, 껍질을 벗기고, 잘게 썰어 힘줄과 깃털을 만들었을 것이다. 그러나 날개의 찌꺼기들은 다른 부위의 찌꺼기들과 완전히 분리되어 동쪽 벽에 기댄 채 쌓여 있었다. 이처럼 명백한 업무 분담을 통해 동굴의 각 공간에서 각자 상이한 단계의 도축 작업을 동시에 수행하며 자신들만의 쓰레기 더미를 만들었음을 알 수 있다. 더 나아가 이는 해당 퇴적층의 지속기간을 통틀어 여러 차례 반복된 관행이었다.

미세층에서 두엄 더미까지

네안데르탈인이 물건을 운반하고 공간을 조직화한—본질적으로 주거생활—상황을 디테일하게 재구성하는 것은 그야말로 중노동이다. 그러나 첨단 고고학 기법과 고해상도 유적지들 덕분에 연구자들은 퇴적층 속에 스며든 네안데르탈인의 습관을 더욱 깊이 탐구할 수 있게 되었다. 일상적인 업무를 수행하는 개인들은 시간이 경과함에 따라 바닥의 퇴적물을 짓밟으며 점점 더 다져서 몇 밀리미터 두께의 미세층micro-layer으로 만든다. 미세층을 분석하는 학문을 미세형태학micro-morphology이라고 부르는데, 연구자들은 수지로 강화된resin-consolidated 샘플을 초박편으로 썬 후, 지질학적 스테인드글라스 같은 렌즈 밑에 놓고 불을 밝힌다. 내부의 미세한 구조들을 분석하여 훗날의 선사시대 유적지 및 실험적 프로젝트와 비교하면 네안데르탈인이 사용한 난로와 동굴 바닥의 내용물을 면밀히 분석할 수 있다.

연구자들은 이러한 기법을 난로 및 활동 구역에 대한 공간 데이터와 결합하여 아브릭로마니의 암굴을 전체적으로 조망할 수 있었다. 암굴 바닥에서는 신석기시대의 주거지와 맞먹는 다양성이 엿보였다. 짓밟혀 다져진 층은 흔했지만 그게 유적지 전체 지표면의 보편적인 현상은 아니었다. 인공물이 가장 풍부한 영역에서는 '더욱 강도 높은 사용'을 암시하는 미세형태학적 샘플이 수집되었고, 그 역도 성립했다. 이는 네안데르탈인이 장기간에 걸쳐 동일한 방식으로 공간을 사용했다는 것을 의미한다. 자연적인 구조물(예: 석순)과 지형(예: 석회암의 배열)이 어떻게 '정돈된 영역'과 '엉망진창인 영역' 간의 경계를 정의하는지를 볼 수 있다.

또한 미세형태학은 네안데르탈인이 쓰레기를 규칙적으로 처리했다는 설을 입증하는 객관적 증거를 제시한다. 아브릭로마니의 난로에서 수집된 샘플 일부에는 상이한 온도에서 연소된 미세한 뼈와 인공물 조각이 뒤섞여 있었다. 그 쓰레기들은 난로 내부와 주변에서 수거되어 약간 먼 곳에 적치되었다가 한꺼번에 치워진 듯하다. 다른 쓰레기 샘플들은 매우 독특하게 대부분 타지 않은 뼈 부스러기, 동물성 지방, 분석coprolite 조각(화석화된 분변으로, 종은 불분명하다)이 뭉뚱그려져 있다. 이런 쓰레기들은 난로를 에워싼 퇴적물들과 어울리는데, 아마도 특히 지저분한 도축 폐기물과 기타 쓰레기를 후다닥 치운 네안데르탈인의 성향을 반영하는 듯하다. 가장 흥미로운 것은 이런 청소가 체계적이었다는 것이다. 예컨대 어떤 쓰레기 더미는 여러 층으로 구성되어 있었는데, 이는 꾸준히 반복적으로 처리되었음을 의미한다.

동굴을 열심히 관리한 네안데르탈인은 아브릭로마니 거주자들뿐만이 아니었다. 라코니스Lakonis는 그리스 남부에 위치한 부서진 동굴로, 80~40ka의 역사를 지니고 있다. 오늘날 반짝이는 지중해 위에 자리한 라코니스 동굴은 장담하건대 '가장 그림 같은 유적지' 경연대회가 있다면 우승감이다. 미세형태학 연구자들은 라코니스에서도 쓰레기 하치장을 발견했는데, 이곳의 네안데르탈인은 도축 폐기물과 음식물 쓰레기를 의도적으로 소각한 것으로 보인다. 한편 엘살트에서 발견된 동굴 외곽의 잿간ashery은 두 개의 난로에서 땔감으로 쓰던 회양목에서 나온 재를 처리하기 위한 것으로 보인다.

네안데르탈인의 집안일에 대한 가장 인상적인 사례는 케바라에서 나왔다. 케바라는 차곡차곡 길게 누적된 난로와 더불어 거대한 두엄 더미midden―쓰레기 더미―로 더 유명하다. 뒷벽에 쌓여 있는 잿더미는 난로에서 박박 긁어낸 것으로, 너비와 두께를 감안할 때 매우 오랫동안 축적된 것이 분명하다. 겉보기에는 말끔한 난로 주변의 바닥을 현미경으로 분석해 보니 미세한 뼛조각들이 무수히 깔려 있었다. 도축이 진행되었지만 대형 쓰레기는 잿더미 바로 옆의 커다란 쓰레기 더미 속에 버려져 있었다.

케바라의 중심 영역에서는 진짜로 독특한 사건이 진행되었다. 동굴의 한복판에서 동물의 유골이 빼곡히 들어찬 3개의 둥글넙적한 뭉텅이가 발굴되었는데, 그중에서 가장 풍부하고 커다란 것은 직경이 약 1미터였다. 그 속에는 3,000여 개의 뼈와 수천 개의 작은 뼛조각이 포함되어 있었는데, 어느 것 하나 예외 없이 노르스름한 '뼛조각 뭉치' 속에 단단히 틀어박혀 있었다. 원반 모양의 퇴적물을 빙 둘러싼 이상한 갈색 테두리는 모종의 유기물에 의해 얼룩진 듯했다.

이게 도대체 어떻게 형성된 것일까? 네안데르탈인은 도축 및 요리 폐기물을 수 세기 동안 정확히 같은 지점에 적치했지만 원반형 퇴적물들을 구성하는 뼛조각은 후방의 쓰레기 더미에 들어 있는 것들보다 크기가 작았고, 골격 중 살점이 많이 달라붙은 부분에서 나온 것이었다.

이 이상한 원반 형상의 두께는 최소 50센티미터 아래로 내려갔지만* 발굴 당시의 기술로는 그게 '구덩이'인지 아니면 '네안데르탈인이 오랫동안 서서히 증축한 구조물이 주변의 퇴적층에 뒤덮인 것인지' 구별할 수 없었다. 갈색 얼룩도 미스터리로 남아 있는데, 부패한 배설물이 원인일 수도 있다.

마지막 의문은 네안데르탈인이 자신들의 배설물을 처리한 방

---

* 발굴팀이 끝까지 파 보지 않았으므로 어디까지 진행되었는지는 알 수 없다.

식이다. 엘살트의 난로에서 발견된 호미닌의 배설물은 8장에서 이미 언급했고, 케바라를 발굴한 연구자들은 릴리퓨션˙ 척도Lilliputian scale에 의존했다. 그들은 진공 고무관을 이용하여 직경 1밀리미터 이상의 퇴적물 입자를 걸러낸 후 고무관을 통과한 입자들로 난로의 미세층서학micro-stratigraphy을 분석했다. 난로 바로 밑의 새까만 퇴적층은 3단계 구조로 이루어져 있었는데, 맨 위층과 맨 아래층에는 미세한 석질과 '분석의 생체 표지자'가 풍부했다.

제반사항을 고려할 때, 네안데르탈인은 동굴에 도착하자마자 난로에 불을 피운 다음 바닥을 깨끗이 치우고 쓰레기를 소각한 듯하다. 쓰레기 속에는 (직전 점유자들이 남긴) 동물의 똥과 식물성 물질이 뒤섞인 오래된 배설물이 포함되어 있었다. 그건 일종의 '이사 후 대청소'였지만, 아브릭로마니에서 나온 증거에 따르면 사람의 배설물은 일상적으로 풀과 이끼(대체로 오래된 침구bedding)와 함께 소각된 것으로 추정된다.

온갖 가재도구

'침구'라는 단어가 사주식 침대four-poster를 암시하는 것은 아니지만, 예나 지금이나 단단한 암석 위에 눕는 것을 좋아할 사람은 아무도 없을 것이다. 오늘날에는 네안데르탈인이 공간 분할은 물론 가구 배치

---

* 스위프트의 《걸리버 여행기》에 나오는 소인국인 릴리푸트Lilliput에서 유래한 형용사로 '미세하다'라는 뜻이다. – 옮긴이

에도 신경을 썼다는 증거가 점점 더 늘어나고 있다. 스페인의 엘에스킬레우El Esquilleu 동굴의 경우, 난로가 있는 퇴적층에서 많은 식물석phytolith이 발굴되었다. 식물석이란 식물(특히 풀)에서 유래한 미세한 광물질 조각으로, 이산화규소silica로 구성되어 있기 때문에 잘 부패하지 않는다. 어떤 식물석들은 아직도 연결되어 있는데, 아마도 일종의 두꺼운 잎으로 만든 깔개의 일부였을 수도 있다. 아브릭로마니에서도 많은 증거들이 발견되었으며, 엘살트의 난로 주변과 내부에서도 비슷한 것들이 발견되어 이를 뒷받침한다.

네안데르탈인 또한 별들 아래에서 잠들 때 따뜻하고 편안한 잠자리를 원했을 것이다. 약 20년 전, 프랑스 푸아티에Poitiers 북쪽의 공사장에서 기적적으로 잘 보존된 라폴리La Folie의 야영지가 발견되었다. 84~72ka의 네안데르탈인은 강변에 머물렀는데, 강물이 범람한 직후 퇴적된 수 미터의 고운 토사가 야영지를 안전하게 보존한 듯했다. 고고학적 의미가 있는 퇴적층은 두께가 10센티미터밖에 안 됐지만 길이가 10미터 이상이었으며, 믿을 수 없을 만큼 디테일한 내용물을 포함하고 있었다. 난로와 석질 조각은 물론 한 뼘만 한 두께의 시커먼 얼룩—부식된 식물성 물질로 판명되었다—이 발견되었다. 두께와 위치(인공물이 없는 구역)를 고려하면 가장 단순한 해석은 이곳이 취침 장소였다는 것이다.

라폴리는 그보다 훨씬 더 놀라운 것을 포함하고 있었다. 모든 고고학 유물들은 작고 경사진 구덩이로 에워싸여 있었고, 각각의 구덩이는 석회암 덩어리로 둘러싸여 있었다. 구덩이들에서는 미량의 유기물과 다짐벽compacted wall이 발견되어, 네안데르탈인이 만든 건축물의 최초 사례로 인정받았다. 모든 증거를 종합해 볼 때, 네안데르탈인은 커다란 나무 기둥들을 땅바닥에 박은 후 돌덩어리로 보강한 것 같았다. 심지어 기둥들이 제거되었을 때(또는 썩었을 때) 돌들이 구덩이 안으로 약간 밀려 들어간 것도 볼 수 있다.

이것은 야외에 건설된 주거 장소가 분명하며, 안식처―기둥에 단단히 묶은 가죽이 바람을 막아 줬을 것이다―와 울타리로 구획된 별장home from home을 동시에 제공했을 것이다. 지역이 너무 넓어서 지붕을 올릴 수 없었겠지만 울타리 틈새에 주 출입구가 있었고, 그 부근에 난로가 있었던 것으로 추정된다. 가장 흥미로운 것은 재구성 작업을 통해 인공물들이 '구조물 내의 상이한 구역' 사이를 이동했다는 것이다. 비교적 짧은 기간 동안 머물렀음에도 불구하고 네안데르탈인은 공간을 분할했다. 예컨대 돌떼기는 구조물 내의 가장자리에서 진행된 반면, 나무·식물·가죽의 가공은 중심 영역에서 진행되었다. 그리고 동굴에서처럼 침구는 출입구의 정반대편―위험에서 가장 먼 곳―에 자리 잡고 있었으며 뭐든 장벽이 될 만한 것과 마주하고 있었다.

네안데르탈인이 건설한 최초의 구조물로 처음 주장된 것은 라폴리의 별장이 아니지만, 현대적 발굴 및 분석 기법이 없었을 때는 특이한 구조물(이를테면 라코트드생브렐라드에서 발견된 차곡차곡 포개진 매머드의 뼈)을 둘러싸고 많은 논란이 일었다. 그러나 최근의 다른 발견들로 인해 고고학계의 관심은 네안데르탈인의 '가구' 쪽으로 쏠리고 있다. 파리에서 남쪽으로 70킬로미터 떨어진 오메르송Ormesson이라는 마을 근처에 레보사츠Les Bossats라는 들판이 있다. 1930년대에 농부가 밭을 갈던 중 호모 사피엔스가 만든 후기 구석기시대의 인공물을 잡아당겨 노출시켰지만 70년이 지난 후에야 학계에 보고되어 발굴되기 시작했다. 고고학자들은 그 아래 퇴적층에서 53~41.5ka에 네안데르탈인이 살았던 흔적을 추가로 발견했다. 얇은 퇴적층에서는 미세한 암석 쇄설물들이 발견되었는데, 돌떼기 작업 중 박리된 찌꺼기들이 자연스레 쌓인 듯했다. 그리고 가장 풍부한 퇴적층에서는 4개의 커다란 사암 덩어리가 발견되었다. 그 퇴적층은 인근의 퇴적층이 밀려 들어온 것이 틀림없고, 그곳은 유용한 지표면—야영지의 테이블이나 의자가 놓여 있던 곳—이었을 가능성이 높다.

주거지에 배치된 돌덩어리와 같은 커다란 물체는 다른 곳에서도 발견된다. 아브릭로마니의 경우 난로 주변에 석회암 덩어리가 놓여 있고, 일부는 뼈 가공을 위한 모루로 사용되었던 것 같다. Level Ob의 한 퇴적층은 암굴 뒤쪽의 두개골 파쇄 구역에 자리 잡고 있는데, 층고가 매우 높아 주변의 퇴적층들 사이에서 불쑥 솟아올라 있다. 이는 이 구역이 여러 시기에 재사용된 이유를 설명해 준다.

아브릭로마니의 다른 퇴적층의 트래버틴에는 커다란 나무 조각의 주형cast도 보존되어 있다. 그것은 비축된 연료로 볼 수도 있지만 난로 속의 땔감들이 잔가지인 것으로 보아 구조물의 잔해로 보는 것이 타당하다. Level N에는 나무 몸통이 통째로 들어 있고 Level Oa에는 가지와 껍질이 신중히 다듬어진 길고 굵은 기둥이 들어 있다. 나무 몸통과 기둥은 모두 한쪽 끝이 뒷벽을 향하고 있어 암굴의 주춧대 역할을 수행했을 가능성이 높아 보인다. 그리고 난로 옆에는 커다란 나무가 드러나 있는데, 매우 고른 직사각형 모양의 구멍이 파여 있어 무슨 말뚝을 꽂았던 것으로 추측된다.

침구는 논외로 하고, 미세형태학은 네안데르탈인이 늘 차가운 돌바닥 위에 쪼그리고 앉아 있었던 건 아니라고 말해 준다. 아브릭로마니의 두께 0.5~2밀리미터의 미세층들은 훗날 선사시대 주거지의 '매트로 덮인 바닥'과 정확히 일치한다. 게다가 바로 아래 퇴적층의 상태는 직조된 매트 재료woven matting가 아니라 비공성 소재non-porous material로 보이는데, 가죽일 가능성이 가장 높으며 일부 샘플의 경우에는 심지어 화상의 흔적이 남아 있다.

매트의 샘플은 불에 탄 지방과 뼛조각이 존재하는 것으로 보아 요리 영역이었던 것으로 추측되는 난로 옆에서 수집되었다. 뜻밖에도 어떤 매트는 도축 영역의 꼭대기나 심지어 쓰레기 더미 위에 있었다.

매트로 덮인 바닥과 어수선한 퇴적층—식물의 잔해, 숯, 연소 상태가 다양한 뼈로 가득 찬 퇴적층—이 반복적으로 계속된다는 것은 매트가 사용되던 시기에 동굴의 주인이 바뀔 때마다 바닥이 말끔히 청소되었다는 것을 의미한다. 그리고 그런 관습은 장기적으로 지속된 것으로 보이는데, 그 이유는 Level Ja와 Level Jb의 동일한 구역 중 일부가 매트로 덮여 있고 최소한 수십 년의 기간을 대변하기 때문이다. 머무를 때마다 신선한 식물성 침구(잠자리에 까는 짚 등)가 수집되었겠지만, 가죽 매트는 분명 운반되었을 것이다. 이는 네안데르탈인이 이곳저곳으로 이동할 때마다 주거 용품을 휴대했음을 시사한다.

네안데르탈인이 공간을 무심하거나 무작위적으로—거의 하이에나 수준으로—사용했다는 주장은 이제 구태의연하게 여겨진다. 정반대로 그들은 놀랍도록 친숙한 배치로 공간을 의도적으로 복잡하게 분할한 최초의 호미닌 중 하나였다. 난로는 네안데르탈인과 고고학자 모두를 끌어당기는 안정적인 구심점이다. 그것은 우리의 상상력에 불을 붙여 난로 주변의 음침한 유령들을 소환하여 환하게 밝힌다. 불은 시간을 여행하는 인공물로 며칠 또는 몇 주를 자유자재로 비춘다. 그것은 사라진 몸뚱이들을 추모하며 차갑게 식어 땅에 묻힌 주검들을 깨워 그 주변을 맴돌게 한다. 벽이 반짝이거나 어둠에 묻힐 때 그것들이 사용된 순서가 표시되며, 때때로 시간 여행자들이 나타난다. 동굴이 버려질 때 불붙은 나뭇가지들은 그을린 채 남아 있었고, 미처 타지 않은 끄트머리는 거주자들이 방금 떠난 것처럼 튀어나와 있었다.

　　난로는 오랫동안 서로 다른 언어들 사이에 공유된 하나의 단어와 같았다. 발견하고 이해하기 쉬웠지만 자칫 수천 개의 물체가 내는 혼란스러운 소음 속에 파묻힐 수 있었다. 그러나 오늘날에는 네안데르탈인의 주거지에 대한 물리적 기록을 광범위하게 해독할 수 있게 되었다. 우리는 작업 영역과 붙박이 가구, 심지어 부드러운 가재도구에 대한 오랜 전통을 인식할 수 있다. 이 모든 것들은 '주어진 장소에 누가 있었는가'와 '얼마나 오랫동안 머물렀는가'라는 질문으로 돌아가게 한다. 만약 네안데르탈인이 세분화fragmentation 와 축적accumulation 을 통해 그들의 물질세계를—각각의 작은 돌떼기에서부터 유적지 전체의 내용물에 이르기까지—조직화했다면, 그들의 사회적 집단 역시 분리되고 합쳐졌다는 것은 충분히 납득할 만하다. 그러나 이러한 메커니즘은 밑바탕에 깔린 생계·기술·이동성의 패턴과 맞물려 있다. 네안데르탈인 세계의 시스템을 제대로 파악하기 위해 우리는 이제 시야를 넓혀 풍경을 바라봐야 한다.

웅성거리는 소리가 그를 잠에서 깨운다. 하늘의 해는 사라졌고 부싯돌처럼 새까만 조각구름만 남아 있다. 서쪽 하늘을 붉게 물들인 황혼은 희미해지다 스텝 속으로 숨는다. 그는 어머니의 무릎에서 눈을 껌벅이며 기지개를 켜다 일어나 앉는다. 어머니와 다른 사람들은 서쪽 지평선과 그 위의 군청색 하늘을 바라본다. 그들이 살고 있는 얕은 강가에서, 올해에는 강을 건너는 사슴이 도통 보이지 않는다. 그래서 며칠 동안 기다리다 못해 몇 명의 사냥꾼들이 상류로 올라갔다. 꼬르륵 소리를 내던 텅 빈 배가 쓰려 온다. 그러던 중 그는 소리를 듣는다. "oooOOO!" 고기와 지방을 찬양하는 노래를 부르며 사냥꾼들이 돌아오고 있다. 고기와 지방의 살살 녹는 맛과 노릇노릇 구워진 사슴뿔의 아삭아삭함을 생각하니, 입안에서 침이 아프도록 뿜어져 나온다. 사람들이 준비를 하는 동안, 기대에 부푼 그는 건각健脚들에 둘러싸여 기어간다. 어머니의 고함 소리에 신이 난 형들은 사냥꾼들을 맞이하기 위해 어둠 속으로 달려가고 있다. 그는 난롯가에 머물고 있지만—어금니 달린 동물은 먹잇감이 우선이다—대충 잘린 사슴을 짊어진 사람들이 가쁜 숨을 내쉬며 도착할 때까지 덩실덩실 춤추고 있다. 날씨가 아무리 추워도 오늘밤에는 모든 사람들이 온혈 덕분에 따뜻하게 잠들 것이다.

개별 유적지에 대한 온갖 화려하고 친숙한 디테일에도 불구하고 네안데르탈인은 기본적으로 유목민nomad이었다. 그들에게 세계는 땅land이었고, 삶이란 그 위에서 움직이는 것이었다. 그들이 행한 다른 모든 것들과 마찬가지로 그들의 삶은 무작위와 거리가 멀어도 한참 멀었다. 그들의 주거지는 단순한 목적지destination가 아닌 교차점intersection으로, 수백 킬로미터에 걸쳐 확장된 네트워크 속의 결절점node이었다. 피로 얼룩지고 털로 뒤덮인 사냥터의 진흙은 동굴이나 암굴과 연결되어 있었다. 왜냐하면 사냥터에서 일차적으로 도축된 동물의 시체는 동굴과 암굴로 운반되어 추가적으로 도축되었기 때문이다. 요컨대 네안데르탈인이 방문한 모든 장소는 그들의 움직임과 (그들이 운반한) 물건들로 연결되어 있었다. 각각의 장소에 새로 점화된 난롯불은 능선을 가로지르고 숲을 관통하는 끊이지 않는 끈에 박힌 반짝이는 보석이었다.

상호연관성interconnectedness이 삼라만상의 핵심임을 이해하기 위해 우리는 난로에서 피어오르는 연기처럼 하늘 높이 올라가야 한다. 난로는 주거공간의 중심점이었지만 구성 물질을 경유하여 넓디넓은 세계와 연결되어 있었다. 난로의 연료와 재구성된 생태계를 비교하면 지역 풍경의 맥락에서 장작이 수집된 곳을 알아낼 수 있다. 약 55ka에 점화됐던 엘시트라의 난로의 경우, 모든 장작은 걸어서 2~3시간 이내의 거리에서 가져온 것이었다. 이러한 방식으로 미세한 숯 자국은 우리를 외부로 안내하여 주거지에서 까마득히 먼 소나무숲을 활보하고 산등성을 오르던 네안데르탈인과 만나게 해 준다. 다른 사물과 장소들 간의 상호연관성을 더욱 자세히 매핑하는 것은 엄청나게 복잡하지만, 그렇게 할 수만 있다면 그들의 삶을 훤히 들여다볼 수 있는 길이 열릴 것이다.

그들은 어떻게 이동했나

대부분의 네안데르탈인의 후손들은 이동의 실상을 잊은 지 오래다. 네안데르탈인은 계절에 따라 이곳저곳을 도보로 이동하는 데 전혀 거리낌이 없었다. 물과 돌은 어느 정도 신뢰할 만하고 정적인static 자원이었지만 식물과 동물은 가변성이 높았기 때문에 그들의 생존은 동식물의 가용성availability에 달려 있었다. 오늘날의 수렵채집인이 한곳에 오랫동안 정착하는—또는 좁은 지역에서만 이동하는—경우는 극히 드문데, 그 이유는 열대지역을 제외하고 환경이 대체로 풍요롭지 않기 때문이다. 고위도 지역에서 낮은 이동성이 가능한 것은 특별한 경우—예측 가능한 고품질 식량이 일 년 내내 풍부하거나 저장될 수 있는 환경*—밖에 없다.

고고학 기록에 따르면 네안데르탈인은 거주지역과 무관하게 가

---

* 잘 알려진 사례는 태평양의 북서쪽 해안에 서식하는 연어다. 연어는 수많은 원주민 문화(특히 코스트살리시Coast Salish)로 하여금 대규모 오두막과 촌락을 이루어 반영구적으로 거주할 수 있게 해 줬다.

능하면 소형동물과 해산물, 식물을 가지고 갔지만 대형동물 사냥에 집중했음을 알 수 있다. 이는 그들이 해마다—한랭한 스텝-툰드라를 만나든 온난한 숲을 만나든—여러 차례 이동하는 게 필수였음을 의미한다. 그러나 환경의 다양성을 감안할 때 우리는 이동의 빈도와 거리가 다양했다는 점을 염두에 둬야 한다. 최근 수렵채집인에게서 볼 수 있는 상황에 기반하면 사방이 탁 트이고 추운 환경은 사람들에게 더 높은 이동성뿐만 아니라 광범위한 지역에 걸친 체계적인 이동을 요구한다. 그리고 설사 낙엽수림이 우거진 환경이 반드시 장거리 이동을 수반하는 것은 아닐지라도, 장소를 불문하고 오래 머무는 것은 쉽지 않다. 왜냐하면 대형동물을 발견하기가 어렵고 다른 자원들은 신속히 고갈되기 때문이다.

그러나 이동에 영향을 미치는 요인은 식량뿐만이 아니다. 이동성은 생계subsistence와 기술technology 사이에서 끝없이 펼쳐지는 왈츠다. 돌을 발견하여 적절히 떼는 것은 엄청난 부담이므로 네안데르탈인에게 이동의 동기가 부여된 것은 당연한 귀결이다. 그러나 그 과정을 도식화하는 것은 골치 아플 정도로 복잡한 작업이다. 오늘날 사용할 수 있는 고해상도의 연대측정법을 감안하더라도 '주어진 지역 내의 2개 유적지가 한 네안데르탈인 그룹에 의해 동시에 사용되었다'고 판정하는 것은 거의 불가능하다. 한 퇴적층 내의 여러 개 난로들이 정말로 동시대적이었는지를 결정하는 초정밀 저울 같은 방법은 존재하지 않는다. 그 대신 고고학자들은 관점을 바꿔 다른 질문을 던져야 한다. 즉, 개인과 그룹에 의한 반복적인 선택이 어떻게 수많은 유적지에서 장기적인 패턴으로 하나로 합쳐지는지 탐구해야 한다.

그러나 디테일한 과정을 파헤치기 전에 네안데르탈인의 이동성을 측정하는 것이 왜 중요한지를 이해해야 한다. 기술과 마찬가지로 이동성은 네안데르탈인의 정신이 작동한 메커니즘에 대한 통찰을 제공하고, 그들의 인지능력과 정교함에 관한 논쟁에 기름을 부었다. 만약 네안데르탈인이 사전에 활동 계획을 수립하고 행선지에 대한 일정표를 갖고 있었다면, 이는 그들이 미래를 상상하고 수일, 수 주, 심지어 수개월 동안 목표를 유지할 수 있는 지적 능력을 보유하고 있었음을 뜻한다.

이동성과 관련하여 시스템의 복잡성이 중요한 것은 바로 이 때문이지만, 또 한 가지 핵심 요인은 그 범위다. 만약 네안데르탈인 집단이 먼 곳까지 이동했다면 계획적 요소가 더욱 인상적일 뿐 아니라 활동 범위가 매우 넓었다는 것을 의미한다. 곧 살펴보겠지만 세력권의 크기는 네안데르탈인 사회가 얼마나 긴밀히 연결되어 있었는지를 가늠하게 한다.

지난 수십 년 동안 네안데르탈인이 풍경 내 다른 지점들에서 다른 활동들을 일상적으로 구분했다는 견해가 힘을 얻었다. 그들은 새로운 암석 채굴지에 도착하거나 갓 잡은 사냥감의 배를 가를 때마다 새로운 캠프를 짓지는 않았다. 초기의 돌떼기 현장(돌을 발견하여, 품질을 검사하고 돌감을 마련한 곳)과 사냥터(일차적인 도축지)는 후기의 석질 제품과 사냥감의 알짜배기 신체부위가 없기 때문에 정확하게 식별할 수 있다.

먼저, 풍경 전체에 걸쳐 도축이 얼마나 세분화되었는지를 살펴보자. 그런 패턴은 수십여 만 년 동안 지속되었으며 쇠닝겐 같은 곳에서 두드러진다. 프랑스 남동부의 켕슈Quincieux에 있는 바위절벽의 동굴에는 55ka경의 체계적인 도축에 관한 기록이 보존되어 있다. 대형 사냥감의 경우 그곳에 남아 있는 부위는 기름기나 고기가 가장 적은 부분(말의 엉덩이와 관절이 남아 있는 척추, 육중한 털코뿔소의 턱뼈, 매머드의 이빨)이다. 소형동물의 경우에는 머리를 비롯한 모든 관절들을 찾아볼 수 없다.

그럼 알짜배기 부위들은 모두 어디로 갔을까? 많은 장소에서 우리는 중간지점(본질적으로 사냥 캠프)을 확인할 수 있는데, 네안데르탈인은 그곳에서 시체나 관절 일부를 처리했다. 레프라델레를 비롯한 일부 사냥 캠프는 반복적으로 사용되었는데, 이는 그곳이 쇠닝겐과 켄슈 같은 특정한 사냥터와 연계된 중간 경유지였음을 시사한다.

식량의 최종 목적지—사냥터에서 오든 사냥 캠프를 경유하여 오든—는 소위 중심지역central location, 쉽게 말하면 주거지였다. 주거지에는 아브릭로마니와 같은 대형 유적지가 포함되는데, 여기서는 다양한 3차 가공(다량의 뼈 부수기, 약간의 요리, 그리고 아마도 식사와 취침)이 이루어졌다. 매우 특정한 활동 패턴에 따라 유적지의 다른 부분을 동시에 사용하는 것과 결합된 풍부한 고고학 자료들은 네안데르탈인이 주거지에 도착했을 때 하루 이상 머무르며 시간을 보냈다는 설을 뒷받침하는 강력한 증거다.

네안데르탈인은 우리가 사용하는 '사냥터'와 '중심지역'이라는 분류에 대응하는 장소 개념을 갖고 있었을까? 물론 그들은 전통적인 작업 방식에 따라 생활했고 그것을 반복함으로써 (우리가 유적지 내부와 유적지들 사이에서 볼 수 있는) 공간적 패턴을 창조했을 것이다. 그러나 그런 수준을 넘어 그들은 다음 끼니 때우기가 아닌 삶을 영위하기 위한 진정한 스케줄을 짰을까? 전 세계의 수렵채집인은 자원의 계절적 변화(예: 동물 떼의 도착)에 매우 민감하며, 적절한 시기에 특정한 장소로 이동하는 계획을 세운다. 네안데르탈인은 겨울용 및 여름용 캠프를 갖고 있었을까, 아니면 떠돌이 호미닌hobo hominin으로서 정처 없는 유랑생활을 했을까?

이 의문을 해결하려면 사물들이 서로 연결된 방식을 살펴봐야 한다. 9장에서 언급한 바와 같이 고해상도의 고고학을 보유한 곳에서도 진정한 장기적인 정착(수개월 이상)이 증명된 유적지는 지금껏 한 군데도 없다. 아브릭로마니와 같은 일부 유적지는 좀 더 빈번히 사용되었는데, 매번 여러 날 동안(어쩌면 비교적 큰 그룹에 의해 더 오랫동안) 사용된 것으로 보인다. 심지어 라폴리처럼 명확하게 행동구역이 나뉘어진 대형 야외 유적지도 수개월씩 점유되지는 않았다. 그리고 그 대척점에는 아브릭델파스토르 같은 곳이 있는데, 그곳은 매번 한 줌의 사람들에 의해 초단기적으로 점유되었다.

계절적 패턴을 보이는 곳은 그런 단기 체류 장소들이다. 또 다른 예로는 스페인 북동부의 테익소네레스Teixoneres 동굴이 있다. 그곳은 51~40ka에 해당하는 유적지로서 네안데르탈인이 여러 차례에 걸쳐 단기적으로 머물렀으며, 그 사이사이에 육식동물들에게 점령됐던 흔적이 있다. 가장 흥미로운 것은 사냥된 종들이 계절마다 다른 패턴을 보인다는 것이다. 1년 중 사슴이 도축된 시기는 하위층sub-level마다 달랐지만, 말은 언제나 늦봄에서 초여름 사이에 도축되었다.

이러한 패턴은 테익소네레스에서 남서쪽으로 150킬로미터쯤 떨어진 아브릭로마니와 매우 비슷하다. 두 유적지는 이베리아 반도의 북동부에 위치하는데, 그렇다면 네안데르탈인은 정기적으로 이동하며 1년 내내 구할 수 있는 사슴을 사냥했다는 이야기가 된다. 매우 짧은 기간에만 도축된 말은 아브릭로마니의 경우에는 그 시기가 불분명했지만, 테익소네레스의 경우에는 포식자들이 쌓아 놓은 조류 더미 덕분에 계절을 특정할 수가 있었다. 처프와 까치의 유골에서는 알을 낳기 전에 보이는 독특한 뼈 상태가 발견되었는데, 그 새들의 산란기는 한창 봄이 지나고 난 이후이기 때문이다. 더욱이 새들의 시체는 만약 그즈음 호미닌들이 없었다면 육식동물에 의해 동굴로 옮겨졌다고 봐야 한다. 따라서 말이 사냥된 시점은 늦봄 내지 초여름이었을 가능성이 높으며, 이 시기에 (번식을 위해) 모여든 말들은 정신이 산란한 나머지 사냥에 취약했을 것이다.

테익소네레스의 또 다른 흥미로운 점은 아브릭로마니보다 석질과 난로의 수가 훨씬 적지만 동물상의 유골이 더 많고, 그중에서 말이 차지하는 비중이 크다는 것이다. 말들은 대부분 큰 덩어리로 잘린 채 도착했음에도 불구하고 유골이 파쇄된 정도는 아브릭로마니보다 덜했다. 그리고 테익소네레스에서는 아브릭로마니와 달리 약간의 토끼도 사냥되었다.

확실히 테익소네레스는 특이한 유적지로, 아마도 비교적 소규모의 그룹이 단기간 동안 머물렀던 것으로 보인다. 그곳은 때때로 '고기와 골수와 지방의 종착역'보다는 사냥 캠프에 훨씬 더 가까웠다. 그러나 초단기 체류지(극소수의 네안데르탈인이 고작해야 이틀 정도 머문 곳)로 말하자면 아브릭델파스토르나 엘살트에 비하면 어림도 없다.

아브릭델파스토르의 Level IV는 주목할 만하다. 그곳의 네안데르탈인은 거북—그리고 그곳에 함께 서식했음직한 아이벡스 약간—을 사냥하고 도축하는 데 유독 관심을 보였다. 그러나 그 옆에서 사슴, 말, 오로크의 뼈가 드문드문 발견되었는데, 다리 조각과 반쪽 머리가 주를 이루었다. 네안데르탈인이 석기를 '여행필수품' 삼아 휴대했던 것처럼 다른 자원들도 추가적으로 휴대했을 수 있다. 다시 말해 그 무작위적인 뼈들은 다른 곳에서 준비한 '여행용 도시락'의 잔해일지도 모른다. 집합체의 규모가 더 컸다면 이런 미묘한 신호는 포착되지 않았을 것이다. 석질들이 이런 추론을 뒷받침한다. 아브릭델파스토르의 모든 RMUs는 단편화 경향이 매우 심한데, 이는 네안데르탈인이 오래된 도구들을 버리고 (앞으로 계속 휴대할 몸돌에서) 몇 개의 새로운 격지들을 떼어냈기 때문으로 보인다. 그들은 새로운 격지들과 함께 약간의 거북 고기만 챙겼다.

지금까지 언급한 이베리아 반도의 유적지들은 네안데르탈 세계 전체를 대변한다. 즉 어떤 곳은 잠깐 들르는 중간 경유지였고 어떤 곳은 더 오래 머물렀지만, 모든 유적지들은 이동경로상의 점$_{point}$일 뿐이었다. 끝없는 오디세이로 삶을 영위하는 네안데르탈인에게 이타카$_{Ithaca}$*는 목적지가 아닌 여행이었다.

점유기간을 측정할 수 있는 유적지들은 최대 몇 세기까지다. 잇

---

* 호메로스에 의해 오디세우스의 고향으로 그려진 곳. - 옮긴이

따른 세대들이 동일한 일상과 전통에 따라 동굴과 암굴에서 성장했고, 이러한 일상과 전통은 난로, 쓰레기 더미, 다져진 바닥에 스며들어 유적지의 일부가 되었다. 그러나 그 후 상황이 바뀌어 1,000여 년 동안 아무도 방문하지 않았다. 집단들이 전혀 다른 지역으로 이주하거나 집단 자체가 점차 쇠퇴했다. 가장 '집 같은' 유적지인 아브릭델 파스토르가 가장 오랫동안 비어 있었던 것 같은데, 이는 그 지역으로 이동한 집단이 모든 구석구석에 익숙하지는 않았음을 시사한다.

이동하는 돌

개별적인 유적지들은—심지어 한 지역을 총망라하더라도—네안데르탈인이 풍경 전체에서 수행한 일들에 대한 열쇠 구멍만을 제공할 뿐이다. 그들의 진정한 이동 범위를 이해하기 위해서는 개별적인 이동을 매핑할 필요가 있다. 가장 명확한 방법은 네안데르탈인의 가장 풍부한 자원인 '돌'을 추적하는 것이다. 어떤 집합체에서든 석질들의 기원을 알아내면 적어도 부분적으로 그들이 채굴지와 유적지 사이에서 실제로 움직인 동선을 파악할 수 있다.

그러나 모든 것은 전혀 간단하지 않으며, 선사학자들이 지난 수십 년 동안 경험해 왔듯 지질학이 제일 까다롭다. 흔히 '부싯돌'로 일컬어지는 돌에는 영겁의 세월 동안 다양한 과정을 통해 형성된 이산화규소 기반 암석이 포함된다. 수천 년에 걸친 부싯돌의 원천을 도식화하고, 그것들을 구조와 미화석microfossil,* 화학적 특성에 기반하여 조사하고 분류하려면 어마어마한 노력과 시간이 든다. 그뿐만이 아니다. 심지어 네안데르탈인이 부싯돌을 집어 들기 전에 다양한 화석 과정학적 경우의 수가 암석의 모양을 바꿨을 것이다. 즉 동일한 '일차적' 노두outcrop✝에서 나온 돌일지라도 일단 능선에서 굴러떨어져 강물을 따라 구르고 자갈들 사이에서 침식되고 나면 전혀 다른 모습을 띠게 된다. 이는 모두 부싯돌의 '이차적' 원천이다.

부싯돌과 다른 종류의 암석들의 원천을 도식화하여 거대한 '돌 라이브러리'를 창조하면, 그것과 석질 인공물들을 직접 비교할 수 있게 된다. 그렇게 하면 네안데르탈인이 특정한 장소로 인공물을 반입하기 전에 머물렀던 장소가 정확히 밝혀진다. 그 결과로부터 우리는 네안데르탈인이 동물의 사체와 마찬가지로 돌을 운반할 때 돌의 '품질'과 '이동 거리'를 평가하여 포괄적인 규칙을 따랐다는 것을 알 수 있다. 설사 품질이 만족스럽지 않더라도 가까운 거리(5~10킬로미터 이내)에 사용 가능한 돌이 늘 존재했다. 다른 일(예: 사냥)을 하는 동안 도보로 2시간 이내의 거리에서 돌을 수집하는 경우도 있었다. 그리고 그들이 그것을 사용하는 동안 품질이 나쁜 돌은 품질이 좋은 돌이 있는 지역으로 운반되지 않았다.

유적지에는 아주 멀리서 온 돌들도 거의 항상 존재하는데, 이는 고고학자들을 흥분시킨다. 왜냐하면 개별적인 장소들을 훨씬 더

---

*   육안으로 볼 수 없는 작은 화석. - 옮긴이

✝   암석이나 지층이 지표에 직접적으로 드러나 있는 곳. - 옮긴이

커다란 풍경 속의 지점들과 직접 연결할 수 있기 때문이다. 먼 곳에서 온 암석일수록 인공물로 가공되는 것은 적으며, 60킬로미터 밖의 채굴지에서 온 암석이 석질로 가공되는 비율은 전형적으로 10퍼센트 미만이다. 그러나 이것이 의미하는 바를 이동의 관점에서 해석하는 것은 너무 어렵다.

각각의 집합체를 개별적으로 고려할 때 당신은 네안데르탈인이 쓸 만한 돌을 얻기 위해 특별한 여행을 했을 거라고 가정할 것이다. 그러나 다른 증거들은 그들은 어느 곳에서든 비교적 단기간 머물렀음을 보여 주기 때문에 그런 여행은 정력 낭비였을 공산이 크다.

먼 곳에서 온 돌에 대한 훨씬 더 납득할 만한 설명은 네안데르탈인이 암석 채굴지와 다른 장소들을 둘러보는 동안 휴대했던 도구 세트 중에서 살아남은 것에 불과하다는 것이다. 고품질의 돌이 원석 상태로 운반되어 가공되는 경우가 매우 드물다는 사실이 이러한 설명을 뒷받침한다. 6장에서 살펴본 바와 같이 가장 먼 곳에서 온 인공물들은 거의 예외 없이 빈번히 재연마된 르발루아 격지나 양면석기, 도구 같은 제품들이었다. 이와 마찬가지로 먼 채굴지에서 온 희귀한 몸돌이 버려졌을 때는 이미 여러 번 박리된 상태였다.

주목할 만한 것은 아브릭델파스토르 같은 고해상도 유적지들에서 여장旅裝이 실제로 발견된다는 것이다. 미세한 석질 집합체가 있는 단일 난로 퇴적층에서 먼 곳의 암석으로 만들어진 극소수의 인공물들은 그곳에 머문 한 줌의 네안데르탈인 중 한 명이 버리기로 결정한 것이었다.

개별 돌덩어리의 여정을 추적하는 것은 불가능하지만, 네안데르탈인이 머나먼 돌 채굴지와 특정 유적지 사이를 '직선거리로' 이동하지 않았음은 분명하다. 때로 고품질의 원거리 암석에서 박리된 격지들은 완성된 양면석기나 도구에서 제거되고 남은 유일한 것이 되었다. 심지어 어떤 경우에는 몸돌이 상당히 멀리—40킬로미터 이상—운반된 다음 가공되고, 또다시 이동한 다음 가공되었다. 그런 물건들이 이동경로에서 이탈할 때까지 얼마나 많은 곳을 방문했는지는 알 수 없지만, 100킬로미터 밖에서 채굴한 암석으로 만들어진 2세대 제품들이 발견된다는 것은 3군데 이상이 기본이었음을 시사한다.

고품질의 돌을 대량으로 운반하는 법이 없었던 점을 감안할 때 네안데르탈인은 체계적이지 않다는 설이 제기되어 왔다.* 그러나 그들이 간혹 고품질의 돌을 대량으로 운반했다는 사실은 논외로 하고, 분명한 것은 대부분의 경우 그럴 필요가 없었다는 점이다. 우리는 훗날 호모 사피엔스가 그런 행동을 하는 것을 보게 되는데, 그건 대체로 그들이 돌날에 집중했기 때문이다. 돌날은 평균 이하의 품질을 가진 돌에 대한 적응성이 떨어지는 기술이다.

전반적으로 볼 때, 최근의 수렵채집인은 풍경 내에서 돌을 체계적으로 사용하고 있는데, 이는 우리가 파악한 네안데르탈인의 모습과 다르지 않다. 개인의 여장은 '예상되는 활동', '여행의 양量', '도중에 구할 수 있는 돌의 종류' 등 다중요인multiple factors 에 기반하여 선택되었다. 세 번째 요인이 핵심인데, 그 이유는 네안데르탈인이 지질학적 자원에 대해 디테일한 지식을 보유했으며 앞날을 내다봤다는 증

---

* 심지어 30ka에 이르러 개가 가축화된 후 다량의 원석을 먼 거리까지 운반하는 것이 비로소 가능해졌다는 설도 제기되었다.

거가 되기 때문이다. 그들은 저품질 돌이 있는 곳을 알고 있었기 때문에 그런 곳으로 갈 때는 고품질 몸돌을 휴대했다. 그와 반대로 인근에 '쓸 만한 돌'이 있는 곳에서는 휴대품의 재고를 보충했다.

당연한 말이지만 네안데르탈인은 로봇이 아니었다. 그들은 지질학적 상황에 따라 접근 방식을 조정했다. 필요하다면 중간 품질의 돌을 좀 멀리 떨어진 곳으로 운반했고, 심지어 원석을 훨씬 먼 곳으로 직접 운반하는 경우도 있었다. 때로는 특정 장소에서의 선행 활동으로 상황이 바뀔 수도 있었다. 일례로 아브릭로마니의 Level J가 형성될 때, 네안데르탈인은 휴대하는 돌덩어리의 양을 줄이기 시작했다. 왜냐하면 그들이 이전 점유자들의 인공물을 재활용했기 때문이다.

더욱 줌아웃하여 기술복합체를 들여다보면 돌의 운반에 대한 네안데르탈인의 결정이 가변적이라는 것을 알 수 있다. 즉, 상당한 기간 동안 휴대하며 재연마될 수 있는 격지를 만드는 데 집중하는 르발루아나 키나 같은 기술이 사용된 집합체에서는 얼마간 운반하여 다시 만들 수 있는 격지를 만드는 데 중점을 두었고, 멀리 떨어진 곳의 돌로 만든 인공물의 비중이 높다. 그에 반해 훨씬 더 즉각적이고 심지어 일회용인 디스코이드 기술로 만든 집합체의 경우, 30킬로미터 이상 떨어진 곳에서 가져온 돌로 만든 것이 거의 없다. 요컨대 지질학과 기술, 이동성이 모두 밀접하게 연관되어 있었던 것이다.

네안데르탈인의 돌 운반을 면밀히 조사하여, 고고학자들은 '계획을 수립하거나 시간과 자원을 관리하는 능력' 말고 다른 문제에 대한 시사점을 얻었다. 지난 수십 년 동안 그들의 이동성을 측정하는 유일한 척도는 '인공물이 이동한 거리'였기 때문에, 인공물의 이동 거리가 그들의 활동 범위의 대용물로 자리 잡는 결과를 초래했다. 어떤 유적지를 보더라도 거의 모든 인공물이 60킬로미터 이내의 지역에서 왔으므로 선사학자들은 네안데르탈인이 대체로 매우 작은 지역—영국의 슈롭셔Shropshire 주와 같은 크기—내에서 이동했다고 주장했다.

그러나 활동 범위는 땅뿐만 아니라 사람과도 관련된다. 만약 네안데르탈인이 작은 지역—아마도 두 개의 계곡에 걸쳐—에서 살았다면 그들은 다른 그룹의 구성원들을 거의 만나지 않았을 것이다. 더욱이 커다란 세력권과 확장된 사회적 관계가 없었다면 네안데르탈인은 (네트워크의 유지에 도움이 될 수 있는) 공유된 문화적 가치의 물질적 표현이 필요하지 않았을 것이라는 이론이 성립된다.

이는 종종 후기 구석기시대의 초기 호모 사피엔스와 비교되었다. 호모 사피엔스의 석질 집합체도 대체로 매우 국지적인 채굴지에서 유래했지만 60킬로미터가 넘는 곳에서 온 인공물들도 있었다. 이는 네안데르탈인보다 더 많았고, 거리는 그보다 더 길었다. 독자들이 예상하는 대로 이는 호모 사피엔스의 '더욱 넓은 세력권'과 '더욱 강력한 사회적 네트워크'를 반영하는 것으로 간주되었다. 그러나 데이터를 면밀히 분석하고 '채굴지가 뭘 의미하는가'에 대한 우리의 가정을 꼼꼼히 살펴보면 다른 결론이 나온다.

우선, 도보여행에 이력이 난 사람들에게 60킬로미터는 30킬로미터 떨어진 곳에 있는 채굴지를 당일치기로 다녀오기에 충분한 거리인 것은 맞다. 그러나 민족지학 데이터를 검토해 보면 대부분의 네안데르탈인이 해 뜰 때 출발하여 해 질 때 돌아올 수 있는 거리 내에 살았다는 주장은 설득력이 매우 낮다. 사실 수렵채집인 사회에서 소수의 사람들이 하루 이상의 짧은 여행을 떠나는 것은 통상적인 일이다. 그리고 앞에서 살펴본 것처럼 네안데르탈인 유적지에서 그런 원격지에서 유래한 인공물의 종류와 상태는 채굴지에서 직송됐다고 가정할 때의 패턴과 일치하지 않는다.

네안데르탈인의 활동이 지리적으로 좁은 범위에 국한되었을 리 없다는 설을 뒷받침하는 강력한 증거는 60킬로미터 이상 떨어진(때로는 100킬로미터가 훨씬 넘는) 곳에서 채굴된 인공물이다. 각각의 집합체에서 그런 인공물들은 드물었으므로 선사학자들은 '의미를 이해하기 어렵다'는 이유로 그것들을 대체로 무시하는 경향이 있었다. 그러나 '드묾'이 '비정상'을 의미하는 것은 아니며, 사실 그런 사례는 중기 구석기시대 초기에 이미 존재했다. 기본적으로 그러한 인공물들은 네안데르탈인이 활동한 풍경의 진정한 크기를 시사하는 가장 좋은 데이터다.

그러나 이런 거리가 이동성의 관점에서 무엇을 의미할까? 오늘날 최고의 울트라 마라토너는 일주일에 1,000킬로미터를 주파할 수 있으며, 심지어 평범한 운동선수도 24시간 안에 200킬로미터를 주파할 수 있다.* 네안데르탈인의 뼈는 극단적인 신체활동의 증거이고 그들의 달음박질은 우리보다 효율적이었을 것으로 추정되지만 장거리 달리기는 그들의 주특기가 아니었다. 속도를 10퍼센트는 깎아먹는

---

* '느린 조깅'과 '활발한 보행'을 반복하며 1킬로미터를 통과하는 데 걸리는 시간은 평균 8분이다.

짧은 다리와 지형의 악조건을 감안하면, 그들이 하루에 트레킹할 수 있는 거리는 100킬로미터에 훨씬 못 미친다.

어린이와 (고령이 됐든 무거운 여장이 됐든) 추가적 부담을 진 사람들을 감안하여 그룹 전체의 이동 속도를 조정하면 80~100킬로미터가 넘는 곳에서 유래한 인공물은 직접적인 조달이 불가능했을 것으로 보인다. 게다가 실로 엄청난 거리를 이동한 돌의 사례가 존재한다. 예컨대 메즈마이스카야Mezmaiskaya의 경우, 반경 100킬로미터 이상의 여러 지점에서 유래한 석질들이 있을 뿐 아니라, 흑요석은 남동쪽으로 200~250킬로미터, 부싯돌은 북서쪽으로 300킬로미터 떨어진 곳에서 유래한다. 그것들은 스펙트럼의 극단에 위치하지만 100킬로미터 이상의 거리를 이동한 돌의 사례는 네안데르탈인 세계의 어디에나 존재한다.

그렇게 광대한 풍경—페리고르의 르무스티에와 런던 간 직선 거리의 절반 이상—이 네안데르탈인의 활동 방식에 대해 시사하는 것을 어떻게 이해해야 할까? 하나의 집합체를 구성하는 모든 인공물이 동시대적이라고 가정할 수는 없다 할지라도 그것은 '유적지들이 비교적 커다란—가로지르려면 여러 날이 걸리는—네트워크로 연결되어 있었다'는 설을 뒷받침한다. 지금껏 발굴된 어떤 유적지도 세력권의 변방이었을 가능성은 없다. 그러므로 300킬로미터라는 여정은 그 인공물을 운반한 네안데르탈인에게는 익숙한 풍경의 일부에 불과했을지도 모른다.

또한 장거리를 이동한 인공물 중 상당수가 특정한 장소에 도착할 때까지 사용되고 재연마된 게 확실하다는 점을 고려하면, 아무리 커다란 격지를 갖고서 출발했더라도 도착하기 전에 소진되었을 것이다. 어떤 인공물이 채굴지에서 (유물로 남겨진) 최종적인 장소에 도착하기까지 아주 많은 시간이 경과했다면 두 가지 시나리오를 생각해 볼 수 있다. 첫 번째 시나리오는 네안데르탈인이 재고를 보충하기 위해 여분의 돌을 소지했다는 것이다. 만약 그렇다면 중간쯤 되는 거리(약 50킬로미터)에서 폐기된 돌들이 더 많이 발견되어야 하지만 현실은 그렇지 않다. 운반되는 양면석기와 도구에서 떨어져 나온 재연마 격지들이 발견되기는 하지만 거리가 50킬로미터에 미치지 못하고, 원석은 고사하고 몸돌이 그 정도의 거리를 이동하는 경우는 극히 드물다.

두 번째 시나리오는 100~300킬로미터에서 조달된 인공물들을 감안할 때 네안데르탈인은 엄청난 거리를 이동했으며, 중간에 멈춰 도구를 사용하는 경우가 거의 없었다는 것이다. 그렇게 빠르고 광범위한 고역은 '정처 없는 방랑'이라는 개념에 어긋나지만, 만약 네안데르탈인이 알려진 장소를 향해 목표한 방법으로 여행했다면 이치에 맞는다. 완전여장을 갖춘 그룹이 일주일 정도의 기한을 정하고 그 정도의 거리를 이동하는 것은 가능하다. 특별한 조건이 그런 결정을 강요했을 수 있는데, 예컨대 순록은 여름철에 끔찍한 모기 떼를 피하기 위해 높고 서늘한 곳으로 이주한다. 그러나 그들이 살았던 환경 전체를 통틀어 네안데르탈인은 다양한 방식으로 이곳저곳을 이동했을 것으로 추정된다.

아브릭델파스토르의 초단기적인 체류 흔적은 '간혹 극소수의 개인들이 함께 여행했다'는 증거이며, 아브릭로마니 같은 곳은 '다른 곳에서 사냥되어 부분적으로 도축된 식량이 도착하는 주거지'가 존재했다는 증거다.

지금까지 언급한 것들을 종합하면, 아주 먼 곳에서 채굴된 인공물은 이동성이 떨어지는 구성원들—이를테면 만삭의 임산부, 장애인, 유아—보다 훨씬 빠른 한두 명의 네안데르탈인이 남긴 유물이라고 말할 수 있다. 그룹을 이런 식으로 분할하는 건 계절적 풍부함의 이점을 누릴 수 있다는 가치가 있으며, 일부 북아메리카 古 원주민 North American Paleoindian*의 맥락에서 흥미로운 비교대상이 있는데, 최장거리를 이동한 석질—그중 일부는 네안데르탈인이 이동한 거리를 능가한다—은 아주 먼 들소 사냥터 근처에서 채굴된 후 사냥꾼들에 의해 귀중한 고기 및 지방과 함께 운반된 것으로 여겨진다.

네안데르탈인과 유사한 사례가 있다는 것은 그들 역시도 광대한 영토에 분포하는 자원에 대한 지식을 갖고 있었으며, 아마도 '언제 어디로 여행할 것인지'에 대한 스케줄을 수립했다는 것을 의미한다.

사회적 돌

원격지에서 채굴된 석질을 설명할 수 있는 또 다른 가능성이 존재하지만 지금껏 진지하게 논의된 적이 거의 없다. 그것은 다름아닌 교환

---

* 이것은 18ka까지 거슬러 올라가는 북아메리카의 가장 오래된 고고학적 자취를 지칭하는 용어이지만 수많은 문화를 포함한다.

exchange이다. 물건이나 식량과 같은 자원을 주고받는 것은 모든 인류가 관계를 유지할 수 있는 중요한 방법이다. 자주 만나지 않는 소집단 단위로 생활하는 수렵채집인에게 교환은 특히 중요하다. 일부 네안데르탈인이 유전적으로 격리되어 있었다는 단서에도 불구하고(이 점에 대해서는 나중에 언급할 것이다), 상황이 항상 그런 것은 아니었다.

호미닌은 주거지역에 있는 모든 것들에 익숙했으므로 다른 그룹의 존재를 의식했음에 틀림없으며, 간혹 서로 맞닥뜨리는 경우도 있었을 것이다. 선사학자들은 오랫동안 이런 관계에 적대적이라는 프레임을 씌웠지만 믿을 만한 근거가 부족하다. 네안데르탈인은 '식량을 함께 획득하고 공유하는' 사회적 맥락에서 생활했으므로 가까운 친척(이들 중에는 다른 그룹으로 이동한 사람도 있을 수 있다)—또는 심지어 이방인—과 물건을 주고받는다는 생각이 생경하지 않았을 것이다.

사회적 네트워크와 이동성을 둘러싼 모든 의문은 '네안데르탈인 사회는 어떻게 구성되어 있었나?'라는 문제로 귀결된다. 고고학자들은 네안데르탈인의 총인구를 보통 수만 명으로 추정하지만 그보다 훨씬 적게 추정하기도 한다. 어느 시점에서든 런던에서 가장 붐비는 기차역인 클래펌정션Clapham Junction을 매일 지나는 통근자들보다 적었을 것이다. 간혹 더 작은 단위로 분할된 듯하다는 사실 외에 그룹이 어떻게 조직되었는지에 대해 이야기할 게 있을까?

최근의 수렵채집인에 대한 연구에서 대체로 함께 살며 서로 왕래하는 사람들의 수는 평균 25명인 것으로 밝혀졌다. '무리band'로 알려진 그들은 유동적인 독립체로, 일부는 똘똘 뭉쳐 살고 다른 사람들은 특정 활동을 위해 일상적으로 떨어져 나간다. 이것은 사냥패hunting party를 의미할 수도 있고, 여름철에 독립적으로 생활하기 위해 이탈하는 '두 명의 성인과 딸린 몇 명의 어린이들'을 의미할 수도 있다. 일시적으로 재조정이 일어나는 이유는 임박한 출산 또는 단순한 친척 방문 등 여러 가지였다.

네안데르탈인에 대한 고고학 기록에서 이런 사건을 실제로 확인하기는 매우 어렵지만 불가능한 건 아니다. 하나의 난로에 빙 둘러앉을 수 있는 사람은 4~10명이며 사람 사이의 간격은 일반적으로 1.5~2미터다. 동시적 활동synchronous activity이 이루어진 영역, '여러 개의 난로, 특히 아브릭로마니나 라폴리 같은 장소의 쓰레기 더미는 10~20명의 인원이 공존했음을 암시한다. 달리 말하면 그것은 전형적인 무리의 규모다.

꼼꼼히 발굴된 한 유적지는 지금껏 얻은 것 중에서 가장 근사한 단체 사진을 제공한다. 오늘날의 프랑스 북서쪽에 자리 잡은 르로젤Le Lozel에는 절벽과 사구를 배경으로 수많은 모래층이 형성되어 있다. 그런데 놀랍게도 80ka쯤에 해당하는 일련의 퇴적층들에 수백 개의 발자국들이 보존되어 있다. 발자국이 가장 많은 퇴적층에서 발자국의 크기를 신중히 비교한 결과, 적게는 4명 많게는 10여 명의 사람들이 존재했던 것으로 추정되었다. 가장 매혹적인 것은 대부분 청소년과 두 살배기 어린이들이었다는 점이다. 성인의 수가 그렇게 적다면 그것을 완전한 그룹이라고 상상하기는 어렵다. 그보다는 차라리 해변에서 해산물을 채취하는 어린이 또래집단에 가까워 보인다.

수렵채집인 사회에서 무리보다 큰 규모의 공동체를 연결하는 대규모 네트워크가 있다. 그것은 종종 혈연뿐만 아니라 다른 종류의 동류의식으로도 맺어지는데, 학자들은 이를 씨족clan이라고 한다. 무리들은 집단 내에서 무작위로 모임을 갖거나 꼭 형식적이지는 않지만 예측 가능한 상황에서 일어나는 모임을 통해 서로 간의 유대관계를 유지한다. 네안데르탈인 집단이 '씨족 비슷한 것'에 의해 분수령이나 산맥 너머의 집단과 연결될 수 있었을까? 대규모 모임을 의미하는 '다수의 동시대적 난로와 활동영역들'이 존재하는 유적지는 지금껏 발견된 적이 없다.

그러나 그렇다고 해서 많은 네안데르탈인을 동일한 시간에 동일한 장소로 끌어모으는 상황이 없었다고 말할 수는 없다. 어떤 계절적 이벤트는 심지어 단독생활하는 포식자까지도 일시적으로 군거생활을 하도록 유도했다. 태평양 연어들이 회귀하는 강에 줄지어 서 있는 회색곰들을 생각해 보라. 많은 유적지들은 네안데르탈인이 계절에 따라 사냥에 참가하여 많은 동물을 도축했음을 암시한다. 모란에서는 들소가 대상이었고, 잘츠기터-레벤슈테트에서는 순록이 대상이었다. 동물이 대량으로 이주하는 시기에는 사냥감을 둘러싼 과잉경쟁이 줄어들었을 테니, 개인들은 더욱 자유롭게 어울리며 아마도 집단을 옮겼을 것이다. 그와 마찬가지로 낯선 집단과 마주치더라도 스트레스가 덜했을 것이다. 만약 사회적 이유로 석질의 교환이 일어났다면 이것은 납득할 만한 맥락이다. 그러한 인공물—아마도 낯선 돌로 만들어진—은 도축지에서 지방, 고기, 골수와 함께 다른 곳으로 이동했을 것이다.

물론 이 모든 것은 추측이지만, 땅 전체에 매우 드문드문하게 분포했음에도 불구하고 모든 네안데르탈인이 유전적으로 근친近親인 것은 아니었다.* 그러므로 문제는 '그들이 DNA를 어떻게 다양하게 유지했는가'이다. 석질의 이동 패턴은 거친 지형이 장애물이 아니었음을 증명한다. 최소한 일부 구성원 또는 집단 전체가 론강 같은 웅장한 강을 건넜고, 마시프상트랄과 피레네 산맥 같은 고산지대의 고개를 넘었기 때문이다. 아마도 유전적으로 고립된 일부 집단(예: 이베리아 반도와 알타이 산맥의 집단)은 풍요로운 환경에 살았으므로, 대량으로 이동하는 사냥감 떼가 통상적인 활동 범위를 벗어나게 하는 유인으로 작용하지 않았을 것이다. 기본적으로 모든 네안데르탈인이 이방인을 혐오했다는 설을 뒷받침하는 확고한 증거는 없다. 특히 14장에서 살펴보겠지만, 그들은 다른 종의 호미닌과의 친밀한 관계에 특히 개방적이었다. 만약 그게 사실이라면 스텝에서 이루어진 이방인과의 만남은 '연례행사인 여름 캠프'보다는 '휴가 중에 벌어진 뜻밖의 로맨스'에 더 가까웠을 것이다. 그러나 흥미로운 점은 시간이 지나면서 최장거리 이동이 더욱 흔해졌다는 것이다. 150ka 이후 네안데르탈인의 생활방식에 모종의 변화가 일어나고 있었지만, 그 원인을 밝혀내는 것은 가장 어려운 문제 중 하나다.

---

* 비슷한 환경에서 거주하는 수렵채집인들의 인구 밀도에 기반할 때 네안데르탈인의 인구 밀도는 아마도 1제곱킬로미터당 한 명 미만이었을 것이다.

다시 뼈로

돌의 이동은 오랫동안 네안데르탈인의 이동성을 측정하는 유일한 수단이었지만 21세기의 분석 기술은 또 다른 길을 열어 주었다. 생물지구화학적 방법의 적용 범위가 점차 넓어짐에 따라, 안정동위원소를 이용하여 개별적인 네안데르탈인의 이동을 추적할 수 있게 된 것이다. 이동한 돌의 동위원소는 특정 개인이 종전에 살았던 곳에 대한 정보를 제공하지만, 식이분석dietary analysis의 경우와 마찬가지로 삶의 일부만을 기록할 뿐이다. 스트론튬strontium 동위원소는 기반암에 따라 다르며, 음식과 식수를 통해 치아 속으로 들어간다.* 이 데이터는 지점위치도pin-prick location보다는 상이한 지역들에 걸친 띠로 구성된 기압배치도weather pressure map에 더 가깝다. 그러나 치아 속의 수치를 발견된 곳의 지질학과 비교하면 상이한 지질학적 위치 간의 이동을 알아낼 수 있는데, 간혹 극적인 결과를 거둘 수 있다. 예컨대 청동기시대에 스톤헨지 근처에 묻힌 사람이 알프스 산맥에서 성장했다는 걸 알아낼 수 있다.

지금까지 수행된 극소수의 네안데르탈인 연구에서는 아직 이렇다 할 결과가 나오지 않았지만, 개인이 하나의 계곡에서 전 생애를 보내지는 않았다는 사실은 증명되었다. 첫 번째 샘플은 그리스의 라코니스에서 사망한 성인에게서 채취되었는데, 그는 소년기의 일부를 20킬로미터쯤 떨어진 곳에서 보낸 것으로 나타났다. 그보다 먼 거

---

* 또는 모유를 통해 간접적으로 치아 속으로 들어간다.

리는 프랑스 물라-게르시Moula-Guercy 유적지의 엠 간빙기 지층에서 발굴된 치아에서 나왔는데, 남쪽으로 최소 50킬로미터 떨어진 곳에서 이주해 온 것으로 나타났으며 석질 분석과 일치하는 것으로 밝혀졌다.

그러나 여기에는 복잡한 문제가 얽혀 있기 때문에 이러한 추정치들이 과소평가될 수 있다. 치아의 법랑질이 형성되는 데는 1년 이상의 기간이 소요되고, 고고학적으로 우리가 아는 모든 것은 네안데르탈인이 한 장소에서 그리 오래 머물지 않았음을 말해 주고 있으므로 상이한 지질학적 지역 사이를 넘나들 때 약간의 동위원소 '혼란'이 발생할 수 있다. 그에 더하여 만약 네안데르탈인이 먼 지역의 동위원소 서명isotopic signature이 새겨진 동물의 고기를 많이 섭취했을 경우에도 분석에 혼란이 야기될 수 있다.

이런 이슈 중 일부를 잠재우기 위해 동위원소 데이터를 석질과 결합할 수 있다. 250~200ka에 론강변에 살았던 네안데르탈인은 페예Payre 암굴에 여러 차례 되돌아왔다. 그러나 시간이 경과함에 따라 그들의 이동 범위가 점차 넓어지면서 거주하는 장소가 달라졌다. 아주 오래전 그들은 암굴 속에 오래 머무르며 1년 중 상이한 시기에 계곡에 나타나는 동물들을 사냥했다. 석질은 대체로 약 30킬로미터 이내의 고원과 언덕에서 조달했다. 고고학자들은 미량의 산소와 납 동위원소를 이용하여 궁극적으로 페예에서 사망한—출생지는 다른 곳인 것 같다—네안데르탈인의 유년기의 계절적 이동 상황을 추적했다.

봄철에 태어난 후 아기의 치아는 생후 약 2.5개월부터 납에 노출된 것으로 나타났다. 이는 아기가 여름철을 보내기 위해 납 함유량이 높은 지질학적 지역으로 이동했음을 의미한다. 그러나 뒤이어 납의 농도가 크게 증가했는데, 이는 겨울철(첫돌을 맞기 전)에 한 번 이상 더 이동했음을 시사한다. 거의 1년이 지나자마자 2주 동안 납의 농도가 급증했고, 그 후 약 7개월 동안 중상 수준을 유지했다. 이러한 납 농도의 출렁임이 모두 이동을 의미한다면, 우리는 두 군데 이상의 장소를 포함하는 연간 이동 패턴을 상정할 수 있다. 아기는 처음에 부모에게 안기거나 업힌 상태로 이동했고, 첫돌이 지난 후에는 부모의 뒤를 따라 이미 익숙해진 경로를 걸은 것 같다.

시간이 지나 폐예 암굴에 퇴적물이 가득 차자 주로 가을철에 네안데르탈인의 체류 기간이 줄어들었다. 석질의 집합체는 드물어졌고 재연마가 더욱 뚜렷해졌으며, 200여 곳의 채굴지에 기반한 정밀 분석 결과, 원격지 인공물의 수와 다양성이 증가한 것으로 나타났다. 새로운 채굴지 중 일부는 더욱 멀어졌고(최대 60킬로미터), 그즈음 네안데르탈인은 계곡의 자갈에서 더 많은 암석을 채취했으며, 때로는 론강을 건너기도 했다. 그러나 식이 동위원소 분석에서는 중점적인 사냥 지역이 뒤바뀌어 붉은사슴이나 영양처럼 언덕과 고원에 사는 종들이 더 많이 잡힌 것으로 나타났다(하지만 보존된 물고기 비늘은 일부 식량이 계곡에서 채취되었음을 시사했다). 일부 네안데르탈인의 치아에서 나온 스트론튬 동위원소에서도 그들이 간혹 고원에 머무른 것으로 나타났지만, 어린이의 치아를 대상으로 한 산소와 납 분석은 더욱 자세한 정보를 제공한다.

치아의 주인이 약 세 살이 되었을 때 납 농도가 독특하게 급증했는데, 다섯 살이 될 때까지는 그런 조짐이 보이지 않았다. 게다가 계절이 바뀌어 최초의 납 농도의 급증은 초봄에 일어났고, 거의 18개월이 지난 가을에 또 한 번 급증했다. 이 어린이가 속한 집단은 앞에서 언급한 어린이가 속한 집단과는 다른 스케줄에 따라—어쩌면 더욱 빈번히—이동한 듯하다. 더욱이 최장거리를 이동한 석질은 여러 번 재연마된 도구가 아니라 격지였는데, 이는 이동 거리까지도 변했을 수 있음을 암시한다.

또 다른 종류의 동위원소인 황sulphur은 육식동물과 사냥감 간의 식이 비교를 가능케 하며, 일부 네안데르탈인에 의한 최장거리 이동을 가리킬 수 있다. 가장 흥미로운 것은 40ka에 해당하는 두 벨기에 유적지—스피와 고예Goyet—에서 발굴된 화석들에서 뜻하지 않게 다른 결과가 나왔다는 것이다. 스피의 네안데르탈인은 주로 인근에서 사냥한 매머드를 잡아먹은 것으로 나타난 데 반해 고예의 네안데르탈인에서는 동굴사자나 늑대(또는 여우)의 샘플과 매우 비슷한 결과가 나왔다. 그곳에 서식하는 대부분의 다른 포식자들이 말, 털코뿔소, 들소 등의 토종을 사냥한 것과 달리 사자와 늑대는 뭔가 다른 동물을 잡아먹은 것 같다. 사자의 경우에는 그것이 동굴곰일 수 있는데, 동굴곰은 사자가 좋아하는 먹이였기 때문이다. 그러나 늑대는 그렇지 않은데, 아마도 네안데르탈인과 마찬가지로 순록을 잡아먹은 듯하다.

두 가지 시나리오가 이 현상을 설명할 수 있다. 첫째, 고예에서 발견된 순록은 본래 아주 먼 곳—무려 100킬로미터 떨어진 곳—에 서식했지만 계절에 따라 이주할 때 그곳에 나타났다. 둘째, 네안데르탈인을 비롯한 포식자들은 오랫동안 장거리를 이동했기 때문에 고예에 도착했을 때는 황 신호sulphur signal가 바뀌어 있었다. 100킬로미터 정도라면 원격지 석질의 이동과 관련될 수 있지만, 안타깝게도 이 현장은 너무나 오래전에 발굴되어 인공물 채굴에 대한 데이터를 구할 수가 없다.

네안데르탈인이 살았던 곳

동위원소 분석이 네안데르탈인의 '수백 킬로미터에 걸친 여행'에 대한 풍부한 증거를 제공하지는 않았지만, 석질을 추가적으로 고려할 경우 모종의 물체가 매우 먼 거리를 매우 다양한 방식으로 이동했음을 알 수 있다. 돌의 이동에 관한 한 생각해 볼 수 있는 가능성은 두 가지밖에 없다. 하나는 네안데르탈인 스스로 인공물을 운반한 것이고, 다른 하나는 다른 지역 출신의 집단과 인공물을 교환한 것이다. 두 가지 시나리오 모두 사회의 조직화에 대해 많은 의문을 제기하는데, 일종의 영토 개념이 부분적 답변이 될 수 있다. 최근의 수렵채집인이 규칙적으로 횡단하는 땅의 크기는 250제곱킬로미터(커다란 도시 규모)에서 2만 제곱킬로미터(조그만 나라 규모)까지 매우 다양하다. 열대지방의 엄청난 생태학적 생산성은 사람들이 비교적 좁은 지역에서 필요한 것을 얻을 수 있다는 것을 의미하지만, 네안데르탈인이 고위도 지방에서 이동한 범위는 '커다란 도시'보다는 '조그만 나라'에 더 가까웠다.

선사시대의 특정한 영토를 규정하는 게 가능할까? 개별 인공물이 이동한 거리를 추적하는 것보다 진일보한 것은 복수의 집합체들에 걸쳐 나타난 패턴을 조사하는 것이다. 최근 프랑스 남서부의 20여 개 유적지를 종합적으로 분석한 결과, 명확히 편향된 석질의 이동 패턴이 발견되었다. 고품질 부싯돌의 경우에는 때때로 100킬로미터까지 이동했는데, 주로 로Lot와 도르도뉴Dordogne 계곡을 따라 동쪽으로 운반되었다. 그러나 북쪽에서 남쪽으로 이동한 거리는 훨씬 더 짧았으며, 그와 마찬가지로 북쪽에서 채굴된 돌은 남쪽으로 몇 킬로미터 이동할 뿐이었다. 사실상 두 지역 사이에 겹치는 부분은 전무했다.

강력한 인상을 준 것은 돌이 넘어가지 않는 일종의 장벽에 관한 것이지만 그 이유가 문제다. 확실한 지리적 경계가 존재하지 않기 때문에 물류―석질이 운반되기보다는 지역의 돌로 대체되는 경향이 있음―나 사회적 요인과 관련이 있다. 알려진 '유럽과 다른 지역에서 원정 온 석질' 중 일부와 비교할 때 프랑스의 일정 구역 내에서 이동한 석질은 특별히 멀리 이동하지 않았다는 점이 두드러진다. 이는 장벽이 경제가 아니라 영토와 관련된 것임을 암시한다.

21세기 서양인들에게 '영토'는 경계, 교역, 소유권을 떠올리게 한다. 그러나 수렵채집인 사회에는 다른 개념이 존재한다. 갈등이 없는 건 아니지만 '무리' 구성원들의 확장된 사회적 네트워크―씨족―는 진정한 이방인보다 더 환대받는다. 그러나 땅에 대한 접근성은 종종 유동적일 수 있다. 명백한 방어 없이 존재하는 영토의 경계가 존재할 수 있고(그러나 특정 장소는 제한될 수 있다), 무리들은 때때로 (자신들이 주장하는 영토 크기의 두 배 이상으로) 확장된 땅을 자유롭게 넘나들 수 있다.

그에 더하여 네안데르탈인에게서 볼 수 있는 복잡한 이동 패턴 중 일부는 그룹이 아니라 개인에서 비롯된 것일 수 있다. 사회학적 관점에서 그들과 가장 유사한 동료 포식자는 늑대로, 어떤 시점에서 5분의 1쯤 되는 개체들이 떼pack 사이에서 방황한다고 한다. 예컨대 청소년기 늑대들은 마음을 잡고 정착하기 전에 수백 킬로미터에 걸친 광대한 트래킹을 나설 수 있다. 고고학자들이 추적한 주목할 만한 여성은 나야Naya로, 독일 동부에서부터 벨기에까지 하룻밤에 30~70킬로미터를 이동했다. 어쩌면 가장 먼 거리를 이동한 돌은 '나야들'의 것으로, 새로운 난롯가에서 환영받기 위해 산맥을 넘고 강을 건넜는지도 모른다.

네안데르탈인에 관한 수수께끼 중에서 가장 까다로운 질문은 '그들의 세계에서 장소와 사물들이 어떻게 연결되어 있었을까?'일 것이다. 그 수수께끼를 풀려면 기술, 생계, 이동성은 물론 기후라는 퍼즐 조각까지 맞춰야 한다. 네안데르탈인의 전문성과 유연성이 증가한 이유를 가장 잘 설명해 주는 것은 150ka 이후의 극적인 변화들—완전한 간빙기에서부터 깊은 빙하기, 그리고 그 사이의 모든 것—일 것이다. 그들이 언제 어디서 살았느냐에 따라 하루하루의 경험이 사뭇 달라지기 시작했다.

이러한 과정을 탐구하는 방법 중 하나는 기술복합체를 살펴보는 것이다. 어떤 기술복합체는 의심의 여지없이 상이한 종류의 이동성에 알맞은 것으로 인정받으며, 만약 기후와 환경에 따라 다양한 동물을 찾기 위해 이동이 필요해졌다면 극단적인 사례를 찾는 것은 네안데르탈인의 독특한 생활방식을 들여다보는 데 도움이 될 것이다.

우리가 방문할 첫 번째 장소는 햇볕에 흠뻑 젖은 엠 간빙기 세계다. 이는 네안데르탈인이 경험한 가장 따뜻하고 숲이 우거진 세계로, 유적지는 드물지만 매우 독특하다. 숲 사냥의 성격이 달랐는지 여부에 대한 확고한 증거는 두 개의 창 유적지spear site—레링겐과 노이마르크-노르트—에서 발견된다. 레링겐에서 발견된 창은 쇠닝겐의 것보다 두껍고 찌르기용으로 만들어진 것처럼 보이지만 그러기에는 매우 길다. 아마도 그 차이를 만든 것은 사냥감의 종류일 것이다. 코끼리 사냥꾼들은 피투성이된 성난 짐승과의 안전한 거리를 원했을 것이다. 노이마르크-노르트에서는 두 마리의 커다란 수사슴의 뼈에 (창은 사라졌지만) 창이 관통한 흔적이 남아 있다. 두 마리 모두 가까운 거리에서 아랫부분을 찔린 것으로 보인다. 투척용 창을 이용한 쇠닝겐의 사냥법과 비교할 때 이는 울창한 삼림에 매우 적합한 사냥법이었던 것으로 보인다.

모든 시대와 장소의 네안데르탈인 사냥터와 비교할 때 노이마르크-노르트에서 두드러지는 점은 두 마리의 통통한 수사슴을 사냥한 후 거의 도축하지 않았다는 것이다. 둘 중 더 많이 도축된 것조차 뼈만 발라냈을 뿐 큰 덩어리로 자르지는 않았다. 더욱이 뼈에서 골수를 꺼내지도 않았다. 풍부한 칼로리를 남겨 둔 이유가 뭐였을까? 추측하건대, 그들은 식량 문제로 아등바등하지 않았던 것 같다. 만약 숲에 사는 네안데르탈인이 나무둥치와 덤불 사이에 매복하는 것에 능했다면 에너지 균형의 관점에서 볼 때 시체를 포기하는 것이 큰 손해는 아니었을 것이다. 더욱 흥미로운 것은 그런 식으로 시체를 처리하는 것이 '풍경 전체에 걸친 단계적 도축 시스템'의 출발점은 아니라는 것이다. 만약 다른 곳에서 기다리는 '주린 배'들이 적었다면 충분히 납득할 수 있는 설명이다.

엠 간빙기에 숲의 빠른 확장에 적응해야 했던 필요가 네안데르탈인 사회로 하여금 더 작은 단위로 분할되게 하는 추동력으로 작용했을 가능성이 높다. 그래야만 떼 지어 다니지 않는 동물들에게 적응할 수 있었을 테니 말이다. 나뭇잎에 가려진 어스름한 숲속에서 사는 소그룹들은 그리 자주 이동할 필요가 없었을 것이며, 석질이 이를 뒷받침한다. 그것들은 장기간에 걸쳐 운반되고 재연마되기에 기술적으로 적합하지 않았으며, 매우 지역적인 암석으로 제작되는 경향이 있었다.

순록 인간

기후 및 환경 스펙트럼의 반대쪽 끝에서 키나 기술복합체의 네안데르탈인은 매우 다른 삶을 경험했다. 모든 석질 전통 중에서 키나는 시간적, 공간적인 제약이 특히 두드러진다. 중기 구석기시대 초기의 집합체들 중 일부도 비슷한 도구를 갖고 있었지만 제대로 된 키나의 '풀 패키지'는 MIS 4의 빙하기인 80ka경까지 등장하지 않았다. 그것은 세상이 따뜻해진 MIS 3까지 계속되었지만 50ka경에 대체로 사라졌으며, 주로 프랑스 남부에서 발견된다.

기후가 어떠했든 간에 이곳의 모든 키나 유적지들의 보편적인 특징은 순록이 엄청나게 많다는 것이다. MIS 4 빙하기는 거의 모든 사냥감 종의 몰살을 초래했으며, 이는 프랑스 남서부를 기본적으로 포기한 하이에나에 명백히 반영되었다. 이런 극단적인 상황은 네안데르탈인에게도 영향을 미친 게 분명하며, 끔찍이 추운 툰드라 세계에서 구할 수 있는 '적절한 크기'의 사냥감은 순록밖에 없었을 것이다. 엠 간빙기라는 황금기가 지난 지 약 4만 년 후 벌어진 극단적 상황이 네안데르탈인이 키나를 발달시켜 적응함으로써 진정한 '전문화된 사냥꾼'으로 거듭나게 한 배경이었을까? 가장 눈에 띄는 것은 얼음이 잠시 주춤했던 MIS 4 동안 일부 지역은 비록 일시적일망정 숲에 적응한 붉은사슴(그리고 심지어 노루)이 다시 등장하기에 충분했다는 것이다. 그러나 붉은사슴 뼈는 키나 집합체가 아닌 오직 르발루아와 함께 발견되었다. 이는 키나 기술복합체가 정말로 전문화되어 있었으며, 프랑스 남서부의 탁 트인 툰드라와 그곳에 출몰하는 대형 순록 떼와 밀접하게 관련되어 있었다는 것을 의미한다.

    순록은 네안데르탈인이 어떻게 사냥했고 풍경 속에서 어떻게 이동했는지에 대한 논의에서 늘 특별한 관심사였는데, 그 이유는 장거리 이동 때문이었다. 오늘날 순록의 이동거리는 다양하며 플라이스토세의 순록이 정확히 얼마나 멀리 이동했는지를 추적하는 것은 지속적인 연구 과제다. 그러나 분명한 것은 그들은 실제로 이동했으며 계절적으로 무리를 이루었다는 것이다. 이는 짝짓기를 하는 가을과 새끼를 낳는 봄에 일어나는 현상이었을 텐데, 영국 미들랜즈의 동굴에서 발견된 순록 새끼는 그곳이 분만 장소였다는 증거이지만, 그들이 어디에서 왔는지는 알 수 없다.

프랑스 남서부의 종자크 유적지는 키나를 만드는 네안데르탈인이 순록을 사냥한 방법에 대해 엄청난 정보를 제공했다. 동위원소를 이용한 동물의 이동성 분석에 따르면, 가을과 겨울에 그곳에서 잡힌 새끼들은 1년간의 이주 코스를 섭렵한 상태였다. 이 경우, 네안데르탈인은 순록 떼를 쫓아다니기보다 순록이 모이는 장소에서 기다렸거나 계절에 따라 모이는 경로에서 낚아챈 것 같다.

종자크의 두께가 거의 1미터인 Layer 22는 순록 뼈로 가득 차 있어 '골층bonebed'으로 알려져 있다. 넓이 3제곱미터 두께 30센티미터의 한 퇴적층에서는 무려 5,000개의 뼈가 발굴되었다. 그것은 최소한 18마리의 동물을 대변하는데, 도축의 전 과정이 이곳에서 이루어진 것으로 보인다. 만약 이 절벽 기슭이 사냥터(1차 도축지)가 아니었다면 사냥터와 매우 가까운 곳이었을 것이다. 설사 대량 도축이 아닐지라도 수많은 동물 가운데서 이루어진 선택적인 사냥에서 가장 눈에 띄는 점은 사지를 포함한 일부 핵심 부위들이 도축되지 않았다는 것이다. 요컨대 종자크의 네안데르탈인은 굶주리지 않았다.

종자크에서 북동쪽으로 80킬로미터쯤 떨어진 곳에는 또 하나의 키나 유적지인 레프라델레가 있다. 7장에서 말한, 그곳에서 발견된 엄청난 양의 '잔손질용 뼈' 중 대부분은 순록 뼈로 만들어졌으며 한 사이클의 일부였다. 잔손질용 도구는 키나의 긁개를 형성하고 재연마하는 데 사용되었고, 긁개는 더 많은 순록을 도축하는 데 사용되었다. 가장 잘 연구된 4a층의 흥미로운 점은 모든 동물 유골의 98퍼센트가 순록이지만 그곳이 사냥터가 아니었을 것이라는 점이다. 즉, 네안데르탈인은 동물의 시체를 다른 곳에서 도축하고 준비한 다음, 레프라델레에서는 사지와 약간의 머리를 골라내어 추가로 도축했다. 그러므로 그곳은 사냥 캠프로, 순록 떼의 집합지나 이동 경로와 가까운 곳에 위치했던 것에 틀림없다. 고고학은 전반적으로 네안데르탈인이 그곳에서 고강도 활동을 하며 단기간 동안만 머물렀다고 지적하지만, 그것은 약 2미터의 퇴적층에 걸쳐 여러 번 반복되었으며, 여러 세대에 걸쳐 수백 마리의 순록을 도축한 것으로 추정된다.

페슈들라제 IV의 동굴은 다른 종류의 키나 유적지를 대변하는데, 그곳의 네안데르탈인은 봄철에 사냥한 듯하다. 동물의 뼈는 훨씬 더 심하게 파손되었는데, 아마 겨울철이 지난 후 동물의 체지방이 줄어들어 골수를 얻는 게 더 중요했기 때문일 것이다.

순록은 종종 가을과 봄의 이주 경로를 다르게 정하는데, 안정적인 기후조건하에서는 매년 예측이 가능했지만 MIS 3가 시작된 60ka부터 경로가 달라졌을 것이다. 사정이 이러하다 보니 순록이 대량 이주하는 타이밍과 모여드는 경로와 위치가 달라져 네안데르탈인은 동물을 보거나 '듣는' 순간 더욱 유연하고 신속하게 이동해야만 했을 것이다. (굽은 뿔이 지평선에 나타나기 훨씬 전에 사슴의 존재를 알리는 첫 번째 징후는 툰드라 초원을 누비는 사슴 떼의 발굽 소리, 씹는 소리, 우는 소리였을 것이다.)

그 시기의 키나 유적지에서는 약간의 다른 동물들도 발견되는데, 종자크의 경우에는 들소, 말, 털코뿔소가 포함되어 있다. 그런 동물들은 네안데르탈인 그룹들이 순록을 기다리는 동안(또는 식량이 다른 곳에서 반입되는 동안) 사냥되었을 것이다. 그 동물들은 확실히 완전한 시체는 아니었고, 종종 순록보다는 덜 맹렬하게 도축된 것처럼 보인다. 그러나 어떤 경우에는 청소부들에 의해 많이 손상되었는데, 이는 네안데르탈인이 간혹 사냥 캠프를 다른 '빈한貧寒한 시즌'에 사용했기 때문인 것 같다.

순록이 많이 남아돌았다는 것은 네안데르탈인이 사냥 전술 말고도 다른 방법으로 상황에 적응했음을 의미한다. 그들은 골수, 지방, 저민 고기, 그 밖의 부위들*을 즉시 먹었을 테지만 대부분은 (사슴을 도축하기 위해) 새로 제작한 석질과 함께 다른 곳으로 보낸 것으로 보인다. 예컨대 레프라델레의 경우 그들이 통상적으로 사용했던 것보다 다섯 배나 많은 재연마용 골각기가 발견되었으며, 새로운 키나형 격지와 긁개가 모두 누락되어 있었다.

또한 일부 골수, 고기, 지방과 석질이 유적지 밖으로 단거리를 이동하여 난로가 있는 곳에 도착했지만 발굴되지 않은 경우도 있을 수 있다. 9장에서 언급한 바와 같이 많은 키나 유적지들(예: 종자크, 레프라델레, 페슈들라제 IV, 록드마르살)에는 난로와 '풍부한 숯'이 없다. 그러나 불에 그은 부싯돌이 있는 것으로 보아 불이 사용되지 않았다고 말할 수는 없다. 만약 사냥 캠프에서 한꺼번에 여러 마리 순록의 시체를 다뤘다면 그곳에 여러 명의 개인(어쩌면 그룹 전체)이 존재했을 가능성이 높다. 그 경우 네안데르탈인은 자신들의 활동 영역을 확장할 필요가 있었을 것이다. 이를테면 아브릭로마니 같은 '주거용' 유

---

* 사실 순록이나 카리부의 거의 모든 부위는 다양한 원주민 문화권에서 소비된다. 그중 섬세한 부위로는 머리, 주둥이, 젖샘mammary gland, 태아, 녹용이 있고, 이글루릭족Iglulik, 넷실릭족Netsilik, 코퍼 이누이트족Copper Inuit의 경우에는 심지어 순록의 똥을 먹기도 한다.

적지처럼 말이다.

　사냥 캠프에서는 확실히 엄청난 양의 뼈 파쇄 작업이 진행되었다. 모든 뼈가 잘게 부서졌을 뿐만 아니라 기름진 뼈 말단이 사라진 것도 많다. 그것들은 단순히 파쇄되어 골수와 함께 일종의 '뼈 파테pâté'가 되었거나, 어쩌면 더 복잡한 과정이 있었을지도 모른다. 만약 이처럼 풍부한 식량을 다른 곳으로 운반할 생각이라면 고기와 지방을 보존하는 건 기본이고, 가열하거나 지방을 추출하는 게 더 현명했을 것이다. 그런 작업은 주요 도축 구역과 쓰레기 더미에서 멀리 떨어진 곳에서 진행되었을 것이다.

　알래스카의 이누피아트족Iñupiat이 사용한 아나투벅 패스Anaktuvuk Pass의 순록 사냥터를 발굴한 결과, 그런 캠프의 모습을 짐작하게 하는 단서가 나왔다. 고개pass 자체는 3,500여 년 동안 사용되었으며, 500년 전의 한 유적지에는 늦여름과 초가을 사냥의 유물이 포함되어 있는데 약 90제곱미터의 공간을 조직화한 흔적이 역력하다. 그들은 동굴이나 암굴이 없는 곳에서는 텐트에 머물렀지만 취침용 난로가 필요 없을 정도로 날씨가 따뜻했다. 그러나 시신을 처리하거나 지방을 추출하는 구역에서는 불이 사용되었다. 동물과 석질의 폐기물을 처리하는 구역도 독립된 공간에 설치되었다. 물론 이게 네안데르탈인 유적지의 거울상은 아니며 '키나 동굴이나 암굴의 내부 구역이 사실상 엉망진창인 쓰레기 하치장이었으며, 난로는 그보다 바깥쪽에 있었다'는 설도 배제할 수 없다.

　1년 중 어느 시기였든 간에 우리가 아는 네안데르탈인의 사냥은 인상적인 물류 계획logistical planning을 암시한다. 타이밍을 떠나 많은 순록을 잡고 도축한다는 것은 '활동별로 구획된 공간'뿐만 아니라 그룹 자체를 필요로 한다. 모든 부류의 수렵채집인은 사냥에 나서는 사람에 따라 매우 다른 관습을 보유하고 있지만, 동물 떼를 사냥하려면 한 마리를 추격하여 죽이는 것보다 더 많은 인원이 필요하다는 것은 만고불변의 진리다. 일부 키나 유적지에서 체계적인 도축 기법의 단서를 찾을 수 있는데, 그 내용인즉 '힘줄 제거' 등의 까다로운 작업은 물론 '맨 처음 찌르기'나 '크게 자르기' 등의 일견 단순한 작업도 경험이 필요하다는 것이다. 그러나 골수 꺼내기는 어수룩한 젊은이들도 얼마든지 할 수 있는 일이었을 것이다.

다른 동물을 거의 찾아볼 수 없었던 MIS 4 빙하기 동안 대형동물 떼는 큰 관심을 끌었을 것이다. 개별 그룹의 구성원 중 누가 순록을 사냥하여 도축했더라도, 종자크에서 발견된 (절단된 흔적이 있는) 동굴사자와 여우의 뼈에서 볼 수 있는 것처럼 다른 굶주린 육식동물들과 맞닥뜨렸을 것이다. 더욱이 거의 같은 장소에서 매년 일어나는 예측 가능한 계절적 사냥은 또 다른 필수적인 자원이 개입될 여지를 제공했으니, 바로 사회화socialising다.

가죽 다듬기

키나의 네안데르탈인이 한 일에는 또 하나의 흥미로운 측면이 있다. MIS 5 말기와 MIS 4 초초기初初期에 키나가 르발루아 기반의 생활방식을 대체한 게 분명한데, 그 이유가 뭐였을까? 르발루아 석기가 도축에 부적절한 것도 아니고 명백히 휴대가 가능한데 말이다. 그러나 키나는 두 가지 독특한 특징을 갖고 있다. 첫째, 몸돌이 관리를 많이 필요로 하지 않기 때문에 시간과 돌의 관점에서 볼 때 더 경제적이다. 둘째, 키나의 격지는 종종 크기가 작을 수 있지만 더 두껍고 강하며, 형태—한쪽 모서리가 자연히 두껍다—를 감안할 때 훨씬 더 많은 재연마가 가능하므로 2세대 격지를 더 많이 만들 수 있다.

만약 네안데르탈인이 '드물지만 강도 높은 도축'에 대처해야 했다면 재연마의 필요성이 대두되었을 게 분명하다. 그러나 키나 도구의 독특성과 심지어 특별한 재연마 기법을 설명할 수 있는 다른 뭔가가 있다. 그건 바로 가죽이다. 길고 굴곡지고 가파른 모서리는 가죽 다듬기에 안성맞춤이다.

우리는 지금껏 가죽을 다듬는 기술을 주로 많은 네안데르탈인에게서 볼 수 있는 치아 마모와 관련하여 언급했지만, 그들이 가죽 손질 전문가였다는 설을 뒷받침하는 다른 증거들은 차고 넘친다. 먼저 많은 유적지에서 절단흔의 위치와 심지어 뼈의 종류를 살펴보면 동물의 피부와 털가죽이 이리저리 운반되었음을 짐작할 수 있다. 그러나 더욱 직접적인 증거는 석질 인공물에 새겨진 사용 마모흔이다. 가죽을 긁고 문지른 데서 비롯된 윤기 나는 도구의 대다수는 입으로 꼭 물고 있거나 다리나 단단한 표면(예: 통나무)에 대고 누르는 것과 병행하여 사용되었을 것이다. 때로는 심지어 신선하고 촉촉한 가죽을 긁는 데 사용된 석질과 건조한 가죽을 손질하는 데 사용된 석질을 구별할 수 있는데, 그 이유는 건조한 가죽을 손질할 경우 2단계 손질의 흔적이 남기 때문이다.

가죽 손질이 단계와 시간 면에서 얼마나 복잡한지를 이해하는 것은 유용하다. 만약 기상조건이 양호하다면 사슴 한 마리의 가죽을 손질하는 데 하루 정도가 걸린다. 제일 첫 번째 작업은 피를 모두 빼내는 것이다. 이 작업은 가죽이 아직 신선할 때 해야 하는데, 가죽이 마르면 지방이 엉겨서 달라붙기 때문이다.* 이는 사슴을 죽인 직후에—아마도 사냥 캠프 근처에서—가죽 손질을 해야 함을 의미한다. 피를 제거하고 건조시킨 가죽은 수개월 동안 보관할 수 있다. 네안데르탈인은 일상적으로 여러 장소에서 단계적 도축 및 돌떼기 작업을 했는데, 이런 관행은 시간이 많이 걸리는 가죽 손질에도 적용되었을 가능성이 매우 높다. 그리고 사실 돌돌 말린 채 겨울의 연기에 노출된 가죽은 상태가 훨씬 더 나아질 수 있다.

    피를 제거하고 나면 가죽을 부드럽게 하기 위한 무두질과 보존 작업이 필요하다. 그것은 전형적으로 물에 담그는 것 soaking으로 시작되는데, 간혹 나무재 wood ash가 첨가되었다. 나무재의 알칼리 성분이 기름기 제거를 돕기 때문이다. 네안데르탈인은 강, 호수, 녹은 눈과 얼음에 가죽을 담갔을 테지만 대형동물의 위나 구덩이도 가능성 있는 후보로 거론된다. 전 세계에는 가죽의 품질을 향상시키기 위한 무수한 전통적 방법이 존재하는데, 그 레시피에는 일종의 지방이 늘 포함된다. 곰의 지방과 마찬가지로 뇌와 골수가 특히 좋으며, 이것이 가죽 속으로 깊이 스며들면 방수 효과를 제공한다.

    어떤 지방 혼합물을 선택하든 일단 담금질을 통해 깊이 침투시

---

*   대안으로 냉동 후 해동된 가죽을 손질할 수도 있다.

킨 후에는 당기기stretching 등의 방법으로 가죽을 지속적으로 가공해야 한다. 입이 고정 수단으로 등장하는 것은 바로 이 시점으로, 그와 동시에 연기를 쏘이면 가죽의 부드러움을 유지할 수 있다(그리고 가죽이 축축해진 후에 연기를 쏘이면 나중에 다시 부드러워진다).* 훈연은 가죽을 보존하는 데도 특출한 효과를 발휘하며, 북반구의 수렵채집인들 사이에서 거의 보편적으로 사용되는 땔감은 썩어 넘어진 나무다.

네안데르탈인도 오늘날의 수렵채집인처럼 이렇게 복잡한 과정을 채택했을까? 쇠닝겐의 '창의 지평'의 아래층에서 콜라겐과 털의 잔류물이 발견된 것을 감안할 때 가죽 손질은 300ka보다 훨씬 전부터 시작되었다. 그리고 골각기의 광택은 최소한 수 시간 동안 가죽을 다듬는 데 사용되었음을 의미한다. 키나 유적지들의 경우, 종자크에서 발견된 마모흔은 '수많은 인공물이 신선한 가죽을 다듬는 데 사용되어 독특한 광택이 난다'는 것을 시사한다. 이는 동물의 시체를 처리하는 초기 단계에서 가죽 손질이 필수적으로 행해졌다는 증거다.

그러나 하나의 도구에서 발견된 독특한 흔적은 그것이 건조된 가죽에 사용되었음을 보여 주었다. 그 도구는 다른 곳에서 만든 가죽을 처리하는 데 사용되었거나 단순히 다른 곳에서 마모된 상태로 종자크에 반입되었을 수 있는데, 그다음에 다시 잔손질된 게 틀림없다.

그러나 종자크에서 포착된 특이한 활동은 차치하고, 이러한 관행이 암시하는 것은 사냥 캠프에서 발견된 순록의 가죽이 고기, 지방, 골수와 마찬가지로 (네안데르탈인이 바삐 수행했던) 공정의 다양한

---

* 북반구의 고위도 지방에서 신발용 가죽은 우선적인 훈연 대상이다.

단계에 존재한 일련의 재료들 중 일부였다는 것이다.

 네안데르탈인이 상당한 양의 가죽을 필요로 한 이유가 뭘까? 지금껏 거의 논의되지 않은 한 가지 가능성은 가죽과 뼈, 힘줄, 발굽을 함께 끓이는 것은 잘 알려진 아교 제조법이라는 것이다. 이때 방출되는 콜라겐은 강력할 뿐만 아니라 섬세한 작업*에 안성맞춤인 접착제다. 아교는 건조되면서 수축하며 접착력이 강해지고, 자작나무 타르처럼 가열하면 재성형remoulding이 가능하다. 그러나 아교는 가죽 찌꺼기로도 충분히 만들 수 있으므로 네안데르탈인이 아교를 얻을 요량으로 동물의 가죽을 그 정도까지 손질했을 리는 없다.

 물론 명백한 답은 옷차림이다. 많은 재구성 그림에 네안데르탈인은 헐벗고 누더기 모피 차림으로 등장한다. 그리고 털가죽을 가진 소형 포식자들이 비교적 드물었기 때문에 그들은 헐렁한 망토밖에 입을 수 없었다는 주장도 제기된다. 그러나 열모델링thermal modelling을 통해 '슈퍼 뚱뚱이'나 '곰 같은 털북숭이'가 아닌 이상 그들에게 몸에 맞는 적절한 옷차림이 필수였을 것임을 알 수 있다. 멋진 울버린 모피*가 아니더라도 단열이 잘 되는 옷은 얼마든지 있었으므로, 네안데르탈인은 순록, 들소, 곰 또는 그 밖의 동물들에게서 옷감을 골라잡을 수 있었다. 더욱이 옷을 짓기 위해 굳이 바늘을 사용할 필요도 없었다. 왜냐하면 돌, 뼈, 심지어 나무 송곳으로도 가죽을 꿰뚫을 수 있었으며 굳이 잡아당길 필요도 없었기 때문이다.

---

* 역사적으로 아교는 특히 악기를 만드는 데 선호되었다.

* 울버린은 북유럽, 북미 등에 서식하는 작은 곰처럼 생긴 야생동물이다. 털가죽의 방수능력이 워낙 대단해서 서리가 달라붙지 않기 때문에, 최고의 후드로 알려져 있다.

그럼 발은 어땠을까? 딱딱한 밑창을 가진 신발에 대한 증거는 없지만 덧버선 스타일의 부드러운 신발은 흔적을 남기지 않았을 것이다. 그런 신발은 만들기도 비교적 쉬웠다. 사슴의 뒷다리는 발이 들어갈 수 있는 '기성품 발토시'를 제공해 준다. 만약 촉촉한 상태에서 신발을 만들었다면 건조되는 과정에서 오그라들며 발을 수축 포장shrink-wrap 했을 것이다.

옷 만들기가 네안데르탈인의 생리학을 특별히 넘어선 것처럼 보이는 이유는 가죽의 대량 손질에 대한 증거가 다방면에서—특히 치아로 꽉 물고, 어쩌면 씹기까지 한 흔적—넘치기 때문이다. 이것은 오늘날의 수렵채집인이 가죽과 힘줄을 손질하는 방법과 정확히 일치하는 데다, 초기 호모 사피엔스의 유적지에서 채취된 샘플과 거의 동일하다. 순록 가죽으로 만든 파카를 입은 사람들을 상상하는 게 훨씬 쉽지만, 사방이 탁 트인 주거지—이런 곳은 훨씬 더 추웠을 것이다—는 거의 중무장에 가까운 옷차림을 요구했을 것이다.

그래서 그들은 옷을 입었을 것이다. 특히 키나의 네안데르탈인이 그랬을 것이다. 그러나 얼마나 많은 모피를 말하는 것일까? 상의와 레깅스나 스커트 등의 간단한 복장으로 치면 성인 한 명당 최소 다섯 장의 커다란 모피가 필요하다. 주먹구구식으로 계산하면 종과 과정의 특이성에 따라 20~80시간에 걸친 다듬기가 필요했을 것이다. 이런 복장은 몇 년마다 한 번씩 교체했을 것이고, 추가로 아동복과 유아용 포대기*도 필요했을 것이다. 치아 마모는 물론이고 우리

---

* 유아용 포대기는 '생애 최초의 모피'로서 타당성이 높으며, 구석기시대 초기까지 거슬러 올라간다.

는 네안데르탈인의 팔이 엄청난 견인력 때문에 굵어졌음을 명심해야 하는데, 그 상당 부분은 평생 동안 가죽 손질 작업이 끊이지 않았기 때문일 것이다.

만약 수긍이 안 간다면 많은 유적지에서 발견된 석질의 마모흔 외에도 최근 발견된 '성형된 골각기'가 있다. 네안데르탈인은 갈비뼈로 만든 골각기를 깎아서 표준화된 형태를 만들었는데, 폭이 좁고 끄트머리가 동그랗고 대칭적이다. 지금까지 알려진 사례는 5개뿐이고 두 유적지에서 발굴되었다. 하나는 페슈들라제, 나머지는 거기서 35킬로미터 떨어진 아브리페이로니Abri Peyrony에서 나왔다. 아브리페이로니에는 두 개의 지층이 있는데, 하나에는 양면석기가 많고 다른 하나에는 디스코이드가 많다. 5개는 모두 파손되었지만 1907년 라키나에서 거의 똑같은 완전체가 발견되어 원형—곡률曲率이 매우 크고 반대쪽 말단은 변형되지 않았다—을 짐작할 수 있게 되었다. 이 도구들은 소위 리수아lissoir—가죽을 부드럽게 만드는 도구—의 클론이나 마찬가지인데, 이는 나중에 호모 사피엔스 문화에서 발견될 뿐만 아니라 지금까지도 동물 가죽을 부드럽게 하고 광을 내는 데 사용된다. 심지어 5개 골각기의 손상도 라키나에서 발견된 유물과 일치하는데, 사용 도중의 강한 압력 때문에 끄트머리가 부러진 것으로 추측된다.

네안데르탈인이 잔손질 도구의 재료가 되는 동물의 종과 신체 부위에 얼마나 까다로웠는지를 고려하면 그들이 리수아를 만들기 위해 갈비뼈만 선택한 게 아니라 종까지도 선택했다는 것은 전혀 놀랍지 않다. 콜라겐 분석 결과, 살아남은 모든 골각기들은 들소나 오로크의 것으로 밝혀졌으며, 괄목할 만한 것은 그중 3개가 (발굴된 동물의 90퍼센트가 순록인) 아브릭페이로니의 한 퇴적층에서 나왔다는 것이다.

    그런 유적지들은 50~40ka에 해당하며, 키나 기술복합체가 사라진 지 불과 몇 천 년 후에 네안데르탈인이 매우 정교한 가공 기술을 가졌음을 시사한다. 키나의 순록 사냥꾼들이 리수아를 병용했는지는 불확실하지만 그들은 옷뿐만 아니라 다른 동기 때문에 가죽 손질에 열중했던 것으로 보인다. 많은 키나 유적지가(심지어 사냥 캠프보다 한 단계 위인 유적지까지도) 난로를 보유한 '주거지'처럼 보이지 않는다는 점을 감안하면, 그 네안데르탈인은 텐트나 은신처를 사용한 것으로 보인다. 라폴리에서 살펴봤던 것처럼 나중에 일종의 야외 건축물이 사용되기는 했지만, 이동이 가능한 가죽으로 만든 은신처는 키나를 만드는 네안데르탈인으로 하여금 툰드라의 이곳저곳을 유연하게 이동하며 따뜻하게 지내도록 해 줬을 것이다. 그들이 사냥이나 일차적 도축을 위해 특정한 동굴이나 절벽으로 반복적으로 돌아갔다고 해도, 약간의 연소 물질이 있음에도 불구하고 난로가 없다는 사실은 우리가 그런 장소들을 놓치고 있음을 시사한다.

    북아메리카의 원주민 문화권—카이유스Cayuse, 다코타Dakota, 블랙풋Blackfeet, 포니Pawnee, 크로Crow, 플레인스 크리Plains Cree—에서 만든 대형 티피tipi*에는 30~50마리의 사슴 가죽이 사용될 수 있지만, 그 모든 것을 운반하는 데 도움을 준 것은 말이었다. 그 정도 규모의 구

---

*   대평원에 사는 북미 원주민들이 쓰던 원뿔형 천막. - 옮긴이

조물을 네안데르탈인이 운반했을 가능성은 낮지만, 그보다 작은 규모의 텐트를 사용했을 수도 있고 아브릭로마니에서 가죽 매트가 사용되었다는 증거도 존재한다.

옷 때문이든 은신처 때문이든 많은 가죽을 필요로 하는 생활방식에 대한 흥미로운 점은 때때로 소위 '낭비적인' 사냥으로 귀결됨으로써 고기가 아닌 가죽을 위해 동물을 사냥하게 된다는 것이다. 여름철의 순록은 기름기가 매우 적고 따뜻한 날씨 때문에 고기가 빠르게 부패할 수 있지만 가죽의 상태는 양호하다. 그에 반해 가을철의 순록은 통통하지만 종종 가죽의 상태가 불량하며, 기생충이 가죽에 남긴 구멍도 한몫 거든다. 사정이 이러하다 보니 가죽과 인기 부위(예: 혀) 외에 다른 부위들은 외면될 수 있으며, 일부 네안데르탈인 유적지—키나든 아니든—에서 간혹 이런 단서가 포착된다. 종자크에서는 연결된 사지 관절 몇 개가 발견되며, 프랑스 남동부의 아브리뒤마라스에서도 그와 비슷한 것이 발견된다. 그리고 잘츠기터-레벤슈테트에서 발견된 많은 유골의 경우에도 도축된 흔적이 별로 없다.

또한 가죽은 수렵채집생활에 필수적인 것들을 만들어 낼 수 있지만 오늘날 종종 간과되는 부분은 바로 가방이다. 네안데르탈인은 돌은 말할 것도 없고, 식량과 신선한 가죽, 모피, 그리고 아마도 침구 등 휴대품이 많았을 것이다. '천연 가방'은 동물의 위나 방광으로 만들 수도 있지만 질기고 큰 가죽은 특히 유용하다. 물건을 둘둘 말아 힘줄로 질끈 동여매면 무거운 짐을 어깨에 거뜬히 짊어질 수 있다. 방금 벗겨 낸 가죽을 이런 식으로 사용하는 것은 매우 실용적이다. 유적지에서 발뼈가 많이 발견되는 것은 그것이 가방의 부분품으로 사용됐음을 시사한다. 구식 여행용 가방에 달린 손잡이처럼 말이다.

가방의 연장이라고 할 수 있는 용기容器는 식량의 보관과도 관련되는데 아마도 키나에서 특히 중요했을 것이다. 8장에서 언급했듯이 네안데르탈인이 식량을 보관했다는 직접적인 증거는 없다. 그러나 대부분의 고기가 대규모 계절적 사냥으로 조달되었던 빙하기의 맥락에서 식량 보관은 불가피했을 것이다. 네안데르탈인이 모든 활동과 재료를 풍경 전반에 적절히 배치했던 것이 분명해진 지금, 한 걸음 더 나아가 나중에 사용할 요량으로 식량의 일부를 보존했을 것이라 생각하는 것은 지나친 비약이 아닐 것이다.

보관하는 방법에 따라 잉여 식량은 수 주 또는 심지어 수개월 동안 영양분을 공급할 수 있었고, 겨울이 가까워진 때에 특히 중요했을 것이다. 습한 날씨에는 고기를 건조하기가 어려웠겠지만 빙하기의 여름과 가을 날씨는 건조했다. 만약 키나의 네안데르탈인이 1단계 가죽 손질을 마칠 수 있을 만큼 사냥 캠프에 오래 머물렀다면, 그러는 동안 고기를 건조하고 기름을 추출하거나, 심지어 훈연을 이용해 식용 부위를 보존하는 것도 가능했을 것이다. 그런 멀티태스킹은 다른 많은 측면에서 네안데르탈인이 보이는 행동의 효율성에 걸맞다.

키나의 네안데르탈인에게 무슨 일이 일어났던 걸까? 만약 이 기술복합체가 빙하기의 툰드라와 순록을 활용하기 위한 적응으로서 등장한 거라면 기후가 온난해졌을 때 그들은 어떻게 대처했을까? 앞에서 살펴봤던 것처럼 나중의 유적지들 중 일부에서 몇 마리의 말, 오로크, 들소가 발견되었으며, 극소수 유적지에서는 그런 동물들이 실제로 번성했다. 이는 일부 네안데르탈인이 스텝의 생활에 적응하려 노력했음을 암시하지만, 다른 한편으로 서쪽의 피레네 산맥에는 45ka까지 여전히 한랭기후와 순록과 키나 간의 연관성이 여전히 존재한다. 그러나 그 이후에는 이 '패키지'가 마침내 사라진 것으로 보인다.

키나에 대해 말할 때 우리는 '석질 기술복합체'를 분류하려는 고고학자들의 욕망과 '네안데르탈인이 필요로 했고 원했던 다양성' 사이에 긴장이 고조됨을 느낀다. 몇몇 유적지에서 발견된 석질들은 모든 면에서 키나 기술로 분류되는 것처럼 보이며, 엄청난 양의 잔손질 도구가 완비되어 있다. 그러나 그들은 사뭇 다른 삶을 살고 있는데, 대표적인 사례는 이탈리아 알프스 기슭에 자리 잡은 데나달레De Nadale 동굴이다. 그곳에서는 프랑스 남서부에서 동시대에 번성한 키나와 매우 비슷한 MIS 4 집합체가 발견되지만, 네안데르탈인이 대체로 거대한 사슴과 붉은사슴을 사냥했다는 점이 다르다. 이 동물들은 순록과 전혀 다른 생태에 살고 전혀 다르게 행동하므로 키나를 만든 집단이 이 지역으로 이주하여 적응했거나 독립적인 혁신을 이루었다고 봐야 한다.

생활풍경

네안데르탈인은 자신들의 세계를 어떻게 생각했을까? 일상사―숙면을 취하거나 잠 설치기, 자녀 부양하기, 돌에서 격지 발견하기, 동물 추격하기―를 넘어, 여행하기, 오후에 한나절 동안 멍하게 있기, 어딘가에서 여러 날 동안 지내기가 그들에게 무엇을 의미했을까? 이 장과 다른 장에서 이미 언급했지만 '주거지'라는 말에는 묘한 구석이 있으며 자동적으로 '고정된 장소'라는 21세기의 서양식 개념이 접목된다. 그러나 이동하며 사는 사람들에게 주거지는 여러 군데일 수 있으며, 존재의 핵심heart of existence도 가변적이다. 친척과의 친밀함intimacy은 네안데르탈인으로 하여금 편안함을 느끼게 하는 하나의 고정불변값이었겠지만, 광범위한 풍경에 대한 익숙함은 또 다른 종류의 관계였을 것이다.

네안데르탈인의 생각과 기억에는 개별적이고 잘 알려진 장소가 포함되어 있었음에 틀림없다. 언덕 위에 우뚝 솟은 절벽, 강가에 서 있는 소나무, 절벽의 어두운 동굴… 특별하거나 자주 반복되는 경험은 기억을 강하게 구속하며, 특정한 장소를 다시 방문했을 때 더 진하게 남을 수 있다. 따라서 풍경은 네안데르탈인에게 추상적인 공간이 아니라 새롭게 기억되는 '생생한 마주침'의 연속이었다.

그들에게 풍경은 생활의 일부로, 어린 시절부터 관심을 갖고 (아마도) 직접적으로 의사소통하며 몸과 마음에 각인되었을 것이다. 그러나 장소들은 그 이상의 무엇이며, 시간에 따른 관습과 기억의 융합을 통해 그 의미가 명확해진다. 거기에 고고학적 퇴적층이 덧씌워져 수백 내지 수천 년 동안 축적된 것이다. 이러한 정신적, 물질적 형태의 역사는 네안데르탈인이 특별한 장소를 사용하기로 선택한 과정을 반영하며, 그들의 활동과 삶을 훨씬 더 농축된 형태로 제시한다. 예컨대 종자크 같은 장소는 이러한 과정을 거쳐 우리에게 '순록-사냥-절벽'이라는 개념으로 다가오게 되었다.

한 사람의 생애를 넘어서는 기간 동안 형성됐음직한 퇴적층에서는 뭔가 다른 것이 번득인다. 이 문화적 응축물은 시간 전달자로서, 네안데르탈인의 상상력을 '현재' 너머로 뻗어나가게 하는 힘을 발휘했을 것이다. 우리는 그들이 동굴과 암굴에서 옛것을 인식했을 뿐만 아니라 그것과 상호작용했다는 사실을 알고 있다. 그러나 깊은 골층이나 난로가 그들의 '옛것에 대한 감각'에 불을 지폈을까? 일부 유적지의 경우, 우리는 땅 위로 돌출된 수십~수백 년 된—시간을 물리적으로 거슬러 오르는—물체들이 그런 감각을 자극했으리라고 확신할 수 있다.

더욱이 동굴에서 재활용된 일부 석질들의 경우 지표면에 아무렇게나 뒹구는 것을 주운 것처럼 보이지 않는다. 만약 그렇다면 네안데르탈인은 사상 최초의 고고학자였는지도 모른다. 풍화된 '선조들의 유물'을 발굴하여 밝은 곳에 놓고, 다시 한번 '살아 있는 세계'의 일부로 만들었을 테니 말이다.

부드러운 토양을 손가락으로 파헤치다 날카로운 모서리를 만지면 네안데르탈인의 '장소와 땅에 대한 경험'이 시각적인 것 이상임을 실감할 수 있다. 그들은 색깔은 물론 질감으로 암석을 분간했을 것이고, 흐름뿐만 아니라 온도를 통해 물의 노래를 들었을 것이며, 잎을 파고드는 바람 소리의 변화를 통해 수종을 골라냈을 것이다. 많은 원주민 문화에서 그렇듯 네안데르탈인에게 땅 자체는 단순히 '발을 디디는 터전'이 아니라 '관계 맺기나 의사소통이 가능한 인격체'로서 개념화되었을 것이다. 사람은 항상 누군가와 함께 걷기 마련이다.

땅이 인지되는 과정에 대한 사색은 추측에 불과할 수 있지만, 네안데르탈인은 걷고 기고 달릴 때마다 자신을 땅 위에 새겼을 것이다. 누군가가 최초의 단어를 쓰기 수십만 년 전, 그들이 남긴 발자국은 일종의 서명이었다. 앞에서 르로젤에 새겨진 발자국에 대해 언급했는데, 그곳에는 여러 개 퇴적층에 걸쳐 250여 개의 발자국이 찍혀 있다. 일부는 한 걸음씩 이어진 짧은 발자취이지만 대부분은 고립된 발자국들이다. 제일 작은—아마도 유아의—발은 제일 가벼운 자취를 남겼고, 심지어 완벽한 손도장도 하나 있다. 손가락을 넓게 펼쳐 모래에 찍은 손바닥은 8만 년 전에 우리에게 보낸 손 인사라는 느낌이 든다.

가장 오래된 것으로 알려진 네안데르탈인의 발자국은 르로젤보다 무려 25여만 년 전에 새겨졌다. 그것은 이탈리아 남부에 있는 사화산 로카몬피나Roccamonfina의 경사면에서 18세기의 산사태로 드러난 후, 악마의 발자국Devil's track으로 믿어졌다. 사실 그것은 350ka경 세 명의 초기 네안데르탈인이 (빗물에 젖어 부드러워진) 차가운 화산재와 진흙에 남긴 것이다. 50여 개의 발자국은 세 명의 걸음걸이가 얼마나 달랐는지를 여실히 보여 준다. 한 명은 갈지자를 그리며 내려왔고, 다른 한 명은 구부러진 경로를 조심스레 걷다가 미끄러져 때때로 손을 짚었으며, 마지막 한 명은 우직하게 일직선으로 걸었다.

세 보행자의 키는 모두 135센티미터 미만이었는데 '르무스티에 1'의 키와 정확히 일치하는 것으로 보아 10대 초반이었던 것으로 보인다. 이들은 화산이 폭발하는 장면을 목격했을 가능성이 높다. 그들의 발밑에 재와 부석pumice*과 거친 암석이 쌓였고, 나중에 화산재가 떨어져 그들의 자취를 덮었다. 그들의 출발지와 행선지는 어디였을까? 그보다 높은 곳에 새겨진 3개의 발자취†를 추적해 보면 절벽에서 선반처럼 툭 튀어나온 납작바위—이런 곳을 레지ledge라고 한다—에서 출발한 것으로 추측된다. 그곳은 너비가 50미터쯤 되는데 더 많은 호미닌의 발자국은 물론 동물의 발자국도 찍혀 있는 것으로 보아 네안데르탈인의 단골 코스였던 것으로 보인다.

발자국은 지하에도 존재한다. 르로젤의 어린이들이 대서양의 바닷가에서 놀고 있을 즈음 루마니아 서부 카르파티아 산맥의 고지대에서는 10대 후반의 네안데르탈인 소년들이 브르토프Vârtop 동굴을 탐험하고 있었다. 그들은 이상한 월유moonmilk**를 살며시 밟고 지나갔는데, 그게 나중에 굳어서 유석flowstone이 되었다. 이것은 네안데르탈인이 야생동굴에 남긴 유일한 흔적이다. 다른 곳의 경우 어린이들은 주거지에 발자국을 남겼다. 그리스의 테오페트라Theopetra 동굴에는 128ka 이전에 남겨진 몇 개의 작은 발자국들이 있는데 그중 하나는 2~4살배기의 것인 듯하고, 또 다른 하나는 얇은 발 덮개를 신고 있었다.

---

* 화산분출물 중에서 지름 4밀리미터 이상의 다공질 암괴浮塊. 속돌, 경석이라고도 한다. - 옮긴이

† 윗길들은 중세시대에 이미 노출되었는데, 지역 주민들이 조상들의 발자취를 파악하려는 욕심이 지나친 나머지 크기가 다른 발자국들을 억지로 맞추려고 노력한 흔적이 남아 있다.

** 석회암 동굴 내부에서 발견되는 흰색의 크림 같은 물질로, 일반적으로 방해석·아라고나이트·하이드로마그네사이트·모노하이드로칼사이트 같은 탄산염으로 만들어진 다양한 조성의 미세결정 응집체를 포함하는 석회암 침전물이다. - 옮긴이

발자국을 남긴 사람들 상당수가 어린이라는 점은 괄목할 만하다. 많은 수렵채집사회에서 어린이들은 성인들로부터 공식적인 교육을 거의 받지 못하지만 또래들과 함께 어울려 다니며 배운다. 우리는 주거지는 물론 주변 환경 어디에서나 돌아다니고, 탐험하고, 시험하고, 놀면서 성장하는 어린이들을 흔히 볼 수 있다. 네안데르탈인 어린이들도 다르지 않았을 것이다. 그들의 경험은 일생 동안 달라졌을 텐데, 그 과정에서 필시 짜릿한 모험뿐만 아니라 온갖 위험에 노출되었을 것이다.

까마득히 오래된 발자국들은 오늘날 우리를 매혹시키지만 네안데르탈인 역시 살아 있는 동물들의 발자국에 흥미를 느꼈을 것이다. 온갖 생물이 공존하는 지구에서 살아남으려면 땅에 지속적으로 주의를 기울여야 하며, 달리는 발굽들이 땅바닥에 새긴 발자국이나 심지어 살금살금 지나간 발바닥이 짓누른 풀포기에도 주목해야 한다. 그러나 다른 육식동물들과 달리 발톱, 송곳니, 엄청난 스피드가 없는 호미닌에게 중요한 것은 사냥 전술, 특히 협동과 지식과 계획에 기반한 전술이었다. 예컨대 '어떤 동물이 새벽에 물을 마시러 오는지'에 대한 이해와 상상력을 결합하여 네안데르탈인은 모든 동물의 약점을 철저히 파악했다. 이러한 지혜가 추격 기술에 녹아든 것은 당연한 귀결이었다. 최근의 수렵채집인에게 이것은 환경이나 사냥 방법과 무관하게 필수적이다. 추격이란 발자국을 따라가는 것 이상의 일이며, 세계의 전체성entirety에 완전히 집중함으로써 심지어 개미가 이동한 흔적도 놓치지 않는 것이다. 노련한 추격자는 동물의 종뿐만 아니라 아종sub-species, 성별, 나이, 심지어 신체상태까지도 파악할 수 있다.

또한 대형동물의 경우에는 익숙한 개체를 알아볼 수 있다.

네안데르탈인은 이미 3만 세대에 걸쳐 진화한 사냥의 유산을 보유하고 있었다. 추격 기술은 거의 150만 년 전 발달했으며, 케냐의 일레레트Ileret에서 발견된 발자국을 살펴보면 초기 호미닌들은 호숫가의 진흙땅에서 동물과 그 발자국을 감시하고 추격하고 매복했음을 알 수 있다. 추격사냥(또는 인내력 사냥)은 발자국 추적과 밀접하게 관련되어 있으며, 사냥감이 기진맥진할 때까지 추격하여 간단히 해치우는 것이다. 늑대와 하이에나도 이런 식으로 사냥하는데, 스텝과 같은 탁 트인 환경에 특히 적합하다.*

사냥에서 추격이 매우 중요한 이유는 동물의 행동을 예측하는 능력을 배양하기 때문이다. 심지어 초보자도 아무런 사전지식 없이 추격사냥에 도전할 수 있다. 1936년 종교박해를 피해 러시아의 타이가taiga*로 피신한 리코프Lykov 가문은 가장 가까운 인가에서 240킬로 떨어진 곳에서 40년 동안 무사히 생존했다. 그들의 한계농업marginal farming의 '필수 보충제'는 사냥이었지만 그들에게는 아무런 무기도 없었다. 리코프 소년들은 숲속의 동물들이 제풀에 지쳐 쓰러질 때까지 끈질기게 추격하는 방법을 스스로 터득했다. 리코프 가족이 사냥에 완벽히 성공한 것은 아니었으며 때로는 1년 동안 한 마리의 동물을 잡는 데 그쳤다. 그에 반해 네안데르탈인은 평생 동안 자신들의 기술을 갈고 닦았다. 비록 추격사냥보다 매복을 선호했지만 발자국

---

* 매우 덥거나 추운 기후가 안성맞춤이다. 동물들이 쉽게 탈진하기 때문이다.
⁑ 시베리아에 발달한 침엽수림 지대. - 옮긴이

추적은 매복의 일부였음에 틀림없다.

발자국 추적은 생계의 수준을 훌쩍 뛰어넘는 훨씬 더 정교한 사냥을 진화시킨 수단으로 제안되어 왔다. 발자국을 추적하기가 어려워졌을 때 사냥감의 행동에 정통한 사냥꾼들은 발자국이 다시 나타날 곳을 예측할 수 있다. 겁에 질려 금세 피곤해진 사슴은 계속 도망치는 것보다 숨을 가능성이 높으며, 이를 아는 것이 성패의 갈림길이다. 그러나 안다는 것은 지식 이상을 의미한다. 추측에 기반한 추적speculative tracking이라고 불리는 이 기술은 '동물의 정신상태의 가시화'를 수반한다. 타자가 자신과 다른 관점과 감정을 보유한다는 사실을 이해하려면 인지능력이 요구되는데, 이런 능력은 인간 말고 몇 안 되는 종들만이 보유하고 있다.

네안데르탈인도 그런 능력을 보유하고 있었을까? 장담하건대 추측에 기반한 사냥감 추적은 숲—동물들이 몸을 숨길 수 있는 곳—처럼 까다로운 환경에서 유용했을 것이다. 그러나 그것은 더욱 개방된 환경에서, 이를테면 동물 떼가 언제 어디서 나타날지 예측하는 데도 도움이 되었을 것이다.

더욱이 만약 네안데르탈인이 사냥에 추적과 '자신을 타자의 마음에 투영하는 능력'을 겸비했다면 다른 호미닌의 생각을 고려할 수도 있었을 것이다. 남아프리카 칼라하리 사막에 거주하는 숙련된 원주민 추적자들 사이에서 가까운 친척의 흔적은 얼굴만큼이나 잘 인지될 수 있다.* 그들은 이방인의 존재에 대한 물리적 단서—발자국,

---

* 심지어 신발을 신더라도 이동의 특이성은 독특한 패턴을 만든다.

석질 파편, 숯더미, 오래된 시신 등—를 자세히 살펴보며 흥미를 느꼈을 것이다.

그런 세계에서 산다는 것은 수많은 종류의 존재에 둘러싸여 있다는 것을 의미했다. 장소와 사람들은 돌, 고기, 그 밖의 다른 물질의 이동에 의해 연결되었지만 경로에 남겨진 발자취에 의해 물리적으로도 연결되었다. 그런 경로는—마치 '기억의 강'처럼—네안데르탈인을 동시대인뿐만 아니라 '느릿느릿 앞서간 선조들'과 합류하게 하고, 나무들이 계곡을 가득 메우기 여러 해 전 겨울의 순록을 떠올리게 했을 것이다.

지난 5장부터 9장까지 네안데르탈인의 삶을—모종삽으로 긁어 낸 한 움큼의 흙 속에 담긴 세대들의 미시적 삶에서부터, 여행자와 물체의 네트워크를 통해 수백 킬로미터 떨어진 곳으로 확장된 거시적 삶에 이르기까지—심도 있게 파헤쳤다. 수백만 년 전과 비교할 때 네안데르탈인의 존재는 호미닌의 삶에 있어서 주요한 업그레이드major upgrade였다. 그들은 과거의 어떤 인류보다도 복잡한 방식으로 삶을 영위했으며, 아마도 중기 구석기시대의 특징을 가장 잘 나타내는 단어는 증폭amplification과 향상enhancement일 것이다. 어떠한 생태계에서도 그들은 1등급 사냥꾼이자 영리한 채집자였다. 그들의 석질 기술은 한층 효율적이고 전문화되었으며, 유기물을 사용한 방식은 새롭고 혁신적이었다. 그러나 그 이면에서 더욱 심오한 일이 진행되고 있었다.

네안데르탈인은 어떤 생명체도 경험해 보지 못한 방식으로 시공을 초월함으로써 삶을 진정하게 확장하기 시작한 최초의 인류였다. 그들은 돌과 동물의 몸을 더욱 복잡하고 체계적으로 해체했고, 그 조각들을 과거 어느 때보다도 멀리 운반했다. 잔손질 도구가 뼈 전체에서 뼛조각으로 바뀐 것조차 이러한 고강도화 경향을 반영한다.

대상과 활동이 더욱 전문화되고 시공을 초월하여 분리됨에 따라 그들은 땅 전체와 기억 속에 존재, 행동, 의도의 그물을 던졌다. 그들은 지평선을 바라보며 풍경을 속속들이—봄철에 경로가 어떻게 바뀌는지, 강물이 언제 범람하는지, 어쩌면 강굽이에서 얼마나 많은 해돋이를 지켜봐야 거대한 절벽이 눈에 들어오는지—알게 되었다. 혹자는 심지어 "땅에 사회적 의미를 가득 채운 최초의 혁명가는 호모 사피엔스가 아니라 네안데르탈인이었다"고 주장할지도 모른다.

게다가 이 모든 것들은—사냥에서부터 도축, 그리고 자원의 이동 및 식량의 공유에 이르기까지—늘 협동적인 과정을 통해 진행되었다. 그런 장면은 유적지 내에서도 포착되는데, 네안데르탈인은 친척을 뒷받침하는 데 그치지 않고 가장 친밀한 공간에서 새로운 관계를 맺는 방법을 모색했음을 알 수 있다.

그 어느 때보다도 더 많은 요소들이 추출되고 이동함에 따라 간단한 일(예: 돌떼기)을 하는 방법이 가능성으로 충만해졌다. 물질들이 섞이고 사물들이 결합되었다. 사회 자체의 다양한 잠재력이 확장되어 연령과 같은 범주보다 많은 정체성이 형성되었다. 더 풍부한 전문적 공예—사냥에서부터 손잡이 부착과 가죽 손질에 이르기까지—기술과 능숙함은 네안데르탈인이 세상에 자리매김하는 새로운 방법이었다. 그들이 그렇게 행동했다는 증거는 구현된 전문지식을 강화하는 주기로서 뼈와 치아에 아로새겨졌다.

    네안데르탈인의 다양한 생활방식은 특별한 환경의 리듬에서 탄생한 춤이었고, 기술복합체와 이동성 패턴을 통해 가시화되었다. 정확한 템포와 안무choreography는 늘 독특한 파드되pas de deux*였으며, 그들 곁에 있는 동물들과 공유되었다. 그리고 시간이 흐르며 지역을 가로지르는 이동의 규모가 커지면서 장소는 더욱 커다란 사회적 의미를 갖게 되었다. '무엇이 어디에서 일어날 것인지'에 대한 선택이 과거 어느 때보다 섬세해지자 내부 공간이 그에 따라 분할되었다. 네안데르탈인은 무의식적으로 삶의 편린들을 축적하여 최초의 거대한 기록 보관소—일시적임에도 불구하고 영구적인 기념비—를 건설했다. 끊임없이 변화하는 광대한 세계 속에서 네안데르탈인은 인류의 역사와 땅에 최초의 불을 밝혔다. 마치 기억의 샘물처럼 그것은 우리로 하여금 인류가 지나온 길을 되돌아보게 한다.

    그들의 삶의 한복판에서는 모닥불이 환하게 타오르고 있었다. 엄청난 중력을 휘두르는 태양처럼 주거지의 뜨거운 심장부 주위에 모든 사람과 사물이 빙 둘러서 있었다. 그로부터 5만 년 후까지도 네안데르탈인의 난로는 여전히 기이한 우주의 속성을 보유하고 있다. 수많은 인공물이 빽빽이 얽혀 있는 고대의 표면 한복판에서 난로터는 마치 고고학적 웜홀wormhole처럼 (우리와 오래전 사라진 거주자들 사이에 가로놓인) 불가능한 시간의 틈새를 연결한다. 연구자들이 난로를 에워싸고 기록하고 발굴하는 동안 네안데르탈인의 존재는 마치 잔

---

* 발레에서 두 사람이 추는 춤. - 옮긴이

광처럼 빈공간에 다시 활력을 불어넣는다. 시간이 붕괴하고, 네안데르탈인은 우리 곁에 다가와 앉는다. 마치 우리의 손가락이 그들의 따뜻한 피부에 닿을 것처럼.

한때 열정적으로 활동했지만 지금은 유리 뒤에 진열된 건조된 뼈로 남은 그들의 몸은 연료 보충이 필요한 엔진도 아니고 날카로운 격지를 무한정 만들어 내는 자동기계도 아니었다. 우리의 일상이 사회적 상호작용에 의해 확장되듯, 네안데르탈 세계의 핵심은 그들의 관계에 있었다. 신체적 근접성physical proximity은 수백만 년 동안 호미닌의 친근함의 매개체로서 촉감과 시선, 외모로 측정되었지만 네안데르탈인은 새로운 척도를 추가했으니, 바로 물질적 실체material substance였다. 그들은 최초의 스토리텔러 중 하나였다. 복합기술은 마음이 만들어 낸 타임머신이다. 그들은 단지 생존하기 위해 사물을 수집하고 분할하고 운반하고 재결합하지 않았다. 또한 일상을 넘어서는 연결과 의미를 표현하는 무궁무진하고 풍요로운 통로인 의사소통의 확대를 보여 주었다.

▲ 프랑스 라폴리 La Folie의 재구성. 이 유적지는 '울타리의 말뚝을 세운 구멍'과 '울타리 안에서 활동한 듯한 흔적'이 남아 있다는 것이 특징이다. 이는 네안데르탈인 거주자들이 내부 공간을 다양한 방법으로 사용했음을 보여 준다.

▼ 쇠닝겐 Schöningen에서 발견된 창 중 하나로, 초기 네안데르탈인이 33만 년 전 호숫가에서 말을 사냥한 흔적이다.

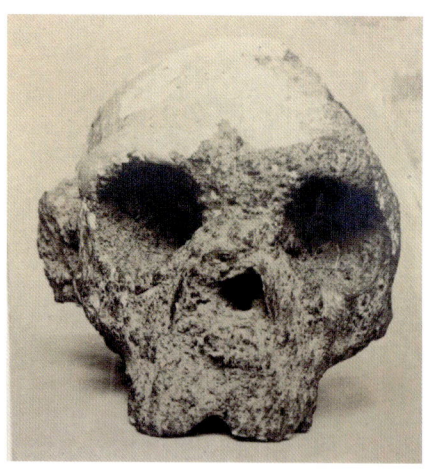

◀ 1864년 조지 버스크George Busk에 의해 발견된 포브스 채석장 여성의 두개골로, 여전히 응결체concretion로 뒤덮여 있다.

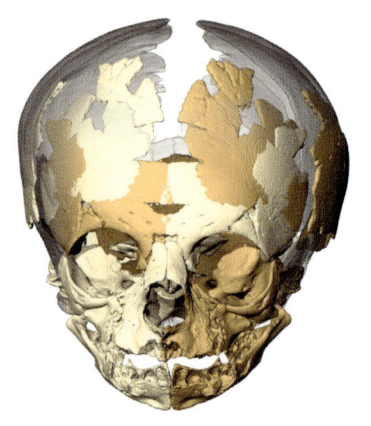

◀ 르무스티에 2와 메즈마이스카야 1 유아에 기반하여 재구성된 네안데르탈인 신생아의 두개골.

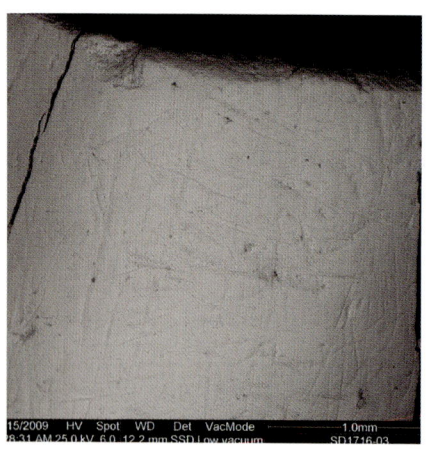

◀ 스페인 엘시드론El Sidrón에서 발견된 소년의 치아로, '부싯돌 날붙이류flint cutlery'를 이용한 음식 섭취에서 비롯된 (이례적으로 조그만) 스크래치가 보인다.

◀ 푸마네Fumane에서 발견된 디스코이드 몸돌(현장 사진).

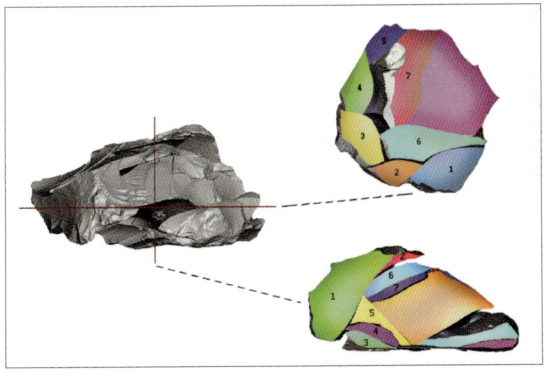

◀ 3D로 재구성된 디스코이드 몸돌로, 누락된 격지가 다른 곳에서 발견되었음을 보여 준다.

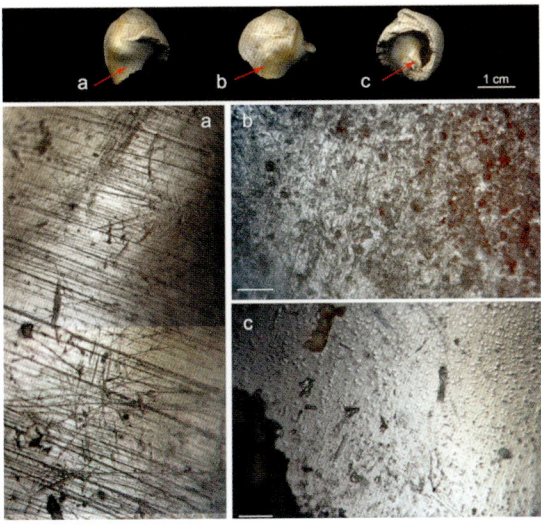

◀ 푸마네에서 발견된 조개껍데기 화석으로, (a) 마모흔, (b) 빨간색 색소, (c) 광택을 보여 준다. 이는 네안데르탈인이 조개껍데기를 다뤘거나 줄로 꿰었음을 시사한다.

▲ 가죽 손질 도구인 리수아lissoir로, 아마도 대형 초식동물에서 선별된 갈비뼈를 이용하여 만든 듯하다.

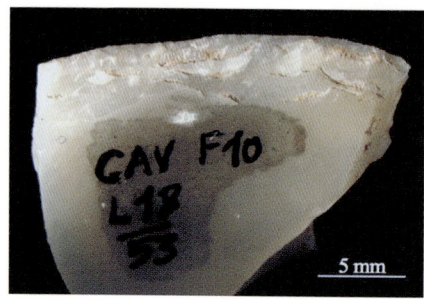

◀ 카발로Cavallo 동굴에서 발견된 조개껍데기를 잔손질해 만든 도구로, 이탈리아와 그리스에서 발견된 다른 것들과 비슷하다.

◀ 아브릭로마니Abric Romani에서 발견된 괄목할 만한 트래버틴 주형travertine cast으로, 목제 도구의 형태를 드러낸다.

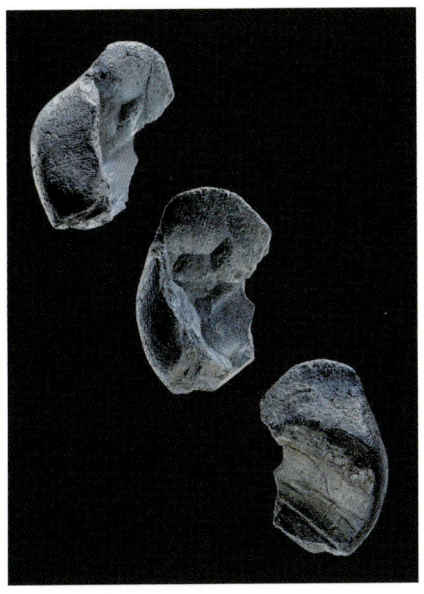

◀ 독일 쾨니히자우에Königsaue에서 발견된 자작나무 타르 조각으로, 목제 도구(맨 아래)와 석기(가운데)가 각인된 것을 볼 수 있으며, 네안데르탈인의 지문(맨 위)이 새겨진 것도 보인다.

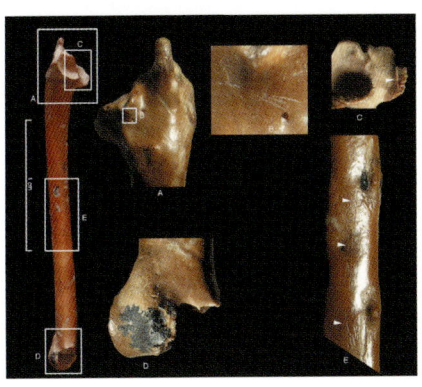

◀ 스페인 코바네그라Cova Negra에서 발견된 대륙검은지빠귀의 날개뼈로, 미세한 절단 흔이 있다. 혹시 어린이의 손가락으로 도축된 게 아닐까?

▼ 프랑스 르로젤Le Rozel에서 발견된 네안데르탈인의 손자국과 발자국으로, 아마도 지금으로부터 8만 년 전 10대 청소년과 어린이들이 사구에서 놀다 남긴 것 같다.

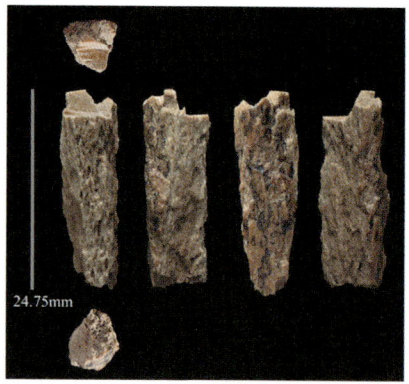

▲ 데니Denny의 뼈. 유전자 분석 결과, 그녀는 네안데르탈인 엄마와 데니소바인 아빠 사이에서 태어난 딸인 것으로 밝혀졌다.

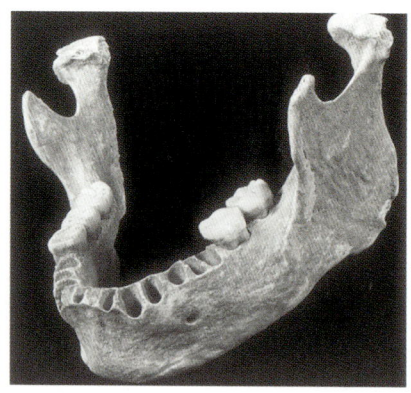

▲ 루마니아 오아세Oase의 턱뼈. 4만 년 전 살았던 인간의 뼈인데, 그의 4~6대조 할아버지 중에 네안데르탈인이 한 명 있었던 것으로 보인다.

◀ 프랑스 레프라델레Les Pradelles에서 발견된 하이에나의 뼈로, 짧은 선이 새겨져 있다. 선의 간격이 일정하다는 것은 집계 체계가 존재했음을 시사한다.

◀▼ 2018년 이라크 쿠르디스탄Kurdistan에서 발견된 샤니다르 Z. 이것은 수십 년 동안 발굴된 최초의 연결된 네안데르탈인 골격이다.

▲ 프랑스 브뤼니켈Bruniquel에서 발견된, 약 17만 4,000년 전 석순을 이용해 만들어진 불가사의한 구축물.

▲ 새뮤얼 줄스 셀레스틴 에드워즈 Samuel Jules Celestine Edwards는 19세기의 의학도 겸 편집자 겸 복음주의 목회자 겸 대중연설가였다.

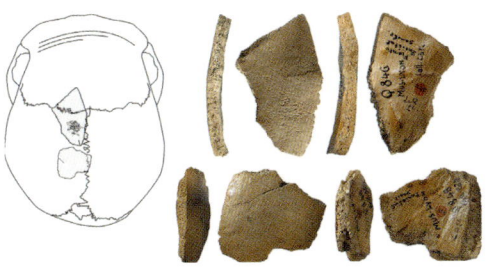

◀ 프랑스 라키나La Quina에서 발견된, 두개골로 만들어진 잔손질용 도구. 이것은 부적절함에도 불구하고 도구로 사용되었다.

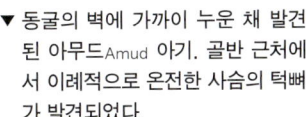

▼ 동굴의 벽에 가까이 누운 채 발견된 아무드Amud 아기. 골반 근처에서 이례적으로 온전한 사슴의 턱뼈가 발견되었다.

▼ 프레데릭 블라슈케Frederick Blaschke가 1929년 미국 필드 박물관Field Museum을 위해 재구성한 네안데르탈인의 삶. 약간 암울한 버전이다.

▲▼ 톰 비에르클룬드Tom Björklund가 재구성한 네안데르탈인의 모습. 21세기에 재구성된 네안데르탈인들은 애정을 표현하고, 심지어 백일몽을 꾸는 모습도 묘사된다.

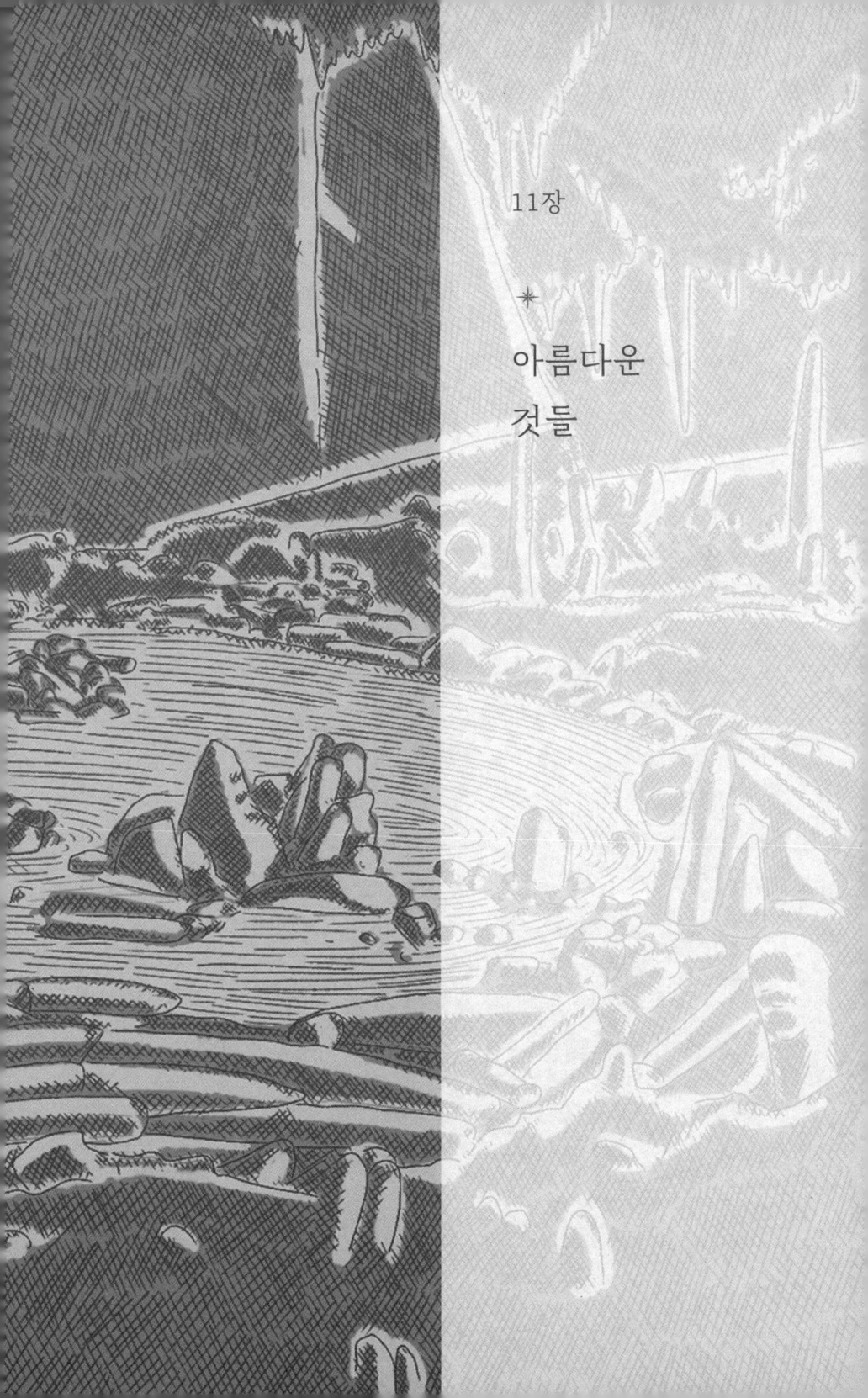

11장

*

아름다운
것들

발자국 소리가 점차 희미해지는 동안 동굴 벽의 모닥불은 지는 태양처럼 사위어 간다. 연기는 오랫동안 남아 있지만 그 입자는 칠흑 같은 어둠 속으로 사라진다. 동면하는 곰들의 고동치는 심장 소리와 함께 여러 번의 겨울이 지나간다. 동굴은 정지되어 있고 곰들의 느린 숨결만이 온기를 제공한다. 두꺼운 털로 뒤덮인 동물들이 누대에 걸쳐 땅바닥을 접시 모양의 둥지로 만드는 동안, 주변에서 조금씩 스며나온 탄산칼슘 용액이 방울방울 떨어져 흐른다. 아주 얇은 퇴적층이 물결처럼 일렁이다 응고되고, 수만 년 동안 새하얀 석순들이 조금씩 자라난다. 때로는 곰들이 일찍 깨어나 어둠 속에서 혼란에 빠져 깊은 방 속을 헤맨다. 단단하고 차가운 뼈가 주둥이에 닿자 탐색하던 곰들은 그것을 낚아채 기다란 벽에 내팽개친다. 많은 곰들은 여러 차례 머리를 들어 물, 점토, 동굴의 냄새를 맡는다. 아주 오래전 어느 날, 몇 마리의 곰들이 새카맣게 탄 뼛조각과 마주쳤다. 그러나 어둠 속에서 눈이 휘둥그래진 그들은 눈앞에 있는 이상한 구조물을 발견하지 못했다.

더 많은 세월이 흐른 후, 하나의 낙석이 굉음을 일으키며 동굴의 입구를 가로막는다. 한 줄기 빛도 들지 않는 자욱한 먼지 속에서 웅덩이에 파문이 일지만 신중히 구축된 석순의 동그라미는 끄떡도 하지 않는다. 그저 끈질기게 기다린다.

세상에서 가장 이상한 네안데르탈인 유적지를 찾으려면 프랑스 남서부의 (페리고르보다 인적이 드문) 아베롱Aveyron 계곡으로 가야 한다. 강물은 수 킬로미터를 굽이치며 깊은 협곡으로 들어가 비밀을 감추고 있는 브뤼니켈Bruniquel 마을 근처의 언덕을 지난다. 동굴 깊숙한 곳에는 뭔가 경이로운 것, 심지어 네안데르탈인에게도 완전히 기이하고 오래된 것이 도사리고 있다. 1990년 거대한 낙반roof-fall*을 뚫고 동굴에 진입했을 때 탐사자들은 300미터가 넘는 내부에 뭐가 있을지 전혀 짐작하지 못했다. 넓은 지하실 바닥에 석순이 쫙 깔려 있었는데 처음에는 무작위적인 것처럼 보였지만 자세히 들여다보니 두 개의 원을 그리고 있었다. 1차 탄소 연대측정 결과 47ka가 넘는 것으로 추정되었으며, 2013년 새로운 프로젝트가 시작될 때까지 '흥미로운 변칙'으로 남아 있었다. 마침내 일련의 우라늄 계열 연대측정uranium-series dating method*에서 진면모가 드러났는데, 그 지하 구조물은 자그마치 17만 4,000년 전에 만들어진 것이었다. 그리하여 브뤼니켈은 순식간에 가장 중요한 네안데르탈인 유적지 중 하나로 부상했다.

꼼꼼한 연구를 통해 모든 수준의 복잡성이 밝혀졌다. 동굴 안에는 총 400여 개의 부러진 석순이 있었고, 네안데르탈인은 그중에서

---

* 갱도·막장 등에서 천장의 암반 부분인 천반天盤의 암석이 떨어진 것. – 옮긴이
* 유석과 석순에 포함된 우라늄 동위원소의 붕괴를 측정하는 방사선 측정법.

굵고 곧은 가운데 부분을 골랐는데, 아마도 특정 크기를 염두에 둔 것 같았다. 그들은 '동굴 안의 사실들speleofacts'을 의도적으로 배열하여 지하실 바닥에 두 개의 동그라미를 만들었다. 둘 중 큰 동그라미는 장지름 6미터, 단지름 4미터의 타원형으로, 동그라미 안에 두 개의 작은 더미가 놓여 있었고, 동그라미 밖(양쪽 끝)에 또 다른 두 개의 더미가 놓여 있었다. 작은 동그라미는 정원正圓에 더욱 가까웠고 한쪽 측면에 자리 잡고 있었다.

부러진 석순 더미는 고전적인 폐허를 연상시키지만 자세히 살펴보면 무작위로 뒤섞인 게 아니라 구축된 구조물임을 알 수 있다. 각각의 동그라미는 최대 4개의 층으로 이루어져 있는데, 어떤 부분에는 석순 토막들이 수직으로 세워져 있고, 한 부분에는 다섯 개의 기다란 석순들이 나란히 서 있다. 이러한 복잡함은 단순한 지탱을 넘어 가히 건축물 수준이다. 다섯 명의 '파수꾼' 뒤에는 두 가지 자세를 동시에 취하고 있는 창조물이 버티고 있는데, 그것은 하나의 원통 위에서 균형을 잡고 있는 평판flat plate으로, 그 자체가 다른 석순 토막을 떠받치고 있다.

이것만으로도 이미 독특함을 넘어 보는 이로 하여금 입을 떡 벌어지게 한다. 그러나 이곳에서는 다른 일들도 진행되고 있었다. 동그라미의 외곽선과 조그만 더미 안에서 여러 개의 불탄 자국이 발견되었다. 사실 모든 석순 토막의 약 4분의 1에 불에 노출된 흔적이 있으며, 어떤 경우에는 구조물의 맨 꼭대기에 불을 붙인 듯한 정황이 엿보인다. 연소된 뼛조각들도 눈에 띄는데, 그중에서 가장 큰 것—석순 더미 중 하나 속에 있다—은 것은 곰의 뼈인 듯하다.

석순으로 만든 구조물과 (뼛조각을 까맣게 만든) 연소는 178.6~174.4ka에 일어났으며 이용 가능한 연대측정 결과들은 기본적으로 동일하다. 가능한 어떤 자연적 과정도 그 동그라미를 설명할 수 없다. 겨울잠을 자던 곰들이 간혹 어둠 속에서 좌충우돌하면서 석순을 손상시켰을 수 있지만 석순 토막으로 이루어진 동그라미들의 직경은 어떤 곰의 둥지보다도 훨씬 더 클 뿐만 아니라, 곰의 행동으로 이 구조물을 설명하는 것은 불가능하다.

브뤼니켈의 미스터리는 생각하면 할수록 더욱 깊어질 뿐이다. 그곳은 다른 동굴이나 암굴과 달리 머물기에 적합한 장소가 아니다. 산비탈 속 깊은 곳에 자리 잡고 있어 어둠을 밝히기 위해서는 지속적인 조명이 필요했을 것이기 때문이다. 그러려면 연료를 채집하기 위해 엄청난 노력이 필요했을 뿐 아니라 연료를 충분히 확보했더라도 장작불 연기로 질식을 피할 수 없었을 것이다. 더욱이 만약 그 구조물이 주거용이었다면 동그라미의 맨 꼭대기에 불을 붙이는 것은 실익이 별로 없는 행동이었다. 유석이 구조물 사이의 바닥을 대부분 뒤덮고 있지만 석질이나 도축 폐기물은 전혀 찾아볼 수 없다.

그리고 동그라미 모양의 구조물을 세운 것은 전혀 즉흥적인 행동이 아니었을 것이다. 배열된 석순의 총 무게는 2톤이 넘고, 설사 여러 명이 가담했다 치더라도 최소한 6~7시간 동안 쉬지 않고 작업해야 했을 테니 말이다.* 네안데르탈인들이 지하 깊은 곳에서 여러 시간—어쩌면 며칠—동안 무거운 암석을 깨고, 옮기고, 쌓고, 균형을

---

* 400개에 달하는 석순을 찾아서 변형하고 운반하는 데 평균 1분씩 걸렸다고 가정하면 총 400분(6~7시간)시간이 걸렸다는 계산이 나온다.

잡고, 불태운 이유가 뭐였을까?

  이 장소의 '완전한 기이함'을 가장 잘 보여 주는 것은 레이저를 이용하여 머리 위에서 촬영한 영상이다. 수집된 석순 등걸들은 유석의 바닥에서 아늑한 숲처럼 솟아올라 있으며, 동그라미들은 어떤 목적이 있었음을 암시한다. 그러나 정확한 목적이 뭐였을까? 가장 먼 방은 동굴에서 가장 넓은 공간이지만 비밀스럽다. 안으로 들어갈수록 굽이치며 좁아지는 복도가 100미터 이상 지속되니 말이다.*

  불탄 구역은 또 하나의 미스터리다. 누군가가 조명을 제공하려고 그랬던 것 같지만, 일부 석순들이 입은 강렬한 열 손상(균열)은 엄청난 고열이 수반되었음을 암시한다. 그리고 뼈는 연료였을까, 식량이었을까, 아니면 뭔가 다른 것이었을까? 가장 흥미로운 것은 자기 분석magnetic analysis ─오래된 가열의 증거를 탐지할 수 있다─에서 두 가지 단서가 발견되었다는 것이다. 하나는 유석 바닥 밑에 다른 난로들이 있었을지 모른다는 것이고, 다른 하나는 불에 탄 구역 중 일부에 이중 중심dual core이 존재한다는 것이다. 이중 중심이 존재한다는 것은 난로가 재점화되었음을 의미하며, 이는 네안데르탈인이 그곳을 재차 방문했음을 강력히 시사한다.

  섬뜩한 브뤼니켈의 원형 지하실이 갖는 의미는 자못 크다. 네안데르탈인이 만든 것으로 알려진 유일한 기념비적 구조물이기 때문이다. 그러나 좀 더 생각해 보면, 그와 관련된 모든 것은 네안데르탈인의 삶에서 많은 부분의 핵심을 이루는 세분화fragmentation 및 축적

---

*   동굴의 끝은 아직 탐사되지 않은 채 남아 있다. 그러나 낙석 이후에 동면하는 동굴곰들이 사용했던 또 하나의 입구가 있었음에 틀림없다.

accumulation의 과정을 반영한다. 지구의 몸속 깊은 곳에 있는 장식된 유석과 울퉁불퉁하고 새하얀 돌출물 더미는 동물의 살flesh과 장gut과 뼈처럼 보였을 것이다. 어쩌면 그들은 돌의 시신을 해체하여 새롭게 재구성했는지도 모른다.

몸속의 마음

브뤼니켈은 네안데르탈인의 행동에 대한 엄격한 '생존 일변도의 설명'을 비웃는 듯하다. 장담하건대 그것은 생각뿐만 아니라 감정과 마음에 의해 만들어진 것이다. 사실 아무리 논리적인 설명을 들이대려 애쓰더라도 인간이 행하는 거의 모든 것의 밑바탕에는 감정이 도사리고 있다. 또한 모든 인류 문화에는 초월에 대한 욕망이 내재한다. 동굴벽화를 그리든, 대성당을 건립하든, 수천 년 된 성가聖歌를 부르든, 산봉우리를 오르든, 초월에 대한 욕망은 동서고금을 막론하고 모든 인류에게 공통적으로 나타난다. 네안데르탈인도 그와 비슷한 충동으로 어둠 속에서 원형 지하실을 건설하게 된 것은 아닐까?

물론 5만 년이나 10여만 년 전의 마음에 대해 골똘히 생각한다 한들 허점투성이다. 그도 그럴 것이 현생인류에게조차 의식consciousness의 기적을 해명한다는 것은 마치 허공의 신기루를 잡으려고 손을 뻗는 것이나 마찬가지이기 때문이다. 우리 자신의 뉴런과 감각계가 얽히고설켜 지각과 감정을 형성한 메커니즘을 알아낼 때까지, 네안데르탈인의 그것에 대해 생각하는 것은 능력 밖의 일이다. 하지만 그렇다고 해서 정보에 입각한 추론까지 불가능한 것은 아니다.

우리의 동료 유인원들과 마찬가지로 네안데르탈인은 감정에 기반하여 존재했을 것이다. 지금껏 지구상에 살았던 모든 네안데르탈인은 공포, 쾌락, 고통, 흥분, 욕망으로 가득 차 있었고, 심장이 고동쳤고 장이 꿈틀거렸으며 사타구니가 팽팽했다. 그러나 우리를 더욱 감질나게 하는 것은 일부 유인원들은 더욱 복잡한 감정의 그림자를 표출한다는 것이다. 특히 침팬지의 경우, 폭우나 폭포 같은 자연현상에 폭발적으로 반응하는 모습이 관찰되기도 한다. 네안데르탈인에게 영성spirituality을 귀속시킨다는 것은 고고학적 증거를 훨씬 벗어나는 일이지만, 그들 역시 삶의 온갖 감각적 경이로움에 직면했을 것이다. 연어 뱃살 같은 황혼에서 나오는 빛이 망막을 적시거나, 높이 1,600미터의 빙하의 굉음이 귀를 가득 채웠을 때 네안데르탈인의 뇌는 그런 것들을 경외와 비슷한 뭔가로 해석했을 것이다.

내면에서 경이로움을 느끼는 것도 대단하지만 경외감을 고취하거나 초월한 경험을 공유하는 것은 훨씬 더 강력하다. 형이상학적 삶이 모습을 드러내려면 언어가 필수적이다. 감정과 의미가 언어를 통해 구체화되기 때문이다. 물론 네안데르탈인이 모종의 언어를 보유했는지는 그들을 둘러싸고 가장 오랫동안 제기된 의문 중 하나다. 최신 뇌과학이 우리에게 무엇을 말해 주는가? 사람속genus Homo 전체와 비교할 때 네안데르탈인의 뇌는 우리와 마찬가지로 거대하다. 모양은 덜 둥글지만 두개골의 평균 용량은 약간 더 크다. 이는 상이한 뇌 영역들을 연결하는 배관인 뉴런이 더 많다는 것을 의미한다. 뉴런의 양은 두개골의 용량보다 더 중요한 문제다.

그러나 뉴런의 양보다 더 중요한 것은 조직화organization다. 네안데르탈인의 평평한 이마는 전두피질 영역frontal cortex area의 공간을 줄였는데, 이 영역은 기억이나 언어 같은 복잡한 사고 과정thought process과 밀접하게 관련되어 있다. 또한 그들은 작은 소뇌cerebellum를 보유했는데, 소뇌는 집중력, 의사소통, 언어를 관장하는 또 하나의 영역이다. 현생인류의 경우 소뇌가 작은 것은 '서투른 솜씨'를 의미하는데, 네안데르탈인의 경우에는 다른 언어 관련 영역과의 연결성도 낮았다. 그러나 3장에서 다룬 '시각계 확장으로 인한 인지기능의 상쇄'를 둘러싼 논란과 마찬가지로, 뇌의 크기를 숙련도와 정말로 동일시할 수 있는지나 네안데르탈인의 회색질grey matter이 다른 방식으로 보상받았는지 여부를 판단하기는 어렵다. 주목할 만한 것은 우리의 뇌가 초기 호모 사피엔스 이후로 약간 위축되었음에도 불구하고, 그로 인한 인지능력의 감소 징후가 전혀 없다는 것이다.

신체와 고고학 데이터를 더하면 약간의 언어적 의사소통을 지지하는 근거가 누적되기 시작한다. 이를 둘러싸고 한때 갑론을박이 벌어졌지만 최근에는 네안데르탈인의 성대vocal cord가 우리와 매우 비슷한 범위의 음성을 만들 수 있었다는 데 의견이 모이고 있다. '아ah' 등의 모음에 약간의 미묘한 차이가 있었지만 그들의 호흡 제어가 유의미하게 서투르지 않았기 때문에 긴 음성 조합을 발음할 수 있었을 것으로 추정된다. 더욱이 그들의 내이inner ear 모양은 우리와 약간 달랐지만 성대가 만들어 내는 소리의 주파수에 맞춰 우리와 매우 유사하게 튜닝되어 있었다. 만약 이러한 인체 해부학을 '언어에 특화된 것'으로 간주한다면 네안데르탈인은 우리와 별반 다르지 않았을 것이다. 뇌의 경우도 마찬가지다. 지금 당신의 뇌를 기능적 MRI(fMRI)로 들여다본다면 브로카 영역이 이 페이지의 단어들을 이해하느라 바쁜 것으로 나타날 것이다. 네안데르탈인도 이 영역이 매우 발달되어 있었기 때문에 숙련된 일꾼이 르발루아 몸돌을 깰 때나 심지어 어린이들이 연장자들의 도축 장면을 관찰할 때도 관련된 뉴런들이 활발히 작동했을 것이다.

언어에 대한 보충적 증거는 네안데르탈인의 손잡이 비율rate of handedness이 우리와 비슷하다는 사실에서 나온다. 치아의 미세한 스크래치와 몸돌의 떼기 패턴을 살펴보면 대부분이 오른손잡이였음을 알 수 있는데, 이는 그들의 한쪽 뇌에 비대칭으로 반영되어 있다. 그러나 유전학적으로 좀 더 깊이 파고들면 문제가 점점 골치 아파진다. FOXP2라는 유전자가 그 좋은 예다. 인간은 다른 동물—침팬지가 됐든 오리너구리가 됐든—과 비교할 때 2개의 아미노산이 다른 변이 유전자mutant gene를 보유하고 있다. FOXP2는 현생인류의 인지 및 언어 능력과 분명히 관련이 있지만 그게 '언어 유전자'는 아니며, 그런 유전자는 존재하지 않는다. 그보다는 차라리 뇌와 중추신경계 발달의 많은 측면에 영향을 미친다. 네안데르탈인도 우리와 동일한 FOXP2 유전자를 보유했다는 사실이 밝혀졌을 때, 그것은 '그들이 말할 수 있었다'는 강력한 증거로 받아들여졌다. 그러나 우리가 그들과 갈라선 후에 미세한 하나의 단백질에 일어난 미묘한 변화가 발견되었는데, 그로 인한 정확한 해부학적 영향은 아직 밝혀지지 않았다. 그러나 실험 연구에서, 그것이 FOXP2의 작동 방식을 변화시키는 것으로 나타났다. 이처럼 한줄기 햇살 같은 발견은 흥미롭지만 어떤 유전자를 추가하거나 제거함으로써 네안데르탈인을 달변가나 벙어리로 만들 수 있는 '유전적 레시피'를 완성하려면 갈 길이 까마득히 멀다.

모든 점을 종합적으로 고려할 때 네안데르탈인은 모종의 언어를 구사했을 가능성이 매우 높다. 그러나 어떤 형태의 언어였을까? 수많은 동물이 사물에 주의를 환기할 수 있으며, 일부 영장류의 발성에는 심지어 상황적합적 정보contextual information—포식자의 종류와 위치—가 포함되어 있다. 그러나 더욱 섬세한 의사소통—이미 일어난 일과 아직 일어나지 않은 일을 기술하는 것—은 질서와 시간에 대한 이해를 필요로 한다. 장담하건대 네안데르탈인이 '누가 언제 어디로 간다'라는 관점에서 조직화되었다는 고고학적 증거는 충분하므로 그들 상호간에 협동을 위한 어느 정도의 논의가 가능했을 거라는 데 이의를 제기할 사람은 없을 것이다.

그런데 그들이 스토리텔링을 할 수 있었을까? 우리는 과거와 미래, 심지어 마술 같은 창조물까지 엮어 스토리를 빚어낸다. 이 모든 개념은 복합도구—수많은 장소와 서로 다른 시간이 결합된 것에 질서를 부여하여 만든 객체—에 고스란히 드러난다. 이러한 것들을 만들고 사용하는 데 있어서 네안데르탈인의 상상력은 '여기here와 지금now'을 넘어섰으며, 자작나무 타르의 경우에는 심지어 '초자연적인 물질'을 포함했다.

주제가 뭐든 간에 스토리텔링의 결정적인 요건은 '연결connection에 대한 욕망'이다. 유리처럼 맑고 잔잔한 웅덩이 위에 서서 네안데르탈인이—돌고래, 코끼리, 유인원들과 마찬가지로—물에 비친 자신의 모습을 인식했으리라는 데 의심의 여지가 없다. 이러한 능력은 타자의 관점에 대한 공감 및 이해와 결합하여 의미를 공유하는 시스템을 형성한다. 언어란 효율적으로 이해되는 공통적인 음성 상징을 의미하며, 심지어 동물원의 유인원들도 그래픽 상징을 이용하여 간단한 생각—이를테면 '나에게 공을 달라 give me a ball'—을 표현하는 방법을 배울 수 있다. 그러나 유인원들은 그 기술을 이용하여 인간의 일상적인 의사소통을 규정하는 격의 없는 대화를 하지는 않는다. 네안데르탈인은 우리와 비슷한 상징을 사용했을 가능성이 매우 높으며, 그러한 상징체계에는 동물의 발자취(이것은 본질적으로 모든 종에 대한 그래픽 상징이다)를 쫓는 것 외에 최소한 바디 랭귀지가 포함되었을 것이다. 그들은 웃고, 아마도 농담을 주고받았을 것이며, 일종의 기억된 연대기를 보유하고 있었을 것이다. 그리고 브뤼니켈의 동그라미로 돌아가 우리는 더욱 심오한 의미를 풍기는 창작물에 직면하게 된다.

묘한 우연의 일치는 브뤼니켈에서 강굽이를 돌아가면 몬타스트루크 Montastruc 라는 암굴이 있다는 것이다. 1864년 팔코너가 라마들렌의 매머드 암각화를 발견한 지 2년 후, 몬타스트루크에서 깜짝 놀랄 만한 후기 구석기시대 미술품이 발견되었다. 그것은 두 마리의 순록이 묘사된 암각화로, 헤엄을 치는 장면처럼 보였다. 10장에서 그런 창작물이 일부 네안데르탈인의 삶에서 핵심이었음을 지적한 바 있다. 그들은 순록이 강을 건너는 장면도 봤을 것임이 틀림없지만 몬타스트루크의 암각화가 발견된 지 150년 남짓 지났음에도 불구하고 다른 어떤 유적지에서도 그에 비견되는 인공물은 발견되지 않았다.

다른 한편으로, 지난 30년 동안 네안데르탈인의 삶에서 상징적 측면에 대한 고고학적 증거는 브뤼니켈을 넘어 폭발적으로 증가했다.

모든 인류문화가 그렇듯 네안데르탈인의 일상적 경험은 연상association으로 가득 차 있었을 것이다. 예컨대 '히힝' 소리는 말을 연상시켰을 것이고, 연기 냄새는 불을 의미했을 것이다. 그러나 보다 추상적이고 상징적인 의미, 이를테면 '빨간색은 피'라는 연상도 존재했을까? 영장류의 시각계는 광택뿐만 아니라 생생한 색깔—특히 빨간색—에 이끌리도록 진화했다. 고고학자들도 선명하고 반짝이는 사물에 시선을 빼앗기는데, 그런 '인식 낚아채기'는 귀중한 유물을 망각으로부터 보호할 수 있다. 네안데르탈인도 선명하고 반짝이는 것에 대한 원초적 욕망을 지니고 있었을까? 그런 특징을 가지고 있지만 명백한 실용적 기능이 없는 유물이 발견되었을 때, 우리는 본능적으로 미적 동기를 가정하지 않을 수 없다.

가장 단순한 사례는 자연 수집물manuport로—라틴어로 '손'이라는 뜻을 가진 마누스manus와 '운반하다'라는 뜻을 가진 포타레portare의 합성어에서 유래한다—뼈나 석질보다 드물지만 네안데르탈 세계에서 널리 발견된다. 대표적 사례는 프랑스 남동부의 아브리데페샤르Abri des Pêcheurs에서 발견된 석영 결정과 페슈들라제 I에서 발견된 조개화석이다. 반짝이는 수정은 시선을 끌고 조개화석은 뜻밖에도 동물 모양을 닮았으므로, 우리는 그것들이 네안데르탈인의 호기심을 자극했다고 가정할 수밖에 없다. 그들은 특이한 촉감의 물건도 집어들었는데, 이탈리아의 몇몇 유적지에서 발견된 부석pumice이 바로 그것이다. 그리고 이런 호기심은 때때로 장거리 이동을 수반하기도 해서, 페슈들라제 I의 화석은 적어도 30킬로미터를 이동한 것으로 보인다. '멀리 운반되는 것은 소중히 여겨지는 물건일 가능성이 높다'는 점을 감안할 때 그 화석이 선택된 데는 그만한 이유가 있었을 것이다.

그러나 그런 물건들에 상징적인 의미가 있었을까? 바우어새는 본능적으로 '천연 장식품'을 수집하여 전시하는데,* 암컷의 시선을 끄는 것—수공작의 꽁지와 같은 개념이라고 보면 된다—이 목적으로 호기심 충족과는 차원이 다르다. 그러나 의미에 대한 우리의 기준을 네안데르탈인에게 그대로 적용할 수는 없다. 프랑스 남서부 아브리데메르베유Abri des Merveilles에서 발견된 수정 석질은—우리가 보기에—유의미한 대상인 것 같지만 네안데르탈인은 그것을 여느 암석들과 마찬가지로 채굴하고 깨뜨렸다.

뭔가 심오한 것을 추론하는 데 필요한 것은 특별한 처리나 반복적인 연상 및 행동패턴이다. 카르파티아 산맥 남쪽에 있는 치오아레이-보로슈테니Cioarei-Boroşteni는 그런 맥락에 맞는 뭔가를 갖고 있다. 고고학자들은 지난 20년간의 발굴에서 단단한 공 모양의 물체를 발견했는데, 손 안에 들어갈 만한 크기이지만 매우 치밀하다. 엑스선 촬영 결과에 의하면 정동석geode에서 얻은 광물질로, 아마도 오팔opal인 듯하다. 네안데르탈인이 그것을 어디에서 구했는지는 알 수 없지만 지역의 강물이 (정동석이 발견될 수 있는) 화산지대를 가로지른다는 점을 감안할 때 인근에서 얻은 것으로 보인다. 그러나 매우 무겁기

---

* 리처드 프럼,《아름다움의 진화》, (동아시아, 2019) 참조. - 옮긴이

때문에 먼 상류에서 굴러 내려왔을 가능성은 낮다.

이미 흥미로운 물체였지만 딱딱한 탄산염 표면을 제거하자 미세한 색깔의 얼룩들이 나타났다. 그것을 고배율 현미경으로 관찰해 보니 붉은 황토$_{orche}$* 부스러기가 정체불명의 흑색 물질로 뒤덮여 있었다. 치오아레이-보로슈테니에서 발견된 정동석은 이례적이지만 색소 사용은 그렇지 않다. 바로 위의 퇴적층에서 발굴된 석순과 방해석 표면의 오목한 부분 중 여덟 군데에서 적색과 흑색 잔류물이 발견되었기 때문이다. 그것들은 크기가 매우 작아서—대부분의 직경은 약 6센티미터이다—네안데르탈인이 일부러 그렇게 만든 건지, 아니면 이미 잘린 조각을 사용했을 뿐인지 불분명하지만, 용기$_{container}$와 매우 비슷하게 생겼다. 색소를 사용한 이유는 어디까지나 추측에 불과하지만 치오아레이-보로슈테니 사례의 유의미성은 네안데르탈인이 상당한 기간 동안 특이한 소품에 색깔을 입히는 데 관심을 보였다는 사실을 보여 줬다는 데 있다. 그건 근본적으로 예술의 영역에 속하는 문제다.

색깔

네안데르탈인의 상징성에 대한 증거는 지난 10년 동안 색소 분야에서 붐을 이루었다. 20세기 초반부터 여기저기서 발견된 특이한 사

---

* 여기서 황토란 산화철, 침철석$_{goethite}$, 점토로 구성된 천연 광물성 적색/황색 색소를 말한다. - 옮긴이

례가 주목을 받았지만, 최근 분석 기술의 발달에 힘입어 유럽에서만 70여 개 유적지에서 색소가 발견되었다. 네안데르탈인은 적색과 황색 광물질 외에도 다양한 흑색 물질을 수집하고 사용했다. 그런데 그 이유가 뭐였을까? 색깔은 동물계를 통틀어 사회적 의사소통을 위한 시각 표시의 핵심이지만 우리가 열광하기도 전에 실생활에 응용될 수 있다. 예컨대 광물질은 자외선차단제, 곤충기피제, 모발관리제, 심지어 항균제로 사용될 수 있다. 특히 황토는 가죽 손질이나 손잡이 부착용 접착제로 사용될 수 있으며, 9장에서 언급한 바와 같이 흑색 망간은 불을 붙이는 데 유용하다.

색소 사용에 대한 증거는 차고 넘친다. 많은 결절nodule들에는 마모흔이 있는데, 그것은 때로 부드러운 물건에 대고 문질렀거나 색깔이 풍부한 분말을 만들기 위해 긁어냈기 때문이었다. 놀랍게도 네안데르탈인은 250~200ka에 이미 '액상 적색 황토'를 만든 것으로 알려져 있다. 네덜란드 마스트리히트-벨베데레Maastricht-Belvédère의 야외 유적지에서 채취한 '붉게 얼룩진 퇴적물'을 정밀분석하니 액상 황토의 얼룩인 것으로 밝혀졌다. 가장 가까운 채굴지는 40~80킬로미터 떨어진 곳에 있었지만 그게 덩어리째로 운반되었는지 아니면 분쇄된 후 운반되었는지는 알 수 없다. 분말은 아마도 현장에서 용기나 입 안에서 물과 혼합된 것으로 보인다.

중앙아프리카에는 좀 더 오래된 황토 채석장이 존재하는데 아마도 초기 호모 사피엔스가 운영했던 것으로 보이지만, 최초의 색소 사용 사례로 인정받은 곳은 마스트리히트-벨베데레다. 시간이 경과함에 따라 네안데르탈인의 고고학 기록에 색소가 훨씬 더 흔히 나타난다. 그중에서 가장 인상적인 것은 페슈들라제 I의 60ka에 해당하는 지층으로, 약 500조각의 흑색 망간이 발견되었는데 그중 절반은 다양한 마모흔을 갖고 있다. 그리고 바로 옆의 페슈들라제 IV에서는 전반적으로 훨씬 더 적은 수의 조각들이 발견되었는데, 그것들이 총 9개 지층에 걸쳐 있다는 것은 네안데르탈인의 행동에 연속성이 있었음을 의미한다.

콤브그레날도 장기적인 색소 사용의 두드러진 사례로, 총 16개 지층에 걸쳐 약 70점의 덩어리가 발견되었다. 그러나 여기서는 색깔과 용도가 다양한데 이는 상이한 기술복합체와 관련된 것으로 보인다. 키나 층에서는 대체로 회흑색 광물이 발견되었는데 마모흔에 기반하여 추정한 용도는 긁기scraping에서부터 분쇄grinding에 이르기까지 다양하며, 심지어 한 덩어리는 잔손질용 도구로 사용된 것으로 보인다. 키나 이후에는 광물질 사용이 뜸해졌지만 마모되지 않은 붉은 조각들이 등장한다. 다음으로 디스코이드 집합물 시대에는 적색, 갈색, 황색이 더 많이 나타나지만 화학적 조성이 다른 것으로 보아 다른 채굴지에서 반입된 듯하다.

프랑스 남서부의 일부 유적지에서 네안데르탈인이 품질에 집중했다는 사실을 다시 한번 확인할 수 있다. 그들은 가장 풍부한 망간 광물을 찾아내기 위해 광범위한 지역을 체계적으로 탐사했거나 개별적인 채굴지에서 최고의 광물을 선택했음에 틀림없다.

벨기에의 스클라디나Scladina에서 행해진 연구에서, 일부 유적지에서 색깔이 핵심 요인이었다는 흥미로운 결과가 나왔다. 45ka 이후 그곳의 네안데르탈인은 40킬로미터 이상 떨어진 곳—다른 강 유역의 고원 위에 자리 잡고 있다—에서 50점 이상의 납작한 암회색 실트암siltstone을 가져왔다. 사용한 흔적은 전혀 없지만* 흑연이 풍부한 이 돌은 부싯돌로서의 가치가 없으며, 너무 부드러워서 나뭇잎을 문지르면 까만색 흔적이 선명하게 남는다.

    네안데르탈인 특유의 까다로움과 체계적으로 색소를 수집하려던 경향을 감안할 때 그들이 돌을 어디에 사용했든 필시 무슨 의도가 있었을 것으로 사료된다. 가장 흥미로운 것은 일부 유적지에서 색소와 조개껍데기 간의 연관성이 감지된다는 것이다. 쿠에바데로스아비오네스Cueva de los Aviones는 스페인 남부 카르타헤나Cartagena 항구의 18세기 요새 아래에 자리 잡고 있다. 오래된 동굴 입구 옆에 남은 퇴적물에는 수백 개의 조개껍데기가 포함되어 있는데, 아마도 식량으로 사용하기 위해 수집된 것 같지만 2개의 밤색 무늬 조개에 달라붙은 퇴적물 밑에서 적색 황토가 발견되었다. 조개껍데기 끄트머리 주변에 뚫린 조그만 구멍이 인위적인지 여부에 대해서는 논란이 있지만‡ 사실 여부와 관계없이 이례적인 현상은 아니다. 말 뼈 하나와 3개의 다른 조개껍데기—가시굴thorny oyster—에서도 색소가 발견되었는데, 이는 놀랍게도 네안데르탈인이 색깔을 혼합했음을 시사한다. 정밀분석 결과, 색소 혼합물의 레시피에는 적철광haematite, 침철석, 블랙카본(아마도 숯이나 불탄 뼈), 석회석, 반짝이는 황철석pyrite이 포함되어 있었다.

---

*   아마도 돌의 유의미성을 깨닫기 전에 발굴자들이 깨끗이 세척했기 때문인 것으로 보인다.

‡   다른 조개껍데기에서 발견된 '자연적으로 뚫린 구멍'은 약간 다르게 보인다.

쿠에바데로스아비오네스의 발견은 '네안데르탈인의 화장품과 장신구'에 대한 추측성 헤드라인을 자극했지만, 설사 사실이 아닐지라도 굉장히 중요한 발견이다. 조개껍데기들은 작은 크기에도 불구하고 용기로 사용되었을 가능성이 있지만, 거기에 묻어 있는 색소 혼합물은 뭔가 다른 데 사용하려던 것이었음에 틀림없다. 그곳의 네안데르탈인은 여러 가지 물질들을 혼합하여 다양한 시각 효과를 창조하는 실험을 하고 있었다. 더욱이 그들은 그 성분들을 다양한 암석 노두에서 입수했는데, 그중에서 가장 가까운 곳이 쿠에바데로스아비오네스에서 수 킬로미터 떨어진 곳에 있다.

쿠에바데로스아비오네스의 지층을 뒤덮은 유석에 대한 최근의 연대측정에서 뜻밖에도 115ka라는 결과가 나왔다. 이는 기존의 탄소 연대측정 결과를 훨씬 뛰어넘는다. 만약 후속 연구에서 확인된다면 네안데르탈인의 역사에서 복잡한 색소 사용의 기원이 상당히 앞당겨질 것이다.

네안데르탈인은 다른 곳에서도 분명 음식물 쓰레기가 아닌 조개껍데기에 색소를 칠했다. 푸마네 동굴의 디스코이드층 Level A9에서 발굴된 작은 연체동물 화석을 현미경으로 분석한 결과, 표면의 미세한 구멍에서 순수한 적색 황토가 검출되었지만 안쪽에서는 색소가 전혀 검출되지 않았다. 그 색소는 20킬로미터 떨어진 곳에서 채굴되었는데, 그런 화석을 포함하는 암석층은 가장 가까운 곳이 푸마네에서 100킬로미터 이상 떨어져 있다.

종합하면 조개껍데기 화석과 색소는 특이한 재료를 넘어 독특하고 새로운 의미와 특별함의 아이콘이라고 할 수 있다. 또한 연구자

들은 조개껍데기의 테두리lip에서 마모흔을 발견했는데, 뭔가 부드럽
지만 연마성이 있는 것이 반복적으로 스친 것처럼 보였다. 이는 한때
끈이나 실로 꿰여 있거나 매달려 있었음을 암시한다. 이것은 미적인
인공물의 색깔을 돋보이게 하려던 시도로 풀이된다.

 푸마네 동굴의 사례는 모두 상상력의 산물이지만 고고학적으
로 뒷받침되는 일련의 시나리오를 촉발한다. 46ka경쯤, 한 네안데르
탈인 여성이 석회암에서 돌출된 조개껍데기 화석을 발견하고 그것
을 집어들었다. 그녀는 그 조그만 조각을 휴대하고—모피에 끼워 넣
거나 매달고—표면이 닳아 반들반들해질 때까지 오래 보관했다. 그
녀는 특별한 빨간 부분을 늘 손가락으로 눌러서 피부에 빨간 얼룩이
졌다. 마침내 어느 날, 애지중지하던 장식물이 '으레 있던 곳'에서 떨
어지자, 그녀는 그것을—무의식적인지 의도적인지 알 수 없지만—
산속에 남겨 두었다.

 만약 그 조개껍데기가 초기 호모 사피엔스 유적지에서 발굴되
었다면 그것을 상징행동symbolic behaviour으로 간주하는 데에 논란의
여지가 없었을 것이다. 그것의 용도가 미적이었든 실용적이었든 간
에 그 자체로 귀중한 가치가 있다.

 아마도 네안데르탈인은 색소를 (지금까지 남아 있는 미세한 흔적들
이 암시하는 것보다) 훨씬 더 흔히 사용했을 것이다. 그리고 어쩌면 조
개껍질보다 더 넓은 캔버스 위에 그것을 칠했을지도 모른다. 2018년
에 후기 구석기시대의 벽화로 가득 찬 이베리아 반도 동굴 3군데에
서 새로운 연대측정 결과가 발표되었다. 각각의 샘플은 빨간색(또는
빨간색에 거의 가까운) 색소를 포함하고 있었는데, 연대가 너무 오래돼

서 네안데르탈인이 사용했다고 볼 수밖에 없었다. 말라가Malaga 지방에 있는 아르달레스Ardales 동굴의 경우, 다양한 부분에서 발견된 석순과 유석층이 빨간색으로 물들어 있었다. 때로 어떤 층은 파괴된 지층 내부에 하나의 퇴적층으로 존재하다가 시간이 지나며 서서히 파묻혀 갔다. 새로운 연대측정 결과는 2단계로 요약되었는데, 그중 젊은 층은 최소 36ka에 해당하므로 호모 사피엔스의 작품일 가능성이 높았다. 그러나 오래된 층 중 일부는 적어도 45ka 이전에 해당했으며 하나는 무려 65ka에 해당하는 것으로 나타났다.

그 자체로도 아르달레스는 이미 엄청나게 중요한 유적지이지만 다른 두 곳은 전혀 뜻밖이었다. 칸타브리아Cantabria 지방에 있는 라파시에가La Pasiega 동굴의 경우, 몇 밀리미터 두께의 표면에서 빨간색으로 그려진 직선이 발견되었는데, 족히 60ka의 것으로 추정되었다. 세 번째 유적지는 이베리아 반도 중부에 있는 말트라비에소Maltravieso 동굴로, 물감을 뿌리거나 칠해 만든 손 스텐실hand stencil—수많은 후기 구석기시대의 '치장된 동굴'에서 발견되는 모티프—로 알려져 있다. 사진 현상을 통해 한 고립된 지역의 천장에서 희미한 그림들이 나타났는데, 방해석 샘플의 연대측정을 통해 가장 오래된 것은 54ka 이상인 것으로 추정되었다. 쾨니히자우에의 자작나무 타르*와 르로젤의 모래‡에 우연한 지문이 아로새겨져 있는데 만약 이 그림들이 진짜라면 네안데르탈인의 손에 대한 최초의 의도적인 이미지다. 생각만 해

---

* 7장 참조. - 옮긴이
‡ 10장 참조. - 옮긴이

도 전율이 인다.

　이러한 발견들은 네안데르탈인이 진정한 의미의 예술가였는지에 대한 논쟁을 부추겼다. 액면 그대로 보면 연대기상으로는 이론의 여지가 없다. 이베리아 반도의 동굴벽화들 일부와 그 지역에 호모 사피엔스가 살았던 징후 사이에는 마지막 빙하기와 지금 우리 사이의 간격보다 긴 시간이 흘렀기 때문이다. 그러나 많은 이들이 연대측정 결과를 곧이곧대로 받아들이지 않는다. 왜냐하면 그건 어디까지나 추정치이기 때문이다. 하지만 해당 동굴들에서 채취된 다른 방해석 샘플들의 연대측정 결과는 나름대로 확고하다. 동일한 동굴에서 여러 점의 그림들이 발견되었는데, 각각의 그림은 풍부한 독립적 증거들에 기반하여 후기 구석기시대의 것으로 믿어진다. 라파시에가의 직선은 (다른 이미지들로 둘러싸인) 격자 같은 디자인의 일부인데, 모든 이미지는 12ka보다 젊은 피복층 overlying crust 으로 덮여 있으며, 동굴 전체를 통틀어 22ka보다 오래된 퇴적층은 존재하지 않는다. 말트라비에소의 상황도 라파시에가와 비슷하다.

　동굴은 지구화학적 관점에서 볼 때 매우 까다로우며, 서로 인접한 퇴적층이 극단적으로 상이한 시기에 형성되었는지에 대한 납득할 만한 설명이 없는 상황에서 추정은 오염될 수 있다.*

　이베리아 반도 유적지의 연대측정 결과가 궁극적으로 검증되든 말든, 그것이 네안데르탈인의 미학 aesthetics 에 대해 시사하는 바는 솔

---

*　우라늄에 의한 자연적 오염이 초래하는 연대측정 오류는 다른 방법을 통해 배제될 수 있다. 이상적인 방법은 샘플과 암석의 일부를 함께 채취한 다음 실험실에서 미세하게 분류하는 것이다.

직히 말해서 그다지 혁명적이지 않다. 동굴의 벽에 그려진 직선은 동물의 가죽, 뼈, 나무에 그어진 분할선slicing line과 별로 다르지 않다. 그리고 손 음각은 두말할 것 없이 괄목할 만하지만, 표현이라는 개념을 이미 이해했음직한 호미닌의 입장에서 보면 그다지 대단한 인지적 도약이라고 할 수 없다. 동물의 발자국은 효과적인 상징이며, 심지어 단순한 발자국 추적조차도 마음속에 간직한 이상화된 형태idealized form를 요구한다. 그렇다면 손자국은—동물의 피가 묻었든 숯검정이 묻었든—인간의 흔적이며 일상생활에서 흔히 볼 수 있다. 더욱이 별로 알려지지 않은 프랑스의 유적지들은 다른 곳의 네안데르탈인 또한 벽에 표시를 하고 그림을 그렸다는 독립적인 증거를 제공할지도 모른다.

포브스 채석장에서 두개골이 발견되기 2년 전인 1846년, 프랑스 투르Tours 근처의 랑제Langeais라는 작은 마을 주변에서—아마도 절벽 앞면의 광상을 캐내던 철도공들에 의해—동굴들이 발견되었다. 그 중 하나인 라로슈-코타르La Roche-Cotard는 1913년까지 거의 모두 발굴되었지만, 2008년 이후 재조사를 통해 (동굴 벽에 칠해진) 빨간색 색소 얼룩과 (부드러운 미사투성이 광상에 그어진) 손가락 자국이 발견되었다. 지질학적 연구와 20세기 초의 발굴 기록 검토를 통해 그 동굴의 천장 밑 20~50센티미터까지 물이 찰랑거리다가 39~35ka에 수몰된 것으로 밝혀졌다. 50~44ka 사이의 동물상과 중기 구석기시대의 석질만 발견된 것으로 보아 그 색소와 손가락 자국은 네안데르탈인의 작품임이 분명하다.

확실히 이 유적지가 직접적인 연대측정과 환경이라는 측면에서 볼 때 이상적이라고 할 수는 없지만, 이곳에서 사용된 색소는 다른 곳에서 볼 수 있는 것들과 크게 다르지 않다. 무엇보다 흥미로운 것은 가장 큰 얼룩이 벽에서 튀어나온—마치 암석의 내장을 연상시키는—희한한 물결 모양의 처트 퇴적층에서 발견되었다는 것이다. 그리고 색소와 손가락 자국이 공존한다는 것은 네안데르탈인의 물질적 개입의 또 다른 영역인 무늬 새기기engraved marking와 연결된다.

무늬 새기기

네안데르탈인은 종종 다른 활동의 부산물(이를테면 도축할 때의 절단 흔)로서 다양한 물체에 무늬를 새기고 긁고 창조하는 데 많은 시간을 할애했다. 그러나 점점 '무늬 새기기' 자체가 목적인 경우가 증가했고, 때로는 색소를 포함한 광물에 무늬를 새기기도 했다.

커다란 돌이 반입된 레보사츠의 한 퇴적층에서 80여 개의 작은 다홍색 단괴들이 발견되었는데, 연구자들은 21세기 분석기법—입자가속기 포함—을 이용하여 네안데르탈인이 지역 특유의 철이 풍부한 암석*보다는 루앙Loing강 건너편에서 반입된 광물을 사용했다는 사실을 발견했다.

사용 가능한 광상은 5~40킬로미터 떨어져 있었지만 순도가 높

---

* 크로트 드 페crottes de fer. 문자 그대로 '철 덩어리'로 알려져 있다.

은 응결체concretion*만 선택되었다. 그리고 가장 특이한 것은 다양한 마모흔(두드리기, 긁기, 다듬기의 결과물)이 발견되었지만 어떤 단괴에는 깊은 평행선이 새겨져 있었다는 것이다. 평행선은 스크래치—이 경우에는 분말이 생길 수 있다—와 성질이 다르며, 2~4개씩 한꺼번에 새겨진 특징을 보였다. 모든 색소는 10미터 이내의 거리를 유지하고 있었고, 일부는 석질, 뼛조각, 불탄 물체와 함께 (의도적으로 파낸 듯한) 두 개의 작은 함몰부를 가득 메우고 있었다. 참고로 초기 호모 사피엔스 유적지에서 그와 비슷한 물체가 발견되었을 때는 그래픽 형태로 해석되며, 상징성이 매우 높은 것으로 간주되었다.

이는 네안데르탈인 유적지에서 드문 사례이지만 페슈들라제 I의 망간 단괴 중에서도 한 가지 유사한 사례가 발견되었다. 그러나 금 그은 자국은 다른 물체에서도 많이 발견된다. 피질(일부 석질 인공물의 백악질 외피)에 새겨진 스크래치는 우발적으로 생성될 수 있다. 반면 일부 이탈리아 유적지에서 발견된 물체 표면의 선과 홈집은 몸돌을 깨기 전에 새긴 게 틀림없으며, '흰 분말을 만들기 위해서'라고 밖에는 딱히 설명할 방법이 없다. 사실 콤브그레날에서 발견된 적색과 흑색 색소 중에는 다른 곳에서 반입된 4조각의 백악chalk*이 섞여 있다.

그러나 크림 산맥Crimean Mountains 동쪽의 키크-코바Kiik-Koba에서

---

* 밀집된 광물의 집합체로서 정상적으로는 구형을 띠지만, 일반적으로는 편평한 구형이나 원반형 또는 불규칙한 형태이며, 수성 용액의 증발에 의해서 형성된다. - 옮긴이

* 흰색이고 부드러우며 미립질의 석회질 화석을 주성분으로 하는 석회암으로 단세포 생물의 유체遺體와 미세한 방해석의 결정으로 구성되어 있다. - 옮긴이

발견된 피질의 표면에 새겨진 작은 무늬는 달라 보인다. 현미경 분석 결과 13개의 평행선은 동일한 도구를 이용하여 그어진 것으로 추정되었다. 그러나 그중 3개는 길이가 짧고 독특한 형태를 띤 것으로 보아 (다른 조각가나 다른 도구의 개입으로 인해) 원하는 형태가 달라졌음을 암시한다. 동기가 뭐였든 간에 이것을 미적인 작업—신속하게 진행되었지만 집중력이 돋보인다—이외의 것으로 간주하기는 어렵다.

광물이나 돌보다 흔한 새김의 대상은 동물의 뼈다. 연구자들은 현미경을 이용한 정밀분석을 통해 다양한 사례들 중에서 '도축의 부산물'이나 '자연적 현상'을 걸러 내지만 수많은 다른 사례들은 그렇게 설명되지 않는다. 가장 오래된 것은 독일의 빌칭스레벤Bilzingsleben에서 발견된 코끼리 뼈로, 두 세트의 평행선들이 다른 각도로 새겨져 있다. 그것은 약 350ka에 해당하는데 쇠닝겐보다 그리 오래되지 않았으며 초기 네안데르탈인의 작품일 가능성이 높다. 그러나 향후 15만 년 동안 그런 계통의 소품은 거의 발견되지 않았다. 그와 대조적으로 최근 발견된 3개의 다른 동물 뼈들은 모두 90~45ka에 해당하며 예외 없이 특이한 종들이 개입되어 있다.

세르비아의 페슈투리나Pešturina 동굴에서 발견된 오래된 곰의 목뼈에 새겨진 10개의 부채꼴 모양의 선은 도축 도중에 생겨났을 가능성이 전혀 없다. 그것들은 키크-코바의 피질에 새겨진 선에 매우 가까우며 (한정된 공간 내에 그려 넣으려 애쓴 듯) 뼈의 모서리에 도달하기 전에 끝난다. 다른 두 개의 인공물은 크기는 작지만 상징적 잠재력의 관점에서 볼 때 주목할 만하다.

11장. 아름다운 것들 *421*

하나는 레프라델레에서 발견된 하이에나의 부러진 뼈이고, 다른 하나는 크림 산맥의 자스칼나야 VI Zaskalnaya VI 동굴에서 발견된 까마귀의 날개뼈다. 지리적으로 보나 만들어진 방법으로 보나 관련성이 전혀 없지만 두 개의 인공물은 일정한 간격으로 새겨진, 일련의 미세한 표시라는 특징을 공유하고 있다.

자스칼나야의 까마귀 뼈에 새겨진 7개의 홈 중에서 5개는 깊이 파였고 (5개의 홈 사이에 추가된 것으로 보이는) 2개의 홈은 훨씬 얕게 파였다. 이는 동일한 도구가 사용되었지만 사용법이 달랐음을 시사한다. 만약 2개의 홈이 추가되지 않았다면 5개 홈의 간격이 불균일하게 인식되었을 것이다. 이것은 미학적 문제로 볼 수 있다.

레프라델레의 하이에나 뼈에 새겨진 무늬는 훨씬 더 이례적이다. 네안데르탈인은 길이 5센티미터에 불과한 표면에 9개의 평행선을 새겼는데, 9개의 형태가 거의 똑같다. 그들은 하나의 도구를 이용하여 동일한 방향으로(아마도 차례대로) 9개의 선을 그었는데 마지막 선은 뼈의 좁아지는 너비를 감안하여—마치 아홉 번째 선을 포함하는 것이 전체적인 간격을 유지하는 것보다 더 중요하다고 여긴 듯—약간 안쪽으로 치우쳐 있었다.

그런데 정말로 신기한 것은 그다음이다. 세 번째 선의 기저부 근처에 8개의 미세한 칼자국이 두 쌍(4+4)으로 나뉘어 새겨져 있는데, 각 쌍의 출발점은 동일하다. 칼자국의 길이는 겨우 2~3밀리미터에 불과하지만 모두 규칙적이고 동일한 도구를 이용해 새겨졌으며 장담하건대 자연현상의 결과물은 결코 아니다.

규칙성과 구조라는 관점에서 볼 때 자스칼나야와 레프라델레에서 발견된 무늬는 네안데르탈인이 남긴 작품 중에서 단연 독보적이다. 까마귀 뼈는 패턴을 유지하려는 욕구를 드러내는데, 5개의 홈 사이에 추가된 2개의 홈이 바로 그 증거다. 그러나 레프라델레의 뼈는 네안데르탈인의 기수법notation—상응하는 가치를 지닌 사물 헤아리기—을 뒷받침하는 최초의 강력한 사례일 것이다. 8개의 미세한 칼자국에서는 주요 계열의 의미를 첨가하거나 바꾸려는 의도가 엿보인다.

네안데르탈인 수학자들은 함축성과는 거리가 멀었으며 상당수의 다른 동물들과 마찬가지로 선천적으로 적은 양을 정확히 인식하는 능력을 지니고 있었음에 틀림없다. 이는 헤아리기보다 더욱 즉각적인 이해이며, 더 많은 양의 사물을 다룰 때는 '많음과 적음'을 인식하는 일반적인 이해력에 의해 보완되었을 것이다. 인류의 산술은 이런 능력에서 진화한 것으로 믿어지는데, 그 타당성은 유인원에서 충분히 증명되었으며, 그 과정은 호미닌 계열의 초기에 작은 숫자에서 시작된 것으로 보인다. 우리가 방금 레프라델레와 자스칼나야의 뼈에서 살펴본 내용이 바로 그것이다. 즉, 네안데르탈인의 산술능력numeracy은 '1부터 100까지'와 같은 서수적 이해가 아니라 검수 체계의 기호와 유사한 세트에 기반했을 가능성이 높다.

매혹적인 것은 어린이의 경우 선천적인 숫자 인식이 모든 감각에 걸쳐 존재하며 시각은 물론 청각까지 동원하여 양을 평가할 수 있다는 것이다. 그러므로 레프라델레의 뼈에 새겨진 2차 무늬의 크기가 작은 것은, 촉감을 통해 경험되도록 의도된 것으로 볼 수 있다. 네안데르탈인의 손가락 끝으로 그것들을 더듬었다고 상상하면 우리가 지금까지 논의한 무늬가 새겨진 물체들이 흔히 휴대되었으며 심지어 공유되었다는 설이 설득력을 얻는다. 그러나 여기에는 한 가지 예외가 있다.

지브롤터의 고람 동굴에는 40ka보다 훨씬 전에 13개의 교차하는 직선이 돌바닥의 돌출된 부분에 깊숙이 새겨졌다. 그것들은 격자와 얼추 비슷한 패턴을 형성했으므로 언론에서 '해시태그'라는 별명으로 불렸지만, 무늬를 새기는 데 걸린 시간은 트윗을 작성하는 데 걸린 시간보다 훨씬 더 길었을 것이다. 실험에 따르면 200~300개의 구멍이 필요했으며 특정한 순서로 작업이 진행된 것으로 밝혀졌다. 먼저 2개의 깊은 수평선이 새겨진 다음 5개의 수직선이 새겨졌고, 수평선과 수직선의 방향은 모두 동일했다. 다음으로 2개의 수평선 중 하나가 더 깊이 파였고, 마지막으로 4개의 수직선과 2개의 수평선이 새겨졌다.* 여기서도, 무늬 새기기의 핵심은 세트와 배열이라는 것을 알 수 있다.

색소 사용과 무늬 새기기의 사례가 점점 더 많이 발견됨에 따라 회의론자들조차 '네안데르탈인의 삶에 미적, 상징적 요소가 있었다'는 점을 인정하게 되었다. 물론 네안데르탈인의 예술 작품들—설사 말트라비에소의 손이나 라파시에가의 선의 연대가 정확하다고 가정하더라도—이 오늘날 전 세계의 문화들이 창조한 것과 동일하다고 주장하는 사람은 아무도 없을 것이다. 그러나 그들에게 나름대로의 예술이 있었을까? 현생인류는 그런 경향을 자기규정적 형질 self-de-

---

* http://cdn.sci-news.com/images/enlarge/image_2168_2e-Neanderthal-Engraving.jpg - 옮긴이

fining trait로 유보하고 싶어 하지만, 심지어 동물원의 침팬지도 그림의 아이디어와 재료를 제공받으면 표면에 색칠을 하고 무늬를 새기기를 즐긴다.*

사실 유인원들도 네안데르탈인의 행동 중 일부와 놀라운 유사성을 보인다. 그들 역시 동굴 안에 머물며 대칭이나 균형을 높이 평가한다. 거의 비슷한 간격으로 표시하고, 틈이 있으면 메우며, 그림은 여백을 채울 정도로 크게 그린다. 또한 침팬지들은 하나의 세션에서 특별한 구역을 다시 방문하고, 기존의 표시 위에 새로운 표시를 하며, 어떤 침팬지들은 색깔을 섞는 데 열중한다. 심지어 개체별로 취향도 달라 어떤 침팬지는 부채꼴, 방사형 모양 등 상이한 형태를 선호했다.

흥미로운 것은 네안데르탈인은 그리는 동안에는 집중력이 강했지만 결과에는 별로 관심이 없었던 것 같다는 것이다. 그들에게 미美의 본질은—지각知覺하고 향유한다는 의미에서—창조 자체이지 결과물이 아니었던 모양이다. 물질에 대한 신체적, 감각적 개입 과정으로서의 예술이라는 개념은 서양의 고전적인 감수성에 어울리지 않을지 몰라도 많은 인류문화는 시공을 뛰어넘어 그 초월적 힘을 이해해 왔다.

---

* 침팬지가 그린 그림은 사람들 사이에서도 인기가 많다. 최초의 침팬지 화가인 콩고Congo가 그린 작품들은 수천 파운드에 팔렸다.

깃털과 발톱

한때 크림 산맥의 상공을 날았던 자스칼나야의 까마귀는, 최근에 네안데르탈인이 새를 갖고서 한 일로 알려진 또 다른 잠재적인 상징적 행동으로 우리를 인도한다. 8장에서 살펴보았듯이 그들이 새를 먹었다는 증거는 풍부하며, 자스칼나야에서 발굴된 뼈에도 고기를 저며 낸 흔적이 남아 있다. 그러나 새가 때로는 단순한 생존의 문제를 넘어선 동물이었다는 단서가 포착된다. 특히 새의 날개는 많은 유적지에서 예상보다 더 흔히 발견된다.* 날개는 고기가 많은 부위와는 거리가 멀지만, 그럼에도 불구하고 종종 절단흔이 가장 많이 발견되는 부위이며 특이한 종이 선호된 것으로 보인다. 자스칼나야의 까마귀 층에서는 왜가리의 날개뼈도 발견되었다.

푸마네 동굴의 Level A9(황토가 발린 조개껍데기와 동일한 층)에서 흥미롭게도 뼈의 처리 과정이 쓰레기와 공간적으로 분리되었던 것을 생각해 보라. 처프와 뇌조의 다른 신체부위는 식량으로 사용되었음을 시사하지만, 맹금류—수염수리lammergeier, 대형 항라머리검독수리spotted eagle, 검은대머리수리black vulture, 심지어 아주 작은 쇠황조롱이merlin—를 대변하는 것은 도축된 날개뿐이다. 분명한 것은 네안데르탈인이 적어도 한 세기 동안 이런 동물들과 그들의 날개에 관심을 가졌으며, 나중의 지층에서도 이러한 경향이 어느 정도 지속된 듯하다는 것이다.

---

* 일부 육식동물들은 날개가 풍부한 집합체를 만들어 내는 경향이 있지만 그런 것들은 화석화과정학적 분석을 통해 분리될 수 있다.

새의 발도 관심의 대상이었다. 자스칼나야의 까마귀 층에서 독수리의 발가락 끝 뼈가 발견되었고, 그보다 오래된 푸마네의 Level A12에서는 독수리의 발톱이 발견되었다. 그리고 심지어 푸마네의 Level A9에서 발굴된 뇌조는—인근의 소나무 숲에서 잡혀 통째로 운반되었을 텐데—발뼈가 너무 많았다.

체계적인 연구를 통해 100~45ka에 해당하는 프랑스와 이탈리아의 수많은 유적지에서 도축된 맹금류—특히 독수리—의 발이나 발톱의 패턴에 유사성이 있는 것으로 밝혀졌다. 일부 유적지에서는 하나 이상이 발견되었는데, 도르도뉴Dordogne 계곡에서 남쪽으로 몇 킬로미터 떨어진 레퓨Les Fieux 동굴터의 경우 여러 층에서 20개의 대형 맹금류 뼈—거의 모두가 발톱이다—가 발굴되었다. 고고학자들을 가장 애타게 하는 것은 동일한 층에서 발굴된 가장 큰 흰꼬리수리의 발가락뼈 2개가 누락된 것이다. 아마도 다른 곳에 사는 네안데르탈인들이 낚아챈 것 같다.

'발톱이 장식물이었다'라는 이론은 종전에도 존재했지만 "크라피나 동굴에서 발굴된 흰꼬리수리의 발톱 8개가 목걸이였던 것으로 사료된다"라는 연구 결과가 발표된 후 더욱 힘을 얻었다. 증거물로 제시된 하나의 발가락뼈와 함께 현미경을 이용한 관찰에서 '부드럽게 마모된 절단흔'과 '작고 반짝이는 접촉 광택'—부드러운 물체와 단단한 물체가 반복적으로 마찰된 것으로 추정된다—이 발견되었다. 발굴된 유골 중에서 이러한 마모 패턴을 가진 뼈는 그게 전부였고, 다양한 새들이 크라피나의 동물상을 구성했음에도 불구하고 도축된 것은 독수리 세 마리, 어쩌면 네 마리뿐이었다.

그러나 '8개의 발톱이 원래 하나의 줄에 꿰여 있었다'는 제안은 뒷받침되기 어렵다. 왜냐하면 그것들이 모두 최상위층*에서 발굴되었음에도 불구하고 그 층은 두꺼운 퇴적층인 데다 발톱들이 서로 연결되어 있었다는 증거도 없을뿐더러, '하나의 인상적인 소품'이라고 주장할 만한 근거가 턱없이 부족하기 때문이다. 최근에는 하나의 발톱 밑에 보존된 콜라겐 섬유가 발견되어 흥미를 끌었지만 그게 '발톱 목걸이의 사슬'이었다고 주장하기에는 무리가 있다.

이러한 발견들이 재구성 예술가들의 상상력을 자극하여 '깃털과 발톱으로 치장한 네안데르탈인'이라는 이미지를 탄생시켰지만, 그게 실용적 목적과 무관했다고 장담할 수 있을까? 맹금류와 까마귀과 새들은 일부 맥락에서 식단을 구성한 게 분명하지만, 새의 유골 중에서 발톱이 압도적인 비중을 차지하고 때로는 유일한 도축 부위라는 점에 주목할 필요가 있다. 그리고 날개와 발이 잘리고 박피되고 긁힌 흔적을 신중히 분석하면 (특히 처프처럼 조그만 새의 경우) 그게 늘 고기나 골수를 얻기 위한 작업은 아니었다는 것을 알 수 있다. 날개 전체, 또는 심지어 발과 발톱을 무슨 용도—예컨대 브러시, 사냥용 위장 도구, 구멍 뚫는 도구—로 사용했는지를 상상하기는 어렵지 않지만 어떤 용도가 됐든 (도축에 들인) 막대한 노력을 정당화할 수 없을 것이다.

힘줄은 종종 간과되는 자원이다. 그 질긴 재료는 용도가 무궁무진하고, 우리가 알기로 네안데르탈인은 순록 같은 포유류 사냥물에

---

* 호미닌 화석을 포함하는 퇴적층의 위층을 말한다.

서 힘줄을 체계적으로 추출했다. 커다란 맹금류의 힘줄은 특히 크고 강력하지만, 실험적 연구에 따르면 많은 유적지의 네안데르탈인은 맹금류의 발톱을 뒤에서 제거했으며, 그 과정에서 힘줄을 절단함으로써 반짝이는 발톱이 손상되지 않도록 한 것으로 보인다.

이런 이중성은 날개에서도 엿보인다. 그들은 날개에서 때때로 힘줄을 챙겼지만, 도축 흔적을 살펴보면 실제로는 첫째 날개깃을 찾고 있었음을 알 수 있다. 푹신푹신한 솜털과 달리 첫째 날개깃은 보온 효과가 없으며, 전형적인 크기의 창에 비행 보조기로 사용될 수도 없다.

그 대신 어떤 사례의 경우에는 깃털이 사용된 부분적(또는 일차적) 동기가 미적 또는 상징적인 관심이었던 것 같다. 여러 사회에서 깃털은 사회적 목적을 위해 사용되어 왔으며, 보석으로 장식된 뇌조발 브로치[*]는 여전히 사냥 동호회에서 착용되거나 스코틀랜드 킬트 Scottish kilt[*]의 장식으로 사용된다. 네안데르탈인이 새의 특정 부위를 다른 의도로(예컨대 미적 동기) 수집한 게 이상한가?

색깔은 깃털의 매력을 높이는 중요한 요인 중 하나이며, 네안데르탈인의 관심을 끈 종의 상당수가 독특한 짙은 색(까만색, 암갈색, 회색) 깃털을 갖고 있었다는 사실은 주목할 만하다. 심지어 새의 발톱과 맹금류의 발톱도 전형적으로 까맣고 윤이 난다(빨간색도 존재한다). 수컷 검은뇌조의 거무스름한 깃털은 빨간색 머리털로 구분되

---

[*] 이것은 빅토리아 시대 신사들의 사냥과 관련된 보석이었지만, 본래 오래된 행운의 마스코트 전통에서 기원한다.

[*] 스코틀랜드 사람들이 전통적으로 착용해 온 스커트형의 남자용 하의. - 옮긴이

는 반면, 처프는 '반짝이는 까만색 깃털'과 '빨간색 또는 노란색 부리', '빨간색 발', '까만색 발톱'과 결합한다. 의미심장한 것은 2020년 크라피나의 발톱(앞에서 언급한 '보존된 콜라겐 섬유'가 발견되었다는 독수리 발톱)에서 색소가 검출되었는데, 그 레시피가 '빨갛고 노란 광물, 숯, 점토'였다는 것이다. 이러한 관련성은 일부 유적지에서 새의 신체부위가 네안데르탈인의 미적 팔레트의 일부였음을 강하게 시사한다.

그런데 왜 하필 이런 동물들이었을까? 맹금류나 까마귀과 같이 특별한 대접을 받은 듯한 동물 중 상당수는 네안데르탈인들 사이에서 1차 도축에 참가하는 사역마使役魔*로 널리 알려져 있었던 것 같다. 특히 처프는 심지어 친숙했을 것이다. 왜냐하면 동굴 근처에 살며 (많은 초식동물이 풀을 뜯는) 초원에서 끼니를 해결했고, 오늘날 스키 리조트에서 볼 수 있는 것처럼 인간이 버린 쓰레기를 무척 좋아했을 테니 말이다. 그러나 일반적인 새들은 더욱 깊은 울림을 줬을 것이다. 그들은 늘 보이거나 들리는 곳에 있었고, 네안데르탈인의 삶은 (오늘날 대부분의 사람들보다 훨씬 더) 끊이지 않는 새소리에 둘러싸여 있었을 것이다. 새벽녘과 황혼녘의 코러스는 계절별 노래, 경계성 alarm call*, 하늘에서 맴도는 기러기나 독수리의 아득한 소리로 가득 찼을 것이다. 땅거미가 내리면 올빼미 소리가 계곡에 메아리치고, 쏙독

---

* 전설이나 판타지 작품 중에서 마법사, 마녀 등이 절대적인 주종관계를 맺고 부리는 악마, 생물, 정령 등을 일컫는다. - 옮긴이

* 군거생활하는 동물들이 다른 동물의 접근이나 침입을 동료들에게 알리는 소리. - 옮긴이

새가 콧노래를 부르고, 나이팅게일이 어둠을 찬양했을 것이다. 우리와 마찬가지로 네안데르탈인은 힘들이지 않고 멀리 날아가는 새들을 동경하며 끝없는 하늘로 솟구쳐 오르는 꿈을 꿨을 것이다.

차고 넘치는 증거들

미학이란 물질과 재료를 변형함으로써 감각 경험을 창조하거나 시각화 등의 효과를 만들어 내는 것을 의미한다. 이것은 때로 자아에게도 적용된다. 크라피나의 발톱이 정말로 '엠 간빙기의 목걸이'이든 아니든, 조개껍데기와 발톱, 깃털 같은 소품 일부가 신체 장식물로 사용됐을 가능성은 매우 높다. 또한 우리는 동물의 다른 부위—예컨대 흔적이 거의 남지 않는 털—가 사용됐을 가능성도 고려해야 한다. 쇠닝겐에서 행방불명된 뼈의 경우 네안데르탈인이 가죽뿐만 아니라 말의 '흔들리는 꼬리'를 가져갔을지 모른다는 가능성을 제시한다.

적어도 몇몇 집단은 의심할 여지없이 옷을 입었다. 연구자들은 중기 구석기시대의 외치Ötzi—완전한 복장을 갖춘 냉동인간—를 꿈꿀지 모르지만 우리는 (시공간적으로 광범위하게 분리되어 있던) 네안데르탈인들이 서로의 옷차림을 보고 우리만큼이나 놀랐을 거라는 점을 명심해야 한다. 아마도 한 가지 보편적인 게 있다면, 물성에 대한 강렬한 관심이 그들의 옷 선택에 반영되었으며, 그것이 기능을 넘어 외관에 영향을 미친 듯하다는 것이다. 오늘날의 리수아는 가죽을 부드럽게 할 뿐만 아니라 윤기 나게 하는 데도 사용되는데, 그것은 방수 효과—가을철의 질척거리는 사냥을 더욱 편안하게 해 준다—에 더하여 조개껍데기 같은 광택을 제공한다.

가죽을 손질할 때 무두질이 꼭 필요한 건 아니지만 보존과 방수에 도움이 된다. 그러나 만약 당신이 분홍색-오렌지색-갈색 스펙트럼을 따라 색깔을 첨가하고 싶다면 무두질만큼 좋은 것은 없다. 믿어지지 않지만 노이마르크-노르트의 조그만 격지에서 검출된 오렌지색 잔류물은 네안데르탈인이 때때로 무두질을 했음을 보여 준다. 화학적 분석 결과 다량의 탄닌이 확인되었는데, 탄닌은 (차茶에 그윽한 빛깔을 제공하고 보그바디를 보존하는) 강력한 식물성 물질이다. 더욱이 노이마르크-노르트의 탄닌은 참나무에서 유래하는데, 참나무는 밤나무와 함께 간빙기 세계의 무두질에 기여한 최고의 수종이었다. 게다가 네안데르탈인은 품질에 예민했다.

노이마르크-노르트의 이 작은 갈색 조각은—마치 핍홀*처럼—커다란 용기 안에서 나무껍질이 끓는 동안 축축하고 얼룩진 손들이 왔다갔다 하는 장면을 보여 준다. 심지어 다마사슴의 작고 얇은 가죽도 무두질하려면 최소 일주일이 걸리는데‡ 당일치기로는 어림도 없었을 테니 숙박이 필요했을 것이다. 훈연이 가죽을 갈색으로 만드는 데 반해 무두질은 '실용적 품질'과 '일정한 범위의 밝은 빛깔'을 모두 제공하는데, 이는 시간을 들여 색소 혼합물을 만드는 네안데르탈인

---

* 핍홀peephole. 문이나 벽 등에 나 있는 안을 들여다볼 수 있는 작은 구멍. - 옮긴이
‡ 들소의 크고 두꺼운 가죽을 무두질하는 데는 1년이 걸릴 수 있다.

에게 큰 메리트로 작용했을 것이다. 참나무를 늘 구할 수 있는 것은 아니며 한랭한 기후에서는 버드나무나 자작나무 껍질, 심지어 장과류도 아쉬운 대로 쓸 만하다. 그리고 자작나무 타르는 또 하나의 선택지다.*

그러나 노이마르크-노르트에서 나무껍질 탄닌이 사용되었다는 증거는 네안데르탈인의 다른 기술, 즉 우리의 마지막 관심사인 자기치장self-adornment과 관련되어 있다. 푸마네의 조개껍데기 말고도 다른 물체가 끈 또는 실에 꿰여 있거나 매달려 있었다는 흔적을 품고 있다. 콤브그레날의 망간 잔손질 도구에 파인 '깊은 홈'은 종전의 긁어낸 자국을 가로지르며, 매끄러운 내부 표면은 뭔가 부드러운 것이 반복적으로 마찰되었음을 암시한다. 네안데르탈인이 모종의 끈cord을 만들었다는 증거는 최근까지 발견되지 않았지만, 2020년 아브리 뒤마라스에서 놀라운 유물이 발견되었다는 소식이 발표되면서 상황이 바뀌었다. 그 내용인즉, 한 격지의 밑면에 길이 6밀리미터의 '꼬인 식물성 섬유'를 포함하는 천연 외피natural encrustation가 숨겨져 있다는 것이었다. 그 섬유의 원천은 소나무나 향나무의 껍질일 수도 있고, 어쩌면 그 나무들의 뿌리일 수도 있다. 가장 놀라운 것은, 그게 기술적으로 볼 때 고전적인 세 가닥으로 꼰 실—여러 개의 섬유로 구성된 세 개의 가닥을 각각 한 방향으로 꼰 다음, 세 가닥을 모두 역방향으로 꼬는 방식—에 해당한다는 것이다. 더욱이 그것은 매우 세밀해서 손으로 짠 리넨 스카프의 올과 맞먹는 수준이었다.

---

* 러시아산 가죽에는 종종 자작나무 타르가 사용되며, 그 유명한 향은 임페리얼레더Imperial Leather 비누에 사용되었다.

심지어 탈수로 인한 수축을 가정한다면 그렇게 가느다란 실의 용도에는 한계가 있다. 조그만 석질에 손잡이를 묶는 것은 가능하지만 특별한 소품을 꿰거나 매다는 것은 별개의 문제다. 아브리뒤마라스의 실 같은 독특한 유물은 고고학자들조차 거의 믿을 수 없는 수준이며 엄밀하게 평가받아야 마땅하다. 그러나 노이마르크-노르트의 무두질된 조각이나 푸마네의 조개껍데기, 수많은 일회성 보존물과 마찬가지로 그것은 연구해 볼 만한 가치가 있다. 그것들은 희귀하거나 경이롭기 때문에 '신중함'과 '호기심'의 절묘한 균형을 필요로 한다.

네안데르탈인이 뭘 착용했든—색소를 칠한 가죽이 됐든, 무두질한 반짝이는 가죽이 됐든, 아늑한 모피가 됐든, 줄에 꿴 빨간 조개껍데기가 됐든—그것은 늘 기능을 초월하는 것이었다. 몸에 뭔가를 착용하거나 걸친다는 것은 지위와 정체성을 표현하는 강력한 방법이며, 많은 동물에서 관찰된다. 유인원들은 때때로 몸을 사물로 장식하며, 특히 침팬지들은 사냥물의 일부분을 휴대하는 것을 좋아한다. 그러므로 자유분방한 개인이 목에 '매듭진 원숭이 가죽 조각'을 감고 원숭이 꼬리로 마무리했다고 해서 이상할 것은 없다. 매듭은 우발적일 수 있지만 그것을 몸에 걸치는 것은 차원이 다른 문제다.

네안데르탈인에게 가죽과 모피로 만든 옷을 입는 행동은 일차적으로 '가죽과 모피를 제공한 동물'을 상기하는 일이었을 것이다. 자신의 외모를 바꾸거나 소품이나 색깔을 이용해 자신을 돋보이게 하는 것은 더욱 복잡한 상호작용(예: 친척과 친지들에게 사회적 소속감을 전달함)으로 향하는 문을 열어 준다.

어떤 사회적 범주(예: 연령, 젠더)에 속한다는 것 역시 네안데르탈인이 만들거나 착용한 미적, 상징적 사물과 얽혀 있었을 것이다. 우리는 이미 여러 장에서 '과거의 젠더를 규정한다는 것이 얼마나 어려운지'를 실감했지만, '해부학적, 유전학적 성'에 따라 분류된 네안데르탈인은 독특한 삶을 살았으며, 이는 뼈와 치아에 남겨진 흔적을 통해 확인된다. 여성들의 몸에 나타난 전형적인 특징은 '입을 이용한 고정하기 및 끌기'와 '양팔의 대칭적인 발달'인데, 이는 그녀들이 가죽 손질을 거의 전담했음을 시사한다. 이는 많은 수렵채집문화의 실상―여성들은 가죽 손질 기능공으로 석기만큼이나 생존에 필수적인 사물의 생산을 담당한다―을 반영한다. 네안데르탈인의 젠더 관념은 많은 사물에 의존했으며, 서양의 여성다움과 동떨어지는 것처럼 보인다. 그러나 가죽 손질과 의복 자체는 그들의 물질문화와 사회적 정체성의 교점이었으며, 이는 모든 문화를 분석할 때 관찰되는 보편적 메커니즘이라고 할 수 있다.

네안데르탈인의 미적, 상징적 관념에 대한 증거들을 모두 종합하면 하나의 인상적인 말뭉치corpus로 귀결된다. 그러나 지난 30년간 수행된 연구의 가장 중요한 결과 중 하나는 이러한 방대한 데이터베이스 덕분에 개별적 사례들은 물론 (그들의 삶에 있어서) 다른 측면들 간의 개념적 공통성을 파악할 수 있게 되었다는 것이다. 예컨대 색소는 조개껍데기에서 반복적으로 관찰되며, 뼈나 돌의 경우와 마찬가지로 선으로 새겨져 있다. 또한 다른 물질들과 혼합되어 (마치 손잡이 부착용 접착제가 송진과 밀랍의 레시피로부터 조제되거나 만들어진 것처럼) 뭔가 새로운 것을 만들어 냈다.

일부 유적지에서는 다른 특이한 일들이 벌어지고 있었다. 레프라델레에서 네안데르탈인은 뼈에 선과 홈을 새겼을 뿐만 아니라 수많은 잔손질 도구에도 사용했고, 심지어 직접 깨뜨리기까지 했다. 자스칼나야에서도 레프라델레와 같은 일이 일어났다. 게다가 까마귀 뼈가 발견된 퇴적층에서 빨간색 색소와 대형 조류의 날개와 발이 발견되었으며, 심지어 멀리 흑해에서 가져온 돌고래의 꼬리뼈가 발견되었다.

한 가지 남은 문제는 이 모든 것들을 초기 호모 사피엔스와 비교하는 것이다. 네안데르탈인의 색소 레시피는 남아프리카공화국의 블롬보스Blombos(97~105ka)에서 발견된 조개껍데기 내부의 '그림물감 키트'와 비슷하며, 색소 혼합물에 포함된 '반짝이는 황철석'은 호주의 마드제드베베Madjedbebe(52~65ka)에서 황토와 함께 발견된 '반짝이는 운모mica 시트'와 비슷하다. 푸마네에서 발견된 황토색 조개껍데기는 많은 호모 사피엔스 유적지에서 발견된 유물들과 비슷하지만 블롬보스에서 두드러지는 것은 (끈에 꿰였을 가능성이 높은) 조개껍데기 비드bead의 집합체다.

네안데르탈인이 새긴 무늬 중 일부는 명백히 구조화되어 있지만 남아프리카의 딥클루프Diepkloof 동굴에서는 놀라운 이야기가 펼쳐진다. 100ka경의 초기 퇴적층에서 타조알 껍데기에 새겨진 단순한 직선이 발견되었는데, 네안데르탈인이 뼈나 색소 광물에 새긴 것들과 구별할 수 없다. 그러나 80ka경 복잡한 격자와 평행선들이 새겨진 조각들이 나타나 여러 층에 걸쳐 계속된다. 그와 거의 동시대에 해당하는 블롬보스의 퇴적층에서는 'X자형 격자 패턴'이 새겨진 유명한 적색 황토 덩어리가 발견되었다. 지금껏 네안데르탈인의 유적지에서 그처럼 질서정연한 무늬가 발견된 적은 없었으며 (딥클루프에서처럼) 여러 층에 걸쳐 계속된 그래픽 전통이 확인된 적도 없었다.

네안데르탈인과 45ka 이전의 초기 호모 사피엔스의 공통점은 (동굴의 천장을 가로질러 달리는 동물을 묘사한) 기막힌 벽화나 조각상으로 특징지어지는 명백한 재현 미술이 존재하지 않는다는 것이다. 가장 오래된 동물 그림은 인도네시아의 술라웨시섬Sulawesi에서 44ka 이전에 그려졌고, 거의 같은 시기에 보르네오섬의 루방제리지살레Lubang Jeriji Saléh에서는 손바닥 자국이 찍혔으며, 독일 보겔헤르트Vogelherd에서는 약 41ka에 한 조그만 여성의 모습이 상아에 새겨졌다.

이런 그림들이 각각 독립적인 미술의 개화였는지 아니면 아프리카 남부의 동시대인들과 마찬가지로 80ka 이전에 유라시아로 퍼져나간 집단이 공통적인 예술적 전통을 전래한 것인지는 불분명하다. 그리고 그 뿌리는 아마 훨씬 더 오래전으로 거슬러 올라갈지도 모른다. 가장 오래된 그래픽 조각은 무려 50만 년 전 자바섬의 트리닐Trinil에서 민물조개 껍데기의 표면에 새겨진 명백한 지그재그 무늬다. 이는 네안데르탈인과 호모 사피엔스의 오래된 미적 전통이 사람속의 깊은 곳에서 유래하는 공유된 유산임을 시사한다. 우리는 새로운 대륙으로 걸어 들어갔을 때, 이미 그곳이 수천 년의 역사를 지닌 미술로 치장되어 있음을 발견했을 것이다.

네안데르탈인의 미학 뒤에 도사리고 있는 구체적인 동기는 아직까지 미지수로 남아 있다. 빛과 색조와 질감에 의한 뉴런의 원초적 흥분에 대해서는 충분히 이해할 수 있다. 하늘로 솟구쳐 오르는 한 무리의 칼새들이 지르는 비명 소리가 피부와 마음을 전율케 한다는 것도 모르는 바 아니다. 심지어 명백한 메타포처럼 느껴지는 이유를 댈 수도 있다(시뻘건 액상 황토는 지구 속에서 뿜어져 나오는 피를 연상시킨다는 등…). 그러나 네안데르탈인의 마음을 일별하려는 진정한 노력은 수천 년 동안 누적된 먼지에 뒤덮인 동굴 속으로 스며드는 한 줄기 햇살을 보려는 것과 같다. 또한 우리는 미술에 대한 고전적 개념일랑 잊어버리고 의미와 상징성은 때때로 변혁 자체에 있었을지 모른다는 점을 명심해야 한다. 색깔을 바꾸고, 표면에 무늬를 새기고, 심지어 새의 날개에서 깃털을 빼내는 것조차 나중에 드러나기보다 창조 과정에서 가장 큰 반향을 일으키는 의미를 지닐 수 있었다.

그리고 이것은 브뤼니켈의 미스터리를 다시 생각해 보게 한다. 우리가 상징적 의미를 판단하기 위해 설정한 기준이 '네안데르탈인 자신에게 유의미했던 것'과 무관할 수 있음을 깨닫게 해 준다. 규모와 비전의 관점에서 기념비적이고, 역사상 최초의 예술 프로젝트이며, 기이하다weird의 본래 의미인 위어드wyrd*—운명을 바꾸는 힘—

---

*　위어드wyrd는 앵글로색슨 문화에서 숙명fate 또는 개인의 운명destiny와 얼추 부합하는 개념이다. 이 단어는 현대 영어의 weird의 원조이며, 지금은 변증법에서만 본래의 의미를 간직하고 있다.

라는 의미에서 진정으로 기이하다. 호미닌들은 그 후 16만 년 동안 그와 비슷한 일을 하지 않았을 수 있으며, 불에 그은 석순들이 잔뜩 쌓인 동그라미의 배경에 깔린 '왜'는 어둠 속에서 길을 잃었다. 그러나 그것은 창의력의 토대를 쌓았으며, 아마도 동굴벽에 그려진 어떤 황토 그림보다도 훨씬 더 예상 밖이다. 오늘날 우리의 눈에 그것은 강렬한 동시에 아름답게 비친다.

12장

✻

속마음

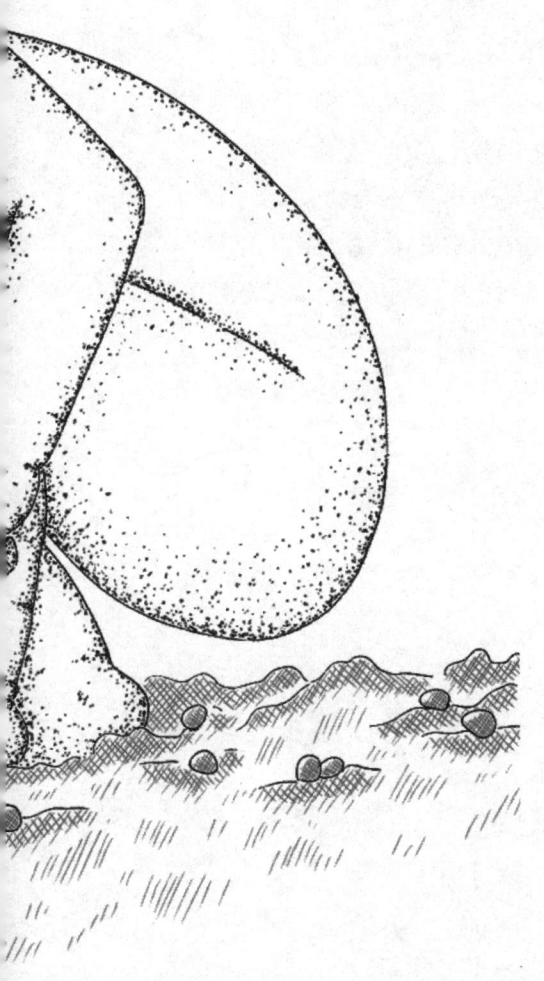

입술이 떨리고, 바싹 마른 혀는 흐르는 땀방울을 핥는다. 가늘게 뜬 눈꺼풀 사이로 그녀는 울퉁불퉁한 벽과 동료들의 실루엣 너머에서 불타는 노을을 바라본다. 떨리는 그녀의 팔과 손을 어루만지는 손길들이 이렇게 말하는 듯하다. '우리가 지켜보며 기다리고 있으니 안심해.' 잠시 주춤했다 다시 고조되는 통증을 달래 주기 위해 연장자들의 거친 손이 그녀를 잡아당겨 몸을 웅크리게 한다. 이 순간과 내부의 엄청난 용솟음 외에 아무것도 존재하지 않는 곳에서 그녀가 눈을 감자 세상도 움츠러든다. 몸속에서 아기가 비집고 나오는 것을 느끼고, 그녀는 바라본다. 기력이 서서히 약해지지만 다른 사람들이 그녀를 일으켜 세운다. 그들은 지혜롭다. 굽혔던 몸을 펴면 근육은 힘을 회복하고 (마치 뛰노는 들소 떼처럼) 멈추지 않는 가쁜 숨결이 공기를 가득 메울 것이다.

아기가—다리가 그녀의 뱃속에서 아직 요동치고 있음에도 불구하고—불덩이처럼 뜨거워지자 그녀는 손을 뻗어 조그만 머리를 확인한다. 수달처럼 번들거리는 피부로 뒤덮여 있고 백조의 알처럼 깨지기 쉽다. 뼈가 부서질 듯한 마지막 노력으로 고통의 사슬이 끊어지고, 주변의 모든 손이 미끌미끌한 아기를 그녀의 배 위로 가져간다. 그녀는 떨리는 팔로 아기의 보송보송한—(엄동설한 속에서 이빨이 아플 때까지 다듬은) 가을 가죽보다도 부드럽다—옆구리를 움켜잡는다. 동굴처럼 새까만 눈이 그녀를 올려다보는 가운데 그녀는 아기의 코에 입을 비비며 향기를 깊이 들이마신다. 불그스름한 황토색 양질토처럼 아기의 냄새는 풍요로우며 원기를 돋운다.

오늘날 색소, 깃털, 새김engraving, 그리고 이러한 소품들의 제작자에 대해 질문을 던지는 당신과 내가 동의하는 것은 우리 모두가 감정적인 존재이며, 공포나 즐거움으로 콩닥거리는 심장을 갖고 있다는 것이다. 만약 네안데르탈인이 모종의 사물들을 아름답다고 생각했다면 그들이 사랑한 게 무엇—또는 누구—인지 알아내는 게 가능할까? 심지어 그들을 공포에 떨도록 한 게 무엇인지 알아낼 수 있을까? 다시 한번 말하지만 이것은 고도의 균형감각이 요구되는 문제로, 우리는 고고학적 기록의 확고함과 그것으로부터 벗어날 가능성 사이에서 절묘하게 균형을 잡아야 한다.

공포에 대해 이모저모로 생각해 보는 것은 비교적 쉬운 출발점이다. 네안데르탈인의 마음속에 늘 존재했던 것은 그들과 공존했던 포식자들이었음에 틀림없다. 설령 불꽃, 무기, 그리고 10만 세대의 앞서간 호미닌들이 물려준 노하우를 갖추고 있었더라도, 동굴사자나 하이에나와 마주치면 본능적으로 두려움을 느꼈을 것이다. 반면에 육식동물을 도축한 사례는 네안데르탈인이 그러한 두려움을 극복할 수 있었음을 암시한다. 심지어 자신들과 쌍벽을 이루는 최상위 사냥꾼—특히 모든 군거동물 중에서 가장 교활하다는 늑대—에 대해서도 나름의 대비책이 있었을 것이다.

그들이 직면한 또 다른 위험은 기본적인 것이었다. 석질이 운반된 것을 보면 그들은 간혹 도강渡江—론강과 같이 폭이 엄청나게 넓은 강도 포함된다—을 감행했음에 틀림없다. 설사 얕은 여울을 선택했다 치더라도 위험은 상존했을 것이다. 왜냐하면 팔을 이용해 귀중한 물건을 물 위로 들어올려야 했기 때문이다(어쩌면 '투르빌-라-리비에르의 팔*은 강을 건너던 중 발을 헛디디는 바람에 일어난 사달일지도 모른다). 그리고 살을 에는 바람이나 폭풍우가 뜻하지 않게 생명을 위협하는 세계에서 비바람에 노출되는 것 또한 공포의 대상이었을 것이다.

네안데르탈인이 난로의 안전 범위 내에서 불꽃을 잘 간수했더라도 들불의 위험에 대한 공포는 별개의 문제였으며, 특히 엠 간빙기의 매우 건조한 국면에서는 특별한 이슈였을 것이다. 그리고 그 반대로 불이 없다는 것 역시 당혹스러운 문제였을 것이다. 브뤼니켈처럼 메아리치는 깊은 동굴 속으로 들어갈 때 불을 잃는 것은 치명적이었을 것이다. 동굴 밖의 북반구의 겨울밤은 길고 어두컴컴했을 것이고, 설사 잉걸불이 온기를 제공하고 차갑게 빛나는 별들이 세상을 밝혀 줬더라도 새벽이 와야 비로소 안도의 한숨을 쉴 수 있었을 것이다.

그들에게 행복이란 무엇이었을까? 생기 있는 스텝-툰드라를 걷거나 풀 덮인 숲의 빈터를 통과할 때 네안데르탈인은 피부를 간질이는 따사로운 햇볕의 쾌감을 만끽했을 것이다. 그보다 조금 복잡한 쾌감도 생각해 볼 수 있다. 유인원 중에서 인간만이 쾌락을 추구한다는 것은 어불성설이며, 상당수 네안데르탈인의 성관계는 원만하고 즐거웠을 것이며, 나머지는 그렇지 않았을 것이라고 가정해야 옳다. 해

---

* 4장 참조. - 옮긴이

부학적으로 볼 때 네안데르탈인 여성의 성기는 현생인류 여성과 매우 비슷했고, 페니스도 그에 맞도록 진화하기 마련이므로 네안데르탈인 남성의 페니스도 침팬지보다는 현생인류 남성의 성기에 더 가까웠을 것이다.

모든 파트너들에게 다행스럽게도, 침팬지와 달리 네안데르탈인 남성에게는 페니스 가시penis spike를 코딩하는 유전자가 없었다. 유인원의 경우 페니스에 돋아난 돌기가 가시보다는 미세하고 단단한 입자에 더 가깝지만, 돌기의 존재는 교미에 영향을 미친다. 마모셋은 가시가 제거되었을 때 성관계와 오르가슴의 지속 시간이 두 배로 늘어났다. 그러므로 우리는 네안데르탈인의 섹스를 침팬지 스타일의 '신속한 찌르기 경기'가 아니라 더 여유롭고 만족스러웠을 것이라고 기술해야 한다.

그러나 클리토리스—쾌락을 위해서만 존재하는 기관—의 경우에는 이야기가 좀 달라진다. 그들은—우리와 마찬가지로—대면 오르가슴face-to-face orgasm을 더 쉽게 느끼도록 해 주는 보노보 스타일의 클리토리스를 보유하지는 않았을 것이다.* 하지만 일부 형태의 마스터베이션—현생인류처럼 성교 도중의 쾌락을 극대화하기 위해서든 더욱 일반적으로는 (성교 파트너의 범위가 훨씬 더 넓은) 보노보들처럼 사회적 유대관계와 긴장감 해소를 위해서든—은 얼마든지 가능했을 것이다.

---

*   보노보 스타일의 클리토리스와 대면 오르가슴의 관계에 대해서는 다음을 참고하라. https://theconversation.com/the-human-clitoris-is-an-object-of-beauty-pleasure-and-intrigue-66335 - 옮긴이

섹스는 이 정도면 됐고, 사랑은 어땠을까? 인생에서 가장 강렬한 감정 중 하나는 첫사랑과 함께 찾아온다. 네안데르탈인도 청소년기의 폭발적 성장을 경험했을 테지만 호르몬 분출에 수반되는 감정적 격변과 열병을 겪었을까? 르무스티에 1의 골격―그의 위팔은 오늘날의 성인 남자만큼이나 굵다―을 살펴보면 어린이들도 이미 매우 강했으며, 모든 10대들이 중요한 일을 처리할 수 있었음을 짐작할 수 있다.

네안데르탈인 소녀가 월경을 시작한 나이는 알 수 없지만 타인이 그들을 다루는 방법에서 그 시기를 가늠할 수는 있다. 그러나 한 여성이 평생 동안 월경을 한 횟수는 비교적 적었을 것이다. 사회적 동역학social dynamics에 따라 다르지만, 신뢰할 만한 피임법이 없는 전통사회에서는 많은 여성이 임신 또는 수유 중인 경향이 있기 때문이다. 그리고 수렵채집사회 여성의 월경에 대한 연구는 드물며, 서양사회 여성들과의 비교연구는 비교적 단기적―때로는 불과 2~3일―인 경우가 많다. 오늘날과 네안데르탈인 10대 소녀들 간의 공통점 중 하나는 월경으로 인한 불편함에 대처하는 방법과 청결함을 유지하는 방법에 대한 정보를 입수하는 곳일 것이다. 오늘날의 소녀들은 그런 정보를 여성 친척이나 또래들에게서 얻는데 네안데르탈인 10대들도 그랬을 것으로 생각된다.

그와 관련된 매혹적인 의문은 네안데르탈인이 '초경의 진정한 의미'와 '성교가 10개월 후 초래하는 결과'를 이해했을지에 관한 것이다. 다른 동물들과 달리 모든 인류문화에서는 남녀 간의 성교가 아기와 직접적으로 연결되어 있다는 사실을 이해하고 있다. 만약 네안데르탈인도 이런 사실을 이해했다면 사회적으로 심오한 영향을 미쳤을 것이다.

네안데르탈인의 사회적 재생산이 어떻게 조직화되었는지에 대해 많은 이론이 제시되었다. 그중 한 가지 아이디어는 남성 지배적 집단인데, "엘시드론에서 발견된 모든 남성이 동일한 유전적 집단 출신이었다"라는 사실에 의해 뒷받침된 것으로 보인다. 그와 대조적으로 엘시드론에서 발견된 성인 여성들은 두 개의 상이한 그룹 출신이었는데, 연구자들은 이를 '네안데르탈인이 남성의 지배에 기반한 그룹을 조직했다'는 증거로 해석했다. 그러나 사실 엘시드론의 화석들은 (동굴계cave system의 다른 곳에서 휩쓸려 내려와) '마구 뒤섞인 덩어리' 속에 놓여 있었기 때문에 그런 개체들이 사회집단을 형성했는지는 커녕 동시대에 살았는지조차 알 수 없다. 더욱이 오늘날의 수렵채집 사회에서 어머니와 같은 그룹에 남는 쪽은 종종 소녀들이다.

여기에 '네안데르탈인의 남녀 간 체격 차이가—고릴라의 경우와 마찬가지로—별로 크지 않았다'는 기본적 사실을 더하면 네안데르탈인 사회에 하렘harem을 거느린 알파 수컷alpha male이 존재했을 가능성은 매우 낮다. 그 대신 네안데르탈인 사회는—상당수의 인류 집단과 마찬가지로—한 쌍의 결합에 기반한 성적 관계에 기반했을 가능성이 높다. 다시 말해 그들에게 있어서 자녀 양육은—많은 다른 영장류들과 달리—공동 과제였으며 성인들의 파트너십은 장기간 지속되는 관계였던 것으로 보인다.

식량 공유가 네안데르탈인의 생활에서 기본이었다는 것은 그들이 사물을 사회적 유대관계를 유지하는 방법으로 이용했다는 것을 의미한다. 다음으로 미적으로 만족스러운 소품을 휴대했다는 것은 그들의 욕구와 몰입이 강렬했음을 시사한다. 어쩌면 푸마네에서 발견된 (붉은 황토로 신중히 덮인) 조개껍데기는 5만 년 전 네안데르탈 연인들이 '사랑의 징표'로 주고받은 선물인지도 모른다.

소중한 작은 것들

유대관계는 성인 남녀 사이에만 존재하는 것이 아니다. 유아와 부모 사이에도 종류는 다르지만 강도의 우열을 가릴 수 없는 유대관계가 존재한다. 하나의 종으로서 끊임없이 폄하되었음에도 불구하고, 수천 명의 네안데르탈인 어머니들은 성공적으로 아기를 기르고, 끌어주고, 부양해 왔다. '부풀어 오르는 배'의 의미는 이해되었을 텐데, 만약 그랬다면 예상되는 분만에는 흥분과 우려가 교차되었을 것이다. 네안데르탈인의 출산 장면은 어땠을까? 오늘날 출산은 하나의 삶을 규정하는 사건일 수 있으며, 상황에 따라 다르지만 호르몬과 특단의 신체적 노력이 종종 극단적인 감정을 연출한다. 인간의 분만은 종종 야간에 시작되며 그 과정에서 특별한 장소나 위치를 찾으려는 본능이 작용할 수 있다.

    네안데르탈인 어머니들은 포식자들의 눈에 띄지 않는 피난처에서 출산하는 쪽을 선택했을 것이다. 동굴이나 암굴은 명백한 선택지이며, 출산은 시기적으로 그런 장소를 방문하는 동기 중 하나였을 수도 있다. 그러나 대부분의 포유동물과 달리 인간 어머니들은—특히 초산인 경우*—종종 타인들과 가까이 있는 걸 선호한다. 심지어 한 이론에 따르면 출산에 참관하는 것은 호모 사피엔스만의 독특한 특징이다. 현생인류의 아기들은 출생하는 도중에 몸을 비틀어야 하므로 시간이 오래 걸리고 아기를 받기가 더욱 어려우며 치명적인 난산의 위험이 증가한다.

연구자들은 타분Tabun에서 발견된 여성의 골반과 메즈마이스카야에서 발견된 신생아의 두개골을 결합하여 네안데르탈인의 산도birth canal를 재구성함으로써 "네안데르탈인 신생아들은 몸을 비틀 필요가 없었지만 이미 길쭉한 머리를 갖고 있었으므로 여전히 압박을 받았을 것"이라는 결론을 내렸다. 네안데르탈인 소녀들은 평생 동안 임신과 출산으로 인해 상당한 위험에 직면했을 것이므로 간혹 사망이나 손상의 장면을 목격하는 것도 무리는 아니었을 것이다. 그러나 산모의 건강은 역사를 통해 극적으로 변화해 왔다. 예컨대 17세기에 파리의 병원에서는 사망률이 엄청나게 높았는데—산모가 아기를 낳다가 사망하는 경우가 부지기수였다—주된 이유는 높은 감염률과 서투른 의학적 개입 때문이었다. 그와 대조적으로 비공식적인 조산사midwifery를 보유한 전통사회는—수렵채집사회든 아니든—비교적 안전할 수 있다.‡

그러나 다른 유인원의 경우에도 출산에 참관하는 것은 물리적

---

*   일부 전통문화(남아프리카의 쿵족!Kung 포함)에서는 용기의 증거로서 단독 출산을 환영하지만 실제로는 특히 초산의 경우에는 타인이 참관한다.

‡   그러나 위험하지 않은 것은 아니다. 오늘날 많은 곳에서 여성들은 평생 16명당 한 명꼴로 분만 중에 사망하며, 그것은 30대 미만 여성의 사망 원인 중 첫 번째일 수 있다.

인 조력 이상이며, 보노보에 대한 연구에서 인간과 놀랄 만큼 유사한 행동이 드러났다. 암컷은 보고 만지면서 진행 과정을 체크하며 분만 중인 산모를 적극적으로 뒷받침한다. 이것은 단순한 호기심이나 아기를 만져 보려는 욕구 때문이 아니다. 암컷 동료는 산모 주변에 평소보다 더 오랫동안 머물며 출산 후보다는 출산 전에 더 흥분하는 기색이 역력하다. 더욱이 그들은 산모에게 위로의 몸짓을 보이며 파리와 수컷들의 접근을 제지하는 등 명백히 방어적이다(반면 수컷들은 방어적 행동을 일절 하지 않는다). 가장 경이로운 것은 일부 노련한 참관인들이 분만 직전에 아기를 받는 동작을 취하며 산모가 자세를 바꾸도록 부축하는 것은 물론, 나오는 새끼의 머리를 잡는 것을 도왔다.

물론 보노보는 강력한 우정에 기반한 암컷지배사회로 유명하다. 암컷 보노보들의 출산 경험과 결합되어 조산사 유사 행동을 유도하는 것으로 보인다. 이와 현격한 대조를 이루는 것은 수컷에 의해 물리적으로 지배되는 그룹에서 사는 침팬지인데, 암컷 침팬지는 일반적으로 동성 간 우정이 부족하다. 그들은 단독 분만을 선호하며 분만 후에는 칩거하는 경향이 있는데, 여기에는 그럴 만한 이유가 있다. 침팬지 사회에는 (수컷과 다른 암컷에 의한) 영아살해의 위험이 엄청나게 큰 데 반해 보노보 사회에서는 그런 사례가 보고되어 있지 않다.

가장 흥미로운 것은 보노보들이 (암컷들이 그룹 사이에서 이동함에도 불구하고) 그렇게 다른 핵심적 이유 중 하나가 네안데르탈인과 마찬가지로 식량을 놓고 다투지 않기 때문이라는 것이다. 만약 자원 부족이 수컷 침팬지의 공격성과 단독 분만의 원인이라면 네안데르탈인의 협동적 사냥과 복잡한 식량 공유 과정은 정반대를 의미할 것이다. 알짜배기 식량을 사냥터에서 '기다리는 입'으로 배달함으로써 집단 내부에서의 공격성은 훨씬 줄어들었고, 보노보와 같은 여성 간 우정이 싹틀 수 있었을 것이다. 인간에 더욱 가까운 까다로운 출산을 해야 했지만 네안데르탈인도 보노보처럼 조산사 경향을 보유하고 있었다고 상상해도 그리 이상한 일이 아니다.

강렬한 감정적 상호작용의 맥락인 동시에 지식과 기술의 전달이 생존에 영향을 미치는 현장으로서 출산은 사회적 의사소통이 증가하는 방향으로 진화하는 배경이 될 수 있다. 더욱이 다세대가 함께 살며 젊은 세대에게 육아 기술의 견습 기회를 많이 제공할수록 출산의 잠재력은 훨씬 더 증가한다. 어린 침팬지들은 바위나 나뭇조각을 두 팔로 고이 안으며 육아 기술을 흉내 내고, 인간 어린이들도 기회가 주어진다면 자기보다 어린 형제자매를 돌보지 않는가! 경험이 많은 엄마(심지어 할머니)의 존재는 새내기 부모가 되는 데 수반되는 벅찬 경험—특히 '태반과 탯줄을 처리하는 방법' 등의 출산 후 기본 사항—을 완충시키는 데 도움이 된다.

영장류는 종종 놀랍도록 많은 양의 태반과 탯줄을 먹는데, 그것은 영양 섭취를 위한 것이라기보다는 육식동물의 주목을 피하기 위한 것일지도 모른다. 인간은 그것을 땅에 묻는 경향이 있지만 네안데르탈인이 무엇을 했는지는 장소(심지어 사회적 전통)에 따라 달랐을 것이다. 그리고 태반을 배출한 산모들은 전형적으로 출혈—이것을 오로lochia라고 한다—을 경험하는데, 때때로 출혈량이 많을 수 있으며 수일 또는 심지어 수 주 동안 계속된다. 일부 산모들은 일어나 정상 생활을 영위하기도 하지만 많은 사회에서 산후 몸조리 기간에는 산모의 휴식과 친지들의 보살핌이 포함된다. 오로에 대처하는 데는 다량의 흡수 물질—통상적인 생리대와 유사하다—뿐만 아니라 특별한 영양식이 필요한데, 후자는 에너지에 굶주린 신생아에게 제공할 모유를 만드는 데 사용된다. 이를 위해 네안데르탈인 엄마들은 하루 500칼로리 이상의 에너지를 추가로 섭취해야 했다.

세상에 나온 네안데르탈인 아기는 현생인류 아기와 매우 비슷했을 것이다. 그들의 발육지표는 오늘날과 거의 동일했으며, 1년 이내에 포대에 싸인 갓난아기에서 다루기 힘든 어린이로 성장했을 것이다. 그들은 제법 귀여웠을 텐데, 이는 아동기에 부모의 사랑을 독차지하며 성장하기 위한 필수 요건이었다. 그들의 성장 속도에 대해서는 논란이 많지만, 다른 영장류들과 비교할 때 현생인류와의 차이는 무시할 만한 수준이었으며, 어린이들은 수년 동안 부모에게 완전히 의존했을 것이다.

놀랍게도, 한 기발한 분석 덕분에 일부 유적지의 아기들이 1년 내내 주로 모유를 먹었다는 사실을 알게 되었다. 프랑스의 아르시-쉬르-퀴르Arcy-sur-Cure에 있는 그로트뒤렌느Grotte du Renne에서 한 살쯤 되는 아기의 유골이 발굴된 퇴적층에서 특정 단백질(뼈를 자라게 하거나 치유하는 단백질)이 검출되었다. 더욱 주목할 만한 것은 동위원소 분석에서 플라이스토세의 모든 호미닌을 능가하는 수준의 질소가 검출되었다는 것이다. 다량의 민물고기를 먹거나 육식동물 몇 마리를 우적우적 먹지 않고서야 그렇게 높은 수준의 질소를 섭취할 수 없었을 텐데, 그보다 더 가능성이 높은 시나리오는 그 아기가 대부분의 음식을 모유로 충당했다는 것이다.*

애정이 넘치고 세심한 돌보미들이 있었음에도 불구하고 이 어린 아기는 여전히 위험에 직면했다. 많은 수렵채집사회에서 영아들의 목숨을 위협하는 가장 큰 요인은 질병과 감염이며, 가장 힘든 시기 중 하나는 이유weaning와 함께 찾아온다. 달콤한 모유 이외의 음식을 처음 맛봄과 동시에 젖을 뗀 아기들은 새로운 병원체 및 기생충과 맞닥뜨리게 된다. 완전한 이유는 전형적으로 두 살부터 네 살 사이에 이루어지는데, 이즈음 모유에 대한 수요가 감소하면서 어머니가 출산력을 회복하여 새로운 형제자매가 조만간 태어날 채비를 갖추게 된다.

이유 연령은 네안데르탈인 아기들의 발육 속도를 평가하는 하나의 지표이며, 치아의 동위원소는 그것을 측정하는 방법 중 하나다. 동위원소 분석법은 여전히 새롭고 일부는 논란의 대상이지만 바륨barium은 모유의 표지자로 제안된 동위원소 중 하나다. 100ka경 벨기에의 스클라디나에서 살았던 네안데르탈인 어린이의 치아에서 바륨을 추적한 결과, 모유 섭취량이 시간 경과에 따라 변화했다. 그는 출생 직후 모유만 먹다가 생후 7개월부터 다른 음식을 병행해서 섭취했지만 첫 번째 생일을 맞은 지 얼마 지나지 않아 모유 섭취를 갑자기 중단했다.

만약 바륨이 모유 섭취를 제대로 추적할 수 있다면 그런 갑작스

---

* 질소는 부분적으로 먹이사슬에서의 위치를 알려 준다. 그리고 모유를 먹는 아기들은 '어머니의 몸을 효율적으로 먹는다'고 볼 수 있으므로, 다량의 질소는 그들을 마치 최상위 육식동물인 것처럼 보이게 한다.

러운 중단은 어머니가 중병에 걸렸거나 세상을 떠났음을 시사한다. 생후 7개월은 인류, 영장류, 심지어 초기 호미닌의 통상적인 이유 시기와도 부합하지 않는다. 그러나 달리 생각하면, 엄마를 잃은 아기를 거둬 줄 능력이나 의향이 있는 유모가 없었다고 볼 수 있다. 정말 그랬을까? 최근 마이크로 샘플링을 이용해 240ka경 살았던 세 살배기의 치아를 분석한 결과, 스클라디나 아기는 네안데르탈인 사회의 전형적 사례가 아니었던 것으로 밝혀졌다. 즉, 네안데르탈인의 이유 과정은 훨씬 더 점진적이었으며 모유 수유는 생후 2년 동안 지속된 후 서서히 감소하기 시작하여 몇 개월 후 멈췄다.

직립보행을 하는 호미닌의 인생에서 가장 축하받을 만한 이정표 중 하나는 아마도 보행일 것이다. 네안데르탈인은 속도와 안전을 위해 아기들을 안고 이동했는데, 그에 대한 간접적 증거는 페예Payre에서 발굴된 어린이 유골에서 나왔다. 동위원소 분석 결과, 그 네안데르탈인 그룹은 아기가 태어난 지 불과 몇 개월 후―너무 어려 도움을 받지 않으면 걸을 수 없는 시기―에 이동 중이었다. 더욱이 때는 아기가 난생처음 맞는 겨울이었으므로, 일종의 바람막이나 유모차가 필요했을 것이다. 일부 수렵채집사회에서 독립적인 보행은 이유와 관련되어 있는데, 그 이유는 수유하는 동안 아기를 포대기나 품 안에 안는 게 여러모로 유리하기 때문이다. 일단 아기가 큰 위험 없이 걸어다닐 수 있게 되면―또는 체중이 너무 무거워지면―동반이 중단되는데, 그 시기는 일반적으로 세 살과 네 살 사이이다. 그러므로 만약 네안데르탈인 어린이가 그즈음(또는 그 직전)에 젖을 뗐다면 일상적인 동반이 더 이상 필요하지 않았다는 증거라고 할 수 있다.

우리는 불안정한 걸음마를 돕기 위해 손을 잡아 주는 한편 '특별한 음식'을 제공함으로써 아기들의 이유를 돕는다. 네안데르탈인 엄마와 아기들이 (잡다한 생활용품과 함께) 음식을 공유했다는 것은 자명한 사실이지만 '이유식'은 어떻게 확인할 수 있을까? 한 가지 단서는 벨기에의 엔기스Engis에서 나왔다. 그곳의 어린이 유골에서는 동일한 지역의 성인들보다 훨씬 더 높은 수준의 질소가 검출되었다. 대여섯 살의 나이를 감안할 때 아직도 (엄청난 양의 질소를 설명할 정도로) 충분한 모유를 섭취했을 리 만무하므로 필시 특별한 음식을 먹었을 것이다. 민물고기일 가능성도 있지만 순록이나 매머드의 특별한 부위(이를테면 뇌)나 심지어 발효식품일 가능성이 크다.

어린이들의 다른 신체부위에서는 네안데르탈인 어린이들이 매우 조숙했다는 징후가 포착된다. 그러나 아동기를 '인생의 한 단계'로 개념화하는 방법이 무엇인지, 심지어 그게 가능한지 여부를 확신할 수 없다는 게 문제다. 성인들이 어린이들의 신체적 미성숙을 이해하고 배려한 것은 맞지만, 어른이 되는 방법을 배우도록 도왔을까? 영유아의 치아에 새겨진 마모흔에서 약간의 모방 시도가 엿보인다. 콤브그레날에서 발견된 세 살배기의 앞니에는 법랑질이 아예 없었는데, 아마도 치아를 죔쇠로 사용한 데서 기인한 듯하다. 그러나 '엘 시드론 1' 소년의 치아에서 발견된 마모흔에는 그 이상의 무엇에 대한 흥미로운 단서가 존재한다.

4장에서 치아의 미세한 마모를 가리켜 석질 도구를 이용하여 입 안에 든 음식을 베어내는 방법을 배운 증거라고 말한 바 있지만 연장자들과 비교할 때 소년의 스크래치는 폭이 훨씬 더 좁다. 그것은 자신감이 부족했거나 머뭇거리는 동작 때문일 수도 있고, 어쩌면 비교적 작고 얇은 날이 달린 인공물을 사용했기 때문일 수도 있다. 그 석질을 소년이 직접 제작했을 수도 있지만 섬세한 박리는 그리 쉬운 작업이 아니므로, 다른 누군가가 어린이용 날붙이 세트를 만들어 줬을 수도 있다. 다른 수렵채집사회와 마찬가지로 또래 간 학습이 중요했을 거라는 점을 감안할 때, 엘시드론에서 그 소년과 맞먹는 좁은 치아 스크래치를 보유한 유일한 사람이 10대였을 가능성이 높다는 것은 흥미롭다.

만약 '어린이 전용 인공물'이 존재했다면 네안데르탈인 사회에 아동childhood이라는 지위 내지 신분이 존재했음을 암시하는 증거라고 할 수 있다. 그러나 한 걸음 더 나아가 네안데르탈인 어린이들에게 장난감이 있었다고 할 수 있을까? 다른 많은 동물과 마찬가지로 인간은 놀이를 통해 사실상 모든 것을 배운다. 놀이에는 대상object을 포함하며, 어린이들은 거의 모든 대상에서 재미를 찾아낸다. 미적 특질—이를테면 밝은 빛깔이나 반짝이는 표면—을 지닌 일부 대상은 어린이들을 즐겁게 해 줬을 수 있지만 그런 것들을 만들려면 많은 시간이 소요될 뿐만 아니라 비교적 드문 재료나 물질이 필요한 경우가 많아 설득력이 부족하다.

물론 많은 장난감은 실물의 단순화 버전 또는 축소판이다. 그러나 쇠닝겐에서 발견된 창 중에서 길이가 유난히 짧은 것들에 주목할 필요가 있다. 그것들은 '가짜'가 아니라 '진짜' 무기이며, 조그만 손을 위해—또는 조그만 손에 의해—크기가 조정된 게 분명하다. 호숫가의 매복지는 학습자들에게 비교적 안전한 환경이었을 것이며, 그곳에서 허우적거리는 말들은 (눈이 휘둥그레지고 가슴이 콩닥콩닥 뛰는) 어린이들이 찌르기 실습을 하기에 안성맞춤이었을 것이다.

사냥이 끝난 후에는 또 하나의 중요한 기술인 도축이 기다리고 있다. 대부분의 '미니' 석질은 종종 재연마에 의해 탄생하므로 장난감으로 간주될 수 없다. 미세한 르발루아 촉이나 좀돌날bladelet처럼 진정으로 작은 물체는 체계적으로 생산되었으며, 관련된 기술이 까다로웠기 때문에 아마도 어린이들의 작품은 아니었을 것이다. 그러나 일단 만들어진 제품은 고사리손으로 실습하는 데 전혀 불편하지 않았으며, 코바네그라의 작은 새에서 발견된 세심하게 베인 절단흔이 의미하는 것은—요즘 어린이들의 비디오게임과 마찬가지로—놀이와 생존기술이라는 양극단 사이의 어디쯤이라고 볼 수 있다.

우리를 돌봐 주세요

아동기는 흥분과 위험으로 가득 찬 삶의 서론이었다. 부상과 질병은 수렵채집사회에서 매우 흔하며 때때로 심각한데, 네안데르탈인도 다르지 않았다. 그러나 주목할 만한 것은 수많은 뼈가 일부 네안데르탈인이 그들의 질병을 극복했다고 증언한다는 것이다. 하지만 그것이 타인의 친절함 덕분이었는지 여부를 밝혀내는 것은 쉽지 않다. 지브롤터의 '악마의 탑'에서 발견된 어린이는 불과 두세 살 때 턱뼈가 골절된 것으로 보이며, 음식을 섭취하려면 어른들의 도움이 필요했을 가능성이 매우 높다. 유아의 경우에는 도움을 받은 것으로 예상되지만, 그보다 더 성숙한 다른 개인들의 경우에는 확신하기 어렵다. 10대인 '르무스티에 1'의 경우 아동기 후반에 턱뼈를 심하게 다치는 바람에 섭식 기능이 손상된 것으로 보이지만, 그가 힘든 삶을 살았는지 아니면 보살핌을 받았는지는 알 수 없다.

그와 정반대 사례로 라샤펠-오-생La Chapelle-aux-Saints에서는 치아가 없는 노인들의 유골이 발견되었는데, 침팬지와 마찬가지로 주변의 도움이나 부드러운 음식이 없었음에도 생명의 끈을 놓지 않았다. 이는 보살핌이 필요한 대상은 문화와 경험에 따라 다르다는 가정을 상기시킨다. 동물들의 행동은 상당히 다양하다. 침팬지, 그리고 특히 보노보들은 마음이 상하거나 몸을 다친 개체를 위로하지만, 일관되게 타자에게 도움의 손길을 내밀거나 식량을 공급하지는 않는다. 그와 대조적으로 고도의 사회적 동물인 코끼리와 고래는 힘을 합해 다친 동료들을 돕는다. 한 걸음 더 나아가 사자와 늑대, 심지어 몽구스는 간혹 불구가 된 성체들에게 식량을 제공한다. 여기서 주목할 만한 것은 이러한 종들은 천성적으로 유인원보다 훨씬 더 협동적인 사냥꾼이자 채집자라는 것이다.

집단을 벗어난 네안데르탈인은 오랫동안 생존하지 못했을 가능성이 높다. 만약 부상이나 질병이 삶의 일상적인 부분이었다면 도움을 필요로 하는 개인들—유아, 산모, 선천적 질환을 가진 환자—은 특이한 사례가 아니라 도처에 존재했을 것이다. 동물을 사냥하고 도축하고 먹는 일이 '행동과 결과물의 공유'를 수반하는 것처럼, 어렵거나 궁핍한 개인이 (최소한 때때로) 도움을 받았다는 것은 진화적으로 의미심장하다.

심각한 부상을 입은 몇 명의 네안데르탈인의 경우 이러한 점을 고려하지 않으면 설명하기 어렵다. 생-세자르의 여성이 경험한 끔찍한 두부 손상은 아마도 혼동과 다량의 실혈을 초래했을 텐데, 적어도 일시적으로는 도움을 받았던 게 틀림없다. 그와 마찬가지로 '샤니다르 3'는 운이 좋아 가슴을 찔린 후 무기폐collapsed lung*를 모면한 것 같지만 호흡과 보행에 어려움을 겪었을 것이다. 그들은 2주 이상 버틴 후 사망한 것으로 보이는데, 네안데르탈인의 높은 칼로리 필요량을 감안할 때 누군가에게 음식을 제공받지 않았다면 그렇게 오랫동안 생존하지 못했을 것이다.

그러나 장기적인 지원의 가장 납득할 만한 사례는 '샤니다르 1'이다. 아마도 부분적으로 눈이 멀고 한쪽 귀가 안 들린 게 분명하고, 운동성을 거의 상실하고, 팔이 절단되었음에도 불구하고 그는 지긋한 나이까지 생존했다. 심지어 통증과 관절염까지 앓은 것으로 보인다.

운동성이 극도로 제한되었음에도 '샤니다르 1'은 비교적 다리를 정상적으로 사용한 것으로 보이며 외팔이 생활에 적응한 게 분명하다. 만약 그가 이 모든 것을 혼자 힘으로 극복했다면 경이로운 일이다. 그는 결코 소외되지 않았으며 건강을 회복한 후에는 채집에 기여했고 심지어 소형동물 사냥에도 참가한 듯하다. 그러나 그는 여생 동안 대형동물의 고기를 제공받았을 것이며 주변 사람들에게 보호도 받았을 것이다.

---

* 폐포 내 공기의 양이 적거나 매우 결핍된 폐의 이상 상태. - 옮긴이

아마도 일부 동물들이 서로 돌봐주는 방법과 인간이 기울이는 노력 간의 진정한 차이는 의료 기술에 있을 것이다. 침팬지가 생물학적 활성이 있는 물질을 섭취하는 습관은 기생충 구제驅除나 미네랄의 균형 유지에 도움이 되겠지만 실제로는 신체 효과의 진정한 이해보다는 맛 선호도에 기반할 것이다. 침팬지는 때때로 자신의 상처를 잎으로 문지르며 오랑우탄은 '씹은 잎'을 피부에 바르는데, 흥미롭게도 그들이 문지르고 바르는 잎은 지역의 원주민 문화에서 진통제로 사용하는 식물의 잎이다. 설사 그렇더라도 침팬지와 오랑우탄의 방법은 우리가 자연 자원을 이용하여 무수한 방법으로 탕약, 습포제, 연고제 등의 치료제를 생산하는 것과 거리가 한참 멀다.

네안데르탈인 사회에 본초학herbalism이 존재했다는 명확한 증거는 없지만, 그들이 식물에 대해 상당한 수준의 지식을 보유하고 있었다는 점을 감안할 때 그랬을 가능성을 배제할 수 없다. 식물의 의학적 효능에 대한 중요한 단서는 네안데르탈인이 감지하고 견딜 수 있는 독특하며 종종 쓴맛이다. 서양톱풀yarrow과 카모밀레chamomile가 엘시드론에서 소비된 것이 확인되었을 때 그 약초들이 의약품으로 사용됐다는 주장이 언론의 주목을 받았다. 그러나 그것들은 향신료로도 사용되기 때문에 진정한 용도는 여전히 오리무중이다. '샤니다르 1'과 생-세자르 여성처럼 심각한 부상이 치유되었고 감염의 징후가 없다는 것은 자가투약self-medication의 간접적 증거라고 할 수 있다. 크라피나에서 발견된 또 하나의 잠재적인 절단amputation 사례도 마찬가지다.

죽음이 임박했을 때 '샤니다르 1'은 나이가 많았을 뿐만 아니라 현명했을 것이다. 그러나 그의 나이가 평균 수명 이상이었을까? 개체군의 크기가 매우 작고, 젊은 성인 남성이 차지하는 유골의 비중이 매우 높다는 점을 종합하면 네안데르탈인의 수명이 매우 짧았다는 설이 설득력을 얻는 것처럼 보인다. 그게 만약 사실이라면 중대한 시사점을 던진다. 그 내용인즉 혈기 왕성한 남성들이 자손을 남길 시간도 없이 사라졌다는 것이다. 그러나 이 주장은 화석이 생존자들의 연령 분포를 정확히 반영한다는 가정에 의존한다. 그러나 그 가정이 틀렸음을 시사하는 한 가지 근거는 여성의 시신이 극단적으로 적게 발견된다는 것이다. 그리고 다음 장에서 살펴보겠지만 시신들은 때때로 네안데르탈인의 자체적인 처리가 완료된 후에 고고학 기록에 잡힌다. 이 모든 점을 고려할 때 화석 중에 고령자—60세 이상—가 비교적 적다는 사실은 네안데르탈인의 수명이 매우 짧았다는 증거로 받아들여질 수 없다.

　백발이 성성한 노인들이 우글거렸을 가능성은 낮지만 네안데르탈인 사회에서는 최근의 수렵채집사회와 마찬가지로 3세대가 함께 사는 게 일반적이었을 것이다. 그리고 조부모와 함께 성장하는 것이 중요한 이유는 다음과 같다. 첫째, 수시로 육아를 담당하는 사람이 존재하면 성인이 더 많은 식량을 채집하거나 다른 일을 할 수 있기 때문에 매우 유용하다. 둘째, 조부모는 부모의 자녀교육을 강화할 뿐만 아니라 복잡한 기술—손잡이 부착용 접착제 만들기, 동물 발자국 추적하기, 민간요법—에 능한 경우가 많다.

　지식과 삶의 경험은 누적되어 지혜로 영근다. 나이 든 사람들은 네안데르탈인 사회를 떠받치는 인적 자산이었을 것이다. 40년 동안 산전수전을 다 겪은 사람들은 어려운 시기에 금광이나 마찬가지다. 오래된 방법과 자원이 있는 곳을 알고, 동물 추격에 실패한 경우와 이상 기후에 대처하는 방법을 알고 있었을 테니 그럴 수밖에. 이러한 지혜의 보고寶庫는 부모와 조부모를 통해 수 세대 전까지 확장되었다. 그러한 통찰력은 생존과 비명횡사를 가르는 차이가 될 수 있다.

네안데르탈인 연장자들은 집단의 사회사에서도 중요했을 것이다. 만약 그들이 성교를 통해 자녀가 태어난다는 사실을 이해했다면 친척과 혈통에 대한 개념도 존재했을 것이다. 누가 누구와 친척인지를 아는 것은 일상생활에서 매우 유용했겠지만, 만약 집단 간의 모임—계획적이든 아니든—이 존재했다면 훨씬 더 중요했을지도 모른다. 자원을 제외하면 오늘날 수렵채집인들 사이에서 장거리 여행의 핵심적인 동기 중 하나는 사회화인데, 여기에는 배우자sexual partner를 찾는 것도 포함된다.

모든 네안데르탈인이 유전학적 의미의 근교배inbreeding를 한 것은 아니었으며, '누가 그룹을 옮겼는지'와 '어떤 그룹이 우호적이고 어떤 그룹이 적대적인지'를 계속 파악하는 것은 최고연장자의 몫이었을 것이다.

만약 네안데르탈인이 어느 정도 수준의 언어를 보유했으며 이동을 계획하고 동물의 시체를 배분하고 복잡한 도구를 만들 때 자신의 마음을 시공간에 투사할 수 있었다는 가정을 받아들인다면, 이야기꾼의 존재를 배제할 수 없을 것이다. 이야기는 삶의 경험에서 나오며, 전 세계의 구전에 기반을 둔 문화에서 집단지성은 대체로 이야기를 통해 보존된다. 수렵채집인들이 보유한 이야기의 공통점은 괄목할 만하며, 종종 생태적 정보, 사회적 규범, 문화적 기원을 통합한다. 주변 세계에 대한 세부적인 정보는 서로 관련된 아이디어를 통해 이해되고 합리화된다. 간혹 멀리 떨어진 문화에서 나온 고대 설화들이 놀라울 정도로 비슷한 경우가 있다. 고대 그리스와 오스트레일리아 원주민인 코타카족Kothaka의 천체우주론에는 3개의 밝은 별 그룹이 포함되어 있는데, 오리온/니루나Nyeeruna 자리, 타우루스/캄부구다Kambugudha 자리의 히아데스Hyades, 플레이아데스Pleades 또는 일곱 자매Seven Sisters/유가릴라 자매Yugarila Sisters다. 이 별자리들을 설명하는 두 개의 이야기는 각각 지구의 반대편에서 나왔는데 사실상 똑같은 내용으로, 한 무리의 여성을 뒤쫓는 남성 사냥꾼이 다른 독립체에 의해 좌절된다는 이야기다. 추종이라는 공통적인 주제는 별들이 떠오르고 하늘을 가로질러 이동하는 방식에서 유래했을 것이다. 그렇게 생각하면, 자연은 늘 자기만의 이야기를 하고 사람들은 그저 그 이야기를 서로에게 반복할 뿐이다.

    네안데르탈인들의 이야기도 그런 식으로 탄생하여 전달되었으리라 생각할 수도 있고, 만약 모든 종류의 설화가 입에서 입으로 전달되었다면 그것은 일종의 시간여행으로서 한 집단으로 하여금 한 세기 전에 일어난 일들을 연장자들의 기억을 통해 '알게' 해 주었을 것이다. 때때로 이야기들은 까마득히 오래된 서사시였을 것이다. 그 강력한 증거는 몇몇 원주민 문화에서 나왔는데, 그 문화권에서는 별의 광도의 미묘한 변화에 대한 지식뿐 아니라 4,000년 전에 경험한 운석 충돌에 관한 경험이 수 세기 동안 지속되었다. 가장 놀라운 것은 지난 빙하기 말에 해수면이 솟아올랐던 호주 해안의 공동체에 존재하는 1만 년된 문화적 기억이다. 어쩌면 네안데르탈인도 수천 년에 걸친 기후변화를 통해 조상들의 세계가 어떻게 변했는지 기억했을 것이고, 아무도 본 적이 없는 별자리에서 이야깃거리를 찾아냈을지 모른다.

함께 살고 일하고 먹고 잠들었던 정서적 존재인 네안데르탈인은 풍요롭고 협동에 기반한 삶을 살았을 것이다. 그들의 집단 사냥은 고기를 나누고 터를 정리하는 데 반영되었다. 그들은 사랑이 넘치는 부모의 품 안에 태어나 복잡한 사회적 존재로 성장했으며, 우리와 마찬가지로 헌신적인 동시에 파괴적인 열정에 의해 추동되었을 것이다. 그리고 마치 소리가 증폭되는 것처럼 네안데르탈인 그룹 내부의 협동은 여러 세대를 지나며 스토리텔링과 함께 진화했을 것이다.

빛 공해에 뒤덮이지 않은 세계에서 밤하늘을 수놓은 별과 달은 모닥불 주위에서 읊조리는 노래의 일부분이 되었을 것이다. 네안데르탈인이 세계를 이해하는 메커니즘의 핵심은 장소 자체였고, 그리고 그것이 사물, 동물, 그리고 다른 사람들과 맺은 관계에 대한 경험 및 기억과 얽히는 방법이었을 것이다. 역사와 혈통이 땅과 융합될 때 죽은 자들의 몸에 일어나는 일은, 장소에 사회적 영향력을 부여하는 가장 강력한 방법 중 하나가 된다.

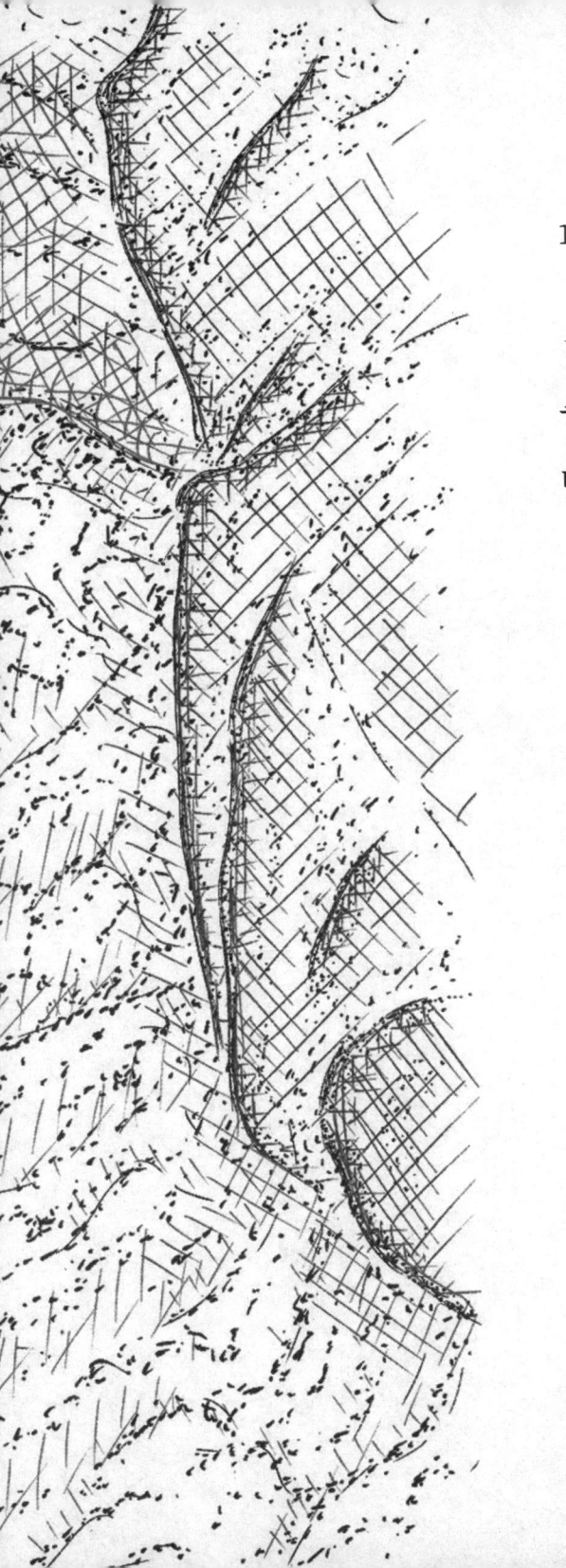

13장

✳

죽음에 대하여

5패덤의 물 아래에 망각이 잠든다.* 선박의 환한 조명등 아래서 일렁거리는 파도는 백마의 등을 연상시킨다. 목적지에 도달하자 엔진이 멈춘다. 법원의 명령이 최종적으로 확인되고 이름 없는 공무원이 갑판 아래에서 뭔가를 들고 올라온다. 육중한 곡선형 선박이 전등 밑에서 무덤덤하게 반짝이는 동안 구름에 가린 달 아래의 바다는─마치 시커먼 구덩이처럼─묵묵히 기다린다. 약속된 시간을 향해 초침이 째깍거린다. 잠시 후 선박에서 낙하된 항아리─이 속에는 용광로와 분쇄기에 의해 소각·분쇄된 두개골의 가루가 들어 있다─가 바다에 풍덩 빠진 후 빠르게 자취를 감춘다. 선원들은 소멸obliteration의 순간을 초조하게 기다리며 시계를 응시한다. 소금으로 만들어진 '죽음의 항아리'가 용해되면서 재투성이 뼛가루가 흩어지고 사라진다. 25분 후 소멸 완료 판정이 내려지자 선박의 엔진이 다시 으르렁거리며 살아있는 땅으로 돌아가려 애쓴다. 선박의 꽁무니에서는 먼지 낀 기름방울이 번득이며 부글거린다. 이윽고 바다는 아무런 흔적도 없이 잠잠해진다.

---

* "Full fathom five oblivion father lies". 셰익스피어의 희곡 《템페스트》 1막 2장에 나오는 구절을 패러디한 것이다. "Full fathom five thy father lies; Of his bones are coral made(5패덤의 물속에 그대의 아버지가 잠들었네, 그의 뼈는 산호가 되었고)." 여기서 패덤이란 바다의 깊이를 나타내는 단위로 1패덤은 6피트 또는 2야드(1.8288미터)다. ─ 옮긴이

모든 동물은 죽는다. 그러나 죽음에 대한 반응은 천차만별이다. 2017년 10월 25일과 26일 사이의 깜깜한 새벽, '무어의 살인자Moors Murderer'로 악명 높은 이언 브래디Ian Brady의 유해가 리버풀 앞바다의 어딘가에서 비밀리에 처리되었다. 아동 살해범인 그가 1966년에 받은 죄명은 영국이 사형제도를 폐지한 후 처음 저지른 연쇄살인이었다. 브래디는 대중에게 엄청난 혐오감을 유발했기 때문에 마침내 숨을 거뒀을 때 장의사도 그의 시신을 처리하기를 거부했다. 재판관은 고심 끝에 지역의 한 화장터에 '조문객도 장송곡도 조화도 없는 화장'을 명령했고, 그의 골분은 소금 항아리에 담겨 바다에 버려졌다. 소금은 바닷물에 용해되므로 브래디의 육신 존재에 대한 어떠한 표지자도 보존될 수 없었다. 절대적 종신형Absolute Life Imprisonment 판결이 난 지 50년 후의 일이었지만 국가는 그의 소멸을 확인하기 위해 안간힘을 썼다.

언론에서는 이와 같은 특단적 조치가 취해진 이유를 설명할 필요성을 전혀 느끼지 않았다. 공식적인 논평은 '친척들에게 고통을 주고 싶지 않다'는 것이었지만 그게 전부는 아니었다. 관계당국에서는 그의 관이 공적으로 회수되어 별도의 용광로에서 소각되었으며, 모든 것이 용의주도하게 청소되었다는 내용의 짤막한 성명서를 발표했다. 요컨대 그것은 사회의 도덕적 오염을 막기 위한 궁여지책이었다.

죽음과 그것을 다루는 방법은 늘 문젯거리였다. 예술 및 상징주의와 함께 네안데르탈인을 둘러싼 가장 격렬한 논쟁은 '그들이 고인에게 무슨 일을 했는가'였다. 지난 30년간의 발전과 새로 발견된 골격에도 불구하고 죽음이 그들에게 무엇을 의미했는지는 여전히 논란거리다.

어떤 연구자들은 의도적인 장례 관행을 증명하려면 모든 사례별로 특별한 특징이 존재해야 한다고 주장하고, 다른 연구자들은 보다 광범위한 맥락이 필요하다고 주장한다. 두 가지 관점의 균형을 유지하기 위해서는 현대적인 화석화과정학적 접근이 필수적이지만 우리가 가진 선입견을 인정하는 것도 필요하다. 호미닌의 뼈가 존재한다는 사실 하나만으로 네안데르탈인이 뼈를 거기에 묻었을 거라고 단정해서는 안 된다. 그러나 그와 마찬가지로 '관 모양의 구멍이 없다'는 이유만으로 그들이 거기에 안장된 것이 아니라고 단정할 수도 없다.

전 세계를 둘러보고 인류사를 검토해 보면 장례 관행은 언제나 매장burial의 범위를 훨씬 넘어섰다. 그럼에도 불구하고 고고학자들이 발굴한 유골에 얽힌 수수께끼를 푸는 것은 복잡한 문제다. 왜냐하면 네안데르탈인의 시신—또는 시신의 일부—이 유적지에 남겨진 사연이 각양각색이기 때문이다.

'투르빌-라-리비에르의 팔'처럼 자연적으로 쌓인 동물의 뼈와 뒤섞인 네안데르탈인의 뼛조각도 존재한다. 그것은 235~180ka의 홍수로 인해 백악질 절벽 아래 센Seine강의 모래둑으로 떠내려온 것으로 보이지만, 어떤 환경이 그들을 이 지경으로 이끌었는지는 불분명하다. 이런 장소들은 비교적 단기간 동안 점유되었을 것이라는 점을 감안할 때 도축지에서 무작위적으로 네안데르탈인의 뼈가 발견된다는 점은 흥미롭다. 잘츠기터-레벤슈테트의 경우 아마도 사냥 도중에 사고로 인해 한 명의 성인과 한 명의 10대가 수천 개의 순록 뼈 사이에 쓰러진 것으로 추정된다.

어떤 경우에는 네안데르탈인이 사냥감이었거나 적어도 육식동물의 먹이였던 것으로 보인다. 폴란드의 치엠나Ciemna에서 발견된 어린이의 손가락뼈에서 관찰되는 독특한 손상은 대형 맹금류의 소화액에 의해 부식된 것으로 추정된다. 털북숭이 청소부들도 한몫을 챙겼을 텐데 일부 하이에나 굴에서 갉아먹힌 채 발견된 네안데르탈인의 다리와 발 뼈가 바로 그런 사례다. 그러나 동굴이 네안데르탈인과 포식자 사이를 번갈아 가며 점유된 경우 네안데르탈인의 신체부위가 처리된 과정을 규명하기는 어렵다.

뼛조각은 고사하고 거의 완벽한 시신의 경우에도 특별한 장소에 의도적으로 남겨졌음을 증명하는 것이 어려운 건 마찬가지다. 동굴에서 네안데르탈인이 사망한 데는 수많은 이유가 있었을 것이다. 질병이나 다른 곳에서 입은 부상에 굴복했을 수도 있고, 심지어 기아나 폭력의 희생자였을 수도 있다. 문제는 사망자의 시신을 처리하는 방법에 대한 체크리스트인데 이게 융통성이 없을 경우 살아 있었던 자들의 유의미한 행동이 자칫 간과될 수 있다.

매장은 단지 가장 명백한 장례 방법일 뿐이다. 더욱이 매장에도 구덩이 파기에서부터 자연적인 구멍이나 틈새 이용하기, 단순하게는 퇴적물에 덮이기까지 여러 스펙트럼이 존재한다. 확인하기는 어렵지만 이루 나열할 수 없는 각종 관행들도 고려해야 한다(노출하기, 토막내기, 태우기, 배열하기, 전시하기, 재활용하기, 심지어 먹기). 그러나 최우선적으로 이해할 가치가 있는 것은 이러한 관행들의 기원이 된 슬픔grief의 본질이다.

죽음은 인간을 비롯하여 근연관계에 있는 동물들을 감정적으로 압도한다. 강렬한 유대감은 침팬지와 보노보 사회의 튼튼한 기반인데, 죽음은 유대관계의 단절을 통해 그들에게 정신적 트라우마를 초래한다. 정확히 무슨 일이 일어나는지는 때마다 다르지만 '개체의 죽음이 간과되는 경우'는 전혀 없다. 모든 죽음은 개체들—그리고 종종 그룹 전체—의 마음을 수 시간 동안 점령하며, 시신을 둘러싼 극적인 감정 표현과 상호작용을 불러온다. 불안정하고 폭발적인 분위기 속에서 '공격성과 굴복감' 또는 '안정감과 압도감' 사이를 수시로 넘나드는데, 때때로 짝짓기나 발성vocalising을 통해 스트레스를 발산하기도 한다. 흥미로운 것은 발성 소리가 때때로—낯선 동물의 출현을 경고하는 소리와 매우 흡사하게—공포와 위협에 휩싸여 있다는 것이다.

죽음의 즉각적인 여파 속에서 집단적 소음은 잠시 잦아들었다가 광기 어린 크레셴도로 복귀한다. 그러나 침묵이 지배하는 경우도 있다. 특정 개체들이 주재자로 나서서 시신 곁을 지키며, 심지어 밤새도록 시신을 조용히 응시한다. 참관자들은 손을 뻗기도 하는데, 누가 보더라도 시신을 만지려는—찌르거나, 쓰다듬거나, 끌거나, 운반하거나, 끌어안거나, 단장하거나—충동이 엿보인다. 주재자와 시신의 상호작용은 때로 어떤 반응—빤히 쳐다보기, 팔꿈치로 살짝 찌르기, 심지어 장난치기—을 이끌어 내려는 의도가 있는 것처럼 보인다.

그러나 상황도 중요하다. 갑작스런 죽음은 특히 강렬한 반응을 유발하는데, 이는 아마도 변화에 신속하게 대처할 수 없다는 좌절감에서 기인하는 것으로 보인다. 또한 망자亡者와의 관계도 행동에 영향을 미친다. 즉 가까운 친척과 친구가 가장 극단적인 반응을 보이며 시신의 지근거리에 머문다.

침팬지와 보노보는 '죽음이 상태의 변화를 의미하며 어느 시점에서 차원이 달라진다'는 사실을 분명히 인식하는 듯하다. 상처를 관찰하지만 치료하지는 않는다. 신체body는 물질material로 탈바꿈하며 사회적 과시를 위해 사용되는 사물things이 된다. 일단 이런 일이 일어나면 고위층 개체들은 다른 개체들이 망자의 시신에 접근하는 것을 통제하기 시작한다. 설사 살아생전에 별로 관심을 받지 못했던 망자일지라도 사정은 달라지지 않는다.

영아의 사망은 확장된 반응을 불러일으킨다. 자연사한 새끼의 어미들은 새끼의 시신을 수 주 동안—어떤 경우에는 100일 이상—안고 다닌다. 마치 새끼가 (죽지 않고) 시름시름 앓는 듯 어미들의 상호작용(털 고르기, 얼굴 만지기, 파리 쫓기)은 끊임없이 지속된다. 그러나 시간이 지나면서 이러한 본능은 시들해지고 다정하고 보호하려는 행동이 점점 줄어든다.

의도적 매장 vs. 자연적 매몰

가장 핵심적인 교훈은 남은 자들이 필멸성mortality을 경험하기 마련이며, 네안데르탈인이 유인원만큼이나 깊은 감정적 유대감을 가지고 있었다는 것이다. 유인원과 마찬가지로 그들은 죽음과 함께 압도적인 감정과 신체적 상호작용이 폭풍처럼 밀려올 것을 예감했을 것이다. 망자는 갑자기 무의미한 쓰레기가 되는 게 아니라, 살아생전의 수준을 넘어선 새로운 사회적 영향력을 획득했다. 마치 어두운 중성자별처럼 시신은 온갖 열정과 주의력을 아무런 저항 없이 빨아들였다. 고고학자들의 과제는 수백 명의 네안데르탈인에게서 나온 수천 개의 뼈와 치아로부터 그러한 영향력이 발휘되는 과정을 알아내는 것이다.

시신은 어떤 면에서 유적지 내의 유적지sites-within-sites와 같으며, 살과 지방, 뼈가 각각 다른 속도로 분해되는 동안 예측 가능한 방법으로 부패한다. 이스라엘에서 발굴된 '케바라 2Kebara 2'는 대체로 완전한 네안데르탈인의 상체로, 자세히 들여다보면 시신이 부패하는 동안 조그만 손가락과 팔목 뼈가 텅 빈 위강 속으로 들어갔음을 파악할 수 있다. 특정 네안데르탈인의 골격이 얼마나 자연스러운지를 평가하려면 죽음학thanatology—법의학적 화석화과정학forensic taphonomy—이 필수적이다.

그러나 매장을 증명하려면 한 걸음 더 나아가야 한다. 그 분야의 전문가들이 제안하는 디테일한 기준을 살펴보면 구덩이는 인위적이어야 하고, 주변의 지층과 전혀 다른 하나의 퇴적층으로 덮여 있어야 한다. 골격은 구덩이의 밑바닥에 완전히—이왕이면 몸을 쭉 편 자세로—누워 있어야 하며, 모든 부장물은 이례적이어야 한다. 이러한 까다로운 기준을 충족하면 의도적인 매장임을 확신할 수 있지만 너무 엄격하므로 일부 역사적인 인물의 사례조차 기각될 수 있다.

하지만 아무리 엄격한 시선으로 바라보더라도 어떤 유적지에서 부분적으로나마 완전한 네안데르탈인의 골격이 발견되었다면 뭔가 특이한 사건 때문일 것이라는 주장에 이의를 제기할 수 없을 것이다. 그도 그럴 것이 일반적인 동굴의 집합체 속에서 동물의 몸이 통째로 발견된다는 것은 지극히 드문 일이기 때문이다. 육식동물의 굴에서 간혹 아직 연결되어 있는 사지가 발견되지만 골격 전체가 발견되는 경우는 거의 없으며, 대형동물의 경우에는 사실상 전무하다. 동면하는 도중에 죽은 곰이나 깊은 동굴 속에서 길을 잃었거나 함정에 빠진 동물은 예외다.

그러나 전형적인 네안데르탈인의 동굴이나 암굴에서 시신이 통상적인 노출이나 청소부의 유린으로부터 살아남으려면 어떤 식으로든 보호되거나 은폐되어야 했다. 적절한 사례는 9장에서 언급한 아브릭로마니 동굴의 들고양이인데, 그 시체가 이례적으로 온전히 보존된 것은 아마도 네안데르탈인이 떠나기 직전에 도축되었고 곧바로 다음 유석기flowstone phase가 시작되었기 때문일 것이다.

그와 마찬가지로 특별한 자연환경이 호미닌의 전신을 보존하는 데 기여했을 수 있다. 예컨대 퇴적물이 동굴 속으로 신속히 유입되거나, 시신이 깊은 구멍 속에 빠지거나, 꽁꽁 얼어붙을 경우 육식동물의 레이더망에서 벗어날 수 있다. 그러나 그건 어디까지나 이론일 뿐

대부분의 경우 그런 일이 실제로 일어났다는 증거는 없으며, 그런 일이 네안데르탈인에게만 일어났으리라는 보장도 없다.

그보다 훨씬 더 엽기적인 상황은 시신이 고고학적 지층 속에 박힌 것처럼 보이는 상황이다. 고도로 단편화된 동물의 뼈와 석질로 가득 찬 퇴적층이 주변에 쌓이는 동안 유독 네안데르탈인의 시신만 수세기 동안 온전함을 유지한 비결이 뭘까? 그룹의 구성원들이 그런 사건을 예견하고 미리 피했거나 의도적으로 두 겹 세 겹의 흙을 덮지 않고서야….

매장된 것으로 주장되는 네안데르탈인 시신에 대한 근거를 심층적으로 파헤칠수록 문제는 더욱 복잡해진다. 많은 유골이 수십 년 전에 발굴되었고, 점점 더 예리한 재분석에 직면하고 있다. 아마도 가장 유명한 재분석 사례—한 세기 이상 지속된 논란—는 1908년에 시작되었다. 루이 카피탕의 말을 빌리면 1908년은 '무스티에의 해year of the Mousterians'였다. 그해 3월에 모습을 드러낸 '르무스티에 1'의 유골은 처음부터 매장된 것으로 간주되었고, 같은 해 8월 그의 마지막 잔해가 발견되기 며칠 전에 도르도뉴 계곡을 따라 동쪽으로 약 50킬로미터 떨어진 곳에서 또 하나의 사실상 완전한 골격이 발견되었다.

우리는 라샤펠-오-생 근처에 자리 잡은 8개 동굴 중 하나 속에 누워 있던 올드맨을 4장에서 이미 만난 적이 있다. 올드맨은 그때까지 발견된 가장 완전한 골격이었고, 발굴자들은 그 동굴이 무덤이었다고 주장했다. 올드맨의 유골은 신속히 수습되어 파리에 있는 마르셀 불의 연구소로 보내졌고, 모든 흙먼지는 깨끗이 제거되어 동굴 안으로 다시 돌아갔다. 그리고 '올드맨이 그곳에 있게 된 과정'을 재조사하기 위한 프로젝트가 시작될 때까지 100년 동안 거기에 머물렀다.

비록 발굴 당시의 그림들은 사후에 그려졌고 균형이 잡히지 않았지만, 재구성된 올드맨의 골격이 놀랍도록 온전하다는 증거를 뒷받침했다. 조그만 돌들에 의존하여 그려진 삽화에 의하면 그의 골격은 한 '구덩이'의 밑바닥에서 발굴되었다. 골격을 구성하는 뼈들은 모두 현장에서 발견된 게 분명하다. 그것은 '엉성하게 맞춘 퍼즐 조각들'과는 거리가 멀었고 누락된 부분은 반대쪽을 참고하여 채워졌다. 아귀가 맞는 뼈 무더기가 발견된 동물은 두 마리밖에 없었다. 하나는 순록으로, 한쪽 벽의 두엄 더미로 추정되는 곳에서 발견되었다. 다른 하나는 오록스나 들소의 하퇴* 부분으로, 아마도 올드맨의 두개골 위 어디쯤에서 발견되었다.

동물상 전체의 집합체―심지어 동면하는 동굴곰까지 포함하여―와 비교하면 올드맨의 골격은 부서지고 손상되고 풍화된 정도가 덜했다. 그에 더하여 올드맨의 상태는 동물뿐만 아니라 다른 네안데르탈인들과 비교해도 달랐다. 더구나 최초의 발굴자들(그리고 올드맨의 뼈를 지속적으로 발견하여 불에게 보낸 지역의 한 아마추어 고고학자)이 놓친 최근의 연구에서 올드맨 말고 두 명의 다른 네안데르탈인―성인 한 명과 어린이 한 명―의 유골이 더 발견되었다.

올드맨의 시신은 특이한 화석화과정학적 내력을 지닌 것처럼 보이지만 (네안데르탈인의 매장 풍습을 인정하지 않는) 회의론자들은 '한

---

* 무릎 관절과 발목 사이의 부분. - 옮긴이

노인이 구덩이로 기어들어가 측면에 머리를 기댄 채 사망했다'고 설명한다. 그 후 시신이 한랭 건조한 기후 속에서 냉동되거나 미라화되는 바람에 청소부들을 피했을 수도 있고, 동굴이 다른 네안데르탈인들에게 점유되는 바람에 청소부들이 접근하지 못했을 수도 있다는 것이다.

그러나 앞뒤가 맞는 설명은 하나도 없다. 그 지역의 기후가 극도로 한랭 건조했던 것은 아니며, 설사 다른 네안데르탈인이 부패한 시신 옆에서 살았다 하더라도 뭔가에 신속히 뒤덮이지 않고서는 골격이 뿔뿔이 흩어지지 않았다고 상상하기가 어렵다. 안타깝게도 현장 사진이 전혀 남아있지 않지만, 다른 증거들에 기반할 때 동굴 밖에 놓여 있던 두개골은 여전히 부분적으로 퇴적물에 둘러싸여 있었던 것으로 추정된다. 그리고 시신이 부패하는 동안 두개골이 목의 오른쪽으로 이동하면서 아래턱이 분리되어 턱이 코의 높이까지 올라간 것으로 보인다. 그러나 중요한 것은 경추가 아무런 영향을 받지 않았다는 점인데, 이는 유골이 부패하기 전에 이미 퇴적층의 부분적인 뒷받침을 받았거나 머리가 몸에서 떨어져 나갔다는 것을 암시한다.

이것은 구덩이에 얽힌 미스터리를 부각시킨다. 최초의 발굴자들은 토양의 차이에 전혀 개의치 않고 한밤중에 촛불이나 가스등을 밝히고 부리나케 발굴했는데, 그 과정에서 골격의 일부를 파손했다. 주목할 만한 것은 지면의 움푹 파인 곳에서 구덩이의 진면목을 파악할 수 있다는 것이다. 즉, 퇴적물의 내부는 구조적으로 달랐으며 주변의 지층과 함께 서서히 축적된 게 아니었던 것으로 사료된다.

21세기의 발굴자들은 꼼꼼한 재발굴을 통해 깊이 파인 구덩이가 존재했고* 한쪽 가장자리의 길게 갈라진 틈 속에 순록의 뼛조각이 세로로 놓여 있었음을 보고했다. 동굴 바닥은 뒤틀리고 갈라져 있었는데, 이는 동결과 해동이 주기적으로 반복된 것을 시사한다. 이는 동결교란작용cryoturbation(서릿발 융기frost heaving와 퇴적물 액화sediment liquefying를 수반하는 퇴적층의 심각한 교란)을 통해 지면에 하방 압력을 가할 수 있다. 그러나 하방 압력이 구덩이를 만들었다고 장담할 수는 없다. 만약 초기의 고고학적 지층이 자리를 잡은 후에 이러한 특징이 형성되었다면(이는 길게 갈라진 틈 속의 내용물로 미루어 짐작할 수 있다) 구덩이가 자연 침식‡의 결과물일 가능성은 낮다고 볼 수 있다.

이러한 지질학적 증거가 네안데르탈인이 의도적으로 무덤을 팠다는 설을 100퍼센트 증명하는 것은 아니다. 그러나 다른 유적지들의 사례를 보면 그들은 구덩이를 파고 메우는 능력을 보유하고 있었음이 분명하다. 그리고 여러모로 볼 때 다른 주요 가능성—곰의 동면굴—은 희박하지만, 구덩이가 어떻게 생겨났는지에 대한 강박은 문제의 본질을 흐릴 수 있다. 왜냐하면 자연적인 구덩이에서 골격이 발견됐다고 해서 의도적인 안장의 가능성을 배제할 수는 없기 때문이다. 프랑스 남서부에서 발견된 호모 사피엔스 유적지인 퀴삭Cussac 동굴이 대표적인 사례로, 곰의 동면굴에 시신이 안장되어 있었다.

종합적으로 볼 때 라샤펠-오-생에서 발견된 올드맨의 모든 특

---

* 새로운 발굴 과정에서 촬영한 사진을 1909년 불이 찍은 사진과 비교하면 흥미롭다. 새로운 사진에는 고리버들로 만든 소풍용 바구니 대신 크고 육중한 상자가 등장하는데, 이는 레이저 3D 녹화 시스템을 위한 것이다.

‡ 인간의 개입 없이 자연적인 기후와 식생 조건에서 물, 얼음 같은 자연적 요인에 의해 발생하는 침식을 말한다. - 옮긴이

징을 해명할 수 있는 자연스러운 설명은 없다. 그곳은 1908년에 신기원을 이뤘고, 오늘날 현대적인 재분석 덕분에 네안데르탈인의 매장 풍습을 뒷받침하는 최고의 사례 중 하나로 남아 있다.

그 밖에도 일부 사례는 최근의 연구를 통해 의도적인 매장으로 인정받았지만, 다른 사례들은 되레 혼란만 가중되었다. 1954년 농업 시설을 철거하던 중 우연히 발견된 프랑스 남서부의 레구르두Regourdou 유적지는 '가장 실속 없는 매장 사례'라는 오명을 얻었다. 땅 주인은 수년 동안 혼자 발굴하던 중 어느 날 밤 골격의 잔해를 발견하고 전문가들을 불러들였다. 뼛조각들 간의 전후관계도 밝혀지지 않은 상태에서 '곰 뼈와 뒤섞인 채 암석 속에 웅크리고 있는 듯한 골격'에 대한 설명이 과학 문헌을 도배했다.

이쯤 되면 비판적 재분석이 따르기 마련이다. 아니나 다를까, 연구자들이 구름같이 몰려들어 얽히고설킨 동물상 중에서 거의 70개의 호미닌 뼈를 새로 발견했다. 골격은 젊은 성인으로, 그때까지 발견된 가장 완벽한 골격 중 하나로 인정받았다. 그러나 레구르두에서 발견된 다른 것들은 현대적 정밀검사를 견뎌 내지 못했다. 곰들은 겨울잠을 자다 비명횡사한 것으로 밝혀졌으며, 네안데르탈인이 진짜로 암석 속에 웅크리고 있었다는—즉, 일종의 암석장rocky tomb을 치렀다는—증거는 발견되지 않았다.

다른 한편, 레구르두에는 몇 가지 의문점이 도사리고 있다. 곰(그리고 나중에는 굴토끼)에 의해 네안데르탈인의 시신이 교란된 것은 논외로 하고, 작은 손뼈들 간의 해부학적 관계를 분석한 결과 시신이 본래 완전체였던 것으로 밝혀졌다. 그러나 두개골의 대부분—윗니 포함—이 사라졌음에도 불구하고 그것을 마모시키거나 용해시킨 자연적 과정(예: 침식)이 분명하지 않았다. 절단흔이 없는 걸로 보아 다른 네안데르탈인이 얼마 안 된 시신에서 두개골의 일부를 제거했을 리는 만무했다. 이미 말라 버린 뼈를 곰들이 물어뜯었다면 몰라도.

이 모든 것은 시신이 완전히 부패한 후에 두개골이 떨어져 나갔음을 의미한다. 그러나 그 방법과 두개골의 행선지는 오리무중이다. 연구자들은 상당히 절제된 표현을 이용하여 "레구르두 동굴에는 문제가 많다"라는 결론을 내렸으며, 지금까지도 해명되지 않은 의문이 수두룩하다. 매장은 둘째 치고 네안데르탈인은 동굴 깊은 곳에서 무슨 일을 하고 있었을까? 곰 뼈에 도축된 흔적이 있는 걸로 보아 동면하던 곰을 사냥했을 수 있다. 석질의 개수가 적은 걸로 보아 그곳이 라샤펠-오-생의 올드맨이 처했던 환경과 달리 주거지보다는 사냥터였을 가능성이 높다. 그러나 만약 사냥터라면 인적이 매우 드문 곳이었을 것이다. 곰 뼈들 가운데 절단흔을 가진 것이 1퍼센트 미만이기 때문이다.

시간이 흐르면서 레구르두 자체가 변했다는 사실에서 한 가지 답을 유추할 수 있다. 처음에는 곰이 사는 깊은 동굴이었지만 천장의 일부가 붕괴되면서 자연적인 함정 구덩이pit trap가 되었다는 것이다. 네안데르탈인과 같은 퇴적층에서 다른 동물들(예: 사슴, 야생돼지, 말)의 유골이 발견되었는데, 그들도 함정에 빠진 듯하다. 아마도 어느 운 나쁜 날, 추격에 열을 올리던 사냥꾼은 발밑의 땅이 갑자기 꺼지는 것을 느끼며 사냥감과 함께 칠흑 같은 어둠 속으로 굴러떨어졌을 것이다. 훨씬 흥미로운 사실은 연구자들이 새로운 호미닌 뼈를 발견했다는 것이다. 이는 또 다른 네안데르탈인이 첫 번째 네안데르탈인과 비슷한 운명을 겪었다는 것을 의미한다.

레구르두를 둘러싼 마지막 반전은 레구르두가 있는 언덕에서 아래로 더 내려가면 라스코Lascaux 동굴이 있다는 것이다. 17ka경 호모 사피엔스들은 어두운 동굴 속으로 들어가 천장을 따라 여러 마리의 말과 황소 그림을 그렸다. 그러나 한 명의 네안데르탈인과 여러 마리의 동물들은 이미 8만 년 전 동굴 어딘가의 그보다 더 높은 지하실에 누워 있었다.

네안데르탈인 CSI(과학수사대)의 가장 흥미로운 사례 중 하나는 1993년에 발견되었다. 레구르두보다 조금 더 오래된(170~130ka) 이탈리아 남부 알타무라Altamura 근처에 있는 라말룬가Lamalunga 동굴의 비좁은 통로 말단에 믿을 수 없을 만큼 완전한 시신 한 구가 누워 있었다. 시신은 '남자의 애프스Apse of the Man*'라는 공간에 안장되어 있었는데 석순에 가려 접근할 수 없었기 때문에 연구자들은 온갖 묘안을 짜내야 했다. 고프로GoPro 카메라와 레이저 스캐너로 화석을 영상화함과 동시에 좁은 틈새를 통해 섬세한 샘플링 장비를 삽입하여 미세한 어깨뼈 조각을 채취했다.

그 네안데르탈인은 어떻게 그곳에서 생을 마쳤을까? 뼈의 흩어진 정도를 감안할 때 시신이 부패하면서 해체된 것으로 보인다. 원래의 자세는 알 수 없고, 심지어 그곳에서 생을 마쳤는지도 불분명하다. 라말룬가 동굴에는 주거 흔적이 없고 고고학적 유물도 전혀

---

* 애프스apse란 하나의 건물이나 방에 부속된 반원형 내부 공간을 말하며, 후진後陣이라고도 한다. – 옮긴이

없다. 길을 잃었을 가능성도 낮은데, 동굴 입구에서 불과 50미터밖에 떨어져 있지 않기 때문이다. 만약 입구가 이미 막혀 있었다면 동굴에 들어가는 유일한 방법은 지면과 연결된 틈새에 빠지는 것이었지만, 라말룬가는 레구르두와 달리 동물이 빠질만 한 자연적인 함정 구덩이를 갖고 있지 않았다. 뭔가 특이한 일이 일어났을 텐데 우리가 확실히 알고 있는 것은 '시신은 오돌토돌한 유석이 괴상한 피부를 만들기 전에 어둠 속에서 서서히 부패하였고, 떨어져 나온 뼈가 동굴 바닥에 나뒹굴었다'는 것이다.

네안데르탈인 성인의 골격 전체가 수만 년 동안 보존되었다는 것은 충분히 인상적이지만, 그게 연약한 아기의 뼈라면 더욱 그렇다. 어릴수록 뼈가 더 빨리 부패하므로 보호장치가 없을 경우 특히 파괴되기 쉽다. 그럼에도 불구하고 3장에서 살펴본 바와 같이 다양한 연령대의 네안데르탈인 어린이 유골(믿기 어려울 만큼 완전한 유아의 골격 포함)이 발견되었다. 뜻밖의 사실은 신생아의 뼈는 더욱 광화mineralization되어 있기 때문에 부패에 잘 저항한다는 것이다. 그러나 동굴에서 매우 드물게 발견되는 육식동물의 새끼와 비교해 봐도 네안데르탈인 유적지에서 발견되는 유아의 골격은 두드러지게 적은 편이다.

앞에서 언급한 '르무스티에 2' 신생아는 유일무이하지 않다. 역사상 가장 짧았던 네안데르탈인의 삶은 70ka경 캅카스 산맥Kavkaz Mountains에서 막을 내렸다. 고작해야 생후 1~2주인 아기의 시신은 놀랍도록 잘 보존되어 있다. 메즈마이스카야 동굴의 암상 바로 위에서 발견된 미세한 골격은 오른쪽으로 누운 채 무릎을 굽혀 다리를 올리고 왼쪽 팔을 가슴 쪽으로 약간 구부리고 있었다. 낮잠을 자는 자세와 거의 비슷했다. 주변의 단단한 퇴적층이 침식되는 바람에 하퇴 일부가 느슨해진 것을 제외하면 상태가 매우 양호하여, 아주 작은 치배 tooth bud가 여전히 존재했고 대부분의 뼈는 정확한 위치에 가지런히 놓여 있었다.

이렇게 조그만 아기가 매장되어 거의 손상되지 않은 데는 일련의 특별한 상황이나 다른 네안데르탈인의 관여가 있었을 것이다. 이런 아기는 두고두고 잊히지 않을 가능성이 높지만, 죽은 후 아무 데나 유기됐을 수도 있다. 그러나 설사 아기의 시신이 버려졌다 치더라도 다른 의문들이 남는다.

신생아들은 전형적으로 수 주 동안은 구르기를 배우지 않으므로 옆으로 누운 자세는 놀랍기 그지없다. 그리고 설치류가 보송보송한 다리뼈를 갉아먹은 흔적은 있지만 대형 청소부가 건드린 흔적은 전혀 없다. 게다가 비록 구덩이가 파였다는 증거는 없지만 동굴의 나머지 저층부와 비교할 때 골격 주위의 퇴적층이 독특하다는 것만은 분명했다. 어떤 석질이나 동물상도 아닌, 다른 곳에서 보기 힘든 작은 숯 조각들이 흩어져 있다는 점도 특이하다.

이 아기가 메즈마이스카야에서 죽었든 다른 곳에서 죽었든 여러 가지 증거들을 종합적으로 고려하면 동굴 안에 의도적으로 안장되어 보호조치가 취해진 것으로 보인다. 장담하건대 자포자기한 엄마가 — 아직 피를 흘리고 젖이 불어 있었을 것이다 — 작고 부드러운 시신을 구덩이에 파묻고 불이 꺼진 지 오래된 난로에서 재를 꺼내 뿌린 후 자리를 떴을 것이다.

비교적 최근에 발굴된 메즈마이스카야 아기와 대조적으로, '르무스티에 2' 유아가 매장된 과정에 대해서는 할 말이 별로 없다. 페이로니가 주장한 '놀랍도록 커다란 구덩이' 설은 평가하기 어려운데, 그림과 사진을 남기지 않았기 때문이다.* 그는 "흙으로 메운 층은 관통된 3개 층의 혼합물로서 파낸 부분을 지지하는 것처럼 보였고, 뼈들이 풍화되지 않은 것으로 보아 신속히 덮은 게 분명하다"라고 기록했다. 시신의 위치나 자세에 대한 정보는 하나도 남아 있지 않지만 메즈마이스카야만큼이나 완전했다고 한다. 다시 한번 말하지만 '르무스티에 2' 유아는 매우 특이한 자연적 상황에 힘입었거나 다른 네안데르탈인들에 의해 매장되었거나 둘 중 하나라고 할 수 있다.

    네안데르탈인은 그 밖에도 많은 방법으로 아기를 잃은 정신적 고통을 달랜 것으로 보인다. 그중 일부는 미묘한 지표를 통해 고고학적으로 감지할 수 있을 뿐이다. 고대 인류문명을 통틀어 사망한 아기들 중 일부는 매장된 반면, 다른 아기들은 두엄 더미나 벽, 샘물, 땅바닥 밑, 심지어 항아리 안에 유기되거나 방치되었다. 정확한 접근 방법은 각 사회의 유아기에 대한 이해에 따라 달랐다. 록드마르살의 어린이—고고학자들은 그의 치아 덕분에 네안데르탈인 어린이의 성장 속도를 이해했다—는 네안데르탈인의 이해를 대변한다. 거기서 한 소년이 땅에 묻혔지만 방법상 매장이라고 부르기에는 무리가 있다.

    1961년에 발견된 록드마르살 어린이에 대한 지난 10년간의 재분석은 대체로 완전한 골격이 안장된 이상한 안식처에 집중되었다.

---

*   유골을 발견한 사람은 페이로니가 고용한 인부였고, 그는 라페라시를 비롯한 여러 유적지를 관리하느라 바빴다.

그곳은 바로 석회암 속의 텅 빈 공간으로, 완전히 자연적이지만 시신이 그 속으로 들어간 과정은 명확하지 않다. 시신은 얼굴을 땅에 대고 엎드린 상태에서 고개를 약간 아래로 숙이고 있었고, 무슨 연유에선지 미끄러져 들어간 것 같다는 추측을 불러 일으켰다. 그러나 양다리는 오른쪽으로 완전히 구부러져 있었고, 왼팔은 땅을 더듬으며 마지못해 공간 속으로 끌려 들어간 것처럼 보인다. 그 자세만 갖고서는 물살에 휩쓸려 들어간 건지 토사에 파묻혀 들어간 것인지 알 수 없으며, 더욱이 그 당시의 기후는 시신이 미라화되거나 동결될 만큼 극단적이지 않았다.

록드마르살 어린이는 '완전히 연결된 상태로 구덩이에 들어간 시신'의 또 한 가지 사례다. (지렁이와 뒤섞여 달랑달랑 매달린) 손가락뼈와 (유해한 환경에 노출되어 손상된) 하퇴를 제외하면, 그것은 육식동물에 의해 손상되지 않은 놀라우리만큼 완전한 시신이다. 매장이라고 주장할 수는 없지만 그렇다고 해서 자연적 과정이라고 자신 있게 설명할 수도 없다. 그 동굴에 대량의 토사가 신속히 유입되었다는 증거가 없을뿐더러 시신 주변의 시커먼 물질은 서서히 축적된 것이 확실하다.

아마도 길을 잃거나 버림받은 어린이가 구덩이 속으로 기어 들어간 후—비록 자세는 이상하지만—사망한 것으로 보인다. 관점을 달리하면, 두 살 반에서 네 살이라는 나이를 감안할 때 부모의 강력한 애착이 의심된다. 만약 자식이 사망했고 그룹이 존재했다면 시신과 상호작용하려는 충동이 강렬했을 것이다. 그런 경우 작고 격리된 공간으로 시신을 옮겨 안장하는 것이 인지상정이다.

마지막으로, 골격 주변의 퇴적물에는 전형적으로 단편화된 석질, 동물의 뼈, 이빨과 함께 세 가지 특이한 물체가 포함되어 있었다. 유적지의 나머지 부분에는 하이에나, 새, 그리고 완전한 뼈가 매우 드물지만, 텅 빈 공간 내부에는 아이의 시신과 함께 순록과 자고새의 온전한 사지뼈, 그리고 하이에나의 턱뼈가 놓여 있었다. 조개껍데기나 색소처럼 특별한 것은 아니지만 시신과의 연관성이 미스터리 목록에 추가된다.

공동묘지?

개인의 골격을 해독하는 것이 어렵다면 여러 구의 시신이 한데 모여 있는 현상을 해석하는 것은 훨씬 더 까다롭다. 이미 레구르두와 라샤펠-오-생에서 그런 사례를 거론했지만, 다른 유적지에서 재분석을 수행하는 연구자들도 동일한 현상에 직면하곤 한다. 1910년 르무스티에에서 하우저는 별도의 두개골 조각과 치아를 추가로 발견했고(그곳이 어딘지는 현재 알 수 없다), 심지어 펠트호퍼에서도 더 많은 시신이 발견되었다. 즉, 2000년에 연구자들은 절벽 기슭의 돌무더기에서 발견된 네안데르탈인의 뼛조각을 원점에서 재구성했고, 다른 두 명의 네안데르탈인 뼛조각을 추가로 발견했다.

뼛조각들은 그렇다 해도 하나 이상의 (대체로) 완전한 골격이 발견된 유적지를 어떻게 이해해야 할까? 그런 곳들은 공동묘지로 불리기도 하지만 공동묘지라는 것은 여러 세대에 걸쳐 지속된 전통을 의미한다. 만약 네안데르탈인들의 골격이 (고고학과 명백히 다른) 별도의 지층들에서 발견된다면 지속적인 관행이라는 주장에 동의하기 어렵다. 그러나 다른 한편으로 몇몇 유적지들은 이론의 여지없이 수많은 시신들로 넘쳐난다.

이런 현상은 심지어 네안데르탈인의 직계 조상 가운데서도 볼 수 있는데, 아타푸에르카에 있는 시마데로스우에오스의 천연 구덩이에서 발견된 거의 30명에 해당하는 뼛조각이 바로 그것이다. 성인과 청소년을 포함하여 무려 30명이라니 기가 찰 노릇이다. 더욱이 수반된 인공물이라고는 핑크빛 규암으로 만들어진 양면석기뿐인데, 발굴자들은 이것을 '엑스칼리버Excalibur'라고 부른다. 네안데르탈인 세계의 초창기에 '사자死者를 위한 곳'이라는 개념이 이미 등장하고 있었던 것 같다.

유골이 가장 풍부한 곳 중 하나는 크로아티아의 크라피나로, 약 900개의 뼛조각들이 발견되었다. 그러나 그것들은 산산조각 나 있으므로 얼마나 많은 네안데르탈인의 것인지 계산하기 어렵다. 치아를 기준으로 하면 최소 23명—이 정도만 해도 최고 수준이다—에 해당하는 것으로 추정되지만 다른 방법으로 계산하면 80명에 육박할 수 있다.

크라피나가 독보적이지만, 프랑스의 다른 두 유적지에서도 최소 20명의 뼛조각이 발견되었다. 라키나의 경우에는 여러 인접한 지역과 지층에 걸쳐 있고, 르호르투스L'Hortus의 사례는 특히 흥미롭다. 거의 수직으로 깎아지른 100미터 높이 절벽의 중간에 위치한 르호르투스 동굴의 내부는 비좁은 활송장치chute* 모양이며 결코 안락한 주거지라고 볼 수 없다. 이런 악조건에도 불구하고 네안데르탈인들은 이곳에 매우 단기간 동안 여러 번 머물렀는데, 시간이 경과함에 따라 유적지의 한 부분에 뼈—많은 어린이와 한 명의 아기 포함—가 축적되기 시작하는 것으로 보아 모종의 변화가 일어난 듯싶다. 이러한 현상은 수 세기—어쩌면 수천 년—동안 계속되었지만 그 이유는 알 수 없다. 특별히 예외적인 보존 조건은 눈에 띄지 않는데, 그렇다면 어떤 다른 요인이 작용한 걸까?

광범위한 주거지는 아니지만 그럼에도 많은 시신이 발견되는 유적지들이 있다. 스페인 쿠에바데로스아비오네스Cueva de los Aviones에서 멀리 떨어지지 않은 곳에 시마데라스팔로마스Sima de las Palomas가 있는데, 이곳은 MIS 6과 MIS 3 사이의 퇴적물로 가득 차 있는 깊은 수직 통로다. 19세기 광부들에 의해 거의 파괴된 후 방치되어 있다가, 1991년 자일을 타고 내려간 한 박물학자에 의해 벽에 처박혀 있는 호미닌 뼈가 발견되었다. 그것은 엄청나게 크고 단단한 암석 더미의 자투리인 것으로 판명되었고, 고고학자들은 그 후 25년 동안 특별히 설치된 비계scaffold를 이용해 어렵사리 발굴한 결과를 토대로 '운 없는 네안데르탈인이 추락한 구덩이'가 아닌 '더욱 복잡한 무덤'인 듯하다는 결론에 도달했다. 석질이 거의 없고 불에 탄 동물 뼈가 약간 존재한다는 점은 차치하고, 최소한 10명의 네안데르탈인 뼛조각이 아마도 수 세기 동안—어쩌면 그보다 훨씬 더 오랫동안—축적되

---

* 물건을 높은 곳에서 낮은 곳으로 미끄러지듯 이동시키는 홈통 또는 관 모양의 장치. – 옮긴이

어 있었다.
 가장 돋보이는 것은 3구의 잘 보존된 네안데르탈인 시신으로, 모두 45~55ka에 살았던 것으로 추정된다. 맨 밑에서 발굴된 것은 성인이고 그다음은 어린이였으며 맨 위에서 발굴된 것은 매우 왜소한 성인 여성이었는데, 무엇보다도 중요한 것은 모든 골격이 여전히 연결되어 있다는 것이었다. 또한 여성의 자세가 독특했는데, 두 다리는 교차되고 팔은 구부러져 있었으며 손은 얼굴 가까이에 올려져 있었다. 다른 두 사람 중 하나의 손도 여성과 비슷한 위치에 있었다.
 주거지가 아니었던 것은 분명하지만 그곳은 레구르두보다 고지대에 위치하므로 우발적으로 추락하기 쉬운 장소가 아니었다. 유적지는 평평한 해안에서 우뚝 솟아오른 대리석 산 위에 위치하고 있으며, 수직 통로는 마치 옆구리에 난 상처처럼 보인다. 도대체 무슨 매력이 있어서 네안데르탈인이 그곳을 반복적으로 방문했던 걸까?
 약간 다르지만 라페라시La Ferrassie(LF) 암굴에서도 비슷한 수의 네안데르탈인 시신이 발견되었다. 시마데라스팔로마스와 달리 그곳은 주거지였던 게 분명하므로 최소 8구의 시신이 우연히 누적되었을 가능성은 낮아 보인다. 남성으로 추정되는 LF1은 대체로 완전하며 1909년 동굴 앞에 도로가 건설되는 바람에 암굴이 드러나면서 첫 번째로 발견되었다. 다음해 여름에 그곳에서 서쪽으로 겨우 50센티미터 떨어진 곳에서 LF2—LF1보다 덩치가 작으며 여성으로 추정된다—가 발견되었다. 그 후 잠시 주춤하다가 1920년대에 암굴 아래에서 1,000세제곱미터의 퇴적층을 파헤치자 5구의 시신이 추가로 발견되었다.

라페라시에서는 많은 어린이의 뼛조각도 발견되었는데, 그중에서 가장 어린 것은 LF5로, 생후 2개월의 미숙아였다. LF4b는 신생아였고, LF6는 유치원생쯤 되는 나이였고, LF3는 열 살쯤이었다. 그로부터 60년 후, 다른 연구팀이 암굴의 뒤쪽에서 유아인 LF8을 발견했다.

최근 라페라시의 발굴이 재개되었다. 주된 목적은 그곳에서 발견된 네안데르탈인 중 최소한 몇 명에 대해서라도 자초지종을 이해하기 위함이다. 발굴팀은 LF1과 LF2의 위치를 정확히 바로잡았는데, 그것은 LF2의 한쪽 발을 아직도 둘러싸고 있는 퇴적물의 위치가 확립되었기 때문이다. LF1과 LF2의 깊이는 비슷했으며 47.3~44.3ka에 살았던 것으로 추정되었다. 다른 개인들도 거의 비슷한 층서학적 수준stratigraphic level에서 발견되었으며, LF3와 LF4의 간격은 LF1과 LF2의 간격보다 훨씬 더 좁았다. 이는 여러 개의 골격들이 시간상으로 근접한다는 좋은 증거로 간주된다. 그리고 2019년에 동물상 컬렉션을 체크하던 중 최소 2명의 다른 성인에게서 이탈한 치아가 새로 발견되었다.

다년간 발굴된 라페라시에 대한 더욱 현란한 증거 중에는 기각된 것도 있는데, 무덤에서 발견된 특별한 물체와 LF6를 뒤덮은 거대한 석회암판 위에 새겨진 동그라미가 대표적이다. 이런 것들은 자연적인 것으로 간주되었고, 그와 마찬가지로 유적지의 다른 부분에서 발견된 구덩이도 결빙 과정에서 형성된 함몰부일 가능성이 높았다.

그러나 이 모든 골격 중에서 의도적으로 매장된 것이 있을까? 대부분의 뼈대는 거의 동서 방향을 가리키고 있었지만 LF1은 등을 대고 반듯이 누운 게 아니라 제멋대로 아무렇게나 드러누워 있었다. 즉, 오른팔은 들어 올리고 왼팔은 아래로 곧게 뻗었으며, 양다리는 ─LF5, LF3와 마찬가지로─구부린 채 오른쪽으로 비스듬히 기울이고 있었다. 머리는 왼쪽으로 돌아갔고, 아래턱은 떡 벌어진 채 두개골에서 약간 분리되어 있었다. 이 특이한 '마구잡이 자세'의 의미는 새로운 연구에 의해 잠재적으로 설명되었다. LF1과 LF2가 발견된 암굴의 서쪽 구역을 정밀분석해 보니 동굴 밖의 상층부에서 침하한 퇴적층이었다. 두 시신은 그 과정에서 경사면을 따라 아주 서서히 미끄러져 내려온 것으로 추정되었다.

라페라시는 당초의 주장과 달리 공동묘지가 아닐 수 있지만, 그곳의 뭔가 색다른 구석이 '그렇게 많은 시신이 심지어 수 세기 동안 축적된 이유'를 설명한다. 그곳에서 나중에 발견된 몇 점의 호모 사피엔스 뼛조각과 비교할 때 특이함(특히 어린이들의 수가 많다)은 더욱 두드러진다. 가장 중요한 것은 호미닌의 유골이─라샤펠-오-생 등의 유적지와 마찬가지로─ 동물의 유골과 전혀 다른 상태를 유지하고 있었다는 것이다. 호미닌의 유골은 풍화된 흔적이 거의 없었고 갉아먹힌 흔적도 전혀 없이 완전했다. 이러한 정황이 암시하는 것은 라페라시에는 꽤 오랫동안 매장을 포함한 시신을 처리하는 관행이 존재했다는 것이다.

당신은 이라크의 쿠르디스탄에 있다는 거대한 샤니다르 암굴에 대한 이야기를 들어봤을 것이다. 그 이야기의 하이라이트는 여러 점의 골격 중 하나에 장례용 부케가 딸려 있었다는 것이다. 장례용 부케는 현재 낭설─아마도 자연히 축적된 꽃가루인 듯하다─로 간주되지만 샤니다르는 여전히 주목할 만한 가치가 있다. 왜냐하면 최소 11명에 해당하는 네안데르탈인의 뼛조각이 발견되었으며, 그중 상당수는 원래 완전체였을 가능성이 매우 높기 때문이다. 10구의 시신은 1953~1960년에 발견되었고, 나머지 하나는 최근의 현장연구에서 추가로 발견되었다.

샤니다르를 이해하는 것은 매우 까다롭다. 부분적으로는 대부분의 화석이 현대적 표준에 의거하여 발굴되지 않았을 뿐만 아니라, 심지어 오늘날에도 상습적인 암석 붕괴지로 악명 높기 때문이다. 어쩌면 그런 사고들이 일부 두개골—이를테면 샤니다르 1(S1), S2, S3—을 설명할지도 모른다. 주목할 만한 주장은 "S5가 특이한 자세를 취하고 있는 것은 굴러떨어진 암석이 그의 척추를 부러뜨리는 바람에 머리가 뒤로 젖혀졌기 때문"이라는 것이다. 2015년과 2016년에 더 많은 신체부위의 뼈들이 발굴되었음에도 불구하고 오늘날 그 시나리오의 진위를 판단하기는 어렵다. 그러나 만약 낙석이 범인이었다면, 그것은 갑작스러운 사고였을 가능성이 높다. S5는 마흔 살 남짓한 나이임에도 불구하고 S1을 서서히 옥죈 신체적 어려움을 겪은 흔적이 없기 때문이다.

그러나 샤니다르에서 발견된 다른 5명의 네안데르탈인들은 매우 독특한 상황에 처해 있었다. 비록 장례용 부케의 진위는 증명되지 않았지만 구설수에 올랐던 S4는 흥미로운 자세를 취하고 있었다. 좁은 바위틈에서 태아를 방불케 하는 자세로 왼쪽으로 누워 무릎을 바짝 끌어올린 채 왼손을 얼굴에 가까이 대고 있었으니 말이다. 회의론자들은 구덩이는커녕 그 비슷한 것도 보이지 않는다는 점을 지적하며 '최후의 발악을 하다가 그 자세로 죽었을 뿐'이라고 지적했다. 그러나 시신이 자연히 보존될 정도로 춥거나 건조한 기후가 아니었다는 점을 감안할 때 S4는 다른 방식으로 침식이나 교란을 피한 것으로 보인다. 그러나 아무리 생각해 봐도 신속한 퇴적작용의 원천이 떠오르지 않는다는 게 문제였다.

의문은 꼬리에 꼬리를 물고 이어졌다. S4의 골격은 매우 연약해서 1960년의 발굴자들은 나중에 바그다드 박물관에서 발굴할 요량으로 퇴적물 블록을 통째로 들어내기로 결정했다. 그런데 작업 과정에서 그 바로 아래에 있던 두 명의 다른 성인(S6, S8)과 한 명의 아기(S9)의 거리가 너무 가까워 유골의 일부가 뒤섞였다.* 두 명의 성인 중 한 명도 S4처럼 몸을 잔뜩 웅크리고 있는 것처럼 보였다.

그러나 그게 전부가 아니었다. 그로부터 거의 60년 후 발굴이 재개됐을 때 블록 주변의 구역이 재획정된 데다, 그동안 남아 있었던 더 많은 화석들이 물막이 벽에서 삐져나왔기 때문이다. 세심한 작업 끝에 한 성숙한 성인의 상반신 전체가 드러났는데 그 위치가 다른 네 안데르탈인이 있던 자리의 바로 아래였고, 비록 뒤로 나자빠졌지만 S4와 놀랍도록 비슷한 자세로 누워 있었다. 으깨졌지만 완전한 두개골은 왼쪽으로 기울었고, 오른팔은 아름다운 곡선형 흉곽 위에 가로놓였으며, 손은 단단히 고정되어 있었다. 구부린 왼팔로 턱을 받치고 있는데, 손목을 뒤로 젖힌 것이 영락없이 잠자는 듯한 모습이었다.

---

* 안타깝게도 블록 내부에 들어 있는 화석들 간의 공간적 관계를 완전히 재구성하는 것은 불가능했다. 아마도 택시에 싣고 박물관으로 가는 도중에 울퉁불퉁한 도로를 주행한 게 화근인 것 같다.

블록의 상대적인 위치와 시신들의 순서(S4가 맨 위에 있다)를 감안할 때 새로 발견된 상반신은 S6나 S8에 속할 가능성이 높다. 적어도 4명의 개인이 그렇게 빽빽이 모여 있는 것은 네안데르탈인 유적지에서 유례가 없는 일이며, 그렇게 많은 골격이 원래의 자세를 거의 그대로 유지하고 있는 곳도 샤니다르밖에 없다. 게다가 골격에 관한 정보는 더욱 업데이트되고 있다. 연구자들은 새로 발견된 뼈의 맥락을 검토하여 그것들이 빠르게 축적된 암갈색 퇴적물에 둘러싸여 있다는 사실을 발견했다. 그 퇴적물은 썩은 시신인 듯하지만 약간의 흥미로운 식물의 잔해와 섞여 있다. 그리고 모든 시신은 가장 확실한 '매장용 구덩이'로 간주되는 움푹한 밑바닥을 가진 독특한 구덩이 속에 들어 있었다. 그곳은 원래 수로였던 것 같지만 미세형태학적 분석 결과 인위적으로 파내어 더욱 깊어진 것으로 밝혀졌다.

가장 두드러진 것은 시신과 함께 의도적으로 부장副葬된 듯한 인공물이다. 새로 발견된 유골 사이에는 두 가지 석질밖에 없었는데 그중 하나는 흉강 안에서 발견되었다. 그것은 수직으로 세워져 있는데 살이 부패하면서 미끄러져 내려간 것 같으며, 왼손에서 불과 몇 센티미터밖에 떨어져 있지 않은 것으로 보아 한때 손에 쥐어져 있었던 것 같다.

종합해 보면 설사 샤니다르가 네안데르탈인의 대규모 공동묘지라고 할 수는 없을지라도 낙석에 맞아 죽은 사람들의 집합소 이상의 장소였던 것만은 틀림없다. 심지어 그런 상황에서도 생존자들이 사자死者들과 상호작용했을 가능성이 크다. 그도 그럴 것이 갑작스러운 죽음은 시신을 옮기거나 배치하려는 시도를 유발했을 것이기 때문이다. 그러나 세 명의 성인과 한 명의 아기가 한데 모여 있다는 것은 그 시신들이 매우 짧은 기간 동안 매우 협소한 공간에 보관됐거나 네안데르탈인들이 동일한 지점을 반복적으로 방문했다는 것을 시사한다. 후자와 관련하여 흥미로운 사실은 3구의 시신 위에 놓인 '이례적으로 큰 두 개의 바위'가 새로운 두개골과도 근접해 있었다는 것이다. 그 바위들은 낙석의 일부가 아니었으며 퇴적물 위로 튀어나와 있었으므로 다른 시신들이 축적될 때도 눈에 띄었을 것이다.

땅에 안장된 네안데르탈인의 전신은 늘 우리의 관심을 끌었지만 뿔뿔이 흩어진 뼛조각들의 형편은 어떨까? 그것들을 단순히 길 잃은 자나 버림받은 자, 불운아의 유골로 치부할 수 있을까? 해석하기 어려운 '고아' 두개골과 각종 신체부위들은 동굴 이곳저곳은 물론 야외에도 널려 있다.

독일의 유적지들만 살펴봐도 네안데르탈인이 살았던 풍경이 얼마나 풍요롭고 다양했는지 짐작할 수 있다. 강자갈밭의 경우, 슈타인하임Steinheim과 바렌도르프Warendorf에서 각각 하나의 두개골이 나왔고, 자르슈테트Sarstedt에서는 성인 한 명과 유아 한 명의 신체부위가 발견되었다. 바넨-오흐텐둥Wannen-Ochtendung의 사화산 분화구에서는 커다란 두개골이 나왔으며, 독일은 네안데르탈인 유골을 보유한 트래버틴 샘과 튜퍼 유적지로도 유명하다. 타우바흐Taubach에서는 1871년에 사냥된 코뿔소 뼈와 함께 성인과 어린이의 치아가 발견되었고, 빌칭스레벤Bilzingsleben에서는 적어도 3명의 어린이의 치아와 두개골 조각이 발견되었다.*

일부 야외 현장에서는 이례적인 보존 과정이 진행되었다. 바이마르-에링스도르프Weimar-Ehringsdorf의 트래버틴 채석장에서는 완벽한 참나무 잎 각인과 함께 최소 6명의 네안데르탈인 뼛조각이 발견되었다. 대부분은 두개골이지만, 한 성인의 신체부위에서 멀리 떨어지지 않은 곳에서 발견된 어린이의 유골에는 (트래버틴에 둘러싸인) 턱 하나, 가슴의 일부, 팔 하나가 포함되어 있다. 초식동물과 육식동물 모두의 관심을 끌었음직한 그런 곳에서 만약 조그만 시신이 물에 잠기지 않았다면 뿔뿔이 흩어지는 것을 면할 수 없었을 것이다.

다른 곳에서 발견된 그 밖의 신체부위에 대한 설명은 난해하기 이를 데 없다. 이스라엘의 카르멜산Mount Carmel 북쪽에 있는 텔카시시Tel Qashish('Ein Qashish) 주변에서 네안데르탈인들은 MIS 4와 MIS 3에 걸쳐 오랫동안 활발히 활동했다. 초기 퇴적층에서 정체불명의 호미닌 뼛조각이 발견되었지만 후기 퇴적층에서는 네안데르탈인 하체의 상당 부분—거의 연결된 왼쪽 허벅지와 정강이, 오른쪽 하퇴의 일부, 척추뼈 하나—이 발견되었다. 네안데르탈인의 뼈는 모두 직경 2미터 이내에서 발견되었으며, 동일인(한 명의 젊은 남성)의 것으로 추정된다.

텔카시시의 주변 풍경—계절성 웅덩이들이 널려 있는 범람원의 주변부 습지—은 상당히 매력적이었을 것이다. 그곳에서 발견된 네안데르탈인은 사냥을 하고 있었던 것 같다. 전문가들이 제시하는

---

* 1816년 또 하나의 유의미한 두개골이 발견되었는데, 만약 네안데르탈인의 두개골로 공인된다면 최초의 호미닌 화석으로 기록될 것이다.

사망 원인 중 하나는 오래된 인대 부상으로 다리를 절뚝거리다 털북숭이 육식동물의 표적이 되었다는 것이다.

그러나 육식동물이 갉아먹은 흔적은 전혀 없으며 남성의 뼈 말단에는 여전히 기름기가 많다. 게다가 잘 보존된 퇴적층을 분석한 결과(흩어져 있는 석질의 재구성 포함), 침식으로 인해 골격의 상체가 유실되었을 가능성은 낮아 보인다. 그러나 사방이 탁 트인 야외는 단순한 사냥터가 아니었다. 레보사 같은 유적지의 경우, 네안데르탈인들이 동굴 밖에서 색소의 가공 및 처리를 포함한 많은 일을 했음을 보여준다. 텔카시시의 경우에도 예외는 아니어서 뼈가 발견된 퇴적층에서 오커 조각, 석회암으로 된 모루와 숫돌, 10~15킬로미터 떨어진 곳에서 바닷조개껍데기 하나가 발견되었다. 그중에서 뼈와 직접적으로 관련된 것은 하나도 없지만 그 지역의 환경을 감안하면 극히 이례적이다. 그런 소품 컬렉션이 초기 호모 사피엔스 유적지에서 나왔다면 상징적 활동과 관련된 것이라고 주장해도 시비를 걸 사람이 별로 없을 것이다.

네안데르탈인은 시신과 상호작용하고 싶은 충동을 해소하는 방법은 고인이 사망한 장소에 따라 달라졌을 것이다. 사방이 탁 트인 장소에서 시신을 다루는 '올바른' 방법은 동굴이나 암굴 내부에서와 사뭇 달랐을 것이다. 시신의 안장에 대한 구체적인 증거는 매우 드물지만, 텔카시시 같은 유적지에서 발굴된 소품들은 네안데르탈인들의 적극적인 개입을 반영하는 듯하다.

식인풍습

야외 현장에서 발견된 네안데르탈인의 시신이 의도적으로 훼손된 것인지는 알 수 없지만, 최근의 연구는 '동굴과 암굴 속의 시신에 매장 말고 다른 절차가 치러졌다'는 것을 밝혀냈다. 여기서 다른 절차란 시신 훼손을 말한다. 누가 보더라도 절단된 듯한 네안데르탈인의 뼈가 점점 더 많이 발견되고 있으며, 심지어 펠트호퍼에서 발굴된 최초의 유골에서도 절단흔이 발견된다. 일반적으로 네안데르탈인은 동물 도축의 전 과정—껍질 벗기기, 해체하기, 크게 자르기, 살 발라내기—을 동족에게 적용하고 있었다. 네안데르탈인이 시신을 실제로 훼손한 것으로 알려진 것은 1899년 이후인데, 수백 점의 크라피나 유골 중에 최초의 사례가 포함되어 있었기 때문이다. 때로는 포괄적인 부러뜨리기snapping와 부수기smashing가 행해지기도 했다. 크라피나의 네안데르탈인은 여러 구의 시신에 걸쳐 모든 신체부위—심지어 두개골까지—의 피부 벗기기, 살 발라내기, 그리고 약간의 부수기 절차를 진행했다. 네안데르탈인 연구의 초창기에 이런 사실들이 발견되자 식인풍습의 증거로 해석되면서 공격적인 평판의 토대가 마련되었다.

그와 대조적으로 '르무스티에 1'의 시신이 훼손된 증거에 주목한 사람은 지난 수십 년 동안 아무도 없었다. 최초의 출판물, 클라치의 발굴 일지, 현재까지 남아 있는 현장 사진*을 살펴보면 두개골의

---

* 하우저에 의하면 발굴 단계별로 22장의 사진을 촬영했다고 한다. 그러나 현재 남아 있는 사진은 모두 합해 봐야 몇 장밖에 안 된다.

자세가 특이하다는 것을 알 수 있다. 두개골은 아래를 내려다보며 뒤로 젖혀져 있었고 아래턱은 약간 이탈해 있었다. '시신의 상체 중 일부가 해부학적으로 올바른 자세였다'고 시사하는 클라치의 발굴 일지 및 스케치와 대조적으로, 사진을 유심히 들여다보면 뒷목에서 긴 팔뼈가 돌출해 있다. 이는 연결된 신체라고 볼 수 없다.

현대적 분석 결과, '르무스티에 1'의 골격은 배열이 엉망일 뿐만 아니라 절단된 것으로 드러났다. 그의 두개골은 피부가 벗겨진 후 살이 발라졌고, 혀가 제거되었고, 턱이 떼어져 절단되고 부서졌으며, 한쪽 넙다리뼈도 살이 발라져 있었다. 그러나 흥미로운 것은 절단된 신체부위들이 산산이 흩어지지 않았으며, 두개골과 아래턱이 사실상 나란히 놓여 있었다는 것이다. 더욱이 발굴 사진과 보고서에 따르면 '르무스티에 1'의 얼굴과 이마는 어떤 돌과 맞닿아 있었는데, 그 돌은 주변의 퇴적층에서 발견된 다른 암석들과 비교할 때 유난히 크고 평평했다.*

수만 년의 세월을 사이에 두고 있지만 크라피나와 르무스티에는 네안데르탈인의 후기 유적지로 분류된다. 시신 훼손이 흔하지는 않았지만 더는 드물지도 않았던 것으로 보이는 기간은 130ka 이후다. 많은 맥락에서 호미닌과 동물상의 유골이 처리된 방법에는 거의 차이가 없었으며, 골수가 풍부한 신체부위에 집중되어 있다. 새로 발견된 유적지인 페리고르 남동부의 시로뉴Sirogne가 좋은 사례인데, 치아의 뿌리가 없는 것으로 보아 골수를 꺼내기 위해 턱을 부순 것으

---

* 아마도 거대한 부싯돌의 격지이거나 천연 석회암의 판plaque인 듯한데, 안타깝게도 현재는 남아 있지 않다.

로 보인다.

놀라운 것은 네안데르탈인이 처리된 시신을 먹었다는 직접적인 증거는 매우 드물다는 것이다. 동물의 뼈에는 치흔齒痕이 흔치 않으므로, 호미닌의 유골에 난 치흔은 특별히 주목할 만하다. 크라피나에서 발견된 하나 이상의 다리뼈에서 '한 쌍의 얕은 홈'이 관찰되었는데, 누군가 그것을 마치 옥수수 속대처럼 갉아먹은 것처럼 보인다.

그러나 일반적으로 치흔은 극히 드물다. 다양한 시기에 존재했던 호모 사피엔스의 식인풍습과 비교할 때 이 점은 특히 주목할 만하다. 15ka경 영국 남서부에 있는 고프스 동굴Gough's Cave에서 적어도 6명—아마도 한 그룹을 구성하는 몇 세대인 듯하다—의 훼손된 뼈가 발견되었다. 그들은 사냥된 동물과 흡사하게 처리된 후 동물의 뼈와 뒤섞였는데, 무려 65퍼센트에 처리된 흔적이 있고, 거의 절반에는 곰의 치흔도 있었다.

불탄 호미닌의 시신도 네안데르탈인들 사이에서 매우 드물게 발견되며 여러 가지로 해석될 수 있다. 이베리아 반도의 자파라야Zafarraya에서는 난로에서 불탄 세 개의 유골이 발견되었지만 동물의 뼈 요리를 둘러싼 논란과 마찬가지로 우발적인 사고였을 수 있다. 그러나 크라피나에서도 불탄 인골이 발견되었는데, 시신을 처리하고 먹은 증거가 있다는 점을 감안할 때 시신의 일부가 요리되었다고 보는 것이 타당해 보인다.

식인풍습이 행해졌다고 가정해 보자. 그렇다면 그 이유가 뭐였을까? 사례가 누적됨에 따라 21세기의 연구자들은 단순히 칼로리를 따지기보다는 미묘한 해석에 치중하고 있다. 크라피나의 경우 전신

全身이 분명히 존재했음에도 불구하고 영양분이 가장 풍부한 뼈는 처리되지 않았다. 엘시드론에서도 그와 비슷한 일이 일어난 것 같다. 앞에서 13명 이상의 생물학과 행동을 다루며 그들의 시신이 식용으로 사용됐는지 여부는 언급하지 않았지만, 그들의 뼈 역시 매우 강도 높게 처리되었으며 해체되고, 잘리고, 망치질된 흔적을 갖고 있다.

그러나 엘시드론의 시신 중 일부가 해체되었음에도 불구하고 전형적인 동물 도축과 정확히 일치하거나 체계적이지도 않았으며, 영양분이 가장 풍부한 부위에 집중되지도 않았다. 육식동물에 의한 손상이나 풍화의 흔적도 없었고, 가슴, 팔, 손, 발의 일부는 여전히 연결되어 있었다. 더욱이 부위별 대표성representation도 특이했다. 안면뼈는 대체로 종적을 감춘 데 반해 설골hyoid(특히 후두를 지탱하는 연약한 뼈)과 발가락은 이상하리만큼 많다. 그러나 엘시드론의 시신들을 관통하는 일관된 패턴은 절단흔이 가장 많은 시신의 연령대가 청소년에 해당한다는 것이다. 만약 식인의 유일한 목적이 영양분 섭취라면 이러한 경향을 설명하기 어렵다.

시신에 관한 이야기는 이 정도로 하고, 식인풍습 자체에 대해 생각해 보자. 개체군의 밀도가 낮고 소규모로 무리 지어 사는 종의 경우, 규칙적으로 서로 잡아먹는 것은 멸종의 지름길이다. 심지어 그것은 올바른 선택도 아니다. 왜냐하면 비슷한 몸집을 가진 동물과 비교할 때 호미닌의 몸은 놀랍도록 부실한 영양공급원이기 때문이다.

혹시 굶주림 때문이었을까? 수렵채집 생활은 힘겨울 수 있으며, 최근의 일부 수렵채집사회에서 기근은—비록 드물 망정—널리 알려진 공포의 대상이다. 네안데르탈인도 그렇게 극단적인 기근에 직면했을까? 일부 식인 사례는 빙하기의 기후 조건과 관련이 있다. 예컨대 쿰브그레날의 Level 25에서 발견된 2명의 성인, 2명의 10대, 2명의 어린이 시신은 해체된 채 살이 발라져 있었는데, 70~65ka에 해당하는 그 퇴적층은 추위에 강한 순록으로 가득 차 있었다.

문제는 그리 간단하지 않다. 10장에서 살펴본 바와 같이 레프라델레는 키나의 순록 사냥 캠프였던 것이 확실하지만 새로운 증거에 따르면 오늘날의 웨일스나 스코틀랜드보다 극적으로 춥지는 않았다. 그리고 이것이 중요한 이유는 도축된 동물들 사이에서 적어도 9구의 훼손된 네안데르탈인 시신이 발견되었기 때문이다. 그중에는 성인과 어린이가 포함되어 있고, 순록과 거의 같은 방식—살을 발라내고 뼈의 말단을 부숨—으로 처리된 것으로 보아 골수를 꺼내는 게 목적이었던 것 같다.

지금껏 영양학적 식인풍습의 또 다른 사례로 주장되어 왔지만 설득력이 떨어진다. 레프라델레는 극단적으로 추운 곳도 아니었을 뿐더러 도축된 순록의 양이 엄청나다는 점을 감안할 때, 계절적으로 식량이 부족하지는 않았던 게 분명하다.

기후 스펙트럼의 반대쪽 끝에는 간빙기의 시신 처리 유적지가 있다. 그런 곳에 대해서도 숲속의 동물을 사냥하는 데 익숙하지 않은 네안데르탈인이 굶주림 때문에 식인을 자행했다는 주장이 제기되어 왔다. 크라피나의 연대는 엠 간빙기까지 거슬러 올라가지만 아마도 클라이맥스 이후인 듯하며, 심지어 121ka 이후의 LEAP*라는 극단적

---

* 5장 참조. - 옮긴이

환경교란기를 포함하고 있다. 그러나 훼손된 뼈는 두 개의 상이한 퇴적층에서 나왔으므로 그곳에서는 더욱 오랜 기간에 걸쳐 식인이 행해졌을 가능성이 높다.

크라피나와 동시대로 보이는 또 하나의 식인 유적지가 있다. 프랑스 남동부에 있는 물라-게르시Moula-Guercy 동굴의 Level 15에서 건조한 기후와 관련된 듯한 동물상—이를테면 호저porcupine—의 일부가 발견되었는데, 6명의 네안데르탈인(1명의 노인, 1명의 성인 여성, 2명의 10대, 2명의 어린이)의 시신 중 절반 이상이 훼손되어 있었다. 물라-게르시의 시신은 매우 강도 높게 처리되어 두개골의 피부가 벗겨지고, 혀가 제거되고, 관절과 사지가 해체되고, 다리의 살이 발라지고, 뼈가 체계적으로 부서져 있었다.

그러나 기후로 인한 간빙기의 기근에 대한 반론도 만만치 않다. 노이마르크-노르트 같은 유적지의 경우, 네안데르탈인이 숲속 사냥에 적응하여 정밀한 창질로 다마사슴을 잡아 심지어 품질 좋은 고기와 골수를 남겼으며, 거대한 코끼리도 사냥했다. 레링겐의 시체 및 창 유적지는 사냥터라기보다는 뒤처리하는 곳이었지만, 그곳에 살던 엠 간빙기의 네안데르탈인은 음식이 풍부했다. 거북과 비버 같이 비교적 작은 사냥감도 구할 수 있었다. 그들이 다른 곳의 네안데르탈인보다 배고픔에 시달렸던 것은 아니며, 최근의 일부 수렵채집인과 비교해도 사정은 마찬가지다. 환경과 관련하여 명백한 패턴이 하나 있다면 유럽 외부에서는 신체 훼손 정도가 전반적으로 낮았다는 것이다.

식인풍습은 특정 기후와 관련됐다기보다 네안데르탈인이 약자를 무자비하게 공격해 잡아먹었음을 뜻하는 것은 아닐까? 만약 그렇다면 어린이와 노인들이 가장 위험했겠지만 그들은 도살당한 10대와 성인보다 수가 더 많지 않았다. 더구나 물라-게르시의 한 남성은 네안데르탈인 중에서도 덩치가 가장 큰 축에 속했는데 그런 사람이 약육강식의 희생자였다고 보기는 어렵다.

이방인에 대한 적대감도 이유가 될 수 있다. 특히 벨기에의 고예는 공격에 기인한 식인행위의 사례로 제시되어 왔다. 훼손된 부위는 하퇴, 두개골, 허벅지인데, 이는 고기/골수를 노린 경제적 선택이라고 볼 수 있다. 유골의 3분의 1 이상이 잘려나간 흔적을 자세히 살펴보니 시신이 해체되고 살이 발라져 있었으며, 심지어 (드물지만) 골반과 갈비뼈가 파괴되어 있었다. 그에 더하여 골절이 만연했고—성한 뼈는 손가락 끝밖에 없었다—긴 뼈의 말단이 으스러져 있었는데, 이 모든 것은 식용으로 사용되었음을 시사한다. 그러나 훼손된 시신이 공격당해 잡아먹힌 이방인이었다는 이론은 단순히 동위원소 분석 결과를 외지인으로 해석한 데서 비롯되었다. 이는 네안데르탈인이 매우 넓은 영토를 갖고 있었으며 석질이 이동한 데이터가 이를 뒷받침한다는 이론과 정면으로 배치된다.

다른 장소들의 경우 잡아먹힌 사람들은 해당 지역 출신이었다. 크라피나와 엘시드론의 시신들을 해부학적으로 분석한 결과, 거주자와 가까운 친척이거나 아마도 지역민인 듯하다는 결론이 나왔다. 그리고 물라-게르시의 경우, 동위원소 분석에서 훼손된 시신 중 하나 이상은 걸어서 하루이틀 거리 내에서 성장했으며, 많은 석질들과 동향이었다.

만약 집단끼리 동일한 땅을 차지하기 위해 경쟁했다면 훼손된 시신의 연령 범위가 넓다는 것은 대량 학살이나 매복 살인이 장기간에 걸쳐 자행되었음을 암시한다. 그러나 실상은 그렇지 않았다. 더욱이 훼손된 시신 중에서 폭력으로 인한 사망의 비율이 높지 않으므로 네안데르탈인이 영토를 공격적으로 방어했다는 주장은 설득력이 떨어진다. 앞에서도 언급했지만 그들 사회의 심장부에는 협동과 식량 공유가 존재했다는 사실이 그러한 주장을 반박한다.

사실 식인풍습과 시신 훼손은 원초적 본능의 발로라고 할 수 있지만, 반드시 탐욕이나 호전성에 뿌리박고 있다고 할 수는 없다. 매력적인 비교 대상은 침팬지다. 침팬지는 우리가 아는 것보다 훨씬 더 많이 사냥하고 매우 폭력적으로 다투기도 하지만 서로 살해하는 경우는 드물다.

침팬지가 살해하는 이유는 거의 항상 다른 그룹과 관련되지만 승산이 매우 높은 경우에 한정되며, 희생자의 대다수는 수컷 성체나 영아다. 그룹 내에서의 살해는 극히 이례적이지만 영아살해는 널리 알려져 있다. 극단적으로 고조된 감정을 주체하지 못할 때 아기 침팬지들이 표적이 되는 경향이 있는데, 이는 수컷들 사이에서 낯선 개체와의 갈등이나 사냥 이후의 유혈 충동이 기폭제가 되어 발생한다. 동족 살육은 때때로 이러한 사회적 동역학의 일부로, 침팬지에게 있어서 시신의 섭취가 본질적으로 영양 섭취 너머에 있는 무엇과 관련됨을 의미한다.

시신은 때때로 적극적으로 섭취되고, 마치 사냥물처럼 공유되거나 공격적으로 훼손된다. 심지어 시신을 나뭇가지나 바위에 가격하기도 한다. 그러나 다른 경우 그러한 상호작용은 비교적 차분하고 탐색적이며, 시신 섭취량은 소량에 머문다. 침팬지들은 살해된 성체의 신체를 간혹 섭취하는데, 떼어낸 부위는 동일한 그룹 내의 암컷들에게 돌아가는 경향이 있다.* 그러나 가장 빈번하게 섭취되는 것은 아기 침팬지의 시신이며, 성체의 시신보다 더욱 완전히 섭취된다. 사냥 이후의 영아살해는 공동체의 의식일 가능성이 높으며, 때로는 새끼의 어미도 이에 참여한다.

또 하나의 흥미로운 비교 대상은 보노보다. 문헌에 기록된 영아살해 사례는 없지만 모자간 동족 살육 사례는 여러 건 존재하며, 고기를 공유하는 것이 특징이다. 어떤 상황에서는 자연사한 새끼 보노보의 시체를 아침 내내 먹었고, 어미는 먹고 남은 새끼의 시체를 등에 업고 어디론가 사라졌다.

침팬지와 보노보의 사례는 네안데르탈인의 식인풍습과 시신 훼손을 이해하는 데 있어서 결정적으로 중요한 두 가지 사실을 보여준다. 첫째, 디폴트 값으로 공격성을 들먹일 필요는 전혀 없다. 둘째, 시신을 섭취한 후 해체된 잔해가 쓰레기로 전환되는 것은 아니며, 여전히 망자를 대변하거나 망자와 연결된 것으로 취급될 수 있다.

망자의 시신은 침팬지와 보노보 모두에게 많은 감정을 불러일으킨다. 설사 그 과정이 종종 트라우마와 혼동으로 시작되더라도 시신은 전형적으로 '살아있지 않지만, 그렇다고 해서 고깃덩어리도 아닌 상태'—이름하여 경계 상태 liminal state—로 이행한다. 동족의 시

---

* 집중적인 표적은 희생자의 성기일 수 있다.

신은 사냥된 동물보다 더욱 고강도로 처리되며, 오랫동안 보관되거나 운반된다. 일부—전부는 아닐지라도—사례에서 섭취자들은 자신이 먹는 것이 '누구'의 '어떤 부위'인지 알고 있음에 틀림없다. 동족 살육은 개체와 그룹이 감정적 충동에 의해 벌어진 살해뿐만 아니라 그 밖의 사망의 영향까지도 처리하는 매우 강력한 수단이다. 달리 말해서 그것은 애도grieving와 관련된 것이다.

지금까지 언급한 내용은 네안데르탈인에게도 마찬가지로—어쩌면 더 많이—적용된다. 더욱이 침팬지와 보노보가 도구를 이용하여 망자와 상호작용한다는 점을 고려해야 한다. 그들은 나뭇가지로 시신을 찌르지만, 그보다 훨씬 더 놀라운 것은 망자의 이빨을 뽑는 경우다. 2017년 잠비아의 한 동물보호구역에서 토머스Thomas라는 수컷이 죽었을 때 그의 양모 노엘Noel은 시신의 곁을 떠나기를 거부했다. 토머스의 곁에 머무는 동안 노엘은 유리 날을 이용하여 토머스의 치아를 열심히 청소했고, 그녀의 딸들은 그 장면을 유심히 지켜봤다.

풀이나 나뭇개비로 치아를 후비는 것은 침팬지 고유의 친밀하고 보살피는 행동이다. 그런 행동을 보인 최초의 개체는 약 50년 전에 보고된 벨레Belle라는 이름의 암컷으로, '부모 잃은 새끼들'로 이루어진 친목단체의 일원이었다. 벨레는 이 쑤시기에 특히 열심이었으며 절친한 친구들의 흔들리는 젖니를 뽑아 주는 장면이 관찰되었다.

이러한 시나리오를 네안데르탈인에게 적용하여 그들의 훨씬 세련된 인지능력과 석질 사용을 둘러싼 삶을 가미해 보라. 사냥된 동물의 시체를 신중히 해체하는 기술이 (도축과 식인풍습이 모독violation이 아니라 친근함intimacy의 행동으로 가미된) 망자를 애도하는 과정으로 치환되는 과정을 상정하는 게 별로 어렵지 않을 것이다.

네안데르탈인의 식인풍습과 시신 처리를 디테일하게 살펴보면 이러한 해석을 뒷받침하는 증거를 얼마든지 발견할 수 있다. 가장 주목할 만한 것은 시신을 처리하는 방법이 동물을 도축하는 방법과 늘 동일하지는 않다는 것이다. 설사 방법이 비슷하더라도 시신은 때때로 동물보다 더욱 강도 높게 처리된다. 이러한 경향은 전기 구석기시대로 거슬러 올라가며, 그란돌리나에서 두드러지게 나타난다. 그란돌리나에서는 네안데르탈인 시신의 훼손율이 동물의 두 배이고, 머리에서 혀와 뇌가 제거되었으며, 심지어 손가락과 발가락에서도 피부를 벗겨냈다.

몇몇 네안데르탈인 유적지에서 비슷한 패턴이 발견된다. 예컨대 크라피나의 네안데르탈인 유골들은 동물상보다 심하게 부서졌다. 물라-게르시의 경우 네안데르탈인의 유골 중 절반이 절단흔을 보유한 데 반해, 순록은 4분의 1 미만, 다른 동물들은 그보다 훨씬 적은 비율에서 절단흔이 발견된다. 게다가 동물의 뼈는—아마도 모루를 사용한 듯—처참하게 파괴되었으며 부서지지 않은 것은 손뼈와 발뼈밖에 없다. 한 가지 특이한 점이 있다면 불탄 흔적은 동물의 뼈에서만 발견된다는 것이다.

특이한 점은 도처에서 발견된다. 레프라델레에서는 순록과 호미닌의 훼손율이 약 30퍼센트로 비슷하지만, 동물은 영양가가 높은 부위 위주로 선별되어 반입된 데 반해 호미닌은 두개골에 편중되고 사지는 별로 없다. 신체부위의 차이와 별개로, 레프라델레에서는 동물과 네안데르탈인의 뼈가 공간적으로 뚜렷이 분리되지 않았음에도 불구하고, ('육식동물에 의한 손상'이라는 측면에서 볼 때) 호미닌 뼈의 상태가 훨씬 더 다양하다. 예컨대 네안데르탈인의 치아는 하이에나의 위를 통과한 것으로 추정되는데, 이는 동물상과 다른 축적 과정을 암시할 뿐만 아니라 유적지에서 벌어진 사건—이를테면 시신이 노출됨—을 짐작하게 한다.

영원

모든 시신 처리와 식인풍습의 맥락은 제각기 독특하지만 그것들 간의 개념적 연관성을 탐구하는 것은 가능하다. 네안데르탈인은 아마 눈가리개를 하고도 모든 신체부위를 능수능란하게 도려낼 수 있었고, 마치 이쑤시개를 든 침팬지처럼 망자와의 연결을 갈망하며 익숙한 기술을 구사했을 것이다. 이러한 행동이 시신의 섭취와 더불어 망자가 불러일으킨 혼동과 공포의 한복판에서 위로가 되어 주었을지 모른다. 그리고 일부 네안르탈인이—우리와 마찬가지로—망자의 일부를 간직하려고 노력했음을 시사하는 증거들이 존재한다.

연구자들이 동물상의 뼈 컬렉션을 정밀분석하여 그 결과물(예컨대 잔손질 도구)을 하나둘씩 찾아내는 과정에서 네안데르탈인의 유골로 만들어진 도구도 발견되었다. 예컨대 크라피나와 레프라델레에서는 허벅지뼈 조각이 사용되었고, 고예에서는 4개의 잔손질 도구가 허벅지와 하퇴의 뼛조각으로 만들어진 것으로 밝혀졌다. 더욱이 그곳의 네안데르탈인은 호미닌의 특정 부위를—다른 '동물'과 다른 '신체부위'보다 부적절함에도 불구하고—선택한 것으로 보인다.

대부분의 동물의 경우와 마찬가지로, 고예와 다른 유적지의 잔손질 도구들은 뼈가 아직 신선할 때 사용되었다. 네안데르탈인은 단순히 무작위로 뼛조각을 집어 든 게 아니라 시신을 처리하던 도중 또는 시신을 처리한 지 얼마 지나지 않아 뼈를 선택했다. 더구나 고예에서는 그런 잔손질 도구들이 특히 많이 사용되었고, 다면적으로 손상되어 있었다. 정확한 사용 기간은 모르겠지만 그들은 꽤 오랫동안 그것들을 손에서 놓지 않았다.

시신이 처리된 유적지에서 지금까지 많은 사례들이 발견되었지만 그런 잔손질 도구들이 유적지들 사이에서 운반되었다는 증거는 없다. 그러나 홀로 발견되는 뼈와 치아 중 대다수가 특별한 장소에 도착한 과정이 미스터리로 남아 있다는 점을 감안할 때 이와 같은 가능성도 생각해 볼 수 있다.

만약 죽음이 감정과 밀접하게 관련되어 있었다면 시신을 처리하고 섭취하고 사용하는 데 개인적인 요인이 개입되었을까? 망자와 섭취자가 이승에서—가끔씩이라도—관계를 맺었을 가능성이 매우 높다. 의사소통과 개인적 정체성에서 얼굴이 핵심 요소라는 것은 잘 알려진 사실이므로, 일부 맥락에서 머리가 각별한 주목을 받은 것은 흥미롭다. 물라-게르시의 경우, 모든 호미닌의 두개골 조각은—순록과 달리—훼손된 흔적이 역력했으며 유난히 산산조각 나 있었다. 그와 마찬가지로 '르무스티에 1'의 두개골은 완전히 분해되어 있었지만 다른 신체부위(오른쪽 허벅지)에는 훼손된 흔적이 존재할 뿐이었다.

우리는 모든 네안데르탈인 유적지에서 발견된 인공물 중 가장 독특한 것에 주목할 필요가 있다. 라키나는 1906년 선사학자들에게 '뼈로 만든 잔손질 도구가 무엇인지'를 보여 준 최초의 장소였지만 (여러 개의 지층과 지역을 통틀어) 최소 22명의 네안데르탈인 유골이 발견된 곳으로 명성을 떨치기도 했다. 유골 중에는 골절된 두개골 조각이 많이 포함되어 있었는데, 아마도 한 명의 청년에게서 나온 듯했다. 절단흔이 있는 뼛조각 중 하나는 독특한 패턴의 손상(반복된 두드림으로 인한 망가짐)을 보였는데 아마도 잔손질 도구로 사용된 데서 유래한 듯했다.

여러 종에 걸쳐 해부학에 대해 탁월한 지식과 이해를 가진 네안데르탈인은 자신이 다루는 것을 잘 알고 있었을 것이다. 고예의 잔손질 도구는 빙산의 일각에 불과하며, 라키나에서 잔손질 도구로 사용된 두개골은 우발적이거나 즉흥적인 선택의 결과가 아니었다. 그것의 형태와 두께는 라키나를 비롯하여 모든 유적지에서 발견된 다른 잔손질 도구들과 전혀 동떨어진다. 게다가 두개골로 만들어진 잔손질 도구는 어떤 종이나 장소에서도 유례를 찾아볼 수 없다. 그것은 부적절함에도 불구하고 선택된 것이며, 동일한 지층에 다른 특이한 잔손질 도구들(예컨대 순록의 턱뼈와 말의 이빨)이 존재하지만 네안데르탈인의 유골을 대변하는 유일한 도구는 두개골뿐이다.

회의적인 고고학자들은 망자를 구성요소로 환원하는 것은 사회적, 상징적으로 반향을 일으킨 네안데르탈인의 관습이라는 주장을 관철하기 위해 실용성을 뛰어넘는 무엇을 찾아내려고 부단히 노력하고 있다. 놀랍게도 그것 또한 두개골이 개입된다. 크라피나에서 발견된 가장 완벽한 두개골을 살펴보면 이마 바로 위의 눈두덩에 일렬 횡대로 늘어선 35개의 미세한 절단흔이 있는데, 모두 뒤통수를 향하고 있다. 길이는 5밀리미터에 불과하고 어떤 도축 패턴과도 일치하지 않는다. 또한 그 유적지에서 유일무이하며 다른 어떤 호미닌 종의 두개골에서도 유례를 찾아볼 수 없다.

그러나 그 절단흔은 뭔가를 상기시킨다. 그것들은 네안데르탈인이 남긴 가장 긴 연속적인 기호로, 레프라델레의 하이에나 뼈나 자스칼나야의 까마귀 뼈에 새겨진 것보다도 훨씬 더 길다. 그것이 호미닌의 뼈, 심지어 두개골—인체에서 가장 상징적인 반향을 일으키는 부위—에 새겨진 것은 특기할 만한데, 대표적인 사례는 그로부터 10여만 년 후 고프스 동굴에 살았던 호모 사피엔스의 행동이다. 고프스 동굴에서는 시신 훼손과 식인이 행해졌을 뿐만 아니라 뼈에도 장식을 새겼다. 두개골에 (아마도 용기容器로 사용하기 위해) 정체불명의 모양이 새겨졌지만 가장 돋보이는 것은 부서진 기다란 뼈 위에 (작은 절단흔으로 구성된) 미묘한 반복적 문양이 새겨졌다는 것이다.

개별적인 물체나 골격을 넘어선 문제, 예컨대 '네안데르탈인에게 있어서 죽음의 의미'에 대해 말하는 게 가능할까? 그들이 보여 준 시신과의 상호작용의 복잡성—골격을 파묻었든 훼손했든 도구로 사용했든—은 행동의 다른 측면(사냥, 물질적 기술, 미학)에서 나타난 기술 및 다양성의 증가와 딱 들어맞는다. 150ka 이후 상호작용의 빈도가 크게 증가한 것은 보존 기술이 향상되었을 뿐만 아니라 사회적 관습이 증폭되었기 때문이다. 그에 더하여 네안데르탈인의 유골 더미에 종종 여러 사람의 신체부위가 포함되어 있다는 것은 주목할 만하다.

그에 더해 누구에게 무슨 일이 일어났는지에 대한 추세도 존재했을 것이다. 장담하건대 네안데르탈인 공동체는 흔히 이해된 범주(연령, 젠더, 그리고 아마도 생식 상태, 사회성, 기술 수준)에 기반하여 구성되었을 것이다. 이러한 특징들은 개인이 인생에서 서로를 대우하는 방식과 어쩌면 죽음에도 영향을 미쳤을 것이다.

가장 눈에 띄는 패턴 중 하나는 여성의 골격이 명백히 드물다는 것이다. 유전학 정보를 입수할 수 있고 해부학적 분류가 가능하다는 점을 감안할 때, 이는 화석의 성별 감별이 어려워서 나타난 현상이 아니다. 또한 연령에서도 얼마간의 경향성을 유추할 수 있는데, 매우 어리거나 나이 든 사람들의 시신이 청장년층보다 더 빈번하게 처리되거나 재활용된 것으로 나타났다. 예컨대 크라피나의 경우 훼손된 성인의 시신은 가득했지만 영유아의 시신은 전혀 찾아볼 수 없었다.

반면 어린이들은 잠재적인 집단매장과 관련된 것으로 보인다. '샤니다르 9' 아기는 1명의 성인 남성 및 2명의 성인 여성과 동일한 공간에서 발견된 데 반해, 개로드는 '타분 여성의 위팔뼈 바로 옆에 한 명의 젖먹이가 있다'고 믿었음에도 불구하고* 런던에서 퇴적물 블록을 발굴하는 동안 아무런 유골도 발견되지 않았다. 근동近東에서는 많은 골격이 존재하지만 시신 훼손의 사례는 지금까지 전혀 보고되

---

* 골격을 발견한 지 한 달 후 동료이자 친구인 거트루드 칼튼-톰슨에게 보낸 편지에 그녀는 다음과 같이 썼다. "우리는 왼쪽 위팔뼈humerus에 가까운 곳에서 영아의 흔적을 발견했어요."

지 않았다.

이 장을 읽은 독자들은 네안데르탈인 유적지에는 이상한 특징을 지닌 화석이 널려 있다는 인상을 받겠지만 한 꺼풀 더 벗겨 보면 실상은 그리 간단치 않다. 어떤 유적지에는 몇 점의 골격밖에 없지만 다른 유적지에는 수많은 골격이 있으며, 유적지 내부나 유적지들 사이에서 시신 처리와 관련된 명확한 상관관계는 도출되지 않는다. 예컨대 르무스티에서 발견된 10대의 시신은 훼손되어 있었지만 아기의 시신은 멀쩡했다.

또 한 가지 흥미로운 사실은 풍부한 고고학 자료가 누적되어 있음에도 불구하고, 네안데르탈인의 유골을 전혀 찾아볼 수 없는 유적지도 수두룩하다는 것이다. 특히 주목할 만한 곳은 아브릭로마니로, 수만 년 동안 점유되었고 까다로운 기준에 의거하여 발굴되었지만 수십만 개의 뼈 중에서 호미닌의 것은 단 하나도 없었다. 그러나 네안데르탈인에 의해 비슷한 방식으로 사용됐으리라 생각되는 이베리아 반도의 다른 유적지에서는 호미닌의 유골이 발견된다. 예컨대 테익소네레스에서는 2016년에 한 어린이의 치아와 두개골 조각이 발견되었고, 코바네그라에서는 최소 7명—두 명의 성인, 한 명의 나이든 어린이, 네 명의 영유아—에 해당하는 뼈가 발견되었다.

르호르투스 같은 곳의 경우에는 시신의 존재가 동굴에 거주한 네안데르탈인들의 행동에 영향을 미친 듯하다. 시신을 매장할 것인지 아니면 토막 낼 것인지 여부는 '이동할 필요성이 매우 높았고 수개월 동안 특정한 장소에 돌아오지 않을 수 있었다'는 사실과 관련이 있었을 수도 있다. 우리가 관찰한 다양성 중 일부는 상이한 장례 전통을 반영하기는커녕 이동과 계절에 따라 죽음을 관리하는 방법과 관련된 맥락적 결정을 반영할 공산이 크다.

어떻게 죽었나

본질적으로 오늘날 네안데르탈인의 뼈는 모두 무작위로 축적되었다거나, 그들이 시신을 훼손한 것은 굶주린 배를 채우기 위해서였다고 주장하기는 매우 어렵다. 일단 장례 관습의 폭을 이해하고 나면 네안데르탈인과 초기 호모 사피엔스 간의 경계가 모호해지기 때문이다. 게다가 어쩌면 네안데르탈인이 현생인류보다 먼저 시신과 상호작용했는지도 모른다. 타분의 여성은 땅바닥에 등을 대고 반듯이 누운 채 발견되었는데, 그녀가 매장된 시기는 140~170ka까지 거슬러 올라간다.

그러나 미적 전통의 경우와 마찬가지로, 거기에는 어떤 분기점이 존재한다. 탁 트인 야외에서는 온전한 네안데르탈인 골격이 전혀 발견되지 않지만, 호모 사피엔스의 경우에도 30ka까지는 그런 경우가 드물다가 그때를 분기점으로 본격적인 매장이 시작되었다. 두 명 이상의 매장도 호모 사피엔스에게 더욱 흔한데, 그중에는 오스트리아 크렘스-바흐트베르크Krems-Wachtberg에서 발견된 2만 7,000년 된 두 명의 신생아 시신이 포함된다.

사망자의 신원도 다른 것 같다. 호모 사피엔스의 맥락에서도 성인 남성의 시신이 성인 여성의 시신보다 월등히 많지만, 노인의 시신은 네안데르탈인보다 덜 흔하다. 이는 호모 사피엔스의 수명이 더 길다는 주장을 약화시킨다. 또한 호모 사피엔스의 경우 영유아 시신의 비율이 훨씬 더 낮다는 점이 두드러진다.

더욱 분명한 차이는 시신의 자세로, 호모 사피엔스의 경우에는 그것이 더욱 정형화된 것으로 보인다. 사지가 심하게 구부러진 초기 사례는 네안데르탈인보다 더 많지만 시간이 지나면서 석관石棺 비슷한 자세—팔과 다리를 펴고 납작하게 누운 자세—가 더 흔해졌다. 그와 대조적으로 네안데르탈인의 시신은 부분적 또는 전체적으로 모로 눕는 경향이 있다. 때로는 태아처럼 다리를 구부리고 있지만 어떤 경우에는 다리를 비대칭적으로 구부리거나 편다.

화려한 부장품은 호모 사피엔스 특유의 현상이다. 르무스티에에서 강의 하류 쪽으로 불과 몇 분 거리에 있는 라마들렌에서, 페이로니는 11~9ka에 해당하는 아기가 매장된 암굴을 발견했다. '르무스티에 2' 아기와 마찬가지로 구덩이에서 발견되었지만 비슷한 점은 그뿐이었다. 그 아기는 빨간 색소의 아우라를 배경으로 납작하게 누워 있었고, 머리, 어깨, 무릎, 손목, 발목 주변에는 수천 개의 작은 동물 이빨과 조개껍데기가 뿌려져 있었다. 조개껍데기를 잘라 분쇄하는 데에는 족히 수개월의 시간이 걸렸을 것으로 추정되며, 마모된 패턴으로 미루어 보건대 오랫동안 서로 마찰된 것이 분명했다. 그것들은 조개껍데기 유적지 외에 대서양과 지중해 해변에서 온 것으로, 호모 사피엔스의 방대한 세력권 또는 광범위한 교역망을 시사한다. 가장 유의미한 것은 성인의 매장지에서 볼 수 있는 부장품의 축소판으로, 어린이들이 삶의 단계에 걸맞은 소품을 받았다는 것을 강하게 암시한다.

화려하게 치장된 라마들렌 매장지는 한때 반짝이와 짤랑이로 수놓아진 옷을 입은 채 웃고 뛰놀던 아기의 모습을 떠올리게 한다. 네안데르탈인 유적지에서는 그런 것을 찾아볼 수 없지만 그들의 시신과 함께 특별한 소품이 매장되었음을 암시하는 증거가 있을까? 부장품을 옹호하는 주장은 종종 매우 주관적이다. 테시크-타시에서 한 소년의 유골 옆에서 발견된 염소뿔이나 시마데라스팔로마스에서 발견된 '말과 표범의 연결된 발'은 특이하긴 하지만 시신과 분명하게 연관되지는 않는다. '르무스티에 1'의 얼굴 아래에는 이상한 돌이 놓여 있었지만 발굴한 지가 너무 오래되어 더는 언급할 것이 없다. 샤니다르에서 새로 발견된 말린 손가락의 경우 불과 몇 센티미터 떨어진 곳에 비정형적인 처트 격지가 놓여 있어 관심을 끌지만, 가장 납득할 만한 사례는 또 다른 근동의 네안데르탈인이다.

생후 10개월도 안 된 아기인 '아무드 7Amud 7'은 1990년대에 사해Dead Sea 근처의 한 동굴에서 발굴되었다. 메즈마이스카야의 유아와 마찬가지로 기반암 위에 오른쪽으로 누워 있었으며, 퇴적층에 눌려 약간 으깨졌음에도 불구하고 손가락과 발가락이 제자리에 붙어 있었다. '아무드 7'은 커다란 붉은사슴의 턱뼈가 아기의 볼기뼈를 감싸고 있다는 점이 돋보였다. 붉은사슴은 동굴에 널려 있지만 완벽한 뼈는 드물다. 아기와 사슴뼈 사이에 퇴적물이 없다는 것은 무거운—어쩌면 아직 살점이 붙어 있는—턱뼈가 부패하기 전에 시신 바로 옆에 놓였음을 시사한다.

그러나 사슴뼈를 화려한 부장품으로 보는 것에는 어폐가 있다.

네안데르탈인이 화려한 광물이나 조개껍데기, 새 뼈에 미적 관심을 보인 것은 맞지만, 그런 것들이 부장품으로 사용된 징후는 없기 때문이다. 다른 한편으로, 모든 초기 호모 사피엔스들이 화려하게 장식된 무덤에 묻힌 것은 아니었다. 사실 45~30ka에 해당하는 유럽의 후기 구석기시대 초기의 장례 관습은 네안데르탈인의 신체적 상호작용에 더 가까웠다. 그들은 자질구레한 골격을 사용했는데, 그중에는 구멍 뚫린 치아가 포함되어 있었다. 정말이 입이 떡 벌어지는 매장지─이를테면 러시아 성기르Sunghir에서 발견된 두 명의 어린이가 합장된 무덤─는 최초의 호모 사피엔스가 등장한 후 1만여 년이 지날 때까지 존재하지 않았다고 봐야 한다.

'황금기'에 접어든 호모 사피엔스 매장지를 둘러보는 사람들은 네안데르탈인과 유사한 오랜 전통을 외면하는 경향이 있다. 성기르의 경우, 다른 곳에서 운반된 황토를 바른 뼈가 골격 옆에 놓였다. 후기 구석기시대에는 심지어 식인풍습이 행해졌다. 독일 남서부의 브릴렌휠레Brillenhöhle 동굴은 고프스 동굴보다 수천 년 더 오래됐는데, 심각하게 훼손된 성인 4명과 아기 1명의 유골 일부가 발견되었다. 이것은 살인이 아니라 장례 의식으로 추정된다.

그러나 유라시아의 경계 밖에는 흥미로운 반전이 존재한다. 아프리카의 초기 호모 사피엔스 집단은 복잡한 행동을 암시하는 증거를 양산했지만 골격은 거의 찾아볼 수 없다. 오직 두 유적지에서만 비교적 완전한 시신이 발견되었는데, 그중 하나는 약 70ka에 해당하며 기존의 채석용 구덩이에서 발견되었다. 그와 관련된 인공물은 전혀 발견되지 않았다. 다른 하나는 남아프리카공화국의 보더Border 동굴인데, 여기에는 비슷한 연대에 해당하는 유아의 매장지가 포함되어 있다. 그러나 이곳은 1940년에 발굴되어 뼈와 구덩이와 조개껍데기 사이의 관련성이 불분명하다(조개껍데기는 본래 끈에 꿰어 있었고, 색소로 덮여 있었다). 만약 네안데르탈인의 유적지에서 그런 빈약한 유물이 발견되었다면 매장지로 인정받지 못했을 공산이 크다.

죽음에 관한 논의는 한 장을 모두 차지할 만한 가치가 있다. 죽음은 인간을 규정하고 다른 동물들과 구별되는 방법과 밀접하게 관련되어 있기 때문이다. 네안데르탈인은 시신을 무시하지도 않았고 쓰레기처럼 취급하지도 않았다. 그들은 죽음에 직면하여 무덤덤하지 않았으며, 정서적 트라우마의 해소―합리화까지는 아니더라도―는 시신과의 상호작용(식인풍습)을 통해 충족되었을 가능성이 크다.

네안데르탈인은 죽음과 고군분투하는 동료로서 그들의 남은 삶을 우리와 매우 다른 색깔로 칠했다. 그들은 시신을 매장하는 것은 물론이고 시신을 해체한 후 일부를 섭취함으로써 한 몸이 되는가 하면, 도구로 사용하거나 특별한 방법으로 흔적을 남기는 방법으로 트라우마를 극복했다.

우리는 매장을 제대로 된 장례의 척도로 삼아 네안데르탈인의 독특한 행동방식을 과소평가하는 우를 범했다. 그와 마찬가지로 기아나 폭력성을 식인풍습의 주요 원인으로 간주하는 경향은 서양의 터부 의식과 맥을 같이한다. 슬픔을 관리하는 방법으로서의 시신 섭취는 지금껏 별로 논의되지 않았지만 실제로 존재한다. 2017년에 한 타블로이드 신문은 어머니의 회분灰分을 정기적으로 섭취한 영국 여성의 기사를 실었는데, 그것만이 유일한 사례는 아니다. 만약 이게 이상하게 들린다면 서양 사회에 오랫동안 자리 잡았던 신체 유물bodily relics —머리카락 뭉치에서부터 납골당에 이르기까지—을 생각해 보라. 그리고 기독교의 성찬식에서는 빵과 포도주가 신앙인의 입속에서 예수의 몸이 된다는 말을 곧이곧대로 믿지 않는가? 가톨릭에서는 성찬식을 '죽음이 아니라 생명에 관한 것'이라고 하는데, 네안데르탈인의 식인풍습도 이와 마찬가지였을 것이다.

가장 중요한 교훈은 네안데르탈인을 우리의 경험으로 색칠된 렌즈를 통해 들여다보지 말고 있는 그대로 받아들여야 한다는 것이다. 크라피나에서 발견된 두개골의 정수리를 가로지르는 미세한 절단흔들은 그들의 존재를 구성하는 많은 요소—식량, 재료, 캔버스로서의 뼈는 물론, 절단흔을 만드는 데 사용된 석질—가 집약된 것으로, 우리의 눈에는 미적으로 두드러지지 않을지라도 제작자들에게는 유의미한 것이었음에 틀림없다. 단편화되고 자국이 새겨진 뼈들은 수많은 재료들을 분해하고 운반하고 다시 축적한 네안데르탈인의 광범위한 패턴을 반영한다. 그렇게 함으로써 그들은 자신의 행동과 기억과 정체성을 시공을 초월해 확장하고 정제한 것이다.

네안데르탈인의 유적지에서 난로가 동선의 핵심이었던 것처럼, 망자의 존재는 풍경의 수준에서 이루어지는 장소 만들기place making의 과정에 영향을 미쳤을 것이다. 망자와 관련된 장소는 독특한 영향력을 발휘할 수 있는데, 침팬지, 보노보, 심지어 코끼리가 죽음이나 시체와 관련된 곳을 다시 방문하거나 피하는 데서 뭔가 짚이는 게 있다. 만약 네안데르탈인이 선별적으로 장소와 풍경을 차별화했다면 그 과정에 시신을 연관 짓는 것은 기존 행동의 연장선에 불과했을 것이다. 방향을 바꿔 그들이 살아 낸 엄청나게 다양한 환경이 '필멸성에 대응하는 방법'에 스며들었다고 생각해 볼 수도 있다. 엄청난 순록 떼가 툰드라를 휘젓고 다니는 세상이 아니라 너도밤나무 숲이 우거진 세상에서 죽는다는 것은 무엇을 의미했을까?

이 모든 점을 감안할 때 내릴 수 있는 결론은 하나밖에 없다. 만약 장례의 전통이 현생인류를 넘어 네안데르탈인과의 마지막 공통조상까지 거슬러 올라간다면, 인류에 대한 중요한 정의도 그럴 것이다. 정해진 영적 틀spiritual framework은 불필요했고, 네안데르탈인의 장례는 아마도 열렬하고 무질서한 것에서부터 체계적이고 정확한 것에 이르기까지 다양했을 것이다. 삶의 소멸이 우리의 마음속에서 원초적인 비통함을 이끌어 내듯, 그들의 장례는 두려움뿐만 아니라 사랑이라는 감정의 발로였을 것이다. 그리고 우리의 얽히고설킨 이야기의 밑바탕에 깔려 있는 것은 바로 이러한 감정인 '소멸'과 '동화'다.

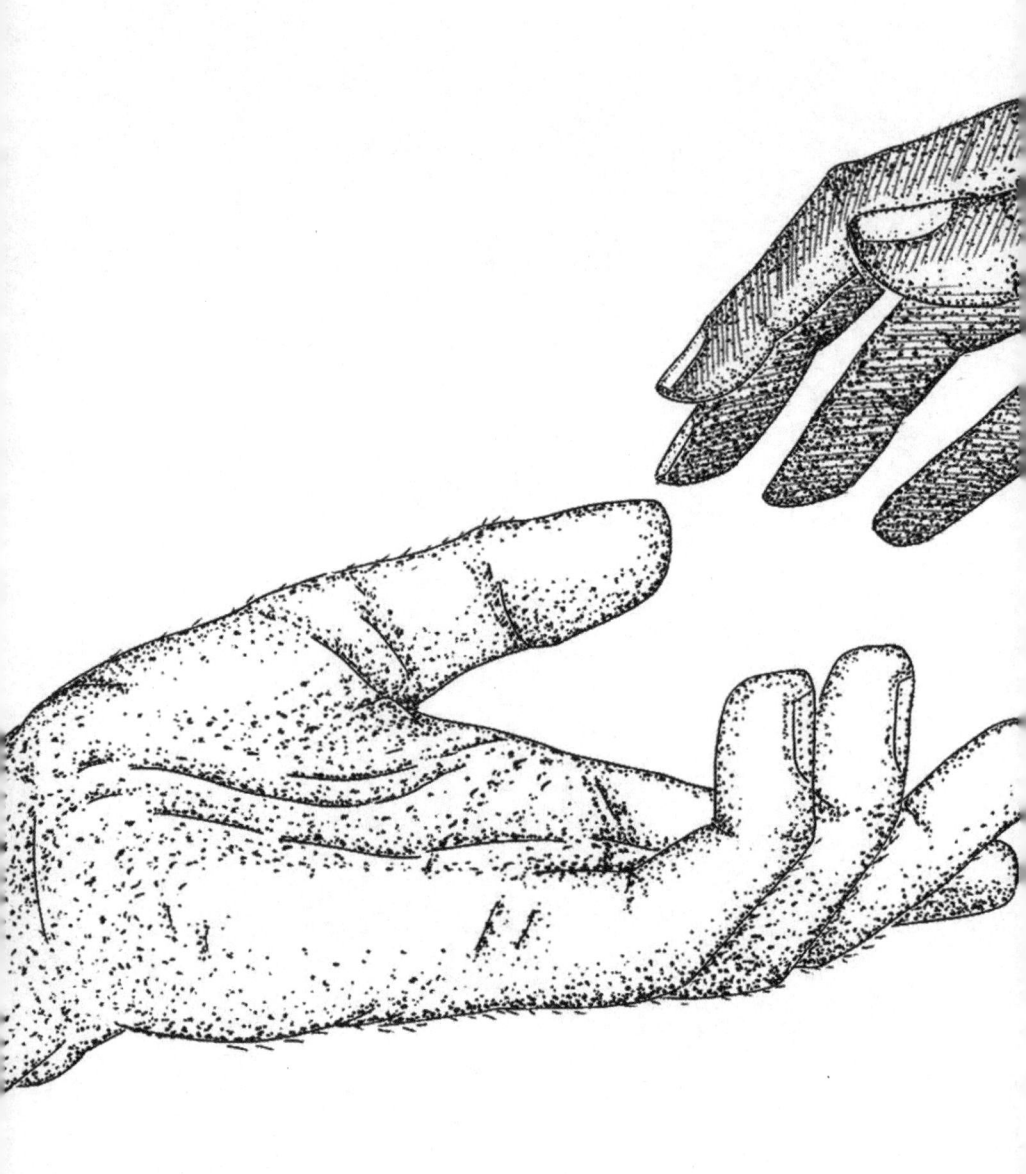

14장

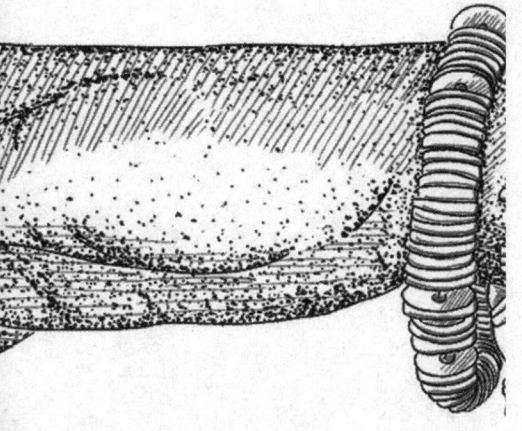

혈액 속의 시간여행자

그들은 떠오르는 태양을 뒤로하고 땅에 난 길을 따라 정처 없이 걷는다. 그들이 익히 알던 사물들은 처음 보는 가면을 쓰고 등장한다. 나무들은 새로운 잎으로 갈아입었고, 동물들은 낯선 모피 차림이다. 심지어 발밑에 깔린 암석들도 달라졌다. 그리고 그들은 타인들을 인지한다. 짓밟혀 다져진 길을 스치고 지나갈 때 살며시 이는 흙먼지에서, 새카맣게 그을리고 균열된 암석에 배어 있는 탄내에서, 낮게 드리운 구름에 닿을 듯 말 듯 피어오른 가느다란 연기에서, …

늘 그렇듯 길들은 서로 만난다. 무수한 잎을 떨구는 가을의 임관 아래서, 질주하는 강물 옆에서, 어두컴컴한 동굴 입구에서 긴장되고 힘겨운 춤판이 벌어진다. 어떤 때는 공포가 일고 피가 용솟음친다. 또 어떤 때는 손들이 서로 마주 잡고 손가락들이 머리칼과 피부와 입술을 더듬는다. 특별히 오래 지녔던 물건들을 주고받는다. 난로의 불빛 속에서 속삭이며 허벅지가 스르르 교차하는 동안 은밀한 것들이 오간다. 배가 부풀어 오르더니 별빛 아래서 조그만 생명이 얼굴을 내민다. 그 생명은 무한히 맑은 눈망울을 열어 마치 귀환한 듯한 표정으로 세상을 바라본다. 장작 연기를 머금은 공기를 들이마시고 은하수가 흐르는 동안 꼭 쥐었던 작은 주먹을 펼친다. 뼛속에는 오래된 것들이 남아 있고 살 속에서는 새 생명이 고동친다. 사람들은 까마득히 멀리 펼쳐진 미래를 만든다. 수년, 수 세기, 수천 년 동안.

지난 160년 동안 연구자들은 네안데르탈인에 대한 더 많은 지식을 얻기 위해 뼈와 돌로 이루어진 산을 힘겹게 오르는 데 대부분의 시간을 할애했다. 그러나 최근 20년 동안 오래된 DNA가 허황된 꿈에서 현실로 바뀌면서 상황이 급변했다. 유전학이 (고고학을 가로막았던) 수많은 그늘에 불을 밝힘에 따라 네안데르탈인의 유전자를 연구하는 것은 험난한 산꼭대기에 올라가 뜻밖의 광대한 풍경을 바라보는 것처럼 느껴졌다. 시간과 공간에 기반한 모든 샘플은 그것이 유래한 개인과 집단의 혈통 및 계보에 대한 독특한 정보를 들여다볼 핍홀peep-hole을 제공해 주었다. DNA 분석은 샘플을 더욱 클로즈업하여 뼈 너머에 있는 생물학을 드러내며 심지어 완전히 새로운 종류의 호미닌을 발견할 수도 있다.

유전학 기술의 발달에 힘입어 전문가들조차 감당하기 어려운 새로운 발견과 이론적 개편이 들이닥치곤 했다. 그러나 실험복과 골분骨粉과 시험관이 점령한 실험실에는 우리의 마음을 사로잡는 매우 친근한 이야기가 도사리고 있다. DNA를 통해 들여다본 까마득히 먼 과거의 파노라마에는 이동하고, 상호작용하고, 짝짓기한 고인류 공동체들의 세계가 펼쳐져 있다.

네안데르탈인은 독자적인 역사를 지니고 있으며, 수천 킬로미터에 산재하는 '유전적 유산을 가진 계보'들이 서로 엮여 복잡한 태피스트리를 형성했다. 명성에 걸맞게 1997년 최초로 채취된 DNA

의 주인공은 펠트호퍼Feldhofer 동굴에서 발견된 네안데르탈인이었다. 그 당시만 해도 신뢰할 만하게 채취할 수 있는 것은 미토콘드리아 DNAmitochondrial DNA(mtDNA) 뿐이었고, 분석 결과는 당시 지배적이던 '네안데르탈인은 유럽에서 등장하여 끝나는 날까지 유전적으로 고립된 채 지냈다'는 진화이론을 뒷받침했다.

잇따른 연구들도 기존의 이론을 고수했으며, mtDNA는 모계로만 유전되기 때문에 연구자들은 상이한 개인들의 유전자가 수렴하는 시점을 계산할 수 있었다. 이렇게 하여 대충 생겨난 날짜가 네안데르탈인의 '미토콘드리아 이브Mitochondrial Eve'*—일종의 모계 조상—탄신일이었다. 그것은 놀랍게도 130ka 미만이었는데, 네안데르탈인 화석은 그보다 수십만 년은 더 거슬러 올라가기 때문에 뭔가 잘못된 게 분명했다.

더 많은 뼈가 분석되면서 각각의 샘플이 전체적인 그림을 극적으로 바꿀 수 있다는 사실이 분명해졌다. 초기 mtDNA 분석에서 네안데르탈인 집단은 규모가 작고 동질적인 것으로 나타났다. 그도 그럴 것이, 50~40ka쯤 스페인, 독일, 크로아티아에 살았던 개인들은 유전적으로 매우 비슷했기 때문이다. 그러나 더 많은 데이터가 축적되자 지역적 다양성의 기미가 엿보였다. 때로는 지리적 근접성이 관련성과 일치해서 고예Goyet의 상당수는 다른 네안데르탈인보다 자기들끼리 훨씬 더 비슷한 DNA를 보유했다. 반면에 펠트호퍼에서 발견된 두 번째 네안데르탈인의 유전자가 연구되었을 때, 그것은 동일한 동

---

* 미토콘드리아 이브는 최초의 여성 네안데르탈인이 아니라 모든 네안데르탈인의 마지막 공통 여성 조상을 의미한다.

굴에서 발견된 네안데르탈인보다 크로아티아의 빈디야Vindija 혈통과 더 가까운 것으로 나타났다.

50~40ka까지만 해도 계통수의 굵은 가지에서 갈라진 후손들은 여전히 서부 유라시아 전역에 흩어져 살고 있었다. 예컨대 2007년 수행된 연구에서 우즈베키스탄의 테시크-타시Teshik-Tash 어린이는 유럽 혈통과 관련된 것으로 밝혀졌지만, 훨씬 더 동쪽에 있는 시베리아 알타이 지역의 오클라드니코프Okladnikov 동굴에서 발견된 어린이의 mtDNA는 충격적이었다. 45~40ka에 해당하는 오클라드니코프 어린이는 모든 네안데르탈인 중 가장 동쪽에서 발견되었으며, 지중해에서 시베리아에 이르는 훨씬 더 광범위한 유라시아 영역이 드러났다.

그러나 어느 시점에 한 번 이상의 커다란 격변이 일어났다. 스페인과 네덜란드에 살던 네안데르탈인 중 일부의 mtDNA가 엘시드론, 펠트호퍼, 빈디야에 집중적으로 거주하는 혈통보다 오클라드니코프 어린이와 더 가까웠다. 그리고 그 역도 성립해서, 유럽에서 수천 킬로미터 떨어진 러시아의 '메즈마이스카야 1' 어린이는 오클라드니코프 어린이보다 이탈리아의 네안데르탈인과 더 가까웠다.

그러나 mtDNA는 늘 절반만을 이야기할 뿐이다. 네안데르탈인의 유산을 더욱 완전하게 설명하려면 핵 DNAnuclear DNA(nDNA)가 필요했으며, 기술의 진보 덕분에 nDNA 분석이 가능해지자 네안데르탈인 유전학의 골드러시가 시작되었다. 시베리아 알타이 지역에 있는 데니소바 동굴 내부의 냉동고를 방불케 하는 조건은 그곳의 DNA가 예외적인 조건에 있었음을 암시하며 '동부 개척Wild East'의 프론티

어를 열었다. 데니소바의 D5에서 채취된 샘플(발가락뼈)은 네안데르탈인의 충실도 높은 핵유전체nuclear genome를 사상 최초로 제공했다. 그것은 또 하나의 인류를 위한 레시피의 서막이었다.

'알타이 네안데르탈인'이라는 별명을 얻은 발가락은 90ka경에 살았던 한 여성의 것이었다. 그녀는 그보다 4~5만 년 전쯤 다른 네안데르탈인들과 갈라진 매우 취약한 혈통 출신이었다. 그리고 전혀 뜻밖의 일은, 지리적으로 그녀와 제일 가까운 오클라드니코프 어린이의 mtDNA가 유전적으로 제일 가까운 친척이 아니었다는 것이다. 대신 거기서 서쪽으로 수천 킬로미터 떨어진 캅카스의 메즈마이스카야에서 발견된 신생아와 가장 가까웠다.

데니소바 DNA의 풍부함은 거기서 멈추지 않았다. 2016년 이후 뼈와 동굴의 토양*에서 어렵사리 채취한 DNA를 이용하여 네안데르탈인 6명의 유전자가 추가로 연구되었다. 분석 결과, 그중 일부는 알타이 혈통으로 분류되는 mtDNA를 보유하고 있었지만 나머지(90ka경에 살았던 D11 포함)는 아닌 것으로 나타났다.

이러한 결과들은 유라시아의 네안데르탈인 집단이 몇 가지 갈래로 나뉘어 있었음을 시사한다. 즉, 그들은 두 개의 커다란 갈래로 나뉜 후 수천 년 동안 유럽과 아시아에 각각 고립되었던 것으로 보인다. 더욱이 알타이 여성의 후손들(말하자면 다른 모든 네안데르탈인과 오래전 헤어진 친척)은 어찌된 일인지 자취를 감췄고, 나중에 유럽의 가지에서 뻗어 나온 잔가지에 의해 대체되었다. 즉, 지역적 범위에서

---

* 퇴적층에서 수집된 DNA 중 일부는 '광범위하다diffuse'라고 기술되는데, 아마도 분변 덩어리에서 유래한 듯하다.

보면 네안데르탈인의 nDNA에는—유럽의 mtDNA와 마찬가지로—여러 개의 혈통들이 존재했는데, 그들은 동시대에 존재했지만 잘 섞이지 않았거나 서로 신속히 대체된 것으로 보인다.

이 모든 것은, 대륙 규모의 혈통 이동이 일어나 동진東進이 주류를 이루었지만 역방향 이동도 존재했음을 암시한다. 그 이동은 현대의 이주migration와 같은 개념이라기보다는 점진적인 과정incremental process이었을 공산이 크지만, 어찌됐든 혈통 이동이 일어났다는 것은 엄청난 규모의 장기적인 격변이 일어났다는 뜻이다. 어떤 지역에서든 우리는 초기 네안데르탈인에 대해 MIS 5 이전과 그 이후 사이의 연속성을 가정할 수 없다.

포브스 채석장에서 발견된 두개골에 대한 최근의 유전자 분석에서 네안데르탈인의 가계도가 더욱 명확해졌다. 두개골의 주인이 여성인 것으로 밝혀졌을 뿐만 아니라, 그녀의 nDNA는 러시아의 차기르스카야Chagyrskaya 동굴과 크로아티아의 빈디야 동굴의 유전체와 가까운 것으로 나타났다. 이는 그녀가 둘 모두의 조상뻘임을 시사한다.

그와 동시에 그녀의 DNA는 알타이 혈통과 달랐는데, 이는 아시아의 친척들이 (D5의 연대에서 제안된) 170~130ka쯤 갈라져 나갔다는 설을 뒷받침한다. 그 시기는 MIS 6의 빙하기가 끝난 시기와 얼추 일치하는데, 그 이후에는 엠 간빙기의 클라이맥스를 향해 기후의 온난화가 신속히 진행되었다. 최소한 몇 개 지역의 고고학 기록에 따르면 MIS 5의 네안데르탈인이 기술적, 문화적으로 변모했다고 하는데, 몇몇 mtDNA 하위집단에서도 그런 경향이 엿보인다. 그리고 MIS

4의 혹한기가 끝난 후 유럽의 네안데르탈인은 영역을 확장하여 서부 도거랜드Western Doggerland—오늘날의 영국—에 다시 정착했는데, 이러한 이동 중 일부는 아마도 동쪽을 향한 집단 이동과 맥락을 같이하는 것으로 보인다.

유전학 혁명은 진정으로 놀라운 발견의 계기가 되었다. 사실 데니소바 동굴이 오늘날 세계적으로 유명해진 것은 알타이 네안데르탈인 때문이 아니라 조그만 뼈 하나—한 소녀의 손가락뼈—때문이다. D3로 알려진 그녀의 mtDNA는 어떤 호미닌과도 일치하지 않았고, 그녀는 (아무도 존재를 몰랐던) 완전한 '유령' 집단의 우발적인 홍보대사인 것으로 밝혀졌다. 이후 뼈와 치아, 동굴의 흙먼지에서 그녀가 속한 호미닌—데니소바인Denisovans이라고 지칭되었다—의 DNA가 더 많이 확보되었다. 데니소바인은 50~150ka에 데니소바까지 영역을 확장했지만, 하나의 집단으로서 네안데르탈인과 갈라진 것은 600ka 이전이었다. 진화적 관점에서 '데니소바인들 사이의 거리'는 '데니소바인과 우리 사이의 거리'보다 가까웠지만 그 차이가 그다지 크지는 않다. 더욱이 그들의 DNA는 네안데르탈인보다 다양했는데, 논리적으로 볼 때 그 이유는 둘 중 하나다. 그들의 머릿수가 워낙 많았거나, 내적 소멸internal extinction을 별로 많이 겪지 않았거나.

데니소바인의 생김새는 어땠을까? 연구자들이 지난 10년 동안 얻은 힌트는 빈약하기 짝이 없다. DNA 분석에 따르면 어떤 구성원들은 갈색 눈과 머리칼, 피부를 갖고 있었고, 네안데르탈인과 다른 치아를 가졌던 것으로 추정된다. 그러나 다른 신체부위의 유골이 너무 제한적이다 보니—D3의 손가락과 3개의 치아—추가적으로 말할 밑천이 없었다. 2019년에 연구자들은 성장에 관여하는 유전자의 독특한 측면을 검토함으로써 역공학reverse engineering을 시도했다. 골격을 발견하기 전까지—만약 그럴 수 있다면—자신 있게 말할 수는 없지만, 그들의 머리통은 네안데르탈인보다 훨씬 더 컸고 손가락도 길었던 것 같다.

그러나 해부학 너머에는 난제가 수두룩하다. 데니소바라는 유적지가 있긴 하지만 퇴적층이 자연적인 동결 과정을 거쳐 변형되었으며, 하이에나의 파헤침도 문제가 될 수 있다. 게다가 일부 화석의 연대측정이 동일한 퇴적층 내의 다른 인공물들과 일치하지 않는데, 이는 일부 유골이 원래의 맥락을 벗어났을지도 모른다는 것을 암시한다. 그렇다면 누가 무엇을 만들었는지를 밝혀내는 것이 불가능할 수 있다.

모든 증거와 정황들은 데니소바인을 아시아계 종으로 지목한다. 주목할 만한 것은, 티베트 고원의 샤허夏河—알타이에서 남동쪽으로 2,200킬로미터 떨어진 고지대—에서 발견된 턱뼈의 단백질을 분석해 보니 데니소바인(또는 가까운 자매집단)의 것으로 판명되었다는 것이다. 그러나 우리는 데니소바인과 네안데르탈인이—비록 시기는 달랐지만—동일한 동굴에 살았던 증거를 갖고 있다. 그렇다면 혹시 그들이 서로 만난 적이 있었을까? 대답은 두말 할 것 없이 '예스'다. D3의 DNA가 우리에게 전해 준 쇼킹한 메시지는 그녀의 조상들이 어느 시점에 네안데르탈인과 '종을 초월한 사랑'을 나눴다는 것이었다. 그러나 진짜로 쇼킹한 인물이 아직 남아 있었다.

앞에서 잠깐 언급한 D11로 돌아가자. 그것은 90ka경에 살았던

10대 초반 소녀의 작은 사지뼈 조각으로, 본래 2012년에 발견됐지만 4년이 지난 후 단백질 분석을 통해 가까스로 호미닌으로 인정받았다. 유전학자들은 mtDNA에 기반하여 D11을 네안데르탈인으로 지정했지만 그건 어머니에게서 물려받은 미토콘드리아에 새겨진 유전 정보일 뿐이었다. 그녀의 nDNA를 분석해 보니 그녀의 아버지는 놀랍게도 데니소바인이었다.

'데니Denny'—D11의 별명—는 지금껏 발견된 유일한 호미닌 혼혈 1세대다. 워낙 있을 법하지 않은 일이다 보니 연구자들은 처음에 믿으려 하지 않았는데, 그 시사점은 그야말로 센세이셔널했다. 이종교배interbreeding는 매우 드물며, 직접적인 증거는 유전의 어둠 속에 숨어 있으므로 여러 세대를 역추적해 봐야 진위를 알 수 있다는 것이 연구자들의 통념이었다. 그런데 상이한 호미닌 종들의 결합으로 탄생한 어린이가 발견되었다면 그건 이종교배가 그다지 드문 일이 아니었다는 이야기가 된다.

한술 더 떠서 데니의 DNA에는 더 많은 이종교배의 흔적이 포함되어 있었다. 즉, 그녀의 부계조상 중에서 최소한 한 명이—비록 수천 년(이루 헤아릴 수 없는 세대) 전의 일이지만—네안데르탈인을 만난 적이 있는 것으로 나타났다.

엽기적인 유전 정보의 결정판은 까마득히 먼 네안데르탈인 조상이 데니의 어머니와 동일한 유전집단에 속하지 않았다는 것이다. 데니의 어머니로 말할 것 같으면 (오클라드니코프에서도 발견된) 유럽 혈통에서 동쪽으로 뻗어나간 잔가지의 일부였다. 그와 대조적으로 데니의 아버지의 네안데르탈인 조상은 훨씬 더 서쪽에 있는 엘시드론-펠트호퍼-빈디야 그룹과 연결되어 있었다.

주목할 만한 유적지들에서 나온 증거들 덕분에 분명해진 것은 데니소바인은 결코 정적static인 집단이 아니었으며, 시간이 경과함에 따라 대규모 이동을 거듭했다는 것이다. 가장 최근의 연구 결과에 따르면 심지어 모든 데니소바인 집단에 혼혈 조상이 존재할 수도 있음을 암시한다. 데니소바인을 그토록 예외적인 호미닌으로 만든 요인이 뭘까? 데니소바 동굴보다 동쪽에서 발견된 네안데르탈인의 화석이나 DNA는 지금껏 없었고, 데니소바 동굴보다 서쪽에서 발견된 데니소바인도 없었다. 아마도 데니소바 동굴은 문자 그대로 두 세계의 가장자리에 있었던 것 같다.

점입가경

데니소바인 말고 네안데르탈인과의 잠재적인 유전적 연관성을 둘러싼 추측과 판타지의 주인공이었던 호미닌 종이 또 하나 있다. 그건 바로 우리다. 데니소바인이 데뷔한 직후인 2010년에 두 번째 사실이 밝혀졌다. 최초의 네안데르탈인 유전체를 분석해 보니 기존의 mtDNA 분석 결과와 달리 네안데르탈인이 호모 사피엔스의 유전체에 기여한 것으로 밝혀진 것이다.

호모 사피엔스와의 이종교배가 없었다면 네안데르탈인의 DNA는 모든 현생인류의 DNA와 달라야 한다. 그러나 사하라사막 이남의 아프리카계 혈통이 아닌 사람들의 DNA가 네안데르탈인과 무시할 수 없을 만큼 일치하는 것으로 나타났다. 그 이유가 뭘까? 납득할 만한 이유는 단 하나, '호모 사피엔스가 아프리카 대륙을 떠나 퍼져나간 후 그중 일부가 네안데르탈인과 만나 아이를 낳았을지도 모른다'는 것뿐이다.

이 소식은 인류의 기원에 지각변동을 일으켜 두 종에 대한 수많은 기본적 가정들을 뒤흔들었다. 처음에는 그 이종교배가 연대기적으로 최근에—아마도 40ka경—유럽에서 일어난 것으로 가정되었다. 그 후 10년 동안 문제가 훨씬 더 복잡해졌는데, 이를 이해하기 위해 호모 사피엔스의 초기 역사를 간단히 훑어보자. 호미닌들은 100만 년보다 훨씬 전부터 유라시아에 존재했지만 가장 오래된 호모 사피엔스 화석은 단연코 아프리카의 화석이다. 그러나 특정한 '인류의 요람'에 대한 낡은 관념들은 오늘날 새로운 관념으로 대체되었다. 가장 최근의 화석 및 유전적 증거는 호모 사피엔스가 (아프리카 대륙의 여러 지역과 두루 관련된) 해부학적으로 다양한 메타개체군meta-population에서 진화한 것이라 제안한다.

데니소바인과 네안데르탈인의 공통조상이 '미래의 호모 사피엔스'와 갈라진 결정적인 기간인 800~600ka 사이의 화석 기록은 절망스러울 정도로 드물다. 그러나 그 이후, 오늘날의 모든 사람들이 공유하는 해부학적 특징들은 상이한 아프리카 지역들에서 오랜 기간에 걸쳐 진화한 것으로 보인다. 뇌는 500ka 이후 신속하게 커졌지만 두개골과 신체는 서서히 발달했다. 300ka경에 살았던 모로코의 제벨 이루드Jebel Irhoud 사람들은 이미 '큰 뇌'와 '납작한 현대적 스타일의 얼굴'을 갖고 있었지만 두개골의 윗부분과 뒷부분은 아직 태곳적 스타일이었다. 현생인류와 매우 비슷한 가장 오래된 호모 사피엔스 두개골은 동아프리카에서 발견된 200~150ka의 것인데, 그 시기는 고전적인 네안데르탈인의 해부학이 완성된 때와 일치한다.

가장 최근의 커다란 변화 중 하나는 초기 호모 사피엔스로 보이는 유골들이 아프리카 밖에서 점점 더 많이 발견된다는 것이다. 1930년대에 근동의 스크훌Skhul과 카프체Qafzeh에서 발견되어 나중에 120~90ka로 측정된 골격들은 처음에는 기형인 것처럼 보였다. 그러나 이제는 사정이 180도 달라졌다. 2018년 카르멜산의 미슬리야Misliya 암굴에서 발견된 위턱뼈 조각은 놀랍게도 194~177ka로 측정되었다. 비록 단편화되어 있지만 네안데르탈인의 것이 아니라고 판정하기에는 충분하다.

이듬해에 그리스의 아피디마Apidima에서 발견된 두개골 일부는 심지어 210ka로 측정되었는데, 호모 사피엔스의 것이라고 주장되었다. 그러나 유적지의 위치가 골칫거리다. 절벽의 수직 통로가 (인접한 거대한 경사면의 퇴적층에서 밀려 내려온 듯한) 뒤죽박죽된 퇴적물로 가득 차 있어 두개골이 어느 퇴적층에 속하는지가 불분명하기 때문이다. 설상가상으로 다른 연구자들은 네안데르탈인과 비슷한 특징을 지적한다.

아피디마 두개골의 엄청난 연대(210ka)와 절묘한 위치(지중해 해안)는 뜻밖의 초기 확산을 암시하며, 그런 환경적 맥락은 북아프리카에 필적한다. 그러나 오늘날에는 '초기 호모 사피엔스가 100ka 이전에 수천 킬로미터를 횡단하여 동아시아로 진입해 전혀 다른 생태계에 적응했다'는 설이 힘을 얻고 있다. 120~80ka에 중국에 도착하고,

73~63ka에 수마트라에 도착하고, 최소한 65ka에 호주로 건너가기 위해서 그들은 산맥을 넘고 사막을 건너고 정글을 통과하고 아마도 뗏목에 몸을 싣고 파도를 헤쳐나갔을 것이다.

그런 사건 중 상당 부분은 2010년까지 알려지지 않았었다. 그 이전까지만 해도 근동(이를테면 카프체)에 살았던 초기 호모 사피엔스들은 수만 년 동안 더는 이동하지 않다가 90ka 이후 네안데르탈인들로 대체된 것처럼 보였다. 그러나 2010년 최초의 네안데르탈인 유전체 분석 결과가 발표되면서 모든 것이 바뀌었다. 그로부터 10년이 지난 지금, 상황은 훨씬 더 복잡하고 흥미로워졌다.

현재의 데이터에 의하면 모든 사람들(단, 사하라사막 이남의 혈통을 가진 사람들 제외)에게서 1.8~2.6퍼센트의 네안데르탈인 DNA가 발견되지만* 균등하게 분포되어 있지는 않다. 즉, 서유럽인은 그 비율이 2퍼센트 미만으로 가장 낮고, 아메리카 원주민, 아시아인, 오세아니아인(오스트레일리아와 파푸아 원주민 포함)은 서유럽인보다 0.4퍼센트 포인트 높다. 또한 연구자들은 "이종교배가 여러 차례 있었으며 어떤 경우에는 네안데르탈인에게도 이종교배의 흔적이 남았을 것"이라고 믿고 있다.

네안데르탈인의 nDNA에는 아득한 옛사랑의 그림자가 드리워져 있는데, 최근의 연구에 의하면 이종교배는 사실상 아주 오래된 규범이었다고 한다. 네안데르탈인과 데니소바인의 공통조상—네안데르소바인 Neandersovans—은 150만 년 동안 유라시아에 존재했던 '초고

---

* 사하라사막 이남의 사람들도 약간의 네안데르탈인 DNA를 갖고 있지만, 나중에 유라시아 출신의 호모 사피엔스 이주민들과 상호작용한 데서 유래한 것으로 보인다.

대super-archaic' 호미닌과의 이종교배를 통해 DNA에 희미한 그림자를 남겼다. 데니소바인이 독자적인 행보를 시작한 후 네안데르탈인의 초기 이종교배 신호가 어렴풋이 나타나는데, 이번에는 호모 사피엔스와의 이종교배다. 호모 사피엔스와 사랑을 나눈 흔적은 알타이와 유럽의 네안데르탈인 혈통 모두에게서 발견되는데, 이는 그 시기가 (두 혈통이 확실히 갈라진) 140~130ka 이전이라는 것을 의미한다.

또 다른 신호는 (mtDNA를 제공한) 최초의 '진짜로 오래된' 네안데르탈인 화석에서 나온다. 독일 남서쪽의 홀렌슈타인-슈타델에서 발견된 남성 허벅지뼈(100~120ka)의 경우, 그의 mtDNA는 나중의 네안데르탈인과 전혀 다르다. 이유가 뭘까? 납득할 만한 설명은 그가 270ka까지 유전적으로 고립된 혈통에 속했다는 것이다. 만약 이 설명이 정확하다면 네안데르탈인의 mtDNA는 매우 제한된 다양성을 갖고 있다는 통념과 배치된다. 그러나 가능한 또 다른 설명은 그의 mtDNA가 그렇게 다른 것은 '본래 네안데르탈인의 것'이 아니라 '호모 사피엔스와의 초기 만남에서 물려받은 것'이기 때문이라는 것이다. 더욱이 네안데르탈인의 Y 염색체에 대해서도 아마도 훨씬 더 오래전에 비슷한 일이 벌어졌다는 단서가 포착된다. 엽기적으로 들리지만 동물에게서도 비슷한 사례를 찾아볼 수 있다. 북극곰의 mtDNA는 130ka경에 일어난 이종교배 때문에 불곰의 mtDNA로 완전히 대체된 것으로 보인다.

이런 추측의 진위 여부를 확인하려면 더 많은 초기 샘플이 필요하지만 나중에 일어난 이종교배는 확인하기가 비교적 쉽다. 우리의 유전체에 가장 커다란 흔적을 남긴 접촉 시기는 75~55ka로 간주된다. 주목할 만한 것은 2014년 시베리아 한복판에 있는 우스트-이 심Ust'-Ishim 지역의 이르티슈Irtysh 강가에서 발견된 초기 호모 사피엔스 남성(46.8~43.2ka)이다. 그의 체중을 지탱했던 다리뼈 조각에서 추출한 DNA를 분석해 보니, 그가 죽기 7,000~1만 3,000년 전에 일어난 이종교배에서 비롯된 네안데르탈인 혈통의 흔적이 발견되었다. 나중에 수행된 연구에서 그것은 두 번—하나는 54~50ka, 다른 하나는 그로부터 적어도 5,000년 후—에 걸쳐 일어난 상이한 이종교배의 흔적인 것으로 밝혀졌다.

언뜻 보기에 첫 번째 이종교배 시기(54~50ka)는 네안데르탈인의 유전체에 기반한 계산과 들어맞지만 여기에는 숨은 문제가 있다. 지금까지 분석된 네안데르탈인의 유전체 중에서 현생인류가 보유한 네안데르탈인의 DNA와 정확히 일치하는 것은 하나도 없었다. 즉, 현생인류가 보유한 것은 알타이 혈통과 다르지만 그렇다고 해서 유럽 혈통에 속하는 빈디야나 메즈마이스카야 1과 더 비슷하지도 않다. 그게 무엇을 의미할까? 첫 번째는 우리에게 가장 큰 영향을 미친 원천집단과의 이종교배는 지금껏 네안데르탈인의 DNA가 채취되지 않은 곳에서 일어났다는 것이다.

두 번째는 원천집단의 가지가 80ka에 갈라졌는데, 이 시기는 유전체에 기반한 90~45ka라는 이종교배 시점과 부합한다는 것이다. 고고학적으로 볼 때 이종교배 시점은 55~60ka 이전으로 규정할 수 있다. 왜냐하면 오늘날의 오스트레일리아 원주민은 네안데르탈인 유전자를 보유하고 있는데, 그즈음 이미 호주에 살고 있었기 때문이다. 종합하면, 우스트-이심 남성의 DNA에 나타난 두 번의 이종교배는 너무 늦게 일어났기 때문에 현생 유라시아인들에게 반영되지 않은 것 같다.

나중에 일어난 여러 번의 이종교배는 다른 데이터에 의해서도 뒷받침된다. 우리가 알기로 유라시아의 초기 호모 사피엔스 집단은 55ka에 이미 여러 혈통으로 갈라져 있었다. 오늘날 일부 사람들에게서 더 많은 양의 네안데르탈인 DNA가 발견되는데, 이는 몇몇 혈통에서 이종교배가 유난히 많이 일어난 후 네안데르탈인의 DNA가 아시아와 그 너머로 전달되었기 때문이라고 볼 수 있다.

우리는 또한 호미닌 간의 상호작용은 유럽과 가까운 곳에서 일어났을 가능성이 높다는 것을 알 수 있다. 우스트-이심의 결과가 발표된 직후, 다른 초기 호모 사피엔스 남성의 화석에서 추출된 DNA에 대한 논문이 발표되었다. 그 남성은 42~37ka에 우스트-이심에서 서쪽으로 수백 킬로미터 떨어진 루마니아의 페슈테라쿠오아세Peștera cu Oase에서 사망했다. 그의 유전적 혈통은 데니만큼이나 센세이셔널했는데, 그 이유는 유전자의 약 11퍼센트가 네안데르탈인의 것이었기 때문이다. 이는 그의 4~6대조 할아버지 중에 네안데르탈인이 있었다는 것을 의미한다.

4~6대라면 1860년대에 펠트호퍼의 두개골을 들여다보던 선사학 선구자들과 당신 사이의 거리와 똑같다. 그리고 우스트-이심과 마찬가지로 오아세 남성의 DNA에는 여러 번의 이종교배가 기록되어 있었으며, 그가 사망하기 약 2,000년 전 또 한 번의 이종교배가 있었던 듯하다.

종합하면, 200ka에 네안데르탈인이 호모 사피엔스와 함께 아기를 낳은 이후로도 최소 3번, 많게는 6번의 이종교배 시기가 있었다고 할 수 있다.* 이 시기들이 극소수 화석에서 발견됐으며 논문이 발표된 지 10년이 채 안 됐다는 것은 접촉과 이종교배의 빈도가 우리가 아는 것보다 훨씬 더 많았으리라는 것을 강력히 시사한다.

그런데 한 가지 특이한 패턴은 모든 후기 네안데르탈인들에서 ─심지어 오아세 남성과 지리적으로 가깝고 나이가 약간 많은 빈디야의 네안데르탈인에서도─호모 사피엔스의 유전자가 유입된 흔적을 찾아볼 수 없다는 것이다.

그러나 우리가 명심할 것은 오늘날 화석이 발견된 장소가 여러 세대 전에 사건이 일어난 곳에 대한 신뢰할 만한 지표가 아니라는 것이다. 어쩌면 오아세 남성의 증조부모들 중 한 명이 네안데르탈인과 만났을 때 그들은 훨씬 더 동쪽이나 남쪽에서 살고 있었을지도 모른다. 실제로 근동과 중앙아시아에서 발견된 화석들의 DNA는 아직 추출되지 않았다. 또 한 가지 가능성은 생식의 복잡성 때문에 우리의 DNA가 네안데르탈인 혼혈아의 유전체에 유입되지 않았거나, 설사 유입되었더라도 대를 거듭하며 빠르게 사라졌을 수 있다는 것이다.

유전자에서 몸으로 초점을 옮기면 네안데르탈인이 정확히 어떻게, 왜 다른 호미닌과 성관계를 가졌는가라는 의문에 봉착한다. 유전체에 새겨진 이종교배 횟수와 우리 몸에 남아 있는 네안데르탈인

---

* '3번'의 계산 근거는 다음과 같다. 유전체를 이용한 연대추정에 기반하여, 우스트-이심의 상한연대는 별개로 친다. 우스트-이심의 하한연대는 오아세의 상한연대와 겹치므로 뭉뚱그려 두 번째로 간주하고, 오아세의 하한연대는 너무 최근이라 세 번째로 간주되어야 한다.

DNA의 비율을 감안하면, 수백 번—어쩌면 그 이상—의 개별적 성교와 그 결과물인 혼혈아들이 존재했을 것이다. 빅토리아 시대의 학자들은 의심할 여지없이 종간 관계inter-species relation에 대한 궁금증을 겉으로 드러내지 않았으며, 그들의 상상력은 문화적 관습과 집착에 물들어 있었다. 그러나 지금으로부터 5만 년 전 네안데르탈인과 초기 호모 사피엔스가 느낀 감정과 기분을 평가하는 것은 엄청나게 어려운 일이다.*

사람의 다리에 험핑humping을 하는 개에서부터 수영하는 사람들과 지나치게 친해지는 돌고래에 이르기까지, 다양한 동물들이 자신의 종 너머로 성적 관심을 확장하는 것으로 알려져 있다. 사람의 경우 1.5~4퍼센트의 사람들이 수간을 하는 것으로 알려져 있음에도 광범위하게 퍼져 있다. 수간의 주요인은 쉬운 접근이며, 일부 농경사회에서 그 비율이 두 배로 증가한다. 그러나 동기는 문화와 개인적인 상황에 따라 극단적으로 다양하다. 일부 수렵채집사회의 경우, 사냥을 '생사의 순환고리'의 일부로 간주하는 우주론cosmology에 섹슈얼리티가 내포되어 있다. 그러나 전형적으로 사냥감과의 직접적인 성접촉은 없다.

네안데르탈인과 현생인류 사이의 이종교배를 수간으로 설명하기는 어렵다. 그들은 직립보행을 했고 도구를 휴대했으며, 아마도 의

---

* 1870년대까지만 해도 유인원 수컷은 사람 여성에게 성적으로 끌린다고 믿어졌다. 그리고 다윈은 《인간의 유래와 성 선택》의 각주에서 한 세기 전에 행해진 실험을 기술했다. 그 실험의 대상은 오랑우탄과 여성 성노동자였으며, 목적은 잡종 자손hybrid offspring이 가능한지를 알아보는 것이었다.

복을 착용했고 일종의 언어를 구사했을 것이다. 양쪽 모두에게 '내 앞에 있는 존재가 비록 새로운 종일지언정 사람이다'라는 상호인정이 없었다는 것은 언어도단이다.

성적 조우sexual encounter가 일어난 과정에 대한 명백한 증거는 존재하지 않으며 그 결과만이 남아 있을 뿐이다. 광범위한 시간과 공간에 걸쳐 상이한 이종교배가 일어났으며, 그 이면에서 수많은 다양한 동역학이 작용한 게 틀림없다는 점을 명심해야 한다. DNA상에는 이종교배 파트너가 '남성 호모 사피엔스와 여성 네안데르탈인'보다는 '남성 네안데르탈인과 여성 호모 사피엔스'였을 것이라는 단서가 들어 있지만 그 데이터에 대한 다른 설명도 가능하다.

이 모든 것에 대한 사회적 맥락을 이론화하는 데 있어서 강간rape을 주요 메커니즘으로 가정하는 경향이 지배적이었다. 이는 선사학자들과 대중이 네안데르탈인을 '잠재적인 연인'보다는 '짐승'으로 간주하던 시절의 불쾌한 잔재다. 수컷 침팬지는 으레 강압적인 섹스에 골몰하지만, 모르는 암컷과는 아예 섹스를 하지 않는다(그들은 모르는 암컷을 죽이는 것을 선호한다). 네안데르탈인의 유산 중 일부가 합의되지 않은 상황에서 비롯되었을 수도 있지만, 외계인선호증xenophilia이 아닌 외계인혐오증xenophobia이 기본 가정일 필요는 없다.

플라이스토세의 성적 만남을 가리켜 "보노보가 낯선 얼굴을 대하는 방법과 비슷했다"고 보는 게 그럴싸할 것이다. 보노보는 기본적으로 매우 우호적이며, 그들은 침팬지와 달리 이방인들을 빤히 쳐다볼 때도 스스럼없이 하품을 한다. 그들은 다른 그룹과의 긍정적 상호작용에도 개방적이어서, 영토 분쟁이나 비구성원 살해 사례는 알려져 있지 않다. '욕망이나 감정적 애착에 이끌린 열정적 파트너'라는 아이디어를 한낱 동화로 치부하는 이유를 이해할 수 없다.

아마 보다 적절한 관찰거리는 '그들이 어떻게 아기를 가졌나' 보다는 '혼혈아가 어떻게 양육되어 살아남았나'일 것이다. 아마도 젖먹이들은 십중팔구 엄마와 함께 머물렀을 테고, 엄마는 그들을 먹이고 닦고 따뜻하게 보듬고 사랑했을 것이다. 혼혈아들은 무럭무럭 자라나 자신들이 태어난 사회의 문화를 이해하고, 궁극적으로 자신들의 자손을 거느리게 되었을 것이다.

유산

부모, 조부모, 증조부, 현조부, …가 된 아기들의 전설을 간단히 요약하면 네안데르탈인Neanderthals이라는 고유명사를 '네안데르탈인의 Neanderthal'이라는 형용사로 만든 위대한 뒤틀린 유전적 레시피가 오늘날까지 지속되고 있다는 것이다. 모든 살아 있는 사람들의 유전체 중에서 고작해야 2~3퍼센트가 네안데르탈인의 것이지만, 그 정도면 여전히 유의미한 양이다. 우리가 그들의 정수를 동화함으로써 얻은 생물학적(심지어 심리적) 효과를 추적하는 게 가능할까?

사실 유전학자들이 언급하는 네안데르탈인 유전자의 개수는 매우 적으며, 자연선택은 각각의 이종교배 시기에 유입된 유전자 중 상당수를 제거했을 것이다. 그럼에도 불구하고 네안데르탈인(그리고 데니소바인)의 유전자들은 우리 유전체의 작은 '활성부'에서 상당한 부분을 차지한다. 그중 일부는 확실히 우리에게 보탬이 되었다.

우리의 유전체에 존재하는 네안데르탈인의 유전자를 연구하는 학문은 최첨단 과학의 영역이며, 그것이 우리의 신체와 심지어 정신에 무엇을 의미하는지에 대한 기존 지식은 초라하기 짝이 없다. 개인이 보유한 네안데르탈인 유전자와 의료기록과의 관련성을 분석한 연구에서 네안데르탈인 유전자는 소화계 질환, 요로감염, 당뇨병, 혈전증과 관련된 것으로 밝혀졌다.

이러한 관련성을 진화적으로 설명하려는 시도는 매혹적이지만 연구자들은 특정 유전자가 우리의 체내에서 수행하는 기능을 이해하는 데 급급하며, '오리지널 고인류 버전'의 작동 메커니즘을 분석하는 것은 꿈도 꾸지 못하고 있다. 네안데르탈인의 유전자 중 상당수는 우리의 유전체와 마찬가지로 무작위로 복제되었으며, 결과에 있어서 중립적일 수 있다는 것을 명심해야 한다.

그러나 때때로 호모 사피엔스가 진출한 낯선 유라시아 세계와 관련하여 유의미한 것으로 귀결된 유전자도 있다. 의문의 여지없이, 확산되는 인구는 새로운 질병은 물론 세균에 직면했을 것이다. 네안데르탈인과 데니소바인이라는 이중 혈통을 지닌 사람들의 경우, 감염으로부터 피부를 보호하는 데 관여하는 네안데르탈인 버전의 유전자를 선호한 것 같다. 그와 마찬가지로 위궤양을 일으키는 세균으로부터 우리를 보호하는 유전자는 네안데르탈인과 데니소바인 모두에게서 왔지만 네안데르탈인 버전을 보유한 사람들은 추가적인 저항력을 갖고 있다.

낮은 수준의 자외선과 동절기의 어둠에 수십만 년 동안 적응하지 못한 호모 사피엔스에게 유라시아는 많은 도전을 제기했다. 동아시아인과 유럽인들은 각질keratin 관련 유전자의 네안데르탈인 버전을 공유하는데, 각질은 모발과 손발톱, 피부를 만드는 역할을 수행한다. 그 유전자가 만든 모발, 손발톱, 피부는 우리가 열대 환경에서 발달시킨 형태보다 유용했던 것으로 보인다. 그러나 다른 한편으로 네안데르탈인이 다양한 모발과 피부 색소를 보유하고 있었기 때문에 이야기가 더욱 복잡해진 게 틀림없다. 우리가 네안데르탈인 버전을 보유한 또 다른 분야는 생체시계 유전자body clock gene로, 우리의 생체리듬이 낮의 길이와 일사량과 강하게 연관되어 있다는 사실과 관련이 있는 것으로 보인다. 아마도 네안데르탈인이 건네준 선물이 호모 사피엔스가 특별히 길고 어두운 겨울에 대처할 수 있도록 도와준 것 같다.

더욱 추운 기후에 적응하는 것은 중대한 문제였을 텐데, 비록 의복이 완충 역할을 했을지라도 네안데르탈인 유전자가 우리에게도 큰 보탬이 되었을 것이다. 우리의 유전체에 살아 있는 그들의 유산 중 일부는 신진대사와 관련되어 있으므로 열 효율thermal efficiency을 향상시켰을 것이다. 한 유전자는 지방을 세포로 이동시키는 데에 영향을 미침으로써, 그 유전자를 보유한 사람의 2형 당뇨병 위험을 증가시켰다. 그러나 수렵채집인에게는 그것이 에너지를 관리하고 기근 상황에 대처하는 데 도움이 되었을 것이다. 그와 비슷한 유전자가 비만을 촉진했고, 또 다른 유전자는 중독addiction과 관련되어 한때 '먹으면 기분이 좋은 지방이 풍부한 음식'의 섭취를 부추겼을 것으로 추측된다.

우리의 유전체에는 네안데르탈인의 유전자가 유입되지 않은 부분이 많은데, 이는 기존의 유전자들이 보존 가치가 높았던 것으로 해석된다. 그렇다면 네안데르탈인 버전은 그들에게도 해로웠다고 볼 수 있을까? 일반적으로 그들의 DNA가 우리의 DNA보다 해로웠던 것 같지는 않지만 몇몇 고위험 변이도 확인되었다.

어떤 유전자는 오염과 관련이 있다. 난로와 심지어 네안데르탈인의 치석에서 검출된 미세숯은 그들이 때때로 자욱한 연기 속에서 생활했음을 시사한다. 우리가 보유한 변이 중 하나는 우리를 연기와 '새카맣게 탄 음식'의 독성에 100배에서 1,000배 덜 취약하게 만들었다. 오늘날 덮개 없는 난로와 통풍이 불량한 스토브에서 나오는 연기를 흡입하는 것이 5세 미만 어린이 사망의 주요 원인이라는 점을 감안할 때 이것은 결코 작은 이슈가 아니다.

네안데르탈인 유전자 중에서 열등성이 의심되는 것 중에는 생식능력과 관련된 유전자도 있다. 주목할 만한 것은 우리의 유전체에서 X, Y 염색체와 관련된 부분에는 네안데르탈인의 유전자가 유입되지 않았다는 것이다. 그리고 적어도 한 명의 네안데르탈인 남성—엘시드론 1—은 3가지 형태의 유전자를 보유하고 있었는데, 그것은 오늘날 남성 태아의 유산miscarriage과 관련된 것으로 알려져 있다. 이는 "혼혈아 중에는 여성이 많았으며, 그들조차도 유전적으로 불리했을 것"이라는 추측을 낳았다.

그러나 수십 년에 걸친 유전학 연구 결과, DNA가 단순한 방식으로 행동한 것은 아닌 것으로 드러났다. 즉, 유전자는 종종 '허브나 향신료'에 가까워, 그 향미는 다른 재료와 요리 방법에 따라 달라질 수 있다는 것이다. 유전자가 작동하는 방식에 대한 연구가 발전함에 따라 우리의 몸속에 있는 네안데르탈인의 유산에 대한 더 미묘한 이야기들을 말할 수 있게 될 것이다.

정신에 대해서도 사정은 마찬가지다. 네안데르탈인의 인지적 차이에 대한 DNA 표지자를 확인하는 것은 오랫동안 고유전학ancient genetics의 핵심 과제였다. 어떤 새로운 유전적 변이나 조합이 호모 사피엔스로 하여금 더욱 정형화된 예술 전통이나 화려한 매장을 지향하도록 만든 '번득이는 순간'이 실재로 존재했을까? 다시 말하지만 현실은 불편할 정도로 불확실하다. 우리가 네안데르탈인에게 물려받은 유전자 중 일부는 에너지 관리와 같은 기본적인 뇌 기능에 관여하겠지만, 그보다 핵심적인 이슈는 사회적으로 나타나는 차이에 대한 것이다. 특정한 네안데르탈인 유전자를 보유한 사람들은 기분장애mood disorder나 우울증에 걸릴 확률이 높은데, 통계학적으로 볼 때 그 영향은 미미하다. 그리고 그 유전자들이 과거에도 동일한 기능을 수행했는지는 알 수 없다.

특히 흥미로운 건 뇌 구조에 영향을 미치는 네안데르탈인 유전자다. 일부 유전자는 후두부를 확장하고, 뇌 물질brain matter을 크게 증가시키고, 피질cortex의 주름을 늘리는 데 기여하는 듯하다. 만약 네안데르탈인 버전이 오늘날 사람들의 유전체에 여전히 존속한다면, 그것이 혼혈아와 그 자손들의 생존에 악영향을 미치지 않았거나, 실제로 이로웠다고 할 수 있다.

우리 뇌의 다른 '네안데르탈인화된' 영역은 진일보한 사고 과정—손가락을 움직이는 순서를 배우고, 상대량과 숫자를 개념화하고 계산하는 것―과 훨씬 밀접하게 관련되어 있다. 그러고 보니 네안데르탈인 유적지에서 '다양한 뼈에 새겨진 일련의 선과 홈'이 발견된 것이 자못 의미심장하다.

가장 의외인 것은 우리가 오래전에 잃어버린 유전자의 태곳적 형태를 네안데르탈인에게서 되돌려 받았다는 것이다. 즉, 우리가 네안데르탈인과의 공통조상에게서 물려받은 유전자 중 일부는 시간이 지나면서 초기 호모 사피엔스 집단에서 퇴출된 듯한데, 그 후 100ka 이전에 이루어진 이종교배를 통해 상실된 유전자 중 일부가 되돌아왔다. 그러나 그것은 선별적이었다. 예컨대 FOXP2 유전자의 태곳적 버전은 되돌아오지 않았는데, 이는 우리가 그동안 진화시킨 버전이 더 중요했음을 시사한다.

생각을 달리하면, 초기 호모 사피엔스의 유전자 중 일부도 이종교배를 통해 네안데르탈인에게 유입되었을 것이다. 그러나 현재로서 우리는 그에 관한 정보를 갖고 있지 않다. 왜냐하면 후기 네안데르탈인 유전체에서 호모 사피엔스의 것을 찾아볼 수 없기 때문이다. 이는 각각의 새로운 유전체와 실험실 연구가 얼마나 중요한지를 일깨워 주며, 연구자들은 꾸준히 샘플 수를 늘리기 위해 노력하고 있다.

더 많은 수의 유전체 샘플은 네안데르탈인이 매우 작은 메타개체군에 의해 규정된다는 인식을 극적으로 바꾸었다. 앞에서 언급한 바와 같이, 일부 초기 분석은 네안데르탈인의 유전적 다양성이 오늘날의 호모 사피엔스보다 훨씬 더 낮았다고 제안했다.* 뒤이어 근교배—근연관계에 있는 개체들 간의 지속적인 생식—가 유전적 다양성을 감소시켰다는 이론이 등장했고, 심지어 명백한 사례에 의해 뒷받침되는 것처럼 보였다. 데니소바 동굴에서 발견된 알타이 네안데르탈인 여성의 부모는 사촌 오누이(조부모를 공유함), 조카가 있는 숙모, 손주가 있는 조부모 또는 이복형제자매 중 하나였을 것이다. 많은 문화적 정의에 따르면, 이는 근교배보다는 근친상간에 더 가깝다. 그녀의 DNA를 추가로 분석한 결과, 그녀의 조상들이 누대에 걸쳐 (비록 덜 극단적이지만) 친밀한 관계를 맺었던 것으로 드러났다. 엘시드론에서도 그와 비슷한 소규모 유전적 개체군이 암시되었는데, 2019년 발표된 한 논문에서 그곳의 개인들이 여러 '기형적 골격'을 공유한 것으로 나타났다. 많은 유골이 발견된 것으로 유명한 라키나에서도 이러한 특징이 확인되었다.

그런데 근교배가 문제되는 이유가 뭘까? 근친 간의 짝짓기가 건강 위험을 극단적으로 증가시키지 않는다 하더라도 장기간에 걸쳐 계속되면 유해한 변이가 농축되며 면역력 저하와 같은 문제가 증가할 수 있다. 호모 사피엔스의 역사와 생활문화에서는 근친 간의 짝짓기를 대체로 터부시해 왔으며, 많은 동물 종들이 이와 비슷한 규칙을 따르는 것으로 보인다.

그러나 더 많은 데이터가 축적되면서 상황이 바뀌었다. 빈디야

---

* 사하라사막 이남의 아프리카인들은 유라시아인들보다 훨씬 더 풍부한 DNA를 보유하고 있다. 유라시아인들은 지난 80ka 이내의 어떤 시점에 유전적 병목현상—개체군의 극단적 위축 drastic shrinking—을 겪은 게 분명하다.

의 충실도 높은 유전체를 분석한 결과, 전대에 근교배가 성행했다거나 부모가 가까운 친척이었다는 증거는 발견되지 않았다. 이는 네안데르탈인 사회에서 벌어지던 근교배와 심지어 근친상간이 선호도preference보다는 선택지 부족의 결과물이었다는 것을 의미한다. 빈디야의 유전체 분석은 또한 후기 네안데르탈인 개체군이 모두 위축되고 있었던 건 아니며, 만약 홀렌슈타인-슈타델의 mtDNA가 호모 사피엔스와의 까마득히 오래된 이종교배에서 도입된 게 아니라면 초기 네안데르탈인의 개체군 추정치는 두 배로 증가할 것이라고 밝혔다.

하지만 가장 최근의 연구들에서는 더욱 복잡한 결론이 나왔다. 2020년에 시베리아의 차기르스카야에서 수집된 충실도 높은 유전체를 분석한 결과, 근친 간의 짝짓기 흔적은 발견되지 않았지만 비교적 가까운 소규모 생식 가능 개체군(예: 알타이 여성 개체군)—세대별 개체수는 평균 60명—에서 온 것으로 밝혀졌다. 이는 우스트-이심에서 수집된 최초의 호모 사피엔스 유전체—지금껏 수집된 어떤 네안데르탈인보다도 다양한 DNA를 갖고 있다—와 극단적으로 대비된다. 이것이 의미하는 것은 호모 사피엔스 사회망의 상호연관성이 처음부터 달랐다는 것이다.

최근 10년 동안 고DNA 분석을 통해 알게 된 네안데르탈인에 대한 지식은 놀랍기 그지없다. 인공물에 대한 연구들은 오랫동안 '고립된 개체군'을 시사해 왔지만, 유전학 연구들은 상이한 혈통의 네안데르탈인들이 대륙을 넘나드는 세계의 문을 열어 주었다. 탐험은 호모 사피엔스만의 전유물이 아니었던 것이다.

가장 급진적인 결과는 그들의 정수精髓가 세포 수준에서 지금까지도 지속되고 있고, 우리의 혈관 속을 흐르고 있으며, 머리칼에 깃들어 바람에 휘날리고 있다는 깨달음이다. 그들의 유산은 우리의 행동뿐 아니라 우리가 누구인지에도 영향을 미치고 있다. 그러나 박물관에 소장된 (수백 명에 해당하는) 수천 점의 유골에서 채취된 유전체는 40개 미만이며, 그중에서 충실도가 높은 것은 3개에 불과하다. 향후 10년간 복잡한 역사와 생물학으로 들어가는 (빼꼼 열린) 문이 활짝 열릴 것이다. 일부 질문(예: 이종교배의 빈도)에 대해서는 더욱 세부적인 답변을 얻을 수 있겠지만, 다른 질문(예: 혼혈아는 누가 양육했나)은 고고학과의 통합이 필수적이다. 그러나 그 어느 때보다도 더욱 분명해진 것은 네안데르탈인의 '종말'은 신체적 그리고 어쩌면 문화적 동화를 수반하는 과정이었다는 것이다.

15장

＊

대단원

서산에 걸린 태양이 가물거리고 들소의 꼬리가 씰룩거린다. 들소는 이 발굽에서 저 발굽으로 체중을 옮긴다. 무리의 땀 냄새에 휩싸여 마음을 가라앉히고, 두 눈을 부릅뜨고 좁은 계곡을 가로질러 동쪽에 우뚝 솟은 하얀 산을 바라본다. 소란스러운 그늘 속에서 물결이 출렁이다 내려앉기를 반복한다. 들소는 고개를 숙인 채 혀를 내밀어 이슬을 핥으며 풀과 온갖 식물을 서서히 넘어뜨린다. 목초지의 언저리에서 뭉게뭉게 피어오른 연기는 언덕을 따라 내려가다 뾰족한 솔잎에 긁혀 갈라지고, 미풍에 밀려 옅어지더니 흔적 없이 사라진다.

지금은 일촉즉발의 순간이다. 들소의 콧구멍은 벌름거리고, 동공은 확장되고, 몸은 뻣뻣해지고, 스타카토 같은 힝힝 소리가 폭발한다. 나무 뒤에서 정체불명의 사람들이 나타나자 말려 올라간 꼬리가 마구 흔들린다. 들소 떼는 버티고 선 채 거리를 유지한다. 그러나 이렇게 키 큰 사람은 처음 본다. 전에 봤던 사람과 냄새도 다르고 피부 빛깔도 다르다. 사람들이 목초지의 언저리를 따라 서서히 늘어서는 모습을 들소가 불안한 듯 빤히 쳐다본다. 이건 아무리 봐도 이상하다. 일순간 찾아온 적막이 길어진다. 이윽고 긴장된 팔들이 올라가 손가락을 튕기자 갈대처럼 얇은 무기들이 날개 위에 죽음을 실은 새처럼 날아온다. 미세한 돌촉이 목에서 위까지 파고들자 들소는 비틀거리다 옆으로 쓰러진다. 다치지 않은 들소들은 이리저리 흩어지고, 피가 흥건한 목초지의 풀 위에서 도축되는 들소의 시체에서 심장과 갈비뼈가 튀어나온다. 이 새로운 사람들, 새로운 사냥법, 새로운 공포감은 조만간 널리 확산될 것이다. 땅거미가 진다.

'마지막 네안데르탈인'은 오랫동안 이렇게 기술되어 왔다. "시공간의 한 점에 존재한 외로운 영혼으로 그의 죽음이 곧 종의 종말을 의미했다." 그들이 오늘날 세포 수준에서 부분적인 영생partial immortality을 얻은 것은 사실이지만, 화석과 고고학 기록상으로는 사라졌다. 그러나 아직까지 이해되지 않은 것은 화석과 고고학적 팩트 간의 상호연관성이다. 그것은 극도로 난해한데, 호미닌의 뼈가 워낙 드문 데다, 연대측정 기술이 많이 발전했음에도 불구하고 개별적인 방사성 탄소 연대측정의 최고 해상도가 (우리의 세대를 규정하는 데 사용하는 시간척도를 훨씬 넘어서는) 500~2,000년이기 때문이다.

연구자들은 하나의 결정적인 기간에 초점을 맞춰 왔는데, 그것은 '마지막 네안데르탈인 화석'과 '중기 구석기시대 지층'이 발견되는 시기다. 수많은 유적지에서 발굴된 '이례적으로 젊은 뼈'들의 연대를 최근 다시 측정한 결과, 모두 예외 없이 그동안 과소평가되었다는 판정을 받았다. 예컨대 빈디야의 유골 중 일부는 1990년대 이후 33~28ka로 알려져 있었지만 화석화과정학을 다시 고려하고 (샘플의 순도를 높이기 위해) 콜라겐의 아미노산 분석을 이용한 결과, 족히 1만 년은 더 오래된 것으로 밝혀졌다. 그와 마찬가지로 벨기에의 스피 동굴에서 발견된 38~34.6ka에 해당하는 유골의 연대는 '40ka 이전'으로 조정되었다. 이 모든 것은 지브롤터의 고람 동굴에서 발견된 유골들의 '엄청나게 젊은 나이'—무려 28~24ka—의 신빙성을 의심케

한다. 게다가 그것들의 연대는 현대적인 정제 기술이 등장하기 한참 전에 까다롭기로 유명한 숯에 기반하여 측정된 것이다.* 수많은 유적지에서 나온 데이터를 종합하면 네안데르탈인이 마지막으로 존재했던 시기는 40ka—또는 그보다 조금 전—로 추정된다.

언제는 이만하면 됐고, 이번에는 어디서를 생각해 보자. 유럽은 역사적으로 네안데르탈인의 심장부로 여겨져 왔으므로 '마지막 장소' 1순위 후보지인 것은 당연하다. 그러나 그들의 실제 활동 범위는 엄청나게 넓었다. 데니소바 동굴에서 몽골의 수도 울란바토르까지의 거리는 프랑스의 르무스티에까지의 거리보다 두 배나 가깝다. 후기 네안데르탈인에 대한 증거는 없지만 그 지역의 다른 유적지에서 나온 데이터에 의하면 데니소바의 네안데르탈인은 유럽의 동족만큼이나 오래 생존했던 것으로 보인다.

데니소바는 네안데르탈인의 동쪽 끝 유적지로 알려져 있지만 진정한 경계선은 존재하지 않았을 공산이 크다. 벨기에와 베링 육교 Beringia—북아시아와 알래스카를 연결하는 광대한 육지 지역—사이에 펼쳐진 광대한 스텝과 타이가는 네안데르탈인의 놀이터나 마찬가지였고, 60~45ka에 유럽의 네안데르탈인은 (영국에 다시 정착한 것을 포함하여) 활동 범위를 넓혀 가고 있었으니 말이다.

동트는 지평선을 향한 전진도 생각해 볼 수 있을 텐데, 네안데르탈인은 한때 태평양의 해변에 발을 디뎠다. 데니소바인과 반복적으로 뒤섞인다는 것은 동아시아에 다른 호미닌이 존재한다고 해서 네

---

*   40~50ka라는 연대의 경우 샘플의 1퍼센트만 오염되어도 실제 나이는 8,000년 이상 젊어질 수 있다.

안데르탈인이 발걸음을 멈춘 것은 아니었음을 증명한다. 또한 일부 연구자들에 의하면 중국의 호미닌 유골 일부에서 네안데르탈인과 유사한 특징이 발견되었다. 그러나 관점을 달리하면 그것은 초기 호모 사피엔스의 특징인 것처럼 보인다. 더욱이 가장 흥미로운 것은 일반적인 르발루아 기술은 논외로 하고, 47~42ka에 중국의 진쓰타이金斯太 동굴에 살았던 호미닌이 (알타이에서 서쪽으로 2,500킬로미터 떨어진) 차기르스카야 등의 네안데르탈인 유적지에서 발견된 시비랴치하Sibiryachikha 집합체와 매우 비슷한 인공물을 만들었다는 것이다. 이쯤 되면 네안데르탈인의 폐를 채운 마지막 숨은 유럽의 남단이 아니라 중앙아시아나 동아시아의 평원 어디쯤에서 들이마셔졌다고 상상해도 전혀 황당무계하지 않다.

진정한 마지막 네안데르탈인의 유골은 그렇다 치고, 혼혈인의 화석은 발견된 적이 있을까? 이종교배의 유전적 증거가 발견되기 전인 1980년대와 1990년대에 연구자들은 '50ka보다 젊은 네안데르탈인들의 뼈 중 일부가 약간 왜소해 보인다'라는 의견을 놓고 갑론을박을 벌였다. 심지어 호모 사피엔스와 비슷한 특징(이를테면 돌출된 턱이나 더욱 동그란 두개골)이 엿보인다는 주장도 제기되었다. 이런 논란이 벌어진 곳 중 하나는 빈디야였는데, 유전체 분석 결과 이론의 여지없이 완벽한 네안데르탈인으로 밝혀졌다.

14장에서 언급한 바와 같이 이종교배가 일어난 시간과 공간의 범위 역시 극적으로 확장되어 "혼혈인의 특징을 가진 유일한 후보자는 마지막 유럽계 네안데르탈인"이라는 가정이 흔들리고 있다. 유럽과 아프리카 사이라는 지리적 위치를 감안할 때 근동 지역이 접촉지대라는 주장은 설득력이 있지만, '네안데르탈인과 초기 호모 사피엔스가 같은 시기에 그곳에 있었다'고 단정하기는 매우 어렵다. 둘은 200~90ka의 지층에서 번갈아 하나씩 발견되기도 하지만, 이스라엘의 마놋Manot 동굴에서 55ka 이전의 호모 사피엔스 두개골 파편이 발견됨으로써 "아무드Amud 등의 후기 네안데르탈인이 그들과 거의 같은 시기에 살았을 것"이라는 심증이 굳어졌다.

사실을 말하자면, 마놋의 두개골은 유럽에서 발견된 후기 구석기시대의 호모 사피엔스와 어느 정도 비슷하지만 후두골 돌출부occipital bun도 포함하고 있다는 점이 다르다. 후두골 돌출부란 '목 위의 혹'을 가리키는데, 고대와 최근의 인류에서 간혹 발견되지만 네안데르탈인의 경우에는 거의 예외 없이 발견된다. 따라서 근동의 화석에서 유전 물질을 추출하는 것—온난한 기후가 이것을 어렵게 만든다—이 가능해질 때까지 더 언급하는 것은 무리다.

현재로서 장소를 불문하고 후기의 이종교배를 대변하는 유골은 오아세의 턱뼈밖에 없다. 그러나 이종교배는 그가 세상에 태어나기 6세대 전에 일어난 사건이기 때문에 신체적 소견이 희석되었을 것이다.

과도기적 문화

뼈와 유전체는 마지막 네안데르탈인에 대한 최근 연구의 선봉에 서 왔지만 그들이 우리와 교환한 게 DNA뿐이었을까? 그들의 독특한 기술복합체를 포함한 지층 역시 45~40ka에 사라졌는데, 그 이후에 등장한 것이 아마도 가장 큰 논란거리일 것이다. 유럽과 서아시아 전역에서 마지막임을 인식할 수 있는 네안데르탈인의 퇴적층에는 이 상야릇한 집합체가 널려 있다. 그것들은 중기 구석기시대의 격지 기반 기술과 후기 구석기시대 스타일의 돌날과 좀돌날을 결합한 것처럼 보인다. 그에 더하여 뼈와 사슴뼈 조각품, 상아 소품들도 수두룩하다.

6장에서 언급한 바와 같이 네안데르탈인은 돌날과 좀돌날을 만드는 방법을 알고 있었던 게 분명하지만 그게 큰 비중을 차지한 것은 아니었다. 마찬가지로 뼈 조각품도 매우 드물었다. 그러나 마지막 네안데르탈인의 퇴적층에서는 전혀 다른 상황이 전개된다. 게다가 이 집합체에는 과도기적인 문화를 반영한 상징물(예: 구멍 뚫린 돌과 동물의 이빨, 신기한 무늬가 새겨진 고리)도 포함되어 있다.

세밀한 연대는 지리적 위치에 따라 다르다. 가장 오래된 연대는 45ka로 동유럽에서 발견되고, 서유럽은 41~40ka에 해당한다. 그러나 층서학적 관점에서 볼 때 중복되는 부분은 없는 것 같다. 어떤 유적지에서든 중기 구석기시대 집합체는 늘 과도기적 집합체의 아래에 있고, 그 위에는 고전적인 후기 구석기시대 퇴적층이 자리 잡고 있다. 과도기적 문화는 마치 네안데르탈인 왕조와 호모 사피엔스 왕조 사이에 잠시 존재했던 공위시대 interrergnum*처럼 보인다. 그 독특함 때문에 선사학자들은 종종 유적지의 이름을 따서 다양한 별명을

---

* 두 국왕 또는 황제의 재위기간 사이에 걸리는 기간. - 옮긴이

붙이곤 했다. 헝가리의 셀레터 문화Szeletian(셀레터Szeleta 동굴), 체코공화국의 보후니체 문화Bohunician(보후니체Bohunice 동굴), 이탈리아의 울루초 문화Uluzzian(울루초 만Bay Uluzzo), 불가리아의 바초키로 문화Bachokirian(바초키로Bacho Kiro 동굴), 영국, 벨기에, 동유럽에서 발견된 린콤-라니스-예주마노비치엔 문화Lincombian-Ranisian-Jerzmanowician는 이렇게 탄생했다.

100만 달러짜리 질문은 '과도기 문화의 창시자는 누구인가?' 이다. 연구자들은 푸마네의 초기 오리냐크 문화기Proto-Aurignacian(유럽에서 과도기 문화 다음에 나타난 문화) 지층에서 발견된 치아에서 호모 사피엔스의 mtDNA를 추출했다. 그러나 그 이전의 골격은 매우 희귀하며, 절망스럽게도 많은 핵심 유적지에서는 40년도 더 전에 발굴되었거나 층 사이에 뒤섞이거나 파괴된 명백한 징후가 발견됐을 뿐이다. 화석화과정학의 이해가 증진됨에 따라 퇴적층 내부의 반복적인 동결-해동의 변화 가능성이 분명해졌고, 따라서 과도기 문화의 진정한 의미를 알기 위해서는 '예외적으로 온전한 지층'의 고고학적 맥락을 파악하고 고해상도의 분석기법을 이용하는 것이 필요하다.

최초로 인정된 과도기적 문화 중 하나는 이베리아 반도 북부와 프랑스에서 발견된 샤텔페롱 문화Châtelperronian다. 19세기 중반 탄광과 주물공단 사이에 철도를 건설하던 중, 프랑스 중부의 샤텔페롱 근처에 있는 그로트데페Grotte des Fées에서 화석과 인공물들이 발견되었다. 뒤이어 한 세기 동안 다른 곳에서 비슷한 집합체들이 잇따라 발견되어 하나의 문화로 분류되었지만, 네안데르탈인은 돌날이나 골질 인공물bone artefact을 생산하기에 지적으로 매우 열등하다고 가정되었다.

    그 이후 놀라운 사실이 발견되었다. 푸아티에Poitiers와 보르도 Bordeaux의 중간쯤 되는 곳에서 식용 버섯을 재배하던 농민들이 로 슈-아-피에로Roche-à-Pierrot라는 절벽에 터널을 파던 중 버섯보다 훨씬 더 귀중한 노다지를 캐냈다. 붕괴된 암굴 밑에서 고고학적 퇴적물을 발견한 것이다. 그리하여 전문적인 발굴이 시작되었는데, 1979년에 전혀 뜻밖에도 샤텔페롱과 비슷한 퇴적층에서 네안데르탈인의 뼈가 발견되었다.

    그런데 생-세자르 1Saint-Césaire 1*이라고 불린 골격은 하나가 아니었다. 더 북쪽에 위치한 아르시-쉬르-퀴르Arcy-sur-Cured의 그로트뒤렌느Grotte du Renne에서 일련의 샤텔페롱 퇴적층에서 발견된 뼈와 치아도 모두 네안데르탈인의 것이었다. 이 발견은 '호모 사피엔스는 문화적으로 진보했기 때문에 네안데르탈인을 대체했고, 샤텔페롱 문화는 호모 사피엔스에 의해 건설되었다'는 통념에 정면으로 배치되었다. 그리하여 두 개의 상반되는 설명이 제시되었다. 첫째, 샤텔페롱 문화는 원래 네안데르탈인의 독자적인 발명품이며, 우연히 후기 구석기시대와 같은 특징으로 수렴하게 된 것이다. 둘째, 그것은 네안데르탈인에 의해 만들어졌지만 일종의 문화혼종화cultural hybridisation의 산물이다. 가능한 방법은 완전한 접촉에서부터 후기구석기문화를 염탐하거나 쓰레기통을 뒤져 복제 방법을 터득하는 데 이르기까지 다양하다.

---

* 생-세자르에 '1'이 추가된 것은 두 번째 개인에서 미출판 치아가 발견되었기 때문이다. 그것은 새로운 유아의 것으로 현재 연구가 진행되고 있다.

오늘날에는 문제가 더욱 복잡해졌다. 프랑스의 파리 분지부터 이베리아 반도 북부까지 거의 100군데의 샤텔페롱 문화 유적지가 알려져 있으며, 연대는 44~41ka 사이 어디쯤에 해당한다. 프랑스의 경우에는 가장 최근의 중기 구석기시대 퇴적층 직후에 나타나지만, 피레네 산맥 남쪽의 경우에는 약 2,500년의 갭을 두고 나타난다. 그것은 모든 곳에서 신속히 막을 내렸으며, 제아무리 특별해도 1,000년 이상 지속되지는 않은 것으로 보인다. 1,000년이라면 지폐가 처음 등장한 때부터 지금까지의 기간과 같다.

가장 결정적인 것은 화석화과정학적 문제가 없는 새로운 유적지들을 발굴한 결과 사뭇 다른 문화적 그림이 그려졌다는 것이다. 즉, 중기 구석기시대의 격지와 도구들은 특정한 샤텔페롱 집합체에만 존재하는 것으로 나타났는데, 그 집합체들은 공통적으로 교란된 징후가 있는 유적지나 오래된 발굴지에서 발견되었다. 이는 기술에서 명백한 '과도기적' 특성이 훨씬 덜 뒷받침된다는 걸 의미한다.

이처럼 '깔끔한' 샤텔페롱 퇴적층에 대한 상세한 연구는 그것이 진정한 박편의 세계laminar world였음을 보여 준다. 네안데르탈인은 돌날을 샤텔페롱 특유의 촉으로 만들기 위해 예리한 모서리의 반대쪽을 잔손질했다. 그리고 그들은 매우 선택적이어서 너무 작은 돌날은 (잔손질하기에 부적합하므로) 과감히 포기했다. 핵심적인 유적지는 로슈-아-피에로에서 북서쪽으로 100킬로미터쯤 떨어진 켄세Quinçay라는 암굴인데, 여기서 발견된 450여 개의 날몸돌blade core 중에서 격지를 떼낸 흔적이 있는 것은 1퍼센트 미만에 불과했다. 작업장을 재구성한 결과 돌날 제작이 주요 업무인 것으로 밝혀졌는데, 돌날은 잔손질을 통해 촉으로 가공되었고, 완성품을 헤아려 보니 300개 이상이었다.

야외의 샤텔페롱 유적지에서도 동일한 현상이 관찰되었다. 베르주라크Bergerac 근처의 카놀레 IICanaules II는 바로 아래의 중기 구석기시대 고고학에서 완전히 분리되어 있었다. 그곳은 대량생산 작업장으로, 매우 얇은 퇴적층에 수천 개의 (거의 가공되지 않은) 인공물이 포함되어 있었다. 약 3분의 1을 재구성해 보니 돌날로 확인되었는데, 켄세와 마찬가지로 촉으로 가공되기 직전의 반제품임이 틀림없었다.

더욱 의미심장한 것은 샤텔페롱의 박편 기술laminar technology은 네안데르탈인이 돌날이나 좀돌날을 만드는 방법과 달랐으며, 초기 오리냐크의 접근 방법에 더욱 가까웠다는 것이다. 때때로 날몸돌의 준비 및 유지 과정에서 나온 폐격지waste flake가 무심코 사용되거나 잔손질되었다. 그러나 전체적으로 볼 때 샤텔페롱 문화는 격지 생산에 체계적인 관심을 기울이지 않았다.

몇몇 연구자들은 (일부 양면석기와 디스코이드 집합체에서 발견되는) 등칼backed knife이라 불리는 도구들 사이에서 유사점을 발견하고, 그것을 '샤텔페롱 촉의 기술적 조상'이라는 직접적 증거로 제시했다. 그러나 다른 연구자들은 "날처럼 생긴 평행한 자국들은 몸돌의 표면을 가로질러 격지를 떼 낼 때 우연히 생긴 것"이라고 지적하며 등칼과 촉은 기술적으로 전혀 다르다고 주장했다. 그에 더하여 수많은 유적지에서는 '등 있는 칼'과 샤텔페롱 문화 사이에 중기 구석기시대 말기의 르발루아기가 끼어 있다. 이는 둘 사이에 유의미한 시간적 갭이 존재함을 의미하므로 직접적인 연관성을 인정할 수 없다.

　　오늘날 네안데르탈인과 연관된 샤텔페롱 문화(또는 과도기적 문화)를 보유한 유적지는 생-세자르와 아르시-쉬르-퀴르밖에 없다. 하지만 새로운 DNA가 확인되었음에도 불구하고 두 유적지 공히 문제가 많다. 그로트뒤렌느는 30여 년 전 발굴될 때 관리 기준을 처음으로 충족했지만, 세밀한 현장 기록과 퇴적층 연구가 부족하다. 이는 적어도 6명의 네안데르탈인 유골들이 퇴적층과 격자방안grid square에 대한 기록으로만 남아 있음을 의미한다. 대부분의 유골은 샤텔페롱 밑바닥 쪽에서 발견되었고 일부는 그보다 높은 곳에서 발견되었는데, 이는 샤텔페롱 문화가 계속되는 동안 네안데르탈인이 줄곧 존재했다는 증거로 받아들여졌다.

　　그러나 샤텔페롱의 윗부분에서 돌덩이와 중기 구석기시대의 인공물들이 등장할 뿐만 아니라 그 아래의 중기 구석기시대 지층에서도 샤텔페롱 스타일의 칼과 뼈송곳bone awl(무늬가 새겨진 구멍 뚫기 도구)이 발견된다. 이것은 사텔페롱과 중기 구석기시대의 퇴적물이 교란되거나 이동했음을 강력히 시사한다. 지금껏 석질은 제한적으로 재구성되었지만, 다양한 분석을 통해 여러 개의 샤텔페롱층 사이에서도 석질의 파편이 수십 센티미터 이동한 것으로 확인되었다. 심지어 방사성 탄소 연대측정에서는 샤텔페롱층 속에 이례적으로 오래된—48ka 이상—유골이 존재하는 것으로 나타났다.

　　종합해 보면 그로트뒤렌느에는 결정적인 퇴적층 안팎에서 유물들이 대체되었다는 우려스러운 증거가 포함되어 있다. 가장 최근의 연구에서는 ZooMS 분석*을 이용하여 더 많은 네안데르탈인의 유골을 확인했는데, 그들은 42ka경에 살았으며 앞에서 언급한 젖먹이 여아를 포함한다. 한 유아의 유골(두개골, 턱, 상체부위 포함)에서 이미 추론된 것처럼 새로 확인된 뼈들은 교란의 정도가 비교적 덜하다는 것을 암시한다. 그러나 유물들이 이동했다는 설을 뒷받침하는 다른 증거를 감안할 때, 네안데르탈인의 뼈가 본래의 중기 구석기시대 맥락에서 상향 이동했을 가능성을 배제할 수 없다.

샤텔페롱의 네안데르탈인이 스스로 땅을 파헤쳐 문제를 야기했을 수 있다는 주장이 제기되었지만, 지열 에너지가 동결된 퇴적층 속의 유물을 1.5미터 이상 수직 상승시켰을 수도 있다. 또한 샤텔페롱 문화가 예외적으로 추운 기간에 성립되었다는 증거도 풍부하다. 그로트뒤렌느를 해석하는 데 있어서 진정으로 필요한 것은 완벽한 재구성 분석이다.

그와 대조적으로 생-세자르의 네안데르탈인 유골은 비교적 확고한 사례인 듯하다. 맨 처음 발견되었을 때 연구자들은 실험실에서 발굴할 요량으로 폭 1미터의 퇴적물 블록을 들어냈다. 골격의 자세와 상태에 대한 자세한 내용은 출판되지 않았지만 직접적인 연대측정에서 42~40.6ka라는 결과—낮은 콜라겐 함량 때문에 과소평가되었을 수 있다—가 나왔다.

그러나 최근 실시된 엄밀한 재분석에서 '생-세자르의 네안데르탈인이 진짜로 온전한 샤텔페롱층에 있었나?'라는 의문이 제기되

---

*   8장 참조. - 옮긴이

었다. 그 이유인즉 심하게 으스러진 뼈(예컨대 치아는 남아 있지만 안면의 최상부가 없다)가 복잡한 화석화 과정과 침식을 암시한다는 것이었다. 그러나 2018년에 발표된 논문에 의하면 한때 생각했던 것과 달리 문제가 그리 간단하지 않은 것 같다.

    1970년대에 발굴된 4만 개의 석질 중에서 겨우 15퍼센트만이 3D로 기록되었음에도 불구하고, 층서학적 경계를 디지털 방식으로 재구성하고 다른 인공물들을 정확한 퇴적층에 재배치하는 것이 가능했다. 그 결과 생-세자르의 샤텔페롱층에서 나온 거의 모든 인공물*은 돌날 제작과 아무런 관련이 없었고, 르발루아와 디스코이드만 관련이 있는 것으로 밝혀졌다. 첨언하면 중기 구석기시대 스타일의 '잔손질된 도구'들은 모두 돌날이 아니라 격지로 만들어진 것이었다. 그보다 훨씬 더 주목할 만한 것은 퇴적층의 상당 부분이 뒤섞여 엉망진창이 되었지만 골격이 포함된 퇴적물 블록 내부의 석질들은 모두 중기 구석기시대 기술을 대변했다는 것이다.

    거대한 재구성 작업을 통해 석질 조각 중에서도 재조립될 수 있는 것은 4퍼센트에 불과한 것으로 밝혀졌는데, 이것은 카놀레 II의 9분의 1에 해당한다. 이는 퇴적층이 온전하지 않음을 암시하며, 공간적 재구성 데이터를 분석한 결과 석질들이 절벽과 경사면을 따라 몇 미터씩 움직인 것으로 드러났다. 마치 엄청난 산사태가 일어난 것처럼 커다란 퇴적층이 절벽을 타고 내려와 샤텔페롱층 속에 들어 있는 모든 석질들을 산산조각 내고 뒤섞어 버린 것처럼 보인다.

---

*   다시 말해 기술적으로 독특한 특징을 갖고 있는 4,400개의 석질 중 90퍼센트다.

그리하여 연구자들은 생-세자르에 대해 새로운 설명을 내놓았다. "한때 샤텔페롱층이 존재했지만 두께가 매우 얇았고 풍부한 중기 구석기시대 퇴적층 바로 위에 자리 잡고 있었다. 이후 지질학적 교란으로 인해 두 퇴적층이 뒤섞였다." 이로써 층서학적 의문은 풀렸지만 네안데르탈인의 골격은 여전히 미스터리다. 시신은 퇴적층이 뒤섞이기 전에 매장된 게 분명한데, 그 이유는 시신 주변의 석질과 암석들이 다른 모든 것들과 똑같이 손상되었기 때문이다(두개골 왼쪽이 침식된 것도 같은 이유로 설명된다). 그러나 1970년대에 작성된 현장 일지에 따르면 골격은 샤텔페롱층의 밑바닥에 놓여 있었다. 그렇다면 정황상 중기 구석기시대의 퇴적층에서 돌출했다고 볼 수도 있으므로 시신이 정말로 샤텔페롱 문화기에 매장됐다고 장담할 수는 없다.

그로트뒤렌느도, 생-세자르도 네안데르탈인과 샤텔페롱 문화 사이의 연관성을 완전히 뒷받침하지는 못한다. 따라서 현재로서는 누가 그 문화를 건설했는지 알 수 없다. 또한 프랑스와 스페인 북부에서 마지막으로 확인 가능한 네안데르탈인의 문화는 그들이 수만 년 동안 행해 왔던 것(디스코이드와 르발루아 집합체)의 틀을 벗어나지 않았다고 볼 수 있다. 그리고 네안데르탈인은 수많은 유적지에서 색소, 조개껍데기 화석, 무늬 새기기, 약간의 형상화된 뼈 도구(예: 리수아)에 관심을 보였지만, 그로트뒤렌느와 그 밖의 샤텔페롱 문화에는 그보다 수준 높은 인공물들이 포함되어 있다. 샤텔페롱 문화에서 섬세하게 제작된 골각기에는 새의 사지뼈로 만든 대롱, 사슴·여우·늑대의 이빨에 구멍을 뚫고 홈을 파서 만든 비드, 매머드의 상아에 이상한 문양을 새기고, 광을 내고, 도형을 새겨 만든 고리가 포함된다. 그런 가운데서도 문화 접촉의 가능성에 대한 어렴풋한 단서가 존재하지만 그 방향은 아이러니하게도 정반대다. 즉, 스페인 북부의 코바포라다다Cova Foradada에서 발견된 도축된 독수리의 발가락에서 보는 바와 같이, 샤텔페롱 사람들에게 대형 맹금류에 대한 관심을 불러일으킨 주인공은 네안데르탈인이었다. 그리고 짐작하건대 샤텔페롱 사람들은 네안데르탈인에게서 리수아 사용법을 배운 후 리수아의 표면에 V자형 무늬를 새겼을 것이다.

 샤텔페롱 문화는 오랫동안 주목을 받았지만, 최근 수십 년 동안 샤텔페롱 문화를 비롯한 다른 과도기적 문화에 대한 네안데르탈인의 저작권 문제를 놓고 논쟁이 벌어졌다. 그중 하나는 주로 이탈리아에서 발견되는 울루초 문화로, 46.5~39.7ka에 일어난 두 번의 끔찍한 자연재해로 인해 그에 대한 이해가 증진되었다. 첫 번째 자연재해는 판텔레리아Pantelleria라는 작은 섬에서 일어난 사건이다(참고로 이 섬은 시칠리아 남서쪽의 암석투성이 화산괴volcanic massif로 1891년에 마지막으로 분출했으며, 시칠리아의 발바닥에서 마치 자갈처럼 튀어나와 있다). 46.5~44.5ka에 판텔레리아에서 어마어마한 분출이 일어나 거대한 칼데라를 형성함과 동시에 화산재를 하늘 높이 뿜어 올렸다. 일진광풍이 화산 쇄설물을 이탈리아의 곳곳에 뿌렸으며, 여러 고고학 유적지에 그린 터프Green Tuff*라는 흔적을 남겼다. 한편 판텔레리아 북동쪽에는 캄피플레그레이Campi Flegrei가 있는데, 이는 나폴리 근처의 초

---

* 녹색으로 변질된 응회암을 뜻하는데, 마이오세 초기의 화산활동에 의해 퇴적된 지층의 별명으로 쓰이고 있다. - 옮긴이

대형 화산으로 40~39.7ka에 판텔레리아 뺨치는 규모의 분출이 일어났다. 캄피플레그레이의 화산재는 그린 터프보다 훨씬 두껍고 멀리 퍼져서 이탈리아 남부는 물론, 지중해 전역과 러시아의 일부 지역까지 날아갔다. 이로 인한 퇴적층을 캄파니아 이그님브라이트Campanian Ignimbrite(CI)라고 하는데, CI는 독특하기 때문에 현미경 관찰과 화학 분석을 이용해 구별할 수 있다.

그린 터프와 CI는 고고학적으로 엄청난 가치가 있다. 왜냐하면 울루초 문화를 판별하는 초간단 표지자이기 때문이다. 울루초 문화는 처음에는 일종의 토착 네안데르탈인 문화로 여겨졌지만, 새로운 연구에서 그리 호락호락하지 않은 것으로 밝혀졌다. 유적지의 수 (30개 미만)는 샤텔페롱보다 훨씬 적지만, 북서부를 포함한 이탈리아 전역에서 찾아볼 수 있다. 또한 울루초 문화는 동쪽으로 확산되어 발칸반도와 그리스에까지 영향을 미쳤다. 그린 터프, CI, 방사성 탄소 연대측정으로 미루어 볼 때, 가장 오래된 울루초 문화는 44.5ka 이후에야 시작된 것으로 보인다.

가장 잘 알려진 울루초 문화 유적지는 오늘날 이탈리아에서 가장 덥고 건조한 아풀리아Apulia에 있는 카발로Cavallo 동굴*이다. 샤텔페롱 문화가 한창 논의되던 시절 (1960년대 이후 줄곧 카발로 동굴 등의 유적지에서 발견된) 독특한 초승달 모양의 석질은 울루초 문화를 규정하는 아이콘이 되었다. 그리고 수십 년에 걸친 디테일한 기술학적 연구에서 두 가지 문화는 전혀 다른 현상인 것으로 밝혀졌다.

---

* 울루초 A Uluzzo A라고도 불린다.

요컨대 울루초 문화에는 르발루아나 디스코이드 같은 체계적이고 순차적인 기술이 없었다. 뭔가를 염두에 두고 가공한 듯한 몸돌들이 간간이 눈에 띄었지만, 대체로 즉흥적인 떼기와 특이한 기술의 결합일 뿐이었다. 소위 '양극성bipolar'이라는 기술의 요체는 모루돌 위에 몸돌을 올려놓고 한복판을 세게 내려치는 것이다. 이렇게 해서는 제품의 형태를 제어할 수 없을 뿐 아니라 말단이 부스러지는 경향이 있다. 그러나 카발로 동굴에 반입된 돌판이나 자갈처럼 다소 밋밋한 돌에는 나름대로 쓸 만한 기술이었다. 양극성 격지는 디스코이드 격지나 돌날과 마찬가지로 언제든 사용할 수 있었고, 매우 작고 평평한 도구가 필요한 경우 이상적이었다.

그리고 울루초 사람들이 원한 건 바로 그런 도구였다. 그들의 전매특허 인공물은 루네이트lunate라는 이름을 가진 초승달 모양의 도구로, 평평한 격지나 돌날의 안쪽을 (가장 두꺼운 지점을 향해) 잔손질하여 만든 것이다. 그렇게 하면 '길고 예리한 모서리'의 반대쪽이 '둥그런 등back' 모양이 된다. 울루초 사람들은 유기물에 관한 기술도 보유하고 있었지만 그리 흔한 기술은 아니었다. 즉, 그들은 뼈를 이용해 잔손질 도구 외에 원통형 물체를 만들었는데 한쪽 또는 양쪽 끝이 뾰족하게 다듬어져 있었고, 종종 매우 작고 가늘어서 어떤 것은 직경 5밀리미터도 되지 않았다. 모든 도구의 재료는 확인할 수 있는 한 말이나 사슴의 뼈였고, 일부 도구는 반복적으로 잔손질되었다. 끝이 뾰족한 도구는 무기의 촉이 아니라 약간 거친 재료(예: 가죽)나 비교적 부드러운 재료(예: 털가죽)에 구멍을 뚫기 위한 송곳인 듯했다. 가장 작은 원통형 물체는 아마도 낚싯바늘인 것 같았다.

울루초 문화에는 심미적이고 상징적인 인공물에 대한 몇 가지 증거도 존재한다. 카발로 동굴에서 발견된 매우 작은 조개껍데기 일부에는 구멍이 뚫려 있었는데, 잘게 토막 난 튜브 모양의 조개껍데기는 장식용인 듯했다. 그러나 지금까지 조각된 뼈나 사슴뿔, 비드, 장식되거나 채색된 소품은 전혀 발견되지 않았다.

울루초 문화가 흥미로운 것은 선행하는 중기 구석기시대와의 기술적 유사점이나 차이점을 찾아내는 게 얼마나 어려운지를 단적으로 보여 주기 때문이다. 울루초 문화의 집합체에서 양극성 떼기가 때때로 발견되었지만, 언론의 헤드라인을 장식한 적은 단 한 번도 없었다. 가장 두드러진 것은 카발로 동굴의 중기 구석기시대 퇴적층에서 양극성 인공물과 르발루아 석기가 모두 발견되었다는 것이다. 이는 네안데르탈인이 저품질 돌을 갖고서도 까다로운 떼기 작업을 완벽히 수행할 수 있었음을 보여 주는 증거라고 할 수 있다.

그런데 선택지가 주어졌을 때 다른 활동을 수행하기 위해 암석의 종류를 구별한 네안데르탈인과 대조적으로 울루초 사람들은 오로지 양극성 떼기, 단편segment, 루네이트에 집중한 나머지 암석의 종류를 가리지 않는 것 같았다.

이런 집요함을 어떻게 해석해야 할까? 단편의 기능을 이해하는 데 주안점을 둔 연구자들은 괄목할 만한 결론에 도달했다. 몇 개의 단편들에는 손잡이가 달려 있었고 식물성 및 동물성 재료를 자르고 긁는 데 사용되었지만 충격 손상이 있는 것으로 보아 대부분은 무기였음을 강력히 시사한다.

어떤 단편은 촉의 역할을 수행했고, 다른 것은 자루를 따라 늘어선 가시였던 것 같다. 매우 작은 크기—평균 길이는 3센티미터 미만이고 폭이 극단적으로 좁다—를 감안할 때 창보다는 다트, 심지어 화살이었을 거라는 심증이 굳어진다. 울루초 유적지 두 군데에서 빨간색과 노란색 색소 덩어리가 발견되었는데, 카발로 동굴에서 발견된 루네이트의 '둥그런 등'에 빨간 잔류물이 묻어 있는 것으로 보아 특별한 종류의 사냥을 위해 자루를 부착할 때 황토를 사용한 것으로 추정된다.

그러나 울루초 문화는 샤텔페롱 문화와 '창시자는 누구인가'에 대한 최근의 논란을 공유한다. 2011년 카발로에서 1960년대에 발견된 두 개의 치아를 분석한 결과 호모 사피엔스의 것으로 밝혀졌으나 DNA가 아니라 해부학에 기반한 것이어서 설득력이 떨어진다.

게다가 안타깝게도 직접적인 연대측정이 불가능하며, 여러 가지 여건상 오리지널 맥락을 파악하기가 어렵다는 비판이 제기된다. 첫 번째 치아는 울루초 퇴적층의 밑바닥에 있는 난로에서 발견되었는데, 그린 터프와 중기 구석기시대 퇴적층이 부분적으로 중복되어 있어 구분하기가 어렵다. 두 번째 치아는 15~20센티미터 위에서 발견되었는데, 60년 전에 발굴된 데다 논문의 내용이 부실하여 정확한 위치를 파악할 수 없다.

설상가상으로 최초의 발굴자들은 까마득한 옛날에 파헤쳐진 흔적과 최근에 도굴된 흔적뿐만 아니라 울루초 퇴적층이 침식되어 있는 것을 통해 유적지의 광범위한 교란 상태를 인식했다. 그러니 이러한 상태가 두 개의 치아에 영향을 미치지 않았다고 장담할 수 없으며, 대부분의 연구자들이 치아의 주인이 호모 사피엔스임을 인정함에도 불구하고 직접적인 연대측정(이상적으로는 DNA 분석) 자료가 없기 때문에 울루초 문화의 창시자가 누구라고 잘라 말하기 어렵다.

샤텔페롱과 유사한 또 한 가지 이슈는 돌떼기 이외의 부분과 중기 구석기시대 문화와의 연관성에 대한 감질나는 단서에서 비롯된다. 이탈리아 중서부의 라파브리카La Fabbrica 동굴에서 발견된 울루초 인공물에 잔류하는 접착제를 분석한 결과, 소나무/침엽수 송진과 동물성 지방을 혼합한 것으로 밝혀졌다. 네안데르탈인은 그런 조합을 사용한 적이 없는 것으로 알려져 있었지만 2019년에 카발로의 박편에 묻은 잔류물을 새로 분석해 보니 3개의 성분으로 구성된 레시피가 발견되었다. 그것은 황토, 식물성 수지, 밀랍의 혼합물이었으며, 7장에서 살펴본 바와 같이 식물성 수지와 밀랍은 이탈리아의 네안데르탈인이 사용했던 것이다.

그게 우연한 수렴인지 아니면 부분적 문화 접촉의 증거인지는 확실치 않지만, 울루초 문화권의 나머지 지역에서는 석질이나 유기물에서 중기 구석기시대와 공유하는 특징의 징후를 찾아볼 수 없다. 네안데르탈인이 간혹 형상화된 골각기를 만든 건 사실이지만 울루초 문화의 조그맣고 가느다란 첨형과 연관됐다고 보기는 어렵다.

그러므로 울루초 문화가 중기 구석기시대에서 직접 진화했다고 할 수는 없으나 그렇다고 샤텔페롱 문화와 대부분의 후기 구석기시대 문화에서 볼 수 있는 박편 기술과 같은 결도 아니다. 울루초 문화와 샤텔페롱 문화의 공통점은 잔손질을 위해 설계된 인공물에 초점을 맞췄다는 것이다(단, 샤텔페롱 문화의 촉이 '손잡이 달린 무기의 촉'이었는지 여부는 흥미로운 관심거리다).

이탈리아의 마지막 네안데르탈인은 43~42ka를 넘기지 못했으며, 창시자가 누구였든 간에 울루초 문화 자체는 기껏해야 1,000~2,000년 후에 끝났다. 그러나 유럽 남동부의 다른 지역을 살펴보면, 모든 것을 그리 단정적으로 말하기는 어렵다. 일부 유적지에서는 CI 화산재의 지평선이 중기 구석기시대 퇴적층 아래에서 나타나는데, 이는 네안데르탈인이 39ka 이후에도 200년가량 명맥을 유지했음을 시사한다. 그리고 잘스칼나야Zaskalnaya에서 크림산맥을 따라 조금만 가면 또 다른 과도기적 문화—스트렐레츠카야/동부 셸레터 문화Streletskaya/Eastern Sezletian—가 중기 구석기시대 지층(41.1~43.9ka) 아래에서 발견된다. 스트렐레츠카야/동부 셸레터 유적지에서는 스트렐레츠카야와 관련된 호모 사피엔스의 유골이 발견되므로, 이 지역의 네안데르탈인은 외지인들이 진입한 후 쉽게 물러나지 않았던 것으로 보인다.

지난 20년간의 연구는 네안데르탈인과 관련된 진정한 혼성문화hybrid culture에 관한 확고한 증거가 매우 빈약하다는 것을 증명해왔다. 그렇다고 해서 네안데르탈인이 '울루초의 루네이트'나 '샤텔페롱의 촉'을 만들 만한 능력이 부족했다고 말할 수는 없지만 진짜 차이는 개념적인 것이다. 그러한 도구들은 정확한 기준에 따라 체계적으로 제작되었고 철저하게 잔손질되었는데, 이는 복잡한 메커니즘에 의해 뒷받침되는 무기(가벼운 창, 다트의 촉, 심지어 화살)를 이용한 통합적 사냥 시스템integrated system of hunting의 일부였기 때문이다. 이는 우리가 앞 장에서 살펴본 네안데르탈인의 모습과 사뭇 다르다. 그들도 약간의 '손잡이 달린 무기'를 사용했지만 '찌르거나 던지는 창'의 수준을 벗어나지 않았다.

　다른 재료에 있어서의 잠재적 수렴 현상도 특별히 강력하지는 않다. 이탈리아의 네안데르탈인과 울루초 사람들 모두 수지와 밀랍을 접착제로 사용했다는 점은 매우 흥미롭지만, 그것은 고립적이다. 그와 대조적으로, 울루초와 샤텔페롱 문화는—고작해야 2,000년 동안 지속되었으며 유적지 수가 매우 적다—중기 구석기시대 전체보다도 많은 형상화된 골각기를 포함하고 있다. 훨씬 두드러지는 것은 중기 구석기시대와 비교한 심미적, 상징적 소품의 빈도와 다양성이다. 후기 구석기시대 문화에 비하면 초라한 수준이지만 구멍 뚫린 이빨, 뼈, 돌, 장식된 도구, 조각된 소품은 네안데르탈인이 만든 것으로 알려져 있다.

　마지막으로 논의할 만한 가치가 있는 가장 불가사의한 문화는 프랑스 남서부에서 생겨났다. 그 문화가 그렇게 황당한 이유는 샤텔페롱 문화보다 1만 년 더 오래되었고 잠재적으로 네안데르탈인이 주인으로 인정될 수 있기 때문이다. 9장에서 이미 동굴벽에 고해상도의 숯검정 연대기가 축적된 핵심 유적지인 망드랭Mandrin 동굴을 소개했는데, 이 동굴은 또한 가장 풍부하고 잘 연구된 네로 문화Néronian를 포함하고 있다. 네로 문화는 기술뿐 아니라 전형적인 네안데르탈인 관련 집합체들 사이에 샌드위치처럼 끼어 있다는 것이 이례적이다. 선행 퇴적층은 키나층이고 후행 퇴적층은 약 47ka에 해당하는 5개의 중기 구석기시대층이다. 이처럼 고고학적 요충지에 자리 잡고 있다 보니 네로 문화는 학계의 기대를 한몸에 받았다.

　하지만 '이 이상하고 오래된 문화의 창시자는 누구인가?'라는 질문에 대답할 만한 화석은 지금껏 발견되지 않았다. 망드랭 동굴에서 강의 상류 쪽으로 70킬로미터 위에 위치한 표준 유적지 type site 인 네로Néro 동굴에서 비특이적인 non-distinctive 두개골 파편이 발견되었지만* 콜라겐이 부족하여 방사성 탄소 연대측정이 불가능하므로 DNA 분석에도 부적절하다. 망드랭의 네로 문화 퇴적층—두께 20센티미터, 넓이 50제곱미터—에는 6만 개의 유물과 수백만 개로 추정되는 미세한 박리 잔해물이 포함되어 있다. 기술적 관점에서 볼 때 네로 문화는 같은 시기에 서유럽에 존재했던 어떤 문화와도 다르며, 돌날, 좀돌날, 르발루아 비슷한 촉 Levallois-like point 이 결합되어 있다. 결정적인 것은 동일한 몸돌에서 돌날, 좀돌날, 촉이 순차적으로 만들어졌기 때문에 하나의 통합된 기술 시스템으로 볼 수 있다는 것이다.

그리고 집합체의 풍부함은 상상을 초월한다. 네로 문화 퇴적층에서는 1,300개의 촉이 발견됐는데, 이는 유럽의 모든 중기 구석기시대 유적지의 촉을 합친 것보다 많다. 촉의 형태는 다양하지만 3가지 크기로 나뉘어 제작되었는데, 어떤 것은 잔손질이 가해져 변형되었고 어떤 것은 변형되지 않았다.

뾰족날 중 3분의 1은 길이가 3센티미터 미만이므로 미세석질 microlithic 로 분류되지만, 다른 것들은 너무 작아서—길이 8~15밀리미터, 두께 2밀리미터—나노촉 nano-point 이라고 불린다. 사용흔을 분

---

* 네로 동굴은 1870년대에 화가 겸 초기 고고학자로서 드가 Degas 의 친구인 르픽 자작 Viscount Lepic 에 의해 발견되었다. 네로 동굴은 실제로 물라-게르시 바로 옆에 위치하고 있지만 물라-게르시의 고고학적 퇴적층은 네로 동굴보다 훨씬 더 오래됐다.

15장. 대단원 579

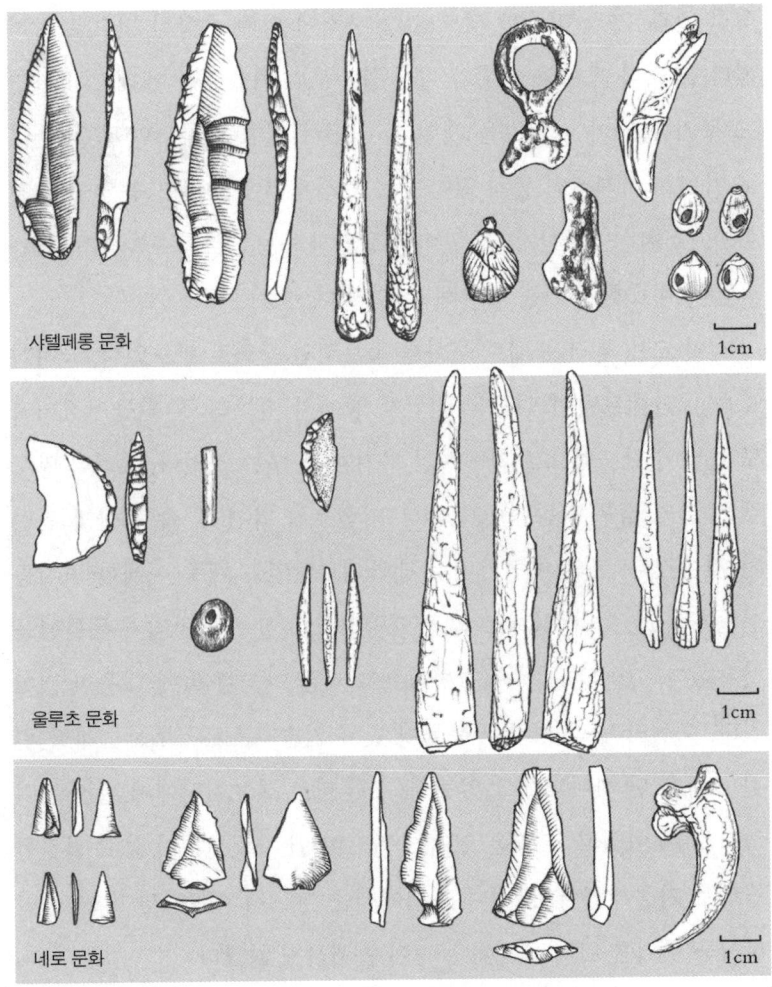

그림 8 샤텔페롱 문화, 울루초 문화, 네로 문화

석한 결과, 가장 미세한 것도 고속 충격에 의해 손상된 것으로 밝혀졌다. 그러나 무기의 자루가 필시 돌촉보다 가늘었을 텐데 그렇다면 그 무기는 창이 아니었을 것이다. 더구나 실험에 따르면 촉들이 너무 가벼워 기계적인 동력 없이는 유효 사거리에 도달할 수 없었을 것이다. 그렇다면 투창기atlatl를 이용해 발사하는 다트(나노촉의 경우에는 화살)와 비슷한 무기를 생각해 볼 수 있다.

이 모든 특징은 네로 문화를 독보적인 문화로 만들었다. 알려진 모든 네안데르탈인 인공물 집합체 중에서 아무리 잘 만들어졌더라도 돌날이 압도적으로 지배적인 무기가 될 수는 없었다. 그러나 망드랭 동굴의 경우 모든 인공물의 75퍼센트가 박편 및 촉 생산과 관련된 것이었다. 그와 마찬가지로 네안데르탈인은 매우 미세한 격지를 만들 수 있었으며, 실제로 많은 맥락에서 르발루아 방법과 좀돌날을 사용했다. 그러나 그것은 전형적으로 채굴 가능한 돌에 대응한 것이었다. 수십만 년의 기간을 통틀어 발사 기술propulsive technology과 관련된 소품은 단 하나밖에 없었는데, 그건 바로 잘츠기터에서 발견된 뼈촉bone point이었다. 그것은 크기가 작으며 맨 아랫부분이 얇고 일정한 형태로 가공되었다. 그러나 유럽에서는 망드랭 이후 1만여 년 동안 발사용 무기를 위해 설계된 돌촉이 존재하지 않았다.

포괄적인 연대측정 결과, 네로 문화층은 52~50ka에 존재했던 것으로 밝혀졌고, 숯검정 연대기는 네로 문화층과 선행 퇴적층인 키나층 사이에 수십 년(어쩌면 수년)의 갭이 있었음을 암시했다. 설사 두 문화 사이에 기술적 유사성이 있더라도 하나가 다른 것으로 발전할 시간이 충분하지 않았다. 동일한 지역에 존재하는 한 줌의 다른 네로 문화층 말고 수백 킬로미터 이내의 지역에서는 수천 년 동안 그와 조금이라도 비슷한 문화가 존재하지 않았다.

그러나 근동과 유럽의 경계선에 존재했던 후기 구석기시대 초기(IUP)의 문화는 네로 문화와 비슷하다. IUP 문화의 연대는 유럽의 과도기적 문화보다 오래된 50~45ka로 추정되며, 그중에서 특히 주목할 만한 것은 체코공화국의 보후니체 문화다. 보후니체 문화에는 날몸돌로 만든 르발루아식 촉이 포함되어 있으며, 일부 유적지에서는 석질이 소형화되었다.

적어도 일부 IUP 문화의 창시자는 초기 호모 사피엔스였다. 불가리아의 바초키로 문화에서는 약 46ka의 뼈가 발견되었지만, 기술적 관점에서 볼 때 네로 문화와는 거리가 있다. 또한 바초키로 문화는 네로 문화보다 수천 년이나 이르다. 이론적으로 초기 호모 사피엔스가 한참 오래전에 '수수께끼처럼' 서유럽으로 확산되었을 수 있다. 또는 오래된 혼혈집단hybrid population이 그 주인공일 수도 있다. 즉, 우스트-이심과 다른 초기 호모 사피엔스의 유골은 '55ka 이전에 이종교배가 일어났다'고 암시하는데, 어쩌면 이와 관련된 집단이 아시아의 어딘가에서 유럽으로 이주했는지도 모른다. 그러나 그들의 수는 틀림없이 매우 적었을 것이다. 왜냐하면 론Rhône 계곡에 다른 흔적을 전혀 남기지 않았기 때문이다.

그러나 이 모든 일 이후에 네안데르탈인과의 문화적 관련성의 기미가 어렴풋이 엿보인다. 망드랭 동굴의 네로 문화에서는 (유럽의 어느 곳에서나 볼 수 있는) 초대형 검독수리의 발톱이 발견되었다. 맹금류의 발톱에 집중하는 것은 후기 구석기시대의 트렌드가 아니었으므로 검독수리 발톱이 (석질의 관점에서 볼 때 매우 이질적인) 중기 구석기시대, 네로 문화, 그리고 한 샤텔페롱 문화의 유적지에서 발견되었다는 사실은 강한 호기심을 불러일으킨다.

DNA가 추출될 때까지—퇴적층에서 나올 수 있다—네로 문화 자체에 대한 시나리오는 추측으로만 남을 것이다. 그러나 설사 네안데르탈인이 건설하지 않은 것으로 밝혀지더라도 네안데르탈인 집단의 역동성에 대해 많은 것을 시사하기 때문에 흥미로움은 반감되지 않는다. 망드랭 동굴의 숯검정 기록은 선행하는 키나 기반 전통 Quina-based tradition이 네로 문화에 매우 신속히—인간의 한 평생 동안, 또는 그보다 훨씬 더 빨리—전파되었다는 것을 보여 준다. 그 후 네로 문화 자체의 지속 기간은 매우 짧았던 것으로 보인다. 숯검정 기록을 분석한 결과, 겨우 18번쯤 점유됐던 하나의 얇은 퇴적층이 모습을 드러냈기 때문이다.

네로 문화가 막을 내린 후 동굴은 여러 세대 동안—어쩌면 수천 년 동안—버려졌지만, 네로 문화는 동굴을 차지했던 마지막 문화가 아니었다. 다시 한번 불이 밝혀졌을 때 망드랭 동굴에는 사람들—아마도 네안데르탈인—이 둘러앉아 중기 구석기시대의 인공물을 다시 만들었다. 첫 번째 포스트 네로기 post-Néronian phase에 돌날과 돌촉의 양이 극단적으로 줄어든 반면 격지의 생산량이 증가했지만, 격지의 크기는 여전히 이례적으로 작았다. 두 번째 포스트 네로기는 4개의 층으로 이루어져 있는데 격지의 크기가 확실히 커졌으며, 본질적으로 여느 중기 구석기시대의 맥락과 일치하는 것처럼 보인다.

포스트 네로기는 두 가지 면에서 주목할 만하다. 첫째, 돌 채굴에 기반하는 석질 영역이 급격히 변화하여 규모가 위축되었고, 론강의 서쪽으로 더는 진출하지 않았다. 둘째, 숯검정 기록은 90여 번의 점거를 암시하므로 나름대로 안정기를 구가했다고 볼 수 있다.

    이러한 전반적 흐름을 이해하는 방법 중 하나는 창시자가 누구였든 간에 네로 문화가 국지적인 네안데르탈인을 매우 철저하게 대체했기 때문에 해당 지역을 여러 세대에 걸쳐 '과도기적 상태'로 남겨 놓는 결과를 초래했다는 것이다. 그러나 네로 문화는 오래 지속되지 않았으며 네안데르탈인을 멸종시킨 것도 아니었다. 망드랭 동굴에는 그로부터 수천 년 후 중기 구석기시대의 마지막 층이 나타난 지 한 세기도 채 지나지 않아 초기 오리냐크 문화가 등장했다.

끝난 꿈

망드랭 동굴에서 벌어진 일이 우리에게 말해 주는 것은, 문화적 측면에서 볼 때 중기 구석기시대의 종말은 전혀 단순한 과정이 아니었다는 것이다. 그리고 오아세 남성의 DNA에서 보는 바와 같이 네안데르탈인과 호모 사피엔스 간의 (현재까지 알려진) 마지막 친밀한 접촉이 성사될 때까지 1만 년이라는 세월이 더 흘렀다. 통탄할 만한 것은 오아세 남성의 조상이 네안데르탈인을 만난 정확한 장소—그들은 그로부터 2세기 후에 수백에서 수천 킬로미터를 이동했을 수 있다—를 알 수 없으며, 그의 턱과 연관된 인공물이 전혀 존재하지 않는다는 것이다. 심지어 고고학자들 사이에서 '오아세 남성 같은 부류의 사람을 뭐라고 불러야 할지'에 대한 합의도 이루어지지 않았다. 얼마나 많은 네안데르탈인 조상들이, 얼마나 근접한 기간에 이종교배를 했을까? 오아세 남성의 혼혈 조상이 그가 속한 그룹에서 유일한 인물이었을까, 아니면 보다 광범위한 패턴의 일부일 뿐이었을까? 그 조상은 오아세 남성의 세대까지 이어지는 스토리에 등장하는 여러 인물 중 하나였을까?

추출 가능한 DNA를 보유한 화석을 포함한 온전한 유적지들이 더 많이 발견될 때까지 이러한 생각들은 탁상공론 수준에 머물 것이다. 그러나 적어도 한 가지는 분명하다. 돌이켜보면 집단과 문화의 대대적인 융합이 이루어진 적은 없었다. 80~40ka라는 결정적인 기간에 자신들의 영역에 거주한 네안데르탈인의 화석 중에서 이종교배의 유전적 단서를 제공한 사람은 한 명도 없으며, 초기 호모 사피엔스의 경우에도 사정은 마찬가지다. 바초키로에서 추출된 mtDNA에서도, 푸마네에서 발견된 (오아세 남성와 비슷한 연배의) 초기 오리냐크 사람의 치아에서도 이종교배의 흔적은 찾아볼 수 없다.

그러나 오늘날 살아 있는 사람들 사이에서 관찰되는 패턴은 어느 정도의 동화가 일어났음을 시사한다. 마지막으로 관찰된 유골에서조차 독특한 신체적 특징을 보유하고 있었던 네안데르탈인이지만 이종교배의 규모와 빈도, 그리고 우리 안에 보존된 유전자의 범위를 감안할 때 그들 또한 인간이었고, 지금도 인간의 일부를 구성하고 있다. 생물학적으로 말하면 짝짓기를 통해 생존 가능한 자손viable offspring을 낳을 수 있는 개체들은 동일한 종으로 간주된다. 침팬지와 보노보는 신체적, 사회적으로 매우 다르지만 850ka경에 서로 갈라졌을 뿐이다. 그와 비슷한 시기에 우리의 조상은 네안데르탈인, 데니소바인의 공통조상과 갈라졌다.

네안데르탈인이 우리에게 무엇이었는지를 설명하는 데 적절한 개념은 현대 동물학에서 사용하는 동종분류군allotaxa인 것 같다. 동종분류군이란 '신체와 행동이 다른 근연종이지만 생식이 가능한 경우'를 말한다. 야크yak와 소cattle가 대표적인 예로, 플라이스토세의 동물상에서도 그런 현상이 발생하고 있었던 게 분명하다. 서로 다른 종류의 매머드들이 때때로 이종교배를 한 것으로 추정되는가 하면, 최근 연구에서 오늘날 살아 있는 불곰들이 동굴곰의 DNA 일부를 보유하고 있는 것으로 밝혀졌다. 그리고 최근 기록된 북극곰과 회색곰 간의 사례에서, 생물학자들은 잡종과 양쪽 부모들 사이에서 역교배back-breeding가 일어나는 것을 관찰했다.*

네안데르탈인의 종말에 대해 도출해야 할 기본적인 결론은 전혀 예기치 않은 결과가 벌어졌을 수 있다는 것이다. 지난 수십 년 동안 연대기학, 기술적 분석, 종 동정법species identification이 엄청나게 발전했음에도 불구하고, 그 어느 때보다 더 많은 의문이 제기되었다. 남아 있는 불확실성 중에서 특히 흥미로운 것은 MIS 5의 메타개체군 분석에서 드러난 네안데르탈인의 분기splitting, 확산dispersion, 대체replacement 상황이다. 기후변화는 한 가지 가능성이다. 기온이 엠 간빙기 최고점을 향해 가파르게 상승하는 바람에 지구의 평균 기온이 섭씨 11도에서 16도로 껑충 뛰었다. 그에 따른 인구집단의 변화는 고고

---

* 모든 것은 한 마리의 암컷 북극곰으로 거슬러 올라간다. 그녀는 두 마리 수컷 회색곰과의 사이에서 새끼를 낳았는데, 두 경우 모두에서 잡종 새끼와의 역교배가 발생했다.

학에도 반영되어 125~45ka에 네안데르탈인의 기술복합체와 지역별 전통이 크게 융성했다.

다른 주제는 매우 난해한 문제로 네안데르탈인과 다른 종(특히 초기 호모 사피엔스)이 조우하게 된 과정이다. 우리는 호모 사피엔스를 승자로 묘사하는 경향이 있지만 호모 사피엔스는 아프리카 밖에서 적어도 한 번은 멸종 일보직전까지 갔으며, 70ka경—네안데르탈인과의 이종교배 중 대부분이 일어나기 직전—에는 대규모 인구 감소를 경험했다. 더욱이 65ka에는 호주까지 진출하는 개가를 올렸음에도 불구하고(이 과정에서 매우 건조한 사막과 열대우림에 적응해야 했으며, 심지어 인도네시아로 건너가기 위해서는 대양을 건너야 했다), 그로부터 2만여 년 후까지 중부나 서부 유럽에서 호모 사피엔스의 징후는 전혀 발견되지 않았다.

아마도 유럽의 중부와 서부는 이미 네안데르탈인에 의해 점령되었을 것이며, 한동안은 다른 인류의 진입을 저지할 수 있을 만큼 성공적이었을 것이다. 그러나 네로 문화라는 예측불허의 존재가 있었다는 점을 감안하면 우리가 고고학을 통해 알고 있는 것은 빙산의 일각에 불과하다.

또 하나의 아이러니는 초기 호모 사피엔스가 선천적으로 우월했다는 오래된 통념이 전혀 사실무근이라는 것이다. 오아세 남성이 속한 부족은 유럽에서 멸종했으며, 유럽인보다는 오히려 오늘날의 아메리카 원주민과 동아시아인에 더 가깝다. 더욱 두드러진 사례는 우스트-이심 남성이다. 그는 고대의 호모 사피엔스가 유라시아 동부 및 서부 혈통으로 나뉘기 직전 또는 직후에 시베리아에 살았지만 거의 모든 현대인과 아무런 관련성이 없다.* 그에 더하여 오아세 남성이 사망한 후 2만 5,000년 동안 그의 부족은 뒤이어 나타난 후기 구석기시대 사람들에 의해 완전히 대체되었고, 후기 구석기시대 사람들은 그다음에 등장한 선사시대 사람들에 의해 대체된 것으로 보인다. 오늘날 표면상 유럽계 혈통을 가진 파리지앵, 런더너, 베를리너들은 불과 1만 년 전의 중석기시대Mesolithic 사람들과도 거의 관련이 없다. 그들의 DNA 중 대다수는 신석기시대Neolithic에 서아시아에서 대규모로 이주한 사람들이 남긴 유산이다.‡

이쯤 되면 최초의 호모 사피엔스 집단은 네안데르탈인보다 더 많이 멸종한 셈인데, 그렇다면 호모 사피엔스를 진화적 우성evolutionary dominance이라고 부르는 것은 어불성설이다. 이러한 패러다임의 변화는 오래된 DNA 샘플이 더 많이 수집될수록 가속화될 것이다.

이종교배에 대한 현재의 증거는 외계행성exoplanet 발견의 초기 역사에 비견된다. 그런 행성은 한때 드문 것으로 가정되었지만 그로부터 수십 년이 지난 지금 우리은하에는 항성보다 행성이 더 많은 것처럼 보이니 말이다. 오늘날 우리가 알고 있는 정보를 종합하면 유라시아는 늘 인류의 용광로였고, 수백 명 어쩌면 수천 명 혼혈아의 고향이었다. 네안데르탈인 유적지는 미확인 뼛조각이나 동굴의 퇴적층 사이에 혼혈아와 그들의 가까운 후손에 대한 증거를 비밀리에 품

---

* 한 연구에서는 동시베리아 원주민과 동아시아 사람들 중에 우스트-이심 남성의 잠재적인 후손이 있다고 제안했다.

‡ 이것은 백인우월주의의 근거를 후기 구석기시대에서 찾으려 하는 사람들의 코를 납작하게 만든 증거다.

고 있을지 모른다.

네안데르탈인의 운명은 호사가들의 관심을 독차지해 왔지만 그 내용을 들여다보면 전혀 흥미롭지 않았다. 그러나 관점을 바꾸면 세상이 달라진다. 그들의 마지막 10만 년은 커다란 도전의 시기였지만, '종말의 서곡'이 아닌 '새로운 기회의 장'이었다. 지금으로부터 2만 년 전에 호모 사피엔스가 지구를 독점했음에도 네안데르탈인은 지금까지 명맥을 유지하고 있다. 비록 그들과의 만남은 기억에서 사라진 지 오래지만 우리의 피와 아기들은 여전히 상호작용의 열매를 품고 있다. 뼈와 돌은 오랫동안 지하에서 우리가 '공유된 미래'를 다시 발견하기를 기다려 왔다. 그리고 우리가 마침내 그것을 발견했을 때 모든 것이 바뀌었다.

16장

✳

불멸의
연인

석유등 불빛 아래서 톱햇*의 우아한 실크 천이 반짝인다. 점잖게 설교하는 남자는 북쪽 땅의 숯 먼지 냄새에 익숙하다. 런던에 스며 있는 냄새를 경험할 때까지 그는 선덜랜드의 석탄 연기가 사탄의 매캐한 악취라고 믿었다. 그러나 그건 여러 해 전—그리고 한평생 동안—의 일이었다. 이제 그는 선덜랜드로 돌아와 자신의 메시지를 듣기 위해 모인 청중에게 미소를 짓는다. 지역의 산업계 거물, 냉철한 지식인, 사회 혁명가들이 벤치를 채우고 있다. 심지어 몇몇 광부들도 자리 잡고 앉아 눈가에 끼인 석탄 가루를—마치 자신의 몸 안에서 나오는 까만 땀방울을 닦아 내듯—문지르고 있다. 모세혈관처럼 미세한 철도망이 그레이트노던 탄광에서 선덜랜드 부두까지 새카만 덩어리를 실어 나른다. 석탄은 배에 실려 먼 곳을 여행하며 난로와 가마, 용광로에 연료를 공급하고 선박과 기관차의 증기기관에서 지옥불처럼 타오른다. 그는 선박들을 잘 안다. 제국의 전리품인 석탄을 가득 싣고 전 세계를 누비며, 그와 마찬가지로 새카만 몸뚱이를 가졌음을.

자신이 전달하려는 진실의 무게를 느낀 듯, 새뮤얼 줄스 셀레스틴 에드워즈는 모자를 벗고 헛기침을 한다. 에드워즈가 느끼는 중압감의 실체는 그의 생애에 (마치 으깨져 석탄이 된 고생대의 열대 숲처럼) 억눌렸던 세대들의 희망이다. 설교하는 그의 몸에서 빛이 뿜어져 나온다. 지금껏 해 온 여느 설교에서처럼, 그는 마음의 눈을 깜박이며 (맑은 카리브해 위에 떠 있는) 반짝이는 섬과 (슬픔과 긍지를 물려준) 자신의 부모를 뒤돌아본다. 그는 정신을 다시 집중하고 자연선택과 이상한 두개골에 대해 말하기 시작한다. 어떤 인종도 다른 인종을 짓밟으면 안 된다. 그는 꿈꾼다. 인류가 깊이 공유한 역사가 인류를 구원하는 미래를.

* top hat. 서양의 남성 정장용 모자. – 옮긴이

펠트호퍼에서 네안데르탈인의 유골이 발견된 지 1년 후, 그곳에서 7,200킬로미터 떨어진 대서양 건너편에서 한 흑인 소년이 태어났다. 카리브해에 있는 영국의 식민지에서 성장한 새뮤얼 줄스 셀레스틴 에드워즈Samuel Jules Celestine Edwards의 부모는 약 30년 전에 해방된 노예였다. 에드워즈는 겨우 열두 살의 나이에 밀항을 감행하여 1870년대에 전 세계를 여행하고 영국 북쪽에 자리 잡은 산업도시 선덜랜드에 도착했다. 그는 1890년대에 신학박사가 된 후 의학을 공부했고, 존경받는 복음주의 목회자가 되어 절제를 강조하는 설교로 엄청난 인기를 끌었다. 그는 전기작가이자 영국 최초의 흑인 편집자로서 인간의 형제애를 옹호하는 단체Society for the Recognition of the Brotherhood of Man의 기관지인 〈형제애Fraternity〉를 편집했으며 〈럭스Lux〉라는 잡지를 창간했다.

확고한 사회주의자이자 반제국주의자로서 해방과 반제국주의를 옹변한 에드워즈의 순회 강연은 많은 청중을 끌어모았다.* 특히 그는 진화과학을 향해 '흑인을 원숭이와 비교하도록 부추김으로써 인종주의를 부추겨서는 안 된다'고 비판했다. 1892년 발표한 〈흑인종The Negro Race〉이라는 논문—스피와 크라피나에서 네안데르탈인 유골이 발견된 와중에 집필되었다—에서 그는 심오한 통찰을 제

---

* 그는 1891년 선덜랜드를 다시 방문하여 강연했는데 청중 중에 홀 니콜슨—광부, 지역의 세속적 연설가, 그리고 나의 고조할아버지—이 포함되어 있었을 가능성이 매우 높다.

시했다. 논문의 내용을 요약하면, 호미닌 화석이 점점 더 많이 발견된다는 점을 감안할 때 흑인이나 오스트레일리아 원주민은 저급한 인종sub-human race이라는 통념은 틀렸다는 것이었다. 다시 말해서 지구상의 모든 사람은 공통의 기원을 갖고 있으므로 지능, 문화, 인간성의 수준이 동일하다는 것이다.

환영과 판타지

물론 에드워즈의 말은 정확했지만 시대를 한참 앞섰다. '눈앞의 사실'을 바라보기를 거부한 사람은 저명한 선사학자들이었다. 많은 원주민 문화의 기원 설화에는 까마득히 오래되고 심지어 영원한 시조의 가문이 등장하지만 서양의 지식인들이 네안데르탈인과 관련된 세월의 깊이를 이해하는 데 든 시간은 너무나 길었다. 이 분야의 선각자는 17세기의 존 코니어John Conyer로, 열정적인 골동품 수집가이자 약제상apothecary이었다. 그는 1666년 런던 대화재Great Fire 이후 대규모 재건축이 벌어지던 와중에 런던의 배수로를 샅샅이 뒤졌다. 1673년에 릴리Mr Lilly가 블랙 메리 홀Black Mary's Hole이라는 오래된 샘 근처의 자갈 채취장에서 발견한 그레이스인 주먹도끼Gray's Inn handaxe를 수집했던 사람이 바로 그였다. 코니어는 그게 인간이 만든 물건임을 알아봤다. 그러나 기초적인 층서학을 이해했고 그보다 최근의 퇴적층에서 로마 시대의 항아리가 발견된 것을 주목했음에도 불구하고, 자갈과 주먹도끼의 진짜 연대는 그의 상상력을 벗어났다.

그리스·로마시대에 시작된 자연세계에 대한 비판적 평가는 수천 년의 역사만을 용인했던 유대-기독교의 장구한 전통으로 다소 위축되어 있었다. 그러나 오래된 시간과 유적에 대한 매력은 늘 존재했는데, 특히 화석이 그러했다.

'돌 속에 갇힌 생명체'라는 역설은 네안데르탈인의 관심을 끌었던 것 같다. 그들은 플라이스토세의 바닷가에서 주운 조개껍데기를 휴대하고 다녔으며, 이탈리아의 언덕에서 조개껍데기에 황토를 바르기도 했다. 먼 훗날의 문화에서는 화석을 기존의 세계관에 끼워 넣음으로써 합리화했는데, 동굴 속에서 발견된 거대한 뼈는 용龍이나 키클롭스cyclops로 여겨졌다. 손으로 만든 것으로 보이는 석기는 엘프elf의 작품이었다. 그레이스인이 발견된 지 불과 4년 후, 자연사가 겸 화학자인 로버트 플롯Robert Plot은 "알려진 동물과 부합하지 않는 거대한 뼈는 고대 거인의 증거임에 틀림없다"라고 추론했는데, 그건 사실 공룡이었다. 멸종한 동물과 함께 사라진 휴머노이드 종족으로 가득 찬 세계라는 개념은 아직 요원했다.

그레이스인이 발견된 후 1856년 '네안데르탈인 빅뱅'이 일어날 때까지 거의 2세기에 달하는 세월이 흘렀다. 그동안 어마어마한 사회적, 경제적, 기술적 변화가 일어나 서양사회의 우주관을 박살냈지만 전자기electromagnetism, 방사선, 무선통신은 사람들에게 여전히 마법과도 같았다. 18세기에 지질학자들은 암석을 연구하며 성서 연대기biblical chronology로 설명할 수 없는 거대한 간극에 마음을 사로잡혔다. 1850년대에 이르러 지구의 역사에 대한 이해가 증진되었고, 영장류의 화석이 인정되어 고인류에 대한 생각의 방향을 제시했다. 그러나

이 모든 것에도 불구하고 네안데르탈인의 의미를 제대로 이해한 사람은 아무도 없었다. 걸출한 영국의 생물학자 토머스 헉슬리에게 네안데르탈인은 (인류의 혈통에 대한, 거의 상상할 수 없이 깊은 기원이 담긴) 판도라 상자를 열어젖힌 존재였다.

그렇다면 우리는 최초의 인간Primaeval Man을 어느 시대에서 찾아야 할까? 플라이오세나 마이오세, 또는 그보다 더 오래된 시대에 살았던 최고령最古齡 호모 사피엔스? … 우리는 아득히 먼 시대를 상상하며 인류의 기원에 대해 지금껏 듣지 못한 가장 자유로운 추정치를 제시해야 한다.*

오늘날 우리는 '우리와 마지막 네안데르탈인 사이'의 세월이 '우리와 (1만 5,000년 전 라스코 동굴에 그려진) 황토색 벽화 사이'의 세월의 2배 이상이라는 사실을 알고 있다. 만약 '마지막'을 '최초의'로 바꾼다면 20배는 훌쩍 넘을 것이다.

네안데르탈인의 의미는 무수히 많았고 지금도 그러하다. 펠트호퍼의 현장감독이 '이 뼈는 곰의 뼈가 아니구나'라고 깨달았다는 기록은 남아 있지 않으며, 플린트 중위가 포브스 채석장의 두개골을 제시했을 때의 심정이 적힌 문헌도 찾아볼 수 없다. 19세기의 무미건조한 과학적 기술記述의 예외는 동일한 화석에 대한 찰스 다윈의 반응이었다. 그는 그것을 '경이롭다'고 생각했으며, 그로부터 수십 년 후

---

* Thomas Huxley, 1863, "On Some Fossil Remains of Man", Proceedings of the Royal Institution of Great Britain 3 (1858-1862): 420-22.

네안데르탈인을 대면하게 된 신세대들은 희열을 경험했다.

1908년 '르무스티에 1'을 발굴하는 동안 클라치는 생생한 일지를 작성했다. 화석에 대한 전문가적 인상은 제쳐놓고, 거기에는 '소규모 연구팀 간의 경쟁', '빙하기 사냥꾼들에 대한 상상', '샴페인을 곁들인 이브닝 파티', '밤늦도록 연구에 몰두한 클라치의 모습'이 기술되어 있다. 발굴과 골격은 그를 열광하게 했고, 그럴 때마다 일지의 문장들은 슬그머니 현재 시제의 감탄문으로 바뀌었다. "앗, 치아다!" 하지만 고대의 소년이 그에게 겁을 주기도 했다. 예컨대 뼛조각을 어렵사리 재조립한—"그것은 지금껏 내가 시도한 것 중 가장 부담이 많은 기술적 과제였다"—다음날 밤, 그의 꿈에 소년의 해골이 나타났다.

네안데르탈인은 과학에 상상력의 날개를 달아 줬다. 그들이 데뷔한 지 20년도 채 안 되어 초기 과학소설이 등장했다. 소설은 (마음의 눈으로만 볼 수 있는) 매혹적인 캐릭터의 생활을 체험하고 싶어 하는 대중의 욕구를 충족했다. 소설가들은 과학소설 장르에 호미닌 간의 적개심과 전투라는 에피소드를 적절히 삽입함으로써 스릴과 서스펜스를 극대화했다. J. H. 로니J. H. Rosny는 1911년에 발표한 《불을 찾아서Quest for fire》에서 폭력적인 조우를 묘사했는데, 그 책의 프랑스어 초판 제목은 《불의 전쟁Guerre de Feu》이었다.

1955년, 두 번에 걸친 세계대전의 잔해 속에서 호모 사피엔스—네안데르탈인이 아님에 주목하라—는 윌리엄 골딩William Golding의 《상속자들The Inheritors》을 통해 궁극적인 침략자로 진화했다. 호모 사피엔스는 만족할 줄 모르는 포식종predatory species으로, 네안데르탈인의 쾌고감수능력과 공감능력을 인식할 수 없었다. 그 후 수십 년 동안 이러한 트렌드가 확산되었지만, 1980년대에 공전의 히트를 친 진 아우얼Jean Auel의《대지의 아이들Earth's Children》시리즈 덕분에 네안데르탈인은 비로소 '사랑하고 사랑받는 존재'로 인정받았다.

아우얼은 다른 면에서도 선견지명이 있었다. 가장 두드러진 것은 친밀한 종간 관계에 대한 그녀의 대담한 추측으로, 당시에는 다소 비주류적인 시각으로 간주되었으나 그로부터 30년 후 유전학은 그녀가 옳았음을 증명했다.* 네안데르탈인과 호모 사피엔스 사이에서 태어난 혼혈아들은 19세기의 선사학자들에게 훨씬 충격적이었겠지만, 다른 한편으로 흥미롭기도 했을 것이다. 만약 오늘날의 시간여행자가 1863년 윌리엄 킹William King의 '종 이름 붙이기 강좌'에 참석하여 "네안데르 계곡에서 발견된 '원숭이 비슷한pithecoid' 사람들이 분자 수준에서 이 강의실에 존재합니다"라고 발표했다면 조롱이나 무시를 면치 못했을 것이다.

19세기에도 네안데르탈인은 사람들의 의식을 독특하게 확대했으며, 상상력을 자극함으로써 미래로 여행하게 해 줬다. 1885년 지적 열망을 품은 부처 레이 새빌Bourchier Wrey Savile 목사는 진화와 자연선택에 반대하는 논문을 발표했는데, 논문의 제목은 〈진화하는 네안데르탈인의 두개골: 2085년에 행할 연설, 3점의 삽화와 함께〉였다. 긴 서문이 끝나면 21세기 후반 런던 피카딜리가街에서 열린 파티에서 네안데르탈인의 두개골이 내레이터로 등장하는데, 그 장소는 빅토

---

* 아우얼의 가장 큰 영향은 후세의 고고학자들에게 영감을 불어넣었다는 데 있다.

리아 시대 런던의 일류 콘서트장인 세인트 제임스 홀St James's Hall이다. 매혹적인 어투—"저는 대중연설에 익숙하지 않습니다만"—로 말문을 연 후, 두개골은 (아마도 남성들인 듯한) 청중에게 장황한 종교적 논증을 통해 결국에는 인류의 친척이 아닌 것으로 밝혀졌다고 확언한다. 그러고는 공손하게 "친구"로 남기를 바랄 뿐이라고 말한 다음 사라진다.* 지금부터 2085년까지 많은 변화가 일어나겠지만 네안데르탈인이 '오래전 소식이 끊긴 사촌'으로 이해되고 있는 현상황이 180도 바뀌지는 않을 것이다.

레이 새빌은 '몸속에 숨어 있는 조상'이라는 네안데르탈인의 지위를 인정하려 들지 않았지만 그들과의 유대관계에 대한 대중의 욕구가 분출하고 있음을 간파했다. 그것은 소름 돋는 재현reconstruction의 힘에서 명백히 드러난다. 최초의 시각 자료는 헉슬리가 한 모임에서 끼적거린 스케치다. 사람보다는 유인원에 가깝지만 매력적인 생동감을 지니고 있다. 1873년에 최초로 시도된 진지한 재현은 놀랍도록 현대적인데, 한 네안데르탈인 남성이 손잡이 달린 무기를 든 채 반려견들과 함께 포즈를 취하고 있다. 20세기 초에는 그와 대조적인 시각화가 등장하여 인류의 기원에 대한 다른 견해를 추적했다.

라샤펠-오-생에서 발견된 '올드맨'에 대한 누가 봐도 원숭이 같은 재현화畵는 프랑스에서 논문으로 출판된 후 1909년 〈일러스트레이티드 런던 뉴스Illustrated London News〉라는 잡지에 전재되었다. 그림 속의 남성은 허리를 구부린 채 아무 생각 없이 막대기를 들어 올리

---

* 대단한 스포일러는 아니지만 레이 새빌은 '효과가 검증된 내레이션 기법'으로 논문을 마무리한다. "나는 갑자기 깨어나 모든 게 꿈이었음을 알게 되었다!"

고 있는데, 털가죽과 발만 보면 영락없는 유인원이다. 그 그림은 강렬한 원시적 인상을 자아내는데, 아마도 불Boule과의 공동 작업을 통해 완성된 것으로 보인다. 어찌 됐든 명백히 유인원 같은 외모는 '호모 사피엔스는 네안데르탈인의 자손일 수 있다'는 항간의 주장에 대한 그의 거부감을 적극적으로 반영한 듯하다. 그로부터 2년 후, 동일한 잡지의 특집기사에 대조적인 삽화가 실렸다. 그 그림은 네안데르탈인은 멸종한 인류가 아니라 호모 사피엔스의 직계 조상이라고 주장하는 영국의 선사학자 아서 케이스Arthur Keith의 의뢰로 그려진 것으로, 2년 전의 그림보다 거부감이 훨씬 덜하다. 꽤 길지만 단정한 수염을 가진 남성은 활활 타는 장작불 옆에 앉아 신중히 석기를 제작하고 있다. 가정적인 분위기를 물씬 풍기는 배경과 함께 목걸이는 세련되고 이지적인 현대인을 암시한다.

21세기에 들어와 재현화는 더욱 진화하여 해부학적으로 더 정밀해지고 고급스러움이 더해졌다. 그림에 등장하는 인공물들이 바뀌었는데, 이는 그들의 문화에 대한 고고학적 평가를 더욱 충실하게 반영하려는 시도의 일환이었다. 그러나 더욱 근본적인 것은 네안데르탈인의 자세, 특히 얼굴에서 고통과 빈곤보다는 지능과 존엄성과 만족감이 우러난다는 것이다.

가장 시선을 사로잡는 것은 조각상이다. 몸을 돌려가며 구석구석 살펴보면 존재감을 확인할 수 있으며, 특히 얼굴을 들여다보면 대부분의 삽화로는 불가능한 실감을 느낄 수 있다. 또한 조각상은 '멸종한 호미닌'이라는 면모를 일신하고 '자신감, 즐거움, 사랑이 넘치는 형제자매'라는 이미지—심지어 어떤 경우에는 재기발랄함—

를 부각하는 데 기여했다. 유명인에 열광하는 시대적 분위기에 부응하여 2018년 파리 인류박물관Musee de l'Homme에 전시된 조각상은 만인이 선망하는 패션 디자이너 아네스 베agnès b의 의상을 입었는데, 이는 네안데르탈인의 패션을 현대인의 콘셉트에 맞춘 것으로 평가된다.

그러나 모형을 바라보는 것은 실물 크기의 유골을 만나는 것과 질적으로 다르다. 네페르티티 흉상Nefertiti bust이나 폼페이 석고상Pompeii cast 같은 유명한 고고학적 실체와 마찬가지로, 진짜 네안데르탈인의 화석은 심장을 파고드는 으스스한 매력을 발산한다. 박물관에 전시된 화석을 보면 몸을 잔뜩 웅크린 채 지나가는 관람객들을 아랑곳하지 않고 살점 하나 없는 얼굴을 뚫어지게 바라보고 싶은 충동이 인다. 네안데르탈인은 유리 진열장 속의 사후세계에서, 때로는 생전에 밟아 보지 못한 대륙을 방문하며 평생 만났던 것보다 수천 배나 많은 사람들과 직면하고 있다.

네안데르탈인에 대한 우리의 집착이 수그러들지 않는 이유 중 하나는 미디어다. 과학과 사회적—심지어 도덕적—관심의 강력한 칵테일을 제공하는 네안데르탈인은 수백만 명의 독자들에게 배달되는 19세기 신문의 완벽한 콘텐츠였다.* 오늘날에는 훨씬 더 많은 인기몰이를 하고 있다. 인터넷 검색어에서 '네안데르탈인'이 '인류의 진화'를 압도한 지 이미 오래이며, 오늘날의 미디어는 대중의 욕구에

---

* 심지어 19세기 말에는 오늘날의 인터넷 검색 서비스처럼 작동하는 산업도 등장했는데, 독자가 키워드를 명시하면 각종 신문에서 관련 기사들을 스크랩하여 우송하는 방식이었다.

부응하는 것을 첫 번째 목표로 삼고 있다.

하지만 과학은 왜곡될 수 있다. 전문가조차 감당할 수 없을 정도로 새로운 데이터들이 쏟아져 나오고 있으며, 두 가지 주제—인지능력과 멸종—를 둘러싸고 지속되는 프레이밍도 여기에 가세한다. '사실 네안데르탈인은 그렇게 멍청하지 않았다!'와 '그럼에도 불구하고 그들은 우리보다 멍청했다!'를 둘러싼 논란은 과정, 맥락, 변화에 근거한 미묘하고 흥미로운 현실을 호도했다.

그러나 최초의 네안데르탈인 유전체 분석을 통해 가계도가 밝혀지면서 기존의 소모적인 논쟁은 발 디딜 곳이 없게 되었다. 그 발견은 무엇보다도 대중의 감정을 극적으로 바꿔 놓았다.* 네안데르탈인은 더는 추상적인 혈거인이 아닌 구체적인 인격체로 간주된다. 그렇다고 해서 네안데르탈인 앞에 마냥 꽃길이 펼쳐졌다고 생각하면 오산이다. DNA 연구는 마치 흑백사진처럼 단순하고 강력한 메시지를 제공하는 경향이 있지만 시각 자료(그림, 조각상, 유골)만큼 주의를 끌지 못한다. 왜냐하면 유전적 데이터 자체는 매우 복잡하여 대중에게 전달되기가 어렵기 때문이다.

사정이 이러하다 보니 네안데르탈인을 둘러싼 완고한 클리셰 cliché가 여전히 활개 치고 있다. 그들에게는 정교한 기술이 부족했다는 등 혁신을 할 수 없었다는 등… 그러나 그런 진부한 표현이 지속되는 또 다른 이유는 네안데르탈인이 '그들 자신'으로서가 아니라 '우리를 이해하기 위한 도구'로서 논의되어 왔기 때문이다. 이런 의미에서 그

---

* '네안데르탈인 멸종'에 대한 온라인 검색이 크게 감소했다.

들은 항상 궁극적인 타자를 대변해 왔다. 그들을 바라보는 것은 우리의 희망과 공포가 투영된 거울 속의 그림자와 만나는 것이었으며, 그들의 명백한 운명을 돌아보는 것이 아니라 우리 자신의 불확실한 운명을 내다보는 것이었다.

과거의 권력

새뮤얼 에드워즈의 시대로 다시 돌아가자. 당시의 박식한 학자들이 인류의 진화에 대해 '한때 노예였던 아프리카인의 아들'과 동일한 결론에 도달하지 못한 이유가 뭘까? 매우 간단하다. 그들은 자신들이 정점에 선 위계질서의 세계에 살고 있었기 때문이다. 18세기 이후, 과학자들은 세계뿐만 아니라 그 속에 사는 사람들도 측정해 왔다. 1758년 호모 사피엔스를 처음으로 명명했을 때 린네는 문자 그대로 거울을 들여다보고 있었으며, 자신을 기준표본 type specimen 으로 간주했다.*

네안데르탈인은 처음부터 백인의 우월성에 대한 과학적 정당화에 매몰되어 있었다. '두개골의 크기가 지능과 심지어 도덕성을 반영한다'는 그럴싸한 개념은 19세기의 주류가 되었으며 최초의 노예제 이후 식민주의를 정당화하기 위해 사용되었다. 민족지학과 선사시대 고고학은 수렵채집인을 '미개인 savage'의 범주에 넣는데, 그 근

---

* 그는 나중에 인간에 대한 지리적 아종 geographic sub-species 분류를 사용하여 비백인 인종 non-white race 을 보편적으로 부정적인 관점에서 정의했다.

거는 동물적이기 때문이다. 심지어 다윈—그는 다양성이 공통의 기원으로부터 올 수 있음을 제대로 이해하지 못한 것 같다—도 칠레의 티에라 델 푸에고Tierra del Fuego라는 섬에서 마주친 원주민*을 동물적 충동과 폭력적 본성이라는 렌즈를 통해 바라봤다. 앨프리드 러셀 월리스Alfred Russel Wallace가 '수렵채집인과 빅토리아 시대의 평균적인 신사는 똑같은 크기의 뇌를 가졌다'고 이해했음에도 불구하고, 그는 왜 '생각 없는 존재'가 그런 계산능력을 필요로 하는지 의아해했다.

펠트호퍼에서 발견된 두개골에 대한 동시대인의 해석에 린네와 다윈과 같은 태도가 악영향을 미쳤으며, 역으로 네안데르탈인에 대한 부정적 평가가 그런 태도를 뒷받침했다. 1856년 네안데르탈인을 처음으로 보도한 독일의 신문은 인종 간의 직접적인 비교를 통해 그 두개골을 "북아메리카의 플랫헤드족Flathead의 것"이라고 자신 있게 기술했다. 샤프하우젠Schaffhausen은 해부학적 구조를 흑인 및 오스트레일리아 원주민과 비교했는데, 그건 헉슬리도 마찬가지였다. 헉슬리는 흑인을 '짐승 같다'고 무심코 기술했고, 호텐토트의 비너스Hottentot Venus라고 알려진 사라 바트만Sarah Baartman*의 뇌를 거들먹거리며 공공연히 사후부검된 박물관의 표본처럼 철저히 비인간화한 전력이 있다. 윌리엄 킹도 비슷한 견해를 보였지만, 그는 네안데르탈인보다는 안다만족Andamanese을 내세워 '가장 타락한 인종'으로, 짐승 다음가는 몽매한 존재라고 폄하했다. 참고로 1855년 식민자들은 안다만

---

* 당시에는 푸에고족Fuegian이라고 불렸지만, 그들은 야간족Yaghan이었던 것으로 보인다.
* https://blog.naver.com/sunni0802/221979759199 - 옮긴이

섬의 원주민을 살해한 후 해부학 표본으로 사용하라며 영국으로 보냈다.

그런 비교는 '비백인 집단은 사람속genus Homo의 원시적 갈래를 대변한다'는 생각을 부추겼다. 새뮤얼 에드워즈가 인류의 진화에 대한 예언자적 논문을 집필하고 있을 즈음, 에른스트 헤켈Ernst Haeckel—다윈의 통신원이자 제자 역할을 한 영향력 있는 생물학자—은 '저급한 인종'을 짐승에 가까운 범주로 분류하고 식민주의의 정당성을 옹호했는데, 그 이유는 원주민의 삶을 무가치하게 여겼기 때문이다.

20세기에 들어와 선사학은 '진보하는 지식'의 구심점이 되었지만, 네안데르탈인은 여전히 인종 차별주의자들의 믿음을 공고히 하는 데 이용되었다. '흑인은 백인에서 볼 수 있는 세련된 표정이 부족하다'는 주장은 네안데르탈인이 미소를 지을 수 있었는지 여부를 둘러싼 논란에 불을 지폈다. 라샤펠-오-생의 발견을 논의하는 동안 마르셀 불은 오스트레일리아 원주민이 모든 인간 중에서 가장 원시적이라고 거침없이 말했다.

고인류의 해부학 및 문화적 진보의 위계질서는 고고학에 의해 확립되었는데, 그 당시 고고학을 지탱한 사람은 플린더스 페트리 경 Sir Flinders Petrie(고대의 두개골을 측정한 이집트학 전문가) 같은 박식한 학자들이었다. 이러한 위계질서는 우생학의 기초를 이룬 '경쟁competition'과 '인종적 순수성racial purity'이라는 독소적 개념의 원천이 되었다. 그러한 개념들은 일부 과학소설, 이를테면 H. G. 웰스H. G. Wells가 1921년에 발표한 《소름 끼치는 사람들The Grisly Folk》에 반영되었는데,

그는 이 책에서 "거의 기생적이고 동물적인 호미닌 부족을 박멸하는 것이 인류의 생존에 필수적"이라고 은연중에 주장했다. 네안데르탈인 화석과 직접적으로 관련된 사람들은 과학적으로 한통속이었다. 예컨대 클라치는 다른 출판물에서 오스트레일리아 원주민을 '오세아니아와 아시아의 영장류에서 기원한 호미닌 갈래'로 분류했고, 비너트Wienert(하우저를 위해 르무스티에를 연구한 인류학자)는 인종문제해결사무소Race and Settlement Office(나치 친위대 SS 대원의 순수성을 통제하는 기관)에서 근무하며 〈인종과학 저널Zeitschrift für Rassenkunde〉을 공동으로 편집했다. 최초의 펠트호퍼는 나치 독일Reich의 영토 안에서 발견되었고, 나치는 '게르만족의 인종적 기원을 충분히 식별하지 못한다'는 이유로 1938년에 박물관 문을 강제로 닫았다.

 제2차 세계대전의 끔찍한 공포에서 벗어난 후 인종에 기반한 과학을 거부하는 움직임이 늘어나기 시작했다. 그에 따라 네안데르탈인에 관한 연구는 '두개골 치수' 일변도에서 탈피하여 행동에 초점을 맞추었다. 그러나 기존의 영향은 쉽게 사라지지 않았다. 예컨대 저명한 인류학자 칼턴 쿤Carlton Coon은 1962년에 발간한 《인종의 기원The Origins of Races》에서 백인을 '알파 인종'으로, 오스트레일리아 원주민을 '오메가 인종'으로 기술했다. "인류의 공통적인 기원은 아프리카"라는 이론이 발표되어 주류가 되고 유전적으로 확인된 것은 불과 지난 40년 동안의 일이었다. 오늘날에는 호모 사피엔스에 대한 집단적 반발로서 네안데르탈인의 인간다움human-ness이 논의된다. 왜냐하면 유산은 기본적으로 정체성identity에 관한 것이고, 충분히 발달한 고고학은 엎치락뒤치락하던 과거를 정당화하거나 반증하는 물적 증거를 제공하기 때문이다.
　네안데르탈인의 화석을 자기들의 주장에 꿰어 맞추려고 노력한 사람들은 주로 창조론자들—기독교인이 됐든 다른 종교인이 됐든—이었다. 그런데 기이하게도 1990년 10월 3일 독일이 다시 통일된 이후 '르무스티에 1'의 유골에 최초로 접근한 사람 중 하나가 미국의 창조론자 잭 쿠오조Jack Cuozzo였다. 치과 의사답게, 그가 출판한 골격에 관한 책의 첫 번째 장을 구성한 것은 치아에 관한 연구였다. 그러나 쿠오조는 성서의 내용에 대한 믿음으로 네안데르탈인의 해부학을 성서의 틀 안에서 해석했고, 과학자들의 의심을 샀다.* 이는 그에 대한 음모론을 비난하는 다빈치코드류의 책으로 막을 내렸다.
　'호미닌 게임의 패자'로 유명해졌음에도 불구하고 네안데르탈인은 국수주의자들의 자의식에서 벗어나지 못했다. 하우저의 르무스티에 연구에 대한 프랑스인들의 반감은 골동품 판매뿐만 아니라 그의 국적 때문이었다. 한 세대 전 일어난 보불전쟁 이후 프랑스 대중은 알자스로렌의 일부를 되돌려 받는 데 혈안이 되어 있었으므로, 명망 있는 프랑스의 과학적 '소유물'에 대한 독일의 재산권이 마음에 맺혔다. 하우저 자신은 스위스인임에도 불구하고 독일인으로 지칭되었고, 스파이 행위의 루머에 휩싸였다. 그는 1914년 제1차 세계대전이 시작되자 프랑스에서 도망쳤는데, 그 와중에서 발굴 기록이 엉망이 되었다. 그러나 '프랑스의 문화유산을 훔쳐 간 놈'이라는 끈질

---

*　그의 주장에 따르면 '무스티에 1'의 두개골 형태는 폭격 때문이라고 하지만 손상된 부분이 없는 걸로 보아 사실이 아니다. 그는 또한 화석은 석질보다 드물기 때문에 석기시대의 해석에 의문을 제기하였다.

긴 악명은 전적으로 불공평하다. 왜냐하면 페이로니 역시 골동품을 판매하여—단, 미국인들에게만—짭짤한 수입을 올리고 있었기 때문이다.

프랑스와 독일의 아귀 다툼이 코미디 시트콤처럼 들리겠지만 '르무스티에 1'에 대한 국민적 유대감은 21세기에도 여전히 센세이션을 일으킬 수 있다. 2005년 9개국 전문가들이 손을 잡고 골격에 대한 결정적 논문을 발표함으로써 다국적 연구의 가능성을 증명했다. 그러나 한 비평가가 발끈하여 '르무스티에 1'의 모국이 프랑스임에도 불구하고 프랑스어로 된 논문이 하나도 없다고 볼멘소리를 했다. 이듬해에는 유네스코의 지원을 받아 펠트호퍼 발견 150주년을 기념하는 학술회의가 개최되었다. 박물관에서는 남의 눈을 의식하지 않고 '가장 유명한 독일인의 고향'임을 자임自任했다.

수백 킬로미터 떨어진 곳에서는 다른 사람들이 '그들의' 네안데르탈인에 집착하고 있다. 샤니다르에서는 쿠르드족 자치정부의 요청으로 새로운 발굴이 이루어졌다. 명실상부한 독립 국가로 존재하기 위한 싸움이 벌어지는 가운데 샤니다르는 쿠르드족에게 유서 깊은 문화사를 의미한다. 외국의 학자들은—심지어 구석기시대 전문가가 아니더라도—TV 인터뷰를 할 때마다 샤니다르의 네안데르탈인이 최초의 쿠르드족 구성원임을 확인해 달라는 요청을 받는다고 한다.

수백 년 전 동의 없이 가져간 인간 유골과 문화재 반환 요구가 증가하고 있지만 특정한 공동체가 네안데르탈인 유골에 대한 연고권과 소유권을 주장하게 된 과정은 알 수 없다. 그럼에도 불구하고 첫 번째 반환 요구는 이미 시작되었다.

2019년 지브롤터 당국은 바위에서 발견된 두 개의 두개골을 고향으로 돌려보내 달라고 영국 정부에 요구했다. 단어의 선택은 감정적이며 아마도 부정확할 것이다. '악마의 탑' 어린이와 '포브스 채석장' 여성은 지브롤터라는 좁은 지역에서 꽤 멀리 떨어진 곳에서 활동했을 것이기 때문이다. 비록 마지막에는 그곳에 잠들어 있었지만 두 사람은 생애 대부분을 오늘날의 스페인, 또는 심지어 지중해 연안에서 보냈을 공산이 크다.

인류의 기원을 다루는 학문은 '모든 인류를 대신하여 전지구적인 관련성에 대한 의문을 파헤친다'는 믿음에 뿌리박고 있다. 그러나 네안데르탈인을 수렵채집인과 비교한 과거와 현재의 연구 중 상당 부분—이 책에서 언급된 연구들 포함—이 원주민 공동체에서 발견된 골격을 사용했다는 점을 감안할 때 서양의 이해관계자들이 종종 특혜를 누렸다고 볼 수 있다. 최소한 일부 골격은 의심스럽거나 명백히 비윤리적인 방법으로 서양의 박물관에 도착했을 것이며, 현재 박물관에 소장된 뼈 중 일부는 연고권을 가진 친척이 존재할 가능성이 높다. 학계에서는 이러한 문제를 지혜롭게 해결하여 네안데르탈인에 관한 연구가 원주민 공동체에 부정적인 영향을 미치지 않도록 해야 한다.

관점의 전환

연구자들은 네안데르탈인을 심층적으로 연구하기 위해 원주민의 신체—그리고 최근에는 DNA—를 이용해 왔지만, 그들이 보유한 지식과 세계관은 과거를 과학적으로 이해하는 것과는 무관하게 여겨졌다. 그러나 수렵채집인 공동체를 면밀히 살펴보면 도시화된 서양의 과학적인 전통에서 벗어나 다른 관점에 초점을 맞추는 것이 얼마나 중요한지 알 수 있다. 과학자들에게 생소한 기술을 보유한 사람들과 접촉하면 고고학 기록에 대한 매우 다른 설명을 기대할 수 있다. 최근의 한 프로젝트가 협동연구의 가능성을 제시했는데, 나미비아 주호아산족Ju/'hoan San의 전문적인 추적자tracker를 초빙하여 유럽의 후기 구석기시대 동굴에서 물리적 흔적을 찾아낸 것이었다. 그들의 전문 지식은 새로운 발자취를 발견했고, 동굴에서 일어난 사건을 참신하게 해석하는 계기가 되었다.

네안데르탈인 고고학의 경우 그런 파트너십은 아직 존재하지 않지만, 원주민의 관점에 의존하여 인류의 기원을 재고再考하는 것은 여전히 가능하다. 심지어 '우리는 어디에서 왔을까?'라는 의문조차 보편적으로 공유된 출발점이 아닌데, 그 이유는 많은 원주민 문화들이 '최초의 인간은 시간의 틀 밖에서 탄생했다'는 믿음에 기반하기 때문이다. (우리와 네안데르탈인이 등장한) 아프리카와 유라시아의 방대한 메타개체군에서 입수된 최근의 증거와 부합하는 관점에서 생각해 보면, 공동체들의 만화경萬華鏡은 수십만 년 동안 이합집산을 거듭하며 변화해 왔다.

네안데르탈인에 대한 서양의 편향된 시각을 교정하는 방법의 일환으로, 원주민들의 생활에 스며든 상호연관성과 통일성, 관계라는 관념에 주목할 필요가 있다. 우리의 생물학은 '현실을 인식하는 방법'을 문자 그대로 제한한다. 하지만 만약 우리의 눈이 적외선을 인식할 수 있다면 활활 타오르는 듯한 사람들을 보게 될 것이다. 마찬가지로, 많은 것들이 우리가 세상을 바라보는 방식에 영향을 미친다.

수렵채집인은 남들이 알아보지 못하는 것에 주목하고—앞에서 언급한 나미비아의 추적자가 그 대표적 사례다—일부 문화에서는 서양인들이 아무리 애써도 구별하기 힘든 다양한 녹색을 쉽게 분류할 수 있다. 전형적인 설명이 들어맞지 않는 네안데르탈인의 행위 동기도 이런 식으로 접근하면 해결의 실마리를 찾을 수 있다. 그들이 에너지학이나 비용편익방정식에 따라 합리적으로 행동했을 수도 있지만, 그들의 의사결정은 모든 인간이 그러하듯 감정에 기반했을 것이다.

한 걸음 더 나아가, 네안데르탈인은 종종 관계적 신념에 입각한 우주론을 보유한 수렵채집인과 더욱 광범위한 관점을 공유했을 가능성이 있다. 이것은 어쭙잖은 유추가 아니며, 대부분의 연구자들이 이미 사용하고 있는 가정의 객관성에 의문을 제기하는 것이다.

이러한 점에 착안하여 우리는 네안데르탈인과 다른 동물의 상호작용을 재해석할 수 있다. 기존의 해석은 지배, 착취, 갈등의 테마들—자연과 투쟁하는 삶, 생각 없는 동물, 감정 없는 사물—을 중심으로 구조화되어 있다. 그와 대조적으로, 관계적 틀relational framework은 인간과 비인간 사이의 유사성을 강조한다. 여전히 위계질서가 존재하고 유혈이 낭자하지만, 관계적 세계는 '공통적 인격성common personhood 인식'에 기반한 공동체로 가득 차 있다. 이 세계에서 인간은 주인이 아니라 구성원일 뿐이며, 인간의 생존은 다른 동물과 대립하지 않고 그들과의 관계에 얽혀 있다.

관점을 바꾸면 네안데르탈인의 사냥과 생계가 갑자기 달라 보인다. 고도의 사회적 존재로 태어난 호미닌에게 세계는 처음부터 독립체entity와 상호의무mutual obligation로 가득 찬 곳이었다. 당신과 상호작용하는 동물들도 마음을 갖고 있다고 가정하는 것은 논리적이고 심지어 적응적이다. 왜냐하면 사냥 기술은 동물의 신체, 습성, 행위 동기에 주의를 기울이도록 요구하기 때문이다.

네안데르탈인이 그러한 세계에서 동물에 대해 생각하고 느낀 것은 영양가라는 틀에서 벗어나 있다. 동굴과 암굴 대부분에는 그들이 부재중이었던 흔적이 있지만, 동물들은 늘 그곳에 살았다. 코바네그라의 경우 그 '다른 때'에 늑대와 설치류가 들어와 네안데르탈인이 남긴 음식 찌꺼기를 갉아먹었는가 하면, 수 세대의 박쥐들이 어둠 속에서 펄럭였으며 엄동설한에 얼어붙은 몸이 동굴 바닥으로 떨어지기도 했다. 관계적 관점에서 우리는 '네안데르탈인은 선행 호미닌의 거주 흔적을 어떻게 생각했을까?'뿐만 아니라 '다른 동물의 점유 흔적을 어떻게 생각했을까?'라는 점도 고려하게 된다.

동물을 '생각하고 느끼는 존재'로 여겼다는 것은 네안데르탈인이 동물의 신체에 물적 가치뿐만 아니라 다른 측면의 가치도 부여했다는 것을 의미한다. 이는 그들의 사냥이 단순한 가용성을 넘어 특정한 동물에 집중된 이유를 탐구할 수 있는 맥락을 제공한다.

　네안데르탈인은 새, 특히 맹금류에게 관심을 가졌을 가능성이 높지만, 약 200ka에 비아슈-생-바스트Biache-Saint-Vaast에서는 곰을 체계적으로 사냥했다. 다양한 수준의 하성 퇴적층river deposit에서 발견된 수천 점의 뼈들은 네안데르탈인이 최소 107마리의 데닌저곰과 불곰을 사냥하여 철저히 도축했음을 보여 준다. 프랑스 북부의 압도적인 특징은 평평함이지만, 비아슈-생-바스트는 (봉우리의 북쪽에서 플랑드르 평야Flanders plain로 흐르는) 스카르프Scarpe강의 발원지에 위치하고 있다. 곰들은 부드러운 토양의 경사면에 굴을 파고 은신하므로, 설사 동굴이 없었더라도 동면 중인 곰을 사냥할 수 있었을 것이다. 그러나 그들은 대부분 수컷 성체인 곰을 사냥했는데, 이는 리오세코Rio Secco 같은 곰굴에서 보이는 패턴과 전혀 다르다. 강 자체가 매복 장소를 제공했을 경우 특히 수컷 성체가 낚시질에 한눈을 팔다가 표적이 되었을지도 모른다.

　그러나 아무리 신출귀몰한 사냥 실력을 가졌더라도 곰을 발견하기는 그리 쉽지 않다. 그리고 곰은 많은 고기와 지방을 제공하지만 곰을 사냥하는 것은 다른 풍부한 사냥감(예: 말, 큰뿔사슴)보다 훨씬 더 위험하다. 말과 사슴은 비아슈-생-바스트에도 있었지만 네안데르탈인은 그보다는 오로크와 곰을 선호했다. 두툼한 곰의 털가죽이 동기였을 수 있으며, 절단흔이 이를 뒷받침한다. 그러나 아이러니하게도 비아슈-생-바스트에서 곰 사냥이 가장 뜸한 시기는 혹한기였다. 납득할 만한 경제적 동기가 없는 가운데 일각에서 "비아슈-생-바스트에서 곰이 선호된 사회적 동기를 알 것 같다"라는 의견이 제시되었지만 너무나 서구적이었다. 네안데르탈인이 위신을 얻기 위해 의도적으로 위험한 사냥감을 선택했다는 것이다.

하지만 이것도 똑같이 호미닌과 곰 간의 특별한 관계에 관한 것이라고 설명해도 무방할 것이다. 흥미롭게도 많은 원주민 문화권에서 곰을 사냥하지만(심지어 나타쉬콴 이누Natashquan Innu 같은 부족은 자신들의 땅을 '곰을 사냥하는 곳'이라고 부른다), 곰에게 인격성을 부여하는 개념*도 존재하는데 대표적인 부족으로는 나스카피Naskapi, 틀링키트Tlingit, 이로쿼이Iroquoian, 알곤킨Algonquian이 있다. 구석기시대에 곰은 네안데르탈인의 습관(땅 속으로 들어가 살기, 동일한 동굴에 뼈와 발톱 남기기)을 공유했다. 이러한 점을 감안하면 비아슈-생-바스트 동굴에는 이상한 점이 또 하나 있다. 그것은 도축된 두개골이 매우 많다는 것이다. 곰의 시체가 그곳에 완전체로 도착하지는 않았을 텐데, 만약 모피와 지방이 주요 관심사였다면 엄청나게 무거운 머리를 운반할 사람은 없었을 것이다. 그리고 눈, 혀, 뇌는 다른 곳에서도 쉽게 제거될 수 있었다.

네안데르탈인이 모종의 특질에 기반하여 '운반할 것'을 골랐다는 증거는 차고 넘친다. 비교적 몸집이 크고 신체부위가 풍부한 동물의 경우, 비아슈-생-바스트를 비롯한 다른 유적지에서 머리의 개수가 예상보다 많고, 특히 대형동물의 경우에는 더욱 그렇다. 만약 네안데르탈인의 사회적 관계가 식량 공유를 통해 창조 및 갱신되고 성립되었다면 동물의 신체부위도 어떤 식으로든 유사한 역할을 수행

---

* 곰은 수명이 길고, 두 다리로 걸을 수 있고 앉을 수도 있으며, 개구쟁이 새끼들에게 젖을 먹인다.

했을 것이다.

네안데르탈인이 살았던 곳이라면 어디서나 볼 수 있는 세분화 현상을 생각해 보자. 연성軟性 망치와 잔손질 도구는 기능적 수요를 충족했지만, 관계의 창을 통해 들여다보면 더욱 심오한 의미를 찾아볼 수 있다. 첫째, 몇몇 유적지에서 연성 망치와 잔손질 도구가 유난히 많이 발견되며(레프라델레의 경우 500개 이상), 활동과 동물의 마릿수가 비슷한 다른 유적지와 비교해도 굉장히 풍부하다. 대부분은 신선한 뼈로 만들어진 것처럼 보이지만 다른 것들은 아마도 유적지들 사이에서 운반된 듯하다. 그것들은 심지어 '상호작용하는 재료의 순환 사이클'상의 한 지점을 대변할 수 있다. 즉, 석기는 동물의 살코기를 썰고 골격을 절단하는 데 사용되고, 골각기는 석기의 날을 세우고 벼리는 데 사용된다. 이러한 반복은 네안데르탈인에게 깊은 울림을 줬을 것이고, 특정한 종과 골격부위를 선택하는 방법과 잠재적으로 연관되었을 것이다. 이 대목에서 우리는 비아슈-생-바스트를 다시 생각해 볼 필요가 있다. 곰은 그곳에서 두 번째로 많이 발견된 동물이지만 수백 개의 잔손질 도구 중에서 곰 뼈로 만들어진 것은 거의 없기 때문이다.

동물을 관찰하고, 숨 가쁘게 추격하고, 유혈이 낭자하게 도축하고, 운반하고 보관하는 것은 네안데르탈인이 세상을 이해하고 감정적으로 대응하는 데 있어서 핵심적인 부분을 차지했을 것이다. 그런데 흥미로운 것은 돌이 훨씬 더 흔한 재료였음에도 불구하고 그들이 의도적으로 표시하고 기호를 새긴 대상은 뼈라는 것이다. 그와 마찬가지로 그들이 흔적을 남긴 동물과 주요 식량원은 일치하지 않는다.

예컨대 자스칼나야의 까마귀나 레프라델레의 하이에나를 생각해 보면, 그 동물들은 오래된 데다 다른 곳에서 가져온 것이었다. 레프라델레는 재료의 상호작용과 순환이 두드러진 장소로, 가죽 손질과 뼈 가공이 빈번히 행해졌고 잔손질 도구가 넘쳐났다. 그리고 기호가 새겨진 하이에나 뼈가 발견된 지층에서는 강도 높게 처리된 네안데르탈인의 시신도 발견되었다.

참신한 해석이 요구되는 또 다른 분야는 죽음과 그에 대한 반응이다. 깔끔하게 매장된 무덤의 부재에 대한 지속적인 강박관념을 차치하더라도, 시신의 처리에 대한 논의는 (확고한 데이터에 기반하지 않은) 영양학적 식인풍습이나 폭력적인 시나리오에 한정되는 경향이 있다.

서양사회의 견해는 훼손된 시신을 '(포획되고 섭취된 후 버려지는) 사냥감 수준으로 격하된 것'으로 간주한다. 그러나 네안데르탈인이 자신을 '친밀한 독립체들 사이에 거하는 존재'로 이해했으며, 그들의 행동과 자신의 행동을 동일시했다고 생각해 보라. 아마도 시신을 만지고 운반하고 해체하는 순간 길짐승과 날짐승과 인간 사이의 경계는 사라졌을 것이다. 관계적 관점에서 보면 망자의 시신을 해체하고 섭취하는 것은 종말이 아니라, 장소 내(또는 풍경 사이)에서의 순환과 연결에 대한 것일 수 있다. 시신은 어떤 때는 온전한 상태로 남았고, 다른 때는 고기, 피, 지방으로 해체되어 생명을 유지하는 리듬에 참여했다.

상호작용을 반목, 공포, 갈등을 넘어선 행동으로 생각한다면 네안데르탈인과 현생인류의 이야기를 다른 방식으로 바라볼 수 있다.

호모 사피엔스가 개발을 노리고 새 땅으로 진입하는 식민자가 아니라면 전혀 새로운 역사가 펼쳐진다. 계절이 바뀌면 길이 열리고, 세상은 새로운 기회를 제공한다. 낯선 땅과 동물들을 만나고, 초면이지만 오래된 사람들new-yet-ancient people이 끝없는 춤의 파트너가 된다.

거울을 뒤집어 보자. 네안데르탈인은 무력하게 멸종을 기다린 게 아니라 직관력이 뛰어나고 영리했으며 전입자를 실존적 위협이 아니라 연결의 기회로 보았다. 그들과 호모 사피엔스의 만남은 종말이 아닌 수많은 만남과 참여, 변화의 기회—생존하고 다시 태어날 수 있는 방법—였다.

사라짐

어떤 식으로 개념화하더라도 네안데르탈인의 행방불명은 거의 모든 측면에서 미스터리로 남아 있다. 그들의 실패—그리고 우리의 성공—에 대한 담론이 난무할 뿐이다. 사실 이 책의 나머지 부분은 지금 여기에 (최소한 신체를 가진 형태로) 존재하는 사람이 그들이 아니라 왜 우리인지를 간단명료하게 설명하는 것은 불가능하다는 점을 명확히 하는 데 할애될 것이다. 거대한 소행성이 충돌했던 것도 아니고, 대부분의 공룡을 멸종시켰을지도 모르는 라그나로크Ragnarok*가 일어난 것도 아닌데 말이다.

---

* 북유럽 신화에 나오는 세계 종말의 날. - 옮긴이

당시에 일어난 일을 다각도로 생각해 보자. 첫 번째는 몸이다. 우리에게 극단적인 이점을 제공한 신체적 특징에 대한 근거는 별로 없다. 달리기라면 몰라도 걸음걸이의 차이는 미미했다. 네안데르탈인의 뚱뚱함이 섬세한 악력에 악영향을 미친 것도 아니다. 초기 호모 사피엔스와 마찬가지로 네안데르탈인은 장인匠人의 손을 갖고 있었으니 말이다. 사실상 모든 해부학적 단점 이면에는 그것을 만회할 수 있는 이점이 존재했다.

그렇다면 행동은 어땠을까? 때때로 네안데르탈인이 판다처럼 식성이 까다로워 대형동물을 주로 잡아먹었기 때문에 변화에 대응하지 못했다는 주장이 제기된다. 그러나 어떤 때는 가리지 않고 닥치는 대로 먹은 게 문제라는 비난을 받기도 한다. 가장 최근의 동위원소 분석 중에는 '네안데르탈인과 유럽의 초기 호모 사피엔스가 독특한 호미닌 지위hominin niche를 공유했기 때문에 털북숭이 포식자와의 유사성보다는 상호간의 유사성이 훨씬 더 높았다'는 결론을 내린 것도 있다. 그들이 둘 다 매머드를 잡아먹었다는 사실은 잠재적인 열등성에 대한 또 하나의 이론을 잠재웠다. 특정한 환경에서는 대형동물을 선호하는 게 최고의 전략일 수 있었지만 다른 장소와 시기에는 소형동물도 완벽히 사냥할 수 있었고, 적절한 경우에는 식물을 채집하기도 했다.

그러나 네안데르탈인은 어쩌면 다른 도전에 실제로 굴복했을지도 모른다. 예컨대 그들은 극도의 빙하기를 꺼린 것 같다. 그러나 40ka에 이르기까지 마지막 몇천 년 동안의 기후가 그 이전보다 더 나빴을까? 독일에 있는 가이센클뢰슈테를레Geißenklösterle 동굴의 경우,

45~40ka에 수리부엉이와 황조롱이가 작은 털북숭이 동물들을 많이 잡아먹었다. 설치류는 기후에 민감하므로 맹금류가 그런 동물들을 잡아먹었다는 것은 중기 구석기시대 말에 진정한 툰드라 종들이 더 흔해졌지만 그들은 마지막 네안데르탈인이 사라진 후에야 진정한 우점종이 되었다는 것을 시사한다. 만약 강추위가 아니었다면 상황을 바꾼 것은 MIS 3의 보다 광범위한 영향이었을 것이다.

수렵채집인이 극한 상황에 성공적으로 적응할 수 있다지만 불안정성은 파국을 불러올 수 있다. 엠 간빙기의 혹서에 적응한 후 네안데르탈인은 MIS 5 동안 기후의 롤러코스터를 잘 견뎌 냈는데, 그 시기는 심지어 확장과 문화적 다양성의 시기였을지도 모른다. 그러나 뒤이은 MIS 4 빙하기가 물러간 후 기후는 아슬아슬해졌다. 55ka부터 MIS 3는 들쭉날쭉하고 변덕스러운 간빙기-아간빙기 사이클stadial-interstadial cycle의 광란에 휩싸였으며, 네안데르탈인의 한평생 동안 '그럭저럭 버틸 만한 날씨'가 '최악의 날씨'로 곤두박질칠 수 있었다. 그렇다고 해서 네안데르탈인이 영구적인 위기 속에서 살았던 건 아니다. 꽃이 드문드문 피어난 스텝에서 평온한 시절을 보내고 따가운 여름 햇살에 얼굴이 그을리는 호사를 누리는 경우도 간혹 있었으니 말이다. 그러나 지속적인 불확실성은 위험을 증폭시켰다. 이는 그들의 핵심적인 사냥감에서 잘 드러난다. 먹을거리가 급격히 변화함에 따라 말과 매머드는 아마도 새로운 방식으로 행동함으로써 전통적인 사냥 전술에 영향을 미쳤을 것이다.

그러나 기후의 혼돈이 이야기의 전부는 아니다. 그 결정적 시기에 하이에나에게 어떤 일이 일어났는지를 추적한 최근 연구에서 놀라운 결론이 도출되었다. 하이에나는 MIS 4의 빙하기 동안 먹잇감이 격감하는 바람에 네안데르탈인보다 훨씬 더 큰 충격을 받았지만, 이후의 일시적인 온난기 동안 스텝-툰드라와 심지어 (초식동물이 우글거리는) 열린 숲이 발달함에 따라 손실을 만회했다는 것이다. 네안데르탈인도 이를 반영하여 만물이 (심지어 영국에서도) 다시 소생하는 동안 확장을 거듭함으로써 폭발적인 기술적 다양성을 뽐냈다. 그러나 황금기는 오래가지 않았다. MIS 3에 한랭화가 진행되면서 네안데르탈인과 하이에나 모두 사냥감 감소라는 악재에 시달리게 되었다. 육식동물인 하이에나는 억센 턱을 이용하여 유럽 남서부의 동굴곰과 함께 약 31ka까지 버텼지만, 네안데르탈인은 (왕년에 하이에나를 능가했음에도) 40ka를 넘기지 못했다.

하지만 뭔가 다른 일이 진행되고 있었다. 인구통계에 따르면 최소한 일부 네안데르탈인 집단은 고령자를 포함하고 있었는데, 그들의 지혜와 경험이 아마도 재해를 완화하는 원천으로 작용한 것 같다. 그러나 만약 상황이 공통기억common memory 이상으로 악화되었다면 생존을 위한 유일한 선택지는 피난이었을 것이다. 만약 남쪽의 땅이 이미 다른 네안데르탈인들로 만원이었다면 더욱 큰 사냥감에 의존하던 북쪽의 네안데르탈인들은 마땅한 피난처가 없었을 것이다. 그리고 또 하나의 걸림돌이 있었으니, 어떤 선행세대도 맞닥뜨린 적이 없는 다수의 인류 집단, 이름하여 호모 사피엔스였다.

초기 MIS 3 동안 호미닌 개체군들은 전반적으로 증가했다. 유전학은 네안데르탈인이 그즈음에 호모 사피엔스와 조우한 것이 확실하며, 여러 번에 걸친 이종교배가 수반되었음을 말해 준다. 설령 쌍방 간의 관계가 대체로 우호적이었다고 해도, 우리의 집단적 역사를 되돌아보면 기후의 불안정성이 시작된 45ka 전후로는 자원을 둘러싼 경쟁이 가장 치열했을 것이다.

이 책을 마무리하던 2020년 늦봄 팬데믹이 확산되는 가운데, 우리가 끔찍한 전염병을 그들에게 퍼뜨렸을지도 모른다는 생각이 문득 뇌리를 스쳤다. 물론 골격이나 유전체에는 흔적이 남아 있지 않지만, 지난 수십 년간 기우杞憂로 간주되었던 전염병 창궐의 가능성도 생각해 보지 않을 수 없다.

일부 네안데르탈인 혈통은 다른 혈통보다 유전적으로 덜 고립되어 있었지만, 전반적으로 볼 때 더 넓은 네안데르탈인 개체군이 수십만 년 동안 서서히 쇠퇴하고 있었다. 고고학자들에 의하면 그들은 영리함과 유연성, 회복력을 보유하고 있었음에도 불구하고 소규모 집단으로 구성된 취약하고 작은 연결망을 보유하고 있었고, 대규모 집단을 형성한 경우가 거의 없었다고 한다. 후기 구석기시대로 넘어오면서 석질의 장거리 이동은 더욱 극단적이고 흔해졌다. 그리고 결정적으로, 돌 말고 다른 것들이 멀리 운반되기 시작했다. 포스트-네안데르탈 세계를 규정하는 특징은 널리 확산된 공동체와의 연결을 반영하는 상징적 네트워크가 공유되었다는 것이다.

국지적인 유전자풀이 단절되고 정체된 가운데, 크고 작은 참사들이 수천 년에 걸쳐 누적되었을 수 있다. 유전적으로 작은 세계와 집단 내 생식의 역사가 두드러졌던 네안데르탈인과 대조적으로, 초기 호모 사피엔스의 유전체에서는 지금껏 그와 비슷한 과정이 포착되지 않았다. 그러나 여기에는 역설이 있다. 만약 네안데르탈인이 사회적으로 단절되는 경향이 있었다면 호모 사피엔스뿐만 아니라 데니소바인과의 많은 접촉과 이종교배는 어떻게 설명할 것인가?

극단적인 기후변화와 '훨씬 더 붐비는 대륙'이 합세하여 우리의 존속과 네안데르탈인의 멸종의 토대를 마련했을 수 있다. 그와 거의 같은 시기에 멸종한 유럽의 마카크원숭이를 생각해 보라. 에너지학 관점에서 볼 때 그들 역시 아슬아슬한 줄타기를 했을 것이다. 북반구의 혹독한 겨울철에 짧은 낮 동안 먹이를 꾸역꾸역 먹으며 이동하고, 사회적 관계를 맺으려 애쓰는 것은 여간 고역이 아니었을 것이다. 우리보다 유지비가 많이 드는 몸으로 극단의 환경에서 벼랑 끝에 서 있는 네안데르탈인의 삶은 위험천만했을 것이다.

서로 다른 스트레스들이 조합된 완벽한 퍼펙트스톰*은 압도적이었을지 모른다. 영리함과 무관하게 '절묘한 타이밍'과 '특정한 구성원 집단(이를테면 아기들)'에게 들이닥친 사건을 통해 개체군이나 종이 사라질 수 있다. 우리와 함께하지 못한 마지막 네안데르탈인의 숙명은 전쟁의 함성보다는 속삭이는 작별인사에 가까웠으며, 어머니의 자장가를 뒤로한 조용한 사라짐이었다.

사건의 자세한 내막은 영원히 수수께끼로 남을 수도 있다. 그도 그럴 것이 대서양에서부터 알타이에 이르기까지 모든 네안데르탈인의 삶이 제각기 독특했기 때문이다. 그러나 우리가 이미 알고 있는 사실이 하나 있다. 바로 한 세기가 넘는 기간 동안 '네안데르탈인은 실패한 초기 버전의 호미닌 중 하나로, 지향점을 잃고 헤매다 사라져

---

* 두 가지 이상의 악재가 동시에 발생하여 절체절명의 위기가 초래되는 상황. - 옮긴이

버렸다'는 믿음이 고고학 기록에 대한 인식을 오염시켰다는 것이다. 이종교배는 전혀 없었다는 초기 mtDNA 분석 결과는 부분적인 설명일 뿐이었지만, 우리는 그것을 기꺼이 증거로 받아들이는 우를 범했다. 만약 고고학자들이 2010년에 최초의 네안데르탈인 화석을 발견했다면 어땠을까? 아마 처음부터 최신 유전학 도구를 이용하여 네안데르탈인과 현생인류가 일치하는 부분을 단박에 알아내지 않았을까? 그렇다면 네안데르탈인은 처음부터 일시적으로 헤어진 가문의 한 지파인 동시에 우리의 수천 대조代祖 조부모들로 알려졌을 것이며, 실패한 초기 버전을 운운하는 사람은 아무도 없었을 것이다. 마찬가지로 만약 데니소바 동굴이 첫 번째 화석 유적지였다면 우리는 처음부터 '네안데르탈인의 혼혈 1세대first-generation hybrid는 생존 가능했다'는 것을 기정사실로 받아들이지 않았을까?

 70억 개의 살아 있는 뇌 속에서 혈액을 공급받으며 폭죽처럼 타오르는 뉴런들이 네안데르탈인의 유산을 간직하고 있다는 사실을 알고 나면 세상이 다르게 보일 것이다. 아무리 생각해 봐도 살아 있는 사람 중 대다수가 그들의 자손이라는 것은 일종의 진화적 성공이다. 우리의 몸은 초기 호모 사피엔스와 동일하지 않으며, 어느 누구도 네안데르탈인과 똑같이 생기지 않았다. 그들과 우리가 모든 수준에서 가까운 친척이라는 사실에 대한 가장 납득할 만한 설명은 혼혈아들이 태어나 살고 사랑하며 자신의 아이를 낳았다는 것이다. 우리와 그들은 서로에게 매력을 느꼈을 뿐만 아니라 일정 수준의 문화적 의사소통을 했던 게 틀림없다.

 물론 사후적으로 보니 모든 게 더욱 확실해진 거지만, 지난 10년이 우리에게 가르쳐 준 게 있다면 '네안데르탈인의 다음 계시'를 예상한 사람이 아무도 없었다는 것이다.

믿기 어려울 만큼 최근까지 전 세계에서는 호미닌이 밤하늘의 별처럼 반짝이고 있었다. 유라시아에는 네안데르탈인, 데니소바인, 인도네시아의 왜소한 호모 플로레시엔시스H. floresiensis (일명 '호빗hobbit'), 그리고 다른 잠정적인 아시아계 고인류(이를테면 호모 루조넨시스 H. luzonensis)가 있었고, 아프리카에서는 호모 날레디H. naledi가 다른 미확인 고인류의 전위대 역할을 톡톡히 하고 있었다. 그러나 심지어 네안데르탈인에 대해서도 연구자들은 자신이 모른다는 사실조차 모르고 있는 부분이 너무나 많다는 것을 어렴풋이 깨닫고 있다. 그들 앞에 놓인 커다란 난제는 갈수록 늘어나는 매우 다른 종류의 정보들을 취합하는 작업이 될 것이다. 유전학을 신체적 다양성과 연관시키고, 그들이 생산한 문화와 관련하여 이 둘을 이해한다는 것은 여간 어려운 일이 아니다.

근본적으로 네안데르탈인의 숙명에 대한 오래된 강박관념은 우리 자신의 멸절annihilation에 대한 뿌리 깊은 두려움을 반영한다. 멸종은 공포감을 자아낸다. 우리가 뒤늦게 가장 커다란 위협에 눈을 뜬 것과 종말론 소설이 대유행하는 게 우연의 일치일까? 우리는 소멸obliteration에 직면하여 '우리는 늘 살아남은 사람들이었다'는 대목에서 위안을 찾는지도 모른다. 그에 더하여 우리는 특별하다는 느낌을 갖고 싶어 한다. 우리가 지금껏 말한 네안데르탈인에 관한 대부분의 이야기는 십중팔구 '우리는 뛰어난 존재였고 살아남을 운명이었기 때문에 승리했다'는 자아도취적 확신이었다.

그러나 네안데르탈인은 결코 진정한 사람으로 가는 길목에 자리 잡은 고속도로 휴게소가 아니었다. 그들은 단지 다른 종류의 '최신형 인간state-of-the-art human'이었다. 그들의 운명은 개별적인 혼혈아와 완전히 동화된 집단들이 씨실과 날실처럼 엮인 태피스트리로, 종국에는 유라시아의 귀퉁이에서 외롭게 사위어 가다 (동굴 바닥의 먼지 속에 서서히 누적된) DNA만 남기고 사라진 가문―마지막 개체―이었다. 우리도 언젠가 그렇게 되지 말란 보장은 없다.

미래

네안데르탈인의 DNA를 먼지 속에서 추출해 내는 21세기 유전학의 발달은 마치 마법 같다. 그러나 그것은 과학소설의 영역에 속하는 딜레마로 우리를 밀어 넣는다. 네안데르탈인을 독특하게 만든 요인과 그들과의 이종교배가 우리에게 미친 영향에 대한 엄청난 호기심이 여러 가지 접근 방법을 이용한 연구를 촉진하고 있다. 그중 하나는 병력medical history의 데이터베이스와 유전체에 기반한 추측이지만, 가장 확실한 연구 방법은 살아 있는 유기체의 DNA를 관찰하는 것이다.

이 점을 염두에 두고 네안데르탈인의 유전자를 생쥐 속에 삽입하는 생물학적 실험이 이미 진행되고 있으며, 그들이 통증을 다르게 경험했는지 여부를 알아내기 위해 '네안데르탈인화된 개구리Neanderthalised frog'에 대한 연구도 시작되었다. 그러나 인류의 기원을 알아낼 목적으로 지각 있는 생물에게 고통을 주는 것이 적절한지 자문해야 한다.

그게 큰 문제를 야기하지 않는다는 전제하에 네안데르탈인 유사체Neander-oid를 창조하는 몇 가지 프로젝트가 진행되고 있다. 네안데르탈인 유사체란, 유전자가 편집된 인간의 뇌세포 덩어리를 말한다. 9개월 동안 배양된 그것은 진짜 뇌가 아니므로, 의식consciousness이나 알려진 처리능력이 결핍되어 있다. 그러나 그것은 자발적으로 다양한 구조를 발달시키고, 내적인 전기적 접속internal electrical connection이 가능하며, 2019년에 발표된 논문에 따르면 (일체의 자극에서 격리될 거라던 당초 주장과 달리) 신호 전달을 통해 제어할 수 있는 로봇에 접속되었다고 보고되었다. 이 네 발 달린 기계는 실제로 걸을 수 있으며, 한 연구팀은 신경 발생을 추적하기 위해 신호를 입력하는 피드백 시스템을 만들어 낼 계획이다.

이 모든 프로젝트는 깊은 우려를 자아낸다. 과학계 내에서 윤리적 이슈에 대한 공개적 논의가 이뤄지지 않았고, 연구 자체도 아직 출판되지 않은 채 암암리에 진행되고 있기 때문이다. 전문적으로 승인된 실무 지침도 없이, 우리는 자의식을 가진 네안데르탈인의 뇌를 향해 이정표 없는 거리를 걷고 있다.

이 모든 것을 둘러싼 우려는 도덕성뿐만 아니라 효율성에 관한 것이기도 하다. 환경과 사회적 맥락은 DNA 기능에 엄청난 영향을 미치는데, 플라이스토세나 네안데르탈인 사회를 시험관 속에서 재현할 수는 없기 때문에 유전자편집 연구가 정확히 무엇을 달성할 수 있는지는 미지수다.

아무런 행동을 하지 않는다면 훨씬 더 충격적인 미래가 도래할 수 있다. 그냥 '구경하기 위해' 통제받지 않은 실험실에서 네안데르탈인의 유전자를 영장류에게 이식하는 상황도 얼마든지 벌어질 수 있다. 일단 선을 넘으면 누군가가 인간-네안데르탈인 혼혈아를 만들 위험은 현실이 된다. 일부 유전학 전문가들은 이미 농담 반 진담 반으로 '인간 대리모를 이용한 클로닝'을 언급했다. 그리고 2019년 중국에서 태어난 '유전자편집 인간 아기'는 더는 난센스가 아니다. 그런 실험은 심각한 건강상 이슈를 초래할 수 있으며, '거의 인간$_{nearly\ human}$'이 법적 보호나 권리의 대상인지는 불분명하다.

만약 우리가 까마득한 조상들을 아무런 동의 없이 연구의 대상으로 삼는다면, 우리는 인간을—비록 종은 다르지만—과학적 장난감으로 인정한 셈이 된다. 도대체 어쩌자고 그러는 걸까? 지구에는 쾌고감수능력, 지능, 자의식, 심지어 문화를 가진 동물들이 수두룩하다. 우리는 코끼리, 까마귀, 고래류, 영장류와의 진정한 의사소통에 별 관심을 보이지 않을 뿐 아니라 그들을 학대하는 걸 보고 있으면, 네안데르탈인이 무엇이고 누구인지를 알면서도 그들을 얼마나 무시하는지 능히 짐작할 수 있다.

시작과 종말, 그리고 불확실성이 이 모든 것의 핵심이다. 우주의 이해에 있어서 19세기의 대격변은 시간의 거대한 팽창뿐 아니라 우주의 거대한 팽창을 포함했다. 지구는 태양계에 존재하는 하나의 구형체일 뿐이라는 사실을 수 세기에 걸쳐 서서히 깨달아 왔던 인류는 '우리의 태양은 유일무이하지 않으며 무수한 항성 중 하나'라는 사실을 깨닫는 데에는 그리 오랜 시간이 걸리지 않았다. 당시 세계에서 가장 큰 망원경은 시야의 언저리에 있는 어렴풋한 나선성운spiral nebulae에 초점을 맞춰, 훨씬 더 많은 은하와 별들을 발견했다. 그리하여 사차원적 우주는 지능의 한계를 뛰어넘는 수준으로 확장되었다. 펠트호퍼의 발견이 있은 지 40년도 채 안 지나 '달과 다른 행성에 사는 생명체'에 대한 생각이 모락모락 피어났다. 1878년에는 비행접시 스토리가 등장했고, 1893년 H. G. 웰스는 100만 년 후 인간의 모습을 상상했다. 그로부터 4년 후에는 《우주전쟁War of the Worlds》이 출간되었고, 1909년—페이로니가 '라페라시 1' 네안데르탈인의 다리뼈를 발굴한 해—에는 외계의 신호를 청취하는 최초의 라디오파 프로젝트radio project가 시작되었다.

라디오파 대신 네안데르탈인의 음성에 채널을 맞추면 꿈이 실현될지도 모른다. 어떤 의미에서 그들은 이미 ET—'지구 밖'이 아니라 '동시대의 다른 장소'에서 온 지적 생명체—와의 첫만남을 대변하고 있기 때문이다. 플라이스토세에 성사된 두 호미닌의 원초적 만남은 경탄할 만한 사건이었지만 그로부터 4만 년 후 빅토리아인Victorians과 '독립체의 유골' 사이에 가로놓인 심연深淵은 외계인과 비슷한 경외감을 불러일으켰다.

19세기에 제기된 '인류는 어디에서 왔으며, 어디로 가고 있는가'라는 의문은 오늘날 선사학자, SETI* 연구자, 과학소설 작가들에 의해 제기되는 의문과 정확히 일치한다. 쾌고감수능력, 지능, 창의력, 자의식이란 도대체 무엇일까?

---

*   Search for Extra-Terrestrial Intelligence(외계지적생명체탐사).

그 의문은 20세기에 새로 탄생한 독립체인 인공지능artificial intelligence(AI)에도 적용된다. 우리가 네안데르탈인의 인간성을 평가하는 방법—사냥꾼, 뗀장이knapper, 예술가로서의 능력 평가하기, 유의미한 장례 관행 선별하기—은 AI 시스템에 사용되는 자의식 테스트와도 관련이 있다. 우리는 진정한 기계의식machine consciousness에 조만간 도달할 것이며, 모든 항성의 5분의 1은 잠재적으로 지구와 유사한 거주 가능 행성을 보유하고 있다고 믿는다. 현재의 과학기술로 그런 행성을 여행하려면 수천 년이 걸릴 수 있지만 언젠가는 도착할 수도 있을 것이다. 만약 그렇게 된다면, 우리는 혼자가 아니라 '인공지능 로봇'은 물론 '우리 몸 안의 네안데르탈인'과 동행하게 될 것이다.

초기의 지질학자들은 지구사의 웅장함과 적막함에 매혹되는 동시에 공포를 느꼈을 것이다. 이루 말할 수 없이 끔찍한 파충류와 괴물 같은 턱을 가진 물고기, 암모나이트 떼가 우글거려 삭막하게만 여겨졌던 지구에서 네안데르탈인은 일종의 위안을 가져다 주었다. 인류의 기원은 이 위대한 이야기의 일부였다.

네안데르탈인의 존재는 아늑한 신의 품속이 아니라 산업혁명의 소음과 먼지 속에서 밝혀졌다. 최초의 유골들은 채석장, 광산, 인프라 공사장, 무분별하게 확장되는 도시, 심지어 전쟁 중에 땅속에서 발굴되었다. 펠트호퍼의 네안데르탈인을 헤집어 놓은 화약은 탄약으로 쓰기 위해 발명된 것이고, 지브롤터의 두개골들은 군사적 이유로 바위를 오른 사람들에 의해 발견되었다. 디지털 바이오텍 시대인 오늘날, 수천 개의 뼛조각들은 호미닌의 생체표지자를 찾기 위해 수고스럽게 테스트되며, 네안데르탈인과 데니소바인 부부의 아이는 땅속에서 발굴되지 않고 미세한 콜라겐 섬유와 '컴퓨터 화면상의 숫자'로 발견된다.

최초로 (재)발견된 호미닌 종으로서, 네안데르탈인은 우리가 아는 가장 친밀한 종이며 오늘날에는 과거 어느 때보다도 더욱 가까워져 있다. 우리는 160여 년이 지난 후에야 비로소 그들을 올바로 바라보게 되었고 그들에게 '성공적이다', '유연하다', 심지어 '창의적이다'라는 표현을 써도 전혀 어색하지 않다. 무엇보다도 네안데르탈인은 생존자이자 탐구자로서 인간다워지는 새로운 방법을 개척했을 뿐만 아니라 공간—그리고 시간까지도—을 초월하여 자신을 확장했다. 그들은 새로운 방법으로 실험함으로써 물질을 세분화하고 축적하고 심지어 탈바꿈시켰다. 그들이 특별한 소품을 수집하고, 사물과 장소에 표시를 하고, 죽음의 의미를 탐구한 곳에서는 심미적인 잉걸불이 오래도록 빛을 발했고 상징성이 눈부시게 분출했다.

이제 경계심을 풀고 지금까지 나와 함께한 여행을 마무리하기로 하자. 순간이동을 통해 불가능의 벽을 넘어 플라이스토세로 가자. 눈을 감고 세상을 느껴 보자. 겨울의 차가운 태양 아래의 풀 덮인 초원, 따뜻한 숲길과 발밑의 양질토, 이제는 물속에 잠긴 바위투성이 해안과 공기를 가르는 갈매기 소리. 이제 귀를 쫑긋 세우고 그녀를 향해 발걸음을 내딛자.

충분히 가까워지면 손을 내밀어 그녀의 체온을 느껴라. 당신의 피부 밑에서도 똑같은 피가 흐른다. 심호흡을 하고 용기를 내어 턱을 들고 그녀의 눈을 바라보라. 신중을 기해야 한다. 당신의 무릎이 후들거릴 테니 말이다. 눈물이 왈칵 치솟고 흐느끼고 싶은 충동에 휩싸일 것이다. 왜냐하면 당신은 인간이기 때문이다.*

네안데르탈인과 현생인류는 일가친척이다.

---

* 클레어 캐머런,《마지막 네안데르탈인》의 서문에서.

에필로그

*

지난 10년간 네안데르탈인은 160여 년 만에 제2의 전성기를 맞았다고 해도 과언이 아니다. 남녀노소를 막론하고 기념비적인 골격을 바라보며 그들의 존재를 확인하고 마음의 눈으로 실물을 재현하려 애썼다. 우리는 (험한 산을 오르거나 덤불 뒤에서 웅크리던) 큼직한 발과 다리, (장차 석기로 변신할 돌을 들어 올리던) 두툼한 손과 팔, (맛있는 지방이 마블링을 구현하던) 따끈따끈한 말의 허벅지를 보고 싶어 했다. 잠깐 동안의 강렬한 접속을 통해 그들이 여전히 우리와 함께한다—70억 개의 고동치는 심장과 새로 태어나는 아기들의 몸속에—는 사실을 깨달은 후에도 여운은 오래도록 남았다. 그러나 우리의 뇌리를 떠나지 않는 것은 언제나 그들의 두개골이다. 커다란 얼굴은 익숙하면서도 왠지 낯설다. 그 뒤에서 한때 영리한 뇌가 (지금은 텅 빈 눈확만 남아 있는) 안구를 통해 입력된 시각정보를 처리했다고 생각하면 모골이 송연해진다.

이유 여하를 막론하고 모든 것은 가차 없이 흘러간다.

고목 속 텅 빈 공간에서 굶어 죽은 늑대와 마찬가지로 … 그들은 강물과 폭포처럼 흘러간다 … 그들을 가로막는 것은 아무것도 없다.*

---

* 윌리엄 골딩, 《상속자들》 중에서.

이는 윌리엄 골딩이 《상속자들》의 네안데르탈인 주인공 로크Lok를 통해 바라본 '세계로 퍼져나가는 인류'에 대한 비전이다. 그 으스스한 비전은 펠트호퍼에서 네안데르탈인 유골이 발견된 지 99년 후, 그리고 세계의 인류가 하나(호모 사피엔스)로 줄어든 지 4만 년—네안데르탈인이 지구상에 존재했던 기간의 거의 10분의 1—후에 출판되었다.

우리와 한 몸이 된 네안데르탈인은 오늘날 또 다른 위기에 직면했다. 지구—우리는 그 위에 (한 알의 사과 위에 바른 꿀처럼) 얇게 덮인 대기권 속에 산다—는 오랫동안 우리가 가하는 부하負荷에 혹사당해 왔다. 우리가 기발한 손재주로 돌, 철, 플라스틱을 주물러 더 많은 물질을 빚어냄에 따라 '물질 사랑'을 주도했던 종양tumour은 '창조와 소비'로 세력을 확장하여 전이암metastatic cancer으로 발전했다.

2020년, 내가 재택근무를 하며 이 책을 완성할 때 숱한 실존적 의문들이 제기되었다. COVID-19 팬데믹은 불과 한 달 만에 세계를 접수했고, 전 세계 구석구석을 연결하는 수백만 개의 비행편을 통해 신속하고 광범위하게 확산되었다. 그러나 잠시 잊고 있었던, 그보다 느리지만 훨씬 더 심각한 것은 기후 위기다.

약 1만 2,000년 전 현재의 간빙기가 시작된 이래로 우리는 만년설이 쉬고 있는 세상의 온화한 기후를 만끽했다. 산업혁명이 없었다면 다음 빙하기를 향해 수은주가 요동치기 시작할 때까지 수천 년의 시간을 벌 수 있었을 것이다. 그러나 산업혁명으로 인해 엄청난 양의 이산화탄소—플라이스토세 전체와 그 이후의 배출량을 능가한다—가 배출되면서 다음 빙하기의 도래가 무기한 연기되었다.

지금 일어나고 있는 일은 전례가 없었다. 향후 1,000년—약 30세대—에 걸쳐 우리는 과거의 어떤 호미닌이 살아남은 것보다 더 뜨겁고 위험한 세계로 치달을 것이다. 12만 년 전 엠 간빙기의 기온은 오늘날보다 평균적으로 불과 1~2°C 높았음에도 불구하고, 템스강에는 하마가 출현하고 해수면은 5~7미터 상승했다. 오늘날의 그림 같은 시골집과 붐비는 도시들은 물속에 잠겨 있었다. 그리고 그때의 이산화탄소 수준은 오늘날 우리가 이미 도달한 것에 비해 훨씬 더 낮았다.

최신 기후 모델에 따르면 즉각적이고 과감한 행동을 하지 않을 경우 우리는 끔찍한 미래를 향한 길에 발을 들여놓게 될 것이다. 극지방의 만년설은 진짜로 사라질 위기에 직면했으며, 만약 그렇게 된다면 해수면은 20미터 이상 상승할 것이다. 지난 1년 동안 그레이트 배리어 리프Great Barrier Reef는 파괴되었고, 북극과 아마존과 호주에서 화재가 일어났다. 역사상 최고기온 기록들은 파도처럼 줄줄이 경신되었다.

네안데르탈인이 한때 걸었던 고대 유라시아 스텝 전역에서는 광대한 예도마yedoma*의 얼음 토탄ice peat이 녹으면서 그 속에 갇혀 있던 플라이스토세의 시체들—매머드의 다리, 늑대의 머리, 동굴사자 새끼—이 마치 섬뜩한 좀비처럼 튀어나왔다. 이 거대한 해빙The Great Thaw은 어쩌면 우리와 네안데르탈인의 세 번째 만남을 주선할지도 모른다. 5만 년 전 얼어붙은 진흙과 영구동토 속 어딘가에 시신이 아

---

* 예도마는 시베리아의 네네츠족Nenets이 사용하는 '순록이 없다'는 뜻을 가진 단어에서 유래한다. 그 당시 네안데르탈인들은 이곳을 걸어서 통과했다.

직 갇혀 있을 테니 말이다.
　네안데르탈인이 이와 비슷한 극단적 기후변화에서 살아남았다는 사실에 안도하는 사람들도 있을 것이다. 빙하기가 끝났을 때 오래된 영구동토가 거품을 내뿜으며 호수가 점점이 박힌 광대한 습지로 변함에 따라 땅덩어리 자체가 해체되는 것처럼 보였을 것이다. 작은 언덕들이 마치 거대한 계절성 곰팡이처럼 나타났다 사라지고, 숲들은 휘청거리다 물에 잠기고, 커다란 분화구들이 열렸다. 산비탈 전체가 마치 아이스크림처럼 녹아내리며 토양과 식물을 포함한 모든 것들이 흘러내렸다. 지역의 생태계와 한때 투명했던 강물은 퇴적물로 미어터졌을 것이다. 그럼에도 네안데르탈인은 이 모든 것을 견뎌 냈을 것이다.
　그러나 수십억 명의 인구가 바글거리는 유라시아는 고작해야 수천 명의 호미닌이 살았던 그때와 비교할 때 사정이 달라도 너무 다르다. 네안데르탈인은 장소를 옮기는 등의 방법으로 어떻게든 위기를 모면할 수 있었을 것이다. 그에 반해 우리는 제멋대로 확산되고 산업화되었으며, 상상할 수 없을 만큼 복잡한 문명이 직면한 행선지를 알려 주는 안내서를 갖고 있지 않다. 작금의 COVID-19를 통해 밝혀진 충격적인 사실은 기술적인 완충장치를 갖고 있음에도 불구하고 과거 어느 때보다도 높은 불확실성과 불안정성을 향해 가고 있다는 것이다.
　작열하는 태양, 숨 막히는 도시, 홍수와 태풍, 그리고 어쩌면 더 많은 팬데믹이 기다리고 있는 미래는 마치 우리를 향해 질주하는 들소 떼 같다. 만약 신속하게 적절한 조치를 취하지 않는다면 우리의 아이들의 아이들이 위기에 처할 것이다. 그리고 그들이 흘리는 피가 4만 년 전 종적을 감춘 네안데르탈인의 마지막이 될 것이다.

감사의 글

《네안데르탈》을 탈고한다는 것은 약 8년 전 집필을 시작했을 때 느꼈던 주눅듦만큼이나 벅차고 어려운 일이었다. 독자들이 열망하는 주제를 거의 완벽하게 설명하려는 시도는 무한한 특권인 동시에 하나의 이정표이기도 했다. 하지만 정확성에 대한 의문은 갈수록 증폭되었고, 때때로 그런 프로젝트를 운운하는 것 자체가 주제넘은 짓이라는 생각이 들 정도였다. 그럼에도 그런 시도는 필수적인 동시에 중요했다. 네안데르탈인은 우리가 가장 고마워해야 할 대상으로, 늘 매혹적이면서 당혹스럽고 경이롭고 인상적이었기 때문이다. 그들은 나에게 생기를 불어넣었으며, 심지어 집필 과정이 지지부진하거나 교착상태에 빠졌을 때에 활력이 되어 주었다.

2009년 내가 쓴 첫 학술논문을 혹평한 심사자에게 특별히 감사드린다. 그는 '네안데르탈인이 개발한 자작나무 타르 기술의 사회적 맥락과 인지적 시사점'이라는 소제목을 보더니 대뜸 "진 아우얼Jean Auel의 소설에나 적당한 소재로군!"이라며 인상을 찌푸렸다. 그 말을 들은 나는 오기가 발동하여 〈구석기시대 고인류의 감정에 대한 뉴에이지적 해석〉이라는 논문을 기필코 완성하고야 말겠다는 열의를 불태우는 한편 고고학의 끈을 놓지 않을 수 있었다.

말이 나왔으니 말인데, 이쯤에서 진 아우얼에게 진 빚을 자랑스럽게 인정하고 싶은 기분이 든다. 그녀가 구석기시대 생활의 디테일을 포착하고자 들인 엄청난 노력은 선사학에 대한 내 순진한 유년기적 관심에 불을 지폈으며, 그녀가 네안데르탈인에 대해 묘사한 것은 여러모로 예지력이 있었다. 그녀 외에도 구석기시대에 생명을 불어넣은 소설가로는 엘리자베스 마셜Elizabeth Marshall과 클레어 캐머런Claire Cameron이 있다. 캐머런에게 그녀의 걸작《마지막 네안데르탈인The Last Neanderthal》에 나오는 구절을 인용하게 해 준 것에 감사드린다. 그 밖에도 다양한 부류의 작가들이 나에게 영감을 주었다. 그중 극히 일부만 밝히면 가빈 맥스웰Gavin Maxwell, 리처드 포티Richard Fortey, 셰르스틴 에크만Kerstin Ekman, 프리모 레비Primo Levy, 낸 셰퍼드Nan Shepherd가 있다. 블룸스버리 시그마Blumsbury Sigma의 다른 저자들도 나에게 알게 모르게 힘이 되었는데, 그중에서 특히 기억에 남는 사람으로는 쥘 하워드Jules Howard, 케이트 데블린Kate Devlin, 로스 바넷Ross Barnett, 브레나 하세트Brenna Hassett가 있다.

고고학계의 수많은 동료들이 없었다면 나는 여기까지 올 수 없었을 것이다. 나를 맨 처음 고고학의 세계로 이끈 로버트 시몬스Robert Symmons, 리처드 존스Richard Jones, 나오미 사익스Naomi Sykes에게 감사한다. 나를 물심양면으로 도와준 석사학위 지도교수 존 맥냅John McNabb과, 영국의 후기 네안데르탈인 고고학에 대한 박사학위 논문을 가능케 한 모든 기관에 감사한다. 내가 박사학위를 받은 후 라코트 드생브렐라드에서 네안데르탈인의 인공물을 연구할 기회를 준 베키 스콧Beccy Scott, 맷 포프Matt Pope 등에게 감사한다.

많은 학자와 사상가들이 네안데르탈인을 더욱 깊이 생각하도록 도와줬지만, 그중 몇 명만 예로 들면 클리브 갬블Clive Gamble, 팀 인골드Tim Ingold, 존 스페스John Speth, 루이스 리벤버그Louis Liebenberg, 조이 토드Zoe Todd, 바네사 와츠Vanessa Watts, 킴 톨베어Kim Tallbear, 도나 해러웨이Donna Haraway와 호주의 요른구Yolŋu 원주민 공동체(예: 바와카 카운티Bawaka County)가 있다.

나의 절친한 박사과정 동료들은 선사학과 고고학에 대한 생각을 발전시킬 수 있도록 도와줬으며, 이 책을 쓰는 데도 든든한 버팀목이 되었다. 그중에서도 특히 애너 조지Ana Jorge, 크리스티나 트소라키Christina Tsoraki, 에릭 로빈슨Erick Robinson, 닉 테일러Nick Taylor, 제프 스미스Geoff Smith, 캐런 루벤스Karen Ruebens, 베키 파릅스타인Becky Farbstein에게 감사한다.

내가 이 책을 쓰기 시작한 것은 프랑스 보르도 대학교의 PA-CEA* 연구소에서 박사후 펠로십을 마친 직후였다. 그곳의 많은 동료들이 나에게 호의를 베풀고 용기를 주고 영감을 고취했지만, 특히 브래드 그라비나Brad Gravina에게 감사한다. 그는 네안데르탈인에 대한 지적인 논쟁을 통해 나에게 방향을 제시해 주었으며, 그 후에도 나의 거처와 인접한 연구소에 재직하며 오랫동안 따뜻한 우정을 나눴다.

---

*   De la Préhistoire à l'Actuel: Culture, Environment et Anthropologie(선사시대부터 오늘날까지: 문화, 환경 및 인류학).

감사의 말 *643*

나는 광범위한 전문가 네트워크에도 큰 빚을 졌다. 그들과의 교류는 내가 학계의 울타리에서 벗어나 더욱 자유로운 집필 및 창작 경력을 쌓기로 결심했을 때 특히 큰 힘이 되었다. 나는 아래의 전문가들과 함께 계몽적 고고학 토론을 배우고 즐겼으며, 종종 소셜미디어를 통해 네안데르탈인에 대한 논쟁을 벌이기도 했다: 존 호크스John Kawks, 앨리스 고먼Alice Gorman, 줄리앙 리엘-살바토레Julien Riel-Savatore, 크리스 스트링어Chris Stringer, 윌 렌두Will Rendu, 콜린 렌Colin Wren, 아네미케 밀크스Annemieke Milks, 마리 소레시Marie Soressi, 재클린 길Jacquelyn Gill, 톰 하이엄Tom Higham, 케이트 브리튼Kate Britton, 캐서린 프리먼Catherine Frieman, 자크 매튜스Jacq Mathews, 페이지 매디슨Paige Madison, 제니 프렌치Jenni French, 앤드루 소렌센Andrew Sorensen, 하네케 메이여Hanneke Meijer, 제임스 콜James Cole, 라두 이오비타Radu Iovita, 클리브 핀레이슨Clive Finlayson, 벤 마르빅Ben Marwick, 매뉴얼 윌Manuel Will, 제임스 딜리James Dilley, 샨티 파푸Shanti Pappu, 미셸 랭글리Michelle Langley, 안토니오 로드리게스-이달고Antonio Rodríguez-Hidalgo, 패트릭 랜돌프-퀴니Patrick Randolh-Quinney, 카롤리네 반시클레 호세바 리오스-가라이사르Caroline VanSickle Joseba Rios-Garaizar … 그 외에도 많은데 더는 기억이 나지 않는다.

이 책을 쓰는 동안 종종 은행 잔고가 바닥나는 바람에 2016년에는 저술인 공제회, 2018년과 2020년에는 저술인 안정기금의 도움으로 보릿고개를 넘겼다. 나의 기고문을 선뜻 실어 준 〈가디언The Guardian〉과 〈이온Aeon〉 등의 편집자들에게도 같은 이유로 감사드린다.

엄청난 분량의 책을 집필할 기회를 제공한 블룸스버리 시그마의 짐 마틴Jim Martin에게 무한한 감사를 드린다. 그는 나의 비판적 사고가 현실과 동떨어지는 것처럼 보일 때도 나를 변함없이 신뢰했다. 나의 편집자인 시그마의 안나 마크디아르미드Anna MacDiarmid에게도 감사한다. 그녀는 나를 이해하려 무던히 노력했으며, 차분한 낙관론을 가장하여 원고를 독촉하는 신통력을 발휘했다. 시간의 압박에도 불구하고 미리암 버치Myriam Birch와 함께하는 원고의 정리 및 교열은 진정한 기쁨이었다. 킬레 리그덴Kealey Rigden, 에이미 그레이브스Amy Graves, 앨리스 그레이엄Alice Graham은 PR과 마케팅의 귀재였다. 앨리슨 앳킨Alison Atkin이 정성껏 그린 그림들은 장을 열 때마다 독자들에게 기대감과 궁금증을 자아내 줄 것이다. 그녀는 나의 엽기적인 아이디어에도 늘 개방적이었고, 모든 장면에 내가 원하는 정서를 그대로 담아냈다. '부엌 식탁에서 글쓰기 동아리'의 아이디어를 제공한 젠 말로Jen Marlow에게 진심으로 감사한다. 원고를 꼼꼼히 읽어 준 동아리 구성원들—브래드 그라비나, 안젤라 사이니Angela Saini, 존 호크스, 제프 스미스, 브레나 하세트, 토리 헤리지Tori Herridge, 수잔 필라 버치Suzanne Pilaar Birch—의 피드백은 매우 소중한 자산이었다.

방금 언급한 하세트, 헤리지, 버치는 무한한 찬사를 받아 마땅한 여걸 3인방이다. 그녀들은 내가 개인적으로 주도하는 '빙 데어Being There'라는 24시간 아나키스트 페미니즘 옹호단체에서 맹렬히 활동 중이다. 2013년 이후 끊임없이 밀려온 크고 작은 위기 속에서 그녀들은 무조건적인 지원과 지혜와 도움을 제공했다. 내가 작은 발걸음을 내딛거나 소기의 성과를 거둘 때마다 그녀들의 시끌벅적한 하이파이브는 나의 전진—《네안데르탈》을 집필하는 데 있어서나, 학계에서 홀로서기를 감행하는 데 있어서나—에 필요한 자신감을 부여하는 동력이었다.

무엇보다도, 지금껏 조금도 개의치 않고 나를 뒷받침해 준 가장 든든한 지원군은 가족이다. 이 책을 나의 할아버지 샘Sam과 할머니 도로시Dorothy에게 드릴 수 있다면 얼마나 좋을까! 샘은 역사에 대한 열정을 나와 공유했고, 도로시는 문학과 시를 사랑했다(도로시의 할아버지 홀 니콜슨Hall Nicholson은 1980년대에 선덜랜드에서 광부 및 세속사회 대변인으로 활동했으며, 16장의 각주에서 언급된 바 있다). 나의 다른 할아버지 네빌Neville은 고전음악에 조용히 몰입함으로써 평정심을 얻었는데, 그러한 평정심은 이 책을 집필하는 동안 나를 지탱해 준 힘이었다. 그리고 할머니 진Jean의 흔들리지 않는 손녀 사랑은 온갖 악평 속에서 나를 보듬은 희망의 등불이었다.

나의 형제 잭Jack, 어머니 로절린드Rosalynd, 아버지 피터Peter는 늘 그 자리에서 흔들리고 넘어지고 일어나는 나를 묵묵히 뒷받침해 줬으며 앞으로도 그러할 것이다. 그들의 가없는 사랑과 신뢰와 긍지를 어찌 말로 표현할 수 있을까!

마지막으로, 나의 남편 폴Paul에게 고마움을 표현하고 싶지만 적당한 말을 찾을 수가 없다.

《네안데르탈》은 나의 두 딸과 3천여 명의 앞서간 어머니들을 위한 책으로, 우리 모두를 네안데르탈인과 가시적으로 연결해 준다. 네안데르탈인은 나와 내 딸의 모든 세포 속에서 여전히 함께하고 있다. 나는 가끔 내 딸들에게 '네안데르탈인의 미라가 이 책을 썼다'고 말해 준다. 내 딸들은 그 말을 좋아하지만 '미라가 여기서 나와 함께 놀고 있다'고 말해 주면 더 좋아할 것이다.

2020년 6월, 미드웨일스Mid Wales에서

찾아보기

2세대 격지 178, 364
2세대 석질 190

D
DNA 59, 72, 88, 348, 528, 530, 541, 548, 549, 560, 562, 566, 574, 582, 602, 610, 623, 626

F
FOXP2 404, 550

L
LEAP 143, 503

R
RMU 307, 334

Z
ZooMS 229, 567

ㄱ
가브리엘 드 모르티에 158
가죽 손질 103, 107, 179, 214, 218, 297, 364, 368, 372, 410, 434, 616
간빙기 135, 141, 145, 241, 257, 350, 504
감정적 상호작용 451
거북 138, 152, 244, 246, 275, 276, 334, 504
고기후 132, 133, 134, 136
고람 동굴 13, 148, 150, 423, 557
고유전학 127, 549
고해상도 조건 285, 288
곤충 249
곧은상아코끼리 138, 140, 153, 200
골각기 209, 212, 217, 369, 569, 577, 615
골변형 117, 122
골증식 114, 116
곰 45, 131, 151, 251, 252, 367, 396, 420, 479, 481, 613, 614, 615
공통조상 56, 78, 88, 522, 536, 550, 585

과도기적 문화 560

교란 68, 285, 480, 494, 564, 566, 567, 569, 574

교환 344

그란돌리나 57, 58, 251, 509

그레이스인 43, 44, 594, 595

그레이트리프트밸리 54

그로트데페 562

그로트뒤렌느 452, 566

그린 터프 570

근교배 125, 462, 551

기간토피테쿠스 54

기생충 113, 250, 371

기술복합체 166, 184, 212, 339, 373

기후 위기 142

기후변화 133, 142, 147, 148, 149, 464, 585, 622, 638

깃털 428, 430

ㄴ

나노촉 578

나미비아 주호아산족 610

나야 355

난로 288, 290, 298, 305

날개 312, 425

날몸돌 564, 581

네로 문화 577

네안데르소바인 538

네안데르탈 도구 목록 181

노이마르크-노르트 140, 231, 257, 299, 356, 431, 432, 433, 504

눈확 36, 37, 85, 86, 117, 635

ㄷ

다세대 암석 176

다중가공 막대기 198

다중기간 난로 306

다중무기 시스템 198

다트 580

대형 해양동물 249

대형동물 138, 210, 228, 230, 233, 363, 618

더그 라슨 13

데니 534

데니소바 29, 529, 532, 534, 535, 538, 545, 551, 558

데니소바인 532, 535, 546, 624, 630
데니스 페이로니 65, 69, 81, 100, 608
도거랜드 141, 142, 532
도로시 개로드 105, 119, 148, 514
돌날 164, 172, 177, 180, 186, 338,
  561, 568, 578, 580
돌떼기 159, 161, 163, 166, 167, 168,
  169, 302, 318, 319
돌촉 164, 169, 186
동물 뼈 44, 178, 208, 276
동위원소 분석 276, 351, 453, 505
동종분류군 585
두개골 35, 81, 113, 402, 504, 512, 536
두부 손상 116, 119, 120, 459
드리오피테쿠스 53, 54
들고양이 287, 475
디스코이드 166, 169, 170, 185, 187,
  188, 339, 369, 413, 568, 572

ㄹ

라로슈-코타르 417
라마들렌 동굴 47, 158, 406, 517, 518
라말룬가 482, 483

라샤펠-오-생 91, 117, 458, 479, 492,
  599
라스코 동굴 482
라코트드생브렐라드 234, 249
라키나 124, 267, 369, 391, 488, 512,
  551
라페라시 65, 70, 100, 105, 118, 485,
  490, 628
라폴리 317, 318, 346, 370
레구르두 480
레링겐 196, 231
레보사츠 318, 418
레제지 46, 47, 65, 69, 81
레제지드타야크 46
레카날레트 4, 241, 295, 296
레프라델레 210, 255, 331, 359, 360,
  390, 421, 435, 503, 509, 513, 615
로메크위안 56
록드마르살 72, 290, 291, 361, 485,
  486
루네이트 572
루돌프 피르호 39, 40
루이 카피탕 65, 100, 476

르로젤 212, 249, 346, 376, 389, 415

르무스티에 67, 70, 100, 158, 170, 177, 182, 558

르무스티에 1 79, 81, 99, 109, 111, 117, 124, 376, 446, 458, 476, 499, 500, 511, 518, 597, 607

르무스티에 2 66, 81, 124, 386, 483, 517

르발루아 164, 173, 180, 185, 363, 572

르발루아 촉 232, 437

르호르투스 488, 515

리수아 369, 430, 570

리오세코 252, 253, 254, 613

린펴드 채석장 175, 233

릴리퓨션 척도 316

ㅁ

마르셀 불 69, 100, 117, 476, 605

망드랭 동굴 284, 305, 577, 578, 580, 581, 582, 583

매머드 19, 48, 146, 211, 214, 234, 276, 406, 455, 618

매머드-스텝 환경 142

매장 470, 474, 480, 485, 516

매트 320, 371

먹이지위 236

메즈마이스카야 124, 342, 386, 449, 483, 518, 529, 530, 540, 648

모듈별 수리 202

모란 238, 266, 267, 274, 347

목창 197, 232

몸돌 160, 162, 168, 182, 337, 364, 404, 572, 578

무늬 새기기 418, 423, 569

무두질 365, 431

무스테리안기 159, 164

무스티에의 해 476

물고기 242

물라-게르시 217, 350, 504, 509, 511

믈라데치 122

미세몸돌 180

미세석질 578

미소서식지 145

미토콘드리아 DNA 529, 584

미토콘드리아 이브 528

미학 416, 430, 437

밀랍 204, 217, 575

ㅂ

바르메그란데 214

바바리마카크 원숭이 138

바초키로 문화 562

박편 121, 313, 564, 565, 575, 580

발자국 58, 346, 376

발톱 247, 282, 378, 425, 427, 430, 547, 581, 614

발효 267

벨레 508

벨베데레 410

보노보 450, 473, 507

보후니체 문화 562

복합도구 173, 202, 205, 217, 220, 405

본초학 460

볼로모르 244, 246

부장품 517

북아메리카 원주민 103, 251, 344

불 288, 291, 299

붉은사슴 151, 230, 310, 351, 358, 373, 518

브뤼니켈 397, 399, 401

비아슈-생-바스트 205, 613

빅토르 코몽 162

빈디야 529, 559

빙하기 28, 125, 133, 144, 149, 153, 186, 258, 266, 290, 295, 355, 358, 372, 531, 618, 636

뼈 214, 296, 566

ㅅ

사냥감 추적 380

사랑 446

사회적 네트워크 220, 340, 345

사회적 다윈주의 40

사회적 유대관계 347, 445

사회화 363

살인 121, 122, 469, 506, 519

새 242, 243

색소 20, 409, 412, 417, 429, 435, 517, 574

생계 127, 228, 272, 329

생-세자르 121, 178, 459, 460, 566, 568

생활방식 78, 86, 92, 98, 100, 127,
188, 225, 237, 291, 348, 356, 363,
371, 383
샤니다르 115, 118, 120, 125, 260,
265, 390, 459, 492, 514, 518, 608
샤텔페롱 문화 562, 565, 569
석탄 295, 296
선사시대 43, 65, 99, 151, 158, 259,
264, 313, 320, 587, 603
성관계 444
성기르 122, 123, 519
성형 161, 162, 163, 164, 167, 171,
179, 209, 214, 367, 369
셀레터 문화 562
소형 발사체 244
소형동물 240, 273
손도장 376, 436
손잡이 부착 203, 230, 410
손재주 104, 127, 636
송진 204, 575
쇠닝겐 196, 209, 216, 228, 231, 237,
244, 266, 276, 331, 356, 366, 385,
420, 430, 456

쇼베 동굴 28
수간 543
수렵채집사회 90, 106, 181, 272, 297,
378, 446, 453, 456, 461, 502, 543
순록 359
숯검정 연대기 284, 577
스크래치 106, 213, 419
스클란디나 211
스텝-툰드라 126, 145, 329, 444, 620
스트론튬 동위원소 351
스피 동굴 41, 75, 82, 100, 159, 233,
258, 260, 352, 378, 468, 557, 593,
648
시신 처리 503, 510, 515
시신 훼손 499, 500, 503, 513
식량 공유 447
식물 255, 256
식인풍습 499, 501, 502, 510, 521

ㅇ

야간빙기 134, 135, 619
아란발트사 198, 199, 200, 201
아르시-쉬르-퀴르 452, 563, 566

아무드 257, 391, 518, 560

아브리뒤마라스 5, 241, 242, 243, 371, 432, 433

아브릭델파스토르 5, 294, 302, 304, 306, 332, 334, 335, 337, 343

아브릭로마니 29, 200, 246, 286, 293, 300, 305, 314, 316, 331, 339, 361, 371, 388, 475, 515

아빙기 134, 135, 137, 144

아우구스트 프란츠 요제프 카를 마이어 38

아워르스 35

아이벡스 150, 237, 334

알 244

알타이 네안데르탈인 530, 532, 551

양극성 떼기 573

양면석기 56, 89, 162, 165, 169, 174, 187, 208, 216, 233, 292, 338

얕게 떼내기 162, 209

얼굴 37, 56, 74, 84, 511, 526, 536

에두아르 라르테 47, 53, 81, 158

에드먼드 플린트 35, 596

엔기스 35, 455

엘살트 217, 262, 289, 290, 293, 298, 301, 314, 317, 334

엘시드론 73, 106, 111, 203, 218, 261, 265, 305, 386, 447, 455, 460, 502, 505, 529, 534, 548, 551

엠 간빙기 136, 140, 142, 172, 185, 196, 206, 231, 238, 241, 257, 350, 356, 430, 444, 503, 531, 585, 619

연대측정법 15, 43, 185, 329

영구동토대 48, 144, 145

영아살해 507

영양실조 111, 227

영장류 54, 139, 147, 215, 405, 447, 451, 595, 606, 627

오로크 138, 140, 210, 236, 308, 334, 370, 372, 613

오리냐크 문화 562, 583

오스트랄로피테쿠스 56, 161

오스트레일리아 원주민 463, 540

오아세 542, 560

오토 하우저 69, 81, 487, 607

올드맨 117, 118, 476, 477, 479, 481, 599

요아힘 네안데르 33
요한 카를 폴로트 32
우생학 605
우스트-이심 540, 552, 581, 586, 587, 649
울루초 문화 562, 571
움엘틀렐 232
월경 446
윌리엄 킹 598
유기물 161, 195, 572
유인원 32, 53, 59, 101, 270, 405, 424, 433, 444, 458, 474, 543, 599
유전병 123
유피크 107, 198, 295
육식동물 211, 227, 251
이누이트 107, 111, 250, 258, 260, 266, 361
이누피아트 107, 362
이동성 328, 339, 345
이쑤시개 112, 510
이유식 455
이종교배 534, 538, 544
인간다움 606

입스위치 간빙기 136

ㅈ

자기치장 432
자스칼나야 421, 422, 425, 426, 435, 513, 616
자연 수집물 407
자케타 호크스 105
자크 부세르 드 페르트 45
잔손질 도구 171, 211, 369, 373, 382, 432, 435, 510, 572, 615
잘츠기터-레벤슈테트 214, 271, 347, 371, 471
장 레이살 81
장난감 456
장례 470, 516, 519
재성형 367
재연마 156, 161, 170, 176, 184, 187, 207, 216, 253, 301, 337, 339, 342, 351, 357, 361, 364, 457
재활용 176, 200, 307, 339, 514
전기 구석기시대 158, 174, 205, 208, 214, 509

전두피질 87, 403

전문화 275

점유기간 284, 302, 334, 471

제일란트 113, 204

조개껍데기 205, 414, 430

조지 버스크 34, 39, 42, 45, 54, 386

조지프 프레더릭 브롬 37

조지프 프레스트위치 45

종 동정법 585

종자크 178, 272, 274, 359, 363, 366, 371

주먹도끼 43, 56, 120, 162, 594

죽음 460, 472, 511

중기 구석기시대 158, 162, 174, 190, 208, 215, 290, 341, 357, 381, 417, 430, 557, 573, 582, 619

지브롤터 13, 35, 65, 105, 114, 147, 150, 243, 257, 423, 457, 557, 609, 629

직립보행 56, 76, 100, 101, 454, 543

진 아우얼 598

집합체 68, 157, 168, 170, 181, 207, 213, 229, 261, 274, 285, 334, 342, 351, 358, 373, 419, 435, 475, 559, 569, 580

쪼개쓰기 178, 190

ㅊ

차기르스카야 531, 552, 559, 648

찰스 다윈 37, 45, 596, 604

찰스 라이엘 41, 42, 45

창의 지평 197, 212, 366

채식 258

청각 88, 116, 122, 160, 422

촉 54, 121, 137, 160, 180, 196, 232, 274, 292, 364, 368, 384, 407, 414, 422, 426, 457, 539, 547, 556, 565, 580, 610

층서학 42, 300

층위 68

치석 259

치아성장중단선 111, 122, 123

침식 17, 68, 139, 143, 283, 296, 336, 479, 481, 494, 568, 569, 574

침팬지 473, 506

ㅋ

카발로 동굴 206, 388, 571, 572, 573, 574, 575

카일메서그뤼펜 187

칼턴 쿤 606

캄파니아 이그님브라이트 571

캄피텔로 204

케니안트로푸스 56

코바네그라 243, 244, 246, 273, 274, 389, 457, 515, 612

코뿔소 131, 146, 234, 236, 238, 331, 352

콤브그레날 44, 173, 181, 213, 230, 411, 419, 432, 455, 503

쾨니히자우에 203, 217, 389, 415

크라피나 75, 112, 120, 259, 429, 460, 488, 499, 505, 509, 513, 521, 593

클랙턴온시 196

키나 125, 166, 178, 179, 185, 188, 207, 272, 290, 291, 339, 358, 359, 361, 362, 411, 503, 577, 580, 582

키크-코바 419

ㅌ

타르 203, 216

타분 105, 119, 259, 449, 514, 516

타이가 145, 379, 558

테시크-타시 109, 518, 529

테익소네레스 246, 332, 333, 515

투르빌-라-리비에르 4, 102, 172, 444, 470

튜퍼 238

트래버틴 201, 286

ㅍ

파충류 244

페슈들라제 44, 70, 174, 180, 272, 290, 360, 361, 369, 407, 411, 419

펠트호퍼 31, 37, 38, 42, 53, 65, 75, 82, 159, 487, 499, 528, 535, 541, 593, 596, 604, 628, 636

포브스 채석장 36, 114, 119, 386, 417, 531, 596, 609, 648

포스트 네로기 582

포제티베키 199, 200

폭행치상 120, 122

폴 투르날 45
푸마네 동굴 167, 172, 230, 231, 239,
    243, 253, 312, 387, 414, 425, 426,
    432, 435, 448, 562, 584
프랑수아 드 주안네 44
프랑수아 보르데 65, 181
플라이스토세 30, 83, 133, 143, 146,
    147, 153, 250, 255, 358, 452, 544,
    585, 595, 626, 628, 630, 636, 637
필립-샤를 슈멜링 35

ㅎ

하이델베르크인 55, 91
해산물 247
핵 DNA 538
헤르만 샤프하우젠 32
헤르만 클라치 82
헨리 크리스티 47, 81, 158
호모 날레디 60, 624
호모 네안데르탈렌시스 33, 38
호모 안테케소르 57
호모 에르가스터 56, 57
호모 칼피쿠스 38

호모 하이델베르겐시스 59
호미닌 지위 618
호빗 55, 60, 624
홀로세 31, 133
화석유인원 53
화석화 48, 66, 68, 74, 227, 234, 314,
    425, 470, 474, 477, 557, 562
황 신호 353
후기 구석기시대 158, 172, 233, 244,
    250, 276, 318, 340, 406, 414, 519,
    560, 575, 581, 587, 610, 621
훈연 267
휴 팔코너 37, 45, 48, 406

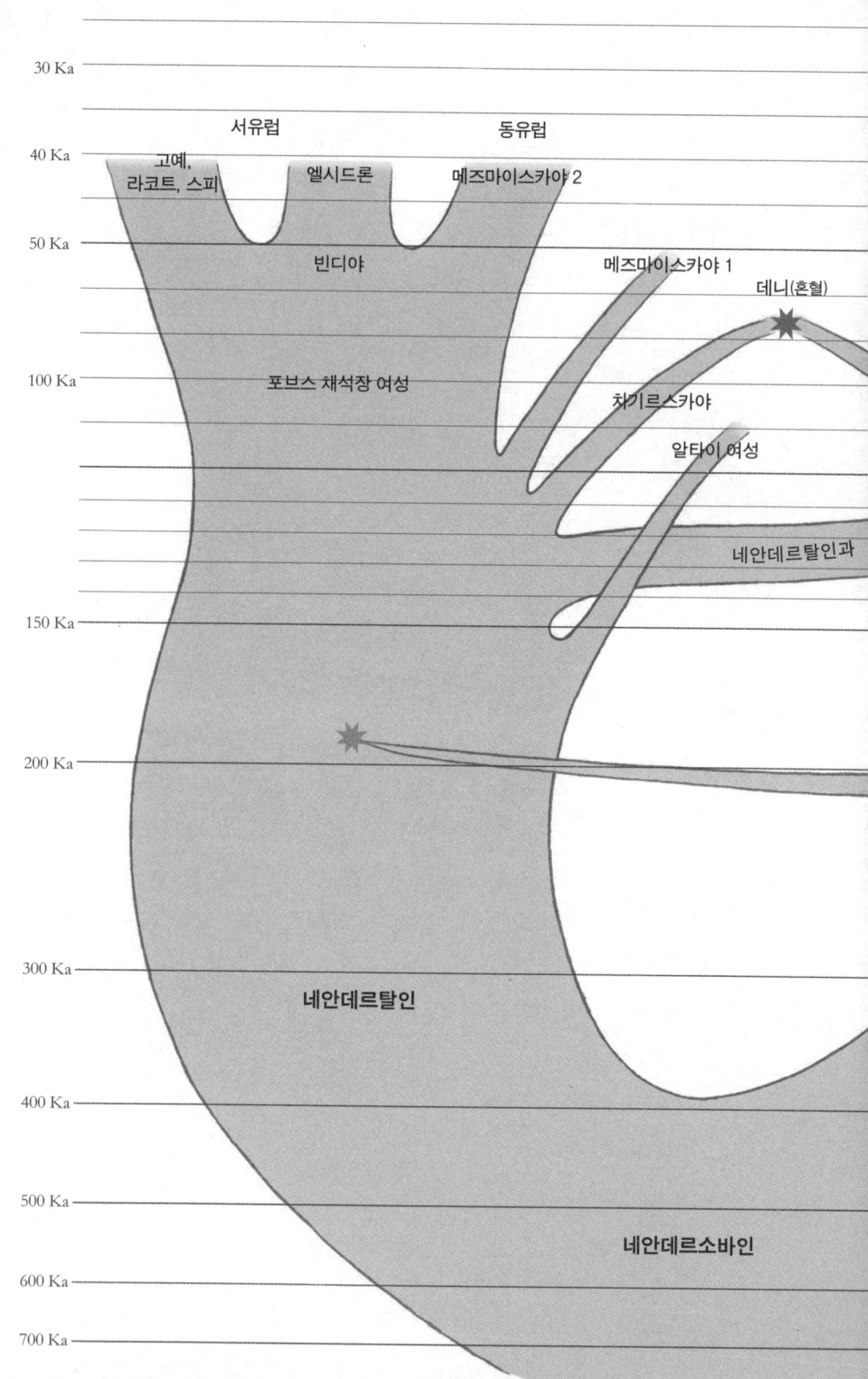

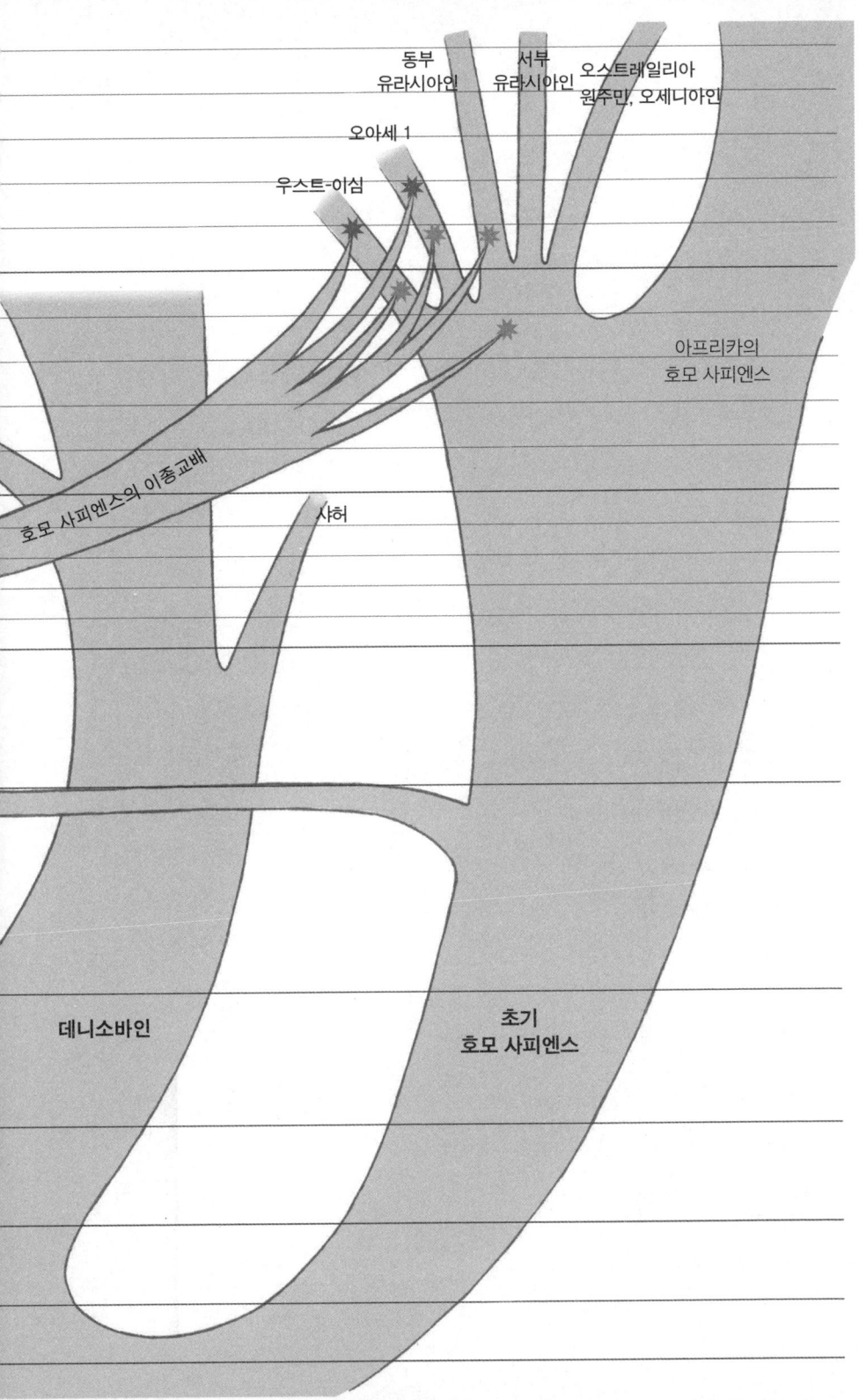

네안데르탈
멸종과 영원의 대서사시

1판 1쇄 펴냄 | 2022년 4월 7일

지은이 | 리베카 랙 사익스
옮긴이 | 양병찬
발행인 | 김병준
편　집 | 김서영
디자인 | 최초아
마케팅 | 정현우 · 차현지
발행처 | 생각의힘

등록 | 2011. 10. 27. 제406-2011-000127호
주소 | 서울시 마포구 독막로6길 11, 우대빌딩 2, 3층
전화 | 02-6925-4185(편집), 02-6925-4188(영업)
팩스 | 02-6925-4182
전자우편 | tpbook1@tpbook.co.kr
홈페이지 | www.tpbook.co.kr

ISBN 979-11-90955-56-0 93470